JN432324

성경 입문

하권

성경의 형성 과정과 각 권의 개요

개정판

성경 입문 하권

성경의 형성 과정과 각 권의 개요

개정판

© 한님성서연구소 2023

초판 교회인가 2008년 12월 02일 (의정부교구장 이한택 요셉 주교)
초판 1쇄 2008년 12월 15일
초판 6쇄 2018년 03월 26일
개정판 교회인가 2023년 08월 08일 (의정부교구장 이기헌 베드로 주교)
개정판 1쇄 2023년 09월 20일

지은이 정태현
펴낸이 조병우
펴낸곳 한님성서연구소
등록 제85호
주소 경기도 의정부시 평화로 604
전화 031)846-3467
팩스 031)846-3595
카페 cafe.naver.com/biblicum

ISBN 978-89-94359-46-5 94230
ISBN 978-89-94359-41-0 94230 (전 2권)
책값은 뒤표지에 있습니다.

성경 © 한국천주교중앙협의회, 2023.
그리스어 · 히브리어 · 셈어음역 폰트 © Linguistsoftware
표지 · 본문 제목 폰트(아리따 부리) © 아모레퍼시픽

성경 입문

하권

성경의 형성 과정과 각 권의 개요

개정판

정태현 지음

한님성서연구소
Hannim Biblical Institute

초판을 내면서

성경을 태동시킨 믿음의 증인들과 우리 사이에는 공간과 시간, 문화와 사고에서 큰 간격이 놓여 있다. 그 간격을 메우는 데 일조하고자 고대 근동의 문화와 사상, 그리고 이스라엘의 역사를 중심으로 근동 제국들의 역사를 개괄하는 『성서 입문 상권』을 집필하였다. 그로부터 8년이 지난 오늘, 성경 본문이 어떻게 형성되었고 믿음의 공동체가 어떤 과정을 거쳐 그것을 정경으로 확정하였는지, 그리고 무엇보다 그 안에 담긴 하느님의 뜻이 무엇인지 살펴보는 『성서 입문 하권』을 출간한다.

하권은 세 마당으로 되어 있는데 첫째 마당(하권의 셋째 마당)은 성경의 형성 과정을 다룬다. 먼저 성경의 기초 단위인 성경의 문학 양식들을 대표적인 것만 골라 소개한 다음, 구약성경의 본문을 히브리어 성경의 분류에 따라 율법과 예언서와 성문서 세 부분으로, 신약 성경의 본문도 네 복음서/사도행전과 서간과 요한 묵시록 세 부분으로 나누어 수집 단계에서 마지막 편집 단계까지를 상술한다. 그러고 나서 성경 각 권들이 유다교와 그리스도교 안에서 어떻게 거룩한 계시의 책으로 받아들여지고 확정되었는지 살펴본다.

둘째 마당과 셋째 마당은 이미 정경으로 확정된 성경의 낱권들을 그 순서에 따라 개괄적으로 소개하는 데 역점을 둔다. 곧 낱권의 책 이름, 저자나 편집자, 저작 또는 집필 연대와 장소, 구조와 내용, 그리고 신학 사상 등을 일목요연하게 서술한다. 본디 이 두 마당은 한 마당으로 엮으려 했으나 분량이 방대하여 구약성경과 신약성경으로 나누어 편집하였다. 여기에 나오는 내용은 이미 지은이가 출간한 『거룩한 독서 1-4권』의 성경 각 권 입문 부분을 수용하여 수정·재편집하고 새로운 내용을 덧붙여 확장한 것임을 밝혀 둔다.

『성서 입문 상·하권』은 말 그대로 성경의 독자가 본문을 이해하는 데 도움을 주려는 기초적 입문서이다. 이 책은 현대 성서학의 주류를 이루는 역사비평을 결코 외면하지 않고 오히려 그 학문적 결과를 십분 활용하였다. 그러나 지은이는 역사비평의 결과에만 집착하지는 않고 다른 방법론의 결과와 유다이즘과 교부들의 가르침도 참조하였다. 다만 기초적 입문서의 성격을 감안하여 성서학계의 치열한 토론이나 논점들은 일부러 지나쳤다. 따라서 개별 성서학자들의 이름이나 계보, 그리고 개념이나 이론 등은 다른 전공 서적들을 참조하기 바란다.

그동안 상권에 보내 주신 독자들의 지대한 관심과 과분한 성원에 감사드린다. 그리고 하권을 기다려 주신 독자들의 인내에도 감사를 드린다. 하권이 이렇게 늦어진 것은 전적으로 지은이의 게으름 탓이다. 이 자리를 빌려 진심으로 사과드린다. 그럼에도 이 책의 출간으로 그동안 밤이나 낮이나 지은이의 마음을 짓눌러 왔던 의무감에서 벗어난 것이 무엇보다 기쁘다. 이 해방감과 기쁨을 한님성서연구소 가족들과 함께 나누고 싶다. 특별히 정확한 교정과 필요한 학문적 조언을 아낌없이 해 준 강지숙 박사, 신화를 비롯하여 구약성경의 형성 과정과 관련된 대목의 집필에 도움을 준 주원준 박사와 송혜경 박사와 김정훈 박사, 그리고 유다이즘과 관련된 부분의 교정을 맡아 준 이수민 박사에게 감사를 드린다. 우리말 교정과 편집을 주도한 이정은 연구원과 이효임 연구원, 강재준 사무국장도 빼놓을 수 없는 은인이다. 그러나 이 모든 노력도 조병우 이사장님과 이사진을 비롯하여 한님성서연구소 후원자들의 관심과 성원이 없었다면 결실을 맺지 못했을 것이다. 그분들 위에 하느님의 풍성한 은총과 사랑이 넘쳐나기를 두 손 모아 기도한다.

2000년 이후 국내의 여러 교구와 수도회뿐 아니라 호주와 캐나다의 여러 본당에서도 수많은 거룩한 독서lectio divina 모임들이 생겨나 하느님의 말씀에 깊이 맛들이고 있다. 말씀에 심취한 모든 계층의 거룩한 독서자들에게 이 책을 바친다.

2008년 11월 1일 모든 성인의 날

남평 광주신학교에서 지은이

개정판을 내면서

『성서 입문 상권』의 개정판에 이어 『성서 입문 하권』의 개정판을 펴낸다. 하권의 첫 판이 2008년에 선을 보였으니 15년 만에 개정판을 낸 것이다. 이로써 하느님의 기록된 말씀, 성경에 대한 우리말 입문서를 한없이 부족하지만 비로소 완성한 느낌이다.

주지하는 바와 같이 계시의 원천은 육화되신 로고스(말씀), 곧 예수 그리스도시다. 하느님은 그리스도를 통해서 당신 자신을 알려 주셨고 그 분을 통해서 우리 인간이 하느님의 본성에 참여하도록 하셨다(참조: 계시 헌장 2항; 에페 2,18; 2베드 1,4). 이것이 바로 인간 구원을 위한 계시 경륜이고 이 경륜은 '사건과 말씀'(히브리어에서는 한 단어 '다바르' דָּבָר)으로 실현된다. 계시 경륜은 구약에서는 이스라엘 백성에게 보여주신 야훼 하느님의 위업 안에서, 신약에서는 예수 그리스도의 공생활 안에서 구체적으로 펼쳐진다. 로고스의 육화incarnation of Logos가 결정적이다. 구약과 신약 모두 육화되신 말씀의 위업을 글로 기록한 책이다. 구약은 하느님의 로고스가 어떻게 이스라엘 역사 안에서 구체적 사건과 말씀으로 육화되었는지를 다루고 신약은 그 로고스가 실제로 어떻게 인간의 몸을 취해 이 세상에 오셔서 이스라엘은 물론 인류 전체의 구원을 이루셨는지를 다룬다. 초기 교부들은 이를 성경 해석의 규범으로 삼았다(이레네우스, 알렉산드리아의 키릴루스, 오리게네스 등). 성경의 역사적 사건들과 그 사건들 안에 내재한 신적 신비 또는 영적 의미를 그리스도의 인성과 신성에 유비시켜 해석할 수 있다는 것이다. 이런 해석과 관련하여 본 입문서는 네 가지 사항에 집중한다.

첫째, 성경은 하나의 책이다. 성 아우구스티누스 말씀대로 "신약은 구약에 숨어 있고, 구약은 신약에서 드러난다"(In Vetere Novum lateat, et in Novo Vetus pateat. 『칠경에 대한 질문』 2.73). 그래서 본서를 구약성경 입문과 신약성경 입문으로 나누지 않고 상권과 하권으로 나누었다.

둘째, 상권의 '성경의 배경'과 '이스라엘의 역사', 그리고 하권의 '성경의 형성 과정'은 역사적 사건들을 연구하는 데 초점을 맞추고, 하권의 주요 부분인 '구약성경과 신약성경 각 권의 개요와 신학 사상'은 영적 의미를 밝히는 데 주력하였다.

셋째, 역사적 사건들과 신적 신비는 예수 그리스도 안에서 인성과 신성을 분리시킬 수 없는 것처럼 하나로 통합되어 있다. 이는 '역사의 예수와 신앙의 그리스도'를 분리시킬 수 없는 것과도 같다. 성경의 하느님은 인간의 (때로) 진부한 역사와 부족한 언어 안으로 육화되신 로고스시다.

마지막으로 성경은 하느님의 영이요 그리스도의 영인 성령께서 그리스도에 관해 쓰신 책이다. 따라서 성령의 도움 없이 성경의 글자 안에서 영이신 그리스도를 만날 수 없다(2코린 3,17-18).

이 책을 읽는 모든 독자에게 부활하신 주님의 영이 충만하기를 기도하며

2023년 9월 20일 한님성서연구소 창립 25주년
한국순교자 대축일에 정태현 신부

차례

넷째 마당:
구약성경 각 권의 개요와 신학 사상

다섯째 마당: 신약성경 각 권의 개요와 신학 사상

일러두기

1. 이 책에 인용된 성경 구절은 한국천주교중앙협의회에서 편찬한『성경』을 따르는 것을 원칙으로 한다. 본문에서 이 성경을 가리킬 때는『성경』(cbck)으로 표기하였다.

2. 성경 각권의 명칭과 약어는『성경』(cbck) 표기를 따랐다.
   창세기 2장 3절 → 창세 2,3

3. 성경에 등장하는 고유명사는『성경』(cbck) 표기를 따랐다.
   랍비 → 라삐, 유대인 → 유다인

   그 밖의 고유명사는 자주 사용하는 표기를 따랐다.
   미드라쉬, 미쉬나, 치프리아누스

4. 성경 명칭의 약어를 제외하고 외국어 인명과 지명은 고딕체로 표기하여 구분한다.
   이스라엘 백성, 예수님, 디오클레시아누스 황제

5. 성경·외경은『 』없이, 교부·고전 문헌은『 』를 붙여 표기하였다.
   창세기, 마르코 복음, 토마 복음, 아리스테아스의 편지
   『디다케』,『교회사』,『헤르마스의 목자』,『클레멘스의 첫째 편지』

셋째 마당

성경의 형성 과정

》

성경의 형성은 매우 천천히 이루어졌다. 성경은 한순간에 탄생한 것이 아니라 여러 형태의 구두전승口頭傳承에서 출발하여 자료 수집과 편집 과정을 거치면서 서서히 완성되었다. 성경의 기본 내용이 개인이나 공동체에 의해서 처음 마련되면서부터 글로 고정되기까지는 수십 년 또는 수백 년, 경우에 따라서는 천 년 이상의 세월이 걸렸다. 이 때문에 성경의 형성 과정을 밝히려는 이론들이 다양하고 복잡할 뿐더러 경우에 따라서는 불확실하기까지 하다는 사실을 인정하지 않을 수 없다. 아래 설명은 현대 성경학자들 사이에 일반적으로 공감대가 이루어진 이론이나 가설을 바탕으로 하지만, 세부적인 면에서는 일부 학자들의 생각이나 필자의 견해가 선택적으로 반영된 것임을 밝혀둔다.

편의상 성경의 형성 과정을 세 단계로 나누어 고찰한다. 첫째, 성경을 구성하는 개별 책의 저자들은 최초의 편집 작업에 앞서서 독립된 구두전승 또는 원시적 기록전승을 입수했을 것이다. 이 전승들은 구약의 경우 신화·전설·법전·신탁·역사 등 일정한 문학 양식을 갖추었고, 신약의 경우에도 설교나 연설·비유·담화·편지·묵시 등의 문학 양식으로 분류할 수 있다. 또한 성경의 문학 양식들은 그 형태와 내용 면에서 고대 근동 문헌의 영향을 많이 받았거나 일정 부분 거기에서 빌려왔다. 따라서 이 고찰의 첫 단계는 문학 양식에 관한 것이다.

둘째, 성경 저자들은 독립된 문학 양식들을 수집·편집하여 오늘 우리가 보는 책으로 완성하였다. 구약성경은 유다교의 전통에 따라 율법서, 예언서, 성문서로 나누고 신약성경은 공관 복음서와 사도행전, 바오로 서간과 기타 서간, 요한계 문헌으로 나눈다. 따라서 둘째 단계의 고찰은 편집 과정에 관한 것이다.

마지막으로, 이렇게 완성된 책들을 종교 공동체가 '거룩한 책', 곧 '정경'正經으로 선언하게 된다. 구약의 경우 히브리어 성경의 각권 목록을 제시하는 한편, 그리스어 성경의 유래와 이들 성경 목록을 가톨릭과 개신교가 왜 서로 다르게 수용하는지도 밝힌다. 신약의 경우 초대 그리스도교 공동체에서 예수 그리스도와 사도들에 관한 기록들이 언제 어떻게 정경으로 인정되었는지 밝힌다. 아울러 외경도 함께 다루겠다. 이처럼 정경의 문제를 다루는 것이 이 고찰의 마지막 단계다.

I. 성경에 나오는 문학 양식

1. 구약성경에 나오는 문학 양식
2. 신약성경에 나오는 문학 양식

》

성경은 위대한 문학 작품 모음집이다. 거기에는 여러 세대의 다양한 문학 양식이 포함된다. 성경은 마치 옛글과 현대 글, 운문과 산문으로 된 온갖 형태의 작품을 소개하는 국어 교과서와도 같다. 우리는 선조들의 시조·향가·고전 소설을 대할 때와 현대 작가의 시와 소설을 대할 때 서로 다른 시대상을 염두에 두어야 하고, 시·소설·희곡·수필·평론·속담이나 경구 등을 대할 때 각 문학 양식의 특별한 기법을 고려해야 한다. 수많은 세대의 다양한 문학 양식 속에서 수천 년 동안 서서히 형성되어 온 성경도 마찬가지다.

1. 구약성경에 나오는 문학 양식

구약성경의 저자들은 고대 근동 문헌에 나오는 문학 양식과 그 내용에 익숙해 있었다. 성경에 나오는 문학 양식들은 모두 메소포타미아, 이집트, 우가릿 등의 문헌에서도 발견된다. 성경 저자들이 이용했을 사료들을 문학 양식 별로 분류하고 그 기능을 정확하게 밝혀내기란 그리 쉽지 않다. 여기서는 몇 가지 명백하게 구별되는 양식들만 골라, 그것들의 일반적 특성과 더불어 하느님의 말씀을 전달하는 도구로서 지니는 특별한 기능을 고찰한다.

가. **신화**

흔히 신화는 현실과 거리가 먼 황당무계한 이야기로 이해될 수 있다. 그러나 성경학이나 종교학에서 사용하는 전문용어로서의 신화는 인간의 원초적이고 축적된 체험을 반영한 이야기를 말한다. 최근 우리나라에서도 그리스·로마 신화에 대한 관심과 연구가 활발하게 일어나면서 신화를 인간의 원초적 본능이나 욕구를 표현하는 수단으로 이해하기도 한다.

학문적으로 신화는 다음 세 가지 특징을 지닌 것으로 본다.

첫째, 신화는 단순한 허구가 아니라 우주, 창조, 자연의 순환, 사회, 역사 등과 관련된 인간의 체험을 표현한다. 예를 들면 해·달·별 등 천체의 생성과 운행, 한 해의 주기가 반복되는 원리, 봄꽃들이 다시 피어나는 자연 현상, 곡식의 씨앗이 싹터서 여물어가는 과정, 왕조의 교체, 큰 가뭄이나 홍수 재난과 그것들을 극복하는 인간의 체험 등을 설명한다.

둘째, 신화의 무대는 인간의 삶을 조건 짓는 시간과 공간을 초월한다. 신화의 주인공들이 매우 인간적으로 행동하는 것처럼 묘사된다 하더라도 그들은 본질상 인간이 아니고 신적 존재다.

셋째, 신화의 이야기들은 경신례를 통하여 특정한 성소聖所에서 극적인 형태로 반복된다. 고대인들은 경신례에서 신화를 재현하면 신화에 등장하는 사건이 현실에서 그대로 반복되리라고 믿었다. 곧 천상 신화의 세계에서 일어나는 사건과 지상의 인간 역사에서 일어나는 사건이 서로 조응한다고 보았다.

엄밀한 의미에서 성경에는 신화가 없다. 그럼에도 고대 근동의 신화에서 빌려온 신화적 표상과 표현들이 많이 나온다. 고대 근동의 신화를 크게 네 가지로 나누어 보겠다. 이집트 신화, 시리아-팔레스티나 신화, 메소포타미아 신화, 그리스-로마 신화다. 이 가운데 시대적으로 가장 늦고 헬레니즘 시대에 다루는 것이 적절할 그리스-로마 신화는 『성경 입문 상권』(둘째 마당 V.4.나.)을 참조하기 바란다. 여기서는 그리스-로마 신화보다 더 오래 되고 구약성경의 형성에 적지 않은 영향을 미친 다른 세 가지 신화를 소개하겠다.

(1) 이집트 신화

고대 이집트인들은 많은 신들을 섬겼고 고왕국(기원전 27-22세기) 시대부터 독특한 우주관을 표현하는 신화를 만들었다. 그들의 우주관에 따르면 나일 강과 태양은 눈*Nun*이라는 저승의 원시 바다(어둡고 형체 없는 심연)에서 나왔다. 한처음에 눈에서 땅의 둔덕이 솟아올랐다. 이는 해마다 나일 강 홍수의 범람으로 생겨나는 흙 둔덕을 연상한 것임이 틀림없다. 신들은 이 둔덕 위에서 생명을 창조하였다. 고대 이집트인들은 중요한 신전들인 헬리오폴리스*Heliopolis*, 헤르모폴리스*Hermopolis*, 멤피스*Memphis* 등의 신전들을 저마다 신들이 생명을 창조한 최초의 흙 둔덕으로 여겼다. 헬리오폴리스(태양의 도시)에서는 태양신 아툼*Atum*(모든 것)을 창조신으로 섬겼는데, 아툼은 흙 둔덕에서 피어난 연꽃에서 나왔다고 한다. 아툼은 자신 안에 우주의 생명력을 품고 있었고 이 생명력에서 공기의 신 슈*Shu*와 습기의 여신 테프누트*Tefnut*를 창조하였다. 슈와 테프누트는 땅 신 게브*Geb*와 하늘 여신 누트*Nut*를 생산하였다. 게브와 누트는 네 자녀를 출산하는데, 오시리스*Osiris*와 이시스*Isis*와 세트*Seth*와 네프티스*Nephthys*다. 아툼·슈·테프누트·게브·누트·오시리스·이시스·세트·네프티스 이상 아홉 창조신을 엔네아드(*Ennead* 그리스어로 엔네아 ἐννεά, 아홉)라 부른다.

헤르모폴리스에서는 옥도아드(*Ogdoad* 그리스어로 옥토ὀκτώ, 여덟)라 불리는 여덟 창조신이 첫 생명을 창조하였다. 원시 바다에 존재하던 눈과 그의 배우자 나우네트*Naunet*는 물의 힘을, 헤*Heh*와 하우헤트*Hauhet*는 무한을, 케크*Kek*와 카우케트*Kauket*는 어둠을, 아문*Amun*과 아마우네트*Amaunet*는 저마다 숨은 생명력을 대표한다. 여덟 창조신의 혼합된 에너지에서 생명이 솟아나고 원초적 둔덕이 창조되었으며 이 원초적 둔덕에서 태양이 떠올랐다.

헬리오폴리스의 엔네아드 신화와 헤르모폴리스의 옥도아드 신화는 이집트의 형성과 이집트 파라오들의 신격화된 통치를 반영하는 것으로 해석할 수 있다. 먼저 이집트의 형성 신화를 살펴보자. '이집트는 나일 강의 선물'이라는 말이 시사하듯, 고대 이집트인들에게 나일 강은 태양과 더불어 풍산을 가져다주는 신이었다. 특히 이집트인들에게 태양은 가장 중요한 존재였다. 태양은 들판에 온갖 곡식과 채소와 과일을 만들어 내는 창조자인 동시에 메마른 사막을 만들어 내는 파괴자다. 태양신 레(*Re* 또는 라*Ra* 이집트어로 '태양')는 새벽에 눈에서 나와 저녁에 눈 속으로 들어간다. 저녁에 태양이 서쪽으로 지면 하늘 여신 누트에게 삼켜져 지하 세계로 내려간다. 지하 세계에서 레는 밤마다 어둠 속에서 자기를 완전히 먹어 치우려는 아페프(*Apep* 또는 아포피스 *Apophis*)라는 거대한 뱀과 싸운다. 아페프는 혼돈과 어둠의 신으로서 매일 밤 태양을 집어 삼키고 모든 생명을 파괴하려고 위협한다. 그러나 새벽이 오면 아페프의 위협을 이겨 내고 승리한 레가 지하 세계에서 솟아오르면서, 출산의 붉은 피로 물든 동쪽 하늘에 하늘 여신 누트의 아들이 되어 다시 태어난다.*

이집트의 창조 신화에서 가장 중요한 개념 가운데 하나가 마아트 Ma'at다. 마아트는 신들이 세상을 움직이는 원리, 곧 질서와 우주적 균형을 말하는데, 진리, 정의, 효심이나 충성심 등의 윤리적 의미도 지닌다. 고왕국 중기부터 마아트는 여신으로 등장한다. 이 마아트는 이집트의 지혜문학에서도 중요한 개념이다.

그다음 파라오의 통치와 관련된 신화를 살펴보자. 파라오의 통치를 상징하는 신이라면 단연 호루스*Horus*(멀리 있는 자)를 꼽을 수 있다. 이집트

---

* 멤피스 신전에서 발견된 샤바카(*Shabaka*) 석판에는 비교적 후대인 제3중간기(기원전 9-7세기)의 흥미로운 창조 이야기가 실려 있다. 태초의 혼돈을 묘사한 것은 고왕국의 헬리오폴리스 창조 신화나 중왕국의 헤르모폴리스 창조 신화와 비슷하다. 우리의 흥미를 끄는 것은 창조의 방식이다. 멤피스의 주신(主神)인 프타(*Ptah*)가 독자적인 창조신으로 등장한다. 그는 심장(=마음)으로 생각해서 혀(=말씀)로 창조한다. 그가 (혀로) 말하자 하늘과 땅이 갈라져 세상이 생겨났다.

에서 호루스는 보통 매 또는 매의 머리를 한 인간으로 묘사하였다. 매 신 호루스는 '하늘의 주신主神'이요 동쪽의 신이며 그의 두 눈은 해와 달이다.

호루스 관련 신화의 줄거리를 요약하면 다음과 같다. 호루스는 '신들의 여왕'인 이시스(왕좌)와 오시리스의 아들이다. 그의 부모는 이집트를 함께 다스렸으나, 오시리스의 질투심 많은 형제 세트(카오스의 주신)가 오시리스를 살해하고 이집트의 왕좌를 차지해 버렸다. 그러자 네프티스와 더불어 남편의 죽음을 애도하던 이시스는 세트가 해체한 남편의 몸을 마술로 결합시켜 호루스를 낳았다. 그러고 나서 이시스는 호루스를 몰래 키워 어른 신으로 성장시켰다.

어른이 된 호루스는 자기 아버지를 살해한 삼촌 세트에게 복수하기로 작정하고 자신의 적법한 왕위 계승을 주장하고 나섰다. 호루스는 먼저 신들에게 소송을 제기하였다. 모든 신들이 그의 주장에 수긍하였으나 태양신 레만은 예외로 호루스보다 더 강력한 세트를 믿고 그의 왕위를 계속 지지하였다. 만장일치의 결론에 도달하지 못하자 신들은 위대한 여신 네이트*Neith*에게 문의하고 네이트는 호루스를 지지해 주었다. 그래서 신들은 어정쩡하게 호루스에게 왕위를 되찾아 주는 데 동의하였으나 세트가 그들의 결정에 반발하여 자기 조카를 거슬러 전투를 벌였다.

치열한 전투 중에 세트는 호루스의 왼쪽 눈(달을 상징함)을 파냈으나 하토르*Hathor* 여신이 회복시켜 주었다. 호루스가 또다시 네이트에게 도움을 호소하는 동안, 이시스는 태양신 레에게 찾아가 만일 정의가 회복되지 않으면 복수의 정령들을 풀어놓겠다고 위협하였다. 마침내 레의 동의를 얻어 모든 신들은 만장일치로 호루스에게 이집트 왕좌를 되돌려 주기로 결정하였다. 마침내 세트도 이 결정을 받아들이고 그 뒤부터 어둠의 세력인 아포피스에 맞서 싸우는 레를 돕기 위하여 자기의 무서운 힘을 사용하였다.

나중에 호루스는 태양신 레와 동일시됨으로써 창조 신화와 통치 신화가 하나로 합해진다. 태양신 레는 이집트 중왕국 시대(기원전 21-18세기)에 와서 테베의 신 아문과 통합하여 아문-레가 된다. 아문(또는 아몬, '숨겨진 신')은 본디 헤르모폴리스 여덟 창조신 가운데 하나로 '신들의 임금'이고 테베의 주신이었는데, 중왕국의 패권을 장악한 테베인들이 그를 최고신 레와 같은 반열의 신으로 격상한 것이다.

결국 호루스 관련 신화는 호루스가 산 자들의 땅인 이집트를 다스리는 동안 오시리스는 죽은 자들의 땅인 지하 세계를 다스리게 된 것으로 결말을 짓는다. 모든 파라오는 '살아 있는 호루스', 곧 지상에 육화한 호루스 신으로 공경을 받았고 사후에는 지하 세계에 내려가 오시리스와 결합하여 왕권을 계속 행사하였다. 또한 이집트 임금 파라오들은 자신을 태양신 레와 연관시키고 아페프를 적으로 삼았다. 그리하여 파라오들은 살아 있을 때는 왕좌에서 이집트를 다스렸고 죽어서는 피라미드에서 다스렸다.

오시리스는 수확의 시기에 잘려져 땅 속에 묻히는 곡식의 씨앗에 자주 비유된다. 가나안 신화의 바알처럼 오시리스는 그의 누이이자 아내인 이시스 덕분에 소생하지만 바알처럼 강력한 힘을 지니고 부활하지는 못한다. 이집트 신화에서 오시리스는 수동적인 신으로 무력함과 죽음을 상징하고 죽음의 장소인 피라미드와 동일시되기도 한다. 이집트 파라오의 통치와 관련하여 곡식의 성장을 책임지는 살아 있는 파라오는 호루스의 현현이요, 죽은 다음에 피라미드에 묻힌 파라오는 오시리스의 현현이다. 호루스와 오시리스가 파라오를 통하여 현존하는 한 이집트의 자연과 왕족의 통치는 영원히 보장받을 수 있다.

이집트 신화는 이스라엘 백성의 생존을 위협했던 파라오의 신분과 역할을 이해하는 데 큰 도움을 준다. 특히 이집트 탈출 사건은 이집트인들과 이스라엘인들의 대결이 아니라 이집트의 신 파라오와 야훼 하느님 사이의 대결로서, 야훼 하느님께서는 파라오와 이집트인들을 죽음의 바다인 갈대 바다에 쓸어넣으심으로써 승리자가 되신다(탈출 15장). 그분과 경쟁하거나 대적할 수 있는 신은 없다.

(2) 시리아-팔레스티나 신화

성경의 '가나안'을 학문적 지명으로 '시리아-팔레스티나'로 부른다. 팔레스티나에 거주한 여러 민족들은 오랜 세월에 걸쳐 이곳에 정착하면서 자연히 가나안 원주민들의 신들인 엘과* 그의 배우자 아세라Ashera를 섬기고 그들의 아들 바알을 가장 중요한 신으로 떠받들었다. 1928년 시리아 북쪽 라스 샤므라Ras Shamra에서 다량으로 발굴된 우가릿*Ugarit* 토판 문서는 바알*Baal*이 바다의 신 얌무*Yammu*와 지하의 신 모투*Motu*와 겨루어 승리한 이야기를 상세하게 전한다. 토판 여섯 장에 전하는 이 승리담은 크게 두 부분으로 나누어 아래와 같이 요약할 수 있다.

첫째 이야기는 바알이 바다의 신 얌무를 물리치고 신들의 임금이 되는 과정을 묘사한다. 우가릿어로 '바다'를 뜻하는 얌무의 여러 호칭 가운데 '판관 나하루*Naharu*'가 있다. '나하루'는 강을 뜻하니, 얌무는 짠물과 단물을 모두 지배하는 혼돈을 상징한다. 처음에 최고신 엘은 얌무의 건축을

* 구약성경에 자주 나오는 초월적 복수형 엘로힘(אֱלֹהִים)은 엘(אֵל)의 복수가 아니라 엘로하(אֱלוֹהַּ)의 복수다.

허락한다. 얌무가 엘의 편애와 지지를 받고 있다는 사실에 바알이 분개한다. 그때까지 바알은 집이나 궁궐이 없었다. 얌무는 신들의 모임에 사신을 보내어 경쟁자 바알을 넘겨주라고 요구한다. 얌무는 사신들을 보내면서 엘에게 절하지도 말고 신들의 모임에 무릎을 꿇지도 말고 똑바로 서서 자기 말을 전하라고 명한다.

사신들이 가서 신들의 모임을 주관하는 엘에게 얌무의 말을 전한다. 그러자 얌무의 오만한 제의와 신들의 무력함에 바알이 격분한다. 바알은 지혜의 신 코싸르-와-하시수*Kothar-wa-Hasisu*에게서 곤봉 두 개를 받아 들고 얌무와 일전을 치른다. 바알이 휘두르는 첫째 곤봉에 얌무는 끄떡 없었으나 둘째 곤봉으로 얌무는 두 조각이 난다. 얌무는 "나는 죽어간다. 바알이 통치할 것이다" 하고 외치면서 바알에게 패배하였음을 선언한다. 이후 바알 신화에서 얌무는 더 이상 등장하지 않는다. 얌무를 물리친 바알은 아세라를 통해 뇌물을 주어 최고신 엘에게서 자신의 신전(=궁궐)의 건축허가를 얻어낸다. 그리고 신전을 지은 다음 신들을 모아 천상의 잔치를 연다. 거기에서 비와 이슬과 천둥이라는 바알의 세 딸이 소개된다. 이 잔치는 바알이 혼돈(=얌무)을 꺾고 질서를 수립하여 비바람으로 상징되는 모든 권력을 갖추어 땅의 주인이 되었음을 드러낸다. 바알이라는 말 자체가 '주인, 주'라는 뜻이다. 바알의 첫째 모험담은 항구도시 우가릿의 자연적 특성을 고려할 때 바다나 강과 같은 큰 물이 육지로 범람하는 것을 반드시 막아야 한다는 고대인들의 절박함이 반영된 것으로도 해석할 수 있다.

바알의 둘째 모험담은 지하의 신이자 죽음의 신 모투와 결전을 벌이는 내용이다. 얌무를 무찌른 바알은 앞에서 언급한 대로 신들을 초대하여 잔치를 열고 가장 능력 있는 풍산신답게 온갖 기름진 음식과 좋은 포도주로 신들을 배불리 먹였다. 그러고는 그 대가로 우가릿 근처의 성읍들을 차지한다. 바알은 이제 땅의 주신主神으로 우뚝 서게 되었다. 이때 죽음의 신 모투가 바알과 대결을 벌인다. 바알이 땅에서 비바람을 뿌려 풍요를 이루게 하는 신인 반면, 모투는 저승에 살면서 죽음을 가져오는 신이니 둘 사이의 결전은 이제 피할 수 없다. 모투는 거대한 입을 가졌고 그 큰 입으로 바알을 삼켜 버린다.

모투가 바알을 삼키자 바알은 죽는다. 바알이 죽자 바알의 두 전령 신들이 신들의 아버지 엘에게 찾아가 보고한다. 엘은 바알의 죽음을 애도한다. 바알의 누이이자 배우자인 아나투*Anatu*도 바알이 누워 있는 곳에 와서 그의 죽음을 확인하고 애도한다.* 그런 다음 바알의 주검을 바알의 거처인 차파누*Zaphanu*의 성채로 가져와 그곳에서 장사를 지내고 수많은 가축을 도살하여 죽은 바알을 위해 제물로 바친다. 그 뒤에 엘의 처소로 찾아가 엘과 그의 배우자 아세라에게 경배하며 바알 대신 아세라의 아들들이 땅을 다스리게 해 달라고 청원한다.

이 두 이야기는 사실 하나로 묶여 '바알 신화집'에 들어 있다. 바알 신화에서 바알은 우가릿 인근의 땅을 다스릴 뿐이고 엘이 최고신으로 나온다. 바알은 자신의 신전을 건립하기 위해 엘의 허가를 받아야 했다. 바알이 죽자 그 후계자로 엘과 아세라의 아들들 가운데 하나가 바알을 계승하여 땅을 다스려야 한다는 생각도 그래서 나왔다. 엘은 바다의 여신 아세라에게 그녀의 아들들 가운데 바알을 대신할 자를 골라 보라고 말한다.

---

* 엘과 아나투가 죽은 바알을 슬퍼하며 바알의 부활을 염원하는 장례 의례는 카르멜 산에서 엘리야 예언자와 대결했던 바알 예언자들의 의식 행위들과 비슷하다(1열왕 18,26.28).

그러나 아세라의 아들들 가운데는 아무도 바알과 경쟁할 만한 자가 없었다. 그들의 힘이나 몸이 바알에 미치지 못했던 것이다. 아나투는 엘과 아세라에게 이를 확인시켜 준 다음, 혼자서 모투에게 찾아가 바알을 내놓으라고 외친다. 모투가 말을 듣지 않자 아나투는 모투를 붙잡아 칼로 내리치고 키로 까부르고 불로 태웠으며, 맷돌로 그를 갈고 들판에서 톱으로 썰었다. 그러자 새들이 와서 모투의 토막 난 시체들을 먹어 치웠다.

모투가 죽자 땅의 주인이요 임금인 바알이 되살아났다. 하늘은 비를 뿌리고 계곡은 꿀로 넘쳐났다. 바알과 더불어 메말라 버린 자연이 그의 부활과 함께 생명력을 회복한 것이다. 여기서 바알의 죽음은 죽음의 계절인 여름을 상징하고 바알의 부활은 생명의 계절인 봄을 상징한다는 해석이 오랫동안 학계를 지배해왔다. 바알의 둘째 모험담을 계절의 주기와 연결하여 해석하는 것이다.

농경 사회에서 하천과 수로의 물관리와 계절의 일정한 주기는 농사에 결정적으로 중요하다. 사람들은 계절마다 바뀌는 강우량과 기후에 맞추어 씨를 뿌리고 수확한다. 강우량과 기후의 변화가 정상으로 진행될 때에는 풍년을 기대할 수 있지만, 가뭄이나 홍수, 이상 저온이나 고온 등이 닥칠 때에는 한 해의 농사를 망칠 수 있다. 따라서 바알 신화와 풍산신 숭배는 이 지역 농경민들에게 생존과 직결된 가장 중요한 신앙이었고, 자연의 변화와 인간의 역사를 주관하시는 한 분 하느님을 믿는 이스라엘의 야훼 신앙과 필연적으로 충돌할 수밖에 없었다. 그 좋은 예는 엘리야 예언자와 북왕국 임금 아합 사이의 갈등 대목에서 찾아볼 수 있다 (1열왕 18—19장).

한편 이스라엘은 기원전 1천 년대에 팔레스티나에 자리 잡은 나라로서, 주변의 민족들과 자연스레 교류하며 유사한 언어와 문화를 향유하였지만 우가릿 등과는 퍽 다른 신학을 드러냈다. 시리아-팔레스티나에서 최고신으로 등장하는 엘이 이스라엘에서는 야훼와 동일시되었다. 작은 나라 우가릿을 다스리는 바알은 엘의 하위신으로서 엘의 허락을 받아야 했다. 하지만 우가릿보다 더 작은 나라 이스라엘은 자신의 고유한 야훼 신이 이 세상의 최고신 엘과 같은 신이라는 담대하고 독특한 신학을 지니고 있었다. 우가릿 문헌에서 엘은 나이가 지극하고 흰 수염을 지닌 점잖고 자비가 넘치는 신으로 사람들을 구원하는 평화의 신이다. 엘은 이미 이스라엘의 성조 시대에 열두 부족의 수호신인 야훼와 자연스럽게 동화되었다. 이스라엘에서 엘은 고유명사가 아닌 '하느님'이라는 뜻의 보통명사가 된다. 엘 엘욘(אֵל עֶלְיוֹן 지극히 높으신 하느님: 창세 14,18-19), 이스마엘(יִשְׁמָעֵאל 하느님께서 들으신다: 창세 16,11), 베텔(בֵּית־אֵל 하느님의 집: 창세 28,18-22), 이스라엘(יִשְׂרָאֵל 하느님께서 겨루신다: 창세 32,29), 프니엘(פְּנִיאֵל 하느님의 얼굴: 32,31) 등이 그 좋은 예들이다. 또 이스라엘 사람들은 사무엘, 요엘, 엘리야에서 볼 수 있듯 자신들의 이름에 엘을 많이 사용하였다. 이처럼 이스라엘이 엘을 자연스럽게 받아들인 이유는 이스라엘의 독특한 믿음 때문일 것이다. 이스라엘은 자신들의 신 야훼보다 더 높은 어떤 신도, 야훼 말고 다른 어떤 신도 생각하지 않았다.

(3) 메소포타미아 신화

메소포타미아 신화는 이집트 신화와 시리아-팔레스티나 신화보다 더 정교하면서 창세기의 천지창조와 원조 이야기(창세 1—11장)의 형성에 커다란 영향을 미쳤다.

기원전 3300년경부터 유프라테스Euphrates 강과 티그리스Tigris 강 하류 지역의 여러 도시국가들은 상형문자와 쐐기문자(설형문자)를 병행한 수메르*Sumer* 문자를 공통으로 사용하면서 우룩*Uruk*을 중심으로 '수메르'라는 도시국가 동맹체를 만들었다. 그런데 수메르 도시국가들에는 셈어를 사용하는 민족들이 상당수 들어와 살고 있었다. 기원전 2360년경 셈족 사르곤*Sargon*이 북쪽 메소포타미아에 아카드*Akkad*라는 도시를 중심으로 55년의 재위 기간 동안 남쪽의 수메르 도시국가들을 정복한 다음, 동쪽으로는 자그로스Zagros 산맥 너머의 엘람*Elam*과 남쪽으로는 바다 건너 딜문*Dilmun*(오늘의 바레인), 서쪽으로는 시리아 지역의 지중해변까지의 광대한 영토를 차지하였다. 사르곤 시대를 기점으로 수메르 상형문자의 음절을 빌려 만들어진 음절문자 아카드어가 메소포타미아 전 지역에 확산되었다. 그 이후 아카드어는 고대 바빌로니아와 아시리아의 언어이자 고대 근동의 국제 공용어*lingua franca*가 되었다. 그러나 2180년경 아카드 왕조는 메소포타미아 동쪽 자그로스 산맥에서 일어난 구트*Gut*족에게 멸망하였다. 그 뒤 40여 년이 지나 남 메소포타미아 유프라테스 강 하류에는 도시국가 우르*Ur*를 중심으로 수메르 도시국가 동맹체가 다시 형성되었고 이곳의 모든 문서가 다시 수메르어로 기록되기 시작하였다. 하지만 이 시기의 수메르어 문헌은 아카드어의 영향을 강하게 드러낸다. 약 100년 동안 지속된 우르 제3왕조(기원전 2060-1950년)는 수메르 문화의 전성기로서 문서활동이 왕성하게 일어났다. 우르 제3왕조 이후에 메소포타미아 북서쪽에서 셈어를 사용하는 아무르*Amurr*인들(구약성경의 '아모리족')이 들어왔고, 이들은 함무라비 임금 때에 전성기를 맞아 메소포타미아를 지배하기 시작하였다. 함무라비는 바빌론을 메소포타미아의 중심 도시로 세우고 거의 모든 행정과 외교 문서를 다시 아카드어로 기록하도록 명했지만 주요 도시의 학교에서는 수메르어와 수메르어 작품을 가르치는 것을 허용하였다. 이 시기에 학교에서 가르쳤던 수메르 문학작품들을 분류해 보면 30여 편의 신화와 15편의 영웅담, 신과 임금에 대한 500여 편의 찬양시, 수십 편의 잠언, 30여 편의 우화, 100여 편의 아가雅歌, 수백 편이 넘는 애가哀歌와 주문呪文 등이 있다. 오른쪽의 표는 수메르어와 아카드어로 기록된 다양한 문헌들의 내용을 요약한 것이다.

메소포타미아 신화의 신

이름	영역	도시	방향
아누(하늘 신)	하늘	우룩	상(上)
엔릴(대기 신)	바람과 땅	닙푸르	중(中)
닌후르삭(모신)	산기슭, 언덕	키쉬	북(北)
엔키(지혜의 신)	지하수, 연못	에리두	하(下)
난나(달 신)	달	우르	남(南)
우투(정의의 신)	태양	라르사	동(東)
인안나(사랑의 여신)	금성	우룩	서(西)

조철수, 『수메르 신화』, 39쪽 참조.

여러 문헌을 종합해 보면 본디 최고신은 우룩의 수호신인 하늘 신 아누*Anu*이지만 사랑의 여신인 인안나*Inanna*가 우룩을 차지하면서 수호신 자리를 그녀에게 넘겨주고 하늘로 올라간다. 그 뒤 닙푸르*Nippur*의 수호신인 대기大氣의 신 엔릴*Enril*이 신들의 모임에서 최고신의 자리를 차지한다. 이는 기원전 30-28세기에 수메르의 여섯 도시국가가 닙푸르를 중심으로 공동체를 이루었을 때를 반영한다.

엔릴은 하늘 남신 아누와 땅 여신 키*Ki* 사이에서 태어났다. 이를 농경문화의 맥락에서 해석할 수 있겠다. 농경 사회의 신화에서 흔히 볼 수 있는 하늘 신과 땅 신의 결합은, 하늘이 비를 내려야 땅이 곡식을 키울 수 있다는 자연의 순리에 바탕을 둔 것이다. 다양한 신화 문헌들을 요약하면 대기의 신 엔릴은 바람과 홍수를 통제함으로써 땅 위의 모든 실권을 장악한 것으로 드러난다. 엔릴은 대기의 여신 닌릴*Ninlil*과 결합하여 달 신 난나*Nanna*를 낳지만 하늘 신과 땅 신에게 추방당하여 저승길로 가는 길에 첫사랑을 잊지 못해 따라온 아내 닌릴에게 세 사람으로 모습을 바꾸어 나타나 세 저승신을 낳는다. 한편 엔릴의 아들신 난나는 큰 여주인 신 닌갈*Ningal*과 결합하여 태양신 우투와 금성신 인안나를 낳는다. 이로써 엔릴은 땅 위의 실권뿐 아니라 달과 해와 금성을 통제하여 하늘의 실권까지 장악한다. 나아가 달과 해가 번갈아 동편에서 떠올랐다가 서편으로 내려가기 때문에 그 둘을 통제하는 엔릴은 땅 밑의 저승 세계도 관장하게 된다.

세상의 운명을 결정하는 일곱 신은 서열별로 아누, 엔릴, 닌후르삭, 엔키, 난나, 우투, 인안나인데, 이들이 수메르와 아카드를 대표하는 신이라고 할 수 있다. 이 일곱 신과 그 서열은 시대에 따라 약간씩 달라진다. 바빌로니아 시대에는 아누, 엔릴, 엔키, 난나, 우투, 인안나, 그리고 닌후르삭 대신 천둥 신 아다드(*Adad* 또는 이쉬쿠르*Ishkur*)가 맨 마지막에 위치하고, 기원전 12세기 이후에는 역병 신 에라가 아다드를 대신한다. 운명을 결정하는 이 일곱 신들의 서열은 숫자로도 표시되었다. 최고신 아누는 60, 엔릴은 50, 엔키는 40, 난나는 30, 우투는 20, 인안나는 15, 그리고 마지막 비바람의 신 아다드는 10이다. 하늘 신 아누의 숫자 60은 수메르인들의 육십진법과 연관되고, 달 신 난나의 숫자 30은 한 달의 날수이며, 치유의 신 엔키의 숫자 40은 정화淨化와 관련 있다. 40이라는 숫자는 히브리어 성경에서도 중요하다. 노아의 홍수는 40일간 계속되었고, 이스라엘은 광야에서 40년 동안 시련을 겪었다. 성처녀 인안나의 숫자 15는 고대의 많은 이야기 속

여주인공들이 15세에 어떤 일을 시작하는 것과 관련 있을 것으로 보인다.

한편 오늘날 주간의 이름으로 굳어진 일곱 별은 이미 메소포타미아 신화에서 확립되었다. 하늘 신 아누는 모든 별을 수용하므로 특정한 별이 필요 없고 별자리가 없는 다른 신들은 특정한 별을 차지한다. 대기의 신인 엔릴은 토성土, 우투는 태양日, 난나는 달月, 역병을 일으키는 신 에라 Era는 화성火, 지하수의 신 엔키는 수성水, 마르둑은 목성木, 인안나는 금성金을 관장한다.

가장 오래된 수메르 신화는 기원전 27세기에 기록된 『지우수드라 *Ziusudra*(또는 *Xisuthros*) 홍수 이야기』다. 유프라테스와 티그리스 두 강 사이의 비옥한 지역에 살던 수메르인들은 생존을 위해 수로를 만들고 관리하는 일을 무척 중요하게 여겼다. 해마다 봄이 되면 홍수로 상류의 붉은 흙이 하류에 위치한 수메르 지역 전체로 밀어닥쳤고, 수메르인들은 밀어닥치는 수로의 깊이를 유지하고 강가 경작지에 비옥한 흙을 공급하기 위하여 수로 바닥의 침적토를 파내는 노역에 동원되었다. 해마다 힘겨운 일에 동원된 사람들이 불평불만을 터뜨리자 그들의 시끄러운 소리 때문에 신들이 쉴 수가 없었다. 신들의 우두머리인 엔릴이 큰 신들의 모임(큰 도시 수호신 오십 명의 모임인 아눈나키)에서 인간들을 모두 없애 버리자고 제안한다. 그러자 치유와 구원의 신인 엔키가 수메르의 임금이며 대사제인 지우수드라(목숨이 오래오래 있을 것이다)에게 신들의 결정을 알려 주고 홍수에서 살아남기 위해 방주를 만들라고 가르쳐 준다. 이때 엔키는 신들의 은밀한 결정을 누설하지 않으면서 지우수드라에게 비밀을 가르쳐 줄 방법으로 갈대로 만든 신전 벽을 통해 지우수드라에게 엔키의 목소리를 들려주었다. 거대한 방주에 들어간 지우수드라는 7일 동안 계속된 홍수 속에서 살아남았다.

그는 창문을 만들고 나와 황소와 양을 제물로 바쳤다.

『지우수드라 홍수 이야기』는 기원전 17세기 고古 바빌로니아 시대의 아카드어 토판으로 전해진 『아트라-하시스*Atra-Hasis*('상지上智')의 태초 이야기』로 계승된다. 그 내용을 보면, 처음에는 신들이 사람 대신에 노동을 하고 노역을 감당하였다. 신들의 노역은 컸고 노동은 힘겨웠으며 고생이 많았다. 큰 신들은 작은 신들에게 일곱 배의 노동을 시켰다. 작은 신들은 2400년(40×60: 40은 엔키의 숫자, 60은 육십진법에서 큰 숫자. 작은 신들이 40년 동안 일하고 다음 단계로 넘어가 또다시 오래도록 노동했다는 뜻) 이상이나 일하였다. 노역을 감당하기 어렵게 되자 그들은 엔릴의 신전 앞에서 연장에 불을 지르고 흙 나르는 바구니를 불태우며 폭동을 일으켰다. 그러자 엔릴을 중심으로 큰 신들이 모여 회의를 하고 신들을 대신하여 노역을 담당할 사람을 만들기로 하였다. 지혜의 신 에아*Ea*(수메르의 엔키)는 어미신 닌투*Nintu*와 더불어 반역에 가담한 지성의 신 게쉬투에*Geštu'e*를 잡아 죽이고 그의 살과 피에 점토를 섞었다. 그리고 큰 신들이 그 점토 위에 침을 뱉었다. 그렇게 해서 혼이 있는 사람들이 태어났다. 이때 에아와 마미*Mami*(닌투의 다른 이름)는 점토 덩어리 열네 개를 떼어 내고 일곱 덩어리는 오른쪽에 일곱 덩어리는 왼쪽에 놓아 남자와 여자 일곱 쌍을 만들었다. 노역에 시달린 사람들의 울부짖는 소리 역시 너무 심해지자 엔릴이 그들 때문에 쉴 수가 없다고 불평한다. 신들의 모임에서 엔릴은 인간에게 벌을 내리기로 결정한다. 역병과 가뭄에 이어 홍수로 사람들을 쓸어버리기로 한다. 이와 달리 창세기 노아의 홍수 이야기에서는 사람들의 타락(폭력의 난무) 때문에, 곧 윤리적 이유 때문에 하느님께서 홍수를 일으키셨다고 한다. 구원의 신 에아는 자신에게 충성을 다하는 아트라-하시스에게 갈대 벽을 통하여 신들의 결정을 알려 주고 방주를 만들어 홍수의 재난에서 살아남게 한다.

홍수 이야기는 아래 소개할 『길가메쉬*Gilgamesh* 서사시』에도 나온다. 길가메쉬에게 영생초의 소재를 알려준 우트나피쉬팀*Utnapishtim*(먼 곳에 사는 사람)이 들려준 이야기가 바로 그것이다. 엔릴(바빌로니아 신화의 엘릴)을 비롯하여 큰 신들이 홍수를 일으켜 사람들을 모두 멸하려 했지만 지하수신 에아가 갈대 벽을 통하여 그 비밀을 우트나피쉬팀에게 알려 주면서 큰 배를 만들어 그와 그의 가족, 그리고 가축과 들짐승, 온갖 장인匠人들이 살아남도록 하였다. 홍수에서 살아남은 우트나피쉬팀을 보고 엔릴은 그와 그의 아내를 신들의 반열에 들어 올리고 강들의 입구 저 먼 곳에 살게 하였다. 그런데 『길가메쉬 서사시』에는 왜 신들이 인간을 쓸어 버리기로 결정하였는지 그 동기가 나와 있지 않다.

『길가메쉬 서사시』는 수메르와 아카드 문명에서 신화가 탄생하고 전승되어 발전하는 과정을 잘 드러낸다. 『길가메쉬 서사시』의 가장 오래된 이야기는 이미 수메르 시대에 탄생되었다. 그 이후 아카드어로 번역되어 계속해서 이야기가 개작되고 편집되어 전승되다가 기원전 1200년경에 바빌로니아의 서기 신-레키-운닌니*Sin-leqi-unninni*에 의해서 지금과 같은 형태로 완성되었다. 『길가메쉬 서사시』는 이미 고대근동 세계에서 유명해져 이스라엘의 사제와 예언자 들도 이 이야기를 잘 알고 있었을 것으로 추측된다. 창세기 특히 창세 1—11장에서 이 이야기의 영향을 확인할 수 있다.

『길가메쉬 서사시』는, 비록 무위로 끝나고 말지만 죽음을 극복하려는 한 영웅의 노력과 투쟁을 그린다. 길가메쉬는 '늙은이(길가*gilga*)가 젊은이(메쉬*mesh*)다'라는 뜻이다. 이 시의 주인공 길가메쉬는 고대 수메르의 도시국가 우룩(창세기에서는 에렉)의 제5대 임금이었다. 그는 우룩의 제4대 임금 루갈반다와 닌순*Ninsun* 사이에서 태어난, 3분의 2는 신이고 3분의 1은 사람인 신인(神人 θεῖος ἀνήρ 테이오스 아네르)이었다. 그는 우룩에서 무소불위의 권력을 휘두르고 온갖 부귀영화를 누리다가, 경쟁자이며 친구인 야성인野性人 엔키두*Enkidu*를 만나 함께 신들이 사는 깊은 산(자그로스 산맥 또는 레바논 산맥)으로 들어가서 그곳 산지기 훔바바*Humbaba*(수메르 이름은 후와와)를 죽인다. 그렇게 함으로써 자신의 용맹과 이름을 영원히 남기는 영웅이 되고자 했던 것이다. 신산神山의 산지기 훔바바는 길가메쉬와 엔키두에게 머리가 잘려 죽었지만, 신들의 모임은 훔바바를 죽인 죄목을 엔키두 혼자에게 지워 그를 죽이기로 결정한다. 엔키두는 길가메쉬 곁에서 시름시름 앓다가 죽었다. 분신과 같은 친구의 죽음을 목격한 길가메쉬는 더할 수 없는 충격을 받고 죽음에서 벗어날 길을 찾다가 뱃사공 우르샤나비*Urshanabi*의 도움으로 대초원과 바다를 건너 수메르 신들의 낙원인 우트나피쉬팀의 딜문*Dilmun*으로 들어간다. 그곳에서 길가메쉬는 자신의 조상이며 대홍수에서 살아남은 우트나피쉬팀을 만나 그에게서 영생의 비밀을 간직한 가시 달린 풀을 얻어 자기 왕국으로 돌아온다. 그러나 불행히도 돌아오는 도중에 샘 하나를 발견하는데 그곳의 찬물에 뛰어들어 목욕을 하는 사이에 난데없이 나타난 뱀에게 그 풀을 도둑맞는다.

고대 근동의 문헌에서 『길가메쉬 서사시』만큼 죽음에 대한 인간의 두려움과 성찰을 여실하게 보여 준 작품은 없다. 다른 한편, 이 서사시는 인류의 첫 조상 아담과 하와가 뱀의 유혹에 넘어가 하느님이 따 먹지 말라고 명하신 선과 악을 알게 하는 나무 열매를 따 먹고 에덴 동산에서 쫓겨나 죽음을 겪게 되었다는 창세 3장의 실낙원 이야기 작성에 영감을 주었을 것으로 보인다.

창세 1장의 천지창조 이야기는 바빌로니아 신화『에누마 엘리쉬』*Enuma Elish*(그때 위에서)의 영향을 받은 것으로 보인다.『에누마 엘리쉬』는 바빌론의 주신主神 마르둑*Marduk*이 최고신으로 올라서는 과정을 묘사한 창조 신화다. 바빌로니아 제국에서는 신년 축제 때마다 전국에서 사제들이 이 신화를 낭송하여 마르둑의 위엄과 제국의 번영을 널리 선전하였다.『에누마 엘리쉬』의 역사적 배경으로 대개 마르둑 신상의 귀환 사건을 든다. 기원전 1200년경 아시리아 임금 투쿨티-닌우르타(*Tuklti-Ninurta* 기원전 1243-1207년)가 바빌로니아를 침범하여 수도 바빌론을 함락하고 마르둑 신상을 탈취해 간 비극적 사건이 일어났다. 마르둑 신상을 빼앗긴 바빌로니아인들은 큰 충격에 사로잡혔다. 그러나 바빌로니아인들은 빼앗긴 마르둑 신상 대신 다른 신상을 만들지 않고 수많은 경신례를 거행하며 그 신상이 되돌아오기를 고대하였다. 그러는 사이 마르둑 신상은 엘람인들에게 넘어갔고 네부카드네자르Nebukadnezzar 1세(기원전 1125-1104년) 때에 와서야 바빌로니아인들은 그 신상을 엘람인들의 손에서 되찾아왔다. 마르둑 신상을 빼앗긴 지 100년 만이었다. 이 사건을 계기로 바빌로니아 사제들은『에누마 엘리쉬』를 대폭 수정하고 각색하여 바빌론(신들의 문)이 세상의 중심이요 신들의 회의가 열리는 곳임을 온 세상에 널리 알리는 데 이 신화를 이용하였다.

『에누마 엘리쉬』의 내용을 보면 세상도, 사람도, 신도 없었던 태초에는 지하수(압수*Apsu*)와 바다(티아마트*Tiamat*)가 하나로 뒤섞여 있었다. 이렇게 단물과 짠물이 뒤섞인 곳에서 신들이 태어났다. 라흐무/라하무*Lahmu/Lahamu*(점토, 토양), 안샤르*Anshar*(하늘의 끝, 수평선)와 키샤르*Kishar*(땅의 끝, 지평선)가 생겨났다. 안샤르와 키샤르는 자신들을 닮은 신들, 곧 아누(하늘)와 누딤무드*Nudimmud*(지하수, 엔키 또는 에아와 동일시되기도 한다)를 낳았고, 에아는 위대한 용사 마르둑을 낳았다. 마르둑의 호칭은 벨*Bel*(주主)이다. 이 마르둑은 티아마트와 싸움을 벌인다. 티아마트는 태초의 물을 지칭하는 심연의 어머니다. 『에누마 엘리쉬』에서 창조란 결국 신들과 사람들의 생명을 위협하는 혼돈의 세력을 정복하는 것이다. 이는 창세기의 천지창조 기록과 통한다. "땅은 아직 꼴을 갖추지 못하고 비어 있었는데, 어둠이 심연(트홈 תְהוֹם)을 덮고 하느님의 영이 그 물 위를 감돌고 있었다"(창세 1,2). 여기서 심연 또는 태초의 물을 가리키는 히브리어 '트홈'은 아카드어 티아마트에 대응한다. '태초의 물'은 성경에서도 곧잘 인격화된다. 시편 104,6-9이 좋은 예다. "당신께서 대양(대양의 물, 트홈)을 그 위에 옷처럼 덮으시어 산 위까지 물이 차 있었습니다. 당신의 꾸짖으심에 물이 도망치고 당신의 천둥소리에 놀라 달아났습니다. 당신께서 마련하신 자리로 산들은 솟아오르고 계곡들은 내려앉았습니다. 당신께서 경계를 두시니 물이 넘지 않고 땅을 덮치러 돌아오지도 않습니다." 하느님은 혼돈의 물을 완전히 통제하시고 질서를 세우신다. 그래서 트홈은 함부로 자기 경계를 넘지 못한다.

마르둑은 티아마트를 죽이고 그 시체를 둘로 갈라 윗부분으로는 창공을 만들고 아랫부분으로는 땅을 만들었다. 이는 창세 1,6-7의 말씀과 상통한다. "하느님께서 말씀하셨다. '물 한가운데에 궁창이 생겨, 물과 물 사이를 갈라놓아라.' 하느님께서 이렇게 궁창을 만들어 궁창 아래에 있는 물과 궁창 위에 있는 물을 가르시자, 그대로 되었다." 하늘을 만들고 난 마르둑은 티아마트 시체 아래 반쪽으로 그 튀어나오고 들어간 형체에 따라 평지와 산과 강/바다를 만들었다. 이는 창세 1,9-10을 연상시킨다. "하느님께서 말씀하시기를 '하늘 아래에 있는 물은 한곳으로 모여, 뭍이 드러나라.' 하시자, 그대로 되었다. 하느님께서는 뭍을 땅이라, 물이 모인 곳을 바다라 부르셨다." 하늘과 땅을 만들고 나서 마르둑은 마지막으로 티아마트를 선동하여 전쟁을 일으킨 반란 신들의 우두머리 킨구*Kingu*를 처형하고 그 피로 인간을 만들었다. 그러고는 신들의 노역을 사람들에게 지우고 신들을 쉬게 하였다.

이상 『지우수드라 홍수 이야기』와 이를 계승하여 『아트라-하시스의 태초 이야기』, 『길가메쉬 서사시』, 그리고 『에누마 엘리쉬』 등의 메소포타미아 신화들은 고대 근동 사회에 널리 알려진 이야기들이다. 고대 근동 세계의 일원이었던 이스라엘인들도 이런 신화들을 알고 있었을 것이다. 하지만 그들은 야훼 하느님을 향한 독특한 유일신 사상 덕분에 전혀 다른 종류의 이야기를 구성하였다. 따라서 성경 안에는 고대 근동의 다른 민족들이 간직해 온 것과 같은 신화는 찾아볼 수 없지만 구약성경의 저자들이 자신들의 신학적 메시지를 전달하면서 주변 민족들의 신화적 요소들을 이용한 정황을 얼마든지 포착할 수 있다. 그렇게 해야 신화적 언어와 표현에 익숙한 독자들이 그들의 메시지를 쉽게 이해할 수 있을 것이다. 고대 메소포타미아 신화들에서 영향을 받은 정황은 특히 창세 1—11장의 창조와 원조 이야기에서 두드러지게 드러난다. 창세기 저자들이 이런 신화들을 활용할 때 다신교적이고 비윤리적인 요소들을 애써 제거하려고 했음은 물론이다.

(4) 고대 근동의 신들과 이스라엘의 하느님 야훼

고대 근동의 신화들에 나오는 신들과 구약성경에 나오는 하느님은 여러 가지 측면에서 뚜렷이 구별된다.

첫째, 고대 근동의 신들은 한정된 영역(하늘, 땅, 바다, 지하 등)과 한정된 나라와 백성에게만 주권을 행사하지만, 구약의 하느님은 우주 전체와 그 안의 모든 피조물과 민족들을 창조하시고 관장하시는 만물의 주님이시다. 물론 구약의 하느님은 이스라엘 백성과 계약을 맺으시고 이 계약 때문에 그들만을 위하시는 하느님처럼 비쳐질 수 있다. 그러나 이스라엘은 인류 전체의 구원을 위한 하나의 표본sample일 뿐이다. 하느님이 인류를 어떻게 구원하시는지, 인류는 하느님의 구원계획에 어떻게 협조할 것인지를 구체적으로 알려 주시기 위해 하느님은 이스라엘을 선택하신 것이다. 하느님이 온 세상 만민을 구원하고자 하신다는 구원의 보편주의는 요나서 전체, 그리고 특별히 이사 19,20-25에 잘 드러난다. 요나서는 하느님이 전통적인 이스라엘의 적국 니네베인들의 구원을 얼마나 간절히 원하시는지를, 이사 19장은 이집트와 아시리아를 이스라엘에 앞서 축복하시고 그들을 당신 백성과 작품으로 삼으시리라는 신탁을 전한다.

둘째, 고대 근동의 신들은 권력과 물욕과 성욕 등 인간의 원초적 욕망을 그대로 반영하고 표출하는 반면 구약의 하느님은 인간의 본성이나 욕망을 뛰어넘으신다. 고대 근동의 신들은 인간처럼 사랑하고 질투하며, 권력을 쟁취하기 위해 싸우고 힘 있는 신들에게 빌붙다가 배신한다. 그들은 자신의 욕망을 채우기 위해 자신의 모든 능력(물리적 힘과 성적 매력 등)을 마음껏 사용한다. 이와는 달리 구약의 하느님은 자족하시고 충만하시며 어느 누구에게 예속되지 않으시고 윤리적으로도 흠결이 없이 완전하시다.

셋째, 이스라엘의 하느님은 다른 신들처럼 인간과 세상의 역사에 무심한 존재에 그치는 것이 아니라 그 역사에 사랑으로 개입하시고 역사 자체를 처음부터 끝까지 주관하는 분이시다. 다시 말해 구약의 이야기들은 보이지 않는 신들의 세계에서 일어나는 환상적 사건들이 아니라, 야훼께서 당신 백성과 더불어 인간 역사 안에서 이루시는 일들을 다룬다.

넷째, 구약의 하느님을 고대 근동의 신들과 비교할 때 크게 문제가 되는 것이 두 가지가 있다. 하느님의 폭력성과 제사/제물이다. 고대 근동인들은 신들에게 더 크고 잔혹한 폭력성을 부여하면 할수록 그 신들의 권능을 찬양하는 것으로 여겼다. 그들이 치르는 전투는 대부분 신전神戰이었고 그 전투에서 승리할 경우 가장 좋은 전리품을 전투의 수장인 신들에게 바치려고 했다. 그래서 가장 좋은 무기들을 거두어 신전에 보관하고 극단적인 경우엔 정복한 성읍의 모든 사람들과 짐승들의 목숨을 완전 봉헌물로 자신들에게 승리를 안겨준 신들에게 바쳤다(여호 6—7장 참조). 그러나 하느님이 폭력을 싫어하시고 특히 약자들에게 대한 폭력을 결코 용인하시지 않는다는 메시지는 구약성경에 곳곳에 나온다. 동생 아벨에 대한 카인의 폭력을 좌시하지 않으시고(창세 4장) 노아의 홍수도 온 세상이 폭력으로 가득찼기 때문에 일으키셨다(창세 6,11). 또 다른 문제는 사람들에게서 제물을 받아 먹고 사는 근동의 신들처럼 하느님도 이스라엘의 경신례에서 제물을 받으신다는 것이다. 그러나 후대의 예언자들을 통해 진정으로 바라시는 것은 제물이 아니라 그분의 말씀을 실천하는 것임을 분명히 밝히신다(이사 1장, 특히 예레 7,21-23). 하느님의 폭력성과 경신례 제물의 문제는 하느님이 근동 문화에 몸담고 있는 이스라엘의 눈높이에 맞추어 당신 자신을 계시하신 것으로 보는 게 타당하다. 폭력을 단죄하시기 위해서 십자가에 못 박혀 폭력의 희생이 되셨고 당신 자신의 살과 피를 인간의 양식으로 내주신 예수님에게 와서 하느님이 근동의 신들과는 근본적으로 다르다는 것이 분명하게 드러난다.

한 마디로 세상에는 두 가지 신만 있을 뿐이다. 인간이 자신의 본성을 투영하여 만들어낸 신과 인간을 당신 모습으로 만든 신이다. 전자는 고대 근동이나 그 이후의 신화들에 나오는 신들이고 후자는 성경과 예수 그리스도에 의해서 계시된 하나님이다.

나. **전설**

'전설'이라 하면 '전설 따라 삼천리'처럼 신빙성 없는 이야기를 연상하기 쉽다. 따라서 구약성경의 많은 부분에 전설적 요소가 들어 있다고 말하면 이는 성경 전체의 진실성을 전면 부정하는 것으로 오해할 수 있다. 앞에서 우리는 구약성경에 본격적인 신화가 나오지 않고 다만 신화적 요소를 담은 이야기들이 나온다고 했는데, 전설도 마찬가지다. 한 이야기가 처음부터 끝까지 하나의 독립된 전설로 되어 있는 경우는 없어도 전설적 요소를 담은 이야기는 많다. 그러나 구약성경을 학문적으로 이해하려고 할 때, 성경의 '전설적 이야기'에는 다음과 같은 특징이 있음을 먼저 인식해야 한다.

첫째, 신화적 이야기와는 달리 전설적 이야기는 세상에서 일어나는 실제 사건과 실제 인물을 다룬다. 그러나 전설적 이야기는 시간적으로 현재와 매우 먼 사건을 취급한다는 점에서 비현실적이다. 전설적 사건은 때때로 잘 알려진 지역에서 일어난다.

둘째, 전설적 이야기는 흔히 역사적 실재實在를 바탕으로 한다. 그러나 이 역사적 실재가 전설의 근본 구성 요소는 아니다.

셋째, 전설적 이야기는 인생의 기원에 관련된 이야기를 반복함으로써 현재 삶의 모습이 어떠해야 하는지를 설명한다. 또한 과거의 영웅들과 신의 경지에 도달한 사람들의 덕행을 기리고 찬양함으로써 현세 생활의 믿음과 가치를 재천명해 준다.

넷째, 전설적 이야기도 신화적 이야기처럼 신앙과 관련된 어떤 신성한 장소나 관습의 기원을 설명한다.

구약의 전설적 이야기들은 성소聖所, 경신례 사물, 인물 등과 연관이 있다.

먼저 성소에 얽힌 전설적 이야기들부터 살펴보자. 이스라엘이 정복하기 오래 전부터 가나안에는 사람들이 모여 사는 곳곳에 여러 성소가 있었다. 어떤 성소들은 세월이 지나면서 사라져 갔겠지만, 몇몇 성소들은 중요한 경신례의 중심지가 되었을 법하다. 이런 성소들은 그 땅에 새로 들어온 사람들의 주의를 끌기에 충분하였다. 베텔이 바로 이런 성소 가운데 하나였다. 창세기에서 베텔은 야곱이 형 에사우에게 쫓겨 하란으로 가던 중, 인적 없는 들판에서 잠을 자다가 꿈속에서 하느님을 만난 곳이다. 잠에서 깨어난 야곱은 "이 얼마나 두려운 곳인가! 이곳은 다름 아닌 하느님의 집이다. 여기가 바로 하늘의 문이로구나"(창세 28,17)하고 말하였다. 자기가 베고 누웠던 돌을 가져다 기념 기둥으로 세우고 기름을 부어 성별한 다음, 그곳의 이름을 베텔이라고 하였다. 베텔은 '엘의 집'(베트 엘)이라는 뜻으로 이스라엘이 가나안에 들어오기 훨씬 전에 이곳에서는 이스라엘의 신 야훼가 아니라 가나안 만신전의 최고신 엘을 섬겼고 기름을 부어 세워 놓은 기념 기둥이 이곳 예배의 중심이 되었던 것으로 보인다. 일부 성경학자들의 주장에 따르면 베텔은 이곳에서 섬기던 신의 이름으로서 오랜 세월이 지난 뒤에도 이스라엘 사람들이 친숙하게 기억하고 있었다고 한다.

기원전 5세기 이집트의 이스라엘 외인 부대 정착촌이었던 엘레판틴에서 발견된 문서에는 에-베텔, 아낫-베텔, 헤렘-베텔과 같은 베텔과 관련된 신들의 이름이 나온다.

그 다음 경신례 사물과 관련된 전설적 이야기들 가운데 대표적인 예는 청동 구리 뱀 느후스탄과 하느님의 현존을 상징했던 계약 궤에 얽힌 이야기다. 구리 뱀은 모세가 하느님의 징벌에서 이스라엘 백성을 구원하기 위하여 만들어 세운 구원의 표지였으나(민수 21,6-9), 나중에 오랫동안 숭배의 대상으로 예루살렘 성전에 보관되었다가 유다 임금 히즈키야의 종교 개혁 때에 정화의 대상 가운데 하나로 지목을 받아 제거되었다(2열왕 18,4). 뱀은 고대 근동 세계에서 폭넓게 치유 능력이 있는 동물이자 풍산의 상징으로 여겨졌다. 민수기에서는 이스라엘이 뱀을 숭배했다는 말이 없으나 2열왕 18장에서는 구리 뱀 느후스탄이 숭배의 대상이었다. 계약 궤는 모세의 십계 석판을 담아 둔 나무 궤인데, 사제들만이 옮길 수 있는 하느님 현존의 상징이었다. 민수 10,35-36에서 모세는 계약 궤를 옮겨야 할 때 이렇게 말한다. "주님, 일어나소서. 당신의 원수들은 흩어지고 당신을 미워하는 자들은 당신 앞에서 도망치게 하소서." 그리고 궤가 멈추어 설 때는 "주님, 돌아오소서, 이스라엘의 수만 군중에게로!"라고 말하였다. 이스라엘은 계약 궤를 예루살렘 성전에 안치하기까지 전쟁터에 곧잘 모셔 와서 이 궤가 이스라엘 진영에 승리를 가져다줄 것으로 기대하였다(1사무 4장). 이 궤가 적군 진지에 넘어갔을 때에는 재앙과 역질의 원인이 되기도 하였다(1사무 5장). 계약 궤는 하느님의 현존을 상징하므로 지극히 조심스럽게 다루어야 한다. 사제가 아닌 우짜가 마차에서 떨어지려는 계약 궤에 손을 댔다가 하느님에게 맞아 즉사한 이야기가 이를 잘 보여 준다(2사무 6장). 계약 궤와 비슷한 성스러운 상자는 고대 근동에 널리 알려져 있던 종교적 상징물이다. 거기에서 이 같은 궤는 신들의 발판이었다.

마지막으로, 인물과 얽힌 전설적 이야기도 구약성경에 많이 나온다. 구약의 중요한 인물들, 곧 아브라함을 비롯한 성조들과 모세·사무엘·엘리야와 엘리사·다니엘에 얽힌 이야기들은 대부분 이 전설적 이야기에 속한다. 이 가운데 모세의 탄생에 얽힌 이야기는 아주 좋은 예다. 탈출 2장에 보면 모세는 태어나면서부터 생명의 위협을 받는다. 파라오가 히브리인 사내 아이들을 모조리 죽이라고 명령하였는데, 모세의 부모는 아이를 살리기 위하여 아이를 왕골 상자에 뉘어 강가 갈대 사이에 숨겨 놓는다. 마침 목욕하러 강으로 내려온 이집트의 공주가 아이를 발견하고 히브리 아이인 줄 알면서도 데려다가 양자로 삼아 이집트 왕궁에서 키운다. 모세는 투트모세나 아흐모세처럼 이집트 식의 이름을 받은 것으로 되어 있지만, 성경 저자는 히브리어 동사 '마샤'(건져 내다)와 연결시켜 '물에서 건져 낸 자'로 그 이름 뜻을 풀이한다. 이렇게 생명의 위협을 받으며 태어났다는 모세의 탄생 이야기는 고대 근동의 전설에서 그 형태와 내용을 찾을 수 있다. 페르시아 제국을 세운 키루스 임금의 탄생 전설이 그와 비슷하다. 키루스가 태어났을 때 그 지방을 다스리던 통치자는 그 아이를 미래의 경쟁자로 여겨 죽이려고 한다. 그러나 키루스는 모세처럼 기적적으로 구출되어 나중에 임금이 되고 자기를 죽이려고 했던 임금을 제거한다. 이와 비슷한 고대 근동의 전설들이 모세의 탄생 이야기에 영향을 미쳤음 직하다. 성경에서 중요한 인물들의 기적적인 탄생 이야기는 모세에 그치지 않고 이사악·삼손·사무엘을 거쳐 신약의 세례자 요한과 예수님에게까지 이어진다. 공통 주제는 인간의 힘으로 아들을 가질 수 없는 여인들이 하느님의 은총에 힘입어 낳을 수 있었다는 것이다. 또한 전설적 이야기는 큰 인물들의 탄생 설화에만 한정되지 않는다. 엘리야와 엘리사의 활약상을 펼쳐 보이는 열왕기의 기록들과 박해 시대의 유다인들을 격려하기 위하여 쓰인 다니엘서에도 전설적 요소들이 풍부하다.

다. 영웅담

구약성경의 영웅담은 고대 근동의 영웅담들에 비해서 뚜렷하게 구별되는 특징이 있다. 다른 민족의 역사에서처럼 이스라엘의 역사에도 모세·여호수아·기드온·삼손·사무엘·다윗 등 수많은 영웅들이 있었다. 그러나 그들의 성공담은 야훼 하느님의 권능을 기리기 위한 것이지 근동의 다른 영웅담에서 볼 수 있듯 그들 개인을 찬양하기 위한 것이 아니다. 이스라엘은 주님을 찬양하기 위해서만 노래를 부른다. "주님께 노래하여라, 새로운 노래를. 그분께서 기적들을 일으키셨다. 그분의 오른손이, 그분의 거룩한 팔이 승리를 가져오셨다. 주님께서 민족들의 눈앞에 당신의 구원을 알리셨다. 당신의 정의를 드러내 보이셨다. 이스라엘 집안을 위하여 당신의 자애와 성실을 기억하셨다. 우리 하느님의 구원을 세상 끝들이 모두 보았다"(시편 98,1-3). 성경에 나오는 구원과 승리의 이야기는 모두 당신 백성에게 성실한 자애를 베푸시는 하느님을 높이 기리기 위한 것이다. 물론 고대 근동의 영웅담에서도 신들의 역할이 배제되지는 않는다. 영웅들은 신들의 도움을 받아서 위대한 일을 한다. 그러나 고대 근동의 영웅담은 성경에서처럼 하느님 중심으로 이야기를 전개하지는 않는다.

이스라엘의 영웅들은 모세·삼손·사무엘처럼 특별하게 출생하긴 하지만, 신의 아들이라든지 하늘에서 내려왔다든지 하는 식의 신적 존재는 아니다. 그들은 하느님께 부르심을 받고 하느님의 도구로 맡은 바 소명을 수행할 따름이다. 소명을 수행하는 과정에서도 어려움이 닥칠 때마다 이스라엘의 영웅들은 자신들의 약함을 겸손하게 인정하고 하느님께 도움을 청하는 기도를 간절하게 바쳤다. 또 하느님의 도우심으로 적들을 물리치고 나서는 그분께 감사와 찬양을 드렸다. 성경의 영웅들을 판단하는 기준은 다른 영웅담에서처럼 능력이나 지도력에 있지 않고, 하느님께서 주신 소명을 그들이 얼마나 큰 믿음으로 충실하게 받들었느냐에 달려 있다.

모세는 처음에 막강한 군사력을 갖춘 파라오와 대결할 용기가 없어서 갖가지 핑계를 대며 하느님께서 주시는 소명을 거절하였다. 여러 가지 징표를 본 다음에야 겨우 수락하고 파라오 앞에 나아갔다. 파라오의 완고함과 열 가지 재앙은 모세의 믿음을 키웠다. 파라오와의 대결에서 승리한 뒤에 르피딤 광야에서 이스라엘이 아말렉족과 싸움을 벌일 때, 모세는 여호수아에게 "너는 우리를 위하여 장정들을 뽑아 아말렉과 싸우러 나가거라. 내일 내가 하느님의 지팡이를 손에 잡고 언덕 꼭대기에 서 있겠다"(탈출 17,9) 하고 말하였다. 싸움터가 보이는 언덕 위에서 두 팔을 들고 서 있는 모세의 모습은 하느님께 늘 도움을 간청하는 성경 영웅의 전형이다. 시나이 산의 계약이 체결된 다음, 광야 대장정을 앞두고 모세는 하느님께 기도한다. "보십시오. 당신께서는 저에게 '이 백성을 데리고 올라가거라.' 하고 말씀하셨습니다. 그러나 당신께서는 저와 함께 누구를 보내실지 알려 주시지 않았습니다. 그러면서도 당신께서는 '나는 너를 이름까지도 잘 알뿐더러, 너는 내 눈에 든다.'고 말씀하셨습니다. 그러니 이제 제가 당신 눈에 든다면, 저에게 당신의 길을 가르쳐 주십시오. 그러면 제가 당신을 알고, 더욱 당신 눈에 들 수 있을 것입니다. 이 민족이 당신 백성이라는 것도 생각해 주십시오"(33,12-13). 모세는 하느님께서 맡기신 백성을 잘 이끌고 그분을 잘 알 수 있도록 하느님의 길을 가르쳐 달라고 청한다. 이런 모세인지라 죽기 전에 자신의 후계자 여호수아에게 남긴 유언에서도 하느님께 대한 믿음을 강조한다. "힘과 용기를 내어라. 너는 이 백성과 함께, 주님께서 그들의 조상들에게 주시겠다고 맹세하신 땅으로 들어가서, 그들에게 저 땅을 나누어 주어야 한다. 주님께서 친히 네 앞에 서서 가시고, 너와 함께 계시며, 너를 버려 두지도 저버리지도 않으실 것이니, 너는 두려워해서도 낙심해서도 안 된다"(신명 31,7-8).

여호 10장은 여호수아의 눈부신 활약상을 여지없이 드러낸다. 예루살렘 임금 아도니 체덱이 주변에 있는 아모리족 다섯 성읍의 임금들과 결탁하고는, 이스라엘 자손들과 평화 조약을 맺은 기브온을 치러 진격하자 기브온 사람들이 여호수아에게 도움을 요청하였다. 여호수아가 이스라엘 용사들을 거느리고 기브온을 구하러 올라갈 때, 주님께서 여호수아에게 "그들을 두려워하지 마라. 내가 그들을 네 손에 넘겨주었다. 그들 가운데 아무도 너에게 맞서지 못할 것이다"(여호 10,8) 하고 말씀하셨다. 주님께서 아모리족을 이스라엘의 자손들에게 넘기시던 날, 여호수아가 주님께 기도를 바치고 이스라엘이 보는 앞에서 말하였다. "해야, 기브온 위에, 달아, 아얄론 골짜기 위에 그대로 서 있어라"(10,12). 그러자 여호수아의 말대로 여호수아가 아모리족을 전멸시킬 때까지 해가 그대로 서 있고 달이 멈추어 있었다. 이야기의 저자는 그날 전투를 이렇게 요약하였다. "주님께서 사람의 말을 그날처럼 들어주신 때는 전에도 없었고 후에도 없었다. 정녕 주님께서는 이스라엘을 위하여 싸워 주신 것이다"(10,14-15). 여호수아는 아모리족의 다섯 임금을 처형하고 가나안 남부 성읍들도 완전히 점령하였다. 이렇게 점령한 성읍들의 주민들은 모조리 칼로 쳐 죽여 완전 봉헌물로 하느님께 바쳤다. 이로써 이야기의 저자는 이 전쟁이 여호수아의 전쟁이 아니라 주님의 전쟁임을 분명히 한다. "이렇게 여호수아는 이 모든 임금과 그들의 땅을 단 한 번에 점령하였다. 주 이스라엘의 하느님께서 이스라엘을 위하여 싸워 주셨기 때문이다"(10,42).

판관들의 이야기(판관 3—16장)도 모두 영웅담의 형식을 취하지만 이야기의 중심에는 늘 하느님의 권능과 도우심이 자리 잡고 있다. 기드온은 삼백 명이라는 적은 수의 군사로 미디안족을 쳐서 승리하였는데, 하느님의 도우심이 없었다면 불가능한 일이었다. 미디안족에 맞서서 하롯 샘 곁에 진을 치고 있을 때 하느님께서 기드온에게 말씀하셨다. "네가 거느린 군사들이 너무 많아, 내가 미디안을 너희 손에 넘겨줄 수가 없다. 이스라엘이 나를 제쳐놓고, '내 손으로 승리하였다.' 하고 자랑할까 염려된다"(판관 7,2). 그래서 두려운 마음이 있는 자들 이만 이천 명을 돌려보내고 만 명만 남겼다. 그러나 주님께서는 군사들이 아직도 너무 많으니 무릎을 꿇고 물을 마시는 자는 돌려보내고 손으로 물을 떠서 입에 대고 혀로 핥는 자들, 주변의 경계를 늦추지 않고 물을 마시는 자들만 남겨 두라고 하셨다. 이렇게 남은 삼백 명으로 미디안족을 물리치게 하시니 주님의 권능이 크게 드러났다. 판관들의 영웅담 가운데 백미는 역시 삼손의 이야기다. 삼손의 괴력은 머리카락에서 나왔다. 그는 나지르인으로서 서약을 충실히 지켜 머리카락을 자르지 않는 동안에는 힘을 쓸 수 있었지만, 필리스티아 여인의 꾐에 넘어가 머리카락이 잘리고는 힘이 빠져 필리스티아인들에게 붙잡혔다. 자기 힘만을 믿고 교만과 방종에 떨어진 당연한 결과였다. 그는 필리스티아인들의 도성 가자에서 눈이 뽑힌 채 연자매를 돌리는 비참한 신세가 되었다. 그러다가 필리스티아인들이 다곤 신전에서 축제를 벌일 때 구경감으로 불려나왔다. 그는 주님께 부르짖었다. "주 하느님, 저를 기억해 주십시오. 이번 한 번만 저에게 다시 힘을 주십시오. 하느님, 이 한 번으로 필리스티아인들에게 저의 두 눈에 대한 복수를 하게 해 주십시오"(판관 16,28). 그러고는 신전을 버티고 있는 중앙의 두 기둥을 더듬어 찾아 양손을 기둥에 대고 "필리스티아인들과 함께 죽게 해 주십시오" 하고 외치면서 온 힘을 다해 기둥을 밀어내어 신전을 무너뜨렸다. 저자는 삼손의 이야기를 이렇게 요약한다. "그리하여 삼손이 죽으면서 죽인 사람이, 그가 사는 동안에 죽인 사람보다 더 많았다"(16,30). 주님의 힘을 빌려 이룬 공이 만용을 부리며 이룬 무공보다 훨씬 크다는 말이다.

다윗이 골리앗과 싸워 이긴 이야기도 영웅담의 좋은 표본이다. 여기서도 다윗 개인의 능력보다 하느님의 능력이 강조된다. 다윗은 사울이 입혀 주는 갑옷과 투구를 벗어던지고 사울이 건네주는 칼도 마다한다. 그 대신 개울가에서 골라 주운 돌멩이 다섯 개를 담은 양치기 가방과 무릿매 끈만 들고 구 척 장신의 필리스티아 장수 골리앗과 맞선다. 다윗이 골리앗에게 한 말이 인상적이다. "너는 칼과 표창과 창을 들고 나왔지만, 나는 네가 모욕한 이스라엘 전열의 하느님이신 만군의 주님 이름으로 나왔다. 오늘 주님께서 너를 내 손에 넘겨주실 것이다. 나야말로 너를 쳐서 머리를 떨어뜨리고, 오늘 필리스티아인들 진영의 시체를 하늘의 새와 들짐승에게 넘겨주겠다. 그리하여 하느님께서 이스라엘에 계시다는 사실을 온 세상이 알도록 하겠다. 또한 주님께서는 칼이나 창 따위로 구원하시지 않는다는 사실도, 여기 모인 온 무리가 이제 알게 하겠다. 전쟁은 주님께 달린 것이다. 그분께서 너희를 우리 손에 넘겨주실 것이다"(1사무 17,45-47). 말을 마친 다윗은 주머니에서 돌 하나를 꺼낸 다음 무릿매 끈에 넣고 팔매질하여 골리앗의 이마를 맞혔다. 골리앗의 운명은 그것으로 끝장이었다.

한마디로 이스라엘에도 영웅이 많고 영웅을 둘러싼 이야기 역시 많지만, 언제나 그 이야기의 중심은 인간 개인이 아니라 하느님이시다. 따라서 신과 대적하는 인간을 묘사하는 그리스 영웅담 같은 이야기는 구약성경에 나오지 않는다.

라. 비유

구약성경에서 비유는 그리 많지 않다. 비유 역시 신화적 이야기, 전설적 이야기, 영웅담처럼 성경의 전반적인 메시지를 전달하기 위하여 이용될 따름이지 그 자체로 완전히 독립된 기능과 메시지를 갖고 있지는 않다. 비유는 청중의 행동을 날카롭게 비판하고 그들이 올바른 판단과 결정을 내리도록 이끄는 꾸민 이야기다. 세 가지 비유를 소개한다.

첫째는 요탐의 비유이다(판관 9,8-15). 『성경』(cbck)에는 "요탐의 우화"라는 제목이 붙어 있으나 이 이야기는 우화가 아니라 비유다. 비유와 우화의 차이점은 신약성경의 '비유'를 다룰 때 언급하겠다(셋째 마당 I.2.바. 참조). 이 비유는, 제 형제 일흔 명을 잠재적 경쟁자로 여겨 살해하고 왕위에 오른 아비멜렉을 고발하고 그를 임금의 자리에 추대한 스켐 사람들을 비판하기 위해서, 형제 살육에서 유일하게 살아남은 막내 요탐이 지어낸 이야기다. 나무들이 자격을 갖춘 나무를 골라 자기네 임금을 세우려고 길을 나선다. 제일 먼저 올리브 나무에게 임금이 되어 달라고 청한다. 올리브 나무는 “신들과 사람들을 영광스럽게 하는 이 풍성한 기름을 포기하고 다른 나무들 위로 가서 흔들거리란 말인가?” 하고 거절한다. 그다음에는 무화과나무에게 청하자 무화과나무는 “이 달콤한 것 이 맛있는 과일을 포기하고 다른 나무들 위로 가서 흔들거리란 말인가?” 하고 거절한다. 그다음 포도나무에게 청하자, 포도나무는 “신들과 사람들을 흥겹게 해 주는 이 포도주를 포기하고 다른 나무들 위로 가서 흔들거리란 말인가?” 하고 거절한다. 이 세 나무는 저마다 자신의 소명에 긍지와 보람을 가지고 맡은 일에만 충실하고자 하는 훌륭한 나무들이다. 그러나 나무들이 마지막으로 찾아간 가시나무는 앞의 세 나무와 다른 반응을 보인다. 임금이 되어 달라는 청을 받은 가시나무는 “너희가 진실로 나에게 기름을 부어 나를 너희 임금으로 세우려 한다면 와서 내 그늘 아래에 몸을 피하여라. 그러지 않으면 이 가시나무에서 불이 터져 나가 레바논의 향백나무들을 삼켜 버리리라” 하고 응답한다. 요탐의 비유를 들으면서 스켐의 지주들은 이 이야기가 무엇을 말하려 하는지 곧바로 깨달았을 것이다. 요탐은 자신이 아비멜렉을 임금으로 기름부은 스켐 지주들의 결정에 반대하고 있음을 이 비유로 분명히 드러내고 있다.

둘째는 나탄의 비유다(2사무 12,1-4). 나탄은 다윗이 히타이트 사람 우리야의 아내와 간통을 저지르고 이를 숨기기 위하여 우리야의 목숨까지 빼앗은 일을 비유로 간접적으로 고발한다. 절대 군주인 다윗의 행동을 직접 비난했다가 잘못되면 목숨을 잃을 수도 있는 어려운 상황이었기 때문이다. 어떤 성읍에 두 사람이 살고 있었는데 한 사람은 부자고 다른 사람은 가난하였다. 부자는 양과 소가 매우 많았지만, 가난한 이는 작은 암양 한 마리밖에 없었다. 가난한 이는 이 암양을 자기 딸처럼 애지중지 길렀다. 그런데 어느 날 부자에게 멀리서 나그네가 찾아왔다. 부자는 자기 양이나 소를 잡기 싫어서 가난한 이의 암양을 빼앗아 그것으로 나그네를 대접하였다. 이 이야기를 들은 다윗은 그 부자의 소행에 몹시 화를 내며, "주님께서 살아 계시는 한, 그런 짓을 한 그자는 죽어 마땅하다. 그는 그런 짓을 하고 동정심도 없었으니, 그 암양을 네 갑절로 갚아야 한다"(2사무 12,6). 그러자 나탄이 다윗에게 말하였다. "임금님이 바로 그 사람입니다"(2사무 12,7). 나탄은 다윗에게 일반 송사와 관련한 비유를 들려주면서 다윗 스스로 자신의 잘못을 깨우치게 한다. 나탄에게는 다윗이 아직 윤리감각을 상실하지 않았을 것이라는 믿음이 있었기 때문에 감히 이런 비유를 들려주기로 결심한 것이다. 나탄이 "임금님이 바로 그 사람입니다" 하고 지적하였을 때, 다윗이 얼마나 충격을 받았을까! 똑같은 잘못을 다른 사람이 저질렀을 때는 죽어 마땅하고 내가 저질렀을 때는 별로 큰 잘못으로 여기지 않는 법이다. 나탄은 다윗이 비난하는 비유의 부자가 어떻게 다윗 자신이 되는지 하느님의 말씀으로 명백하게 밝힌다. "나는 너에게 기름을 부어 이스라엘의 임금으로 세우고, 너를 사울의 손에서 구해 주었다. 나는 너에게 네 주군의 집안을, 또 네 품에 주군의 아내들을 안겨 주고, 이스라엘과 유다의 집안을 주었다. 그래도 적다면 이것저것 너에게 더 보태 주었을 것이다. 그런데 어찌하여 너는 주님의 말씀을 무시하고, 주님이 보기에 악한 짓을 저질렀느냐? 너는 히타이트 사람 우리야를 칼로 쳐 죽이고 그의 아내를 네 아내로 삼았다. 너는 그를 암몬 자손들의 칼로 죽였다. 그러므로 이제 네 집안에서는 칼부림이 영원히 그치지 않을 것이다. 네가 나를 무시하고, 히타이트 사람 우리야의 아내를 데려다가 네 아내로 삼았기 때문이다"(2사무 12,7-19). 나탄의 말을 듣고 다윗은 "내가 주님께 죄를 지었소"(12,13) 하고 솔직히 시인하였다.

셋째는 '포도밭 노래'인데 이스라엘 사람들은 자신들에 대한 하느님의 사랑을 기리며 초막절 축제 때에 이 노래를 불렀던 것 같다. 두 절에 지나지 않으니 직접 인용한다. "내 친구를 위하여 나는 노래하리라. 내 애인이 자기 포도밭을 두고 부른 노래를. 내 친구에게는 기름진 산등성이에 포도밭이 하나 있었네. 땅을 일구고 돌을 골라내어 좋은 포도나무를 심었네. 그 가운데에 탑을 세우고 포도 확도 만들었네. 그러고는 좋은 포도가 맺기를 바랐는데 들포도를 맺었다네"(이사 5,1-2). 이 비유는 사랑 노래의 형식을 띤다. 예언자가 의도적으로 청중의 관심을 보다 크게 끌어들이기 위해 비유를 사랑 노래로 만들었을 법하다. 비유의 메시지는 분명하다. 예루살렘의 주민들은 하느님의 명령을 어기고 그분의 기대를 저버렸다. 이제 주님께서는 그들을 불러 모으시고 시비를 가리신 다음 징벌을 선고하신다. "이제 내가 내 포도밭에 무슨 일을 하려는지 너희에게 알려 주리라. 울타리를 걷어치워 뜯어 먹히게 하고 담을 허물어 짓밟히게 하리라. 그것을 황폐하게 내버려 두어 가지치기도 못하고 김매기도 못하게 하여 가시덤불과 엉겅퀴가 올라오게 하리라. 또 구름에게 명령하여 그 위에 비를 내리지 못하게 하리라"(5,5-6). 주님이 이스라엘에 기대하신 것은 공정과 정의였는데, 이스라엘은 그분의 기대를 충족시켜 드리기는커녕 불의와 폭력을 저질러 백성들이 울부짖게 만들었다. 비유에 나오는 좋은 포도는 공정과 정의이고 들포도는 정의의 유린과 폭력이다.

마. 소설

일반적 의미의 소설은 상상력과 구상력이 뛰어난 작가가 특정한 인물들을 등장시켜 그 배경과 심리와 성격을 묘사하고 흥미 있는 줄거리로 인간성이나 사회의 모습 등을 표현한 산문 문학을 말한다. 소설의 기본 구조는 기승전결起承轉結, 곧 시작·전개·반전·결론이다. 여기서 중요한 요소는 반전이다. 인간의 악의 때문에 주인공이 어려움을 겪지만 하느님의 선의 덕분에 그에게 반전이 일어나고 이 반전은 구원역사에 기여한다. 그래서 구약의 이야기들은 그 자체로 귀중한 교훈이 된다.

창세기에서 400절 이상의 긴 본문에 기록된 요셉 이야기(37; 39—50장)는 구약성경에서 가장 뛰어난 소설 형식의 이야기다. 요셉 이야기는 이슬람 경전인 쿠란, 유다교의 『미드라쉬』(창세기 라바), 고대 시리아 종교 문학에도 나오는데, 거기에는 구약성경보다 더 세세한 묘사가 곁들여 있다. 다른 성조의 이야기는 땅과 자손의 번성이라는 약속의 주제에 관심이 많을 뿐 아니라 경신례가 이루어지던 가나안 지방의 성소와 연결된 반면, 요셉의 이야기는 처음부터 독립된 전승으로 이 같은 성조 이야기와 구별된다. 다른 한편, 구약성경에서 요셉의 이야기만큼 이집트 풍물과 관습을 자세하고 우아하게 묘사하는 본문은 없다. 그래서 요셉 이야기를 이집트 지혜문학과 연결시키는 학자들도 있다. 이집트의 『아멘엠오페의 지혜』가 제시한 현인의 모습과 덕이 요셉에게서 그대로 드러난다는 것이다. 요셉은 이집트 지혜문학에서 높이 평가하는 침묵할 줄 아는 사람, 자기 지식을 감추고 입술을 절제할 줄 아는 사람이며, 정열과 감정을 통제할 줄 아는 현인이다. 요셉은 헌작 시종장과 제빵 시종장의 꿈뿐만 아니라 이집트 파라오의 꿈을 풀이해 주고, 이집트의 기근은 물론 온 세상의 기근까지 해결한다. 요셉이 이렇게 큰 성공을 거둔 것은 주님께서 요셉과 함께 계시면서 그에게 자애를 베푸셨기 때문이다(39,21). 요셉의 이야기에서 하느님에 대한 언급은 별로 없지만 저자는 주님께서 모든 사건과 정황을 이끌고 나가신다는 것을 독자로 하여금 확신하게 한다. 인생의 험난한 고비를 수없이 넘기고 나서 요셉은 형들에게 자기가 깨우친 진실을 고백한다. "이 땅에 기근이 든 지 이태가 되었습니다. 앞으로도 다섯 해 동안은 밭을 갈지도 거두지도 못합니다. 그래서 하느님께서는 나를 여러분보다 앞서 보내시어, 여러분을 위하여 자손들을 이 땅에 일으켜 세우고, 구원받은 이들의 큰 무리가 되도록 여러분의 목숨을 지키게 하셨습니다. 그러니 나를 이곳으로 보낸 것은 여러분이 아니라 하느님이십니다. 하느님께서 나를 파라오의 아버지로, 그의 온 집안의 주인으로, 그리고 이집트 온 땅의 통치자로 세우셨습니다"(45,6-8). 야곱이 죽고 애도 기간이 지났을 때 요셉의 형들은 동생이 지난 일 때문에 복수를 할까 전전긍긍하였다. 그러나 요셉은 다시 한 번 악에서도 선을 끌어내시는 하느님의 놀라운 섭리의 손길을 형들에게 확인시킨다. "두려워하지들 마십시오. 내가 하느님의 자리에라도 있다는 말입니까? 형님들은 나에게 악을 꾸몄지만, 하느님께서는 그것을 선으로 바꾸셨습니다. 그것은 오늘 그분께서 이루신 것처럼, 큰 백성을 살리려는 것이었습니다"(50,19-20).

룻기·토빗기·유딧기·에스테르기·요나서 등은 책 전체가 탄탄한 구성을 갖춘 일종의 종교 소설이다. 이 책들의 내용과 신학적 의미에 대해서는 넷째 마당에서 각 권을 다룰 때 상세히 논할 것이다.

바. 기타 일화들

신화나 전설 밖에도 구약성경에는 많은 이야기들이 등장한다. 예를 들어 삼손이 필리스티아 사람들을 혼내 주는 일화(판관 15,1—16,3)는 교훈적 성격을 띤 전설이라고 볼 수 없고 단지 흥미 본위의 일화에 지나지 않는다.

그 밖에 구약성경에는 동물이나 식물이 등장하는 이솝 우화식의 이야기나, 사람과 동물과 요정들이 한데 어우러져 엮어 내는 동화나 요정담 등에서 영향을 받은 요소들이 여기저기 눈에 띈다.

구약성경에서 동물들은 대개 사람을 도와주는 구실을 한다. 민수 22,22-35에 보면 당나귀가 이방인 예언자 발라암의 목숨을 구해 준다. 발라암은 모압 임금 발락에게서 이스라엘을 저주하라는 부탁을 받고 길을 떠나는데, 발라암을 태운 나귀가 칼을 빼어든 주님의 천사를 보고 요리조리 피해 가다가 나중에는 주저앉아 버린다. 화가 난 발라암이 지팡이로 나귀를 때리자 나귀가 왜 때리느냐고 발라암에게 항의한다. 여기서 나귀와 나귀 주인은 자연스럽게 대화를 나눈다. 나중에 주님께서 발라암의 눈을 열어 주시어 그도 나귀처럼 주님의 천사가 칼을 빼어든 채 길에 서 있는 것을 보게 된다. 나귀가 아니었더라면 발라암은 목숨을 잃었을 것이다. 1열왕 17,6에서는 까마귀들이 크릿 시냇가에 숨어 지내는 엘리야에게 아침 저녁으로 빵과 고기를 날라다 주었다. 요나 2장에서는 바다에 던져진 요나를 큰 물고기가 나타나 삼킴으로써 예언자가 익사하는 것을 막아 준다. 동물들이 사람에게 적대적으로 나오는 경우는 창세 3,1-15에서뿐이다. 뱀은 최초의 남녀를 불순종이라는 죄를 짓도록 유혹하고 결국 인간과 서로 적대 관계에 놓이게 된다.

모세의 지팡이가 뱀으로 변한다거나(탈출 4장) 엘리야의 외투가 요르단 강물을 가르는(2열왕 2,8) 것과 비슷한 식의 이야기도 우화나 동화에 자주 나오는 요소들이다. 구약성경에서는 이런 마술적 요소들이 관련 인물들을 통해서 구원 역사를 이루시는 하느님의 위대한 업적을 기리기 위하여 이용된다.

사. **족보와 목록**

구약성경은 민족들과 도시와 사람들에 대해 다양하게 제시한다. 그 가운데 족보가 가장 중요하다. 족보는 이스라엘의 민족적 단일성을 증언하는 구실을 한다. 창세 5장에 나오는 홍수 이전 원조들의 족보는 사람의 수명을 팔구백 년씩 잡고 있어서 우리를 당혹케 한다. 이런 터무니없는 수명은 이 족보를 작성한 사제들의 신학적 의도 때문에 생겨난 것이다. 그들은 인류의 역사를 아득한 옛날로 돌리기 위하여 역사 이전에 살던 사람들의 수명을 일부러 길게 잡아 늘였다. 다른 한편, 내세란 개념이 없었던 고대 이스라엘인들에게는 장수가 큰 축복이었으므로 원조들이 장수를 누렸다는 것은 하느님이 그들에게 복을 내리셨다는 뜻이다. 어떤 이들은 이 족보에 나오는 원조들의 수명을 모두 합하여 이천 년 정도로 계산한 다음, 인류가 살아온 햇수를 아담에서 아브라함까지 이천 년, 아브라함부터 예수 그리스도까지 이천 년, 예수 그리스도에서 오늘날까지 이천 년 해서 모두 육천 년으로 보는데, 이는 전혀 터무니없는 견해다. 성경에서 제시하는 원조들의 나이는 고대 근동의 신화에서 옛 사람들의 나이를 이만 년 삼만 년으로 길게 잡아 늘인 것에 비하면 그래도 덜 과장한 편이다.

창세 10장의 족보는 개인의 족보가 아니라 민족들의 목록이다. 이 족보는 혈통과 계보에 따라 개인들의 이름을 나열하지 않고 민족들의 이름이나 그들이 사는 장소를 소개한다. 그리고 민족들을 언급할 때는 그 이름이 흔히 복수 형태를 취한다. 족보의 의도는 이 세상의 모든 민족을 총망라해서 정리한다거나 후대인들에게 이제까지 알려지지 않은 민족들을 알려 주려는 데 있지 않다. 이 족보의 저자는 자기가 알고 있는 민족들 가운데 대표적인 민족들을 골라 열거하면서 홍수 이후에 세상의 민족들이 노아의 세 아들, 셈과 함과 야펫에게서 기원되어 나왔다는 것을 독자에게 주지시키려고 이 목록을 만든 것이다. 저자의 의도는 이미 창세 9,18-19에서 밝혀졌다. "방주에서 나온 노아의 아들은 셈과 함과 야펫이다. 함은 가나안의 조상이다. 이 셋이 노아의 아들인데, 이들에게서 온 땅으로 사람들이 퍼져 나갔다."

창세 46,8-27에 제시된 야곱 아들들의 족보는 야곱의 네 부인 레아, 레아의 몸종 질파, 라헬, 라헬의 몸종 빌하에게서 난 아들 순으로 엮어진다. 이 족보의 의도는 이집트에서 불어난 이스라엘인들이 모두 야곱에게서 나왔음을 증언하려는 것이다. 열두 지파의 목록은 창세기뿐 아니라 민수기에도 일곱 번이나 나온다(1,5-15; 1,20-43; 2,3-29; 7,12-83; 13,4-15; 26,5-50; 34,19-28). 열두 지파에 관해서는 『성경 입문 상권』(첫째 마당 V.1.나)을 참조하기 바란다.

1역대 1—9장은 아담에서 사울까지 이스라엘 민족의 완전한 족보를 제시한다. 역대기 저자는 다윗 가문의 통치를 강조하려고 그 이전의 역사를 족보로 대체한다. 이 족보를 제시한 저자의 의도는 역사의 연속성을 드러내려는 데에 있다. 1장의 인명록은 아담에서 열두 지파의 조상 야곱에까지 이어지는 계보다. 그다음 2장부터는 열두 지파의 족보를 소개한다. 1역대 1,1-4은 홍수 이전 원조들의 족보인 창세 5,1-32의 목록을 요약한 것이다. 1역대 23—27장은 성전을 관리하는 레위인들과 문지기들, 그리고 행정을 책임진 관리들의 조직과 명단이다. 비록 예루살렘 성전은 짓지 못했지만 다윗이 경신례와 그 밖의 행정 기틀을 세밀하고 튼튼하게 잡아 놓았음을 보여 주는 대목이다.

에즈 2장과 느헤 7장은 바빌론 유배에서 돌아온 사람들의 명단을 소개한다. 이 두 명단은 거의 같다. 여기에는 백성의 우두머리, 일반인, 그리고 성전 봉직자들이 포함된다. 저자가 이 명단을 작성한 의도는 무엇일까? 유다교의 전통과 율법에 충실한 '남은 자들'은 바빌론의 안정된 생활을 뒤로 하고 예루살렘에 주님의 집을 재건하기 위하여 돌아왔다. 여기서 저자는 유배자들의 대대적인 귀환이 갖는 중요성을 드러내고자 한다. 유배자들의 귀환은 이스라엘 백성이 이집트에서 빠져나온 것과 견줄 만한 대사건이다. 그래서 바빌론 유배에서 풀려난 것을 제2의 이집트 탈출이라 부르기도 한다.

느헤 3장은 예루살렘 성벽을 보수하는 데 협조한 사람들의 명단을 전한다. 우리 눈에 그다지 중요하지도 않게 여겨지는 이런 명단을 저자가 굳이 끼워 넣은 이유는 주님의 성도聖都를 재건하는 일이 얼마나 중요한지를 보여 주기 위한 것이다. 여기에는 이렇게 공들여 재건한 성도를 잘 지키고 보전하여 후세에 물려주어야 한다는 의미도 들어 있다. 이처럼 성경에 나오는 수많은 족보와 목록은 나름대로 고유한 목적이 있기 마련이다. 따라서 같은 대상을 다루는 족보와 목록들이 세부적인 부분에서 (다양한 사료나 전승 때문에) 서로 다르더라도 당황하지 말고 저자가 무슨 의도로 그런 자료를 남겨놓았는가를 헤아리는 것이 무엇보다 중요하다. 우리네 관습에서도 족보를 재미있게 읽는 사람은 없다. 그러나 사람들은 족보를 중요한 문서로 여겨 보관하고 때때로 어른들은 자라나는 어린 세대에게 보여 줌으로써 그들의 정체성을 확인시켜 준다.

아. **역사**歷史

구약성경 전체는 구원의 역사다. 그리고 구약성경을 칠십인역에 따라 분류하면 모세오경 다음에 이어지는 책들을 역사서라고 한다. 또 연관되는 일련의 사건들을 연대기적으로 묶어 서술한 역사적 이야기, 곧 사화史話를 역사라고 할 수도 있다. 사화의 가장 좋은 예는 다윗이 사울의 뒤를 이어 이스라엘의 임금이 되는 과정을 그린 왕위 등극 사화(1사무 16—2사무 5장)와 솔로몬이 경쟁자들을 제치고 다윗의 왕위를 물려받는 과정을 옹호하고 찬양하는 왕위 계승 사화(2사무 9—20장과 1열왕 1—2장)다. 그러나 여기서 다루고자 하는 문학 양식으로서의 역사는, 범위를 좁혀서 역사서의 저자들이 자신들의 이야기를 풀어나갈 때 자료로 이용했을 것으로 짐작되는 연대기적 기록과 연설문과 편지들이다. 그런데 이 세 가지 역사 기록을 살펴보기 전에 먼저 역사에 대한 개념이 현대인들과 고대인들 사이에 차이가 있음을 알아야 한다. 그래야 구약성경의 역사 기록을 두고 오해와 혼란이 없을 것이기 때문이다.

우리가 생각하는 역사의 보통 개념은 미래를 위하여 과거의 사건들을 가능한 한 객관적으로 기록한 문헌이다. 여기서 중요한 것은 실제로 무슨 일이 일어났는가다. 그러나 고대인들은 이런 식으로 과거에 접근하지 않았다. 그들에게는 어떤 사건의 역사적 사실fact보다 그 사건에 포함된 진실truth이 중요하다. 여기에서 사실이란 '누가, 언제, 어디서, 무엇을, 어떻게, 왜 하였는가'의 육하원칙六何原則에 따라서 정확하게 진술하거나 기록하는 것을 말하며, 진실이란 사건의 의미와 그 파급 효과를 말한다. 고대인들에게 역사 기록은 정치나 종교의 목적에 이바지하는 것이어야 했고, 따라서 과거에 대한 편견 없는 공정한 평가란 그들의 역사에서 기대하기 어렵다. 구약성경의 경우 역사 기록은 성경의 다른 기록들처럼 저자의 신학 사상과 메시지를 선포하고 전달하는 데 이용된다.

구약성경의 본격적인 역사 기록은 군주제도가 도입되면서 솔로몬 시대에 궁중의 서기관들이 중요한 사건들을 문서화하는 데서 비롯하였다. 한편 고대 근동의 역사 기록에 비하여 구약의 역사 기록은 덜 편파적이다. 고대 근동인들이 돌기둥, 성전 벽, 암벽 등에 새겨 놓은 임금들의 승전 기록들은 대부분 임금의 전기를 기록할 책임을 맡은 왕궁의 관리들이 만든 것이어서 많은 경우 찬양 일변도다. 예를 들어 아시리아 임금 산헤립의 육각기둥에 새긴 승전 기록을 보면 1인칭 어법을 사용하여 자신의 승리와 통치를 한껏 과시하는 내용으로 되어 있다. 이런 1인칭 어법은 이스라엘의 역사 기록에서는 찾아볼 수 없다. 거기에는 언제나 임금도 3인칭으로 나오고 임금의 공적과 더불어 때로는 잘못과 약점도 숨김없이 드러낸다.

역사에 관한 고대인들의 개념은 이 정도로 정리하고 구약성경 저자들이 이용했을 역사 기록을 살펴보자. 첫째는 연대기적 기록이다. 이스라엘에서는 솔로몬 시대부터 바빌론 유배가 시작되기까지 수세기 동안 궁정의 서기관들이 몇 가지 형태의 연대기적 기록을 작성하였다. 연대기적 기록에는 세 가지 형태가 있다. 궁정에서 일어난 일들을 기록한 궁정 실록(2사무 8장; 1열왕 9,10-28; 16장)과 다윗과 솔로몬의 궁정 관리들의 직책과 명단을 적은 공직 문서(2사무 8,16-18; 23,8-39; 1열왕 4,1-19), 그리고 예배와 관련된 일을 기록한 성전 문서다(1열왕 6—8장; 2열왕 22—23장; 느헤 8장; 10—12장). 이 밖에도 그 내용이 밝혀지지 않은 채 언급된 임금들의 실록(1열왕 11,41; 14,19.29; 1역대 9,1; 2역대 16,11; 27,7)과 예언자들의 실록(1역대 29,29; 2역대 12,15; 33,19)이 여기에 속한다.

둘째는 연설문이다. 그런데 여기서 유의할 점은, 성경에 나오는 연설 또는 설교(종교적 연설)는 실제 상황에서 작중 인물이 했던 말을 저자가 옮겨 놓은 것이 아니라는 사실이다. 녹음기나 무비 카메라가 없었던 그 시대에 수백년 전에 일어난 사건의 현장을 목격 증인이 아닌 성경 저자가 정확하게 재현할 수는 없는 노릇이다. 또 극히 드문 경우겠지만 성경 저자가 사건의 목격 증인이 작성한 연설문이나 설교문을 입수했다 할지라도 그것을 있는 그대로 옮길 의무감이나 필요성을 느끼지 않았을 것이다. 성경에 나오는 연설문들은 그것이 저자에게 입수된 것이든 저자가 작성한 것이든 상관없이 한 가지 목적을 지향한다. 성경의 연설이나 설교는 모두 사화의 저자가 전달하고 싶은 중요한 신학 사상을 피력하기 위하여 동원된 문학 기법이다. 이는 그리스-로마 역사 문헌에서 이야기의 주인공들이 주어진 상황에서 발설했음 직한 연설을 저자가 만들어서 첨부하는 것과 유사하다. 저자는 주인공들의 연설을 통하여 독자에게 상황을 정확하게 설명하거나 전하고 싶은 메시지를 간결하고 강력하게 선포한다. 구약성경에는 수많은 설교와 연설이 나오지만 다음의 설교들이 돋보인다. 스켐에서 이스라엘의 부족들을 모아 놓고 계약을 쇄신하는 자리에서 한 여호수아의 연설(여호 24,1-28), 사무엘의 고별 설교(1사무 12장), 예루살렘의 항복을 촉구하는 랍 사케의 연설(2열왕 18,19-25.28-35) 등이다. 신명기 전체는 모세가 남긴 유언 형식의 설교로 되어 있다.

셋째는 편지다. 다윗이 우리야를 살해할 목적으로 요압 장군에게 보낸 편지를 제외하고 구약성경에 수록된 편지들은 모두 공적인 성격을 띤다. 이 편지도 연설이나 설교처럼 저자가 역사적 이야기를 풀어가면서 전달하고 싶은 신학 사상이나 메시지를 선명하게 부각시키는 데 일조한다. 공적 편지의 대표적인 예로는 아합 임금의 아내 이제벨이 나봇의 포도밭을 빼앗을 목적으로 이스라엘의 원로들과 귀족들에게 보낸 편지(1열왕 21,9-10), 아람 임금이 이스라엘 임금에게 나아만의 치유를 부탁하기 위하여 보낸 편지(2열왕 5,6), 예후가 아합의 집안을 몰락시키려고 이스라엘의 지휘관들에게 써 보낸 편지(2열왕 10,2-3.6), 예레미야가 바빌론에 끌려간 유배자들에게 당분간 그곳에 정착하여 안정된 생활을 하라고 권고하는 편지(예레 29,4-23), 바룩서에 수록된, 바빌론 유배자들에게 보낸 예레미야의 편지(바룩 6장), 유프라테스 서부 지방의 민족들이 예루살렘의 복구를 방해하려고 페르시아 임금 아르타크세르크세스에게 보낸 편지(에즈 4,9-16)와 임금의 답신(에즈 4,17-22)을 들 수 있다. 이 편지들 가운데 예레미야의 편지와 에즈라기에 나오는 편지들은 역사적 사실에 바탕을 두었을 가능성이 높다. 마카베오기 상·하권에는 더 많은 편지들이 실려 있는데, 대부분 저자가 입수한 실제 기록일 것이다. 화친을 위해 요나탄과 스파르타인들이 주고 받은 편지(1마카 12,5-23), 시리아 임금 안티오코스 7세가 유다인들의 특전을 인정하며 써 보낸 편지(1마카 15,2-9), 로마인들이 프톨레마이오스 7세에게 유다인들을 공격하지 말라고 당부하는 편지(1마카 15,16-21), 예루살렘과 유다에 사는 유다인들이 이집트의 유다인들에게 보내는 첫째 편지와 둘째 편지(2마카 1장) 등이다. 이 편지들은 그것이 실제 기록이든 아니든 독자에게 저자의 이야기가 역사적 사실에 바탕을 둔 것이라는 인상을 준다.

자. **법률**

모든 사회에는 법이 필요하다. 법은 매일의 생활을 규제하고 악과 악인들을 다스리고 약자를 보호하며, 더 나아가 이상적 삶과 가치들을 널리 유포함으로써 사회의 참된 모습을 구현하는 데에 이바지한다. 이스라엘의 법도 이런 목적들을 충족시켰다. 구약성경의 법을 형식상으로 구분하자면 판례법과 단정법, 내용상으로 구분하자면 종교법과 사회법으로 나눌 수 있다.

먼저 판례법을 살펴보자. 첫째, 이스라엘이 고대 근동의 주변 민족들에게서 받아들여 발전시킨 판례법은 개인에 대한 훼손, 도둑질, 소유권이나 결혼의 권리를 침해하는 행위 등과 관련된다. 모세오경에 자주 등장하는 판례법은 조건절로 시작되어 조건법이라고도 불린다. '누가 만일 이런 짓을 하면, 이러저러한 벌을 받거나 이러저러한 보상을 해야 한다'는 일정한 형식으로 나타난다(탈출 21; 신명 15,12-18; 22,13-19). 이런 종류의 법은 관습과 선례를 바탕으로 제정되고 도시의 성문 바로 안쪽 광장에서 원로들이 집행한다.

단정법은 조건문 없이 곧바로 명령이나 금령 또는 저주를 선언한다. 이 법은 '너희는 무엇을 하지 말아야 할 것이다' 또는 '이런 짓을 저지른 자는 저주를 받아라'라는 정식定式을 취한다(참조: 탈출 21,12.15-17; 레위 18,6-18; 신명 27,15-26). 십계명은 모두 단정법이다. 사제들은 축제 때에 제단 주변에 모인 백성들에게, 하느님께서 이스라엘 백성과 맺으신 계약의 한 요소로서 이 십계명을 낭독했다. 십계명을 가지고 있다는 사실은 이스라엘 민족의 긍지요 특권이었다. '성문'이라는 세속적 장소에서 집행되는 판례법과는 달리 단정법의 핵심인 십계명의 선포와 집행 장소는 이스라엘 종교의 최대 상징인 성소聖所였다. 이 같은 사실은 단정법의 종교적 중요성을 입증한다.

다음으로 종교법과 사회법을 살펴보자. 종교법은 성소·제사/제물·축제·휴경년과 안식일에 관한 규정, 사제의 임직과 의무에 관한 규정, 정결과 부정不淨에 관련된 규정 등 경신례와 직접 관련이 있는 법을 말한다. 이에 반해 사회법은 기원전 8세기 말 또는 7세기 초에 형성된 것으로 보이는 채무노예해방법, 사마리아 멸망 이후 북왕국 사람들이 남쪽으로 많이 이주해 오면서 생겨난 약자 보호법, 그리고 재판법 등 기득권층의 불의와 억압에서 가난한 이와 약자를 보호하기 위한 법이다.

이스라엘의 법은 고대 근동의 법전에서 많은 영향을 받았다. 동시대 이스라엘의 법과 관련 있는 고대 근동의 법은 크게 네 가지다.

1. **에쉬눈나 법전** 에쉬눈나 왕국은 우르 제3왕조가 멸망하고(기원전 2000년경), 함무라비 왕국이 건설되기(기원전 1728년) 전에 오늘날 바그다드 동쪽 디얄라 지방에 자리 잡고 번영을 누리던 나라였다. 에쉬눈나 도시가 서 있던 텔 아쉬마르의 발굴 작업은 시카고 대학 근동학부의 주도로 이루어졌다. 에쉬눈나 법전은 1945년 및 1947년 이라크 바그다드에서 발굴된

두 토판에 아카드어 쐐기문자로 새겨져 있다. 법전의 기원이 된 도시 이름을 따라 에쉬눈나 법전이라 불린다. 주로 조건법으로 이루어져 있으며 '어떤 사람이 …을 하면 이런 처벌을 받는다'는 형식이다. 절도, 성범죄, 상해, 재산상 손해 등과 관련된 내용이 주를 이룬다(Yaron).

2. **함무라비 법전** 함무라비는 고대 바빌론 아모리 왕조의 열한 임금 가운데 여섯째 임금이다. 그는 기원전 1792년부터 1750년까지 42년 동안 다스렸는데, 즉위 2년째 되던 해에 법전을 공표한 것으로 되어 있다. 그러나 법전 머리말에 후대의 사건들을 언급한 것으로 미루어 완전한 형태의 법전은 그보다 훨씬 나중에 만들어진 것으로 보인다. 함무라비 법전은 2.5미터 정도 높이의 돌기둥에 새겨졌는데, 그가 정의의 신이자 태양신인 샤마쉬에게서 법전을 기록하라는 명령을 위임받는 모습이 기둥 머리 부분에 함께 부조로 조각되어 있다. 법전이 새겨진 돌기둥은 기원전 12세기경에 엘람인들이 전쟁 기념품으로 엘람의 수도 수사(오늘날의 이란에 위치)로 옮겼고, 1901-1902년 겨울 프랑스 고고학자들이 이를 발견하여 파리 루브르 박물관으로 옮겼다.

함무라비 법전은 머리말과 맺음말과 더불어 282조목의 법전으로 구성되어 있다. 이 법조문들은 거의 대부분 그 당시 바빌로니아의 일상 생활과 관련 있다. 머리말에서 함무라비는 법전을 만든 목적을 "이 땅에 정의가 승리하기 위하여, 사악한 자들과 악을 파괴하기 위하여, 그리고 힘 있는 이가 약한 이를 억누르지 못하게 하기 위하여"라고 밝힌다(머리말 30-40: ANET 164). 법전의 조항은 저마다 조건문의 형식을 취한다. '만일 어떤 자가 이런 행동을 저지르면, 그 짓을 한 자는 다음과 같은 벌을 받을 것이다.' 법전은 세 가지 사회 계층, 곧 자유로운 상류층 시민·나라의 보호를 받는 중류층 중인·하류층 노예를 엄격히 구분하여 적용한다. 아래로 내려갈수록 형량이나 벌금이 무거워진다. 형량을 정할 때는 많은 경우 탈리온 법Lex talionis(동태복수법)을 적용하였다. 살인자에게는 사형을, 골절상을 입힌 자에게는 같은 부위의 뼈를 부러뜨렸다.

함무라비 법전은 고대 근동의 오랜 법 전통에 서 있다. 오늘날 에쉬눈나 법전으로 알려진 이신-라르사 법전으로 올라가고, 더 오래된 우르-남무 법전(바빌론 남동쪽 54마일에 위치한 우르와 닙푸르의 폐허에서 발굴)까지 올라간다.

3. **중기 아시리아 법전** 중기 아시리아 법전은 돌기둥이 아니라 토판 문서로 우리에게 전해졌다. 그래서 안타깝게도 상당 부분이 심하게 훼손되어 읽어낼 수가 없다. 토판 문서 자체는 기원전 12세기경 아시리아 제국 티글랏 필에세르 1세 때 만들어진 것이지만, 거기에 쓰인 법전은 15세기경까지 거슬러 올라간다. 토판들은 1903년부터 1914년까지 독일 고고학자들이 옛 도시국가 아수르를 발굴하다가 오늘날의 칼앗트 쉐르가트에서 발굴해 냈다.

4. **히타이트 법전** 여러 가지 언어(적어도 8가지 언어)로 된 히타이트 문서는 두 가지 문자 형태로 쓰여 있다. 토판 문서는 설형문자(쐐기문자)로 쓰였고, 금석 문서는 대부분 상형문자(그림문자)로 쓰였다. 히타이트 역사는 크게 둘로 나눌 수 있다. 기원전 1750-1200년경에 수도 핫투샤(오늘의 보가즈쾨이)를 중심으로 번영을 누렸던 고대 히타이트 왕국과, 핫투샤의 함락 이후 아나톨리아 남부와 시리아 북부에 흩어져 군소 도시국가 형태로 생존했던 네오 히타이트 왕국이 그것이다. 1834년부터 1952년까지 옛 왕국의 수도 핫투샤에서 다량의 토판 문서들을 발굴했고 기타 다른 지역에

서도 발굴 작업을 계속하고 있다. 핫투샤에서 발굴된 히타이트 법전은 모두 200개의 판례법으로 '만일 어떤 사람이…'로 시작한다. 그 내용은 대부분 벌금이나 금전 보상에 대한 규정이지만 체벌 규정도 포함하고 있다.

구약성경의 법은 모세오경에 집중적으로 나온다. 그래서 모세오경을 토라라 부르고 이 토라를 율법과 동일시하는 것이다. 모세오경에 소개된 법은 크게 십계명, 계약 법전, 사제계 법전, 성결 법전인데, 그 내용은 『성경 입문 상권』(첫째 마당 V.3.나)에서 다루었으니 참조하기 바란다. 여기서는 고대 근동의 법들과 관련하여 이스라엘의 법전들이 어떻게 형성되는지 그 과정을 일별하고자 한다.

이스라엘의 법전들 가운데 가장 먼저 형성된 것은 계약 법전이다. 계약 법전의 바탕이 되는 개별 법들은 그 제정 시기가 왕정 이전으로 소급되겠지만 수집과 편찬은 크게 두 차례에 걸쳐 이루어진 것으로 보인다. 편의상 첫 번째 편찬된 법전을 제1모음집(탈출 21,12—22,16), 두 번째 편찬된 법전을 제2모음집(탈출 20,24-26; 21,2-11; 22,17—23,19)이라 부르기로 한다. 제1모음집은 3인칭 단수 주어로 시작하는 단정법과 판례법으로 솔로몬 시대부터 서기관들에 의해서 수집되기 시작하여 솔로몬 이후 시대에 편찬되었을 것이다. 제1모음집에서 분사형으로 서술한 단정법(탈출 21,12-17)은 이스라엘의 가족법에서 비롯하고, 판례법 형태의 법들(21,18-19.22-23.28-36; 21,37—32,3; 22,4-5.6-14)은 근동의 법전(함무라비 법전, 에쉬눈나 법전, 히타이트 법전, 중기 아시리아 법전)과 매우 밀접한 관계에 있다. 제1모음집은 고대 근동의 법들을 본보기로 솔로몬 이후 복잡해진 국가 사회에 통일된 법질서를 확립하기 위해 만들어졌다고 볼 수 있다. 이 법전은 아마도 기원전 10세기에 국가법의 구실을 하였을 것이다. 계약 법전의 제2모음집은 2인칭 단수 주어로 시작하는 종교법과 사회법이다. 여기서 종교법이라 하면 성소, 제사/제물, 축제, 휴경년과 안식일에 관한 규정들을 말하고, 사회법이라 하면 채무노예해방법(기원전 8세기 말 형성), 약자 보호법, 재판법 등을 말한다. 제2모음집 저자는 피지배층인 암-하아레츠(עַם הָאָרֶץ 나라 백성, 평민) 출신의 지방 유지들로 추정되는데, 이들은 기원전 8세기 예언자들의 가르침에 힘입어 약자 편에 서서 기득권층의 불의에 항거하는 사회법을 제정하였다. 제2모음집의 최종 편찬은 사마리아 멸망(722년) 전후일 가능성이 높다.

신명기 법전은 신명기 12—26장에 나오는 법전으로 계약 법전에 이어 두 번째로 제정되었다. 이 법전의 편찬자들은 앞에서 언급한 계약 법전의 제2모음집을 재해석하고 개정한다. 그런 의미에서 이 법전이 담긴 신명기 자체의 그리스어 제목, 데우테로노미온(δευτερονόμιον 두 번째 법)은 적절하다고 할 수 있다. 신명기 법전의 편찬자들은 계약 법전의 제2모음집 편찬자들보다 약자 편에 더 가까이 다가가 법을 개정하려는 의도를 드러낸다. 이는 약자의 입장을 배려하였음을 입증하는 것이다. 이러한 사회법을 편찬한 이들이 집권층 출신일 리는 없다. 따라서 학자들은 신명기 법전의 편찬자들을 대체로 북왕국 이스라엘의 레위인들과 암-하아레츠와 관련 있는 것으로 추정한다. 편찬 시기를 두고 학자들 사이에서 사마리아 함락 이전과 이후, 또는 그보다 더 후대 등으로 견해가 엇갈린다. 그러나 요시야 임금 시절에 성전 기물을 넣어두는 창고방에서 발견된 법전을 신명기 법전과 동일시하는 데에는 대부분의 학자들이 동의하므로 이 법전의 편찬 시기는 적어도 전통적 야훼 신앙을 폐기하려 했던 므나쎄 임금(687-642년)

이전으로 올라가야 마땅하다.

성결 법전(레위 17—27장)은 계약 법전·신명기 법전·십계명을 새로운 상황에 맞게 수정·첨가·삭제하여 발전시킨 것으로, 이스라엘 법전 전통에서 가장 늦게 편찬되었지만 신명기 법전과 쌍벽을 이룬다. 사제적 관점에서 볼 때 성결 법전은 내용과 형태 면에서 전체적으로 시나이 법 수여와 긴밀하게 연관될 수 있다. 이 법전의 주제는 종교법과 사회법이다. 그 구조나 주제는 편집자가 의도적으로 계약 법전의 종교·사회법과 신명기의 종교·사회법을 종합하고, 십계명의 법을 새로운 상황에 따라 수정·보완하였다. 이 법전의 편찬자는 사제들이나 사제계 전통에 속한 사람들이며 유배 이후 사제적 관점에서 사제의 언어로 그들의 견해를 이 법전에 담았다. 성결 법전은 기원전 539년 이래 포로로 잡혀갔다 돌아온 사람들이 자신의 삶을 계획하고 공동체 삶을 잡아 줄 질서로서 만들어 낸 법률집이라 할 수 있다. 특히 성결 법전의 사회법은 신명기 법전의 내용과 상반되지는 않지만 신명기에서 해결하지 못하는 문제들을 해결하려고 시도하였다. 따라서 최종 형성 연대는 느헤미야 시기인 기원전 440년경으로 추정할 수 있다. 성결 법전은 독립된 것으로 다루지 말고 제물과 사제직 규정을 다룬 레위기 전반부(1—16장: 흔히 사제계 법전으로 불리기도 한다)와 연결하여 레위기 전체 안에서 이해해야 한다.

구약성경에 나오는 법전의 형성 순서는 계약 법전이 가장 먼저이고, 신명기 법전, 십계명 편집이 그 뒤를 이으며 성결 법전이 맨 마지막이다. 사회적 약자의 권리를 변호하는 계약 법전의 내용을 신명기는 약자 편에서 한층 더 강화하여 편찬하였다. 십계명은 계약 법전과 신명기 법전을 간결하게 요약하고, 성결 법전은 사제들의 입장에서 유배 이후의 새로운 상황에 맞추어 앞의 법전들을 수정하고 보완한 것이다. 이 법전들이 모세오경(토라)의 근간을 이룬다.

차. **유행가**

이스라엘 사람들은 추수할 때, 혼인 잔치에서, 일할 때, 그 밖에 단체로 모여 축제를 벌일 때 노래하기를 좋아했을 테지만 구약성경에서 완전한 형식을 갖춘 노래들을 찾아보기가 힘들다. 노래들 대부분이 토막 가사로 전해져 온다. 그 이유는 구약의 노래 수집가들의 종교적 동기 때문이다. 이스라엘 사람들은 우리 현대인들보다 훨씬 더 종교 생활을 강조하면서 살았지만 세속 생활을 전적으로 포기한 것은 아니다. 이와 같은 그네들 삶의 특징 덕분에 세속의 수많은 유행가들이 그들의 종교심에 따라 종교적 의미와 뼈대를 갖추게 되는데, 노래 수집가들은 이런 세속적 노래들의 원초적 모습에는 관심이 없었고 단지 나중에 종교적인 노래로 변한 것들만을 전해 주었다. 민수 21,17 이하에 나오는 '샘물의 노래'도 필경 일할 때 부르는 세속의 노래였겠으나, 나중에 주님께서 마실 물이 필요한 당신 백성에게 특별한 샘물을 하사하신 것을 기념하는 종교적 노래로 바뀌어 나타난다. 가장 대표적인 예가 아가雅歌일 것이다. 아가는 원래 세속의 사랑 노래들을 수집해 놓은 것이었으나 나중에 주님과 이스라엘과의 관계를 상징적으로 묘사하는 데 이용되면서 구약성경에 자리를 잡게 된다.

전쟁과 관련해서 부르던 승전가도 이 범주에 속한다. 대표적인 것들로서 미르얌의 노래(탈출 15,21), 이스라엘 여인들의 노래(1사무 18,6 이하)를 들 수 있다.

카. 경신례 노래

제반 경신례 때에 부르던 노래들은 예언서에도 여기저기 등장하지만 양이나 질로 보아서 시편에 가장 많이 실려 있다. 그 종류도 다양해서 개인의 구원에 대한 감사의 노래도 있고(시편 30; 92; 116; 118; 138편), 자연 재앙을 겪거나 전쟁에서 패배한 공동체가 부르는 비탄의 노래(시편 44; 74; 79; 80; 83편)도 있다. 전자의 경우 개인의 과거 처지가 먼저 소개되고 야훼 하느님의 도움으로 변한 복된 처지에 감사하는 노래로 끝을 맺는다. 후자의 경우 하느님이 공동체에 베푸셨던 지난날의 자비를 먼저 상기하고 야훼께서 권능의 손을 펼치시어 어려움에서 백성을 구해 내시리라는 희망과 기대를 노래하면서 끝난다.

그러나 무엇보다 시편에서 가장 자주 만나는 경신례 노래는 개인의 불행을 호소하는 탄원가다. 여기에 속하는 노래들은 개인의 번뇌와 고통을 묘사하는 것으로 시작하여 억울하다는 호소와 개인적 원수들에게 벌을 내려 주십사는 간청으로 이어진다. 이 밖에 임금의 등극과 생애, 혼인과 전투와 관련지어 부르는 군왕시편들(시편 2; 18; 20; 21; 45; 101; 132편)과 시온을 찬미하는 노래들(46; 48; 76; 87편), 순례의 노래들(84; 122편)도 경신례를 지내면서 부르던 노래들이었을 것이다.

타. 신탁

예언서에서 단위별로 뭉쳐 있는 예언적 설교를 흔히 '신탁'이라고 부른다. 이 신탁은 사제·예언자·선견자·접신가와 같은 중개자를 매개로

하는 하느님과의 통교를 말한다. 중개자는 자기 자신을 위해서 또는 제삼자를 위해서 신탁을 요청한다. 그러나 때로는 요청 없이 신탁이 주어질 수도 있다. 요청된 신탁은 특정한 질문에 대한 가부간의 대답, 지침 또는 어떤 계시를 포함할 수 있다. 요청된 신탁의 좋은 예는 구원에 관한 신탁이다(이사 41,8 이하; 43,1 이하; 44,1 이하). 요청 없이 주어진 신탁의 좋은 예는 예언자들과 기타 다른 이들의 부르심에 관한 신탁이다(이사 6,8 이하; 예레 1,5; 에제 2,1 이하; 탈출 3,7 이하; 판관 6,14 이하).

예언자들은 자신을 하느님께서 파견하셨다고 생각하여 자기가 선포하는 메시지 역시 하느님께 받은 것으로 보았다. 그들은 야훼 하느님의 말씀으로 설교할 때 고대 근동의 예언문에서도 비슷하게 등장하는 '주님(신)께서 이렇게 말씀하신다' 또는 '주님(신)의 말씀이다'라는 정식定式을 신탁의 처음과 끝에 덧붙인다. 이것은 특히 유배 이전 예언자들의 신탁에서 명시적으로 나타나고 유배 이후 예언자들의 신탁에서는 상투어가 되어 후렴처럼 여기저기 반복된다(하까 2,4-9; 즈카 1,2-6.14-17).

신탁에는 이스라엘의 일상생활과 직결된 여러 가지 설교 양식이 나타난다. 그 가운데 중요한 것으로 법정에서 오가는 연설 양식을 꼽을 수 있다. 재판관의 소환, 기소자의 고발, 변호인의 변론, 정의로운 판결을 얻지 못한 피고인의 탄식 등이 이 양식의 주요 내용이다(이사 41,1 이하; 43,8 이하; 미카 6,1 이하). 다음으로 지혜문학과 연결된 양식을 들 수 있는데, 금언(아모 3,3-8)과 비유(이사 5,1-7) 및 설득과 충고와 같은 교훈적 발언이 여기에 속한다. 저주 신탁은 '불행하여라!'라는 말로 시작한다(아모 5,18-20; 6,1-3.4-7; 이사 5,8-12). 유배 이전의 예언자들은 다가오는 재앙을 설교할 때 '비난과 위협'의 연설 양식을 이용한다. 비슷한 예를 들자면 '주님께서 이렇게 말씀하신다. 너희가 이런 악을 행했으니 재앙이 너희에게 닥칠 것이다'와 같은 표현이다. 이 연설 양식에서 욕설·이유·고발 등은 비난의 내용에 속하고, 심판·판결의 언도·평결 등은 위협에 속한다. 그 밖에도 예언자들의 신탁 안에는 혼인·경신례·장례 등 이스라엘 삶의 온갖 요소에서 갖가지 표현과 표상이 동원된다.

이런 삶의 표현 양식을 빌려 온 유배 이후의 예언자들에게는 몇 가지 특이한 점이 있다. 이들은 신탁을 위해 유배 이전 예언자들이 이스라엘인들의 일상생활에서 구체적으로 사용하던 풍자적이거나 냉소적인 표현(아모 4,4-5; 5,2)을 되도록 지양하고 더욱 정식화된 어휘를 사용한다. 그 대신 우화, 더욱 장황한 환시 이야기와 그것에 대한 천사의 해설, '이날에', '마지막 날에' 등의 종말론적인 표현을 자주 사용한다. 나중 두 요소는 묵시문학과 연결된다.

현존하는 예언서들을 보면 본 예언자가 직접 예언서의 처음부터 끝까지 신탁을 받아, 곧 특정한 사건의 해결을 위해 하느님의 말씀을 받아 전달한 것으로 되어 있다. 그러나 본디 대부분의 신탁들은 현재 예언서들에 기록되어 있는 것과는 달리 짧고 간단한 형태의 발언들이었으므로, 예언서의 신탁들은 본 예언자들이 아니라 그것을 직접 듣거나 전해 들은 제자들이 후대에 집필한 것이다. 나중에 최종 편집자들이 이 기록들을 모으고 다른 요소들을 덧붙여 오늘날의 예언서를 만들어 냈을 것이다. 아모스서는 짧고 직접적인 형식의 원초적 신탁들을 가장 잘 보존하고 있는 예언서다.

파. 묵시문학

묵시默示라는 말 자체는 '감추인 것을 드러냄'apokalypsis이라는 뜻을 지닌다. 이 같은 의미는 묵시를 '열어 보임'이라는 뜻의 계시啓示와 거의 동일하게 만든다. 그래서 신약의 마지막 책을 요한 묵시록이라고도 하고 요한 계시록이라고도 한다. 그러나 두 용어가 보여 주려는 내용은 차이가 있다. 묵시가 마지막 때와 하느님 나라에 관한 미래의 비밀을 드러내는 것인데 반하여, 계시는 하느님과 인간에 관하여 특히 인간의 구원과 관련된 하느님의 뜻과 계획을 알려 준다. 말하자면 묵시는 미래의 특수한 사정을 밝혀 주는 것이고, 계시는 보편적이고 일반적인 진리를 보여 주는 것이라 하겠다. 따라서 개념상 묵시는 계시에 포함된다.

묵시는 하느님 나라의 선포와 불가분의 관계를 맺는다. 둘 다 하느님의 가장 중요한 두 속성, 곧 자애와 공정을 드러내는 것이기 때문이다. 하느님은 무한히 자비로운 분이시지만 악과 공존하실 수 없는 분이시다. 불의와 혼돈이 판을 치는 세상이라면 그분이 사랑하시는 사람들이 그 속에서 행복하게 살아갈 수 없다. 따라서 그분은 이런 혼탁하고 어두운 세상을 마냥 방치해 두실 리가 없다. 그분께는 그것을 바로잡을 능력도 의지도 있다. 묵시는 대자연의 위력을 동원하여 인간 역사 안에서 하느님의 자애와 공정을 드러내는 것이다.

묵시는 예언과 매우 흡사한 성격을 띠는데, 흔히 예언이 말로 전달되는 반면 묵시는 주로 '환시'를 통해 전달된다. 이때 환시는 (말씀을) '듣는 행위'와 (신비를) '보는 행위'로 이루어지며 '글'을 통해 환시 내용을 다른 이들에게 전달하라는 명령이 주어지기도 한다. 묵시문헌을 묵시록,

또는 더 포괄적인 용어로 묵시문학apokalyptic이라 한다. 그리고 묵시론 apokalypticism은 묵시문학에 나오는 종말에 관한 고찰 가운데 하나다. 묵시문학은 기원전 200년부터 기원후 100년까지 3세기 동안 유다교와 그리스도교에서 성행했던 문학 양식이지만, 그 뿌리는 바빌론 유배 시절과 그 직후 시대(기원전 6-5세기)의 문서 예언서(이사야서, 예레미야서, 에제키엘서, 열두 소예언서: 셋째 마당 II.1.나.(2) 참조) 전승까지 거슬러 올라간다. 문서 예언서에 나오는 묵시를 본격적 묵시문학인 다니엘서와 신약의 요한 묵시록과 구별하여 '원초적 묵시문학'proto-apokalyptic이라 한다.

본디 문서 예언서 가운데 묵시에 속하는 부분은 즈카 9—14장뿐이다. 그러나 통상 요엘 2장, 이사 24—27; 34장과 에제 38—39장도 묵시로 간주한다. 이사야서를 연구하는 학자들 가운데는 24—27장을 '큰 묵시록', 34장을 '작은 묵시록'이라 부르는 사람들도 있다. 본격적인 묵시문학은 다니 7—12장을 꼽는다. 신약성경에서는 요한 묵시록을 '큰 묵시록'이라고 하고 마르 13,3-37과 병행 구절인 마태 24,3-44; 루카 21,7-38을 '작은 묵시록'이라 부른다.

묵시문학은 다음과 같은 특정한 믿음을 나타낸다. ① 세상의 근본적 변혁이 임박해 있다. ② 종말에 앞서 천체의 변화, 전쟁, 화재, 지진, 기아, 전염병과 같은 우주적 대재앙이 먼저 닥친다. ③ 종말로 이어지는 역사적 단계는 미리 결정되어 있다. ④ 천사와 악마의 군단이 두 세상, 곧 이 세상과 앞으로 닥칠 세상에서 일어나는 모든 사건에 개입하지만 승리는 하느님의 것이다. ⑤ 살아남은 의인들은 천상 예루살렘에서 구원의 열매를 맛볼 것이다. ⑥ 새로운 왕국의 건립은 메시아나 사람의 아들, 또는 천사와 같은 존귀한 중재자를 통하여 이루어진다.

묵시론이나 묵시문학의 목적은 악인들의 파멸과 의인들의 구원을 선언함으로써 고난의 시기에 직면하여 믿는 이들을 격려하는 것이다. 묵시가들은 예언자들과는 달리 이 세상에 대해 더는 희망을 갖지 않고, 하느님께서 현세를 파괴하고 새 세대와 새 땅을 창조하실 것을 고대한다. 그들의 저서에는 갖가지 기괴한 상징과 모호한 표상들이 등장하는데, 당대의 박해자들이 묵시의 내용을 전혀 알아차리지 못하도록 하기 위한 것이다. 또한 묵시가들은 극소수만이 자신의 신분을 밝히고, 대부분 익명으로 글을 남겼다.

하. 지혜문학

지혜문학은 세계의 모든 문화권에서 발견된다. 구약성경에서 지혜문학에 속하는 책들은 잠언·욥기·코헬렛(전도서), 그리고 그리스어 성경에만 나오는 제2경전의 집회서와 지혜서(솔로몬의 지혜)다. 이 책들을 지혜문학으로 분류하는 기준은, 그것이 이스라엘의 민족과 종교를 형성하고 유지해 온 기본 주제들(곧 이스라엘 특유의 주제)보다는 인류 보편의 주제들에 더 관심을 기울인다는 것이다. 제2경전인 집회 44—50장과 지혜 10—19장을 제외하고 구약의 지혜서들은 이스라엘의 역사, 예루살렘과 성전, 왕정 제도, 이스라엘 민족과 약속의 땅, 아브라함·모세·다윗 같은 위대한 인물 등에 대하여 별로 큰 관심을 보이지 않는다. 그 대신 출생과 죽음, 혼인과 가정, 인생의 성공과 실패, 우정과 원한 관계, 부와 가난, 고통과 즐거움 등 인간의 생존과 실존에 관한 문제나 자연의 이치와 인간 사회의 질서와 같은 세상의 보편적 가치에 관심을 집중시킨다. '지혜'라는 낱말은 잠언에 65번, 욥기 25번, 코헬렛에 30번, 지혜서에 103번, 그리고 집회서엔 무려 170번이나 나온다. 여기에 지혜의 수많은 동의어까지 합하면 지혜에 대한 언급은 엄청나다. 이 책들은 어떻게 하면 인생을 성공적으로 살 것인가, 자신의 본분을 어떻게 잘 수행할 수 있는가, 우주의 원리와 비밀은 무엇이며 어떻게 그것을 깨우칠 수 있나 등 매우 실제적이고 실천적인 교훈을 담고 있다. 그러나 이런 처세 원리를 뛰어넘어 구약의 지혜문학은 지혜를 하느님과의 관계에서 이해하면서 지혜의 근본을 하느님을 경외하는 것으로 여긴다.

19세기 중반부터 발굴하기 시작한 이집트와 메소포타미아의 고문서들은, 성경학자들로 하여금 구약의 지혜문학이 율법을 후대의 상황에 맞추어 체계적으로 풀어 놓은 지침과 교훈에 지나지 않는다는 기존의 생각을 바꾸게 하였다. 구약의 지혜문학은 20세기에 들어와서 다음 세 가지 분야의 연구에 힘입어 괄목할 만한 발전을 이루었다. 첫째 분야의 연구는 지혜문학을 누가 어떻게 전달했느냐 하는 데 집중한다. 이스라엘에는 지혜를 다음 세대에 전달한 사회 계층이 있었다는 것이다. 그들이 바로 현인들인데, 현인들은 처음에는 구전된 지혜를 수집하고 스스로도 창출하여 교훈과 잠언 모음집을 만들었을 것이다. 둘째 분야의 연구는 이스라엘의 지혜 전통보다 훨씬 더 오래된 고대 근동의 지혜문학을 구약의 지혜문학들과 비교 분석하는 데 집중한다. 셋째 분야의 연구는 지혜문학의 신학에 관한 것이다. 구약의 지혜문학은 창조와 우주 질서, 그리고 인간 실존에 관해 고유한 신학적 전망을 담고 있는데, 이 전망이 오늘 우리 시대의 사고에 매우 중요한 영향력을 행사할 수 있다는 것이다. 이상 세 분야, 곧 이스라엘 지혜문학의 전수자, 고대 근동의 문서들과 성경의 비교, 지혜문학의 신학에 관한 연구에서 가장 기본이 되는 것은 둘째 분야다. 사실 지혜를 다룬 고대 근동의 문서에 대한 연구는 다른 두 가지 분야를 밝히는 데 열쇠 구실을 한다.

(1) 메소포타미아의 지혜문학

메소포타미아의 지혜문학(Cohen/Wasserman 121-140)은 전문적 직업 훈련을 받은 서기관Scribe이 필사한 설형문자 토판 문서로 전해졌다. 신전의 도서실이나 개인의 서고에 보존된 이 토판 문서들은 비옥한 초승달Fertile Crescent을 비롯하여 고대 근동 전역에 널리 전파되었고 그 가운데 일부가 구약성경의 지혜문학에 영향을 미쳤다. 메소포타미아의 지혜문학은 교훈과 금언(또는 권고나 조언)과 교화적 설화, 세 가지 형태를 띤다. 교훈의 좋은 예는 『슈루팍의 가르침』*Šuruppak's Instructions/Instructions of Shuruppak*이다. 기원전 2600-2400년에 고대 수메르어로 기록된 이 문서의 주인공 슈루팍은 홍수 이전 마지막 도시의 임금으로 신에게서 지혜를 하사받았다. 대부분의 가르침은 명령과 그 이유로 되어 있다. 예를 들어, '보증을 서지 마라. 사람들이 너를 사로잡아 갈 것이다'라는 가르침이 있는데, 보증의 위험과 어리석음은 구약의 지혜문학, 특히 잠회서에 흔하게 나온다.

금언은 한 문화권 안에 사는 모든 이가 이의 없이 받아들이는 진리를 간결하게 표현한 말이다. 우리에게 익숙한 속담 또는 격언이 여기에 속한다. 메소포타미아 금언의 좋은 예는 '금언 모음집'Proverb collecions들이다. 수메르어로 작성된 금언집이 26개 이상 전해진다.* 수메르어와 아카드

* 수메르어 금언 모음은 온라인상에서도 검색할 수 있다("The Electronic Text

어 두 언어로 쓰인 금언집이나 아카드어로 쓰인 금언집도 전해진다. 이 금언집이 구약의 잠언들에 직접 영향을 준 것으로는 보이지 않으나 적어도 그 형식과 내용이 유사한 것만은 분명하다.

메소포타미아 지혜문학의 셋째 형태는 교화적 설화다. 이 교화적 설화에는 항변·호소·한탄·충고 등이 이야기 중간 중간에 섞여 나온다. 교화적 설화의 가장 좋은 예는 구약 욥기의 수메르 및 바빌론 버전이라 할 수 있는 수메르어 『한 사람과 그의 신』(기원전 2000-1700년) 및 아카드어 『루드룰 벨 네메키』(*Ludlul Bel Nemeqi*, 나는 지혜의 주님을 찬양하리라, 기원전 1000년)이다. 전자는 '수메르 욥' 후자는 '바빌로니아 욥'이라고 일컬어지기도 한다.* 이 설화는 무죄한 한 젊은이가 까닭없이 당하는 고통을 자신이 충직하게 섬겨 온 신에게 하소연하고 그 응답을 얻어 고통에서 풀려나는 이야기로 욥기와 그 내용과 형식이 비슷하다. 앞에서 신화로 분류한 『길가메쉬 서사시』도 교화적 형태의 설화로 볼 수 있다. 뱀의 탈취로 길가메쉬의 손에서 빠져나간 불로초 이야기는 '인생의 덧없음'이라는 지혜문학의 주제를 다룬다. 불사불멸을 추구하는 길가메쉬에게 여인숙 여주인은 이렇게 말한다. "당신이 찾고 있는 영생은 발견할 수 없어요. 신들은 인간을 창조하면서 인간에게는 필멸의 삶을 배정했고, 자신들은 불멸의 삶을 가져갔지요. 길가메쉬. 배를 채우세요. 매일 밤낮으로 즐기고, 매일 축제를 벌이고, 춤추고 노세요. 밤이건 낮이건 상관없이 말이에요. 옷은 눈부시고 깨끗하

Corpus of Sumerian Literature": https://etcsl.orinst.ox.ac.uk). 수메르어 전사 본문과 영어 번역이 모두 제공된다.

* 후자는 "고통 받는 의인의 시"라는 제목으로도 알려져 있다.

게 입고, 머리는 씻고 몸은 닦고, 당신의 손을 잡은 아이들을 돌보고, 당신 부인을 데리고 가서 당신에게서 즐거움을 찾도록 해주세요. 이것이 인간이 즐길 운명인 거예요. 그렇지만 영생은 인간의 몫이 아니지요"(김산해, 272) 이 충고는 코헬렛의 인생관과 맥을 같이한다. "태양 아래에서 너의 허무한 모든 날에, 하느님께서 베푸신 네 허무한 인생의 모든 날에 사랑하는 여인과 함께 인생을 즐겨라"(코헬 9,9). 교화적 설화의 또 다른 예는『아키카르의 지혜』*Words of Aḥiqar*다. 이 책은 이야기의 배경이 된 메소포타미아 지역뿐 아니라 시리아와 팔레스티나, 상부 이집트 엘레판틴에 이르기까지 고대 근동 전역에서 읽혔다. 이 책의 가장 오래된 판본은 기원전 5세기 엘레판틴에서 쓰인 것으로 추정되는 파피루스 판본이다. 본디 기원전 7-6세기경 아람어로 작성되었을 것으로 여겨진다(Lindenberger, 479-507, 특히 479-482). 이 책은 아시리아 임금의 한 고관의 생애를 다룬 전반부와 그의 슬기로운 어록을 담은 후반부로 나뉜다. 아키카르의 이야기는 요셉과 다니엘처럼 궁정에서 주위 사람들의 시기와 음모 때문에 관직을 잃었다가 자신의 지혜와 인내로 복직된 한 궁정 대신의 성공담이다. 특별히 토빗기에서 아키카르는 토빗의 복권에 도움을 준 그의 조카로 등장한다(토빗 1,22).

구약의 지혜문학과 관련하여 메소포타미아의 지혜문학 전통에서 또 하나 주의를 끄는 것은 서기관의 역할이다. 이들은 지혜문학을 수집하고 창출했으며 그것을 필사하여 널리 전파한 장본인이다. 메소포타미아에서 서기관은 세 가지 직능을 수행하였다. 그는 궁중의 들고 나는 물품을 기록하는 관리이자 찬양시·영웅 서사시·연대기·석비나 묘비 등을 저술하는 작가이며, 자연의 변화를 관찰하여 때의 징표를 읽고 일어날 사건을 예측하는 학자다. 서기관들은 주로 신전이 아니라 궁정에서 활동하였다. 구약의 지혜문학을 엮어낸 이들도 바로 이 서기관들이며, 그들은 예언 활동이 끊긴 뒤 이스라엘 사회 안에서 예언자들을 대신하여 민중을 선도하고 교화하는 구실을 적극적으로 담당하였다. 에즈라가 그 대표적 인물이다.

(2) **이집트의 지혜문학**

이집트의 지혜문학(Quack 103-120)도 종교적 개념에 바탕을 둔다. 고대 근동의 다른 민족들처럼 이집트인들도 신이 세상에 통치 원리와 질서를 심어 놓았다고 주장한다. 이를 앞에서 언급한 마아트라고 하는데, 마아트는 '진리·질서·정의' 등으로 옮길 수 있다. 마아트는 계절의 변화나 별의 움직임 같은 자연에만 있는 것이 아니라, 가족 관계·사회생활·임금과 신하 등 다양한 인간 관계에도 있다. 앞에서 언급한 대로 고왕국 중기부터 이집트 신화에서 마아트는 여신으로 등장한다. 마아트는 현인들의 교훈과 금언 등을 통하여 계시되기도 하는데, 이것이 이집트 지혜문학의 바탕을 이룬다. 이집트의 지혜문학은 독자들이 마아트가 요구하는 생명의 길을 따르도록 하는 데 그 목적이 있다. 어떤 학자들은 이 마아트를 구약성경의 잠언에서 인격화된 '지혜'의 본보기로 여기기도 하는데, 잠언에서 지혜는 이집트의 추상적인 여신 개념보다는 그를 추구하고 사랑하는 이들에게 훨씬 더 생생하게 다가와 구체적 도움을 준다.

이집트의 지혜문학도 크게 세 가지 형태, 곧 교훈, 비탄 또는 불평, 그리고 정치적 선전으로 구분할 수 있다. 그 가운데 처음 두 가지가 구약의 지혜문학에 영향을 미쳤다(커리드 322-339). 교훈은 이집트 지혜문학의 가장 보편적 형태로, 가장 오래된 『하르제데프의 가르침』(*Instructions of*

Hardjedef 기원전 2700-2510년)을 비롯하여 기원후 1세기에 기록된 『인신게르의 파피루스』*Insinger Papyrus*에 이르기까지 여러 개의 모음집이 전해지고 있다. 이 모음집 가운데 기원전 1100년경에 기록된 『아멘엠오페의 지혜』*Instruction of Amenemope*(기원전 1300-1075년)가 '현인들의 첫째 잠언집'으로 불리는 잠언 22,17—24,22에 직접 영향을 미쳤다. 이집트에서 교훈은 사회 개혁에 초점을 맞추기보다 개인의 조화로운 삶을 지향한다. 사람은 마아트에 바탕을 둔 현실 세계를 그대로 인정하고 그 원리에 따라, 곧 순리대로 살아야 한다. 이집트에서 삼천년기에 지혜문학이 성행하게 된 주된 배경으로는 정치·사회적 변화를 들 수 있겠다. 임금 혼자서 광대한 영역을 통치할 수 없게 되자 그의 통치권을 위임받아 행사할 신하들을 교육하는 것이 중요한 문제로 떠올랐다. 그들에 대한 가르침이 결국 교훈집을 탄생시킨 것이다. 그리고 임금의 통치를 정당화하는 정치적 선전도 이 교훈집에 자연스레 곁들여지게 되었다. 창작자의 이름을 남기지 않던 이집트 예술의 관행과는 달리 교훈집은 임금이나 재상, 서기관 등 실제 인물의 이름을 저자로 내세웠다. 그러나 교훈집의 실제 저자는 대부분 서기관 집단이었고, 그들은 '생명의 집'이라고 불리는 신전 관사에서 교훈집을 작성하고 연구하고 가르치고 필사하였다. 교훈집을 필사하는 일은 서기관들만이 아니라 그들이 가르친 학생들에게 더 많이 돌아갔다. 교훈집의 수신자는 흔히 '아들'로 불리는데, 이 낱말은 배움이 필요한 어린이·학생·제자·후계자 등의 의미도 포함한다.

한편 기원전 삼천년기 말엽부터 전통적 사고방식에 반기를 든 문서도 나오기 시작하였다. 그것은 비탄 또는 불평의 형태로 현실을 비판하는 비관적이고 자조적인 어조의 글이었다. 예를 들어 『이푸-웨르의 권고』*The*

Admonitions of Ipuwer(=*Ipuwer Papyrus*)는 당대 사회에 만연한 부조리와 갈등을 낱낱이 고발한 다음 담론 형식을 빌려 창조신을 비난한다. 『말솜씨 좋은 농부의 항변』*The Eloquent Peasant*(=*Sekhti-nefer-medu*)은 부조리한 현실을 두고 한 농부가 아홉 번에 걸쳐 고관에게 항의한 끝에 부당하게 빼앗긴 나귀를 되찾았다는 이야기다. 『인간과 그의 바(영혼)의 논쟁』*Dispute between a man and his Ba*(Soul)은 삶의 온갖 불행을 생생하게 묘사한다. 이 같은 현실 비판과 고발이 소외 계층에서만 터져 나온 것으로 오해해서는 안 된다. 오히려 기존의 질서와 전통적 가치관을 수호해야 할 현인들 자신들이 거기에 도전하고 심지어 지혜 자체의 효용성에 회의를 보이는 경우도 있었다. 이런 비판적 경향은 구약성경 욥기의 담론과 코헬렛의 인생관에서도 찾아볼 수 있다.

이처럼 고대 근동의 지혜문학은 그 형식과 내용뿐 아니라 지혜 학교와 서기관의 역할에 이르기까지 이스라엘의 지혜문학에 지대한 영향을 미쳤다.

이상 열거한 문학 양식들이 구약성경을 이루는 구성요소들 전부라고 말할 수는 없다. 예를 들어 축복문과 저주문들, 조약문들 등은 전혀 언급하지 않았다. 단지 우리가 시도한 것은 구약성경이 탄생될 때의 초기 단계에서 각 권의 저자들이 이용한 대표적인 자료들을 골라 소개했을 따름이다.

2. 신약성경에 나오는 문학 양식

신약성경에도 수많은 문학 양식이 존재하는데, 구약성경의 문학 양식을 다룰 때처럼 대표적인 양식 열 가지를 골라 소개한다. 신약성경의 문학 양식들에 관한 전문 용어들은 학자들마다 달리 규정하여 사용하기 때문에 일관성 있게 소개하기가 그리 쉽지 않다. 전문 용어에 관해서는 『성서비평사전』(정태현 편역, 성서와함께)을 참조하기 바란다.

가. **단화**短話**, 짧은 예화**

단화(ἀπόφθεγμα 간결한 말)는 예수님과 관련한 이야기들 가운데 그분의 중요한 가르침을 담은 짧고 간결한 이야기를 말한다. 초대 교회에서 단화는 비신자들을 입교시키기 위한 선교 설교와 이미 믿기 시작한 이들을 올바른 길로 인도하기 위한 교화 설교들을 통하여 전수되었다. 부활하신 예수님을 주님으로 고백하고 그분의 삶과 가르침을 믿고 따르는 초기 그리스도인들은 먼저 밖으로 바리사이들과 다른 유다인 불신자들의 반대와 공격에 부딪쳤다. 이들에게 맞서 초대 교회는 예수님의 말씀과 행적을 바탕으로 나자렛 예수님의 신적인 권위를 옹호하고 선포해야 했다. 이와 관련한 단화들의 좋은 예가 마르 2,1-12.23-28; 3,1-6에 소개된 이야기들이다. 다른 한편, 단화는 이미 예수님을 믿고 따르는 초대 교회의 그리스도인들이 어떻게 하면 참제자상을 구현할 수 있을지 그 방향을 모색하고 제시해 주기도 한다. 그 대표적인 예가 마르 1,16-20; 루카 9,57-62;

10,38-42 등이다.

예수님의 말씀은 사도 20,35; 1코린 7,10; 9,14에서 보는 바와 같이 초대 교회의 삶과 가르침 안에서 최상의 권위로 자리 잡았다. 이 말씀이 어떤 상황에서 나왔는지 알게 되면, 그와 비슷한 실제 상황에 그 말씀을 적용하기도 그만큼 쉽다.

나. **기적사화**

예수님을 둘러싸고 일어난 사건들은 모두 놀라움의 대상이다. 예수님의 행적을 소개하는 복음서의 일화들은 일상사의 범주를 뛰어넘는다. '기적'이라는 개념을 두고 우리와 성경 시대의 사람들 사이에 견해 차이가 있다. 우리는 자연법칙과 어긋나는 사건들을 보고 기적이라 하지만, 성경 시대 사람들은 인간에 대한 하느님의 자비와 사랑이 크게 드러나는 사건들을 보고 기적이라 하였다. 사실 그들의 생각에 따르면 이 세상에서 일어나는 모든 일들은 하느님의 섭리 안에서 이루어지는 것이므로, 자연법칙에 순응한다 또는 어긋난다로 구분하여 기적을 정의하는 것은 그들에게 아무런 의미가 없다. 다만 하느님의 자애로운 모습과 그분의 능력이 얼마나 크게 드러나느냐가 관건이다.

예수님과 관련한 기적사화는 크게 둘로 구분할 수 있다. 계시사화와 치유사화다. 계시사화는 예수님의 신분과 정체가 드러나는 놀라운 이야기를 말한다. 초월자 하느님이 인간 역사 안에 들어오시어 예수님이 누구신지 밝혀 주시는 것이다(하느님이 이야기의 주인공으로 나온다는 점에서 이 계시사화를 '신화'로 분류하는 학자들도 있다). 예수님이 세례를 받으실 때, 타보르 산에서 모습을 바꾸실 때, 그리고 부활하실 때의 이야기가 바로 여기에 속한다. 치유사화는 병 고침, 마귀를 쫓아냄, 장애인 치유, 죽은 자의 소생 등을 포함한다. 치유사화는 세 가지 서술로 구성된다. 먼저 질병이나 장애 등의 상황 설명이 있고, 그다음 치유의 놀라운 이적異蹟이 따르며, 마지막으로 치유받은 사람과 구경꾼들의 반응을 소개한다.

기적사화들 안에서 실제 역사성을 과학적으로 증명하려는 시도는 무의미하다. 역사적 사실이 그 안에 있든 없든 중요한 것은 그 이야기들 안에 담긴 신학적 진리가 시간과 공간을 뛰어넘어 올바로 전달되는 것이다. 요한 복음 저자가 기적을, 실체를 가리키는 표징이라 고쳐 부르는 것도 바로 이 때문이다. 이에 관해서는 나중에 요한 복음을 다룰 때 자세히 논의하기로 한다.

다. **전설**

전설은 말뜻 그대로 '전해 오는 이야기'로서 열두 제자, 마리아와 마르타와 라자로, 마리아 막달레나와 같은 예수님 주변의 인물들이나 시므온과 안나, 빌라도의 아내, 자캐오, 니코데모처럼 예수님과 만난 인물들에 관한 일화들을 말한다. 전설은 역사적 사실일 수도 있고 아닐 수도 있지만, 모두 다 독자들을 교화하고 후대에 교훈을 남기는 데에 그 목적이 있다.

라. **설교**

설교는 복음 선포를 목적으로 하는 연설을 말한다. 공관 복음에서 예수님의 설교는 하느님 나라의 선포를 주요 내용으로 하고, 사도행전에서 베드로와 바오로의 선교 설교들은 예수님의 삶과 가르침을 그 본 내용으로 한다. 공관 복음에는 한 주제를 그리 길게 다루지 않는 짧은 설교들이 많이 나온다. 예를 들어 마태 5—7장의 산상 설교는 율법과 관련하여 다양한 주제를 다루되 각 주제에 관한 예수님의 말씀들을 금언이나 격언처럼 간결하게 정리하여 소개한다. 이에 반해 요한 복음의 설교들은 매우 길고 장황하다. 그래서 요한 복음의 설교들은 강화講話라고 분류하여 아래에서 따로 다루겠다.

사도행전의 선교 설교들은 이 책의 저자가 당대의 그리스/로마 역사문헌의 연설 기법과 구약성경의 연설 기법을 도입하여 초대 교회가 물려준 전승을 재편집한 것이다. 신약성경의 기초가 된 복음 선포는 1코린 15,3-5에서 바오로 사도가 자기도 전해 받은 것이라고 하며 밝힌 내용이었을 것이다. "나도 전해 받았고 여러분에게 무엇보다 먼저 전해 준 복음은 이렇습니다. 곧 그리스도께서는 성경 말씀대로 우리의 죄 때문에 돌아가시고 묻히셨으며 성경 말씀대로 사흗날에 되살아나시어, 케파에게, 또 이어서 열두 사도에게 나타나셨습니다." 여기에 예수 그리스도의 지상 생애에 관한 언급이 덧붙여지면서 베드로와 바오로 사도를 비롯한 제1세대 그리스도교 선교사들이 이용하였을 최초의 복음 선포 설교, 이른바 '케리그마'(κήρυγμα '선포된 것' 또는 '선포하는 행위')가 생겨났을 것이다.

이 최초의 복음 선포 설교는 사도행전 전반부의 설교에서 그 뼈대와 내용을 찾아볼 수 있다. 가장 좋은 예는 베드로가 카이사리아에서 코르넬리우스 집안 식구들에게 한 선교 설교다(사도 10,34-43). 사도행전에는 이 같은 복음 선포 설교 밖에도 바오로가 산헤드린 의원들과 로마 총독들 앞에서 한 변론들이 나온다(사도 22,1-21; 24,10-21; 25,8-11; 26,2-23). 이 변론들은 바오로 개인의 신상 변론을 넘어서 유다인들과 로마인들 앞에서 신생 그리스도교를 보호하기 위한 일종의 호교론으로 보아야 한다. 사도행전 말고도 바오로의 변론이 나오는데, 적당한 예가 바오로의 선교 활동을 돈벌이나 이름을 얻기 위한 것으로 오해하는 코린토인들에게 글로 쓴 변론이다(1코린 9,3-23). 2코린 10—13장에 나오는 자신의 사도직과 복음에 대한 바오로의 변론은 당대의 수사학적 변론을 모방한 것이다(특히 12,2-4.7-10). 여기서 바오로는 자아 칭송을 자신의 인간적 약점과 실패의 나열로 바꾼다.

마. **강화**講話, **담화**談話

공관 복음에 나오는 예수님의 가르침들이 짧고 간결한 데 비하여, 요한 복음의 가르침들은 저자의 주요 주제들에 관한 장황한 설명으로 되어 있다. 요한이 즐겨 다루는 주제들은 빛, 생명, 진리, 길, 영광 등으로 모두 예수님의 정체와 그분이 하느님 아버지와 믿는 이들과 맺는 관계를 설명해 준다(예: 3,1-21.31-36; 4,4-42; 5,16-47; 6,25-71; 7,14-36; 13,31—17,26 등). 이런 가르침들을 신약성경 비평학에서는 '강화' 또는 '담화'라 한다.

이별할 때 남기는 고별 설교나 연설도 이 담화에 속한다고 할 수 있다. 마르 13장과 요한 14—16장에 나오는 예수님의 고별사, 사도 20,18-35에서 에페소 원로들에게 남긴 바오로의 고별사가 이 범주에 속한다. 구약에서는 사무엘이 백성에게 남긴 고별사(1사무 12장)가 고별 담화에 해당한다.

바. 비유

이야기에는 곧잘 표상image과 직유simile(또는 은유metaphor)와 비유와 같은 비교 언어들이 등장한다. 표상은 어떤 실체와 비교되는 한 단어를 말하고, 직유는 표상을 연장시켜 가르침을 전달하는 간단한 말이나 글을 말하며, 비유는 기승전결의 구조를 갖추어 메시지를 전하는 이야기를 말한다. 예를 들어 "너희는 세상의 소금이다. 그러나 소금이 제 맛을 잃으면 무엇으로 다시 짜게 할 수 있겠느냐? 아무 쓸모가 없으니 밖에 버려져 사람들에게 짓밟힐 따름이다"(마태 5,13)는 직유이고, 이 직유에 사용된 "세상의 소금"과 "짠 맛"은 표상이다. 그리고 비유는 줄거리 자체로 청중의 관심과 주의를 사로잡는 이야기다. 표상과 직유는 구약성경에도 많이 나온다. 그러나 비유의 경우는 구약성경에 그다지 많이 나오지 않고(2사무 12,1-4의 '부자와 가난한 이의 암양' 이야기가 대표적인 구약의 비유), 주로 공관복음에서 예수님의 말씀에 자주 나온다. 그리고 예수님의 비유들에는 당대 팔레스티나의 일상적 삶에서 끌어낸 표상들이 채택되었다. 그렇게 함으로써 일반 대중이 비유의 표상들에 쉽게 접근할 수 있었다. 그러면서도 예수님의 비유들은 청중을 깜짝 놀라게 하거나 어리둥절하게 하는 독특한 메시지를 담고 있어서, 비유를 들은 청중이 그 안에서 참신한 통찰력을 얻어 일상의 느슨한 틀을 깨고 나와 새로운 삶으로 나아가게 한다.

예수님은 하느님 나라의 신비를 풀어 설명하기 위하여 비유를 많이 이용하셨다. 그러나 예수님의 모든 비유가 하느님 나라의 신비를 설명하는 데에만 국한하지는 않는다. 특히 요한 복음에 나오는 착한 목자의 비유(10,1-18)와 포도나무의 비유(15,1-10)는 하느님 나라의 선포 대신 영원한 생명과 관련 있다. 이는 공관 복음과 요한 복음에서 예수님의 선교활동을 두고 강조하는 주제가 다르기 때문이다.

비유는 우화allegory와 다르다. 우화는 이야기를 구성하는 세부 묘사들이 저마다 숨은 뜻을 지니고 있는 데 비해, 비유는 이야기 전체를 통하여 메시지를 전달한다. 전에는 예수님의 비유들이 본디 우화가 아니었는데, 초대 교회가 이를 우화화하거나 우화적으로 해석했을 것으로 추정하였다. 우화적 해석의 본보기로 씨뿌리는 사람의 비유(마르 4,1-8)와 그 해석(4,13-20)을 들 수 있다. 비유의 우화화는 포도원 주인과 소작인들의 비유가 공관 복음(마태 21,33-44; 마르 12,1-11; 루카 20,9-18) 사이에서 어떻게 달리 소개되는가를 비교하면 쉽게 알 수 있다. 그러나 예수님의 비유 자체 안에 이미 우화적 요소들이 들어 있음에 유의할 필요가 있다. 따라서 비유와 우화를 철저하게 구분하고 우화적 요소를 모두 초대 교회나 복음서 저자의 첨가로 돌리는 것은 옳지 않을 수 있다.

예수님의 비유들 가운데는 '예화'로 분류되는 이야기들도 있다. 예화는 본받아야 할 긍정적 인물과 본받지 말아야 할 부정적 인물을 등장시켜 윤리적 선행과 악행의 표본을 제시하는 이야기를 말한다. 복음서에는 네 가지 예화가 있는데, 모두 루카 복음에만 나온다(루카 10,29-37; 12,16-21; 16,19-31; 18,9-14).

사. **토막 말씀**

토막 말씀(λόγιον 말씀)은 말뜻 그대로 설교, 강화나 담화, 비유 등과 비교하여 매우 짧고 간결한 예수님의 말씀이다. 간결하게 표현된 원리나 일반 진리를 담고 있는 경구, 속담, 금언 또는 격언 등이 모두 이 토막 말씀에 속한다. 대표적인 토막 말씀으로는 마태 24,28의 말씀을 들 수 있다. "주검이 있는 곳에 독수리들이 모여든다." 야고보서는 종교적인 믿음을 일반 윤리규범으로 변형시키려는 경향 때문에 경구 표현들을 많이 포함한다.

예수님의 토막 말씀 가운데는 복음서 여기저기에 '떠돌아다니는' 또는 '옮겨 다니는' 말씀이 있다. 이를 가리켜 '떠돌이 토막 말씀'이라 하는데, 두 가지 좋은 예를 들어보자. "들을 귀 있는 사람은 들어라"(마르 4,9.23; 마태 11,15; 13,9). "꼴찌가 첫째 되고 첫째가 꼴찌 될 것이다"(마태 19,30; 20,16). 이러한 토막 말씀은 예수님의 비유 연구에도 중요한 구실을 한다.

아. **찬가**

신약성경의 찬가들은 대부분 예수 그리스도의 신분과 삶 그리고 그 분과 아버지 하느님 사이의 관계를 압축한 시 언어로 노래한다. 요한 복음의 로고스 찬가(1,1-18), 에페소서의 하느님의 구원계획에 대한 찬가(1,3-14), 필리피서의 그리스도 찬가(2,6-11), 콜로새서의 하느님의 모상이신 그리스도 찬가(1,15-20) 등이 이에 속한다. 이런 찬가들의 '삶의 자리'는 대부분 전례 안이었을 것이다. 그리고 이 찬가들이 예수 그리스도에 대한 신앙고백의 구실도 한다. 그래서 이들을 전례문이나 신앙고백문(또는 더 줄여 '신조')으로 분류하기도 한다. 이상의 그리스도 찬가 밖에도 신약성경에는 예루살렘 모교회에서 즐겨 부르던 찬가들이 나오는데, 그 예들에는 루카 복음이 전해 주는 마리아의 노래(1,46-55), 즈카르야의 노래(1,68-79), 시메온의 노래

(2,29-32)가 있다. 이 세 찬가는 전통적으로 라틴말 성경의 첫 말마디를 따서 각각 마니피캇Magnificat, 베네딕투스Benedictus, 눈크 디미티스Nunc dimittis라 불리고 교회의 공식 기도인 성무일도에 포함되어 있다.

자. **서간과 편지**

구약성경의 낱권들 가운데 제2경전의 예레미야의 편지를 제외하고(예레미야의 편지에 관해서는 각 권의 해설에서 따로 다룬다) 어느 책도 전체가 서간으로 되어 있지는 않다. 다만 여러 책에 단편적인 서간들을 포함하고 있을 따름이다(2사무 11,14-15; 1열왕 21,8-11; 2열왕 10,1-3). 신약성경의 경우에는 사정이 다르다. 27권 가운데 21권이 서간의 양식을 갖추고 다른 두 권의 책이 서간을 포함한다(예: 사도 15,23-29; 23,26-30; 묵시 2—3장).

바오로 서간을 비롯하여 신약성경의 서간들은 모두 당대의 문학 양식을 충실히 반영한다. 고대 그리스-로마의 문헌들 가운데는 특별한 문학 기법과 형식에 따라 쓰인 편지 형태의 글이 다수 발견된다. 철학자들과 관리들과 시인들은 윤리적 가르침과 행정지침과 예술적 감성을 전달하기 위한 수단으로 곧잘 편지를 이용하였다(에피쿠로스, 아리스토텔레스, 세네카, 키케로 등). 그러나 편지는 지식인들만 이용한 것이 아니었다. 19세기 말, 고대 그리스-로마 시대의 일반인들이 파피루스와 토판에 써서 주고받은 상당수의 상업적 편지들과 개인 편지들이 이집트에서 발견되었다. 이를 계기로 고대의 중요한 소통 수단인 편지에 대하여 폭넓은 연구가 이루어졌고, 그 결과 학자들은 편지와 서간을 구분하기에 이르렀다. '편지'가 개인들 사이의 사적인 통교 수단이라면, '서간'은 많은 청중이나 독자, 심지어 미래의 독자까지 염두에 두고 문학적 기교와 수사학적 논법을 곁들여 만들어 낸 또 하나의 문학 양식이라 하겠다. 이런 기준에 따르면 바오로의 글들은 특정한 상황 아래 특정한 대상에게 일회적으로 써 보낸 '편지'이지, 처음부터 출간을 염두에 두고 대중 교육이나 홍보를 목적으로 집필한 다음 필경사들이 반복 필사하여 수많은 독자들이 읽고 연구하게 한 문학 양식으로서의 '서간'은 아니다.

그러나 최근의 성경학계는 이런 식의 구분에 찬동하지 않는다. 첫째, 바오로의 편지는 어느 것이든, 심지어 개인에게 보낸 필레몬서까지도 공적인 성격을 띤다. 그는 단순히 친구나 동료로서가 아니라 늘 사도의 신분과 자격으로 편지를 보냈다. 더구나 필레몬서와 사목서간(티모테오 1·2서와 티토서)을 제외한 모든 편지는 공동체 안에서 낭독되고(참조: 1테살 5,27; 2테살 2,2.15) 여러 공동체에서 회람될 것을 바라고 있다(콜로 4,16). 둘째, 바오로의 편지는 아무리 짧은 글이라 할지라도 당대의 문학 기법을 소홀히 하지 않고 세심한 주의를 기울여 작성되었다. 그의 편지들을 상세히 분석해 보면 독자들을 설득하기 위해 당대의 수사학 기법, 특히 디아트리베를 철저하게 사용하고 있다는 것을 알 수 있다. 디아트리베διατριβή는 소크라테스와 같은 고대 그리스 현인들의 교수법에서 볼 수 있는 수사학 기법의 하나로, 가상의 대화 상대를 설정하고 그와 활발하게 토론을 벌임으로써 청중이나 독자를 질책하거나 그들에게 호소한다. 이상의 분석에 따르면 바오로의 글들은 편지라기보다는 오히려 서간에 더 가깝다고 할 수 있다. 어떻든 바오로의 서간들을 비롯하여 신약성경의 서간들은 모두 사적인 요소와 공적인 요소를 고루 포함하고 있으므로 굳이 편지와 서간의 구분을 여기에 적용할 필요는 없다고 본다.

차. **권고문**

권고문은 악을 피하고 선을 행하라는 초대 교회의 윤리적 권고를 모아 놓은 것이다. 이 권고문은 신약성경에서 적어도 세 가지 형태로 전한다. 첫째 형태는 악목과 덕목의 제시다. 악목과 덕목의 좋은 예는 갈라 5,19-23이다. "육의 행실은 자명합니다. 그것은 곧 불륜, 더러움, 방탕, 우상 숭배, 마술, 적개심, 분쟁, 시기, 격분, 이기심, 분열, 분파, 질투, 만취, 흥청대는 술판, 그 밖에 이와 비슷한 것들입니다. 내가 여러분에게 이미 경고한 그대로 이제 다시 경고합니다. 이런 짓을 저지르는 자들은 하느님의 나라를 차지하지 못할 것입니다. 그러나 성령의 열매는 사랑, 기쁨, 평화, 인내, 호의, 선의, 성실, 온유, 절제입니다. 이러한 것들을 막는 법은 없습니다." 로마 1,29-31; 1코린 5,10-11; 1티모 6,11; 2베드 1,5-7도 이런 악목과 덕목을 제시한다. 악목과 덕목의 내용은 헬레니즘 시대의 윤리적 가르침에서도 찾아볼 수 있다.

둘째 형태는 가정 규범이다. 남편과 아내, 부모와 자녀, 주인과 종들의 관계에서 지켜야 할 윤리적 사항들을 규정한 이 규범은 콜로 3,18—4,1; 에페 5,22—6,9; 1베드 2,13—3,7에 나온다. 이 규범은 순종의 원리를 바탕으로 형성된 위계적이고 가부장적인 사회구조에 바탕을 둔다. 초대 교회의 가정 규범은 1세기 가정윤리와 사회윤리를 그리스도교 원리에 연결시킨 것으로 볼 수 있다.

셋째 형태는 공동체 규범 또는 교회 규범이다. 초기 그리스도교 공동체가 자체 교육을 위하여 만든 여러 규범들로서 그 근본은 예수님에게까지 소급된다. 선과 악이 공존하는 단체가 교회임을 강조한 마태오 복음에 이런 규범이 자주 소개된다. 대표적인 대목으로 잘못을 저지른 형제를 공동체 안에서 어떻게 대할 것인가에 대하여 구체적 지침을 제시하는 마태 18,15-18을 들 수 있다. 공동체 규범은 바오로의 저서(특히 1·2코린), 사목서간들(1티모 2,1-15; 5,1-22; 6,1-2), 가톨릭 서간(1베드 2,13—3,7), 그리고 사도들의 가르침으로 알려진 『디다케』(4,9-11)에 흩어져 있다. 쿰란 공동체도 이와 비슷한 규범들을 『공동체 규칙서』와 『다마스쿠스 문서』(『새 계약 규례』라고도 일컬음), 그리고 할라카(규범, 법) 성격을 지닌 『성전 두루마리』에 기록해 놓았다.

이상의 문학 양식들은 예수님에게까지 소급되는 것도 있고 초대 교회가 창출하여 발전시킨 것도 있다. 우리가 이제껏 성경의 문학 양식들을 살펴본 목적은 성경 안에 흩어진 수많은 문학 양식을 빠짐없이 가려내어 분류하고 각 유형의 기능을 정확하게 규명하려는 데에 있지 않다. 문학 양식에 관한 전반적인 고찰은 사람들로 하여금, 성경이 소설이나 수필처럼 한 사람의 집필로 간단히 이루어진 책이 아니라 오랜 세월에 걸쳐 다양한 문화와 믿는 이들의 구체적인 삶에 개입해 들어오신 하느님의 말씀이라는 사실을 깨닫게 하는 데에 그 목적이 있다. 하느님께서 성경 시대의 다양한 문화와 구체적 삶의 현장에 접근하시기 위해서는 동시대 사람들이 사용하는 갖가지 표현 양식들을 골고루 다 이용하셔야만 했을 것이다.

II. 성경의 형성 과정

1. 구약성경의 형성 과정
2. 신약성경의 형성 과정

»

성경은 하루 아침에 이루어진 책이 아니다. 오랜 세월 수많은 사람들의 손을 거쳐 서서히 완성되었다. 먼저 신앙 공동체와 그 공동체에 몸담았던 개인들의 삶이 있었고 이 삶을 입으로 또는 글로 후대에 전달한 다양한 전승이 있었을 것이다. 그리고 공동체 안에서 이 전승들을 수집하고 정리하여 문서로 엮은 사람들이 생겨났을 것이다. 최초의 문서는 공동체나 개인에게 닥친 특정한 상황에 맞추어 계속해서 수정·보완되었을 것이다. 따라서 오늘날 우리가 보는 형태의 경전이 탄생하기까지는 장구한 시간과 여러 단계의 편집 과정이 있었다.

1. 구약성경의 형성 과정

히브리어 구약성경을 유다인들의 분류 방식에 따라 세 부분, 곧 율법서(תּוֹרָה 토라)·예언서(נְבִיאִים 느비임)·성문서(כְּתוּבִים 크투빔)로 나누어 각 부분의 형성 과정을 고찰하고자 한다.* 이 셋의 첫 자를 따서 만든 타나크TaNaKh는 유다교의 히브리어 성경을 통칭하는 이름이다.

히브리어 성경 (TaNaKh)		
	율법서(토라)	창세기, 탈출기, 레위기, 민수기, 신명기
	예언서(느비임)	여호수아기, 판관기, 사무엘기, 열왕기, 이사야서, 예레미야서, 에제키엘서, 열두 소예언서
	성문서(크투빔)	시편, 욥기, 잠언, 룻기, 아가, 코헬렛, 애가, 에스테르기, 다니엘서, 에즈라기, 느헤미야기, 역대기

가. **율법서**(토라, 모세오경)

구약 말기부터 이미 유다교에서는 성경의 처음 다섯 권, 창세기·탈출기·레위기·민수기·신명기를 '토라'(תּוֹרָה 가르침, 지침)라고 부르며 가장 중요하고 신성하게 여겨 왔다. 토라는 본디 '(화살을) 쏘다, 과녁을 맞추다'는

* 이 분류는 그리스도교의 구약성경 분류법과 다르다. 그리스도교는 구약을 모세오경, 역사서, 시서와 지혜서, 예언서로 나눈다. 가톨릭은 유다인들의 히브리어 구약성경 외에 그리스어로 쓰여진(또는 번역된) 몇몇 책(=제2경전)도 구약성경에 포함시킨다. 더 자세히는 셋째 마당 III.1을 참조하라.

뜻의 동사 '야라'יָרָה에서 나왔다. 다른 한편 이 책들은 모세오경 또는 간단히 줄여 오경五經이라고도 부르는데, 오경(πεντάτευχος 펜타테우코스)이라는 이름은 '다섯(πέντε 펜테) 권(τεῦχος 테우코스)'이라는 그리스어 단어에서 유래한다. 기원후 1세기에 이미 오경은 긴 두루마리 하나에 필사할 만큼 한 단위의 책으로 취급되었다. 구약의 다른 책들과는 달리 모세오경은 처음부터 유다교와 그리스도교 경전 분류에서 완전히 일치해 왔다.

그런데 한 단위의 책이라는 전통적 인식과는 거리가 멀게 모세오경은 각 권이 형식과 내용 면에서 저마다 다르고 그 형성 과정도 매우 복잡하다. 이 책은 한 저자의 일관된 작품이 아니라, 오히려 다양한 전승과 사료를 바탕으로 수많은 저자와 편집자들의 손을 거쳐 완성되었다. 책의 구성을 단순히 일별하면 세상의 창조부터 광야 생활의 마무리까지 연대기 순으로 사건들을 잘 정리해 놓은 것 같지만, 창세기에서는 주로 설화만 소개하고 탈출기에서는 설화와 법을 함께 내놓는다. 레위기에서는 법만 소개하고 민수기에서는 다시 설화와 법을 병행하더니, 신명기에서는 앞의 네 권의 내용을 반복한다. 이 때문에 어떤 학자들은 오경에서 신명기를 제외하고 사경이라는 이름을 사용하기도 한다. 인물과 주제도 모세오경의 일관성과 통일성을 증명하는 데 도움이 되지 않는다. 유다교에서 이 책의 중심 인물로 여기는 모세는, 창세기에는 전혀 언급이 없다가 탈출 2장에서야 처음 소개된다. 또한 이 책에는 이스라엘의 선택, 그들과 맺으신 하느님의 계약, 땅과 후손의 약속 등 구약의 큰 주제들이 등장하지만, 어느 주제도 오경의 각 권 모두에 골고루 배분되거나 각 권에서 완료되지 않는다. 오히려 이 주제들은 오경을 넘어서, 약속의 땅에 들어가는 이야기를 다룬 여호수아기와 그 뒤의 역사서들에 이어진다. 그래서 과거 일부 학자들은 약속과 성취라는 주제에 착안하여 오경 대신 여호수아기를 포함시킨 육경이라는 이름을 제시하기도 하였다.

모세오경의 성격을 규정하는 데 가장 적절한 방안은 이 책에 붙인 전통적 명칭 '모세의 토라'('토랏 모세' תּוֹרַת מֹשֶׁה)가 도움을 준다. 모세의 토라는 흔히 '법'으로 해석한다. "이 법은 본토인에게나 너희 가운데에 머무르는 이방인에게나 동일하다"(탈출 12,49). 법은 모세오경 전체를 관통하는 일관된 문학 양식이다. 법은 탈출 20장과 신명 5장에 나오는 십계명뿐 아니라 탈출 20,22—23,33의 계약 법전, 레위 17—26장의 성결 법전, 신명 12—26장의 신명기 법전 등 법모음집, 그리고 다양한 설화 안에 제시된 규정, 예를 들어 창세 17장 아브라함 대목에 나오는 할례 규정, 민수 36장 예리코 앞 모압 벌판 대목에 나오는 여인들의 상속 재산 규정 등도 포함한다. 그런데 토라는 넓게 보면 법이나 규정 그 이상의 것, 곧 앞에서 밝힌 그 원초적 의미대로 '가르침' 자체다. 오경에 붙은 전통적 명칭 '토랏 모세'는 법 대목뿐 아니라 설화 대목도 포함하여 모세오경의 가르침 전체를 말한다. 설화 그 자체가 훌륭한 가르침이라는 뜻이다. 따라서 중세의 가장 탁월한 유다교 주석가 라쉬(『창세기 (1,1) 주해』)의 증언대로 설화와 법이 혼재해 있는 토라는 탈출기의 십계명부터가 아니라 창세기의 천지 창조 이야기부터 시작한다.

모세오경은 어떤 과정으로 형성되었을까? 오경의 형성 과정에 관해 세 가지 견해, 곧 전통적 견해·네 출전가설·최근 이론을 소개한다.

(1) 전통적 견해

첫째는 중세까지 유다교에서나 그리스도교에서 견지해 온 전통적 견해로, 모세오경은 하느님께서 모세라는 특별한 저자를 통하여 이스라엘 백성에게 내려 주신 문서라는 것이다. 이는 모세오경이 갖는 최고의 권위에 적합하다. 오경은 여러 대목에서 모세가 시나이 산 위에서 밤낮으로 사십 일을 머물렀다고 증언한다(탈출 24,18; 34,28; 신명 9,9; 10,10). 이 기간은 짧은 문서인 십계명과 계약 법전만을 전수받기에는 너무 긴 기간이었을 것이다. 따라서 전통적 견해는 이 기간에 모세가 하느님께 토라 전체를 전수받았다고 여겼다. 고전적 라삐 해석에 따르면 모세는 문서 토라뿐 아니라 그것의 권위 있는 해석인 구전 토라도 동시에 받았다고 한다. 유다교의 모든 라삐와 초대 교회의 교부들은 문서 토라에는 모세 이전의 사건들(창세기)과 모세의 죽음까지도 나오는데, 몇몇 라삐들은 모세의 죽음을 전하는 오경의 마지막 장인 신명 34장을 작성할 때 모세는 눈물을 흘리면서 받아 적었다고 전한다(라쉬 『신명기 (34,5) 주해』). 토라가 모세를 통해서 전해진 하느님의 말씀이라는 전통적 견해는 르네상스까지 유다교와 그리스도교에서 확고한 위치를 차지하였다.

그러나 이 견해는 오경의 설화 자체에서 모순으로 명백하게 드러난다. 이런 모순은 드물긴 하지만 이미 중세의 몇몇 유다교 주석가들이 지적하였다. 예를 들어 12세기 유다교 주석가 아브라함 이븐 에즈라는 창세 12,6을 인용하면서(『창세기 (12,6) 주해』), "그때 그 땅에는 가나안족이 살고 있었다"는 말은 이 구절의 저자가 살던 시대에는 가나안족이 살고 있지 않았다는 것을 전제한다고 주장하였다. 가나안족은 모세가 살던 시대에도 있었지만 창세기 저자 시대에는 그 땅에 없었다는 말이다. 그 밖에 다른 대목을 인용하면서 중세의 여러 학자들이 오경이 모세 시대보다 나중 시기에 쓰였다고 증언하였지만 그들의 도전은 모세가 토라의 저자라는 보편

견해를 뒤집기에는 역부족이었고 조직적이지도 못했다.

(2) 네 출전가설

둘째는 네 출전가설로 그 시초는 계몽주의 시대 이성주의가 불러 일으킨 모세의 친저성에 대한 회의였다. 그 중심에는 토마스 홉스(1588-1679년)와 바룩 스피노자(1632-1677년) 같은 철학자들이 있었다(Totaro, 32-47). 모세의 친저성에 대한 문제 제기는 19세기에 들어서면서 오경(또는 육경)이 서로 완전하게 구별되는 네 가지 주요 사료, J, E, D, P로 구성되었다는 출전가설로 발전하였다. 네 사료를 구별하는 기준은 용어, 문학 기법, 신학 전망이다. J(야훼 전승)와 E(엘로힘 전승)는 하느님의 이름을 서로 다르게 부른다. 창세기에서 J는 하느님을 야훼(יְהוָה Jahwe)로 E는 엘로힘(אֱלֹהִים Elohim)이라고 부른다. 하느님의 이름을 엘로힘으로 부른다고 해서 모두 E는 아니다. 이 사료들 가운데 사제와 예배에 특별한 관심을 갖는 대목은 P(사제계 전승)로 분류한다. 마지막으로 D(신명기 전승)는 주로 '베껴 쓴 법전'(신명 17,18)이라는 뜻을 지닌 신명기에 담긴 사료다.

이런 신명神名의 문제는 오경의 저자가 모세가 될 수 없다는 사실을 전제로 하고 제기한 것이다. 역사비평을 성경 연구에 도입하기 전까지 오랫동안 가톨릭이건 개신교이건 교회는 오경이 모세의 저서가 아니라고 주장하는 사람들을 단호하게 단죄하였다. 그러나 오늘날 교회는 성경학자들의 견해를 받아들여 오경이 문체와 내용과 배경이 서로 다르고 무엇보다 모세의 죽음 이후의 사건들을 기록하고 있는 점으로 미루어, 오경의 저자가 모세일 수도 없고 오경이 한 사람의 일관된 작품일 수도 없다는 견해를 인정하기에 이르렀다(비오 12세 회칙 「성령의 영감」).

먼저 성경학자들은 오경의 내용을 면밀히 조사한 결과 수많은 모순과 충돌들을 발견하면서 이 다섯 권의 책들이 결코 한 가지 전승과 한 사람의 저자에 근거할 수 없다는 사실을 밝혀냈다. 예를 들면 다음과 같다.

첫째, 창세기에 보면 하느님의 이름이 야훼(주님)와 엘로힘(하느님) 두 가지로 나타난다. 탈출 3,15; 6,3에서는 야훼라는 이름이 언제 처음으로 계시되었는지 설명하는 데 반해, 창세 4,26에는 아담의 손자 에노스가 야훼의 이름을 처음 불렀다고 기록되어 있다.

둘째, 모세가 십계명을 받은 산 이름도 문제가 된다. 레위기와 민수기는 시나이 산이라고 하고, 신명기는 호렙 산이라고 부른다.

셋째, 가나안의 주민들을 때로는 가나안족이라고 하고, 때로는 아모리족이라 부른다.

넷째, 창세 6,19에는 노아가 온갖 동물을 제 종류에 따라 한 쌍씩 방주에 데리고 들어가게 되어 있지만, 7,2에는 정결한 짐승은 일곱 쌍씩, 부정한 짐승은 한 쌍씩으로 되어 있다. 그리고 7,17에는 홍수 기간이 사십 일이지만 7,24에는 백오십 일이다.

다섯째, 더 중요한 모순은 사람의 창조에 관한 것이다. 창세 1,1—2,3에서 인간은 남녀 모두 엘로힘이 창조의 마지막 날인 엿샛날에 함께 창조했으나, 창세 2,4-25에서는 야훼께서 남자를 먼저 땅의 먼지에서 만드시고, 그다음에 짐승들을, 짐승들 다음으로 여자를 창조하신 것으로 나타난다.

마지막으로, 설화 부분만이 아니라 법전 부분에서도 충돌이 발견된다. 그 본보기로 세 법전에 나오는 노예법(탈출 21,1-11; 레위 25,39-46; 신명 15,12-18)을 들 수 있다. 탈출기에서는 남종과 여종을 구분해서 다루라고

하는 반면, 신명기에서는 둘 다 같이 다루어야 한다고 되어 있다. 또 탈출기와 신명기에서는 자기 주인을 사랑하는 종은 "종신토록"(탈출 21,6) 또는 "평생"(신명 15,17) 노예로 주인 집에 머물 수 있다고 하지만, 레위기에서는 종을 고용된 일꾼으로 여겨 희년이 될 때까지만 일하게 하고 희년에는 자기 씨족에게 돌아가게 해야 한다고 하면서(레위 25,40-41) 이스라엘 동족 사이에서 노예 제도를 인정하지 않는다.

이 밖에도 수많은 모순과 충돌을 오경 안에서 발견할 수 있다. 이런 모순과 충돌에서 오경의 저자가 모세가 아니라는 사실은 물론, 이 책이 서로 다른 여러 전승을 바탕으로 쓰였음을 전제할 수 있다. 오경 저자의 문제가 전승 또는 사료의 문제로 비약하는 셈이다.

성경학자들이 모세오경을 구성하는 주요 출전 전승으로 보고 편의상 J, E, D, P로 약칭한 네 전승의 특징과 집필 장소 및 작성 연대를 간략하게 살펴보면 다음과 같다.

ㄱ) 야훼 전승(Jawhist Tradition, J)

J는 처음서부터 하느님의 이름을 야훼라고 부른 원전이다. J는 모세가 십계명을 받은 산 이름을 시나이라 하고 가나안의 주민들을 가나안족이라고 부른다. J의 문체는 단순하고 강하며, 하느님에 관한 사정을 인간의 언어와 행동 양식에 비추어 표현하는 의인화擬人化의 기법을 자주 사용한다(창세 3,8; 7,16; 8,21; 11,5). 창조, 에덴 동산과 타락, 카인과 아벨, 노아의 홍수, 바벨탑, 성조 이야기, 이집트 탈출과 모세의 기록들에 J가 관여하고 있다.

J를 단순한 민담이나 설화로 처리하려는 경향이 있는데 이것은 큰

잘못이다. J의 원초적 자료가 민담이나 설화의 형태와 요소를 지닌다 할지라도 긍정적 신앙을 선포하려는 J는 위대한 신념 속에서 일관된 문헌으로 엮어졌다. 특히 J를 통하여 하느님의 성실성이 강조되는데, 이스라엘의 줄기찬 배반과 적대 민족의 파괴 공작에도 하느님은 성조들에게 약속하신 바를 확고하게 실현하신다. J가 작성된 곳은 남쪽 도시들에 관심이 많은 것으로 보아 남왕국이겠고, 그 정확한 연대는 추정하기 어려우나 대체로 다윗 임금의 통치 직후(기원전 950년경)로 보면 무난할 것이다.

ㄴ) 엘로힘 전승(Elohist Tradition, E)

E는 하느님의 이름을 엘로힘이라고 부르고 시나이 대신 호렙을, 가나안족 대신 아모리족이라는 명칭을 사용한다. E의 문체 역시 단순하고 강하지만, 생동감에서는 J를 따라가지 못한다. 도탄이나 스켐과 같은 북쪽 도시들에 관심이 많은 것으로 보아 E의 집필 장소는 북왕국으로 추정하며, 작성 시기는 아마도 사마리아가 함락된 기원전 721년 전부터 J가 완성된 다음인 기원전 800년 무렵까지일 것이다.

E는 창세 15장 이후에야 비로소 등장하며 J만큼 잘 보존되어 있지 않다. 추측컨대 E의 창조 기록이 존재하지 않는 이유는 북왕국의 멸망 뒤 남왕국의 편집자가 이 두 원전을 하나로 묶으면서 자기 기호에 맞게 E의 창조 기록을 버리고 J의 기록만을 택했기 때문인 듯하다.

하느님에 대한 E의 신학적 관점은 J보다 더 세련되어서 하느님에 관해서 말할 때 의인화 기법을 지양하고 그 대신 꿈이나 현시를 통하여 하느님의 메시지를 전달한다.

ㄷ) 신명기 전승(Deuteronomist Tradition, D)

D는 위 두 원전과 달리 설화체로 되어 있지 않고 수사학적 표현을 삼가면서 전달하고자 하는 사상을 단도직입적으로 표명한다. D가 채택한 문학 양식은 순종에 대한 호소, 경고와 위협, 그리고 약속을 내포하는 설교다. 율법의 다양한 규정들은 하느님께 대한 사랑이라는 핵심 계명(신명 6,5)에 연결되어 있다. 또한 율법에 대한 이러한 가르침은 지속적으로 '오늘'을 역사적 사건들, 곧 이집트 탈출(신명 16,3), 선조들에게 주어진 좋은 땅에 대한 약속(신명 4,31), 그리고 세상의 창조(신명 4,32) 등과 연결시킨다. 이 가르침은 금송아지 사건을 비롯하여 백성이 광야에서 보인 불충까지 상기시킴으로써(신명 9,7 이하) 이스라엘에게 삶과 죽음 가운데 하나를 신중히 고르게 한다(신명 30,15 이하). 약속된 땅에서의 번영은 이스라엘이 계약에 얼마나 충실하느냐에 달려 있다.

D가 강조하는 신학 주제는 이스라엘이 선택된 민족이기 때문에 자신의 특별한 신분에 어울리도록 야훼 하느님께 성실하게 순종하고 참된 예배로 그분을 섬겨야 한다는 것이다. D는 특별히 가나안인들과 그들의 경신례를 혐오하고, 야훼께서는 신실한 이들에게 복을 주시고 불충실한 이들에게 벌을 내리심으로써 역사 안에서 당신의 자비를 드러내신다고 선포한다. 그런데 D의 신학에서 주 하느님은 모습을 전혀 드러내지 않으시는 분이다. "그때에 주님께서 불 속에서 너희에게 이르셨다. 너희는 말씀하시는 소리는 들었지만, 어떤 형상도 보지 못하였다. 너희는 소리만 들었을 뿐이다"(신명 4,12). 하느님은 성전이나 만남의 천막에 신체적으로 거주하시는 분이 아니다. 성전은 다만 "주 너희 하느님께서 당신의 이름을 머무르게 하시려고 선택하시는 곳"(신명 12,11)일 따름이다. 또한 D에 설정된

갖가지 사회적 실정법은 인본주의적 색채를 띤다.

D의 작성 연대는 E의 일부를 수정하고 있는 점으로 보아 E의 작성 연대보다 더 후대임이 틀림없다. 예를 들면 탈출 21,1 이하에 '7년이 지나면 히브리 노예가 자유롭게 풀려날 수 있다'라고 되어 있는데, 신명 15,12-14에서는 반드시 풀려나야 한다고 하면서 E의 선택 규정을 의무 규정으로 수정하고 있다. 보다 정확한 D의 작성 연대는 2열왕 22장에서 추측해 낼 수 있을 것이다. 거기에 요시야 임금이 성전에서 법전을 발견한 뒤 이 법전을 토대로 종교 개혁에 박차를 가했다는 이야기가 나온다. 이 법전은 불경한 임금으로 통하던 므나쎄 임금의 통치 밑에서 종교적으로 가장 어둡고 어려운 때에 누군가 실정법과 경신례법을 베껴 써서 성전의 기물을 넣어 두는 방에 은밀히 감춰 두었던 사본으로 추정한다. 이 추정이 맞다면 D의 작성 연대를 최소한 요시야 임금의 종교 개혁(622년) 전인 기원전 7세기로 잡을 수 있을 것이다.

ㄹ) 사제계 전승(Priestly Tradition, P)

P는 E와 함께 엘로힘이라는 칭호로 하느님을 부르면서도 후자와는 달리 좀 더 수사학적이고 복잡한 문체를 사용한다. 이 전승이 지니는 문체의 가장 두드러진 특성은 반복, 일정한 형식성, 숫자의 정확성, 족보와 명부의 애용 등이다. P의 고유한 목적은 사제 계급의 주요 관심사인 안식일, 음식, 할례, 제사, 사제의 직무들에 관한 규정들의 기원을 밝히고 그 전통적인 가치들을 재확인하는 것이다. P는 질서와 경계를 중요시하고(창세 1장), 사제들을 배출한 아론 가문과 성전 중심의 종교 체제에 지나칠 정도로 관심을 집중한다.

사제계 전승은 이레 동안의 세상 창조로 시작해서(창세 1,1—2,4ㄱ) 모세의 죽음까지 이르며(신명 34,7-8), 족보를 중심으로 역사를 다룬다(창세 5,1 참조). 그리고 이 전승은 노아의 홍수와 계약에 이어(창세 9장) 아브라함의 계약을 전하고(창세 17장), 또한 선조들의 이야기와 이집트 탈출을 이야기하며, 그 뒤에는 시나이 산에서 모세의 중개로 이루어진 율법과 제의 제도의 계시로 폭넓게 전개된다(탈출 25—민수 10장).

네 전승 가운데 가장 늦게 만들어진 P는 아마도 유다인들이 귀양에서 풀려난 뒤인 에즈라와 느헤미야 시대에 기록된 것 같다. 느헤 8장에 따르면 사제 에즈라가 예루살렘으로 돌아올 때 어떤 책을 들고 오는데, 느헤미야의 이야기를 P원전의 가르침과 비교해 볼 때 비슷한 점들이 많기에 에즈라의 책이 P가 아니겠는가 추측하기도 한다. 이 추측이 맞다면 P의 작성 연대는 바빌론 유배 시절인 6세기 중반이고 집필 장소는 바빌론일 것이다.

그러면 이 네 원전들이 어떻게 서로 어우러져 모세오경으로 발전하게 되었을까? 가장 단순한 이론은 이렇다. 먼저 J와 E는 원래 완전히 독립된 원전이었는데, 기원전 722년 북왕국이 멸망한 직후 E가 남왕국에 소개되고 J를 선호하는 어떤 편집자가 이 둘을 합하였다. 한편 기원전 7세기 무렵 J와 E를 알고 있는 사람이 D를 기록하고 바빌론 유배 시절에 이 세 원전이 하나로 통합된다. P는 유배가 풀리면서 곧바로 작성되고, 이 네 원전이 한데 모아질 때 구심점 역할을 한다.

(3) 최근 동향

이상의 네 출전가설은 1970년대까지 모세오경에서 발견되는 수많은 문제점을 해결하고 그 안에 담긴 메시지를 이해하는 데 크게 이바지하였다. 그러나 1970년대부터 확고부동한 것처럼 보이던 이 가설이 흔들리기 시작하였다. 제기된 문제들을 요약하면 아래와 같다.

첫째, 완성된 본문에서 어느 특정한 전승을 구별해 내기가 쉽지 않다. 예를 들어 한 대목은 물론 한 절에서조차 하느님의 이름, 야훼와 엘로힘이 다 같이 나온다.

둘째, 네 전승 가운데 엘로힘 전승은 거의 단편 조각들로 되어 있어서 독립된 설화 전승으로 보기 어렵다. 더구나 탈출기 시작 부분 이후에는 엘로힘 전승을 야훼 전승에서 분리해 내기가 거의 불가능하다.

셋째, 네 출전가설이 J와 E로 분류한 상당수의 본문들은 8세기 이전보다는 오히려 유배(기원전 722년 아시리아 유배와 기원전 597년과 587년 바빌론 유배)나 유배 이후의 상황과 사조를 반영한다.

넷째, 주로 창세기에서 탈출 15장까지를 분석하면서 얻어 낸 네 출전가설을 모세오경 전체에 확대 적용하는 것은 무리다.

다섯째, 네 출전가설은 모세오경의 설화 부분에만 주의를 기울였지 계약 법전·성결 법전·신명기 법전 등의 법전 부분에는 별로 주의를 기울이지 않았다.

이 같은 문제들을 안고서 현대 구약학자들은 모세오경의 기원과 형성을 두고 네 출전가설 이외의 대안을 모색하고 있지만 아직 완전한 본보기는 없다. 그렇다 할지라도 아래 몇 가지 점은 지난 반세기의 오경 연구에서 얻은 귀중한 결실이다.

첫째, 아시리아 유배와 바빌론 유배가 모세오경의 형성에 지대한 영향을 미쳤다는 사실에 유의하여 유배의 상황을 더욱 진지하게 다루게 되었다. 이와 더불어 유배 공동체가 접촉했을 고대 근동의 다양한 문헌들, 특히 근동의 신화와 법전 등이 오경의 설화 본문과 법전 본문의 형성에 적지 않은 기여를 했을 것으로 보고 오경과 고대 근동 문헌의 비교 연구에 더 많은 관심을 갖게 되었다.

둘째, 설화 부분보다는 법전 부분의 연구에 근거하여 오경의 기원과 형성 과정을 설명하려는 시도가 일어났다. 결과적으로 논란의 여지가 있는 기존의 네 가지 전승보다는 본문에서 분명한 문헌으로 드러나는 세 가지 법전, 곧 계약 법전(탈출 21—23장)·성결 법전(레위 17—26장)·신명기 법전(신명 12—26장)이 모세오경의 출발점이 되었다. 성경학자들은 후대의 편집자들이 이 세 법전에 설화 부분을 첨가하여 오경의 기본 틀을 형성했으리라고 보는 것이다.

셋째, 전승이나 사료의 기원이나 특징을 규명하고 정의하는 일보다 편집 과정에 더 많은 관심을 기울이게 되었다. 이와 관련하여 학자들은 오경의 편집 과정에서 사제계 저자들과 신명기계 저자들이 결정적 역할을 한 것으로 보고 그들의 편집 작업과 신학 관점에 주목한다. 사제계 저자들은 창세기의 천지 창조 이야기부터 시작하여 약속된 땅에 만남의 천막을 치는 이야기(여호 18—19장)에 이르기까지 사제계 법 조문들을 담은 오경의 기본 틀을 짠 것으로 추정한다. 신명기계 저자들은 신명기뿐 아니라 창세 15장과 탈출 32—34장 등 다른 사경의 편집, 신명기계 역사서(여호수아기에서 열왕기 하권까지), 예레미야서를 비롯한 여러 예언서의 편집에도 관여한 것으로 보인다.

(4) 오경의 최종 편집

학자들은 오경을 여러 조각으로 해체하는 작업에는 이제 흥미를 잃었다. 그 대신 다양한 전승이 모여 완성된 오경의 본문 자체에 더 많은 관심을 기울이게 되었다. 오경이 사제계 저자들과 신명기계 저자들의 손을 거쳐 한 책으로 묶인 것은 바빌론 유배 기간 말기나 유배 직후가 되겠지만, 이 책의 완전한 형태는 이스라엘 백성의 삶 안에 유다교가 완전히 자리를 잡게 된 기원전 400년경에야 마련되었을 것이다. 모세오경의 마지막 형성 단계와 관련하여 페르시아 시대의 식민 정책을 염두에 둘 필요가 있다. 페르시아 제국은 다양한 이민족들을 통치하면서 아시리아나 바빌로니아의 통합주의와는 달리 각 민족의 고유하고 전통적인 관습과 규정을 허용하는 방향으로 식민 정책을 폈다. 오경의 율법 규정은 그 당시 유다 민족에게는 최고 규범이었고 페르시아 제국은 중앙 정부의 법 질서와 충돌하지 않는 한 이를 그대로 인정하였다. 에즈 7,1-26을 비롯하여 역대기·에즈라기·느헤미야기에서 자주 언급하는 법은 바로 오경의 이 율법 규정을 말한다. 페르시아 임금 아르타크세르크세스는 에즈라에게, 그의 관할권에 있는 유다인들에게 중앙 정부의 법과 더불어 이 법을 가르치고 그것을 지키지 않는 자들은 엄히 다스리라고 명한다. "법을 모르는 이들은 그대들이 가르쳐라. 그대의 하느님 법과 임금의 법을 따르려 하지 않는 자는 누구에게나 어김없이 법규를 적용하여, 사형이나 추방형, 재산 몰수형이나 징역형에 처하여라"(에즈 7,25-26).

유배라는 이스라엘 역사의 중대한 시점에서 오경의 대표적 두 편집자, 곧 사제계 저자들과 신명기계 저자들은 믿음의 조상들로부터 전해 받은 다양한 전승들을 이용하여 야훼 하느님에게 선택된 한 민족의 탄생을 설명하는 데 심혈을 기울였을 것이다. 이스라엘 민족의 탄생을 이루는 주요 사건들은 이집트 탈출, 시나이 계약, 그리고 약속된 땅의 차지다. 세상의 창조와 이스라엘 민족의 선사적 기원을 다룬 창세기에 이어 탈출기-신명기는 이 세 사건을 핵심 주제로 삼는다. 오경의 편집자들은 자신들의 고유한 신학 전망에 따라 입수한 사료들을 정리하여 설화 부분과 법전 부분을 엮어 나갔을 것이다. 이렇게 완성된 오경은 그 뒤에도 최후의 형태로 고정되기까지 오랜 기간의 수정을 거쳤을 것이다. 예를 들어 탈출 30,11-16; 38,25에서는 성전세가 반 세켈인 데 반하여 느헤 10,33-34에서는 3분의 1세켈이고, 사제계 법(레위 16,29; 23,27-32; 민수 29,7-11)에서는 속죄일(יוֹם כִּפֻּר 욤 키푸르)이 티쉬리 달(음력 9월) 10일인데 반하여 느헤 9,1에서는 티쉬리 달 24일로 되어 있다. 이는 느헤미야기가 쓰인 기원전 4세기 중반까지도 모세오경이 고정되지 않았음을 보여 준다.

우리에게 남은 과제는 역사비평이 시도했던 것처럼 오경이 편집되기 전에 본문을 구성했던 개별 사료들을 규명하고 해석하는 일에 관심을 집중시킬 것인지, 아니면 전통 방식대로 최종 형태로 완성된 오경에 해석의 초점을 맞출 것인지 결정하는 것이다. 전자는 통시적diachronic 해석 방법이요 후자는 공시적synchronic 해석 방법이다. 우리는 이 두 가지 방법을 모두 받아들여 오경에 접근할 것이다. 이는 오경 이외의 다른 성경 낱권의 해석에도 그대로 적용된다.

나. **예언서**(느비임)

히브리어 성경의 둘째 부분은 여호수아기·판관기·사무엘기·열왕기·이사야서·예레미야서·에제키엘서·열두 소예언서, 이렇게 여덟 권으로 구성된 예언서(느비임 נְבִיאִים)다.* 현대 성경 목록에서는 사무엘기와 열왕기가 저마다 상·하로 나뉘어 있지만 유다교 전승에서는 이런 구분이 없었다. 이 두 책의 상·하 구분은 칠십인역 그리스어 성경에서 처음 나온 것이다. 라삐 전승에서는 이 여덟 권의 책을 네 권씩 둘로 나누어 앞의 책들을 전기 예언서, 뒤의 책들을 후기 예언서라 부른다(『미쉬네 토라』 「토라의 기초」 7.6; Hayes 185-187). 여기서 '전기'와 '후기'라는 명칭은 모음집의 순서를 가리킬 뿐, 시대적 순서와는 상관없다. 예를 들어 열왕기에 묘사된 몇몇 사건들은 열두 소예언서에 나오는 사건들보다 먼저 일어났다.

전기 예언서에 속하는 책들을 성경학계에서는 "신명기계 역사서", 다시 말해 신명기 정신에 맞춰 소개한 역사서라고 일컫는다.** 이 책들이 근본적으로 율법을 강조하고 하느님께 충실할 것을 요구하는 신명기 신학을 증언하고 있기 때문이다. 그럼에도 히브리어 성경에서 신명기계 역사서를 예언서로 분류한 이유는 이 책들도 후기 예언서처럼 예언자들을 소개하고 예언 활동의 중요성을 강조하기 때문이다. 여호수아기에서는 주인공 여호수아가 모세의 뒤를 이어 이스라엘의 위대한 예언자로 드러나고(특히 여호 1장에서), 판관기에서는 신탁들이 중요한 구실을 하며(판관 1,1; 20,18), 사무엘기에서도 사무엘이 판관이면서도 동시에 예언자로 크게 활약한다.

---

* 그리스도교에서는 다니엘서를 예언서에 포함시키지만 히브리어 성경에서는 성문서에 포함시킨다. '셋째 마당 III.1.나'와 '넷째 마당 IV.1.6' 참조.

** Rendtorff, "The Former Prophets", 94. "신명기계 역사서"(Deuteronomistic history)라는 용어는 마틴 노스(M. Noth)가 *Überlieferungsgeschichtliche Studien* (Tübingen 1943)에서 처음 제안하였다. Hayes, *Introduction to the Bible*, 185-215 참조.

열왕기에서는 엘리야와 엘리사를 비롯하여 여러 예언자들, 그리고 익명의 예언자들이 등장하여 이스라엘의 왕정사에 깊이 관여한다. 그러나 전기 예언서는 문학 양식에 따라 엄밀히 분류하자면 후기 예언서와는 달리 예언이나 신탁이라기보다 역사에 속한다. 더구나 전기 예언서는 특별한 역사적 관점에 따라 쓰였으므로 본격적 문서 예언서인 후기 예언서와 구분하여 역사서로 다루는 것이 바람직하다.

(1) **전기 예언서**(신명기계 역사서)

구약성경의 문학 양식을 일별하면서 현대인들과 고대인들 사이에서 역사의 개념이 다르다는 것을 지적한 바 있다. 현대인들은 역사를 '실제로 무슨 일이 일어났는가'Fact에 대한 기록으로 여기지만, 고대인들은 '과거의 사건을 통해서 무슨 가르침을 얻을 것인가'Truth에 관심을 집중한다. 여호수아기-열왕기는 두 가지 의도로 쓰였다. 하나는 임금의 통치 행위를 변호하거나 선전하는 이념적 의도이고, 다른 하나는 독자들에게 믿음과 도덕을 가르치는 교훈적 의도다. 이런 의도들은 다른 고대 근동 문헌들에서도 마찬가지로 드러난다.

이념적 의도의 대표적 예는 이스라엘 초기 왕권이 사울에게서 다윗에게로 넘어가는 과정을 다룬 왕위 등극 사화(1사무 16장—2사무 8장)와, 다윗이 자신의 왕위를 솔로몬에게 물려 주는 과정을 전하는 왕위 계승 사화(2사무 9—12장; 1열왕 1—2장)다. 이 두 가지 사화는 아마도 솔로몬의 통치 시절에 선왕 다윗의 공적을 기리고 보다 합법적이고 유리한 경쟁자들을 물리치고 권좌에 오르게 된 솔로몬의 왕위 계승을 정당화하기 위하여 궁정의 서기관들이 작성했을 가능성이 높다.

교훈적 의도의 대표적 예는 판관 2,6—3,6이 요약한 역사관이다. 여기를 보면 이스라엘의 전 역사가 다음과 같은 일정한 정식定式 속에서 되풀이된다.

1. 이스라엘인들이 주 하느님을 배반하고 바알과 아스다롯을 섬긴다.
2. 주님께서 그들을 벌하기 위해 이민족의 손에 넘긴다.
3. 벌이 어느 정도 충족되거나 이스라엘 백성이 회개하면 주님께서 판관과 같은 지도자를 보내시어 그들을 구원하시고 백성은 다시 태평성대를 누린다.
4. 지도자가 죽으면 백성은 또다시 우상 숭배에 빠져들어 똑같은 역사를 반복한다.

이 정식은 신명기의 정신을 반영하고 이를 반영하는 역사관을 신명기계 역사관이라 한다. 신명기계 역사관은 신명기를 비롯하여 전기 예언서 네 권에 반영되어 있다. 모세의 생애 마지막부터 시작하여 바빌론 유배까지를 연대기 순으로 다루는 이 다섯 권의 책을 하나로 묶어 "신명기계 역사서"라 한다. 신명기계 역사서들은 적어도 다음 네 가지 큰 주제를 공유한다. 야훼 하느님만을 섬겨야 한다는 유일신 사상, 온갖 재앙과 불행을 초래하는 우상 숭배에 대한 경고, 예루살렘의 중앙화와 성전의 중요성, 다윗 왕조의 영원한 번영 등이다(Noth).

신명기계 역사서의 저자들은 자신의 작품 의도에 맞추어 입수한 사료를 각색하기도 하고 역사 기록의 분량을 마음대로 조정하기도 하였다. 전자의 예는 소년 다윗이 필리스티아인들의 장수 골리앗을 죽이고 사울과 백성의 신임을 얻게 된 이야기다. 골리앗을 살해한 이야기는 사무엘기에서 두 군데에 나온다. 왕위 등극 사화에 나오는 긴 이야기(1사무 17장)에서는 다윗이 골리앗을 죽인 것으로 되어 있으나, 사무엘기의 부록 부분에는 매우 간결하게 다윗 휘하의 장수 엘하난이 골리앗을 죽였다고 말한다. "곱에서 필리스티아인들과 다시 싸움이 일어났다. 베들레헴 사람 야아레 오르김의 아들 엘하난이 갓 사람 골리앗을 쳐 죽였는데, 골리앗의 창대는 베틀의 용두머리만큼이나 굵었다"(2사무 21,19). 두 본문 가운데 어느 것이 더 오래된 본문일까? 부록의 짧은 본문일 것이다. 이 본문을 왕위 등극 사화의 저자가 다윗 임금의 용맹을 기리기 위해 각색했던 것으로 보인다.

후자의 예는 임금들의 치적에 관한 기록이다. 종교적으로 신실한 임금들에 대해서는 그 치적을 장황하고 자세하게 기록하였고, 그렇지 못한 임금들에 대해서는 간략하게 서술하였다. 비근한 예로 열왕기 저자는 북왕국의 가장 위대한 임금 오므리와 예로보암 2세의 치적을 위해서는 단 몇 구절(1열왕 16,23-27; 2열왕 14,23-29)만 할애한 반면, 이상적 임금 다윗을 위해서는 사무엘기 상권 절반과 사무엘기 하권 전체를 바쳤다.

그런데 이 다섯 권을 하나의 통일된 역사서로 보는 견해에 반대하는 목소리도 만만치 않다. 예를 들어 사무엘기에는 신명기계 역사관과 신명기계 용어들이 두드러지게 나오지 않고, 열왕기의 엘리야와 엘리사 이야기는 예루살렘 및 그곳 성전과는 전혀 관련이 없는 북왕국 이스라엘에서 일어난 사건들을 다룬다는 것이다. 더구나 한 책 안에서도 왕정에 대한 생각이나 평가를 두고 두 가지 상반된 입장이 공존한다(사무엘기 상권). 그래서 학자들은 신명기계 역사서가 다양한 사료를 바탕으로 여러 단계의 편집 과정을 거쳐 완성되었을 것으로 추정한다. 곧 신명기계 역사서가 쓰이기 시작한 것은 기원전 7세기 요시야 임금(640-609년) 치하였겠지만,

그 마지막 편집은 바빌론 유배 말기나 유배 이후 시대였을 것으로 본다.

신명기계 역사서가 쓰이게 된 시기와 동기는 바빌론 유배와 깊은 관련이 있다. 신명기계 역사가들은 땅·왕정·성전과 사제직·온갖 제사와 축제 등 기존의 모든 정치·종교적 질서와 체제가 무너진 참담한 상황에서 지나온 역사를 회고하고 새롭게 해석할 필요를 느꼈을 것이다. 그들은 눈에 보이는 건물과 제도에 집착한 반면, 그것을 떠받치던 눈에 보이지 않는 하느님의 말씀, 곧 계약과 계명, 법전과 규정에는 상대적으로 소홀했음을 깨달았다. 유배 시절의 작품으로 알려진 제2이사야서는 이렇게 시작한다. "한 소리가 말한다. '외쳐라.' '무엇을 외쳐야 합니까?' 하고 내가 물었다. '모든 인간은 풀이요 그 영화는 들의 꽃과 같다. 주님의 입김이 그 위로 불어오면 풀은 마르고 꽃은 시든다. 진정 이 백성은 풀에 지나지 않는다. 풀은 마르고 꽃은 시들지만 우리 하느님의 말씀은 영원히 서 있으리라'"(이사 40,6-8). 제2이사야서의 이 말씀처럼 신명기계 역사가들은 영원히 서 있는 하느님의 말씀 이외에는 폐허가 된 이스라엘을 재건할 대안이 없음을 인식하고 설화와 법전을 바탕으로 조상들이 걸어온 성공과 실패의 발자취를 정리하여 민족의 역사로 제시하였다.

(2) **후기 예언서**(문서 예언서)

히브리어 성경의 후기 예언서도 전기 예언서처럼 네 권이다. 이 후기 예언서를 문서 예언서라고도 하는데, 여기에 속하는 책들이 책 이름과 같은 예언자들이 선포한 예언이나 신탁의 기록을 포함하기 때문이다. 후기 예언서는 요나서를 제외하고 모두 예언자가 이스라엘 백성 전체를 향하여 공적으로 선포한 신탁들을 포함한다. 이 점은 전기 예언서에 나오는 예언자들이 대부분 임금이나 그에 버금가는 지도층에게 개별적으로 말씀을 전한 것과는 대조를 이룬다. 또 후기 예언서의 예언자들은 놀라운 기적과 표징을 앞세워 말씀을 전했던 전기 예언서의 예언자들과는 달리 매우 세련된 설교 형식의 신탁과 예언을 전달한다.

후기 예언서에 속하는 책 네 권은 두루마리의 길이에 맞춘 탓인지 대체로 각 권의 분량이 거의 같다. 이들은 이사야서, 예레미야서, 에제키엘서, 그리고 열두 소예언서(호세아서·요엘서·아모스서·오바드야서·요나서·미카서·나훔서·하바쿡서·스바니야서·하까이서·즈카르야서·말라키서)다. 유다교 전통에서는 앞의 세 예언서를 대예언서로, 열두 예언서를 소예언서로 구분한다. 그러나 이는 단순히 두루마리 길이에 따른 구분이지, 예언자의 인격이나 메시지의 중요성과는 아무 상관이 없다.

예언서는 크게 세 종류로 분류할 수 있다. 본 예언서, 본 예언서의 제자들이 기록한 예언서, 특정한 예언서의 영향을 받아 기록한 예언서다. 이사야서는 한 책 안에 이 셋을 다 표현한 좋은 예다.

ㄱ) 예언자의 신분과 임무

예언자는 누구인가? 유배 이후의 유다교에서 '예언자'라는 말은 보통 영감을 받은 사람을 가리키는 데 사용되었다. 아브라함(창세 20,7)과 모세(신명 34,10)가 예언자로 불린 것도 이런 뜻에서다. 신약성경에서는 세례자 요한(마태 21,26)과 예수님(마태 21,11)이 예언자로 불렸다. 구약성경과 신약성경, 구약 외경 예언자들의 생애에 따르면 예언자들 다수는 순교자다. 예언자들은 야훼 신앙을 고수하고, 변질되거나 잘못된 기존 체제를 반대하여 하느님과 율법의 참뜻에 충실하게 살려고 하다보니 순교하는 경우가 많았다. 예언자와 순교를 연결하는 이 같은 전통은, 예언자가 되는 일은 기존의 잘못된 체제를 거슬러 진리와 정의를 위하여 외롭게 투쟁하는 것이라는 사회적 통념을 낳았다. 그러나 고대 근동의 예언자들은 그 신분이나 역할이 매우 다양하고 포괄적이었다.

예언자라 번역한 히브리어 '나비'נָבִיא의 어원은 마리 문서에 나오는 '나부'(접신가)와 아카드어의 '나비움'(불린 자)과 연관된다. '나비' 말고도 예언자를 일컫는 히브리어 명칭으로 '로에'(רֹאֶה 선견자), '이쉬 하엘로힘'(אִישׁ הָאֱלֹהִים 하느님의 사람), '호제'(חֹזֶה 환시가)가 있는데 주로 역대기 문헌에 자주 등장한다. 또 같은 역대기 문헌 한 곳에서는 사자(使者, מַלְאָךְ 말락: 2역대 36,15)라는 명칭으로 예언자를 부른다. 칠십인역 그리스어 역본의 저자는 이들을 모두 '프로페테스'(προφήτης 예언자)로 번역하였는데, 본디 이 칭호는 기원전 5세기 고전 그리스 문헌에서 아폴로 신과 제우스 신의 신탁을 받아 선포하고 신탁을 구하는 사람들에게 신의 뜻을 풀이해 주는 사람, 곧 신과 인간 사이에 중개역할을 하는 사람에게 붙여진 것이었다(Liddel-Scott). '프로페테스'는 아마도 '앞에, 미리' 등을 뜻하는 접사 '프로'πρό와 '말하다' 동사 '페미'φημί의 합성어인 듯하나, 문헌상으로 '프로페미'라는 단어가 나온 것은 '프로페테스'보다 약간 후대다. 그런데 '프로페테스'가 전하는 신탁이 종종 미래의 사정에 관계된 것일 수 있기 때문에 후대에 내려오면서 예언자는 사건이 일어나기 전에 미리 말하는 사람으로도 인식되었다. 예언자와 관계된 이 세 가지 역할, 곧 신탁을 받아 선포하고 신의 메시지를 풀이하며 미래의 사정을 이야기하는 역할은 이스라엘 예언자들에게도 그대로 적용된다.

고대 근동 문헌과 그리스 고전이 제시하는 것과 같이 이스라엘 예언자도 자기 자신을 위해서 말하는 것이 아니라 자신을 보낸 자, 곧 야훼 하느님의 메시지를 선포하는 자로 인식되었다. 그리고 그는 일차적으로 먼 과거나 먼 미래의 사정보다는 현실에 관련된 메시지를 전달하는 것을 원칙으로 하되, 미래에 구현될 하느님의 뜻을 묻는 자에게는 그 대답으로 신탁의 성격상 미래의 사정을 선포할 수도 있다. 무엇보다 이스라엘의 예언자는 하느님의 뜻을 정확히 알리고, 그분의 명령이 담긴 율법을 수호하며 율법을 올바로 가르치는 교사다.

이스라엘에서는 예언자가 되기 위한 전제조건을 전혀 제시하지 않았다. 예언자들은 목자·사제·농부·서기관 등 사회 각계각층의 다양한 신분에서 나왔다. 한 사람을 예언자로 만들고 그 예언자로 하여금 메시지를 선포하게 하며 다른 사람들이 그에게 귀를 기울이게 하는 원동력은 모두 하느님의 영감이다. 예언자가 영감을 받는 상황을 매우 오래된 기록에서는 '주님의 영이 아무개를 통하여 말씀하신다'(1사무 10,10; 1열왕 22,24)는 말로, 후대의 기록에서는 '주님의 말씀이 아무개에게 내렸다'(예레 1,2.4; 에제 1,3)는 말로 표현한다. 여기서 예언자는 하느님의 이름으로 말할 수 있는 사람을 가리킨다.

예언자는 보통 사람들이 많이 모이는 장소, 이를테면 성문의 광장·성전·시장 같은 곳에서 하느님의 말씀을 전했으며, 그 청중은 초기 예언자들의 경우 주로 임금이나 고관들과 같은 개인들이고 후기 예언자들의 경우에는 성읍이나 백성 전체였다.

ㄴ) 예언자 시대의 역사 상황

엄밀한 의미에서 이스라엘의 역사가 꼴을 갖추게 된 것은 왕정이 자리를 잡게 되는 다윗 임금 이후부터라 할 수 있다. 예언자들이 활동하던 시기는 기원전 1000년부터 400년 사이다. 이 시기는 이스라엘에 엄청난 변화와 위기가 닥친 때이기도 하다. 곧 왕정 제도의 도입, 남북왕국의 분열, 아시리아의 위협과 북왕국 이스라엘의 멸망, 바빌로니아의 위협과 남왕국 유다의 멸망, 바빌론 유배, 유배자들의 귀환과 이스라엘의 재건 등이다.

이 변화와 위기 한복판에 예언자들이 서 있었다. 예언자들은 급변하는 상황 속에서도 지도자들과 온 백성에게 이스라엘 종교의 전통적 가치에 충실하라고 외쳤다. 어떤 이들은 임금의 측근에서, 어떤 이들은 민중들 한가운데에서 하느님의 뜻을 담은 예언과 신탁을 전하였다. 이스라엘에 왕정을 도입하는 데 중추 구실을 했던 사무엘은 백성에게 왕정의 폐단을 알렸고(1사무 8장), 초대 임금 사울이 자신의 한계를 뛰어넘어 사제의 영역을 침범하였을 때 거리낌없이 그 잘못을 지적하였다(1사무 13장). 나탄과 가드는 다윗과 솔로몬의 왕권을 튼튼히 하는 데 기여했지만 절대권력을 행사하는 임금이 하느님 눈에 벗어나는 행동을 하는 것을 그냥 지나치지 않았다. 나탄은 다윗이 부하의 아내와 간통하고 그것을 숨기기 위해 부하를 살해했을 때 그의 죄악을 고발하고 하느님의 징벌을 전달하였으며(2사무 11—12장), 가드는 자신의 업적을 과시하기 위해 인구조사를 한 다윗을 비난하고 역시 하느님의 징벌을 선고하였다(2사무 24장). 왕정 제도라는 새로운 정치 권력 구조 앞에서 예언자들은 이스라엘의 전통적 종교관과 윤리관에 의지하여, 주 하느님께 왕권을 부여받은 임금이 어떻게 백성을 다스려야 하는지 명확히 제시하였다.

다윗과 솔로몬 치하에서 안정과 번영을 누리던 통일 왕국은 솔로몬의 아들 르하브암 때 남북으로 갈라지게 되었다. 남북 분열은 아직 솔로몬이 살아 있을 때 실로의 예언자 아히야가 미리 예고하였다. 아히야는 남북 분열의 책임을 말년에 수많은 외국인 여자들에 빠져 온갖 이방 신들을 예배하고 주님의 규정과 법규를 지키지 않은 솔로몬에게 돌린다(1열왕 11장). 남북이 분열된 상태에서 가장 큰 위협으로 다가온 것은 기원전 8세기에 전성기를 맞은 신아시리아 제국이었다. 위협의 정도는 남왕국 유다보다 이 제국에 근접해 있던 북왕국 이스라엘에 더 심각했다. 아시리아 임금 티글랏필에세르 3세(기원전 747-727년)가 이스라엘-시리아 동맹을 거슬러 10여 년 동안(740-730년) 벌인 전쟁은 2열왕 15장과 아시리아 역사 기록에도 나온다(ANET 283). 이 시기에 활약한 예언자는 유다 출신이면서 이스라엘에 올라가 하느님의 말씀을 전한 아모스와 이스라엘 출신인 호세아다. 아모스는 백성이 포로로 잡혀갈 것을 예고했고(아모 6,7), 호세아는 아시리아의 공격으로 엄청난 파괴와 살상이 벌어질 것을 경고하였다(호세 10,14). 두 예언자는 시대의 징표를 읽어낸 것에 그치지 않고 이스라엘 역사의 비극적 사건들을 기존의 종교·윤리적 가치관에 따라 해석하였다. 아시리아의 공격과 파괴는 이스라엘이 하느님의 말씀에 불충하고 주님의 계약을 깨뜨린 것에 대한 징벌이라는 것이다. 두 예언자의 예언대로 북왕국 이스라엘은 아시리아에 멸망하고 많은 이들이 제국의 수도 니네베로 끌려갔다.

북왕국이 멸망하자 아시리아는 홀로 남은 남왕국 유다를 위협하기 시작하였다. 이 시기에 활동한 예언자는 미카와 이사야다. 아시리아 역사 기록(1835년 니네베에서 발굴된 산헤립의 육각비문)은 기원전 701년 아시리아 임금 산헤립이 유다의 여러 성읍을 파괴하였다고 전한다(ANET 287-288; 참조: 2열왕 18,13). 미카는 아시리아가 일으킨 재앙의 원인이 예루살렘 지도부의 부패와 불의에 있었다고 주장한다(미카 3장). 이사야도 이스라엘의 죄악과 하느님의 징벌을 두고 미카와 같은 생각이었다. 이 관점에서 보면 아시리아는 하느님이 이스라엘을 징벌하시기 위한 도구다. 이사 36,10에서 아시리아인들 자신이 이를 증언한다. 그러나 이사야는 여기서 한 걸음 더 나아가 아시리아가 징벌의 도구로 그치지 않고 필요 이상으로 유다를 괴롭혔음을 지적한다. 하느님이 아시리아의 힘을 빌려 유다를 치신 것은 유다가 정신을 차리고 돌아오게 하기 위해서였지 근본적으로 이스라엘 백성을 멸망시키려는 의도는 처음부터 없으셨다. 그것을 몰라보고 경거망동하게 처신한 아시리아는 멸망당할 것이다. 스바니야와 나훔이 이를 잘 지적한다. 기원전 612년 아시리아의 수도 니네베는 바빌로니아인들의 손에 떨어졌다. 역사를 주관하시는 분은 이스라엘의 하느님 야훼이시다. 주 하느님이 이스라엘을 징벌하시기 위해 아시리아를 보내셨고, 기고만장한 아시리아를 벌하시기 위해 바빌로니아를 보내셨다. 나중에 바빌로니아도 하느님이 보내신 메디아 임금 키루스에게 멸망하여 아시리아와 같은 전철을 밟게 되는데, 하바쿡 예언자가 이를 예고한다.

니네베의 함락을 두고 환호하던 유다인들의 기쁨도 잠시, 아시리아를 역사의 무대에서 사라지게 한 바빌로니아가 이번에는 유다를 공격하기 시작하였다. 기원전 598년 첫 번째 침공에 이어 587년 두 번째 침공 때에 예루살렘은 완전히 파괴되고 그곳의 심장인 성전은 불에 타서 폐허가 되었으며 임금을 비롯하여 백성의 지도자들이 대거 바빌론에 포로로 끌려갔다. 이스라엘 백성은 극심한 혼란에 빠져들었다. 도대체 주 하느님은 어느 편에 서 계시는가? 과연 그분은 당신 백성과 함께 계시는가? 아니면 그들을 완전히 저버리셨는가? 선조들과의 약속은 이제 철회된 것인가? 시나이 계약은 아직도 유효한가? 이런 질문들에 대답할 수 있는 이들은 사제도 현인도 아닌 예언자였다. 기존의 모든 질서와 체제가 무너져가는 상황 앞뒤로 예레미야와 에제키엘이 예언자 소명을 받았다. 그들은 선임자들과 같이 이런 민족적 대재앙과 비극을 하느님의 징벌로 여기면서 이런 사건이 왜 일어나야 했는가 설명한다. 에제키엘은 징벌의 원인이 유다가 하느님의 거룩함을 침해해서라고 지적하고, 예레미야는 이스라엘 백성이 다른 신들을 섬기며 간음하였기 때문이라고 말한다. 그러나 하느님은 징벌 기간이 끝난 다음 당신 백성을 다시 회복시켜 주실 것이다. 에제키엘은 마른 뼈의 환시로 말씀과 영을 통한 이스라엘의 재생을 보여 주었고(에제 37장), 이사 40—55장의 저자 제2이사야는 예루살렘이 온갖 보석으로 새롭게 재건될 것이라고 선언한다(이사 54,11-12). 예레미야는 하느님의 자애가 온전히 드러날 새 계약을 맺을 날이 오리라고 예언한다(예레 31,31). 하까이는 유다의 총독 즈루빠벨을 통하여 이스라엘에 기존의 왕정 체제가 복구될 것이라고 주장하고(하까 2,20-23), 즈카르야는 환시 가운데 사제와 임금이 주도하는 새 질서를 꿈꾼다(즈카 4장). 절망스런 상황에서도 유배 시절의 예언자들은 한결같이 한 가지 확신을 드러낸다. 이스라엘에 닥친 국가적 재난은 과거 잘못에 대한 징벌이지만, 하느님은 결코 이스라엘을 포기하지 않으시고 여전히 그들 편에 서서 그들을 다시 일으키실 것이라고.

유배가 끝나고 바빌론에서 돌아온 귀환자들은 온갖 역경을 무릅쓰고 예루살렘 성전을 다시 지어 기원전 515년에 봉헌하였다. 그리고 시가지의 성벽을 튼튼히 쌓고 성문을 새로 만들어 달아 예루살렘 도성을 새롭게 단장하였다. 그러면서 유다는 페르시아 제국의 한 작은 속주로 생존하면서 새로운 종교 형태를 지니게 되었다. 국수주의적 한계를 벗어날 수 없었던 유다의 야훼주의 종교Jahwism는 이제 이집트와 메소포타미아와 같은 다른 지역과 문화권 안에서도 뿌리를 내려야 했다. 그러나 새로운 형태의 이 종교는 새로운 말씀이나 신탁을 필요로 하지는 않고 다만 토라와 같은 기존의 말씀을 새로운 상황에 맞추어 재해석하는 방향으로 발전하였다. 유다교의 시대가 열린 것이다. 이 시기에도 예언 문헌은 계속 작성되었지만, 그 일은 대부분 기존의 문헌을 보충하거나 해석하는 형태로 이루어졌다. 말라키와 요엘을 끝으로 기원전 400년 이후에는 예언자들의 활동이 끊기고 현인들이 그들을 대신한다.

ㄷ) 예언자들의 메시지

여기서 다루고자 하는 내용은 문서 예언자들이 선포한 메시지다. 이 문서 예언자들을 다시 유배 이전과 유배 이후의 예언자들로 나눌 수 있는데, 한 예언서가 정경으로 굳어지기까지 오랜 편집 과정을 거쳤다는 사실을 감안할 때, 이 두 부류의 예언자들의 목소리가 한 책 안에 공존할 수 있음을 미리 양지해야 할 것이다. 다시 말해 유배 이전 예언자의 책에서 유배 이후의 상황에 맞는 메시지를, 유배 이후 예언자의 책에서 유배 이전 상황에 맞는 메시지를 종종 발견할 수도 있다는 것이다. 이와 관련하여 예언서의 메시지를 밝히고자 하는 사람은 두 가지 차원의 말씀을 언제나 염두에 두어야 한다. 하나는 이스라엘과 유다의 멸망이 일어난 동시대에 어울리는 말씀, 곧 무슨 일이 일어나고 있는지 그리고 무슨 일이 일어나려 하는지를 알리는 말씀이고, 다른 하나는 유배 시절과 유배 이후 시대에 나온 해석 말씀, 곧 무슨 일이 일어났으며 그 일이 지금 이 책들을 믿음과 삶의 중요한 가르침으로 받아들이는 공동체에 어떤 의미를 던져 주는가를 깨우치게 하는 말씀이다.

유배 이전 예언자들의 메시지　유배 이전의 예언자들은 하느님을 인간에게 어떤 행동을 요구하시는 분으로 선포한다. 아모스와 호세아, 이사야와 미카 등 기원전 8세기 예언자들은 이스라엘이 자신의 성소聖召에 충실하지 못하고 기본 율법을 파기한 것에 분노한다. 이 예언자들은 율법을 제정해 주신 하느님께서 그 율법적 요구를 주장하기 위해 기필코 이스라엘을 찾아오시리라고 주장한다.

예언자들의 우선적인 요구사항은 이스라엘 백성이 야훼 하느님만을 섬겨야 한다는 것이다. 동시에 예언자들은 하느님께 대한 올바른 예배가 동료 인간들에 대한 올바른 대우를 동반하는 것으로 이해하여 이웃에 대한 정당한 대우와 연결되지 않은 경신례를 용납하지 않았다. 하느님의 윤리적 요구는 이스라엘이라는 한 민족에게만 한정되지 않고 다른 모든 민족에게도 보편적으로 적용된다. 하느님의 요구를 저버린 자는 누구나 그분 앞에서 심판을 받을 것이다(아모 1—2장).

예언자들은 인간에게 합당한 예배와 의로운 행동만을 요구하시는 하느님뿐 아니라 인간에게 무한한 사랑을 쏟으시는 하느님도 강조한다. 백성에 대한 하느님의 관심과 사랑을 드러내기 위하여 어머니와 아버지·스승·치유자·조언자의 표상을 동원하기도 한다. 하느님의 정의와 사랑은 갈라질 수 없는 그분의 속성이다. 하느님의 정의는 복수의 행위가 아니라 어디까지나 사랑의 행위다. 백성의 반역이 극에 달하여 이제는 백성이 변하리라는 희망마저 사라졌을 때 비로소 하느님께서는 잘못된 것을 바로잡기 위해 행동을 취하신다. 이스라엘에 닥쳐오는 피할 수 없는 재앙을 선포하는 것이 유배 이전 예언자들의 특징적 메시지이지만, 이 메시지에는 하느님께서 이 미래를 원하지 않으신다는 내용도 포함된다.

예언자들의 눈에 하느님의 정의와 사랑 앞에서 이스라엘은 불충실한 백성으로 비친다. 이스라엘의 예언 운동은 그들이 가나안에 정착하여 왕정 제도를 받아들이면서 생겨났다. 왕정 제도는 종교·사회적으로 이스라엘 문화의 가나안화를 진작시키는 데 한몫하였다. 가나안 땅의 풍산신 숭배가 왕궁에서 공공연하게 자행되었고, 유목민 시절에는 상상도 할 수 없는 계층 간의 불평등이 생겨나 왕족과 귀족과 대지주 무리인 특권층이 가난한 민중을 극심하게 억압하였다. 이스라엘의 불충실과 불의를 고발하면서 예언자가 동원한 표상은 여성적인 것이 많지만, 이스라엘이 남성 단수나 복수로 취급되는 경우도 적지 않다. 불성실한 아내·처녀·과부·자매·창녀와 같은 여성적 이미지들은 이스라엘을 성읍 또는 도시(히브리어에서 도시는 여성이다)로 간주할 때만 적용되고, 백성(남성 명사)을 가리킬 때는 나타나지 않는다.

이제 심판은 돌이킬 수 없는 것이 되어버렸다. "내 백성 이스라엘에게 종말이 다가왔다. 나는 더 이상 그들을 그냥 지나쳐 버리지 않으리라"(아모 8,2). 아모스는 이제 이스라엘의 죽음 말고 다른 것을 선포할 수 없는데(5,2 참조), 이스라엘의 끝장은 한계도 없고 남김도 없다(9,1-4). 호세아는 옛 계약의 관계마저도 부정한다. "너희는 내 백성이 아니며 나는 너희를 위하여 있지 않다"(호세 1,9). 이사야는 야훼께서 옛날처럼 이스라엘을 위해 원수와 싸워 주지 않으실 것임을 분명히 선언한다. 오히려 그분은 이스라엘을 거슬러 이방 민족들의 선두에서 공격해 오실 것이다(이사 28장 참조). 예레미야는 적국의 임금 네부카드네자르를 주님의 종으로 선포한다(예레 27,6). 미카도 예루살렘이 완전히 폐허더미로 변해버릴 것이라고 예언한다(미카 3,12).

유배 이전 예언자들의 이스라엘에 대한 고발은 회개를 유도하기 위한 것이 아니라, 징벌의 원인이 된 이미 고착된 상황을 지적하기 위한 것이다. 이 시기의 예언자들 누구도 자신의 고발을 듣고 백성이 회개함으로써 다가오는 재앙을 피할 수 있으리라고 내다보지 않았다. 이제 그들에게 구원의 길이 열린다면 그것은 그들 자신의 회개를 통해서가 아니라 그들이 절망하고 불신해도 내려 주시는 주 하느님의 자유로운 선물로 인한 것이다.

유배 이후 예언자들의 세 가지 메시지　첫째, 유배 이후의 예언자들은 심판과 징벌 대신 희망과 위로를 전한다. 기원전 587년 바빌로니아의 침공과 예루살렘의 함락은 이스라엘로 하여금 재앙을 예고한 유배 이전 예언자들의 말을 확인하고 그들의 말을 수집하게 한 계기가 되었다. 이스라엘은 땅도 국가도 성전도 상실한 채 하느님 백성의 종말을 지켜보고 있었다. 그러나 예언자들에게 예루살렘 함락은 종말이 아니었다. 폐허의 한복판에서 예언자들은 희망과 회복의 메시지를 전하기 시작하였다. 돌이킬 수 없는 재앙을 선포하던 예레미야는 재앙을 넘어서 이스라엘에 대한 하느님의 호의적 계획에 대해 언급한다. "나는 너희를 위하여 몸소 마련한 계획을 분명히 알고 있다. 주님의 말씀이다. 그것은 평화를 위한 계획이지 재앙을 위한 계획이 아니므로, 나는 너희에게 미래와 희망을 주고자 한다"(예레 29,11). 희망의 메시지는 에제 36—39장과 유배 직후에 첨가된 것으로 보이는 40—48장, 그리고 특히 제2이사야서(이사 40—55장)에 두드러지게 나타난다.

이 희망은 유배 이전에 평화의 가능성이 전혀 없는데도 평화를 외쳐대고(예레 6,14) 예루살렘 성전의 안전이 위협을 받는데도 지성소의 파괴가 없으리라고 주장하던(예레 7,4) 거짓 예언자들의 말과는 아무 관련이 없다. 또한 여호야킨의 바빌론 귀양 초기에 유배 기간이 빨리 지나가고 유배 이전의 왕국이 손쉽게 재건되리라고 기대하던 일부 예언자들의 말과도 거리가 있다. 예레 28장은 하느님께서 "두 해 안에, 바빌론 임금 네부카드네자르가 이곳에서 가져가 바빌론으로 옮겨 놓은 주님의 집 모든 기물을, 내가 이곳에 다시 돌려 놓겠다"고 외쳐대는 예언자 하난야와 예레미야가 논쟁하는 이야기를 전해 준다.

유배는 하느님께 불충실한 이스라엘에게 무엇으로도 돌이킬 수 없는 재앙을 예고한 예언자들의 말이 옳았음을 증명해 준 사건이다. 그러나 유배로서 이제 하느님의 심판이 완전하게 이행되었다는 생각과 더불어 예언자들의 메시지는 고발과 비난으로 가득 찬 유배 이전의 메시지와 다른 양상을 띠게 된다. 제2이사야서의 저자는 유다가 그들에게 내린 징벌과 그들이 겪은 유배의 고통으로 죗값을 충분히 치렀다고 선언한다. "예루살렘에서 다정히 말하여라. 이제 복역 기간이 끝나고 죗값이 치러졌으며 자기의 모든 죄악에 대하여 주님 손에서 갑절의 벌을 받았다고 외쳐라"(이사 40,2). 징벌의 도구로 하느님께 선정된 바빌론은 이스라엘에게 필요 이상의 고통을 주었기 때문에 이제 그들 자신이 심판의 대상이 되었다(이사 46—47장; 즈카 1,15).

물론 유배 이후의 예언에서도 이스라엘에 대한 심판 신탁들이 발견된다. 하까이는 이스라엘의 죄악상이 가뭄과 기근을 가져올 것이라고 경고하고(하까 1,6-11), 말라키는 합당하게 바치지 않은 제물이 하느님의 기분을 상하게 한다고 주장하며(말라 1,6—2,9), 제3이사야는 사회적 불의와 이교도 풍습이 사회와 종교 질서를 어지럽히고 민족적 재난을 불러일으킬 것이라고 위협한다(이사 59장). 그러나 하느님의 심판은 어디까지나 선택적이고 지엽적인 것이고 유배 이전의 예언을 주도했던 국가적 대재난의 예고는 더 주어지지 않게 되었다. 선택적인 징벌 주제도 점점 빛을 잃어가 마침내 예언자들의 역할은 이스라엘을 안심시키고 위로하며 심판은 이스라엘의 적들에게 돌리게 되었다.

둘째는 회개의 촉구다. 유배 이전의 예언자들이 회개를 촉구했음은 부인할 수 없는 사실이다. 예레미야는 동시대인들에게 바빌론의 위협 앞에서 저항하지 말고 항복하라고 요구했고, 이교도의 경신례를 야훼 유일신앙과 뒤섞지 말라고 경고했다. 그러나 그는 결코 이 같은 회개가 이스라엘에 대한 야훼의 계획을 쉽게 바꿀 수 있으리라 기대하지 않았다. 이스라엘 백성이 무엇을 하든 재앙은 돌이킬 수 없었기에 그들에게 남은 일은 심판 결과에 승복하는 것, 거짓 희망을 버리고 불행한 현실을 있는 그대로 받아들이는 것이었다.

같은 사상적 맥락에서 에제키엘은 바빌론의 유배자들에게 유다 왕국의 파괴가 빠른 시일 내에 회복되리라는 믿음을 버리고 자신들에게 닥친 재난에 대해 스스로 책임을 물으면서 불운을 감수하도록 촉구한다(에제 18장). 한편 유배지에서 예언자들의 관심은 사회 정의의 실현과 종교적 순수성의 보존에서 바빌론의 지배 아래 공동체의 삶을 어떻게 끌어갈 것인가 하는 문제로 옮겨간다.

539년 페르시아 키루스 대왕의 호의로 유배생활에서 해방되어 예루살렘으로 돌아온 소수의 남은 자들은 옛 이스라엘의 신앙 공동체를 재건하기 위해 온갖 노력을 기울인다. 이때의 예언자들은 폐허 앞에서 복구를 다짐하는 이 남은 자들을 가르치고 격려하는 일을 우선 과제로 삼았다. 하까이는 소수의 남은 자들을 하나로 모을 방안을 강구했는데, 그것은 예루살렘 성전을 다시 짓는 것이었다(하까 1,4.9). 즈카르야는 올바른 경신례에 바탕을 둔 종교 생활의 회복과 유배 이후 다시 침해당하기 시작한 사회 정의를 바로잡는 두 가지 일을 동시에 추진하였다(즈카 8,16-17). 말라키는 전례 규정을 제대로 지키지 않는 사제들을 비난하면서 해이해진 율법준수 기강을 바로잡는 데 주력하였다(말라 1,6-10). 유배 이후의 예언자들은 하느님께서 새 공동체에 윤리적 개혁과 쇄신을 요구하신다는 사실과 이스라엘의 종교·사회적 회개가 신생 공동체의 안정과 발전을 위해 필요불가결하다는 사실을 부각시켰다.

셋째, 유배 이후의 예언자들은 메시아 사상과 종말론적 관점을 부각시킨다. 유배를 체험하면서 이스라엘은 역사와 세계를 보는 눈이 넓어졌다. 망국과 유배라는 대재앙을 겪고 난 뒤 예언자들은 민족적 죄악의 결과가 임박한 미래에 곧바로 나타나리라고 예고하는 대신 역사의 점진적 진행과정에 관심을 갖게 되었다. 유배 이전의 예언자들은 하느님이 인간의 행동에 즉각적으로 신속하게 반응을 보이신다고 생각했으나, 유배 이후의 예언자들은 하느님이 모든 민족의 역사를 주관하시고 당신의 계획을 미리 설정하신 구도에 따라 정확하게 실현시켜 나가실 것으로 인식하였다. 이런 인식과 더불어 하느님께서 결정적 시기에 메시아를 보내시어 당신의 계획을 완전하게 실현하시리라는 메시아 사상이 일어났다. 그분이 기름부어 임금으로 세우실 메시아는 아직 진행되는 인간 역사 안에서 그분의 뜻대로 모든 민족을 정의와 평화로 다스릴 것이다.

한편 에제키엘과 제2이사야와 제3이사야, 그리고 묵시록의 시조로 볼 수 있는 이사 24—27장과 즈카 9—14장과 본격적 묵시문학인 다니엘서의 저자는, 역사를 질서 있는 진행과정으로 보고 이 과정에서 인간은 하느님의 계획에 온전히 예속되어 있다고 보았다. 물론 이들의 종말론적 관점은 신약에서 이야기하는, 세상의 종말과 인간의 사후 운명에 대해 논하는 본격적 의미의 종말론과는 아직 한참 거리가 멀다. 이 묵시적 종말론은 메시아 사상을 당연히 동반한다. '평화를 가져오는 겸손한 메시아'(즈카 9장), '찔려 죽은 이'(즈카 12장), '사람의 아들'(다니 7장) 등에 대한 언급이 그 좋은 예다.

유배 이후의 예언자들은 긴 안목으로 역사의 진행과정을 지켜보는 여유를 가질 뿐 아니라 역사 안에서 단호하게 행동하시는 하느님의 초월성도 강조하였다. 하느님은 인간 역사에 자유롭게 개입하시어 그 역사를 누구와 협의 없이 직접 조종하는 분이시다. 그분의 초월적 개입 앞에서 인간이 할 수 있는 일은 거의 없다. 올리브 산 위에 서서 그 산을 두 쪽으로 가르시는 하느님(즈카 14장)과, 하늘의 천체를 파괴한 그 똑같은 칼로 에돔을 심판하기 위해 내려오시는(이사 34장) 하느님의 표상들은, 인간의 역사를 관장하시는 그분의 초월성을 표현하기 위한 것이다. 유배 이후 예언자들의 이 같은 초월 사상은 다니엘서의 묵시적 예언에서 절정을 이룬다.

역사의 점진적 진행과정과 하느님의 초월성 이외에 유배 이후 예언자들이 종말론적 관점을 지니게 된 이유로 예언의 불발이나 실현 시기의 지연을 꼽기도 한다. 미래에 대한 예언자들의 예언이 언제나 적중했던 것은 아니다. 그리고 때로는 예언의 실현이 늦게 나타나는 수도 있었다. 이럴 경우를 대비해 예언자의 제자들은 스승의 예언이 실현될 시기를 길게 잡았을 법하다. 예언서의 종말론적 관점에 대한 이 같은 이유는 물론 예언자 자신의 전승에 기초를 둔 것이 아니라 예언자의 신탁을 수집하고 편집한 후대의 해석에 근거해서 제시된 것이다.

이상의 고찰에서 우리는 유배 이후의 예언자들이 파멸의 예고에서 희망과 위로의 메시지로, 이스라엘에 대한 심판에서 이방인들에 대한 심판으로, 즉각적으로 반응하시는 현재적인 하나님의 선포에서 장기적인 계획을 역사 안에서 실현해 나가시는 종말론적인 하나님의 선포로 예언의 축을 이동시키고 있음을 알 수 있다.

ㄹ) 예언서의 편찬 과정

예언자들이 활동하던 시기와 그들의 말씀이 수집된 시기는 서로 다르다. 남북 왕국이 아직 멸망하기도 전에 기존의 왕정과 종교 체제를 비판하는 예언자들의 목소리가 동시대인들에게 고깝게 들렸을 것이다. 반대로 예루살렘의 함락을 목격하고 바빌론에 포로로 잡혀가 유배살이를 하던 암울한 시절에 이스라엘의 회복을 외치는 예언자들의 말을 사람들이 귀담아 듣기가 쉽지 않았을 것이다. 그런데도 어떻게 예언자들의 말과 그들에 대한 이야기가 후대에 기록으로 남겨졌을까? 예언자들의 예언과 신탁이 실제 역사에서 들어맞은 것을 보고 그 제자들과 추종자들이 스승의 언행을 수집하고 기록하였을 것이다.

예언서의 편찬 과정은 구약의 다른 책들이 편찬되는 것과 같은 일반적 순서를 따른다. 먼저 예언자의 삶과 가르침이 있었고, 그것을 예언자의 제자나 추종자들이 기록해 두었을 것이다. 그리고 후대의 편집자가 그 기록을 수집하여 역사의 중요한 사건과 상황과 연계하여 책으로 엮었을 것이다. 이 모든 편찬 과정을 네 단계로 나누어 살펴보겠다.

첫째, 예언자들의 말이나 글, 그리고 그들에 관한 글을 모으고 정리한다. 후대의 제자들과 추종자들이 예언자의 설교나 신탁, 기도나 고백, 예언자의 활동에 관련된 설화와 환시, 그리고 예언자의 전기를 보존하고 수집하고 하나의 모음집으로 엮었을 것이다. 이 모음집은 세 가지 형식, 곧 운문과 산문, 그리고 둘의 혼합으로 되어 있다. 예언자의 설교나 신탁, 기도나 고백 등은 대부분 짧고 함축적인 그 내용에 걸맞는 문학 형식, 곧 운문 형식을 취한다. 이와는 대조적으로 예언자의 활동에 관련된 설화와 예언자의 전기 및 환시 보고는 보통 만연체 산문이다. 대표적 예로 열왕기에 나오는 엘리야(1열왕 17—19장)와 엘리사 설화 모음(2열왕 4—6장)과 요나서의 설화 부분, 제자 바룩이 기록한 것으로 알려진 예레미야의 전기(예레 36—45장), 그리고 즈카르야의 환시 보고를 들 수 있다(즈카 1—6장). 그러나 예언자 자신이 전하는 소명 설화는 그 안에 하느님의 말씀이 포함되는 경우 운문과 산문의 혼합형으로 나타난다. 이사야 소명 설화(이사 6장)와 예레미야 소명 설화(예레 12장)가 그 좋은 예다.

둘째, 편집자가 해석을 덧붙인다. 후대의 독자는 모음집에 담긴 예언자의 설교나 신탁을 이해하는 데 어려움이나 문제를 느낄 수 있다. 그래서 편집자는 자신의 해석을 첨부한다. 예레 28,16이 그 좋은 예다. 이 구절의 칠십인역 그리스어는 "그러므로 주님께서 이렇게 말씀하신다. '내가 너를 땅 위에서 치워버리리니, 올해에 네가 죽을 것이다'"라고만 되어 있다. 이 구절은 예레미야가 거짓 예언자 하난야를 두고 한 말인데, 하난야가 왜 그해 안에 갑자기 죽어야 하는지 이유를 밝히지 않고 있다. 그러나 히브리어 성경 마소라 본문에는 "너는 주님을 거슬러 거역하는 말을 하였다"가 덧붙어 있다. 이 문장은 후대의 편집자가 제시한 이유다. 이런 식으로 편집자의 해석이 원래의 본문에 첨가되면서 예언서 본문이 확장되었다.

셋째, 위의 과정을 거쳐 탄생한 예언서는 또 다른 새 문헌을 창출한다. 정통성을 인정받고 어느 정도 고정된 예언서의 말씀과 기록은 후대의 역사적 상황에 맞게 갱신된다. 이사 16장 모압에 관한 신탁에서 그 좋은 본보기를 찾아볼 수 있다. "이것은 예전에 주님께서 모압에 대하여 하신 말씀이다. 그러나 지금은 주님께서 이렇게 말씀하신다. '날품팔이 햇수 같은 삼 년이 지나면, 그 수많은 무리 전체와 함께 모압의 영광은 땅에 떨어지고, 남은 자라야 아주 조금밖에 되지 않아 보잘 것이 없을 것이다'"(이사 16,13-14). 이렇게 짧은 주석을 첨가한 예들은 예언서 곳곳에 나오지만, 아예 옛 예언자의 말씀을 오늘날 변한 상황에 연결하여 새로운 문서를 창출한 예도 더러 있다. 바빌론에 유배온 사람들에게 희망의 소식을 전하는 제2이사야서(40—55장), 유배에서 돌아온 귀향민들을 위한 격려와 위로를 담은 제3이사야서(56—66장), 그리고 그리스 시대 초기 메시아 사상을 반영한 제2즈카르야서(즈카 9—14장)가 그 좋은 예다.

마지막으로 최종 편집자는 다른 정경 문서와 연결을 시도한다. 이 단계의 좋은 예로 호세아서와 말라키서의 마무리를 참조할 수 있다. 전자의 경우는 호세아서를 지혜문학, 특히 잠언과 연결한다. "지혜로운 사람은 이를 깨닫고 분별 있는 사람은 이를 알아라. 주님의 길은 올곧아서 의인들은 그 길을 따라 걸어가고 죄인들은 그 길에서 비틀거리리라"(호세 14,10). 후자의 경우에는 말라키서를 토라(모세오경)에 연결한다. "너희는 나의 종 모세의 율법, 내가 호렙에서 온 이스라엘을 위하여 모세에게 내린 규정과 법규들을 기억하여라"(말라 3,22).

예언서 편찬 과정의 이 네 단계, 곧 수집·해석·갱신·정경과의 연결을 주도한 이들은 누구인가? 먼저 예언자들의 말과 글을 수집하여 정리한 이들은 그 제자들과 추종자들이었을 것이다. 그러나 그 이후의 편찬 과정에 관여한 이들에 대해서는 각 예언서마다 서기관, 사제, 현인 등 다양한 계층을 떠올릴 수 있다. 그 가운데 두드러진 계층으로 신명기계 저자들을 지적할 수 있다. 이들은 전기 예언서의 편찬을 주도했을 뿐 아니라 예레미야서·호세아서의 편집에도 깊숙이 개입한 것으로 보인다. 그러나 그들이 어느 대목의 편집에 어느 정도까지 개입했는지는 구체적으로 밝히기가 쉽지 않다.

후기 예언서의 작성 연대는 대략 기원전 750-350년 사이이며 집회서(48,22—49,12)에 이사야, 예레미야, 에제키엘, 열두 소예언자들이 언급되는 것으로 보아 적어도 기원전 200년 무렵에는 후기 예언서들의 최종 편집이 완전히 끝났음을 알 수 있다.

다. **성문서**(크투빔)

구약성경의 셋째 부분은 히브리어로 크투빔(כְּתוּבִים 기록들), 그리스어로는 하기오그라파이(ἁγιογραφαί 거룩한 기록들)라고 부르는 성문서다. 성문서는 기도, 역사, 지혜, 묵시 등 다양한 문학 양식의 글들을 한데 모은 것이다. 히브리어 성경 마소라 본문(셋째 마당 III.1.가. 참조)의 순서대로 먼저 세 권의 시선집詩選集, 곧 시편·욥기·잠언을 들 수 있고, 룻기·아가·코헬렛·애가·에스테르기(이 다섯 두루마리는 나중에 '축제오경'이라고 불린다. 셋째 마당 III.1.가. 참조), 마지막으로 다니엘서·에즈라기와 느헤미야기·역대기를 꼽을 수 있다(다니엘서가 그리스도교에서는 칠십인역 그리스어 구약성경 전통에 따라 예언서로 분류된다). 성문서의 근간을 이루는 세 가지 문학 양식, 곧 지혜문학, 역사서, 묵시문학의 편찬 과정을 살펴보자.

(1) 지혜문학

성문서의 근간을 이루는 지혜문학은 기원전 삼천년기 중반까지 소급된다. 히브리어 성경에서 대표적인 지혜문학은 잠언, 욥기, 코헬렛이다.* 메소포타미아에서는 수메르 시대 이후 줄곧 격언과 우화와 속담들이 수집되고 기록되었다. 이 기록들은 가나안에 몸담고 있는 민족들에게 영향을 미쳤다. 이집트에서도 기원전 3000년기부터 각 시대마다 고유한 지혜문학을 발전시켜 왔다. 이렇듯 고대 근동의 지혜문학은 국경과 문화와 인종의 경계를 뛰어넘어 창작되고 애용되었다.

이스라엘 사람들도 지혜문학에 일찍부터 관심을 기울였다. 성경은 솔로몬 임금이 이집트를 포함한 고대 근동의 현인들을 능가하는 지혜를 갖추었다고 칭송해 마지 않는다. 틀림없이 솔로몬 주변에 서기관들과 현인들의 무리가 임금의 조언자로서 행세했을 것이고 이들이 고대 근동에 떠도는 지혜의 말씀들을 수집·정리·편찬했을 가능성이 높다. 따라서 이스라엘의 초기 지혜문학 작품들이 인근 민족들의 지혜문학과 비슷한 내용과 형식을 지니는 것은 당연하다. 예를 들어 잠언 가운데 초기 작품으로 여겨지는 대목들은 인간적 지혜에 뿌리를 둔 격언들 외에 다른 것이 아니다. 욥기와 잠언과 코헬렛은 구약성경의 대주제들인 율법, 계약, 선민으로서의 간택, 구원 등을 거의 다루지 않는다. 이스라엘의 초기 현인들은 이

* 칠십인역 제2경전 집회서, 지혜서, 토빗기도 지혜문학 범주에 속한다.

방인 현인들처럼 자기 민족의 과거와 장래보다 개인의 삶과 죽음, 운명에 더 큰 관심을 기울였다.

다른 한편 이스라엘의 지혜가 고대 근동의 지혜와 구별되는 점이 있는데, 그것은 전자가 지혜의 근본을 하느님을 경외하는 데 두었다는 사실이다. 하느님을 두려워하는 것은 사실 참종교의 근본이라 할 수 있다. 그리하여 근동의 지혜문학에서 확연하게 구분해 놓은 지혜로운 이와 우둔한 이의 대비는 이스라엘의 지혜문학에서 하느님의 경외 유무에 따라 의인과 악인 사이, 진실한 종교와 거짓 종교 사이의 대비로 발전하였다. 한마디로 고대 근동의 지혜는 무게 중심이 순수한 인본주의 쪽에, 이스라엘의 지혜는 종교적 인본주의 쪽에 있었다고 말할 수 있겠다.

이스라엘의 지혜문학에서 지혜를 하느님의 속성을 지닌 하나의 위격으로 부상시키게 된 때는 바빌론 유배 이후부터다. 잠언의 서문격인 1—9장, 특히 8,22-31에 보면 신적인 지혜가 하나의 위격체로서 하느님과 함께 영원에서부터 현존하시고 창조 사업에 하느님과 더불어 동참하신다고 되어 있다. 욥 28장에 보면 지혜는 하느님과 구별되는 존재이며 지혜의 비밀스런 소재는 하느님 홀로 아신다. 제2경전 집회 24장에서 지혜가 스스로 자신의 신분에 대해서 밝힐 때, 지극히 높으신 분의 입에서 나왔으며 하늘에서 자신을 이스라엘에게 보내신 하느님과 함께 거처한다고 말한다. 제2경전 지혜 7,22—8,1에서는 좀 더 세련된 표현으로 지혜가 전능하신 분이 내뿜는 영광이요 그분의 완전함의 표상이라고 정의한다. 이리하여 지혜는 신적인 속성을 지니면서도 하느님과 구별되는 위격적 존재다.

지혜에 대한 이상의 개념은 구약의 강력한 유일신 사상에 비추어 보면 매우 충격적이며 낯설다. 한편 이런 개념에서 중세 이후 사변적 삼위

일체 신학을 곧바로 도출해 내는 것은 무리고, 일차적으로 우선 하나의 문학적 표현으로 보면 타당할 것이다. 다른 한편 이 문학적 표현이 하느님 안에서의 복수적 위격을 인정하는 가능성을 열어 놓았음도 부정할 수 없다. 요한 복음 서두에 소개된 '로고스 찬가'는 구약의 '신적인 지혜'처럼 말씀이 하느님 안에서, 그러나 하느님과 구별되는 존재로서 영원에서부터 그분과 함께 계셨다고 증언한다. 더 나아가 바오로 사도는 '하느님의 지혜'라는 칭호를 예수 그리스도에게 직접 부여한다(1코린 1,24).

이스라엘의 지혜문학을 창출한 이들은 누구였을까? 성경학자들은 이스라엘 지혜문학의 원천으로 두 가지 전통을 상정한다. 서기관 전통과 부족 전통이 그것이다. 고대 근동의 지혜문학을 만들어 낸 이집트의 '생명의 집'과 메소포타미아의 '토판 문서의 집'처럼 이스라엘에도 왕실과 성전에 잘 훈련된 서기관 직책이 있었을 것이다. 서기관은 주요 사건들의 일지, 들고나는 물품의 등재, 회계장부 등을 작성하고 관리하는 일반 사무직을 수행했을 뿐 아니라 외국과의 각종 외교 문서를 관장하는 특수 사무직도 수행했을 것이다. 따라서 서기관은 아카드어와 이집트어 등 외국어를 충분히 습득했을 것이고, 자연히 고대 근동의 지혜문학에도 쉽게 접근할 수 있었을 것이다. 더구나 솔로몬처럼 지혜문학에 특별한 관심을 가진 임금 밑에서는 서기관들이 활발한 저작 활동도 벌였을 법하다. 구약성경은 솔로몬을 가장 뛰어난 현인으로 소개하고(1열왕 3장; 5,9-14; 11,41) 이스라엘 지혜문학의 진정한 저자로 내세운다(잠언 1,1; 25,1; 코헬 1,12; 아가 1,1; 집회 47,13; 지혜 7—9장).

부족 전통을 주장하는 이들은 구약의 지혜서들이 어떤 계층의 현인들도 구체적으로 언급하지 않는다는 사실에 주목한다. 그들은 가족과 씨족 사이의 유대가 매우 강한 이스라엘의 사회 전통을 떠올리면서 구약의 지혜문학이 전하는 권고와 경고는 결국 그 사회를 통제하는 씨족이나 부족의 원로들이 규정해 놓은 금기에 뿌리를 두고 있다고 주장한다. 또한 지혜문학에 가족 관계와 농촌 생활이 자주 묘사되는 것도 부족 전통의 증거일 수 있다는 것이다. 부족 전통이 지혜문학의 한 부분을 이룰 법도 하지만, 가정과 생업에 관한 성찰들은 고대 사회의 어떤 문학 양식에서도 보편적으로 나타난다. 그리고 많은 이스라엘 사람들이 읽고 쓸 줄 알았다고 하더라도 지혜문학과 같은 전문적이고 국제적인 문학 양식의 창출은 일반 서민 사회에서는 거의 불가능하고 서기관이나 시인처럼 문학 수업과 외국어 훈련을 체계적으로 받은 전문가 집단에서 이루어졌을 것이다. 더구나 구약의 지혜문학에는 욥기와 코헬렛처럼 전통적 가치에 대한 비판과 회의도 포함되는데 이런 비판과 회의는 식자층에서나 가능한 일이다.

따라서 이스라엘 역사의 초창기에는 주로 왕궁과 성전에서 활동했던 서기관 집단이 고대 근동에 널리 알려진 지혜문학을 수집하고 정리하고 편찬하였을 것이다. 그러다가 유배 이후 예언자 시대가 끝나가면서 현인들의 역할이 중요하게 부상한다(참조: 잠언 22,17; 24,23; 코헬 12,9). 이스라엘의 정체성을 잃지 않으면서 어떻게 그리고 어느 정도까지 외국 문화를 수용해야 하는가는 페르시아 시대와 그리스 시대 지식인들의 주요 과제요 고민이었다.

구약의 지혜문학은 네 가지 범주로 나뉜다. 첫째, 사법적 지혜는 소송 상황을 상정하고 거기서 내린 현명한 판결을 말한다. 가장 좋은 예는 두 여인 사이에 분쟁 대상이 된 어린아이의 진짜 어머니를 가려낸 솔로몬의 판결이다(1열왕 3,16-28). 둘째, 경험적 지혜는 일상의 삶에서 얻어 낸 지혜로서 잠언에 나오는 금언이나 경구의 대부분이 여기에 속한다. 셋째, 신학적 지혜의 근원은 '하느님을 경외함'이다. 참지혜는 하느님을 올바로 공경하는 데서 나온다는 것이다. 넷째, 자연적 지혜는 계절의 변화, 곡식의 파종과 추수와 같은 자연의 법칙에 바탕을 둔다.

(2) **역사서**

히브리어 성경의 성문서에는 신명기계 역사서와는 성격이 다른 몇 가지 역사서가 포함된다. 여기에 속하는 책은 에즈라·느헤미야기와 역대기다. 사무엘기와 열왕기에 소개된 역사와 거의 같은 시기의 역사를 다루고 있는 역대기는 사무엘기와 열왕기의 증보판이 아니다. 나름대로 고유하고 뚜렷한 명분과 목적이 있어서 같은 때의 역사를 색다른 관점에서 조명한 것이다. 역대기에서 가장 강조하는 인물은 다윗 임금이다. 천지 창조 때부터 이어져 오는 거룩한 역사는 다윗 임금 때 절정을 이루며 다윗 이후의 임금들도 그의 본을 따랐느냐 따르지 않았느냐에 따라서 좋은 군주와 나쁜 군주로 판가름 난다.

1830년대부터 1960년대까지 구약학자 대부분은 신명기계 역사서와 구별하여 역대기계 역사서를 제시하고, 여기에 에즈라·느헤미야기를 포함시켜 같은 저자가 이 책들을 집필한 것으로 보았다. 그 근거로 역대기의 맺음말(2역대 36,22-23)이 에즈라기 머리말에 반복되고(에즈 1,1-3), 둘 다 예루살렘 성전 예배와 그것과 관련한 전례 음악과 성전기물들에 큰 관심을 기울인다는 사실을 지적하였다. 그러나 최근의 학자들은 둘 사이의 공통점보다 차이점을 더 많이 지적하면서 둘을 분리하려는 쪽으로 기운다. 먼저 그들의 견해에 따르면 둘 사이의 공통점인 성전 예배에 대한 관심은 제2성전 시대 유다이즘의 공통 관심사에서 나온 것이다. 둘 사이의 대표적인 차이점은 이렇다. 첫째, 에즈라·느헤미야기에서는 대사제(הַכֹּהֵן הַגָּדוֹל 하코헨 하가돌)라는 낱말을 사용하는 반면 역대기에서는 수석사제(הַכֹּהֵן הָרֹאשׁ 하코헨 하로스)라는 말을 쓴다. 둘째, 역대기에 나오는 보상의 개념과 용어가 에즈라·느헤미야기에는 거의 없다. 셋째, 에즈라·느헤미야기는 북쪽 지파, 특히 사마리아인들에게 매우 적대적이지만 역대기에는 그런 적대감이 나타나 있지 않다. 에즈라·느헤미야기는 이스라엘을 유다 지파와 벤야민 지파로 한정하지만, 역대기는 그 안에 열두 지파를 모두 포함시킨다. 넷째, 에즈라·느헤미야기에서 참이스라엘은 바빌론 유배에서 돌아온 이들만을 가리킨다. 참이스라엘의 지위를 유지하려면 이민족들과 혼인하는 것을 결코 용납해서는 안 된다. 그러나 역대기는 이민족들과 혼인하는 것에 대해 비교적 관대하다. 다섯째, 역대기는 에즈라·느헤미야기에 비해 다윗 왕조를 매우 중요하게 그리고 높이 평가한다. 이집트 탈출-시나이 전승을 강조하는 에즈라·느헤미야기와는 대조적으로, 역대기는 다윗 왕조에 대한 하느님의 약속을 강조한다. 여섯째, 에즈라·느헤미야기는 아브라함의 선택과 이집트 탈출 사건을 강조하는 반면, 역대기는 성조 야곱을 언제나 이스라엘이라고 부르면서 중요하게 떠받들고 이집트 탈출 사건은 별로 강조하지 않는다. 일곱째, 역대기 저자는 예언자들에 대해 자주 언급하면서 자체의 역사를 예언자 역사처럼 제시하지만, 에즈라·느헤미야기에서는 예언자 영향을 찾아보기 어렵다. 이상의 차이점들을 바탕으로 볼 때 역대기와 에즈라·느헤미야기는 서로 다른 시대에 서로 다른 저자가 집필한 독립 작품임이 틀림없다.

에즈라기와 느헤미야기를 분리해서 생각하려는 시도도 있으나, 둘 사이에는 차이점보다 유사점이 더 많아서 한 저자의 일관된 작품으로 보는 것이 타당하다. 두 책의 차이점은 대부분 저자 또는 편집자가 두 책의 작중 연대를 시대적으로 구분한 데서 나온 것이다. 에즈라·느헤미야기의 저자는 유배 이후의 성전 재건과 이스라엘 회복을 두 시대로 나누어 기술한다. 첫째 시대는 페르시아 임금 키루스 칙령(기원전 539년)부터 예루살렘 성전 봉헌(기원전 515년)까지의 한 세대 역사로 에즈 1—6장에서 다룬다. 이 시대의 핵심 과제는 성전 건축인데, 정치 지도자 즈루빠벨과 종교 지도자 예수아 두 인물이 활약하였다. 둘째 시대는 에즈라의 도착(기원전 458년)부터 느헤미야의 두 번째 총독직 수행(기원전 432년)까지의 한 세대 역사로 에즈 7장—느헤 13장에서 다룬다. 역시 두 인물이 등장하는데, 사제요 학자인 에즈라와 느헤미야 총독이다. 두 사람은 예루살렘 도성을 복구하고 이스라엘 사회가 율법과 전통에 합당한 종교 생활을 회복하는 데 진력하였다.

에즈라·느헤미야기의 저자는 키루스 칙령, 귀환자들의 명단, 페르시아 왕실과 주고받은 서신, 에즈라 회고록, 느헤미야 회고록 등 페르시아 시대의 다양한 사료를 바탕으로 이 책을 집필하였다. 이 사료들은 분명 매우 소중한 역사적 가치를 지니지만, 세부 사항들은 실제 역사와 다르다. 에즈라·느헤미야기 역시 성경의 다른 역사서처럼 사실이 아니라 진실을 전달하기 위한 것임을 감안한다면 사실이 아니라고 해서 당황할 필요는 없다. 에즈라·느헤미야기의 저작 연대는 이 책에 기록된 사건들이 유배가 끝난 뒤부터 1세기 동안에 일어난 데다가, 사료를 모으고 정리하여 출간할 시간까지 고려하여 기원전 400년경으로 추정할 수 있을 것이다.

히브리어 성경에서 마지막에 위치한 책은 역대기다. 그리스어 정경 목록과는 달리 히브리어 정경 목록에서 내용이 겹치는데도 아랑곳하지 않고 역대기를 사무엘기와 열왕기에서 멀리 떼어 놓은 이유는, 이 책이 후자보다 훨씬 더 늦은 시기에 쓰였을 뿐 아니라 내용이 이스라엘 민족의 역사 전체를 꿰뚫어 보면서 민족의 흥망성쇠를 가름하는 귀중한 지침을 제시하기 때문일 것이다. 역대기의 저작 연대는 에즈라·느헤미야기보다 더 늦은 4세기 중반으로 추정한다. 역대기 저자가 후자를 여러 곳에서 인용하거나(에즈 1,1-3 = 2역대 36,22-23; 느헤 11,3-19 = 1역대 9,2-17) 반영하고(에즈 9,1-10과 2역대 24,26의 비교) 있기 때문이다. 또한 역대기에서 활용하는 모세오경은 마지막 형태의 것이다. 그러나 역대기에 헬레니즘 요소는 전혀 나오지 않는 점으로 미루어 이 책의 형성 연대를 기원전 350년 이후로 잡을 수는 없다.

역대기의 저작 연대를 늦게 추정하는 또 하나의 논거는 유배와 회복을 주제로 한 역사관이다. 이 역사관에 따르면 유배와 회복을 두 가지 형태로 생각할 수 있다. 사실적 형태와 은유적 형태가 그것이다. 사실적 유배와 회복은 기원전 6세기 이스라엘 역사에서 실제로 있었던 바빌론 유배와 귀환을 말하고, 은유적 유배와 회복은 이스라엘 민족이 당하는 온갖 재앙과 그 재앙에서 다시 일어나는 것을 말한다. 약속의 땅에서 살면서도 주 하느님께 멀어져 온갖 불행을 겪게 되면 그 자체가 유배이고, 주님께 돌아서서 그분의 율법을 충실히 지킴으로써 하느님 백성의 지위를 회복하고 그분께 축복을 받게 되면 그것이 곧 회복이다. 이 은유적 유배와 회복은 바빌론 유배 이전 왕정 시대부터 유배 이후 역대기 저자 시대에 이르기까지 계속해서 되풀이되었고 앞으로도 그럴 것이다. 유배와 회복은 사실적이든 은유적이든 주 하느님께 대한 이스라엘 백성의 충성과 배신에 달려 있다. 이 사실을 증언하기 위해 역대기 저자는 최종 형태로 고정된 모세오경과 예언서의 세 가지 본문을 활용한다. 레위 26,34-45과 예레 29,10-19, 그리고 에제 18장이다.

이 밖에 룻기, 에스테르기, 다니엘서(1—6장)도 역사서 형식을 취하고 있긴 하지만, 실제 역사를 반영한 것이라기보다 일종의 교화적 이야기로 볼 수 있다.*

(3) 묵시문학

묵시문학과 묵시론의 기원이 유다이즘 자체에 있는가, 아니면 외방 문화에 있는가를 두고 학자들 사이에서 열띤 토론이 벌어졌다. 최근의 추세는 둘 사이의 혼합으로 기울고 있다. 사실 묵시문학이 본디 유다적인가 아닌가 하는 논의는 별 의미가 없다. 이스라엘의 종교는 고대 근동의 주변 문화에서 많은 요소를 받아들여 토착화하였기 때문이다. 특히 묵시문학이 본격적으로 일어나기 시작한 헬라 시대와 이어지는 로마 시대는 다인종과 다문화 사이의 교류가 어느 때보다 활발하게 일어났던 시기다. 유다교 묵시문학의 저자들도 헬라 시대와 로마 시대의 새로운 조건과 상황에 적절하게 대응하고자 하였다.

먼저 히브리어 성경, 특히 예언서를 보면 나중에 묵시문학의 소재와 주제로 이용됐을 법한 요소들이 눈에 많이 띈다. 첫째, 하느님은 해석이 필요한 신비스런 꿈(창세 40—41장의 요셉 이야기 참조)이나 환시(즈카르야서와 에제키엘서 참조)를 통해서 당신의 뜻을 전달하신다. 묵시문학에서는 등

* 제2경전인 유딧기와 마카베오기 상·하권은 가톨릭의 정경 목록에 포함되어 '역사서'로 분류되어 있다.

장인물이 꿈이나 환시를 보고 그 뜻을 몰라 어리둥절해 있는데, 신통력을 지닌 인물(다니엘서의 경우)이나 하늘에서 파견된 천사(요한 묵시록의 경우)가 그 숨은 뜻을 해석해 준다. 묵시문학 저자들이 자주 사용하는 이른바 '환시-반응-해석' 기법이다. 둘째, 하느님은 하늘 어전에서 세상사와 인간사를 다스리고 통제하신다. 이사 6장과 에제 1장에 묘사된 하늘 어전의 환시는 1에녹 14장; 다니 7장; 묵시 4—5장 등 유다교와 그리스도교 묵시문학에 영감을 주었다. 셋째, 예언서에는 사후의 보상이나 징벌에 관한 분명한 개념이 없지만, 하느님의 심판을 예고하는 예언서의 말씀들이 묵시문학의 최후 심판 주제에 영감을 불어넣었을 법하다. 예를 들어 천상의 악한 천사들과 지상의 사악한 임금들을 마지막 심판 때까지 감옥에 가두어 둔다는 이사 24,21-23의 내용은 묵시 20장에 반영되어 있다. 넷째, 먼지 속에 파묻혀 죽은 이들이 일어나리라는 이사 26,19의 예언과 마른 뼈들이 생명을 되찾으리라는 에제 37장의 예언은 묵시문학의 주요 주제인 부활 개념과 통한다. 다섯째, 에제 38—39장; 즈카 14장의 예언은 모세오경과 신명기계 역사서에 자주 등장하는 소재인 '전사로 나서시는 하느님' 모습을 묘사하고 있는데 이는 묵시 19—20장에 나오는 악과 선의 최후 결전 장면과 연관 있다.

이상 몇 가지 공통 요소들이 있긴 하지만 묵시문학은 예언서 본문과 여러 가지로 다르다. 묵시문학 저자들은 '환시-반응-해석' 기법, 천상여행, 초자연계, 죽음의 한계를 극복하는 종말 사상 등에 관심을 집중시킨다. 이런 요소들은 익명 또는 가명 집필, 역사의 철저한 시대 구분, '사후(事後, ex eventu) 예언' 등과 더불어 헬라 시대의 문헌에서 쉽사리 찾아볼 수 있다. 그리고 헬라 시대의 저자들은 이런 묵시문학적 요소들을 고대 근동과 페르시아의 사상들에서 끌어낸 것으로 보인다. 부활, 사후 심판, 역사의 시대적 구분, 세말의 동요와 혼란, 선과 악의 이원론적 대결과 갈등, 영혼의 승천 등의 주제는 이미 페르시아 시대의 문헌에서 발견된다(West, 51-57.). 정치적 예언의 예는 이집트와 메소포타미아 문헌에서도 찾아볼 수 있고, 다니 11장에 나오는 '사후 예언'은 메소포타미아에 기원한다(Gordon/Barstad; Hilber, 161-186). '사후 예언'이라 함은 이미 일어난 역사적 사건들을 앞으로 일어날 것처럼 예언하면서 특별한 메시지를 전달하는 것을 말한다. 이 같은 외방 문화의 요소들이 언제 어떻게 유다교 묵시문학에 들어오게 되었는지 정확하게 밝히기란 어렵지만, 한 가지 분명한 사실은 동방에 흩어져 살던 디아스포라 유다인들이 처음으로 이런 요소들을 접하고 자기네 세계관과 인생관에 끌여들였다는 것이다.

묵시문학 저자들은 신화도 창조적으로 활용한다. 구약성경 저자들 역시 신화적 요소들을 활용하긴 해도, 묵시문학 저자들과는 비교할 수 없다. 예를 들어 구약성경에서 신화적 색채가 가장 짙은 설화는 창세 6,1-4의 거인족 이야기다. 창세기의 설화에는 신의 아들들(천사들)이 인간의 딸들과 결합하여 거인족을 낳았다는 간단한 내용만 나오지만, 에녹이 환시가로 나오는 유다 묵시서 '감시자들의 책'(1에녹 1—36장)에서는 천사들이 천상에서 지상에 내려와 악을 낳게 되는 과정을 아주 상세하게 묘사한다. 또 다른 예는 신들의 뜻을 거스른 인간과 초자연적 존재들이 징벌을 받기 전까지 구덩이와 감옥에 갇힌다는 신화적 주제인데, 이사 24,21-23에서는 지나치듯 언급하지만 '감시자들의 책'에서는 상세하게 묘사한다. 이 이야기는 사탄이 갇혔다가 풀려나서 최후의 패망을 맞는다는 묵시 20장의 이야기에 영향을 미친 것으로 보인다. 초자연적인 존재들 사이의 대

전투와 그로 인한 우주적 변화도 고대 근동 및 그리스 신화에 흔히 나오는 주제인데, 다니 8,10과 묵시 12장의 배경이 되었을 것이다.

묵시문학 저자들이 외방 문화의 사상과 소재들을 이렇듯 자유롭게 활용하게 된 배경에는 유다인들이 몸담아 살던 헬라 시대의 특성이 자리 잡고 있다. 이 시대는 과거 어느 시대보다 다양한 문화들이 융합되었고 이 시대의 문학이 그것을 충실히 반영하고 있었으며 묵시문학도 예외가 아니었다. 따라서 묵시문학을 대할 때는 그 저자들이 유다교의 전통적 가치를 지켜나가면서도 헬라 시대의 새로운 상황과 조건에 창조적으로 반응했음을 염두에 두어야 한다.

묵시문학 역시 예언서처럼 위기 때에 나온 문헌이다. 묵시문학의 역사적 배경으로 두 가지 위기 상황을 지적할 수 있다. 하나는 기원전 167년 안티오코스 4세의 박해이고 다른 하나는 기원후 70년 로마의 예루살렘 및 성전 파괴다. 안티오코스의 박해는 유다인들 사이에서 두 가지 반응을 불러일으켰다. 마카베오 항쟁과 묵시문학의 창출이다. 이 위기 상황에서 나온 묵시문학으로는 다니엘서를 비롯하여 에녹 1서에 실려 있는 '꿈 환시'(1에녹 85—90장)와 '주간절 묵시'(1에녹 91,12-17; 93,1-10)를 들 수 있다. 그런데 마카베오 항전을 두고 '꿈 환시'는 분명한 지지를 보내는 반면 다니엘서는 유보적이다. 다니엘서 저자는 마카베오 형제들의 봉기가 결코 문제의 해결이 될 수 없음을 시사한다(다니 11,33-35). 위기의 완전한 해결책은 하느님이 직접 개입하시는 길뿐이다. 다른 위기인 로마인들의 예루살렘과 성전 파괴는 에즈라 4서, 바룩 2서, 아브라함 묵시록, 그리고 바룩 3서와 바룩 4서를 낳았다.

이런 공적 위기 상황과 상관없이 탄생한 묵시문헌들도 있다. '에녹의 비유'(1에녹 37—71장), 아브라함의 유언, 스바니야 묵시록 등이 그 좋은 예다. 사실 '위기 상황'은 보는 사람의 관점에 따라 다를 수 있다. 겉으로 보기에 안정되고 풍요로운 사회에서 하층민들은 억압과 고통을 당할 수 있고, 그들에게는 자신들의 불행한 처지에 무관심한 당대의 사회 질서와 체제가 위기 상황으로 여겨질 수 있다. 또한 하층민들이 아닐지라도 야훼 하느님의 절대 주권과 이스라엘의 종교적 전통에 충실한 이들의 눈에는 하느님이 주신 약속의 땅을 외세가 차지하고 통치하는 상황을 위기로 인식할 수 있다. 요한 묵시록의 경우가 그랬다. 1세기 말 도미티아누스 황제 치하에서 로마 제국에 그리스도교에 대한 대규모의 공식적 박해는 없었다. 그러나 묵시록 저자는 로마의 가치관과 그리스도교의 가치관이 양립할 수 없다고 보아, 전자를 거부하고 후자를 지키려는 소수의 남은 자들을 대변하고 격려하기 위하여 이 책을 썼다.

어떻든 묵시문학은 당대의 세계와 그 질서에 대한 불만과 저항을 드러낸다. 묵시문학이 초자연 세계와 사후 세계에 비상한 관심을 보이는 것은 지상 세계와 현재의 삶이 이런 식으로 계속되어서는 안 된다는 인식 때문이다. 묵시문학 저자들은 하느님의 적극적인 개입을 통해서 기존의 질서가 사라지고 새 하늘과 새 땅이 나타나기를 고대한다.

위에서 살펴본 대로 성문서는 구약성경의 세 부분 가운데 가장 다양한 책들을 모아 놓은 것이다. 성문서에 속하는 책들에는, 땅과 후손의 약속과 성취라는 중심 주제로 묶인 토라나 하느님의 사람들을 통해서 전해진 말씀에 순종하라는 공통 메시지를 담은 예언서와는 달리, 일관된 핵심 주제나 메시지가 없다. 그래서 전례에서 사용되는 시편과 축제오경을 제외하고 성문서는 유다교 전통에서 그다지 주목받지 못했다. 신약성경에서도 구약을 두고 말할 때, 모세와 예언자, 또는 율법과 예언서와 시편이라고 할 뿐 성문서를 명시적으로 언급하지 않는다. 이런 무관심은 이 책들이 갖는 중요성을 감안할 때 매우 안타까운 일이다. 이 책들은 우리의 일상 생활과 관련하여 가장 현실적이고 흥미 있는 주제들을 다루고 구약성경 전체를 큰 안목으로 바라보게 해 주며, 이스라엘의 성경 전통에서 라삐 유다이즘으로 넘어가는 과정을 여실히 보여 준다. 구약 말기의 작품(역대기·에즈라기·느헤미야기·다니엘서)을 담고 있는 성문서는 구약의 옛 사상들이 구약 말기 시대에 와서 어떻게 발전하고 변화하는지를 보여 준다. 이 발전과 변화는 제2경전, 외경, 사해문서, 그리고 초기 라삐 문헌에 반영된다.

2. 신약성경의 형성 과정

구약성경의 기초가 하느님의 말씀과 이스라엘 백성의 삶이라면, 신약성경의 기초는 그 말씀이 살이 되어 오신肉化 예수님의 삶과 가르침, 그리고 새로운 이스라엘인 교회의 삶이다. 그런데 그분을 주님으로 고백하는 초기 그리스도인들은 그분이 돌아가신 뒤 곧바로 그분에 관한 글을 남기지 않았다. 구약성경을 기록할 당시보다 글을 쓰기 위한 조건들(이를테면 문자, 필기 도구, 양피지나 파피루스 등)이 훨씬 나아졌는데도 그들이 예수 그리스도의 삶과 가르침을 후대에 전할 문헌을 남기지 않은 이유는 무엇일까? 먼저 그들은 스승 예수님에게서 아무런 기록을 넘겨받지 못했다. 다른 위대한 종교의 스승들처럼 예수님도 제자들에게 단 한 줄의 글도 남기지 않으셨다. 게다가 그분을 따르던 제자들은 스승의 재림이 곧 닥칠 것으로 고대했기 때문에 후대 사람들이 읽어야 할 기록을 남길 필요를 느끼지 않았다. 그 대신 그들은 당대 사람들에게 곧 다시 오실 그리스도의 가르침을 말로 전하는 데에 심혈을 기울였다.

그러나 재림이 늦춰지고 예수 사건의 목격 증인들인 첫 세대 사람들이 하나 둘 세상을 떠나가자 그들의 증언을 기록해야 할 필요성을 느꼈을 것이다. 또한 그리스도 교회가 예수 사건의 현장인 팔레스티나 밖으로 퍼져 나가 다양한 공동체가 생겨나면서 이방인들이나 디아스포라 유다인들에게 예수님의 삶과 가르침을 그들의 상황에 맞게 효과적으로 전할 문서를 만들어야 했다. 그리고 선교사들이 자신들이 세우거나 돌보던 지역 교회를 지도하고 격려하며 자신들이 없을 때 일어난 문제들에 답변하기 위해 서신 형식의 글을 보내야 했다. 신약성경은 이런 기록들의 모음집이다. 신약성경의 형성 과정은 모음집의 성격에 따라 세 부분, 곧 복음서와 사도행전, 서간, 요한 묵시록으로 나누어 고찰하겠다.

가. **네 복음서와 사도행전**

성경의 형성 과정을 밝히는 데는 역사비평 말고는 다른 대안이 없다. 역사비평의 주요 방법론을 가장 뚜렷하게 적용할 수 있는 책들은 복음서와 사도행전이다. 복음서와 사도행전을 같이 다루는 이유는 둘 다 이야기 형식으로 내용을 풀어갈 뿐 아니라 사도행전의 경우 루카 복음에 직결되어 있기 때문이다. 복음서는 예수님에 관한 이야기이고 사도행전은 초대 교회에 관한 이야기다.

(1) **네 복음서**

신약성경 저자들은 사람들에게 보내진 하느님의 복된 소식을 지칭하는 데에만 '복음'이라는 말을 사용하였다(마르 1,15; 10,29; 로마 1,1—2,16; 1코린 4,15; 9,18 등). 그러나 나중에 '복음'은 예수님의 삶과 가르침을 전하는 책을 가리키게 되었다(『디다케』 8,2; 11,3; 15,3; 유스티누스 『1호교론』 1,66). 이는 아마도 마르 1,1의 "예수 그리스도의 복음의 시작"에서 영향을 받은 것 같다. 신약성경 처음에 나오는 네 복음서가 이런 책이다. 그러나 신약 외경들 가운데 복음이라는 이름을 지녔으면서도 실제로는 예수님의 삶을 다루지 않는 책들도 있다. 토마 복음은 예수님의 말씀 모음집이고 진리의 복음은 묵상 또는 강론집에 가깝다.

예수 그리스도의 삶과 가르침을 전하는 네 복음서가 어느 정도까지 뚜렷하고 고유한 문학 양식으로 분류될 수 있는지는 학자들 사이에서 열띤 논쟁의 대상이다. 한편에서는 이 복음서들을 유다교 문헌(묵시문학, 특정한 의인의 전기, 예언자의 전기 등)이나 그리스-로마 문헌(대중적 인물의 전기, 영웅담, 황제를 칭송하기 위한 전기)과 유사한 책으로 분류하고, 다른 편에서는 새롭게 창조된 문학 양식으로 여긴다. 후자의 경우 마르코를 이 문학 양식의 창시자로 꼽을 수 있을 것이다. 우리로서는 두 견해를 어느 정도 조화시켜 판단해봄 직하다. 복음서가 고대 전기와 역사 문헌과 비슷한 요소들을 지니고 있음은 사실이나, 고대 문헌에서 신약의 네 복음서와 정확하게 일치하는 형태의 책은 찾아볼 수 없기 때문에, 이 책들은 새로운 문학 양식으로 분류할 수 있다. 그러나 이 새로운 양식의 책들은 초대 교회가 전해 준 구두 전승과 기록 전승에 바탕을 두기 때문에 '완전히 새로운 창조'라고 볼 수는 없다.

복음서의 형성 과정은 세 단계를 거친다. 첫째, 하느님 나라의 복된 소식을 전한 나자렛 예수님의 삶과 가르침이 있었다. 둘째, 예수님의 죽음과 부활을 목격한 제자들이 삶과 가르침을 '케리그마'(κήρυγμα 선포, 설교), 곧 짧은 형태의 설교로 전하기 시작하고, 이와 동시에 초기 그리스도교 공동체는 예수님의 말씀과 행적들을 모아 전례와 교리교육과 호교론과 선교에 이용하였다. 이 둘째 단계에서 교회가 모은 전승들은 처음에는 대부분 구두 전승이었겠지만, 시간이 지나면서 기록 전승도 포함하였을 것이다. 셋째, 복음서 저자들이 초대 교회가 간직해 온 다양한 예수 전승들을 입수하여 그분의 가르침을 저마다 자기네 공동체의 상황에 적용할 목적으로 고유한 복음을 썼다. 이때 각 복음서의 특성은 저자 자신의 신학적 관점과 문학적 소양에 바탕을 둔다. 복음서 형성의 이 세 가지 단계를 밝히는 데 역사비평의 공헌이 크다.

ㄱ) 사료비평

사료비평(史料批評, Source Criticism)은 각 복음서 저자가 무슨 자료나 사료를 바탕으로 자신의 복음을 썼는가를 밝히는 작업이다. 먼저 네 복음서를 비교해 보면 마태오·마르코·루카 복음은 구성이나 내용 면에서 서로 같거나 매우 비슷한 데 반해, 요한 복음은 다른 세 복음서와 비교할 때 분명한 차이를 드러낸다는 것을 알 수 있다. 요한 복음을 제외한 나머지 세 복음서를 함께 비교하면서 살펴보면 이들 복음서에 관하여 많은 것을 밝혀낼 수 있다. 그래서 이 세 복음서를 공관 복음共觀福音이라 하고, 이 복음서들을 한 자리에 놓고 서로 비교·분석하여 각 복음서 저자들의 문학 기법과 신학 사상을 연구하는 작업을 '공관 복음 연구'라고 한다.

최초의 복음서는 60년대 중반 또는 70년 직후에 쓰인 것으로 알려진 마르코 복음이다. 마르코 복음이 이용한 사료에 대해서는 저자가 베드로 사도에게서 넘겨받았을 것으로 여기는 아람어 구두 전승(4세기 초 에우세비우스 『교회사』 3.39.15)을 비롯하여 여러 가설이 있지만 명확하게 입증할 수 있는 것은 하나도 없다.

마르코 복음이 나온 지 10-20년 뒤인 70-80년경, 마태오 복음과 루카 복음이 나왔다. 이 두 복음서의 저자는 마르코 복음의 구조와 내용을 참조하고 인용하여 자신들의 복음서를 썼고, 특히 예수님의 수난기록은 마르코 복음에 크게 의존하였다. 그런데 마태오 복음과 루카 복음에는 양쪽에 공통적으로 나타나면서도 마르코 복음에 전혀 없거나 그 내용과는 다른 대목들도 많다. 한 가지 특이한 사실은 이 대목들이 대부분 예수님의 말씀들로 되어 있다는 것이다. 그래서 학자들은 50년대 초대 교회(아마도 안티오키아 공동체) 안에서 예수님의 말씀들을 따로 모아 글로 엮은 어록집이 돌아다녔고, 이 어록집을 마태오 복음과 루카 복음의 저자들이 입수하여 이용하였을 것으로 추정한다. 이 예수어록의 필사본이 발견되지 않은 터여서 그 존재 여부는 하나의 가설로만 남아 있다. 신약학계에서는 이 가상적 예수어록을, '자료, 사료'를 뜻하는 독일어 Quelle의 첫자를 따서 Q문헌이라고 부른다. 마태오 복음과 루카 복음에서 마르코 복음과 Q문헌 전승을 빼고 나면, 저마다 두 복음서에만 있는 내용이 남는다. 이를 편의상 마태오의 특수자료, 루카의 특수자료라 부른다. 마르코 복음과 Q문헌을 중심으로 공관 복음의 상관관계를 밝힌 이상의 논의를 이출전설二出典設이라고 하는데, 오늘날 신약학자들이 널리 받아들이는 이론이다. 이출전설을 도표로 만들면 아래와 같다.

90-100년경에 쓰인 요한 복음은 공관 복음 특히 루카 복음의 표현이나 어휘를 일부 이용하는 것으로 보아 공관 복음 전승을 알고 있었던 것으로 보이지만, 그 내용과 구조에서 후자와 뚜렷하게 구별된다. 하느님 나라의 선포에 초점을 맞춘 공관 복음과는 달리 요한 복음은 처음부터 영원한 생명의 선포에 주력한다. 공생활

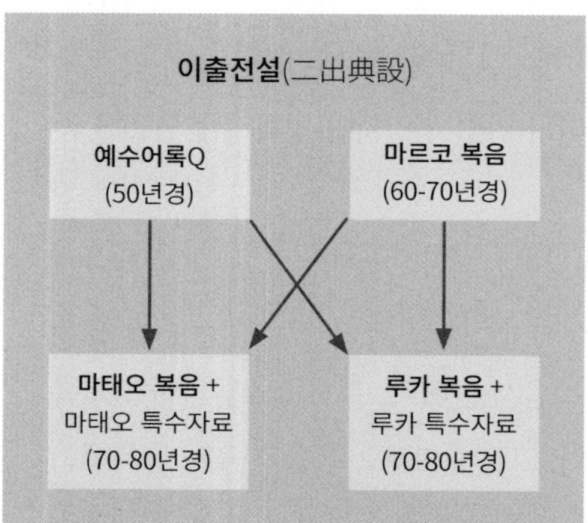

의 기간과 활동 장소도 서로 차이가 있다. 공관 복음에서는 예수님이 일 년 정도 주로 예루살렘 밖 갈릴래아와 사마리아와 유다 지방에서 활동하시고 예루살렘에서는 한 주간 정도만 머무신 것으로 되어 있으나, 요한 복음에서는 삼 년 동안 갈릴래아와 예루살렘을 오가면서 선교활동을 벌이신다. 공관 복음의 성체 성사 제정 기사가 요한 복음에는 빠져 있는 것도 특이하다. 공관 복음에서는 예수님의 최후 만찬이 과월절 만찬인 반면, 요한 복음에서는 과월절 전날에 있었던 단순한 고별 식사였고 예수님의 십자가상 죽음이야말로 과월절과 깊이 연관된다. 이 밖에도 요한 복음이 공관 복음과 다른 점은 수없이 많다. 그러면 요한 복음 저자가 이용한 사료는 무엇일까? 첫째 후보로 '표징 사료'Sign Source 가설을 꼽을 수 있다. 요한 복음 저자는 공관 복음에서 기적이라고 부르는 사건들을 실체를 가리키는 표징으로 제시한다. 요한 복음에 따르면 예수님이 행하신 표징은 수없이 많지만, 그 가운데서 저자가 일곱 가지 대표적인 표징만을 골라 자세히 소개했다고 밝힌다. 그러나 오늘날 요한 복음 연구가들은 마르코 복음의 아람어 구두 전승처럼 이 표징사료의 존재 여부에 대해서도 매우 회의적이다.

ㄴ) 양식비평과 전승비평

복음서 저자들이 무슨 사료를 이용했는지는 사료비평을 통해서 밝혔다. 이 과정에서 마태오와 루카는 마르코 복음과 Q문헌을 주요 사료로 이용했음을 알았지만, 마르코 복음 자체와 요한 복음의 주요 사료는 분명하게 밝혀내지 못했다. 이와 연관지어 마르코 복음과 Q문헌 이전에 역사의 예수님까지 거슬러 올라가는 전승은 무엇일까 하는 의문이 생겨났다. 바꾸어 말하면 이 의문은 예수님의 삶과 가르침에서 그분에 관한 기록까지 마르코 복음의 경우 적어도 35년 이상, Q문헌의 경우에도 25년 이상의 세월이 흘렀는데, 이 기간을 이어 주는 전승이 무엇인가에 대한 것이다. 이 전승은 필경 구전일 것이다. 복음서와 역사의 예수님 사이에 다리를 놓아 주는 구두 전승의 연구가 바로 양식비평(樣式批評 Form Criticism)이다.

양식비평 학자들은 복음서의 기반이 된 개별 대목들이 기적사화, 비유, 담화, 논쟁, 찬가 등 일정한 양식(樣式 Form)을 갖고 있다고 생각한다. 양식비평에 따르면 복음서 저자들은 이 개별 대목들을 자연스럽게 이어 주는 구실을 했을 따름이다. 양식비평은 개별 대목의 양식을 판별해 내는 작업과 더불어 그것이 나오게 된 배경, 이른바 삶의 자리(독일어로 Sitz im Leben)를 밝혀내는 작업도 병행한다. 삶의 자리의 구체적인 예는 초대 교회의 설교(케리그마), 유다교와의 갈등, 가르침(『디다케』), 전례 등이다. 예를 들어 예수님과 바리사이들 사이의 논쟁은 초대 교회의 그리스도인들과 유다인들 사이의 갈등을 반영하고, 루카 복음의 즈카르야의 노래나 마리아의 노래는 초대 교회의 전례에서 사용한 찬미가였다는 것이다. 초기 양식비평 학자들은 삶의 자리를 주로 초대 교회 안으로 제한하였다. 복음서의 문학 양식들은 초대 교회의 산물이지, 역사의 예수님에게서 나온 것이 아니라고 여겼다.

초기 양식비평의 이런 제한은 곧바로 비판을 불러들였다. 복음서의 다양한 문학 양식들은 처음부터 고정된 것이 아니라 시간이 흐르면서 발전된 것이고 그 발전 단계를 추적해 올라가면 역사의 예수님까지 소급할 수 있다는 것이다. 예를 들어 바리사이들과 예수님 사이의 안식일 논쟁은 안식일 규정에서 자유롭고자 했던 초대 교회가 만들어 낸 것일 수도 있지만, 예수님 시대에 실제로 있었던 논쟁을 초대 교회가 부활 이후의 상황에 적용한 것일 가능성도 배제할 수 없다는 것이다. 오히려 후자일 가능성이 더 높다. 여기서 양식비평의 관심은 문학 양식과 삶의 자리의 원천에 쏠리게 되었다. 실제로 독일어로 양식비평이라는 말은 Formgeschichte(양식의 역사)로서 전승의 역사적 발전 단계를 분석하는 시도도 당연히 포함한다고 이해할 수 있다. 이런 관점을 강조하는 양식비평을 전승비평(傳承批評 Tradition Criticism)이라고 고쳐 부르기도 한다.

양식비평과 전승비평은 역사의 예수님과 신앙의 그리스도에 관한 격렬한 논쟁을 불러일으켰다. 복음서를 통해서 과연 역사의 예수님을 어느 정도까지 재현할 수 있는가? 역사의 예수님께 기원을 두지 않은 복음서의 말씀들은 예수님의 실제 말씀보다 가치가 낮은가? 몇몇 학자들 사이에서 두 가지 극단적인 입장이 나타났다. 하나는 예수님의 원초적 말씀을 최고로 평가하고 그 말씀에 가까운 정도에 따라 복음서의 말씀이나 표현의 가치 서열을 정하는 것이다. 다른 하나는 손에 확실히 잡히지 않는 역사의 예수님을 버리고 그리스도교 초기 공동체가 전해 준 신앙의 그리스도를 택하는 것이다. 그러나 오늘날 학자들 대부분은 이 두 극단을 피하고 복음서 저자들이 역사의 예수님과 신앙의 그리스도를 하나로 통합하여 우리에게 전해 주었다고 믿는다. 복음서, 특히 공관 복음의 각 대목은 역사적 진정성 면에서 의혹이 완전히 없지는 않지만, 전체적으로 예수님의 생애와 가르침에서 중요한 면들을 충실히 증언한다. 하느님 나라의 선포, 비유의 사용, 가난하고 소외된 이들에 대한 관심과 사랑, 바리사이들과의 율법 논쟁 등이 그 좋은 예들이다.

ㄷ) 편집비평

이제까지 살펴본 사료비평과 양식비평 및 전승비평은 복음서 저자들이 이용한 자료와 그 자료의 바탕이 된 예수님의 실제 삶과 가르침, 그리고 그 자료가 나오게 된 상황(삶의 자리)을 밝히는 일에 집중한다. 여기서 복음서 저자들은 사료를 모아 정리하는 단순한 구실만 한 것으로 여겼다. 특히 좀 더 뚜렷한 신학 사상을 드러내는 요한 복음보다는 서로 엇비슷한 내용을 전하는 공관 복음들의 경우 저자의 편집 의도나 고유한 문필 기법이 학자들의 눈에 곧바로 들어오지 않았다. 그러나 20세기 후반기에 들어서면서 요한 복음이든 공관 복음이든 저자들의 편집 활동에 주목하기 시작하였다. 복음서 저자들은 자신들이 입수한 전승과 사료들을 개인적 신념과 사상, 공동체의 상황에 맞추어 창조적으로 이용하였을 것이다.

비평가들은 먼저 공관 복음 저자들이 사료를 어떻게 수정하였는지 면밀하게 살폈다. 그들은 마태오와 루카가 일차 사료인 마르코 복음을 어떻게 바꾸었는지에 주목하고 왜 그렇게 했는지를 규명하려고 하였다. 예를 들어 마르코 복음의 '풍랑을 가라앉히신 이야기'(마르 4,35-41)를 마태오는 매우 상세하고 장황하게 확장하는데(마태 8,23-27), 이는 제자들이 탄 배가 거친 풍랑에 휘둘리는 모습을 통해서 밖으로는 유다인들의 공격 때문에, 안으로는 일부 동료 그리스도인들의 도덕적 해이함 때문에 어려움을 겪고 있는 마태오 교회 공동체의 절박한 상황을 묘사한 것으로 볼 수 있다. 또 다른 예를 들자면, '예수님께 향유를 부어 드린 이야기'(마르 14,3-9)는 본디 마르코 복음에서는 어떤 여자가 그분의 장례를 준비하기 위한 것으로 제시되지만, 루카 복음에서는 이 여자가 죄녀로 나오고 이 대목 전체가 크게 확장되면서 죄인들에 대한 예수님의 자비를 드러내는 이야기로 바뀐다(루카 7,36-50). 그런데 일차 사료인 마르코 복음의 경우에는 쉽게 마태오와 루카의 변경 작업을 확인할 수 있으나 가상의 일차 사료인 Q문헌의 경우는 우리 눈으로 볼 수 없기 때문에 마태오와 루카의 변경 작업을 곧바로 확인하기가 쉽지 않다. 그렇다고 저자들의 편집 작업을 확인하는 일이 아예 불가능한 것은 아니다. 예를 들어 참행복 선언은 마태오와 루카가 다 같이 전하는데, 마태오 복음의 참행복 선언(마태 5,3-12)이 루카 복음의 선언(루카 6,20-23)보다 더 길고 '영성화' 또는 '윤리화'되어 있다. 이는 마태오가 자신이 속한 디아스포라 유다 그리스도교 공동체를 위해서 예수님의 가르침을 의로움에 바탕을 둔 유다이즘 전통에 접목시킨 시도라고 할 수 있다. 저자가 자신의 사료를 어떻게 그리고 무슨 의도에서 변경하였는가를 살펴본다 해서 이 같은 연구를 '변경비평'(變更批評 Emandation Criticism)이라 한다.

그러나 저자의 집필의도는 사료의 변경에서만이 아니라, 사료의 수용이나 사료의 삭제를 통해서도 드러난다. 복음서 저자들은 자신의 집필의도에 부합할 때는 사료의 본문을 있는 그대로 옮기지만 그렇지 않을 때는 삭제한다. 예를 들어 루카는 마태오와는 달리 마르코 복음에서 예수님의 이방인 지역(티로, 시돈, 데카폴리스) 선교활동을 전하는 대목(마르 7,24-37)을 삭제한다. 이는 팔레스티나 선교는 복음서의 예수님에게 돌리고, 이방인 지역 선교는 사도행전의 교회에 할애하고자 한 루카(루카 복음과 사도행전의 동일 저자)의 집필 구도에 따른 것이다.

뚜렷한 사료를 확인할 수 없는 마르코 복음과 요한 복음의 경우는 저자의 편집 활동을 추적해 내기가 마태오와 루카만큼 쉽지 않다. 그러나 복음서 전체의 구도, 저자들이 자주 쓰는 단어와 표현, 되풀이하여 강조하는 주제 등을 면밀히 조사해 보면 저자의 집필 의도와 신학 사상, 그리고 복음서를 쓰게 된 직접 배경인 공동체의 상황들을 알아낼 수 있다. 단순한 변경이나 수정의 문제를 뛰어넘어 복음서 전체(루카의 경우에는 사도행전까지 포함하여)의 본문에서 복음서 저자들이 저마다 손에 들어온 사료와 전승에 부여한 모든 저작 활동을 규명하는 일이 바로 편집비평(編輯批評 Composition Criticism)이다. 우리는 편집비평을 통해서 복음서 저자들이 초기 교회 공동체가 전해 준 자료를 단순히 수집하고 정리하는 정도의 작업에 그치지 않고, 자기 공동체의 특수 상황에 맞게 그 자료를 매우 창조적으로 이용하여 저마다 서로 완전히 구별되는 작품을 만들어 냈다는 것을 알 수 있게 되었다.

이상 여러 형태의 역사비평을 통해서 네 복음서의 형성 과정을 다음과 같이 설명할 수 있다. 첫째 단계는 목격 증인의 증언이다. 기원후 30년대 예수님의 공생활이 있었고 그 공생활의 목격 증인들이 부활하신 그분을 체험하고 나서 그분이 하느님의 아들이시요 주님이심을 고백하고 그분에 관해 짧게 증언하기 시작하였다. 둘째 단계는 구두 전승의 확립이다. 짧은 형태의 설교를 비롯하여 그분의 삶과 가르침에 대한 구두 전승이 초대 교회 안에 자리 잡게 되었다. 셋째 단계는 Q문헌(50년대)과 마르코 복음(60년대 말에서 70년대 초)과 같은 기록 전승의 탄생이다. 그리고 마지막 단계는 마태오 복음과 루카 복음(80년대), 그리고 요한 복음(90년대)의 정립이다.

끝으로 언급할 것은 역사의 예수님과 신앙의 그리스도 문제다. 네 정경 복음서는 예수님의 역사적 삶과 가르침을 있는 그대로 전달하지 않는다. 따라서 이 네 복음서에서 역사의 예수님을 복원하거나 재발견하는 일은 매우 복잡하고 어렵다. 먼저 요한 복음과 공관 복음 사이의 차이점을 염두에 두어야 하고, 다음에는 공관 복음서들끼리도 비교 분석해야 한다. 그리고 오늘 우리 앞에 나타난 복음서 본문이 초대 교회의 편집인지 아니면 각 복음서 저자의 편집인지도 가려내야 한다. 그리고 이 모든 것을 다 감안하여 복음서 본문을 비판적으로 읽는다 해도 부활 이전의 역사적 예수님과, 부활 이후의 그분에 대한 그리스도인들의 믿음과 증언 사이를 엄격하게 구분하는 작업은 불가능할 뿐 아니라 불필요한 일이기도 한다. 사실 초기 그리스도인들은 자신들의 믿음이 나자렛 예수님의 역사적 삶과 가르침에 기원을 두고 있다는 사실을 의심 없이 받아들였고, 네 복음서 저자들은 저마다 초대 교회가 물려준 예수님에 관한 믿음과 전승을 당대의 현실과 공동체의 상황에 맞게 재해석하여 문헌으로 남겼다.

네 복음서의 저자들은 누구인가? 복음서 저자들은 모두 자기 복음서 안에 서명을 남기거나 자신에 관해 전혀 알리지 않았다. 2세기 말에 와서야 이 네 복음서에 저자 이름이 붙었다. 곧 열두 제자 가운데 하나인 마태오, 처음에 바오로의 동료였다가 베드로의 동료가 된 요한 마르코, 바오로의 동료 루카, 역시 열두 제자 가운데 하나인 요한이 그들이다. 그러나 이들이 실제 저자라고 보기는 어렵다. 다만 마르코와 루카의 경우, 요한 마르코가 아닌 다른 마르코와 바오로의 동료가 아닌 루카일 가능성은 높다. 각 복음서의 저자에 대해서는 개별 책을 다루는 다음 마당에서 상세히 논하겠다. 어떻든 네 복음서 저자들의 이름이 시사하는 바는 예수님에 관한 복음서의 기록이 사도 시대의 증언과 설교를 충실히 반영한다는 사실이다.

(2) **사도행전**

90년경 루카 복음의 저자는 예수님 이야기를 다룬 첫 번째 책에 이어 교회 이야기를 다루기 위해 두 번째 책을 썼다. 사도행전은 제목 자체와 달리 사도들의 활동을 다룬 책이라기보다 교회의 탄생과 발전 과정을 다룬 책이다. 그럼에도 이 책 전반부에서는 베드로 사도가, 후반부에서는 바오로 사도가 주인공 역할을 하기 때문에 사도행전이라 해도 틀리지 않다.

ㄱ) 사료비평

복음서 연구에 적용한 역사비평의 제반 방법들은 사도행전의 연구에도 그대로 적용할 수 있다. 먼저 사료비평에서는 사도행전 전반부(1—15장)의 사료로 아람어 문서 가설이 제시되고 후반부(16—28장)의 사료로는 여행일지 가설이 제시되었다. 아람어 문서 가설은 사도행전 저자가 베드로 사도의 설교와 증언을 기록해 놓은 아람어 문서를 바탕으로 이 책의 전반부를 서술했다는 추측이다. 실제로 사도행전 전반부는 베드로의 설교와 선교 활동이 주를 이룬다. 그러나 베드로의 선교 설교들은 저마다 다른 상황에서 나온 것처럼 되어 있으면서도 그 기본 구조와 내용이 거의 같아서 실제 설교라기보다 저자의 창작일 가능성이 더 크다. 당대의 역사 문헌에 밝은 저자로서 루카는, 이야기 중간에 연설을 삽입하여 저자 자신의 사상을 독자에게 주입하려 한 그리스-로마 역사가들의 연설 기법을 이용한 것으로 보인다. 또 베드로의 선교 활동, 특히 기적에 관한 서술은 예수님의 선교 활동에 관한 공관 복음의 서술과 병행한다.

그다음 후반부의 사료로 제시된 여행일지 가설은 '우리 대목'(16,10-

17; 20,5-15; 21,1-18; 27,1—28,16)을 심각하게 받아들인 데서 비롯되었다. 여기서 저자는 바오로의 여행 이야기에 자신도 함께 동참했다는 표시로 "우리"라는 복수 1인칭 주어를 사용한다. '우리 대목'을 포함한 사도행전 후반부의 바오로 여행 이야기는 루카가 바오로와 여행을 함께하면서 틈틈이 적어 놓은 기록이나 바오로가 작성하여 루카에게 넘겨준 기록에 바탕을 둔 것이라는 추측이 바로 여행일지 가설이다. 그러나 주님의 임박한 재림을 기다리고 있던 바오로와 그에게서 사상적 영향을 받았을 동료가 후대에 전하기 위해 이 같은 여행일지를 기록해 놓았을 리 없다. 더구나 언제 파선당할지도 모를 험난한 바다 여행을 하면서 한가하게 여행일지를 쓰고 있을 여유도 없었을 뿐더러, 태풍을 만나 파선 직전의 긴박한 상황에서 화물뿐 아니라 배의 장비까지도 다 내던지는 판에 값비싼 두루마리 상자라고 무사했을 리가 없다. '우리 대목'의 문체가 사도행전의 다른 본문의 문체와 동일한 점으로 미루어, 복수 1인칭 주어의 사용은 저자가 독자들로 하여금 자신이 전하는 여행담을 좀 더 현장감 있게 받아들이도록 유도하는 일종의 문학기법으로 볼 수 있다. 사도행전의 저자 이전에 구약성경의 느헤미야기 저자도 이런 기법을 사용하였다.

아람어 문서 가설과 여행일지 가설이 설득력을 얻지 못한다 할지라도 사도행전 저자가 아무런 사료 없이 자신의 책을 집필했다고 말할 수는 없다. 루카 복음의 머리말에서 밝힌 것처럼 저자는 자신의 작품을 쓰기 위해서 기록 전승이든 구두 전승이든 자료를 모으는 데 심혈을 기울였다. 다만 루카의 편집 작업과 기술이 워낙 광범위하고 뛰어나서 현재의 사도행전 본문을 놓고 그가 수집하고 이용한 특정 자료들을 규명해 내기가 거의 불가능할 따름이다. 사도행전의 자료를 두고 자신 있게 확인할 수 있는 것은 저자가 자신의 첫 작품인 루카 복음과 칠십인역 그리스어 성경을 폭넓게 이용하였다는 사실뿐이다.

ㄴ) 양식비평

복음서의 경우와는 달리 사도행전에서는 초대 교회가 물려준 문학 양식이나 그 양식이 나오게 된 삶의 자리를 규명하기가 쉽지 않고 또 본문에서 그것들이 뚜렷하게 드러나지도 않는다. 따라서 양식비평이 사도행전의 형성 과정을 밝히는 데는 그다지 기여하지 못한다.

ㄷ) 편집비평

루카가 복음서를 쓸 때에는 자기보다 앞서 같은 성격의 책을 집필했던 선임자가 있었다. 루카는 마르코 복음의 구조와 내용을 참조하고 적극 이용하여 자신의 첫 번째 책을 완성하였다. 그러나 두 번째 책을 집필할 때에는 사정이 완전히 달랐다. 자기보다 앞서 비슷한 책을 펴낸 선임자가 없었던 터라 사도행전을 쓸 때에는 구도와 내용을 설정하는 데 매우 자유로웠다. 신약성경에서 사도행전만큼 저자의 창조적 편집 활동이 반영된 책도 없을 것이다.

양식비평이 사도행전의 형성 과정을 밝히는 데 별 도움을 주지 못한 반면, 편집비평은 사도행전의 구조와 성격, 집필 의도와 동기, 신학 사상 등을 밝히는 데 적격이다. 사도행전 연구에 편집비평을 적용한 결과를 요약하면 아래와 같다. 루카는 처음부터 복음서와 사도행전을 2부작으로 기획하였다. 신약성경 저자들 가운데 루카만큼 당대의 역사 문헌에 밝은 사람도 없었다. 그는 하느님께서 이루신 구원의 역사와 세속의 역사를 연결하였다. 우리는 이를 구세사救世史로 부를 수 있겠다. 루카가 염두에 둔 구세사는 세 단계로 나뉜다. 첫째 단계는 아담부터 예수 그리스도까지인데, 구약성경이 이를 다룬다. 둘째 단계는 구세사의 정점인 예수 그리스도의 공생활로 루카 복음이 다루고, 마지막 셋째 단계는 교회 시대로 사도행전에서 다룬다. 구세사와 관련하여 루카 복음과 사도행전의 가장 중요한 신학적 주제는 구원의 보편주의다. 구원의 말씀은 먼저 이스라엘에게 주어졌으나, 이스라엘 백성이 그 말씀을 받아들이지 않자 이스라엘의 경계를 넘어서서 그분을 경외하는 모든 이에게 선포되었다는 것이다.

편집비평을 통해서도 루카가 속한 공동체의 성격과 상황을 파악할 수 있다. 루카의 공동체는 이방인들을 주축으로 설립된 공동체다. 이 신생 그리스도교 공동체에는 이방인들의 대거 영입으로 교회가 외적으로 급성장하는 데 따른 내실의 결여, 이방 문화와 유다교 관습의 충돌, 영지주의의 도전, 유다인들의 공격, 참다운 목자상의 정립 등과 같은 여러 가지 문제가 발생하였다. 이 문제들에 대한 해답을 루카는 초대 교회의 이상적 삶을 통해서 그리고 자신의 영웅인 바오로 사도의 활약상과 가르침을 통해서 모색하고자 하였다. 구체적이고 자세한 설명은 성경 각 권을 다룰 다음 마당으로 미룬다.

사도행전의 저작 연대는 루카 복음을 다 쓴 다음인 80년에서 95년 사이로 보면 무난할 것이다. 집필 장소로는 팔레스티나 밖이라는 것 말고는 어느 특정한 곳을 신빙성 있게 제시하기 어렵다.

나. 서간

최초의 그리스도교 문헌은 바오로가 쓴 서간이다. 서간은 긴박한 문제에 즉각적으로 답변하기 위하여 쓰였다. 특히 바오로는 지중해 연안의 이 도시 저 도시를 옮겨 다니면서 복음을 전하였으므로, 먼 거리에 있는 공동체나 새 입교자들을 격려하고 교화하는 데에는 편지가 적격이었다. 바오로와는 달리 예수님의 직제자 열두 사도는 편지를 남기지 않았다. 그들은 주로 팔레스티나에서만 머무르며 먼 거리를 여행하지 않고 선교 활동을 하였기 때문이다.

신약성경의 서간들은 개인적 편지라기보다는 공적인 성격을 띤다. 개인 문제를 다루는 필레몬서조차도 공동체를 수신자로 내세운다. 바오로의 친저서간은 일정한 형식을 취한다. 먼저 서간의 처음에 보내는 이와 받는 이의 이름과 안부가 나오고(로마 1,1-7; 필리 1,1-2), 그다음 중재의 기도(로마 1,9-10)와 종말론적인 완성(1코린 1,8-9)을 곁들인 감사나 축복(갈라티아서에는 없음)이 이어진다. 그다음에 서간의 본 내용으로서 일종의 형식적 서론(로마 1,13-15; 필리 1,12-18), 종말론적인 결론(갈라 6,7-10), 여행담(필리 2,19-24)이 나오고 권고(갈라 5,13—6,10)가 이어진다. 마침 부분은 작별인사와 영광송과 강복으로 되어 있다(필리 4,21-23). 신약성경의 서간들은 크게 바오로의 친저서간, 바오로 계열 서간, 가톨릭 서간과 히브리서로 나눌 수 있다.

(1) 바오로의 친저서간

먼저 바오로의 친저서간들부터 살펴보자. 테살로니카 1서를 비롯하여 갈라티아서, 필리피서, 필레몬서, 코린토 1·2서, 로마서가 50년대에 바오로가 직접 쓴 것이다. 이 일곱 서간 가운데 필리피서와 필레몬서는 바오로가 에페소 감옥에 갇힌 상태에서 쓴 것으로 여겨 '옥중서간'으로 불리기도 한다. 바오로의 친저서간들은 저마다 고유한 내용과 강조점을 지니는데, 이는 공동체의 상황들이 서로 달랐기 때문이다. 바오로는 체계적인 신학을 정립하려 했던 신학자가 아니라 특정 공동체의 구체적 상황에 맞추어 복음을 선포한 선교사였다. 각 서간의 수신자가 다른 만큼 강조하는 내용도 서간마다 다를 수밖에 없으며, 따라서 그의 서간들에서 일관되고 조직적인 신학을 기대하는 것은 무리다.

(2) **바오로 계열 서간**

60년대 중반에는 나자렛 예수님의 생애와 부활하신 그분의 발현을 목격한 초대 교회의 어른들이 대부분 세상을 떠나게 되었다. 베드로와 바오로 사도, 그리고 '주님의 형제'로 불리던 야고보가 바로 그들이다. 그리스도교 첫 세대의 죽음을 목격한 남은 그리스도인들은 예수님의 재림을 전처럼 그렇게 임박한 것으로 받아들이지 않게 되었고, 그리스도교의 가르침을 보다 영구적으로 전하기 위하여 바오로처럼 문헌을 남겨야겠다는 생각을 하게 되었다. 그래서 그들은 바오로의 정신과 권위를 보존하려는 뜻에서 그의 이름으로 70-100년에, 그리스도교 공동체들 사이에서 아직도 유효한 통교 수단이던 서간의 형식을 빌어 후대의 그리스도인들에게 읽힐 글들을 썼다. 테살로니카 2서, 콜로새서, 에페소서, 그리고 사목서간이라 불리는 티모테오 1·2서와 티토서가 여기에 속하는데, 신약학자들은 이 책들에 '바오로 계열 서간'이라는 이름을 붙였다. 이 서간들은 아직도 거짓 교사들이나 거짓 편지들의 문제와 같은 특정한 상황에 대처하는 고유한 메시지를 담고 있으면서도 때때로 보다 보편적이고 영구적인 가르침을 전해 준다. 특히 감독(주교)과 봉사자(부제)로 이루어진 교계제도에 대한 언급은 미래 교회가 항구하게 존속하는 길을 모색하는 것으로 이해할 수 있다.

(3) 가톨릭 서간과 히브리서

위의 서간들과 같은 시기에 위대한 사도들 또는 예수님의 집안 사람들의 이름을 빌려 쓴 베드로 1·2서와 야고보서와 유다서가 나왔는데, 역시 후대의 그리스도인들을 겨냥한다. 이 세 서간은 보편적이고 항구적인 특성 때문에, 요한 1·2·3서와 더불어 '가톨릭 서간'이라 불린다. 이 용어는 특히 동방 그리스도교에서 선호하였다. 가톨릭 서간들 가운데 베드로 1서와 야고보서는 서간의 형식을 갖추고 있지만 그 내용은 디아트리베, 곧 고대 그리스에서 공동선과 직결된 윤리적 문제들을 다루는 짧은 강의 형식을 본떠 저술된 일종의 강론이다.

요한 1서는 '요한의 첫째 편지'라는 책 제목과는 달리 요한이라는 이름을 한 번도 거론하지 않는다. 이 서간은 아마도 요한 복음의 여러 주제들을 요한 공동체가 처한 상황에 적용하기 위하여 쓴 것 같다. 이 서간이 쓰일 당시 요한 공동체는 이제 유다교 회당에서의 추방이라는 외적 문제에 시달리지 않고, 오히려 내부의 갈등과 분열에 직면하였던 것으로 보인다.

마지막으로 히브리서는 후대의 어떤 저자가 그 내용을 보고 '서간'이라는 이름을 붙인 것일 뿐, 이 편지의 수신인조차 명시되어 있지 않다. 히브리서 저자 역시 그리스 연설 형식을 빌리고 있는데, 특히 이 서간의 그리스어 문체는 알렉산드리아 학파의 연설 기법을 닮아 우아하고 매끄럽다.

히브리서는 그리스도교로 넘어온 유다인들이 다시 유다교의 매력에 빠져드는 특수한 상황에서 쓰였지만, 전편에서 심오한 그리스도론을 펼친다. 곧 천사들과 모세를 훨씬 뛰어넘는 하느님의 아들 예수 그리스도께서 죄 말고는 모든 점에서 우리와 똑같으신 분이시며 당신의 죽음으로 이스라엘의 경신례를 새롭게 하신 대사제이심을 증언한다.

다. 요한 묵시록

위에서 언급하였듯이(셋째 마당 II.1.다.(3)) 구약의 대표적인 묵시문헌은 다니엘서이고 신약의 대표적인 묵시문헌은 요한 묵시록이다. 외경 가운데 대표적인 묵시문헌은 에즈라 4서와 바룩 2서인데, 둘 다 기원후 70년 예루살렘 성전이 파괴된 이후 요한 묵시록과 거의 같은 시기에 쓰였다. 로마 제국이 새로운 하느님 백성인 그리스도인들을 박해하는 것은, 역사가 하느님의 권위에 예속되는 한, 그분께 대한 중대한 도전이다. 묵시문헌은 이 도전에 하늘과 땅 양쪽에서 일어나고 있는 환시들로 응답한다. 그런데 이 환시들은 풍부한 상징과 표상들로만 표현된다. 믿는 이들에게는 쉽게 이해되는 그것들의 의미를 박해자들에게는 감추기 위해서다. 그리고 하늘과 땅을 연결하는 것은 지상에서 이루어지는 모든 일이 저 위에 계시는 하느님의 통제 아래에 있으며 지상의 박해 상황은 하느님과 악의 주도 세력 사이에 전개되는 싸움이라는 사실을 드러내기 위해서다.

요한 묵시록의 특징은 묵시적 가르침을 특정 교회들에 보내는 편지들에 연결했다는 점이다. 이 편지들에서 묵시록의 저자는 일반 상식과 이성을 뛰어넘는 상징적 표현을 이용하여 하느님의 의지와 위업을 계시함으로써 1세기 말엽 그리스도인들로 하여금 하느님 나라가 그들이 체험하는 역사보다 훨씬 더 넓다는 사실을 상기시키고 있다. 이 사실은 그들이 비록 지금은 박해와 고통을 겪고 있지만 오래지 않아 하느님의 도움으로 악의 세력을 극복하고 승리를 얻으리라는 희망과 확신을 준다. 그러나 불행히도 현대의 묵시록 독자들은 1세기 말엽의 그리스도인들에게 닥친 절박한 상황과 묵시문학의 특성을 전혀 고려하지 않은 채, 그리고 거기에 나오는 상징과 표상들의 의미를 제대로 이해하려는 노력도 없이 이 책을 읽음으로써 이 책의 저자가 전하려는 메시지에 접근하지 못하는 경우가 많다. 어떤 이들은 묵시록을 미래 사정에 관한 비밀을 정확하게 알려 주는 역술서적처럼 대하기도 한다. 그러나 "알파이며 오메가이고 처음이며 마지막이고 시작이며 마침"(묵시 22,13)이신 분께서는 역사와 인간의 계산을 한없이 뛰어넘어 현존하시며 활동하신다.

III. 성경의 정경화

1. 구약성경의 정경화
2. 신약성경의 정경화

》

'정경'正經이라고 옮긴 그리스어, '카논'κανών은 본디 물건을 재는 '갈대'를 가리켰는데, 여기서는 '자, 표준'이라는 뜻으로 발전하였다. 유다교에서는 1세기 말부터, 그리스도교에서는 4세기부터 이 말을 성경으로 인정한 책들의 목록을 가리키기 위하여 사용하였다. 그리고 이때에 비로소 그리스도 교회는 모든 경전을 한데 엮어서 오늘날 '성경'이라 부르는 한 권으로 된 책을 만든 것이다.

성경에서 어떤 책이 정경에 속하게 되는가를 판단하는 기준은 그 책이 얼마나 오래 전에 쓰였느냐, 아니면 하느님의 백성이 얼마나 오랫동안 그 책을 읽고 존중해 왔느냐에 달려 있는 것이 아니라, 그 책이 하느님의 영감을 받아 쓰여 교회 안에서 믿음과 실천의 표준으로 자리 잡았느냐 그러지 못하였느냐에 달려 있다. 하느님께서는 당신 백성에게 무엇을 믿어야 할지, 그리고 어떻게 처신해야 할지 가르쳐 주시기 위하여 그 책의 저자를 통하여 말씀하신다. 이 사실이 바로 성경을 그 밖의 다른 종교적 문헌들과 구별하게 만드는 기준이다.

1. 구약성경의 정경화

우리는 앞에서 히브리어 성경의 순서와 분류 방법에 따라 구약성경의 형성 과정을 고찰하였다. 그런데 그리스도교가 히브리어 성경에는 없지만 칠십인역 그리스어 성경에는 있는 책들 가운데 몇 권을 정경에 포함시키면서 히브리어 성경과 그리스도교 구약성경의 정경 목록·순서에 차이가 생겼다. 이 차이는 근본적으로 구약의 정경화 과정에 뿌리를 두고 있다. 히브리어 성경의 정경과 칠십인역 그리스어 성경의 정경의 차이가 결국 가톨릭, 개신교 및 유다교, 그리스 정교 사이의 서로 다른 정경 목록 형성으로 이어진다.

가. **히브리어 성경의 정경화***

구약성경의 정경이 확정되기까지는 많은 논란과 오랜 세월이 필요하였다. 사마리아인들은 모세오경 이외에 구약의 어떤 책도 정경으로 인정하지 않았다. 그런가 하면 기원전 2세기경부터 묵시문학의 성격을 띤 차명 저서들이 유다교의 일부 공동체에서 하느님의 영감을 받은 책으로 받아들여지기도 하였다. 심지어 유다교 안에서 정경 목록이 확정된 뒤에도,

* 히브리어 성경의 정경화 과정에 대해서는 McDonald/Sanders (eds.), *The Canon Debate*을 보라. 히브리어 성경에서 논란이 된 다섯 책(antilegomena 에제키엘서, 잠언, 아가, 코헬렛, 에스테르기)에 대해서는 "5 Disputed Books in the Old Testament"을 보라.

라삐 문헌에 따르면 몇몇 현인들이 그 내용을 문제 삼아 에제키엘서, 잠언, 아가, 코헬렛, 에스테르기를 구약성경의 정경에서 제외하려 하였다(『미쉬나』 야다임 3,5; 『바빌론 탈무드』 메길라 7a).

한편 이런 후대의 정경 시비와는 상관없이 오래 전부터 히브리인들은 일정한 문헌을 거룩한 책으로 떠받들고 그 책에서 자기네 믿음의 기초와 방향을 마련하였다. 요시야의 종교 개혁 이야기(2열왕 22—23장)는 힐키야 대사제가 예루살렘 성전에서 발견한 신명기 법전의 일부가 어떻게 바빌론 유배 전부터 이스라엘 백성 전체에게 거룩한 책으로 인정을 받고 개혁의 기준이 될 수 있었는지를 전한다. 유배가 끝나자 에즈라 사제는 이 법전을 가지고 예루살렘에 돌아왔다. 이미 이스라엘의 종교 공동체에서 이 법전이 하느님의 영감을 받은 말씀으로 확인되었기 때문이다. 이처럼 정경화 과정은 이스라엘의 오랜 역사와 더불어 천천히 이루어졌다.

먼저 앞에서 살펴본 대로 다섯 권으로 이루어진 율법(모세오경)은 그 최종 형태가 기원전 400년경에 와서야 완성되었다. 그리고 유다교 경전에서 최상의 권위를 지닌 이 율법을 바탕으로 유다교가 비로소 건실하고 완전한 체계를 갖추게 된다. 그 뒤에 모세오경은 히브리어 성경의 목록 안에 그 이상의 수정 없이 고착된다.

히브리어 성경의 둘째 부분인 예언서는 전기 예언서와 후기 예언서로 나뉜다. 그런데 전기 예언서는 후기 예언서들과는 달리 책 제목과 신탁을 전하는 예언자들의 이름이 서로 일치하지 않는다. 여호수아기, 판관기, 사무엘기, 열왕기는 가드, 나탄, 엘리야, 엘리사와 같은 예언자들의 업적과 말씀을 전하면서 히브리 민족이 가나안에 진입할 때, 그리고 진입한 뒤의 초기 왕정 시대를 예언적 시각에서 조명하고 있다. 전기 예언서와 후기 예언서가 이스라엘의 신앙 공동체에게 폭넓은 지지와 인정을 받게 된 시기는 기원전 200년경이다. 그러나 유다 공동체에서 이 예언서들은 결코 율법과 같은 정도의 권위를 지니지 못했다.

히브리어 성경의 셋째 부분인 성문서는 앞에서 밝혔듯이 시편, 욥기, 잠언 등 세 시선집과, 룻기, 아가, 코헬렛, 애가, 에스테르기의 다섯 두루마리와, 나머지 책들인 다니엘서, 에즈라기, 느헤미야기, 역대기로 이루어진다. 히브리어 성경의 성문서 가운데 마지막으로 완성된 책은 다니엘서로서 기원전 164년경에 쓰인 것으로 추정한다.

모세오경을 제외하고 히브리어 성경의 다른 책들을 정경으로 인정하기까지는 유다교 자체 안에서 상당한 세월 동안 논란이 있었다. 적어도 신약성경 시대의 유다교에서 사두가이파와 바리사이파, 이방 세계에 흩어져 살던 유다인들(알렉산드리아의 유다인들은 칠십인역을 따름), 그리고 차명 묵시 문헌들을 중요시한 쿰란 공동체 등은 저마다 서로 다른 목록의 예언서와 성문서를 소유하고 있었다. 특히 위에서 언급한 대로 코헬렛과 아가의 정경 논란이 끊임없이 일었다. 그러다가 예루살렘이 로마인들에게 함락되고 성전히 파괴된 지(기원후 70년) 20년이 지난 90년경에 얌니아(히브리어로는 야브네)에서 여러 그룹의 라삐 대표들이 종교회의를 열고 히브리어 성경의 정경 목록을 확정지었다. 100년경 유다인 역사가 요세푸스는 각 권의 이름을 밝히지는 않지만 히브리어 성경의 세 부분에 대해서 언급하면서 헬라계 유다인들이나 개종자들과는 달리 히브리인들은 그 당시 이미 고정된 정경을 가지고 있었다고 증언한다. 물론 위에서 밝힌 대로 얌니아 종교회의 이후에도 정경 논란이 심심치 않게 제기되었던 것은 부정할 수 없는 사실이다.

현존하는 히브리어 성경의 사본은 기원후 6세기경 갈릴래아의 티베리아스 시에 모여 가장 완벽한 히브리어 성경을 세상에 전해 주고자 했던 유다인 성경학자들의 노력으로 탄생하였다. 이 학자들을 '전통'이라는 히브리 단어 '마소라'를 따서 '마소라 학자들'이라고 부르고, 이들이 각주와 주해를 덧붙여 완성한 히브리어 본문을 '마소라 본문', 또는 간단히 MT라고 일컫는다. 마소라 학자들은 MT를 편집하면서 자음으로만 되어 있던 히브리어 성경 본문에 상하 좌우, 그리고 글자의 안팎에 점과 간단한 부호를 찍어 넣어 하느님의 거룩한 말씀을 손상하지 않고 모음과 악센트를 표시해 주었다. 이로써 바빌론 유배 이후 아람어로, 다음에 그리스어로 일상어가 바뀌는 과정에서 본래 모국어인 히브리어를 잃어버린 유다인이 히브리어 성경을 올바로 읽을 수 있게 되었다. 마지막으로 한 가지 더 마소라 학자들에게 감사해야 할 것은 이들이 MT를 펴내면서 성경을 베껴 쓸 때의 원칙들도 아주 자세하고 엄격하게 규정해 놓았다는 사실이다. 이 원칙 덕분에 인쇄술이 발달하기까지 마소라 본문은 사본들 간에 커다란 오차 없이 우리에게 전달될 수 있었다.

히브리어 성경의 수사본들 사이에서 정경 목록의 순서는 토라(모세오경)와 느비임(예언서)에서는 별 차이가 없으나 크투빔(성문서)에서 심한 차이를 보인다. 그 이유는 우리말에서 '축제오경'이라고 부르는 '하메스 므길롯'(חָמֵשׁ מְגִלּוֹת 다섯 두루마리) 때문이다. 다섯 두루마리는 성문서에서 처음 큰 책 세 권 시편·욥기·잠언에 이어지는 작은 책 다섯 권을 말하는데, 하메스 므길롯은 중세 때 붙여진 이름이다. 히브리어 정경에서 이 책들은 처음부터 하나의 묶음으로 자리 잡은 것은 아니다. 『바빌론 탈무드』(500-600

년경)도 축제오경을 알지 못하였다. 거기서 성문서의 순서는 룻기·시편·욥기·잠언·코헬렛·아가·애가·다니엘·에스테르기·에즈라·역대기로 되어 있다(『바빌론 탈무드』 바바 바트라 14b). 현대 히브리어 성경에서 받아들이는 축제오경의 순서는 이 책들이 낭독되는 축제의 전례력 순서에 따른 것이다. 과월절(음력 3월)에 읽는 아가로 시작하여 오순절(음력 5월)에 읽는 룻기, 성전 방화일(음력 7월)에 읽는 애가, 초막절(음력 9월)에 읽는 코헬렛으로 이어지고, 푸림절(음력 2월)에 읽는 에스테르기로 끝난다. 대다수 수사본들이 이 순서를 지키지만, 현존하는 가장 오래된 질 좋은 사본 알렙포 코덱스(Aleppo Codex, 10세기)와 레닌그라드 코덱스(Leningrad Codex B19A, 11세기)는 다른 순서를 제시한다. 이들 수사본의 축제오경 배열 순서는 전통적인 저자들의 연대순에 따라 룻기(사무엘), 아가(젊은 시절의 솔로몬), 코헬렛(노년기의 솔로몬), 애가(예레미야), 에스테르기(페르시아 시대의 모르도카이)로 되어 있다. 이 밖에도 수사본마다 순서가 다양하다. 다섯 두루마리가 하나로 묶인 이유는 토라 다섯 권과 시편 다섯 권에 맞춘 것으로 보인다.

나. **그리스어 구약성경의 정경화**

알렉산드로스의 정복으로 그리스어가 팔레스티나에 들어오게 되었다. 이 언어는 상업과 일반 행정을 위한 언어였다. 자기네 종교 전통에 충실하고자 했던 히브리인들은 그리스 종교와 문화를 배척했지만 널리 유통되던 그리스어를 외면하고 살 수는 없었다. 한편 기원전 722년 북왕국 이스라엘의 멸망 이후 이어지는 역사의 변천 과정에서 히브리인들은 지중해 연안에 널리 퍼져 살게 된다. 이 현상을 그리스어로 '디아스포라' διασπορά

곧 '분산'이라고 부른다. 디아스포라 유다인들은 성경을 읽기 위해 자기네 언어 히브리어를 고수하려 애썼다. 그러나 일상언어가 그리스어였던 그 당시에 히브리어를 순수하게 보존한다는 것은 그리 쉬운 일이 아니었다. 그리스어와 그리스 문화는 로마인들이 지중해를 장악한 뒤에도 여전히 지중해 연안의 모든 영역에 그대로 남아서 위세를 떨쳤던 것이다.

여기서 유다인들은 히브리어 성경을 그리스어로 번역해야 할 필요성을 느꼈다. 처음에는 유다교 회당에서 비공식적으로 즉석통역이 이루어졌을 것이다. 그러다가 기원전 3세기 이후부터 구약성경의 몇몇 부분을 그리스어로 번역한 사본들이 등장하기 시작하였다.

아리스테아스의 편지에 따르면 알렉산드리아의 도서관 사서 데메트리오스가 프톨레마이오스 2세(기원전 282-246년)에게 알렉산드리아의 왕립 도서관에 유다인들의 율법서들을 번역해서 소장해야 한다고 건의했다는 것이다. 이 제안에 동의한 임금은 예루살렘의 대사제에게 이스라엘 열두 지파에서 각각 여섯 명씩 번역가들을 뽑아 줄 것을 요청한다. 이렇게 모인 유다 번역가 일흔두 명은 파로스라는 섬에 들어가 72일 동안 두문불출한 채 작업을 하여 그리스어 번역본 성경을 완성한다. 이 번역본을 받아 읽은 임금은 깊은 감동을 받고 번역가들에게 후히 사례한다.

이상의 전설적 이야기를 심각하게 받아들일 필요는 없다. 그러나 이 이야기로 그리스어 번역본 성경 이름이 결정되는데, 라틴어로 '셉투아진타'(Septuaginta, 70), 우리말로는 '칠십인역'이라고 불리고 일반적으로 로마 숫자 LXX로 간단하게 표기한다. 70이라는 숫자는 이미 탈출 24장에 등장하는 종교적 의미를 지니는 숫자로서 거룩한 산 위에 모세와 더불어 함께 모였던 원로들의 수효가 바로 그것이다(루카 10,1 참조). 라틴어로 '셉투아진타'라는 이 그리스어 성경의 이름은 위의 전설에 나오는 일흔두 번역가들의 수효를 근사치인 전통적 숫자 70과 연결한 것이다.

유다인들의 율법서 곧 모세오경의 히브리어 원본이 실제로 번역된 시기는 아리스테아스의 편지에서처럼 기원전 3세기였다. 그러나 예언서와 성문서는 3세기 이후 백여 년에 걸쳐 번역되었는데, 어떤 번역들은 그리스적 사고방식과 문화를 전혀 고려하지 않은 채 직역했고, 어떤 번역들은 그리스의 정신 문화와의 완전한 동화를 과감히 시도하였으며, 또 다른 번역들은 두 극단을 피하면서 중간 입장을 취하였다. 이 그리스어 사본들은 현존하는 히브리어 사본 MT보다 성경 본문이 몇 권 더 많으며 분류 방법도 MT와 다르다. 그리고 칠십인역의 번역 대본이 MT와 일치하지 않기 때문에 내용에서도 상당한 차이가 있다. 이 두 성경 가운데 어느 것이 히브리어 성경 원본문에 가까운가는 판단하기 어려우며 학자들 사이에서도 의견이 분분하다.

칠십인역의 분류 방법과 순서에 따라 그리스어 성경의 각 권들을 소개한다. 뒤에 나오는 표를 참조하라. 비교를 위해 히브리어 성경은 마소라 본문 비평본 BHS(Biblia Hebraica Stuttgartensia)를, 칠십인역은 랄프스(Rahlfs) 비평본을 기준으로 소개한다.

율법서 율법서 곧 모세오경은 MT와 일치한다.

역사서 칠십인역의 역사서는 히브리어 성경과의 관계에서 가장 복잡하게 얽혀 있는 부분이다. 첫째, MT에서 룻기는 성문서에 속해 있는 데 반하여, LXX에서는 그 책이 판관 시대를 다룬다고 해서 판관기가 소속된 역사서로 분류하였다. 둘째, MT의 사무엘기 상권과 하권, 열왕기 상권과 하권은 LXX에서 제1·2·3·4열왕기라는 이름으로 불린다. 셋째, LXX의 제1에스드라스기는 MT에 나와 있지 않으며, 개신교에서는 물론 가톨릭에서도 외경外經으로 취급한다. 그러나 LXX의 제2에스드라스기는 MT의 에즈라기와 느헤미야기를 합한 책이다. 넷째, LXX의 에스테르기는 MT에서보다 더 긴 내용을 담고 있다. 다섯째, 이어지는 유딧기, 토빗기, 마카베오기들은 MT에 없는 책들이다. 마지막으로, 제3·4마카베오기는 그리스도 교회에서 결코 정경(가톨릭의 경우)이나 외경(개신교의 경우)으로 인정받은 적이 없다.

히브리어 성경 (BHS)

율법서	예언서	성문서
창세기	여호수아기	시편
탈출기	판관기	욥기
레위기	사무엘기 (사무엘기 상·하권)	잠언
민수기	열왕기 (열왕기 상·하권)	룻기
신명기	이사야서	아가
	예레미야서	코헬렛
	에제키엘서	애가
	열두 소예언서	에스테르기
	호세아서	다니엘서 (다니 1—12장)
	요엘서	에즈라기
	아모스서	느헤미야기
	오바드야서	역대기 (역대기 상·하권)
	요나서	
	미카서	
	나훔서	
	하바쿡서	
	스바니야서	
	하까이서	
	즈카르야서	
	말라키서	

시서詩書와 지혜서 첫째, 이 책들 가운데 시편, 잠언, 코헬렛, 아가, 욥기

칠십인역 그리스어 구약성경 (Rahlfs)

율법서	역사서	시서 (시서와 지혜서)	예언서
창세기	여호수아기	시편	**열두 소예언서**
탈출기	판관기	**오대서 (—)**	호세아서
레위기	룻기	잠언	아모스서
민수기	제1열왕기 (사무엘기 상권)	코헬렛	미카서
신명기	제2열왕기 (사무엘기 하권)	아가	요엘서
	제3열왕기 (열왕기 상권)	욥기	오바드야서
	제4열왕기 (열왕기 하권)	**솔로몬의 지혜 (지혜서)**	요나서
	역대기 상권	**시라의 지혜 (집회서)**	나훔서
	역대기 하권	**솔로몬의 시편 (—)**	하바쿡서
	제1에스드라스기 (—)		스바니야서
	제2에스드라스기 (에즈라 · 느헤미야기)		하까이서
	에스테르기		즈카르야서
	에스테르기 그리스어 본문 107절		말라키서
	유딧기		이사야서
	토빗기		예레미야서
	제1마카베오기 (마카베오기 상권)		**바룩서 (바룩 1—5장)**
	제2마카베오기 (마카베오기 하권)		애가
	제3마카베오기 (—)		**예레미야의 편지 (바룩 6장)**
	제4마카베오기 (—)		에제키엘서
			수산나 (다니 13장)
			다니엘서 (다니 1—12장)
			아자르야. (다니 3,24-90)
			벨과 뱀 (다니 14장)

* **명조체**는 칠십인역에 추가된 책을 가리킨다.

* (　)는 『성경』(cbck) 명칭을, (—)는 『성경』(cbck) 목록에 없음을 가리킨다.

* 다니 3,24-90: '아자르야의 노래'와 '세 젊은이들의 노래'

는 MT의 성문서에 나와 있고 그 나머지는 LXX에만 등장한다. 둘째, 오대서'Ωδαί는 LXX의 다른 책들보다 훨씬 후대에 작성된 시집으로서 그리스도교에서 인계받아 전해 준 작품이다. 셋째, 솔로몬의 시편은 아마도 예루살렘의 바리사이파가 편찬한 것으로 보인다. 이 책은 제3·4마카베오기처럼 그리스도 교회에서 정경이나 외경으로 인정받지 못했다.

예언서 이 책들 가운데 바룩서, 예레미야의 편지, 수산나, 벨과 뱀을 제외한 나머지는 모두 MT에도 있다. 단 LXX의 다니엘서는 3장에 '아자르야의 노래'와 '세 젊은이의 노래'로 알려진 내용을 담고 있어서 MT 다니엘서보다 더 길다.

다. **그리스도교 안에서 구약성경의 정경화**

바오로 사도를 비롯하여 많은 초대 그리스도교 설교가들은 디아스포라 유다인들에게 의욕적으로 선교 활동을 벌였다. 이때 그들이 이방인 지역의 유다인들과 토론을 벌이면서 논쟁의 무기로 사용했던 구약성경이 바로 칠십인역 그리스어 성경이었다. 한편 초기 그리스도교 공동체들은 이 칠십인역을 선교의 목적으로 이용했을 뿐만 아니라 자신들의 성경으로 만들고, 따라서 거기에 몇 가지 시편들을 덧붙이기도 하였다. 시편과 잠언 사이에 삽입된 오대서가 바로 그 가운데 하나인데 여기에는 마리아의 노래, 즈카르야의 노래, 그리고 부록에 시메온의 노래와 대영광송을 포함하고 있다. 이런 이유 때문에 자연히 디아스포라 유다교에서는 불가피하게 칠십인역을 배척하면서 다른 그리스어 번역본들을 대안으로 사용하였다. 400년경 히에로니무스는 라틴어 번역본 '불가타'(Vulgata '대중적인 것들')를 펴내면서 번역 대본으로 칠십인역 대신 히브리어 정경을 선택하였다. 이때 그는 히브리어 성경에 없지만 헬라계 유다교와 초대 교회에서 성경으로 인정한 칠십인역의 책들을 '아포크리파'(ἀπόκρυφα '숨겨진 것들') 곧 외경이라고 명칭하여 따로 모아 번역하였다. 히에로니무스는 이 책들을 히브리어 성경의 '정경의 책들'에 대비시켜 '교회의 책들'이라고 부르기도 했다. 히에로니무스 이후 이 책들에 대한 정경 시비는 그리스 정교, 로마 가톨릭, 개신교를 막론하고 끊임없이 거듭되었다.

ㄱ) 개신교의 정경화

16세기 종교 개혁자들이 칠십인역 대신 히브리어 성경을 따르기로 결정한 근본 이유는 몇몇 가톨릭 교리들이 히브리어 성경에 없는 칠십인역의 본문에 그 바탕을 두고 있었기 때문이다. 비근한 예로 토빗기에서 끌어낸 수호천사의 교리나 유딧기에 나오는 여주인공의 역할을 성모 마리아의 역할과 비교하여 마리아 신심을 강조하는 것 등이다. 종교 개혁 이후 개신교 성경 번역가들은 MT에 포함되지 않은 칠십인역의 각 권들을 대부분 '외경'으로 처리한 뒤 망각해 오다 최근에 들어와서야 외경을 정경과 더불어 번역·출판하기 시작하였다.

개신교의 외경 목록은 다음과 같다. 제1에스드라스기, 제2에스드라스기(칠십인역에 없음), 토빗기, 유딧기, 에스테르기의 첨부된 부분, 솔로몬의 지혜, 집회서, 바룩서, 예레미야의 편지, 아자르야의 노래와 세 젊은이들의 노래, 수산나 또는 다니엘과 수산나, 벨과 뱀, 므나쎄의 기도, 제1·2마카베오기다. 이 목록의 이름은 제2에스드라스기와 므나쎄의 기도를 제외하고 칠십인역 각 권의 명칭과 부합한다. 우선 개신교 외경 목록에서 제1에스드라스기는 칠십인역의 제1에스드라스기와 일치하고, 불가타에서는 제3에스드라스기(=에즈라 3서)로 부른다. 그러나 개신교 외경에서 제2에스드라스기

히브리어 성경	칠십인역 그리스어 구약성경	라틴어 번역본 불가타	개신교 외경
	제1에스드라스기 (—)	제3에스드라스기 = 에즈라 3서	제1에스드라스기
	—	제4에스드라스기 = 에즈라 묵시록 = 에즈라 4서	제2에스드라스기 = 에즈라 묵시록
에즈라기	제2에스드라스기 (에즈라기 · 느헤미야기)	제1에스드라스기 (에즈라기)	에스라
느헤미야기		제2에스드라스기 (느헤미야기)	느헤미야
에스테르기	에스테르기+그리스어 본문 107절		
	유딧기		
	토빗기		
	제1마카베오기 (마카베오기 상권)		
	제2마카베오기 (마카베오기 하권)		
	제3마카베오기 (—)	—	—
	제4마카베오기 (—)	—	—
	오대서 (—)	—	—
	솔로몬의 지혜 (지혜서)		
	시라의 지혜 (집회서)		
	솔로몬의 시편 (—)	—	—
	바룩서 (바룩 1—5장)	바룩서 (바룩 1—6장)	바룩서 (바룩 1—5장)
	예레미야의 편지 (바룩 6장)		예레미야의 편지 (바룩 6장)
	'아자르야의 노래'와. (다니 3,24-90)	다니 3,24-90	'아자르야의 노래'와. (다니 3,24-90)
	수산나 (다니 13장)	다니 13장	수산나 (다니 13장)
	벨과 뱀 (다니 14장)	다니 14장	벨과 뱀 (다니 14장)
	오대서 12장 (—)	므나쎄의 기도 (—)	므나쎄의 기도 (—)

* **명조체**는 칠십인역, 불가타, 개신교 외경에 추가된 책이다.

* (　)는 『성경』(cbck) 명칭을, (—)는 『성경』(cbck) 목록에 없음을 가리킨다.

는 에즈라기와 느헤미야기를 한데 묶은 칠십인역의 제2에스드라스기와 전혀 상관이 없다. 이 책은 '에즈라 묵시록'이라고도 일컬어지며, 칠십인역에는 없고 불가타에선 제4에스드라스기(=에즈라 4서)라는 이름으로 번역되어 있다. 끝으로 므나쎄의 기도는 2역대 33,18에 언급된 내용에 따라 역대기 하권의 보충 자료처럼 만들어진 것으로 보인다.

ㄴ) 가톨릭 교회의 정경화

히에로니무스 이후 가톨릭 교회의 정경 시비는 1546년 트렌토 공의회의 결정으로 막을 내린다. 이 공의회 교부들은 개신교에서 정경으로 인정하지 않는 칠십인역의 몇 가지 책들을 '제2경전'이라는 이름 아래 공식적으로 정경화했다. 제2경전에 해당하는 책들은 개신교의 외경 목록에서 제1·2에스드라스기, 므나쎄의 기도를 제외한 나머지 모두다.

ㄷ) 그리스 정교의 정경화

동방 교회에서는 1672년 예루살렘 시노드에서 외경 가운데 토빗기, 유딧기, 솔로몬의 지혜, 집회서만을 정경으로 인정하였다.

결국 구약의 정경에 대한 논란은 칠십인역 그리스어 성경의 채택 여부에 따라 가톨릭, 그리스 정교, 개신교와 유다교 사이에 서로 다른 정경 목록을 가지는 결과를 가져왔다. 아래에 종합적으로 각 교회들의 정경 목록을 다시 한 번 소개한다.

개신교와 유다교(MT의 순서대로)

율법(모세오경) 창세기, 탈출기, 레위기, 민수기, 신명기.

예언서 여호수아기, 판관기, 사무엘기 상권, 사무엘기 하권, 열왕기 상권, 열왕기 하권, 이사야서, 예레미야서, 에제키엘서, 호세아서, 요엘서, 아모스서, 오바드야서, 요나서, 미카서, 나훔서, 하바쿡서, 스바니야서, 하까이서, 즈카르야서, 말라키서.

성문서 시편, 욥기, 잠언, 룻기, 아가, 코헬렛, 애가, 에스테르기, 다니엘서, 에즈라기, 느헤미야기, 역대기 상권, 역대기 하권.

이상 39권이다.

그리스 정교

히브리어 성경에 칠십인역의 토빗기, 유딧기, 지혜서(솔로몬의 지혜), 집회서를 포함시켜 모두 43권으로 확정지었다.

정경 목록

유다교와 개신교 (히브리어 성경 순서대로)

모세오경	예언서	성문서	
창세기	여호수아기	시편	
탈출기	판관기	욥기	
레위기	사무엘기 상권	잠언	
민수기	사무엘기 하권	룻기	
신명기	열왕기 상권	아가	
	열왕기 하권	코헬렛	
	이사야서	애가	
	예레미야서	에스테르기	
	에제키엘서	다니엘서 (다니 1—12장)	
	열두 소예언서	에즈라기	
		느헤미야기	
		역대기 상권	
		역대기 하권	39권
	+	토빗기	
		유딧기	
		지혜서	
그리스 정교		집회서	43권

가톨릭 교회(큰 분류는 칠십인역을, 각 권의 순서는 불가타를 따름)

모세오경 창세기, 탈출기, 레위기, 민수기, 신명기.

역사서 여호수아기, 판관기, 룻기, 사무엘기 상권, 사무엘기 하권, 열왕기 상권, 열왕기 하권, 역대기 상권, 역대기 하권, 에즈라기, 느헤미야기, 토빗기(제2경전), 유딧기(제2경전), 에스테르기(히브리어 성경에 없는 부분 포함), 마카베

가톨릭 교회 (칠십인역의 분류와 불가타의 순서)

모세오경	역사서	시서와 지혜서	예언서
창세기	여호수아기	욥기	이사야서
탈출기	판관기	시편	예레미야서
레위기	룻기	잠언	애가
민수기	사무엘기 상권 (= LXX 제1열왕기)	코헬렛	바룩서 (+ 예레미야의 편지)
신명기	사무엘기 하권 (= LXX 제2열왕기)	아가	에제키엘서
	열왕기 상권 (= LXX 제3열왕기)	지혜서	다니엘서 (+ 아자르야.
	열왕기 하권 (= LXX 제4열왕기)	집회서	+ 수산나
	역대기 상권		+ 벨과 뱀)
	역대기 하권		**열두 소예언서**
	에즈라기		
	느헤미야기		
	토빗기		
	유딧기		
	에스테르기 (+그리스어 본문 107절)		
	마카베오기 상권		
	마카베오기 하권		
			46권

오기 상권(제2경전), 마카베오기 하권(제2경전).

시서와 지혜서 욥기, 시편, 잠언, 코헬렛, 아가, 지혜서(제2경전), 집회서(제2경전).

예언서 이사야서, 예레미야서, 애가, 바룩서(LXX 예레미야의 편지 포함), 에제키엘서, 다니엘서(LXX만의 아자르야의 노래, 세 젊은이의 노래, 수산나, 벨과 뱀 포함), 호세아서, 요엘서, 아모스서, 오바드야서, 요나서, 미카서, 나훔서, 하바쿡서, 스바니야서, 하까이서, 즈카르야서, 말라키서.

이상 모두 46권으로 개신교의 정경보다 7권이 더 많다.

『성경』(cbck)에서 성경 각 권의 명칭은 크게 둘로 나뉜다. 모세오경과 역사서에는 모두 '-기記'를 붙이고 예언서에는 '-서書'를 붙인다. 전자는 이야기의 전개가 있는 반면, 후자에는 없다. 시서와 지혜서의 경우 욥기에는 (적어도 산문 부분에) 이야기의 전개가 있는 반면 지혜서와 집회서에는 없어서 그렇게 분류한다.

라. **정경 목록의 순서**

유다교에서 성경을 셋으로 나누고 예언서를 토라(율법서) 다음에 놓은 이유는 토라를 강조하기 위해서다. 토라는 유다교의 핵심으로 이 토라를 해석한 책이 예언서다. 그래서 구약성경을 '율법과 예언서'라 부르기도 한다(참조: 마태 11,13; 22,40). 유다교 안식일 예배 때의 성경 독서도 율법 대목을 먼저 낭독하고 이와 관련된 예언서를 낭독하는 것으로 되어 있다(루카 4,16-19 참조). 율법과 예언서는 기원전 520년 제2성전 시대가 열리면서 유다교의 경전으로 자리 잡는다. 하느님의 계시가 이 책들 안에서 일단 확립된 다음에는 예언자들을 통한 새로운 계시가 불필요하게 되었다. 예언은 점점 율법과 예언서의 연구와 해석으로 대체되고 예언자들은 율법학자와 현인과 라삐로 대체된다. 따라서 히브리어 성경의 셋째 책인 성문서는 예언서의 해석으로 볼 수 있다. 요약하면 토라는 유다교의 핵심이고 예언서는 토라의 해석이며 성문서는 예언서의 해석이다. 그래서 유다교 경전인 히브리어 성경의 순서가 그 중요성에 따라 율법서·예언서·성문서로 되어 있는 것이다.

그리스도교에서 예언서가 맨 마지막에 나오는 이유는 구세사의 관점 때문이다. 모세오경은 세상과 인간의 창조부터 하느님 백성인 이스라엘 신앙 공동체의 형성까지를 다룬다. 역사서는 하느님 백성의 가나안 점령부터 마카베오 항쟁까지의 역사를 다룬다. 시서와 지혜서는 구세사의 해석이요 구세사의 교훈과 의미를 현실의 삶에 적용하려는 시도다. 마지막으로 구약의 예언서는 구세사의 정점인 메시아 시대를 예고하고 선포함으로써 신약과 연결된다. 신약의 저자들은 예수 그리스도의 삶과 가르침을 구약의 예언이 성취된 것으로 이해하는 초대 그리스도교의 구세사관을 충실히 반영한다.

2. 신약성경의 정경화

그리스도교 문헌의 기록은 1세기 중엽부터 시작하여 급속도로 확산되었지만, 그 어느 문헌도 처음부터 성경으로 쓰인 것은 아니다. 2세기에 들어와서도 성경이라 하면 당연히 유다교의 경전인 구약성경을 가리켰다. 그러다가 초기 그리스도교 문헌들은 유다교 경전과 더불어 예배와 교육에 이용되면서 교회 안에서 아주 서서히 성경의 위치를 차지하게 되었다.

이처럼 신약성경의 정경화가 매우 늦게 이루어진 데에는 두 가지 이유가 있다. 첫째, 초대 그리스도교의 태동은 유다교와 달리 성경에 바탕을 두지 않고 나자렛 예수의 삶과 가르침에 바탕을 두었기 때문이다. 구약성경은 그리스도교 신앙을 드러내고 변호하기 위해서만 이용되었고, 최상의 권위는 대부분 구전으로 선포된 예수 그리스도의 가르침과 행적이었다. 둘째, 부활하신 주님을 증언하고 그분의 말씀을 권위 있게 해석해 주는 사도들과 그 제자들, 그리고 예언자들이 아직 활동하고 있었기 때문이다.

가. **그리스도교 문헌들의 수집**

신약성경 정경화 제1단계는 그리스도 경전으로 인정할 만한 책들을 모으는 것이다. 이 수집은 낱권들을 한꺼번에 모은 것이 아니라, 이미 같은 계열 책들로 묶인 모음집을 입수한 것을 말한다. 먼저 세 가지 큰 수집을 살펴보겠는데, 바오로 서간과 복음서와 가톨릭 서간의 수집이다. 그 다음에 나름대로 고유한 과정을 겪은 사도행전과 묵시록의 수집, 그 밖의 문헌 수집을 살펴보겠다.

(1) 바오로 서간

그리스도교 문헌 가운데 가장 먼저 쓰인 바오로 서간들은 수집도 가장 일찍 이루어졌다. 2세기 초에 와서 바오로의 편지들은 안티오키아의 이냐시우스와 스미르나의 폴리카르푸스와 베드로 2서 저자(3,15-16)에 의해 한 그룹으로 수집되고 알려졌다. 가장 먼저 알려진 바오로의 서간집은 사목서간을 제외하고 편지 열 개를 포함하였다. 이 열 개 편지는 일곱 교회, 곧 로마, 코린토, 테살로니카, 갈라티아, 에페소, 필리피, 콜로새에 보낸 서간이다. 바오로의 서간집은 두 가지 순서로 전해지는데, 길이에 따라 코린토 1·2서, 로마서, 에페소서, 테살로니카 1·2서, 갈라티아서, 필리피서, 콜로새서(필레몬서도 포함) 순으로, 기록된 연대에 따라 갈라티아서, 코린토 1·2서, 로마서, 테살로니카 1·2서, 에페소서, 콜로새서(필레몬서도 포함), 필리피서 순이다. 나중의 연대별 순서는, 물론 그 당시 사람들의 판단에 따른 것이다(실제로는 테살로니카 1서가 가장 먼저 쓰였다). 그리고 이 순서는 마르키온(140년경)과 시리아 교회의 문헌들로 입증되었는데, 한때 마르키온이 처음 만든 것으로 여겼으나, 마르키온 이전에 이미 만들어진 것으로 최근 밝혀졌다.

편지 열 개로 된 이 바오로 서간집은 거기에 사목서간인 티모테오 1·2서와 티토서가 덧붙여지면서 열셋으로 늘어났고, 이때 서간의 수신자가 '일곱 교회'라는 전통적 개념도 사라지게 되었다. 또 오늘날 우리가 가진 바오로 서간의 순서처럼 공동체에 보내는 편지들을 먼저 내놓고 개인적 편지들을 뒤에 배치했다.

바오로 서간이 2세기 초에 수집되었다 할지라도, 처음부터 그리스도교 안에서 널리 읽혔던 것은 아니다. 그러다가 2세기 말엽에 알렉산드리아의 클레멘스, 북아프리카의 테르툴리아누스, 갈리아의 이레네우스가 중요한 문헌으로 자주 인용하면서 바오로 서간은 넓은 지역에서 완전한 성경적 위치를 차지하게 되었다. 한편 오래된 교회에서조차 바오로의 친저성을 의심하던 히브리서는 이집트 교회에서 중요한 문헌으로 대접을 받아, 200년경에 필사된 것으로 추정하는 체스터 베티 파피루스($\mathfrak{P}^{46}$)의 바오로 서간에서는 로마서 바로 다음 둘째 위치에 나온다. 그러나 서방 교회에서는 히브리서의 권위가 4세기에 와서야 인정을 받았고, 오래된 바오로 서간의 필사본에서 누락되었다. 나중에 히브리서는 정경 목록에서 바오로의 개인적 편지들 다음에 위치하게 된다.

(2) 복음서들

초기 그리스도 교회에서 최상의 권위를 지닌 것은 두말할 필요도 없이 주님의 가르침과 행적을 전하는 구두 전승이었다. 최초의 복음서들은 이 구두 전승을 문서화한 것이다. 그러나 최초의 복음서들이 쓰인 이후에도 2세기 중엽까지는 구두 전승이 기록 전승보다 더 존중되었고 2세기 동안에도 계속 복음서들이 쓰였다. 복음서의 기록은 예수 전승들을 수집하고 문서화하는 동시에 그 전승들을 특정한 상황에 맞추어 해석하는 기능도 한다. 이런 점에서 복음서들 역시 바오로 서간들처럼 특정한 지역 교회를 올바로 이끌기 위하여 쓰였다. 따라서 처음에 한 그리스도교 공동체는 보통 하나의 복음서만 갖기 마련이었다.

그런데 초기 그리스도인들은 복음서를 성경으로 인식하기보다 역사기록으로 받아들였다. 이 바람에 한 가지 복음서만 사용하던 그리스도교 공동체들이 점차 다른 여러 복음서를 만나면서 당황하게 되었다. 더구나 초기 그리스도인들은 전통적으로 '복음'이라고 불러 온 그리스도교 메시지가 통일되고 일관성이 있어야 한다고 생각했다. 그리하여 복음서 저술과 관련하여 2세기 그리스도 교회는 두 가지 상반된 태도를 보인다. 곧 다양하고 풍부한 예수 전승들을 수집하고 그것을 특정 교회에 적용하기 위하여 계속해서 여러 복음서를 써나가는 한편, 단일하고 일관성 있는 복음서를 만들어 내기 위하여 특정한 복음서를 다른 복음서들보다 더 중요한 것으로 선택하거나 복음서들 사이에 서로 다른 내용을 조화시키고 통합하여 단일 복음서를 만들었다. 170년경 타티아누스가 만든 디아테사론(διατέσσαρον '넷을 통하여')이 바로 이런 복음서다. 그는 마태오, 마르코, 루카, 요한의 네 복음서에서 중복되는 부분을 생략하고 서로 충돌되는 기록들을 취사선택하여 일관성 있는 예수님의 전기와 가르침을 엮어 냈다. 이 과정에서 구두 전승과 다른 외경 복음서들을 참조하였다. 이 조화 복음서(또는 통일 복음서)는 경제성과 그 편리함 때문에 2-4세기 그리스도 교회, 특히 시리아 교회에서 널리 애용되었다. 선교사들도 새로운 선교지역에 가서 복음을 전파할 때 이 책을 이용하였다. 그러나 이 책의 필사본들과 번역본들이 중구난방이어서 오늘날 그것을 정확하게 재구성하기는 어렵다.

조화 복음서의 존재는 그 당시 교회에서 복음서들이 아무리 높이 평가를 받고 있었다 하더라도 성경의 신성불가침적 지위는 차지하지 못하였음을 반영한다. 실제로 2세기 초 고대 사본들의 증언에 따르면 마르 16,9-20과 요한 21장 및 7,53—8,11은 후대에 덧붙인 대목이다.

요한 복음은 영지주의자들이 높이 평가하고 애용하였지만 2세기 다른 그리스도인들 사이에서는 공관 복음에 비해 상대적으로 인지도가 낮고 별로 인기도 없었다. 이는 이 복음서의 구조와 내용과 문체가 다른 복음서들과 너무 달랐기 때문일 것이다. 2세기 그리스도인들에게는 요한 복음을 다른 복음서들과 융화시키려고 노력하기보다 이 복음서 전체를 망각하는 것이 더 쉬웠는지도 모른다.

여러 복음서의 가치를 알아보고 평가한 최초의 교부는 순교자 유스티누스다. 그는 복음서를 사도들의 '회상록'이라고 불렀는데, 이는 복음서의 역사적 성격을 인정한 표현이라고 볼 수 있다. 그러나 유스티누스는 요한 복음을 몰랐던 것 같고 구두 전승이나 우리에게 알려지지 않은 다른 복음서들을 이용한 것으로 미루어, 그가 나중에 경전으로 결정된 복음서들에만 최상의 권위를 부여한 것은 아니었던 게 확실하다.

네 복음서가 한데 모아져 신약성경 정경에 포함된 것은 2세기 말에 이르러서였다. 먼저 서방 교회에서 180년경 리옹의 이레네우스가 이단을 반대하고 그리스도교를 옹호할 때 네 복음서(여기서 '넷'은 땅의 네 극변과 하늘의 네 바람 방향을 뜻함)가 언급되었다. 하지만 동방 교회에서는 네 복음서와 더불어 아직 다른 복음서들도 이용하고 있었다. 네 복음서의 수집과 인준은 복음서의 저술이 끊임없이 계속되는 것과 한 복음에만 집착하는 것을 다 같이 막기 위해서 필요하였다. 네 복음서에는 저마다 추정된 저자의 이름을 따 '아무개에 의한 복음'이라는 명칭이 붙게 되었다. 한 가지 특기할 만한 사실은 네 복음서가 개별 책으로가 아니라 하나의 모음집으로 그 성경적 위치와 종교적 권위를 인정받게 되었다는 것이다. 말하자면 네 복음서는 낱권으로가 아닌 합본으로 주님의 삶과 가르침을 증언한다고 할 수 있다.

이렇게 한데 모아진 네 복음서는 이제 급속도로 여러 교회 공동체의 인준을 받게 되었고 3세기 중엽에는 보편 교회 안에서 이미 확고한 자리를 차지하게 되었다. 그러나 네 복음서를 언급하는 순서는 서방 교회와 동방 교회에 차이가 있었다. 서방 교회에서는 사도들의 이름을 앞세워 마태오, 요한, 루카, 마르코로 정하였고, 동방 교회에서는 당시 사람들이 생각했던 연대순으로 마태오, 마르코, 루카, 요한으로 순서를 고정시켰다. 그러다가 히에로니무스가 불가타를 편찬할 때 동방 교회의 순서를 채택함으로써 서방에서도 이 순서를 받아들이게 되었다.

(3) 가톨릭 서간

정경의 셋째 모음은 가톨릭 서간집이다. 이 서간집에서 2-3세기에 통용되었던 책은 베드로 1서, 요한 1서뿐이고, 나머지 책들인 야고보서, 베드로 2서, 요한 2서와 3서, 유다서는 몇몇 지역 교회에서만 이용되었다. 가톨릭 서간집이 사도적 권위를 갖춘 책으로 인정받은 것은 4세기에 와서였다. 초대 교회사를 쓴 에우세비우스가 처음으로 일곱 편지로 된 '가톨릭 서간들'이라는 말을 사용하였는데(『교회사』 2.23.25) 이 서간들의 모음은 아마도 3세기에 이루어졌을 것이다. 가톨릭 서간은 사도들의 공통된 증언, 특히 초대 교회의 기둥인 사도들(갈라 2,9), 곧 야고보와 베드로와 요한의 증언을 기록으로 남기려는 데 그 목적이 있었다. 또한 이 서간집이 예수 사건의 목격 증인인 세 사도의 이름으로 쓰인 것은 당대에 널리 알려진 바오로의 권위 있는 서간들과 균형을 이루기 위함이었을 것이다.

(4) 사도행전과 요한 묵시록

루카 복음과 사도행전은 본디 한 작품으로 이어서 쓴 책이지만, 초기에는 따로 취급되고 제각기 다른 정경화 과정을 겪었다. 초대 교회 안에서 사도행전은 루카 복음보다 늦게 통용되었다. 사도행전을 처음으로 언급한 저자는 순교자 유스티누스이지만(『1호교론』 50.3; 『2호교론』 10), 교회가 이 책의 중요성을 인식하게 된 것은 2세기 말에 와서다. 아마도 마르키온 추종자들과 영지주의자들과 대립하는 상황 덕분이었을 것이다. 2세기 그리스도교의 주된 관심사는 일관된 사도 전승이었다. 사도행전은 초대 교회 안에 사도 전승의 개념을 확립하는 데 크게 이바지하였다. 사도행전에 따르면 예수님이 지상의 삶을 마감하시고 하늘로 올라가신 이후 열두 사도는 베드로와 요한을 중심으로 일치하여 행동하고 가르쳤으며, 이방인 선교의 주인공인 바오로 역시 예수님의 길을 전하고 하느님 나라를 선포하는 데에 열두 사도단과 완전히 하나였다.

요한 묵시록은 초대 교회에서 논란의 대상이었다. 서방 교회에서는 묵시록이 별 어려움 없이 받아들여졌고 2세기 말엽에는 이미 성경으로 널리 인용되었다. 2세기 동방 교회에서도 이 책이 널리 애독되고 존중되었지만, 곧잘 우의적으로 해석되었다. 그러다가 3세기에 이집트에서 이 책을 문자적으로 해석할 것인가 우의적으로 해석할 것인가를 두고 격론이 벌어졌다. 알렉산드리아의 주교 디오니시우스는 우의적 해석을 지지하면서 여러 가지 예리한 관찰을 근거로 묵시록의 사도적 기원을 부정하였다. 그 바람에 동방 교회의 그리스도인들은 묵시록을 배척하는 경향을 보였다. 서방 교회에서도 일부 이단자들이 묵시록을 이용한 탓으로 그 책의 권위가 손상을 입고 문제시되었다. 그러나 전체적으로 이런 일이 서방 교회의 묵시록 사용에 그다지 큰 영향을 미치지는 않았다. 동방 교회에서 묵시록을 완전히 받아들인 것은 4세기 말엽에 와서였고 그나마 천년왕국설과 연결하여 해석하지 않는다는 조건 아래에서였다.

(5) 기타 문헌

이 밖에도 마지막에는 신약성경 경전으로 인정받지 못했지만 일부 지역에서 널리 이용되고 성경으로 존중받던 책들이 있었다. 예를 들어 베드로의 묵시록과 『헤르마스의 목자』는 2세기에 요한 묵시록 못지않은 인기를 누렸고, 어떤 지역에서는 토마 복음과 베드로 복음을 다른 복음서들에 뒤지지 않은 권위를 가진 문헌으로 받아들였다. 『클레멘스의 첫째 편지』와 『바르나바의 편지』도 많은 이들에게 성경으로 인정받고 인용되었다. 베드로 행전과 '교회 규례집'으로 알려진 『디다케』(διδαχή 가르침)도 몇몇 지역에서 높이 평가되었다. 특히 '열두 사도의 가르침'이라는 제목과 '열두 사도가 이방인들에게 전한 주님의 가르침'이라는 부제를 지닌 『디다케』는 입문 교육, 예배, 직무에 관한 규정들을 담고 있는 문서로서 초대 교회의 삶을 이해하는 데 매우 중요하다.

나. 정경화

2세기 말엽까지 수많은 그리스도교 문헌이 모아지고 유통되었지만 아직 그리스도교 성경의 정경을 확정하려는 움직임은 없었다. 그러다가 이단 교사들이 출현하면서 올바른 신앙의 규범을 제시하는 그리스도교 경전을 마련해야 하겠다는 자각이 일어났다. 이런 자각은 2세기 중반부터 시작되어 3세기 내내 지속되었고, 마침내 4-5세기에 보편적인 정경 목록을 만들어 내게 하였다.

(1) 마르키온 이단의 영향

시노페의 마르키온은 150년경 로마 교회와 결별하고 얼마 동안 소아시아에서 활동하였던 것 같다. 그는 바오로의 해석자로 자처하며 '두 하느님의 교리'를 설파하였다. 구약의 하느님은 창조주이지만 정의의 하느님으로서 인간을 엄격하게 심판하는 신인 반면, 신약의 하느님은 자비와 사랑의 하느님으로서 인간을 정의의 하느님의 멍에에서 자유롭게 풀어 주기 위하여 예수님을 파견한 신이라는 것이다. 예수님은 정의의 하느님의 악의로 십자가에서 처형되셨고 당신의 복음을 처음에 열두 제자에게 전해 주셨지만, 제자들은 그것을 제대로 간수하지 못하였다고 한다. 그다음에 복음은 바오로에게 전해졌는데, 바오로야말로 복음을 올바로 간수하고 전파한 사도였다는 것이다. 이런 논리에 따라 구약성경을 배척하게 된 마르키온은 그리스도교 성경을 정확하게 규정할 필요를 느끼게 된다. 그가 인정한 그리스도의 정경은 한 가지 복음서(루카 복음과 가장 가까웠을 것으로 추정됨)와 바오로의 열 서간(히브리서와 사목서간 제외)뿐이다.

(2) 무라토리 정경 목록

무라토리 정경 목록의 단편은 밀라노에서 발견된 한 수사본으로 확인되었다. 이 목록의 작성 연대와 장소에 관해서는 의견이 분분하다. 일반적으로 이 목록은 루도비코 무라토리가 170-210년경 이탈리아에서 작성한 것으로 본다. 이와는 달리 어떤 학자들은 이 목록에 사용된 거친 라틴어로 보아 4세기 동방 교회의 그리스어 목록을 번역한 것이라고 주장한다. 어떻든 무라토리 정경 목록에는 네 복음서, 사도행전, 히브리서를 제외한 바오로의 13개 서간, 유다서, 요한 1·2서, 솔로몬의 지혜(=지혜서), 요한 묵시록, 베드로 묵시록이 나온다. 특이한 점은 이 목록에 가톨릭 서간들 대부분이 빠진 반면 솔로몬의 지혜가 그리스도교 문헌으로 분류되었다는 것이다. 다른 한편 이 목록의 저자는 바오로를 저자로 내세운 라오디케이아인들에게 보낸 편지와 알렉산드리아인들에게 보낸 편지를 마르키온파의 위서로 취급하여 배척한다. 그리고 몇몇 이단 책자들을 명시적으로 배척한다고 밝힌다. 『헤르마스의 목자』는 교회에서 공적인 사용은 금하였으나 개인적 봉독은 권하였다.

종합하면, 무라토리 정경 목록은 24가지 문헌을 포함하는데, 그 가운데 두 문헌 솔로몬의 지혜와 베드로 묵시록은 후대에 확정된 27권의 신약성경 경전에는 없는 문헌이다. 그리고 27권의 신약 경전 가운데 히브리서, 야고보서, 베드로 1·2서, 요한 3서, 이렇게 5권은 무라토리 정경 목록에 빠져 있다.

(3) 에우세비우스

4세기 초에 저술한 『교회사』(3.25.1-7)에서 에우세비우스는 초기 그리스도교 문헌들을 셋으로 분류한다. 모두가 이의 없이 받아들인 '인정된 책들'ὁμολογουμένοι, 진실성이나 권위에 의심이 가는 '논란이 되는 책들'ἀντιλεγόμενοι, 그리고 명백히 배척해야 할 '이단적 책들'(또는 '거론되지 않는 책들' ἀμνημονούμενοι)이다. 에우세비우스는 '인정된 책들'에 네 복음서, 사도행전, 바오로의 14서간, 요한 1서, 베드로 1서를 포함시키고, 요한 묵시록에 대해서는 '원하면 포함시켜도 좋다'는 단서를 달았다. '논란 중인 책들'에는 야고보서, 유다서, 베드로 2서, 요한 2서와 3서, 바오로 행전, 『헤르마스의 목자』, 베드로 묵시록, 『바르나바의 편지』, 그리고 『디다케』를 포함시켰다. 덧붙여 에우세비우스는 요한 묵시록을 '그것이 우세한 견해라면'이라는 조건을 붙여 이 책들에 포함시킬 수 있다고 하고, 어떤 이들은 히브리인들의 복음도 이런 종류의 책으로 분류한다는 사실을 지적하였다. 마지막으로 '이단적 책들'에는 베드로 복음과 토마 복음과 마티아 복음을 비롯한 위작 복음서들, 안드레아 행전과 요한 행전 등을 포함시켰다.

이 목록에 따르면 '인정된 책들'은 21권(요한 묵시록을 합하면 22권)이고 '논란 중인 책들'은 10권(요한 묵시록과 히브리인들의 복음을 합하면 12권)이다. 에우세비우스의 목록은 그리스도교 문헌에 관한 당대 여러 교회들의 견해와 이용 실태를 반영한 것이라고 할 수 있다. 그리고 에우세비우스가 요한 묵시록을 분류하면서 다소 모호한 자세를 취하게 된 것은 그 당시 동방 교회가 이 책에 대하여 유보적인 입장을 지녔을 뿐 아니라, 스스로도 명확한 의견을 갖고 있지 않았기 때문이다.

(4) 그 밖의 정경 목록

무라토리와 에우세비우스의 경전 목록 이외에도 몇 가지 목록이 4세기에 작성되었다. 클라로몬타노 사본은 6세기에 바오로 서간을 그리스어와 라틴어로 옮겨 쓴 것인데, 이 사본에는 4세기에 동방 교회에서 작성된 것으로 보이는 정경 목록이 나온다. 이 목록에는 순서대로 네 복음서, 바오로의 10서간, 일곱 개의 가톨릭 서간, 『바르나바의 편지』, 요한 묵시록, 사도행전, 『헤르마스의 목자』, 바오로 행전, 베드로 묵시록, 이렇게 27개 문헌이 포함된다. 여기에 실수로 빼놓은 바오로의 세 편지, 곧 필리피서, 테살로니카 1·2서를 합하면 모두 30권이 된다. 이 30권 가운데 넷은 나중에 확정된 경전에 속하지 않는다.

오늘날 우리가 사용하는 것과 같은 신약성경 27권의 정경 목록은 알렉산드리아의 주교 아타나시우스가 367년 부활절에 보낸 '제39차 부활 축일 서간'에서 처음 언급하였다. 그는 오리게네스 이후 요한 묵시록의 권위를 완전히 인정한 최초의 그리스도교 저자였다. 이는 그가 동방 교회에 속해 있었지만 서방 교회들, 특히 로마 교회와 많은 접촉을 가졌기 때문에 가능하였다. 그러나 아타나시우스가 지지한 27권의 정경 목록을 동방 교회에서 이의 없이 받아들인 것은 아니다. 아직도 동방 교회들, 특히 시리아 교회들에서는 타티아누스의 '조화 복음서'가 영향력을 크게 행사하고 있었고, 4세기 말과 5세기 초에 22권만 정경으로 인정받았다. 4세기의 몇몇 정경 목록들을 살펴보면 네 복음서, 사도행전, 바오로 서간들, 베드로 1서, 요한 1서에 관해서는 거의 모두 받아들인 반면, 히브리서, 요한 2서와 3서, 베드로 2서, 유다서, 그리고 요한 묵시록에 대하여는 유보적인 태도를 취하였다.

신약성경 수사본 가운데 가장 오래되고 질 좋은 필사본으로 알려진 4세기의 시나이 사본에는 아타나시우스의 정경 목록과 일치하는 27권 전체의 본문과 더불어 『바르나바의 편지』와 『헤르마스의 목자』도 함께 싣고 있다.

(5) **공의회의 결정**

4세기를 마감하면서 여러 공의회에서는 신약성경 정경에 속하는 책들이 무엇인지 명시적으로 언급하기 시작하였다. 라오디케이아 공의회(363년)는 신약성경 정경을 동방 교회 전통에 따라 묵시록을 제외하고 26권이라고 선언하였다. 그러나 서방 교회에서는 히포 레기우스 시노드(393년)

와 카르타고 공의회(397년)를 통하여 아타나시우스의 정경 목록과 같이 27권으로 확정지었다. 공의회의 결정에는 히포의 주교 아우구스티누스의 영향력이 컸다. 그 당시 아우구스티누스를 비롯하여 대부분의 라틴 저자들은 27권의 정경 목록을 따르고 있었다.

이후 서방 교회에서는 1546년 트렌토 공의회로, 동방 교회에서는 1672년 예루살렘 시노드로 재확인하기까지 27권의 정경 목록을 별 논란 없이 받아들였다.

넷째 마당

구약성경 각 권의 개요와 신학 사상

》

넷째 마당과 다섯째 마당은 우리 앞에 놓인 성경 본문의 각 권을 일별하는 자리다. 저자, 저작 연대와 장소, 책이 나오게 된 삶의 자리(공동체 상황) 등 본문이 나오기까지의 배경을 먼저 살펴보고, 본문의 전체적인 구도와 핵심 메시지를 요약하여 소개한다. 자칫 백과사전식 정보 제공에 치우칠 위험에서 벗어나기 위해 본문의 문자적 의미 이외에 각 권이 지닌 영적 의미와 유다교와 그리스도교 안에서 확보한 구실과 위상도 함께 숙고한다. 편의상 초대 교회가 받아들인 정경 순서에 따라(『성경』(cbck)의 순서이기도 하다) 창세기에서 묵시록까지 성경 각 권을 하나하나 다루어 나가겠다.

위에서 살펴보았듯이 초대 교회의 전통은 칠십인역의 구분에 따라 구약성경을 네 부분, 곧 모세오경·역사서·시서와 지혜서·예언서로 나눈다. 이 구분은 앞에서 밝혔듯이 토라 중심의 구분이 아니라, 구세사의 흐름에 따른 구분이다(셋째 마당 III.1.라). 모세오경과 신명기계 역사서의 경우 저자·기본 사료·저작 연대와 장소·삶의 자리 등에 대해서는 성경의 형성 과정에서 일괄적으로 다루었으므로 생략하고, 여기서는 명칭·본문의 구도·중심 사상을 다루는 데 치중하겠다.

I. 모세오경

1. 창세기
2. 탈출기
3. 레위기
4. 민수기
5. 신명기

》

창세기부터 신명기까지 구약성경의 첫 다섯 권은 유다교에서나 그리스도교에서나 처음부터 아무런 논란 없이 그 내용과 순서 그대로 받아들여졌다. 앞에서 밝힌 대로 이 다섯 권을 히브리어 성경 전통에서는 토라תּוֹרָה라 부르고, 그리스어 성경 전통에서는 오경(πεντάτευχος 펜타테우코스)이라 부른다. 오경의 정신적 지주는 이스라엘 백성에게 율법을 전해 주고 시나이 계약을 중재한 모세다. 그래서 이 다섯 권을 모세오경이라고도 일컫고 우리말 구약성경의 분류에서도 이 이름을 채택한다. 유다교에서 모세오경은 초세기 이래 하나의 긴 두루마리에 필사되어 전해졌는데, 이 책의 통일성과 중요성을 드러내기 위한 것으로 볼 수 있다. 특히 유다교에서 토라는 최상의 신성함과 최고의 권위를 지닌다.

모세오경은 현대적 의미에서 통일된 책이 아니다. 앞에서 살펴본 대로 수많은 저자들이 여러 세기에 걸쳐 서로 다른 기원과 다양한 문학 양식을 지닌 설화·신화적 이야기·사화史話·법률·설교 등을 모아 완성한 복잡한 책이다. 이 책의 이름이 제시하듯 모세오경의 정신적 지주는 모세이지만, 그에 관한 언급이 창세기에는 전혀 나오지 않고 탈출 2장에 가서야 처음 나온다. 그러나 모세오경의 형성 과정이나 각 권의 독특한 신학 사상을 제쳐 놓고 구조와 내용만을 보면 통일성을 찾을 수 있다. 특히 구세사의 관점에서 보면 모세오경은 천지 창조부터 이스라엘 민족의 형성기를 거쳐 가나안 땅에 들어가기 직전까지 이어지는 역사를 일관성 있게 다룬 책으로 간주할 수 있다. 먼저 창세 1—11장에서는 천지 창조와 인류의 창조, 그리고 원조 이야기를 다루고, 창세 12—50장에서는 아브라함·이사악·야곱·요셉을 비롯한 이스라엘 성조 이야기를 다룬다. 탈출 1—18장은 야곱의 후손들이 이집트에서 노예살이를 하다 탈출하여 시나이 광야로 건너간 이야기를 전하고, 탈출 19—40장과 레위기 전체, 그리고 민수 1,1—10,10은 시나이 광야에서 체류한 내용을 다룬다. 1년 남짓한 이 기간을 다루는 데 이토록 많은 지면을 할애한 이유는, 하느님께서 시나이 광야에서 이스라엘 백성과 맺으신 계약의 중요성 때문이다. 민수기의 나머지 부분은 이스라엘 백성이 시나이 광야를 떠나 가나안에 들어가기 전까지 겪은 여정을 묘사하고, 신명기 전체는 모세가 가나안 정복을 목전에 둔 이스라엘 백성에게 남긴 설교 형식의 유언을 전한다.

1. 창세기

창세기는 신·구약성경의 첫째 책으로 성경의 머리글 구실을 하는 동시에 앞으로 펼쳐 갈 성경의 내용 전체를 예시한다. 창세기의 히브리어 제목은 처음 시작하는 말을 따서 만든 '브레쉿'(בְּרֵאשִׁית 한처음에)이고 그리스어로는 히브리어 '톨레돗'(תּוֹלְדוֹת 생성, 이야기, 기록, 계보 등)을 직역한 '게네시스'γένεσις 이다. 히브리어 성경 각 권의 명칭은 처음 시작하는 말이나 첫 문장에서 가장 중요한 말을 따서 만든다. 우리말 제목은 후자와 일치한다. 히브리어 제목과 그리스어 제목을 합하여 창세기는 결국 시작에 관한 이야기라 할 수 있다. 자연 세계의 시작, 인류와 인간 문화의 시작, 이스라엘 백성의 시작에 관한 이야기가 바로 창세기다. 고대 근동에서는 무엇이든 시작이 매우 중요하다. 어떤 사물이나 사건의 기원을 밝히면 그것의 성격과 목적을 알 수 있게 된다.

가. 구조와 내용

창세기의 구조는 크게 네 이야기로 나뉜다. 창조와 원조 이야기(1,1—11,26), 아브라함 이야기(11,27—25,18), 야곱 이야기(25,19—36,43), 요셉 이야기(37—50장)다. 이 모든 이야기는 인물 중심으로 전개된다. 그러나 창세기의 인물들은 모든 인류를 대표한다. 그들에 대한 하느님의 배려와 하느님께 대한 그들의 태도는 모든 인류가 자신들의 창조주 하느님과 어떤 관계를 맺어야 하는지 가르쳐 준다.

첫째 이야기(1,1—11,26)의 초점은 창조주 하느님께 맞추어져 있다. 하느님은 말씀과 영으로 혼돈의 심연을 정리하여 질서정연한 세상을 창조하셨다. 세상의 모든 피조물 가운데 가장 존귀한 존재는 사람이다. 하느님은 당신의 숨을 불어넣어 사람의 생명을 만드시고, 사람 중심으로 세상을 꾸미셨다. 말하자면 세상의 중심은 사람이고 사람의 중심은 하느님이다. 사람의 행복과 불행은 하느님과의 관계에서 결정된다. 하느님께 속해 있으면 행복할 수 있고 하느님에게서 떨어져 나가면 불행하다. 그런데 사람들은 하느님의 말씀에 순종하지 않고 폭력을 행사함으로써 죄를 짓게 되었고 그 죄는 하느님과 인간, 인간과 인간, 인간과 자연 사이의 관계를 위협할 뿐 아니라 온 세상을 창조 이전의 무질서와 혼돈 상태로 몰고 갔다. 그러자 하느님은 인간의 죄가 불러들이는 혼돈과 무질서를 방치하지 않으시고 손상된 자연과 인간의 회복을 위해 그때그때마다 특별한 조치를 취하신다. 이 조치를 통해서 인간은 안주와 방황에서 벗어나 하느님을 향한 순례의 길을 확실하게 갈 수 있다.

둘째 이야기(11,27—25,18)는 이스라엘의 선조 아브라함을 믿음의 귀감으로 제시한다. 아브라함의 가장 큰 덕은 하느님 말씀에 대한 철저한 순종이다. 하느님은 우르 지방에서 안주하던 그에게 땅·후손·명성 등을 약속하시며 고향을 떠나 당신이 일러 주실 땅으로 가라고 하신다. 또한 늘 그와 함께 계시고 그로 하여금 뭇 민족의 복이 되게 해 주겠다고 약속하신다. 당신의 약속에 대한 응답으로 하느님은 아브라함에게 당신 말씀에 순종할 것을 요구하신다. 아브라함에게 하신 하느님의 약속은 모든 인류에게 하신 약속이요 그에게 요구하신 순종 역시 모든 인류에게 해당한다. 약속의 내용들은 인생의 종착역이 아니라 순례길에 잠깐 쉬어갈 간이역에 지나지 않는다. 아브라함은 이 사실을 잘 알고 있었고 외아들 이사악을 바치라는 하느님의 말씀에 지체 없이 순종함으로써 후손이라는 간이역에 안주하지 않고 종착역인 하느님을 향해 순례길을 똑바로 걷고 있음을 보여 주었다.

셋째 이야기(25,19—36,43)는 이스라엘 민족의 직접적 기원이 된 야곱과 그의 열두 아들에 대한 기록이다. 하느님은 인류 전체를 상대로 모호하고 추상적으로 당신과 인간에 대해 계시하지 않으셨다. 특정한 인물들과 민족을 택하시어 그들과 직접 교제하심으로써 우리 인간이 나아가야 할 삶의 방향과 실천해야 할 규정들을 구체적으로 제시하셨다. 이 과정에서 하느님은 올바른 길에서 자꾸만 빗나가는 자녀들 때문에 속을 끓이는 부모처럼 인간의 불순종과 배반 때문에 때로는 실망하시고 때로는 분노하신다. 그러나 반대로 당신의 말씀에 순종하는 인간을 보시고는 한없이 기뻐하시고 자애와 복을 아낌없이 내려 주신다. 야뽁 강가에서 야곱이 하느님과 벌인 싸움이 이를 잘 표현한다. 여기서 죽을 힘을 다해 하느님의 천사와 겨룬 야곱은 이스라엘(יִשְׂרָאֵל 하느님과 겨룬 사람)이라는 이름을 얻게 되고 이 이름이 결국 그의 후손들을 가리키는 이름이 되었다. 이스라엘 민족은 하느님과 늘 갈등을 빚는 인류의 표본이다.

마지막 넷째 이야기(37—50장)는 이스라엘의 열두 부족을 이룰 요셉과 그의 형제들에 관한 일화다. 하느님은 인간의 잘못과 심지어 죄에서도 선을 끌어내시는 분이시다. 요셉은 형들의 시기와 미움 탓에 이집트로 팔려가지만 하느님의 배려로 이집트의 재상이 된다. 하느님의 자애와 공정은 억울하게 고통을 겪는 요셉의 운명을 바로잡고 보상하는 것에 그치지 않고, 요셉의 파란만장한 삶을 통해서 야곱과 그의 집안 전체를 기근에서 구해 주는 데까지 이른다. 이야기의 주인공들과 독자들은 어떤 장애도 당신 백성을 돌보시는 하느님의 구원 의지를 꺾을 수 없음을 확인한다.

나. **신학 사상**

창세기에 등장하는 주요 인물들은 모두 전화위복轉禍爲福을 체험한다. 곧 처음에는 어려움을 겪다가 하느님을 만나 결국 복된 삶으로 끝을 맺는다는 것이다. 하느님과 그분의 말씀을 저버리면 인간은 안주를 하거나 방황을 하게 되지만, 그분 앞에서(아브라함의 경우) 그분과 함께 걸으면(에녹과 노아의 경우) 삶의 방향과 목적을 뚜렷하게 설정하고 그분을 향해 순례의 길을 안전하게 걸어갈 수 있다. 하느님 자신이 순례 길의 최종 목적지다. 이 순례 길을 성실하게 걷는 이들에게 하느님은 갖가지 복을 약속하신다. 그러나 그분이 내리시는 복들은 순례길의 간이역이므로 거기에 집착하거나 안주해서는 안 되고, 최종 목적지인 그분의 품안에 안기기까지 계속해서 순례 길을 걸어야 한다. 이것이 창세기 저자가 원조들과 성조들 이야기를 통해 우리에게 제시하는 가르침이다.

2. 탈출기

모세오경의 둘째 책에 해당하는 탈출기의 히브리어 책명은 '세페르 베엘레 슈못'(סֵפֶר וְאֵלֶּה שְׁמוֹת '이것이 그 이름들이다'라고 하는 책), 또는 간단히 줄여서 '슈못'(שְׁמוֹת 이름들)이고 그리스어 책명은 엑소도스 에깁투(ἔξοδος Αἰγύπτου 이집트 탈출)를 줄인 '엑소도스'(Ἔξοδος 탈출)다. 우리말 이름은 그리스어 성경 전통에 따른 것이다. 공동번역에서는 출애굽기였으나 『성경』(cbck)에서는 이를 줄인 엑소도스에 맞게 탈출기로 바꾸었다.

탈출기는 창세기에서 묘사한 하느님과 인간의 상반된 모습과 둘 사이의 관계, 곧 인간을 창조하고 구원의 길로 이끄시는 구원자 하느님, 성조들에게 하신 약속을 이행하시는 자애로우신 하느님, 안주하거나 방황하는 인간을 순례의 길로 이끄시는 하느님, 이런 하느님께 충성을 하거나 반역으로 대응하는 인간 등을 개인의 차원에서가 아니라 공동체의 차원에서 다룬다. 그러면서 탈출기는 모세·아론·여호수아·파라오와 같은 새 인물들을 중심으로 새로운 주제들을 소개한다. 새로운 주제들로는 이스라엘의 선택, 시나이 계약과 계명, 이스라엘을 강력한 신앙 공동체로 만든 광야의 체험, 만남의 천막을 통한 하느님의 현존, 인간이 하느님을 섬기고 그분과 통교하는 데 필요한 제사제도와 사제직 등을 들 수 있다.

가. **구조와 내용**

창세기를 네 이야기로 나누듯이 탈출기도 네 부분으로 나눌 수 있다. 첫째 부분(1,1—15,21)은 이집트에서의 노예살이와 탈출을 다룬다. 하느님께서 땅의 흙먼지에서 사람을 빚어 만드시고 당신의 생명인 숨을 불어넣어 가장 고귀하고 소중한 존재로 창조하셨듯이, 아브라함의 후손들을 이집트의 고통스런 노예살이에서 해방시키시어 당신 백성으로 만드신다. 이집트의 신 파라오와 죽음의 세력인 갈대 바다에서 이스라엘을 구원하신 신은 그들 조상들의 하느님, 곧 아브라함의 하느님, 이사악의 하느님, 야곱의 하느님이시요 온 세상의 주인이신 야훼이시다. '야훼'라는 이름 자체는 그분의 초월성과 내재성을 표현한다. 주님은 모든 피조물 위에 그리고 모든 피조물 안에 계신다. 그분은 모든 피조물을 만드신 창조주이시요 모든 피조물을 자애와 공정으로 보살피시는 구원자이시다.

둘째 부분(15,22—18,27)은 갈대 바다에서 시나이 산까지의 여정을 다룬다. 비록 노예살이였지만 의식주를 보장받던 이집트에서 빠져 나온 이스라엘은 광야의 척박한 자연환경에 내몰리게 되고 하느님과 모세에게 불평을 터뜨린다. 하느님은 그들의 불평을 들으시고 그들에게 닥친 어려움을 친히 해결해 주신다. 마실 물을 주시고 일용할 양식으로 만나와 메추라기를 내려 주신다. 또한 아말렉족의 침략을 막아 주신다. 그리하여 광야는 이제 죽음의 땅, 저주의 땅이 아니라 이스라엘의 단결과 믿음을 키워 주는 시련의 땅, 단련의 땅이 된다.

셋째 부분(19—24장)은 시나이 계약을 다룬다. 이집트를 떠나온 지 두 달 만에 이스라엘 백성은 시나이 광야에 이른다. 이스라엘이 시나이 광야에서 머문 기간은 1년도 채 안 되지만, 모세오경의 상당한 지면이 그곳 삶을 기록하는 데 할애된다(탈출 19—40장; 레위기 전체; 민수 1,1—10,10). 시나이 산에서 하느님이 이스라엘 백성과 맺으신 계약의 중요성 때문이다. 시나이 계약은 고대 근동의 주종조약의 틀 안에서 이루어졌다(『성경 입문 상권』 첫째 마당 V.3.가). 하느님은 이 계약의 한 요소로 열 말씀עֲשֶׂרֶת הַדְּבָרִים 곧 십계명을 주셨다. 탈출 19장에 묘사된 신현神現은 시나이 계약의 신적 권위를 강조하기 위한 것이다. 이 계약은 하느님이 주도하셨고, 계약을 통해 이스라엘에게 주신 십계명은 하느님의 입에서 직접 떨어진 신성하고 돌이킬 수 없는 말씀이다. 십계명 이외의 나머지 법은 하느님과 백성 사이의 중개자 모세를 통해서 주어진다. 십계명은 이스라엘 백성을 이집트 노예살이에서 빼내시어 강력한 신앙 공동체로 만들어 주신 하느님의 은혜에 대한 이스라엘 백성의 응답이다. 그리고 이 십계명의 최대 수혜자는 그것을 내려 주신 하느님 자신이 아니라 오히려 그분의 백성 이스라엘이다. 그 계명을 잘 지키면 이스라엘은 정의와 사랑에 바탕을 둔 아름다운 공동체를 이루고 젖과 꿀이 흐르는 축복의 땅에서 번영을 누릴 것이다.

마지막 넷째 부분(25—40장)은 하느님의 항시현존恒時現存을 가능하게 할 물리적 구조와 제도를 다룬다. 하느님은 볼 수도 없고 만질 수도 없는 분이시다. 그런데 그 하느님이 당신 백성과 늘 함께 머물기를 원하신다. 백성 쪽에서도 그분을 늘 모시고 주변의 민족들처럼 그들도 그분께 합당한 예배를 드리고 싶어 했다. 이런 요구를 충족시킬 수 있는 구조와 제도가 바로 성막, 그 안에 모신 계약 궤, 사제직, 제사 제도 등이다. 성막과 계약 궤는 하느님께서 이스라엘 백성과 함께 머무시면서 안전한 광야 여정을 보장해 주시는 장치였다. 낮에는 구름 기둥이 성막 위에 머물러 사막의 뜨거운 열기를 가려 주었고, 밤에는 불기둥이 밤의 어둠과 냉기를 막아 주었다. 이스라엘은 주님의 구름이 성막 위에 머무는 동안에는 진영을 옮기지 않았고 구름이 성막을 떠나면 길을 떠났다. 특히 계약 궤에 모신 증언판, 곧 그분의 은혜로운 열 말씀을 새긴 십계 석판은 그분의 가장 두드러진 현존이었다. 그리고 사제직과 제사 제도는 이 현존에 대한 감사와 찬양을 합당하게 표현하기 위한 방법이었다.

나. **신학 사상**

창세기가 개인의 순례길을 다루는 데 비해 탈출기는 집단의 순례길을 다룬다. 파라오의 왕궁에서 탈출하여 시나이 산에서 극적으로 하느님을 만나 그분께 소명을 받게 되는 모세의 인생 여정은 개인의 순례에서 집단의 순례로 넘어가는 이음새 구실을 한다. 하느님은 그를 도구로 삼아 한 무리의 노예 집단을 이집트에서 탈출시켜 강력한 신앙 공동체로 만드신 다음, 그들과 계약을 맺으시고 그들에게 필요한 계명을 주신다. 그리고 당신 친히 그들 가운데 머무실 수 있고, 그들이 그분을 합당하게 예배할 수 있는 기본적 구조와 제도를 마련해 주신다.

3. 레위기

모세오경의 셋째 책의 히브리어 이름은 '와이크라'(וַיִּקְרָא 그분께서 부르셨다)인데, 라삐 전통에서는 사제들의 가르침(תּוֹרַת כֹּהֲנִים 토랏 코하님)이라고도 하였다. 우리말 이름 레위기는 그리스어 이름 '레위티콘'(Λευϊτικόν 레위인들과 관련된 것들)에서 따온 것이다.

창세기는 이야기로 되어 있고, 탈출기는 이야기와 법이 한데 어우러져 있지만, 레위기는 갖가지 법조문과 규정들로 가득 차 있어서 이해는 고사하고 읽기도 힘들다. 그러나 레위기는 구약 신학의 원리를 제시하고 공동체와 개인의 삶에서 실천해야 할 지침들을 구체적으로 제시한다는 점에서 매우 중요하다. 레위기에 나오는 법을 공부하고 가르치는 일은 유다교의 라삐 수업에서 중심을 이룬다. 레위기에 관한 법적 미드라쉬를 시프라(סִפְרָא 책)라고 하는데, 레위기의 법 규정을 구절마다 해설해 놓은 책으로 어린이 성경 공부에서 빼놓을 수 없는 참고서다. 유다인들은 어린이에게 성경을 가르칠 때 레위기부터 시작한다. 어린이는 '깨끗한 이들'이므로 정결과 부정에 관한 레위기의 규정을 먼저 배워 더러움에 오염되는 것을 일찍부터 방지할 필요가 있기 때문이다. 또한 레위기에는 유다인들이 일상의 삶에서 실천해야 할 계명들을 많이 포함하고 있으므로 유다교에서 어린이 성경 공부를 이 책부터 시작하도록 규정한 것은 매우 자연스런 일이다.

가. **구조와 내용**

레위기는 짧은 일화 두 개(10,1-7; 24,10-16)를 제외하고 크게 두 부분, 곧 사제계 법전과 성결 법전으로 나눌 수 있다. 사제계 법전(1—16장)은 각종 제물에 관한 규정(1—7장), 사제직에 관한 규정(8—10장), 정결과 부정에 관한 규정(11—15장)을 포함한다. 제물과 제사, 그리고 사제직에 관해서는 『성경 입문 상권』(첫째 마당 V.2.다/라)을 참조하기 바란다. 위의 세 가지 규정은 모두 서로 긴밀히 연결된다. 레위기의 사제계 법전은 어떻게 하면 지존하신 하느님께 합당한 제물을 바칠 수 있는가와 거룩하신 하느님 앞에서 우리 인간은 어떻게 해야 깨끗함을 유지할 수 있는가를 구체적으로 가르쳐 준다. 하느님과 인간의 중개자인 사제는 하느님께 제물을 올바로 바치는 규정들을 배워야 하는 동시에, 백성들에게는 거룩하신 하느님 앞에서 몸과 마음의 깨끗함을 언제나 유지할 수 있는 방법을 가르쳐야 한다. 정결은 예배 공동체의 삶에서 무엇보다 중요하다. 속죄일 규정을 다룬 레위 16장은 속죄일에 회당에서 낭독하는 것이 관례다.

성결 법전(17—26장)은 이스라엘 공동체가 시나이 계약의 정신을 사회생활과 공적 예배 안에서 어떻게 구현시켜 나갈 것인지를 다룬다. 17장에서는 제물로 바칠 짐승을 잡을 때 유의해야 할 점과 짐승을 음식으로 먹을 때 지켜야 할 규정을 제시한다. 18—20장은 가정 생활, 특히 부부생활에서 거룩함을 유지하기 위해 지켜야 할 규정들을 나열한다. 21—24장은 다시 사제직과 제물의 거룩함을 유지하는 데 필요한 규정을 다루고, 이어서 각종 축일과 축제들 및 안식년과 희년에 관한 규정을 제시한다. 26장은 성결 법전 및 레위기 전체의 결론이고 서원에 관한 규정을 다루는 27장은 부록으로 볼 수 있다.

나. **신학 사상**

탈출기에 보면 하느님께서는 당신 백성 이스라엘과 시나이 계약을 맺으실 때 그들이 '거룩한 민족'이 되기를 바라신다(탈출 19,6). 레위기에서는 이 거룩함의 신학을 더욱 발전시킨다. 히브리어 코데쉬(קֹדֶשׁ 거룩한)의 어근을 가진 동사, 명사, 형용사가 레위기에만 150여 번 나오는 것만 보아도 알 수 있다. 하느님은 거룩한 분이시므로 그분의 백성도 거룩해야 한다(레위 11,44-45; 19,2; 20,26)는 것이 레위기의 핵심 주제다.

레위기는 거룩한 하느님께서 죄를 어떻게 정의하시는지, 죄는 어떻게 용서받을 수 있으며 백성이 죄를 피하기 위해서는 무엇을 해야 하는지, 어떻게 해야 하느님의 거룩한 현존을 늘 곁에 모실 수 있는지를 구체적으로 자세히 가르쳐 준다. 현대의 독자들은 제사와 제물, 정결과 부정에 관한 이런 세부적 지침들에 적잖이 당황할 수도 있겠으나 고대 근동의 이방 종교들과 비교해 볼 때 레위기의 경신례 규정들은 훨씬 단순하고 일관성 있다. 레위기가 강조하는 것은 하느님의 거룩하심이다. 하느님은 어떠한 악과 더러움과도 병존하실 수 없다. 따라서 언제나 그분의 거룩한 현존을 모시는 그분의 백성이 되려는 민족은 그분처럼 거룩하고 깨끗해야 한다. 그들이 만일 자기들의 하느님을 제대로 섬기지 않고 그분의 계명을 지키지 않아 더러워진다면, 그분의 이름에 먹칠을 하고 그분의 명예를 더럽히는 것이다. 반대로 그들이 하느님을 올바로 섬기고 그분의 계명을 충실히 이행하면 그분의 이름이 거룩히 빛나게 된다.

레위기의 또 다른 주요 신학은 계명(מִצְוָה 미츠와)에 관한 가르침이다. 레위기 저자는 제의적 계명과 사회·윤리적 계명을 똑같이 중요하게 여긴다. 곧 하느님께 대한 계명과 동료인 인간에 대한 계명을 서로 분리하여 생각하지 않는다. 이웃 사랑은 하느님의 명령이다. "네 이웃을 너 자신처럼 사랑해야 한다. 나는 주님이다"(19,18). 따라서 동료인 인간을 해치는 행위는 하느님의 거룩한 이름을 욕되게 하는 짓이다. "그러면 너희는 너희 하느님의 이름을 더럽히게 된다"(19,12). 예수님이 복음서에서 강조하신 사랑의 이중계명二重誡命, 곧 하느님 사랑과 이웃 사랑도 바로 이 레위기의 가르침에 바탕을 둔다(루카 10,25-28).

4. 민수기

모세오경의 넷째 책 민수기의 히브리어 이름은 첫 절의 다섯째 낱말에서 취한 '베미드바르'(בְּמִדְבַּר 광야에서)이다. 히브리어 이름은 '광야에서의 여정'이라는 이 책의 내용과 어울린다. 우리말 이름은 칠십인역 그리스어 성경의 이름 '아리트모이'('Αριθμοί 〈인구〉수들)에서 왔다. 그리스어 이름은 광야 생활 사십 년 동안 두 번 있었던 인구 조사를 겨냥한다. 민수기에 따르면 첫 번째 인구 조사는 이집트 탈출 뒤 둘째 해 둘째 달 초하루에 있었다(1장). 두 번째 인구 조사가 언제 있었는지는 명시되지 않지만(26장), 아론이 죽고 난 다음이므로(20,22-29) 40년이 되던 해일 것이다. 33,38에 따르면 아론은 사십 년 다섯째 달 초하루에 죽었다. 그리스어 책 이름과 히브리어 책 이름은 민수기의 구조와 내용을 다른 관점에서 바라보게 한다. 그리스어 이름 아리트모이(인구수)는 이 책의 주역들에 초점을 맞추어 민수기를 두 부분으로 나누게 한다. 첫째 부분(1—25장)은 반역의 구세대를 묘사하고 둘째 부분(26—36장)은 희망의 신세대를 묘사한다. 반면에 히브리어 이름 베미드바르(광야에서)는 삶의 자리에 초점을 맞추어 민수기를 세 부분으로 나누게 한다. 첫째 부분(1,1—10,10)은 시나이에서 광야 여정을 준비하는 과정을 다루고, 둘째 부분(10,11—21,35)은 시나이에서 모압까지의 여정을 다루며, 셋째 부분(22—36장)은 모압에서 가나안 진입을 준비하는 과정을 다룬다. 아래 제시하는 구조와 내용은 이 둘을 조화시켜 주역들과 삶의 자리를 함께 고려한 것이다.

가. **구조와 내용**

민수기는 세 부분으로 나눌 수 있다. 첫째 부분(1,1—10,10)은 시나이 산을 떠나 가나안 땅으로 이동하기에 앞서 이스라엘이 거룩하신 하느님의 백성으로서 어떻게 그분을 합당하게 모시고(성소에 대한 규정) 섬겨야 하는가(제물에 대한 규정)를 다룬다. 먼저 하느님은 열두 지파의 수장들을 뽑아 인구 조사를 시키신 다음, 진영의 설치 장소와 행진 순서를 각 지파별로 정해 주신다. 동서남북 각 방향에 세 지파씩 열두 지파가 자리를 잡고 진영의 중심에는 레위인들에게 둘러싸인 만남의 천막이 자리 잡는다. 광야라는 척박한 환경에서 순례 여정을 완벽하게 밟기 위해서는 거룩하신 하느님을 반드시 진영 한복판에 모셔야 한다. 이 부분에서는 만남의 천막을 돌보는 레위인들의 역할이 중요하게 부각된다. 창세기와 탈출기에서 열두 지파 목록에 들어 있던 레위 지파가 민수기에서는 한결같이 빠지고 다른 지파 이름이 들어간다. 민수기의 목록은 땅의 분할과 관련 있는데, 레위 지파는 땅 대신 성막 돌보는 일을 상속받았기 때문일 것이다.

둘째 부분(10,11—25,18)은 이스라엘이 시나이 산을 떠나 광야를 가로질러 마침내 요르단 강 동쪽 지역에 이르는 광야의 여정을 다룬다. 여기서는 구세대의 반역이 중요한 주제다. 이스라엘은 하느님의 권위와 모세의 지도력에 도전한다. 11장에서 백성은 음식에 대해 불평한다. 당장 먹을 것이 없어서 한 불평이 아니라 이집트에서 빵과 곁들여 먹던 갖가지 양념과 생선과 채소가 그리워서 하는 불평이다. 광야에서 그런 것을 먹겠다는 것은 단순한 불평이 아니라 억지다. 12장에서는 모세가 에티오피아 여자를 아내로 맞아들였을 때 그의 누이 미르얌과 형 아론이 모세의 지도력에 도전을 한다. 13—15장에서는 이스라엘 백성이 하느님께서 과연 자신들을 약속의 땅으로 안전하게 이끄실 수 있는가 하고 그분의 능력을 의심한다. 하느님은 백성의 이런 불평과 반발에 대해서 엄한 벌을 내리신다. 이집트에서 막 탈출했을 때 하던 불평에 대해서는 관대하게 받아 주시고 해결책을 제시하셨지만, 여기서는 그동안 백성이 하느님의 능력과 보살핌을 충분히 보아왔음에도 여전히 불신과 반역을 드러내기 때문에 그들을 엄하게 다스리신다.

마지막 셋째 부분(26—36장)에는 요르단 강 동쪽 지역에서 일어나는 사건들과 이미 정복한 땅과 앞으로 정복할 땅의 분할 원칙이 소개된다. 여기서는 땅의 개념과 성전聖戰의 개념이(『성경 입문 상권』 첫째 마당 V.1) 중요하게 떠오른다. 이집트에서 노예살이를 하던 구세대는 사라지고(26,64-65) 새로운 세대가 모압 벌판에 진을 친다. 26장은 신세대의 인구 조사에 관한 보고다. 1장의 인구조사에서 민병대의 규모는 레위인들을 빼고 육십만 삼천오백오십 명이었는데, 여기서도 비슷하게 육십만 천칠백삼십 명이 사열을 받았다. 하느님은 모세의 뒤를 이어 새로운 세대를 약속의 땅으로 인도할 새 지도자로 여호수아를 내세우셨다(27,12-23). 새로운 세대가 새 땅에 들어가서 축일별로 바쳐야 할 제물 규정은 28—29장에 상세하게 나온다. 이 부분에서도 하느님의 거룩하심이 강조된다. 둘째 부분에서는 이스라엘 내부의 반역이 하느님의 거룩하심에 손상을 입힌 것에 주목한 반면, 여기에서는 외부와의 접촉이 하느님의 거룩하심을 침해하지 못하도록 철저히 통제한다. 이방인 남자들을 모조리 죽이는 것은 물론 이방인 여자와 잠자리를 같이한 유다인 남자들도 죽인다(31장). 이방인들과 접촉한 것은 무엇이나 다 물과 불로 정화해야 한다.

나. **신학 사상**

레위기의 핵심 주제인 하느님의 거룩하심은 민수기에서도 계속된다. 하느님의 백성 이스라엘은 이제 하느님께서 그들의 조상 아브라함에게 약속하신 후손의 번성에 이어 가나안 땅의 소유를 눈앞에 두고 있다. 그들은 이미 하느님이 어떤 분이시고 그분이 직접 내려 주신 율법을 통하여 그들에게서 무엇을 원하시는지, 어떤 행위가 그분의 분노를 사고 어떻게 살아야 하느님의 약속하신 바를 얻게 되는지도 알게 되었다. 하느님은 거룩하신 분이고 그분 앞에서 그분의 백성으로 남아 있기 위해서는 언제나 거룩함을 유지하고 거룩함이 손상되었을 때는 신속하게 회복해야 한다. 하느님은 거룩함을 보존하고 손상된 거룩함을 회복할 수 있는 구체적인 규정과 방법을 가르쳐 주신다. 약속의 땅은 오염된 세대가 들어갈 수 없다. 새로운 세대가 새 지도자(여호수아)의 영도 아래 새 땅에 들어가야 한다. 그리고 이스라엘이 그곳에서 번영을 누리기 위해서는 거룩하신 하느님의 백성답게 언제나 거룩함을 유지해야 한다.

5. 신명기

모세오경의 마지막 책의 히브리어 이름은 '엘레 하드바림'(אֵלֶּה הַדְּבָרִים 이는 말씀들이다), 또는 줄여서 '드바림'(דְּבָרִים 말씀들)이고 칠십인역 성경 그리스어 이름은 '데우테로노미온'(Δευτερονόμιον 두 번째 법)이다. 그리스어 이름은 본디 신명 17,18에서 끌어낸 말인데, 거기에서 이 말은 임금이 지키고 기록해야 할 "율법의 사본"을 가리킨다. 데우테로노미온은 이 책이 약속의 땅으로 들어가기 직전에 모압 벌판에서 이스라엘 백성에게 또다시 알려 준 모세의 법을 기록한 것이라 해서 붙인 이름이다. 모세는 이미 첫 번째 법을 시나이 산에서 알려 주었고(탈출 19—23장), 신명기에서는 이 첫 번째 법을 더 확장한다. 우리말 이름 신명기는 '계명을 펼쳐 알리는 책'이라는 뜻으로 이 책의 내용과 잘 어울린다. 그러나 실제로 신명기 내용은 탈출기의 십계명이나 계약 법전과는 완전히 구별되고 생성 연대도 모세 시대보다 훨씬 후대다.

신명기는 구약성경 신학의 핵심을 담고 있으면서 유다인들의 종교 생활에 가장 큰 영향력을 행사하는 책이다. 예를 들어 유다인들이 아침 저녁으로 바치는 기도 '쉐마'(שְׁמַע 신명 6,4-9; 11,13-21; 민수 15,37-41도 포함될 수 있음), 이 기도의 처음 두 절을 양피지에 써서 문설주에 박아 놓는 '메주자'מְזוּזָה, 네 개의 성경 대목(탈출 13,1-10; 13,11-16; 신명 6,4-9; 11,13-21)을 양피지에 써서 네모난 가죽 상자에 담아 하나는 머리에 두르고 다른 하나는 왼쪽 손목에 묶는 '테필린'תְּפִלִּין, 계명을 늘 상기하기 위해 또는 이스라엘 백성의 특별한 지위를 드러내기 위해 자주색 끈(술)을 통으로 짠 겉옷

네 귀퉁이에 달아매는 '치칫'(צִיצִית 신명 22,12; 민수 15,37-41) 등의 관습은 신명기에 기원을 둔다.

기원전 622년 힐키야 대사제가 성전에서 발견하고 요시야 임금이 종교 개혁의 지침서로 사용한 '율법서'(2열왕 22,8.11) 또는 '계약 책'(2열왕 23,2.21)도 바로 신명기 법전이었을 것이다. 신명기는 이 법전에 머리말 부분과 맺음말 부분, 그리고 다른 규정들이 덧붙어 유배 이후에 완성되었을 것이다. 신명기는 신약성경에서 창세기·시편·이사야서와 더불어 가장 많이 인용되는 구약성경이다.

가. **구조와 내용**

신명기는 크게 네 부분으로 갈라진다. 모세의 죽음을 다루는 마지막 넷째 부분(31—34장)을 빼고 앞의 세 부분은 모세가 죽기 전에 설교 형식을 빌려 약속의 땅 가나안 진입을 목전에 둔 이스라엘 백성에게 남긴 일종의 영적 유언이다. 첫째 부분(1—11장)은 신명기 법전의 입문 구실을 한다. 여기서 저자는 모세의 역할과 십계명, 그리고 이스라엘의 반역의 역사를 되새긴다. 1—3장은 하느님이 호렙 산(신명기에서는 시나이 산을 줄곧 이 이름으로 부른다)에 나타나신 때부터 이스라엘이 약속의 땅에 쳐들어가기 직전까지 광야에서의 여정을 요약한다. 4—11장은 위대하신 주 하느님의 백성으로서 이스라엘이 지켜야 할 십계명과 다른 규정들을 제시한다. 5장에 나오는 신명기의 십계명은 탈출기의 십계명에 비해 좀 더 인본주의적 색채를 띤다. 안식일 규정을 천지 창조가 아니라 이집트 사건과 연결한 것이 그 좋은 예다. 너희가 이집트에서 노예로 살던 때를 기억하여 안식일에 너희 자신뿐 아니라 그들과 그들의 권속까지도 쉬도록 하라는 것이다. 또 열번째 계명에서 이웃의 아내를 이웃의 재산 목록에서 분리한 것도 인본주의적 경향의 좋은 예다. 유다인들이 매일 아침저녁으로 바치는 쉐마(שְׁמַע 들어라) 기도도 이 대목에 있다(6,4-9; 11,13-21).

둘째 부분(12—26장)은 신명기 법전 자체다. 성소에 관한 규정을 비롯하여 갖가지 세부 규정들이 이 부분에 나온다. 12장은 신명기 법전 전체의 기본 정신을 밝히는데, 요시야의 종교 개혁뿐 아니라 신명기계 역사서들의 기본 신학과도 일치한다. 지방 성소의 철저한 파괴(2-3절)와 주 하느님께서 선택하신 중앙 성소에서의 예배 강조(5-6절과 14절)는 가나안의 풍산신들과 관련한 모든 요소를 제거하고 약속된 땅에 유일신론을 철저히 고수하게 하는 데 큰 구실을 하였다. 그런데 제의중앙화는 여러 가지 문제를 불러일으켰다. 그때까지 이스라엘 백성은 야생 짐승을 제외하고 모든 육고기는 제물로 바친 고기만을 먹었으나 예루살렘의 제사만을 고집하자 지방민들은 고기를 충분히 섭취할 수 없게 되었다. 그래서 어느 곳에서든지 피를 먹지 않는 것을 전제로 짐승을 잡아 그 고기를 먹을 수 있도록 허용하였다(신명 12,15-16). 그리고 제의중앙화는 순례 축일 규정에도 변화를 가져왔다. 탈출기의 계약 법전에는 과월절을 가정에서 거행하라고 되어 있었으나 요시야 종교 개혁 이후에는 과월절을 순례 축일에 포함시켜 예루살렘에서 지내도록 했다. 신명 16,2에 따르면 과월절 어린양은 주님께서 당신의 이름을 머물게 하시려고 선택하신 곳에서 먹도록 되어 있다. 마지막으로 제의중앙화가 권력의 중앙화로 이어지자 중앙 권력에 도전하는 예언자들과 환시가들이 생겨났다. 이들은 하느님의 뜻을 전달할 사명을 받았다고 주장하였는데, 옥석을 가려내기가 쉽지 않았다. 신명 18장은 참예언자를 가려내는 기준으로 예언의 성취 여부를 제시한다. 이 밖에도 다른 법전들에 나오는 제반 규정들이 약간씩 다른 관점으로 언급된다.

셋째 부분(27—30장)은 시나이 계약에 관한 모세의 마지막 설교를 전한다. 27—28장에서 모세는 이스라엘 지파의 절반을 비옥한 그리짐 산에 세우고 레위인들을 시켜 그들을 향해 축복을 선포하게 하고, 다른 절반은 메마른 에발 산 위에 세우고 그들에게 저주를 선포하게 한다. 주 하느님을 저버리고 그분이 내리신 법을 어기면 저주를 받아 약속의 땅에서 쫓겨날 것이지만, 주님을 올바로 섬기고 주님의 계약을 충실히 지키면 약속의 땅에서 번영을 누리며 오래 살 것이다. 두 산은 스켐 성읍을 내려다보고 있다. 나중에 이스라엘의 열두 지파는 약속된 땅을 차지한 다음 스켐에 모여 계약을 갱신하는 예식을 거행할 것이다(여호 24장). 축복과 저주 조항들을 나열하고 그것들을 얻는 조건을 모두 알려 준 모세는, 29장에서 이제 백성에게 미래를 결정짓게 될 계약을 받아들이라고 촉구한다. 그들 앞에는 두 가지 미래가 열려 있다. 하나는 생명과 행복이고, 다른 하나는 죽음과 불행이다. 모세는 장엄한 권고로 자신의 유언을 마무리한다. "나는 오늘 하늘과 땅을 증인으로 세우고, 생명과 죽음, 축복과 저주를 너희 앞에 내놓았다. 너희와 너희 후손이 살려면 생명을 선택해야 한다. 또한 주 너희 하느님을 사랑하고 그분의 말씀을 들으며 그분께 매달려야 한다. 주님은 너희의 생명이시다. 그리고 너희의 조상 아브라함과 이사악과 야곱에게 주시겠다고 맹세하신 땅에서 너희가 오랫동안 살 수 있게 해 주실 분이시다"(30,19-20).

마지막 넷째 부분(31—34장)은 신명기와 모세오경의 결론으로 모세의 죽음과 관련한 이야기가 객관적으로 묘사된다. 이 네 장은 율법 규정과 관련이 없는 자료들을 모아 놓았다. 이 부분에서 저자는 말씀의 중요성을 강조하고 모세오경 어디에도 나오지 않은 모세의 말년을 전해 준다. 31장에서 설교 형식의 유언을 모두 마친 모세는 자신이 이스라엘 백성과 함께 요르단 강을 건너지 못할 것이라고 하면서 눈의 아들 여호수아를 자기 후계자로 내세운다. 그러고 나서 율법서를 써서 레위 자손 사제들에게 주면서 주님의 계약 궤 곁에 두고 안식년마다 초막절에 그것을 온 이스라엘 앞에서 똑똑히 봉독하라고 명령한다. 기록된 말씀이 이제껏 하느님의 계명을 전달해 주던 탁월한 중개자 모세를 대신할 것이다. 32장에 나오는 모세의 긴 노래는 이스라엘 초기의 역사를 신명기계 역사관에 따라 요약한 것이다. 33장은 열두 지파에 대한 모세의 축복인데, 창세 49장에 나오는 야곱의 축복과 비교할 수 있다. 34장은 모세의 죽음을 다룬다. 모세가 남긴 것은 무엇일까? 34장에는 그의 자손에 대한 언급도 없고 아무도 그가 묻힌 장소를 알지도 못한다고 되어 있다. 모세가 남긴 유일한 유산은 토라뿐이다. 다른 한편으로 34장은 민수 27장에 바로 연결된다. 민수 27장에서 하느님은 모세에게 죽기 전에 약속된 땅이 바라다보이는 높은 곳에 올라가 여호수아에게 안수를 하고 그를 후계자로 임명하라고 명령하신다. 모세오경의 편집자들이 이 두 장 사이에 모세의 유언 설교를 끼워 넣은 것으로 볼 수 있다.

나. **신학 사상**

구약의 정경 순서에서 신명기는 모세오경의 마지막 책이다. 따라서 탈출기, 레위기, 민수기의 내용을 재해석하고 역사서와 예언서의 신학적 기초를 제공한다. 신명기 신학은 주님께서 모세를 통하여 이스라엘 백성과 맺으신 시나이 계약에서 가장 극명하게 드러나는데, 이 시나이 계약은 고대 근동에서 히타이트인들이 주변의 약소국과 맺었던 주종조약의 틀 안에서 이루어졌다. 『성경 입문 상권』(첫째 마당 V.3.가)에서 논했듯이 신명기에 담긴 모세의 설교들은 주종조약의 형식에 잘 들어맞는다. 주종조약의 여섯 가지 요소는 계약 주체(종주국 임금)의 자기 소개, 과거 종주국 임금이 종속국 임금에게 은혜를 알려 주는 역사적 서문, 종속국이 지켜야 할 의무와 규정들, 조약의 합의 사항을 충실히 지킬 것을 공적으로 선포함, 조약의 증인들에 관한 언급, 저주와 축복이다.

이 틀에 따라 신명기가 제시하는 신학적 주제는 첫째, 이스라엘에게는 그들을 이집트 땅, 종살이하던 집에서 이끌어 낸 주 하느님 이외에는 어떤 신도 없다. 둘째, 그분은 이스라엘을 당신 백성으로 삼으시어 그들보다 크고 강한 민족들을 내쫓으시고 약속의 땅을 그들에게 주셨다. 셋째, 이스라엘은 그 은혜에 보답하기 위해 그분만을 사랑하고 섬기며 그분이 내리시는 규정과 계명들을 지켜야 한다. 넷째, 주님의 말씀은 몸과 마음에 깊이 새길 뿐 아니라 자녀들에게도 거듭 들려 주고 집안 문설주와 대문에도 써 놓아 식구들 모두에게 알려 주어야 한다. 다섯째, 주님의 말씀을 잘 듣고 그분의 모든 계명을 명심하여 실천하면 이스라엘은 축복을 받아 그 땅에서 번성할 것이고, 실천하지 않으면 그들 위에 저주가 내려 그 땅에서 쫓겨나 흩어져 버릴 것이다.

이 신학적 주제들은 이어지는 신명기계 역사서, 곧 여호수아기·판관기·사무엘기 상하권·열왕기 상하권에서 재확인할 수 있다. 권고와 호소와 경고를 담은 신명기의 교화적 문체는 역사서와 예언서는 물론 시서와 지혜서의 형성에도 큰 영향을 미쳤다. 구약성경에서 신명기만큼 말씀의 중요성을 강조하고, 하느님의 말씀과 이스라엘의 역사를 하나로 연결시킨 책은 찾아보기 힘들다.

II. 역사서

1. 여호수아기
2. 판관기
3. 룻기
4. 사무엘기 상·하권
5. 열왕기 상·하권
6. 역대기 상·하권
7. 에즈라·느헤미야기
8. 토빗기
9. 유딧기
10. 에스테르기
11. 마카베오기 상·하권

》

구약성경의 둘째 모음집인 역사서는 크게 세 가지로 분류할 수 있다. 신명기계 역사서와 역대기계 역사서, 그리고 그 밖의 작품들이다. 신명기계 역사서는 신명기의 신학과 문체에 따라 기원전 6세기에 완결된 여호수아기·판관기·사무엘기 상하권·열왕기 상하권를 말한다. 신명기계 역사서는 신명기처럼 이스라엘 백성에게 주님과 맺은 계약에 충실할 것을 강력히 요구하고 계명 준수 여부에 따라 약속된 땅에서 흥망성쇠가 결정된다는 사실을 강조한다. 이 역사서에는 말씀과 역사적 사건, 계명과 땅의 상관관계가 부각된다.

역대기계 역사서는 신명기계 역사서의 작성 연대보다 훨씬 늦은 기원전 4세기 중반에 완성되었다. 역대기계 역사서는 북왕국의 예언자 전통에 기초한 신명기계 역사서와는 달리 남부 유다 왕국의 관점에서 이스라엘의 역사를 조명한다. 따라서 역대기계 역사서는 남왕국을 통치한 유일한 왕조인 다윗 가문을 높이 평가하고 예루살렘 성전과 그곳의 전례 및 사제직의 중요성을 크게 부각시킨다. 앞에서 살펴본 대로 1960년대까지 성경학계에서는 통상 역대기계 역사서에 역대기 상·하권과 더불어 에즈라기와 느헤미야기를 포함시켰으나 최근에 들어서는 위에서 살펴본 것처럼 이 나중 두 책이 문체와 신학 사상에서 역대기 상·하권과 뚜렷하게 구별된다는 이유로 제외시키는 경향이 우세하다(셋째 마당 II.1.다.(2)).

그 밖의 작품들은 룻기·토빗기·유딧기·에스테르기·마카베오기 상하권이다. 이 가운데 룻기·토빗기·유딧기·에스테르기는 이스라엘의 역사를 전해 줄 목적으로 쓴 책이 아니라 교화 목적으로 쓴 창작 소품인지라 엄밀한 의미에서 역사서라기보다는 역사 소설이라고 해야 할 것이다.

1. 여호수아기

이 책의 명칭은 주인공의 이름을 따서 지은 여호수아기로서 히브리어 성경, 그리스어 성경('Iησοῦs), 우리말 성경 모두 똑같다. '여호수아'(יְהוֹשֻׁעַ)는 '주님은 구원이시다'라는 뜻이다. 여호수아기는 모세가 죽은 다음부터 여호수아가 죽어 묻히기까지의 이야기를 다룬다. 이집트에서 탈출한 한 무리의 히브리 노예 집단은 모세라는 출중한 지도자의 인도를 받아 시련의 땅 시나이 반도를 거치면서 그 수가 엄청나게 불어났을 뿐 아니라, 종교 제도와 행정 체제를 제대로 갖춘 강력한 신앙 공동체와 민족 공동체로 발전하였다. 이로써 이스라엘 성조들에게 하신 하느님의 약속 가운데 '후손의 번성'이 실현된 셈이고, 이제는 그들이 차지할 땅에 대한 그분의 약속이 실현될 차례다. 농사를 지을 수 있는 비옥한 땅에 정착하는 것이야말로 메소포타미아 유역과 시나이 반도를 떠돌던 반유목민들의 강력한 희망이었다.

여호수아기는 모세오경 바로 다음에 나오는 첫째 책이다. 그래서 모세오경의 내용과 연결되는 부분이 많다. 특히 신명기의 신학 사상을 그대로 반영하고 어떤 본문은 신명기에서 거의 그대로 인용한다. 신명기에서 그토록 중요시한 시나이 계약은 여호수아기에서도 중요한 위치를 차지하고 있고, 신명기와 똑같이 여호수아기에서도 계약에 대한 충성은 하느님의 축복을 얻기 위한 선결조건이다. 하느님께서 이스라엘의 선조들에게 하신 땅에 대한 창세기의 약속(창세 12,1; 28,13-15)이 여호수아기에서 실현되기 때문에 지난 세기의 성경학자들 사이에서는 여호수아기를 모세오경과 합하여 육경이라고 부르는 이들도 있었다.

가. 작중 연대와 저작 연대

여호수아기의 작중 연대는 이스라엘 백성이 이집트를 떠나온 지 40년이 지난 바로 다음이다. 이집트 탈출 사건을 이집트 파라오 라메세스 2세 치세(기원전 1304-1238년) 때에 일어난 것으로 보면 기원전 1250-1200년 사이가 될 것이다. 이스라엘의 가나안 점령에 관해서는 여러 가지 이론과 가설이 있다. 이 점에 대해서는 『성경 입문 상권』(둘째 마당 II.3.나)을 참조하기 바란다. 여호수아기의 기록대로라면 전면적인 군사작전과 점진적인 진입이 동시에 가능한 것으로 되어 있다. 서로 상반되는 이 두 가설을 절충하면, 실제 역사에서 이스라엘은 소규모의 국지적 전투와 더불어 강력한 도시국가들과는 평화조약을 맺어가며 약속된 땅에 서서히 진입해 들어갔을 것이다. 민병대 수준의 이스라엘 병력으로서는 튼튼한 요새와 일사분란한 왕정 제도를 갖춘 가나안의 도시 왕국들을 공략하기가 쉽지 않았을 것이다.

실제 역사야 어떻든 여호수아기의 가나안 점령 기록을 보면 엄청난 살육이 자행된 것으로 나타난다. 그것도 야훼 하느님의 적극적인 지원과 비호 아래 이루어진다. 어떤 성경 독자들은 여호수아기의 이 같은 잔혹한 기록들에 충격을 받거나 혼란에 휩싸인다. 이 문제는 여호수아기가 저작 연대의 신학적 명제를 반영하고 있다는 사실을 감안하면 쉽게 해결할 수 있다. 여호수아기의 저작 연대는 바빌론 유배(기원전 578-539년)가 끝날 즈음이니 작중 연대와는 거의 600여 년의 차이가 난다. 유다의 멸망과 예루살렘 함락을 목격하고 남의 나라 땅에 사로잡혀 와서 살던 유다인들은 민족적 대재앙 앞에서 깊은 반성을 한다. 하느님이 왜 우리 백성을 치셨을까?

그 대답은 주님과의 계약을 저버리고 가나안의 우상 숭배에 빠졌기 때문이다. 그런데 어쩌다가 이런 잘못을 저지르게 되었는가? 그것은 가나안인들과 혼인하고 그들의 풍습과 문화와 종교를 받아들였기 때문이다. 이제 유배가 풀려 가나안 땅으로 다시 돌아가게 되면 다시는 이런 잘못을 되풀이하지 않기 위해 가나안의 모든 것과 철저히 단절해야 하겠다는 이런 신학적 명제가, 여호수아기 저자로 하여금 가나안에 들어가서 거기에 속한 모든 것을 완전히 파괴하고 없애버리는 것으로 묘사하게 했을 것이다. 따라서 여호수아기의 기록을 글자 그대로 받아들여 이스라엘의 하느님을 폭력의 신으로 간주하거나 자신들의 이익과 생존을 위해 이민족들을 잔혹하게 학살해도 무방한 것처럼 오해해서는 안 된다. 그럴지라도 여호수아기에 나온 하느님의 폭력적인 모습은 오늘의 독자들에게 걸림돌이 될 수 있다. 하지만 이는 근동 신들의 폭력적인 모습을 반영한 것으로 이해할 수 있다. 근동의 신화들에서는 신들이 더 크고 잔혹한 폭력을 휘두르면 그 신들의 권능이 크게 드러나는 것으로 여겨졌다. 성경 저자들도 하느님의 권능을 드러내는 데 이런 신화의 문학적 기법을 활용한 것으로 보인다. 이스라엘도 고대 근동의 일원이었던 만큼 그 문화적 환경에서 결코 자유로울 수 없었다.

나. **구조와 내용**

여호수아기는 크게 세 부분으로 나눌 수 있다. 첫째 부분(1—12장)은 여호수아의 영도 아래 이스라엘이 어떻게 가나안을 정복하였는지 그 과정을 묘사한다. 이 부분은 요르단 강을 건넌 이야기(1—5장)와 주로 중앙 고원

지대에서 치러진 전투 이야기(6—12장)로 구성된다. 가나안의 점령은 이집트 탈출 사건의 결론이다. 하느님은 모세에게 이집트에서 노예살이를 하는 당신의 백성을 해방시키시어 젖과 꿀이 흐르는 가나안 땅으로 이끄시겠다고 분명히 밝히셨다. 노예살이 해방은 모세를 시켜 하셨고, 이제 여호수아를 시켜 가나안 땅을 차지하게 하신다. 가나안 땅의 점령은 선조들에게 하신 약속의 이행이기도 하다. 하느님은 약속을 이행하시기 위해서 장애가 되는 것은 무엇이나 철저히 제거하신다. 이에 대한 응답으로 이스라엘 백성은 가나안의 전리품을 완전 봉헌물로 하느님께 바쳐야 한다.

둘째 부분(13—19장)은 정복한 땅을 열두 지파가 어떤 원칙으로 어떻게 나누어 가졌는지를 서술한다. 이 부분에서 여호수아기 저자는 앞 부분에서와 달리 가나안에는 아직도 정복해야 할 땅과 민족이 많다는 사실을 인정한다(여호 13,1-7). 그렇다면 이제 그들은 가나안 땅에서 다른 민족들과 더불어 사는 법을 배워야 할 것이다. 주님께서는 여호수아에게 늙었음을 일깨워 주신 다음 정복 사업의 마무리는 당신께 맡기고 이스라엘이 점령한 땅을 분배하라고 명령하신다. 땅의 분배는 공정하게 그리고 합리적으로 이루어져야 한다. 각 지파의 인구수에 따라 크기가 결정되었다. 다만 두 가지 사항이 고려되었는데, 첫째는 사제들을 배출한 레위 부족에게는 땅의 어떤 몫도 돌아가지 않는다는 것이다. 그들의 유일한 몫은 주님이기 때문이다. 곧 주님 앞에서 주님을 가까이 모시고 사는 것보다 더 중요하고 큰 몫은 없다. 그 대신 다른 부족들이 그들이 거처할 토지와 목초지를 나누어 줘야 한다. 둘째는 가나안 정탐 때에 큰 믿음과 용기를 보여 준 칼렙에게 특별한 몫을 준 것이다. 가나안 정탐을 마치고 돌아왔을 때 다른 정탐꾼들은 그곳의 크고 장대한 토착민들에 겁을 집어먹고 두려워하였지만, 칼렙은 주님을 믿고 쳐들어가자고 백성을 독려하였다. 두려움은 타협을 낳고 결국 불순종으로 이어진다. 여호수아기 저자가 보기에 바로 이 타협과 불순종이 땅의 상실을 가져왔다는 것이다.

셋째 부분(20—24장)에서 저자는 땅의 분배에서 미처 다루지 못한 성읍, 곧 도피 성읍과 레위인들의 성읍에 관해서 언급하고, 여호수아가 남긴 마지막 당부 설교와 스켐에서 열두 지파와 계약을 맺은 이야기를 다룬다. 여호수아가 주도한 스켐 집회는 각 지파들이 저마다 섬겨 온 지파의 수호신들이나 가나안의 잡신들을 버리고 아브라함·이사악·야곱 등 성조들이 처음부터 섬겼고 이집트에 살다가 탈출한 선조들이 섬겨 온 야훼 하느님을 이스라엘의 유일한 신으로 모실 것을 서약한 모임이다. 여호수아가 죽자 이스라엘 자손들은 그를 에프라임 산악 지방 팀낫 세라에 묻고, 이집트에서 가지고 올라온 요셉의 유골은 스켐에 묻었다.

다. 신학 사상

여호수아기에서 중요한 신학적 반성은 땅과 직결된다. 땅에 대한 이스라엘의 희망과 집착은 모세오경에서 이미 예견되었다. 모세오경은 땅과 관련하여 네 가지 중요한 명제를 제시한다. 첫째, 하늘과 땅을 비롯하여 온 세상의 주인은 그것을 만드시고 다스리시는 하느님이시다. 둘째, 하느님은 이스라엘의 반유목민 조상들에게 땅을 주시겠다고 약속하셨고(창세 12,1; 28,13-15), 그들의 후손들은 땅의 약속을 실현할 상속자가 되어 결국 땅을 차지하게 될 것이다. 셋째, 그런데 현실은 이런 약속의 실현과 정반대로 돌아갔다. 이스라엘은 이집트에서 노예살이를 하며 생존의 위협을 당한다. 그러자 때가 되어 하느님께서는 모세를 시켜 그들을 노예살이에서 해방시키시고 젖과 꿀이 흐르는 풍요로운 땅으로 인도하시기로 작정하신다(탈출 3,8). 넷째, 주님께서 이스라엘 백성과 시나이 산에서 계약을 맺는다. 시나이 계약의 핵심 주제가 땅은 아니지만 이 계약에 포함된 의무조항인 계명의 준수는 땅의 소유와 직결되어 있다(탈출 19,5-6). 이스라엘 백성은 시나이 계약을 신앙고백문으로 만들어 외웠는데, 이 신앙고백문에는 땅에 대한 희망이 표출되어 있다(신명 6,20-24; 26,5-9). 모세오경의 사건들은 모두 약속의 땅 밖에서 일어났고 이스라엘인들은 모두 자기 땅이 없이 남의 나라 땅에 몸 붙여 사는 거류민들이었다. 모세오경은 약속의 땅의 진입을 눈앞에 두고 일어난 사건으로 끝난다(신명 34장). 이어지는 여호수아기는 마침내 이스라엘이 약속의 땅에 진입하는 과정과 그 땅의 분배를 전하고, 판관기에서 열왕기까지는 실제로 약속의 땅을 차지하고 살아가는 과정을 그린다. 모세오경이 땅을 동경하는 문헌이라면 신명기계 역사서는 땅을 안전하게 차지하고 그곳에서 번영을 누리는 법을 모색하는 문헌이라고 할 수 있다.

약속의 땅을 안전하게 차지하고 그곳에서 번영을 누리기 위해서는 반드시 계약에 충실해야 한다. 곧 계약의 주체이신 주 하느님만을 섬기고 그분이 계약의 중요한 의무조항으로 제시하신 계명을 지켜야 한다. 특히 신명기에 소개된 율법을 어떻게 지키느냐에 따라 가나안 땅에서의 삶이 좌우된다(여호 1,7-8; 23,6-7; 24,16-18). 율법 준수의 중요성에 대한 가르침은 여호수아가 스켐에서 모든 이스라엘 백성과 가나안인들과 맺은 장엄 서약에 수렴한다(24,23-26). 판관기는 주님의 계명에 순종하는 것은 땅의 소유를 가능하게 하는 조건이고, 주님의 계명에 불순종하는 것은 땅의 상실을 유발하는 조건임을 실제 사건들로 증언한다. 여기에 사회 정의의 실천이 덧붙여진다. 사회 정의 실천에 대한 강조는 신명기에 이미 드러나 있고 예언서에서도 확인할 수 있다. 이웃 형제들에게 충실한 것은 하느님께 대한 충실과 연결된다.

그런데 위에서 지적한 대로 여호수아기의 기록들을 보면, 하느님의 선물로 이스라엘 백성에게 주어진 약속의 땅을 차지하는 과정에서 본디 같은 원조들에게서 나온 가나안의 수많은 민족들이 무참히 살해된다. 경전의 근본주의적 해석을 쫓는 광신자가 인류 역사에 불러들이는 재앙은 유다교나 그리스도교에서 끊임없이 현실로 드러났고 오늘도 세계 곳곳에서 일어나고 있다(십자군 원정, 종교재판, 히틀러의 유다인 말살 정책, 인디언 학살, 코소보 인종 청소 등). 이를 극복하기 위해 몇 가지 통찰이 필요하다.

첫째, 이스라엘의 가나안 점령을 주도하신 하느님은 약자들 편에 서시는 하느님이시다. 가나안의 도시국가에서 임금과 지주들은 토지를 독점하고 가나안의 농민과 소작인들을 착취하였다. 하느님은 힘센 자들의 이 같은 독점과 착취를 바꾸고자 하신다. 둘째, 여호수아기와 판관기는 약자들 편에서 기록한 역사서다. 억눌렸던 소외 계층의 혁명은 폭력을 동반하기 마련이고 당시의 문화는 전쟁 문화였기에 기존 질서를 바꾸기 위해 무력 투쟁 이외의 다른 방법은 생각하기 어렵다. 셋째, 실제 역사에서는 훨씬 더 많은 관용과 타협이 있었을 것이다. 가나안 창녀 라합에 대한 배려(여호 2장), 기브온 사람들과의 계약(여호 9장), 점령하지 못한 지역에 관한 언급(여호 13,1-6; 참조: 판관 1,21-36) 등이 이를 시사한다. 넷째, 모세오경을 비롯하여 여호수아기의 기록은 유배 시절에 완결된 것으로 그 시대의 신학적 명제를 반영한다. 위에서 언급한 저작 연대의 고려다. 잃어버린 땅의 주권을 되찾아야 한다는 당위성, 자신들을 억압하는 외국 세력의 단호한 배격, 과거에 체험한 바대로 이교도들과의 절충과 타협으로 되찾은 땅을 다시 빼앗길지도 모른다는 두려움이 유배 세대로 하여금 가나안의 모든 것을 쓸어버리는 식의 문헌을 창출하게 한 것이다.

마지막으로 덧붙일 점은 저작 연대에 이어 여호수아기의 작중 연대에 관한 고려다. 구세사의 관점에서 볼 때 한 민족으로 태동을 막 거친 여호수아기의 이스라엘 백성은 사람으로 치면 부모의 사랑과 보호가 절대적으로 필요한 유아기와 같았다. 이 시기 부모는 아이에게 위협이 되는 것은 무엇이나 철저히 막고 배제한다. 그러나 아이가 자라서 다른 사람들과 어울려야 할 시기가 되면 부모의 태도는 달라진다. 다른 이들과 더불어 사는 법을 가르쳐 주어야 하기 때문이다. 구약의 예언서에 들어서면 하느님은 이스라엘 민족만의 주님이 아니라 이제는 이방인들의 주님, 온 세상의 주님이심을 드러내신다. 구원의 보편주의를 향해 문호를 개방하는 것이다.

이 밖에도 여호수아기는 나중에 유다교의 기초를 이룬 중요한 요소들을 강조한다. 땅의 정착과 연결하여 할례와 과월절 축제를 강조하고, 사제직과 제단과 제사와 더불어 계약 궤가 고대 이스라엘의 종교·정치적인 삶의 중심이 된다. 계약 궤는 계약의 보관소로서 후대에 유다교 회당의 중심에 토라를 모신 감실龕室의 모형模型이다.

2. 판관기

히브리어 성경의 일반 관례와 달리 이 책의 히브리어 이름 '쇼프팀'(שֹׁפְטִים 수령들, 판관들)은 첫 문장에서 따오지 않고 이 책에 등장하는 주인공들의 직분을 가리키는 말에서 얻어 냈다. 그런데 히브리어 '쇼펫'(שֹׁפֵט 쇼프팀의 단수형)은 '판관'보다는 '수령'이나 '지도자'의 의미가 더 강하다. 실제로 판관기의 주역들은 대부분 이스라엘 백성을 억압에서 구해 낸 부족의 지도자 또는 통치자들로 나온다. 지도자로서 그들의 역할은 다양하다. 어떤 이들은 군대의 장수였고(오트니엘, 에훗, 바락, 기드온, 입타), 어떤 이들은 혈혈단신의 용사였으며(삼가르와 삼손), 어떤 이들은 예언자였고(드보라와 사무엘), 어떤 이들은 사제였다(엘리와 사무엘). 이들 가운데 드보라와 사무엘만이 명시적으로 백성들의 송사를 판결하는 판관직을 수행한 것으로 드러난다. 따라서 판관직을 송사의 판결에만 연결하여 이해하는 것은 바람직하지 못하다. 우리말 이름 판관기는 그리스어 이름 '크리타이'(Κριταί 판관들)와 직결된다.

판관기에 나오는 판관은 모두 열두 명이다. 보통 오트니엘·에훗·삼가르·드보라·기드온·입타·삼손 이렇게 일곱 명은 대판관으로 분류하고, 톨라·야이르·입찬·엘론·압돈 이렇게 다섯 명은 소판관으로 분류한다. 대판관과 소판관을 분류하는 원칙은 그 인물의 위대함과는 관련이 없고 다만 그와 관련된 전쟁 영웅담이 있느냐 없느냐 하는 것이다. 대판관의 경우는 영웅담을 곁들여 소개하는 반면 소판관은 단순히 연대기적 정식, 곧 아무개는 몇 해 동안 이스라엘의 판관으로 있었다는 식으로만 소개한다. 입타의 소개에는 영웅담과 연대기적 정식이 같이 나온다.

가. 작중 연대와 저작 연대

판관기의 작중 연대는 가나안 점령(기원전 1250-1200년경) 이후부터 왕정 제도(초대 임금 사울의 치세: 기원전 1030-1010년경)가 들어서기까지 200여 년 동안이다. 이 시기에 이스라엘에는 모세나 여호수아 같은 위대한 영도자가 없었다. 열두 지파는 평상시에 서로 단합을 이루지 못하고 지내다가 이민족이 침입해 오면 일시적 부족 동맹을 맺고 힘 있는 용사를 지도자로 내세워 그의 영도 아래 위기를 극복하곤 했다. 그가 곧 판관이다. 그러나 위기 상황이 끝나면 부족 동맹은 곧바로 와해되고 각 지파가 세운 기준에 따라 행동하였다. 앞에서 언급한 대로(셋째 마당 II.1.나.(1)) 판관기 저자는 이 시대의 이스라엘에 일정한 종교적 현상이 반복된 것으로 묘사한다. 판관 2,11-19과 판관 3장에 소개된 첫째 판관 오트니엘의 이야기가 그 현상의 일정한 틀을 정확히 제시한다. 이스라엘이 주 하느님을 저버리고 가나안의 풍산신을 섬긴다(7절). 주님께서 진노하시어 그들을 이민족의 손에 넘기신다(8절). 이스라엘이 자신들을 구원해 주시라고 주님께 울부짖자 주님께서 구원자인 판관을 보내시어 이민족의 손에서 백성을 구하신다(9-10절). 판관이 죽고 평온해지면 이스라엘은 다시 주님의 눈에 거슬리는 짓을 한다(11-12절). 이 같은 '배반-징벌-탄원-구원-배반'이라는 틀은 판관 시대 내내 되풀이된다.

판관기의 저작 연대는 크게 두 단계로 볼 수 있다. 보통 판관기를 신명기계 역사서 가운데 하나로 분류하지만, 판관기에 나오는 이야기들은 신명기의 내용과 다른 신학사상을 반영한다(아래 구조와 내용에서 상론하겠다). 이 책의 주인공인 판관들은 지방의 영웅들로서 그들의 행동은 이집트 탈출 사건과 시나이 계약에 크게 영향을 받지 않는다. 신명기계 문헌과 충돌하는 판관기의 주요 부분이 편집된 시기는 신명기 이전 기원전 8세기 말이나 7세기로 추정한다. 이런 판관기의 이야기들은 유배 기간, 곧 기원전 6세기에 신명기계 편집자의 손을 거쳐 완성되는데, 이때 위에서 지적한 판관기의 기본 틀이 책 전체의 내용을 통제하게 된다.

나. 구조와 내용

판관기는 세 부분으로 나뉜다. 여호수아기와 연결된 서론 부분(1,1—3,6)과 판관들의 행적을 다룬 본론 부분(3,7—16,31)과 이스라엘의 혼돈상을 묘사하는 결론 부분(17—21장)이 그것이다.

서론 부분(1,1—3,6)은 신명기계 역사가의 신학 사상을 그대로 드러낸다. 이 책의 최종 편집자는 2,11-19에서 판관 시대를 위에서 언급한 '배반-징벌-탄원-구원-배반'이라는 틀에 맞추어 요약한다. 이 악순환은 판관 시대의 특징일 뿐 아니라 판관 시대 이후의 신명기계 역사서에서도 확인할 수 있다.

판관들의 행적을 전하는 본론 부분(3,7—16,31)은 오래된 부족 전승들을 반영한다. 이 부분에 신명기계 사관이 눈에 띄지 않고 오히려 이와 상충하는 요소들이 나타난다. 신명기에서는 왕정 제도를 비판하고(신명 17,14-20) 예언자들의 위치를 왕권보다 더 높이 평가하는(신명 18,15-19; 참조: 1열왕 12,22-24) 데 반하여, 이곳에서는 왕정 제도의 필요성과 장점을 부각시키는 반면 예언직에 대한 언급이 거의 없다. 또 신명기에서는 제의 중앙화를 강조하고(신명 12,5-28; 참조: 1열왕 8,16 이하) 하느님은 당신의 이름을 예루살렘 성전에만 두신 '멀리 계시는 신'이신(신명 12,5; 참조: 1열왕 8,27) 데 반하여, 여기서는 제의중앙화를 요구하지 않고 하느님에 대해서도 장소를 가리지 않으며 그분이 직접 또는 천사들을 통하여 인간 역사에 적극적으로 개입하시는 '가까이 계시는 하느님'으로 묘사한다. 따라서 이 부분은 신명기 작성 이전, 북왕국 이스라엘이 멸망한(기원전 722년) 직후에 작성된 것이 아닌가 추측할 수 있다(18,30 참조). 열두 판관들은 이스라엘의 열두 부족에서 균등하게 나오지 않았다. 판관들 대부분은 중부 지방의 산악 지대 출신이다. 때때로 판관들은 자기 부족에게 인기가 없거나 심지어 배척을 받기도 한다. 이 부분의 저자는 판관들이 자신의 능력이 아니라 하느님의 능력으로 이스라엘을 원수들의 손에서 건져냈음을 강조한다. 판관들은 이스라엘의 배반, 타민족의 억압, 하느님의 구원, 또다시 이스라엘의 배반으로 반복되는 이 시대의 역사에서 하느님이 당신 백성을 구원하시기 위하여 뽑으신 구원의 도구일 뿐이다.

마지막 결론 부분(17—21장)은 판관 시대가 혼돈의 상태로 끝나게 되었음을 전한다. 판관기의 저자는 이 혼돈의 시대를 이렇게 요약한다. "그 시대에는 이스라엘에 임금이 없었다. 그래서 사람들은 저마다 제 눈에 옳게 보이는 대로 하였다"(21,25; 참조: 18,1; 19,1). 혼돈의 원인은 외부의 적이 아니라 내부의 방종이다. 17—18장은 우상 숭배와 비정상적인 사제직 수행을 다루고 19—21장은 벤야민 지파의 야만적이고 반인륜적인 만행과 그로 인한 동족상잔을 전한다. 이 기간에는 하느님께 파견된 어떤 판관도 지도자도 없었다. 지도자가 없는 상태에서 사람들은 누구나 자기 생각에 옳은 것처럼 보이는 대로 행동하였다. 하느님의 뜻이 아니라 인간의 생각이 판단 기준이었다.

다. **신학 사상**

판관기는 여호수아가 가나안 땅을 점령하고 분배한 다음부터 사무엘의 영도 아래 왕정이 들어서기까지의 역사를 다룬다. 강력한 지도력을 발휘하여 일사분란하게 약속의 땅을 점령하고 이스라엘의 열두 지파를 야훼 신앙 안에서 단결시킨 여호수아의 시대는 가고 혼돈의 시대가 들어섰다. 이 혼돈의 시기는 여호수아기에서 이미 예견한 것이다. 여호수아기의 저자는 땅과 율법의 관계를 보증에서 경고로 발전시킨다. 곧 약속의 땅을 차지하기 전에는 율법에 대한 순종이 땅의 소유를 보증하지만, 그 땅에 정착하면서부터는 율법에 대한 불순종이 땅의 상실을 가져올 것이라고 경고한다. 판관기는 이 경고가 구체적 현실로 서서히 드러나기 시작했음을 보여 준다. 하느님께 충성을 다하지 못하면 그분이 선물로 주신 땅을 차지하고 그곳에서 번영을 누릴 수 없다. 오히려 그 땅에서 무질서와 혼란을 겪을 뿐이다. 이제 약속의 땅이 문제의 땅으로 돌변한 것이다.

이 혼돈의 상황 앞에서 사람들은 왕정의 도래를 고대한다. 그러나 왕정이 들어서면 과연 모든 게 정상으로 돌아갈 수 있을까? 이어지는 신명기계 역사서는 부정적 답변을 제시한다. 이스라엘을 안정과 번영으로 인도하는 것은 이상적 제도가 아니라 하느님께 대한 믿음과 충성이다. 판관기 저자는 결론 부분에서 "임금이 없다"는 말을 여러 번 되풀이하는데, 이는 이스라엘이 계약의 하느님을 참임금으로 섬기기를 거부했다는 뜻이기도 하다. 참임금이신 하느님을 올바로 섬기고 그분의 말씀에 순종하지 않는 한 어떠한 훌륭한 제도도 약속된 땅에서의 번영을 보장해 주지 않는다.

3. 룻기

이 책의 명칭은 히브리어 성경(רוּת), 그리스어 성경(Ρούθ), 우리말 성경 모두 여주인공의 이름을 따서 지은 룻기다. 히브리어 '룻'은 '사랑받는'이라는 뜻이다. 여주인공 룻은 이름 뜻 그대로 모든 이에게 사랑을 받을 만한 여인이다. 실제로 잠언 31장이 칭송한 이상적 여인상을 우리는 룻에게서 발견할 수 있다. 히브리어 성경에서 룻기는 성문서에 속하지만, 칠십인역 성경에서는 판관기 바로 다음에 위치한다. 시대에 관한 머리글의 언급(1,1: "판관들이 다스리던 시대에")과 맺음말에 나오는 다윗 임금의 족보(4,18-22) 때문이다. 룻기는 혼돈의 상황으로 끝난 판관 시대와 다윗의 통치로 절정을 이루게 될 왕정 시대를 이어 주는 고리 구실을 한다.

현대 히브리어 성경TaNaKh에서는 룻기를 축제오경(아가·룻기·애가·코헬렛·에스테르기)의 둘째 자리에 놓는다. 앞에서 언급한 대로(셋째 마당 III.1.가) 축제오경의 위치는 유다교 전례력의 순서와 일치한다. 한 해의 첫 번째 축제 과월절(음력 3월 14일)에 아가를 봉독하고는 두 번째 축제인 오순절(과월절 이후 오십 일 또는 칠 주간이 지난 다음인 음력 5월 6일에 지냄)에 룻기를 봉독한다. 이 책을 오순절에 봉독한 데는 몇 가지 이유가 있다(Kohler/Magnus). 첫째, 룻기의 사건들이 보리 수확 시작부터 밀 수확 끝까지 일곱 주간 동안에 일어났다. 둘째, 유다교 전승에서 룻기의 마지막(4,18-22)에 나오는 족보의 주인공 다윗 임금은 오순절에 태어나서 오순절에 죽었다고 한다(Chayim, 494). 셋째, 유다교에서는 기원후 2-3세기부터 오순절을, 하느님께서 시나이 산에서 모세를 통하여 이스라엘 백성과 계약을 맺으신 때(탈출 19,1)와 동일시하는 전통(『바빌론 탈무드』 샤바트 86b)이 있었다(Bloch, 187-189). 시나이 계약의 핵심은 이스라엘에 대한 하느님의 성실한 사랑인데 이 성실한 사랑이야말로 룻기의 중심 주제다. 또한 룻이 유다교로 개종할 때 율법을 받아들인 사실을 이스라엘이 시나이 산에서 토라를 받아들인 것에 비유할 수 있다.

가. **작중 연대와 저작 연대**

룻기의 작중 연대는 머리글에 나와 있는 대로 판관 시대(기원전 1250-1030년경)다. 그러나 저작 연대는 바빌론 유배 말기나 유배가 풀린 직후로 추정할 수 있다. 이방인 지역에 살다가 고향 베들레헴으로 돌아가는 나오미에게 축복이 내렸다는 룻기의 내용은, 고국으로 돌아가는 유배자들에게 축복이 내릴 것이라는 희망을 불러일으키기에 충분하다. 또한 룻기의 저자는 판관 시대를 먼 옛날로 기억하고 후대의 이스라엘에서는 이미 폐기된 옛 관습을 설명하기 때문이다("옛날 이스라엘에는": 4,7). 다윗의 혈통에 관한 관심과 강조도 저작 연대를 다윗 왕조가 끊긴 이후로 늦게 잡도록 만든다. 이 밖에도 후대의 언어적 특성, 이방인들을 끌어안는 보편주의, 인과응보와 고통에 대한 반성 등은 유배 이후의 시대에 더 잘 어울린다.

나. **구조와 내용**

룻기 전체는 곡식의 소출과 아들의 출산이라는 명제를 이용하여 땅과 후손에 대한 약속을 성실하게 수행하시는 하느님의 자애(חֶסֶד 헤세드)

를 강조한다. 룻기는 4장으로 된 교훈적 단편 소설이고 각 장은 소설의 기본 구조인 기승전결起承轉結을 그대로 반영한다. 1장은 기근 때문에 고향 베들레헴을 떠나 모압 지방으로 이주해서 살다가 남편과 두 아들마저 잃어버린 한 불행한 여인 나오미를 중심 인물로 내세운다. 나오미는 먹을 양식이 없어서 고향 땅을 등진 데다 설상가상으로 남편과 두 아들마저 죽어 후손까지 끊겼다. 말하자면 땅과 후손에 대한 희망이 완전히 사라진 상태에 처한 것이다. 잃을 것이 더 없는 나오미는 이제 고향으로 돌아가기로 작정한다. 이때 모압 출신 두 며느리 가운데 오르파는 떠나고 룻이 시어머니를 따라 베들레헴으로 돌아온다.

2장은 모든 면에서 풍요로운 보아즈를 중심 인물로 내세운다. 나오미가 자신에게 붙인 별명 '마라'(מָרָא 쓰라림)와는 대조적으로 '보아즈'(בֹּעַז)는 '그에게 힘이 있다'는 이름 뜻을 지닌다. 나오미의 쓰라린 운명을 뒤바꿀 힘이 보아즈에게 있다는 말이다. 보아즈는 실제로 나오미의 남편 가문에 속한 친족이니 그녀의 '구원자'가 되기에 안성맞춤이었다. 마침 자신의 보리밭에서 이삭을 줍는 젊은 과부 룻을 지켜본 보아즈는 종들을 통해 룻이 시어머니를 극진히 봉양하는 효성 지극한 며느리인 것을 알고, 종들이 집적거리지 못하게 하거나 그의 곁에서 식사를 하게 하며 이삭을 일부러 흘려 넉넉히 주워 가도록 하는 등 특별히 배려한다.

3장에서는 가난한 두 과부 나오미와 룻의 지혜로운 행동과 이를 받아들여 율법에 맞게 올바로 처리하는 보아즈의 너그럽고 성실한 태도가 돋보인다. 나오미는 며느리 룻에게 목욕하고 향유를 바른 다음 보아즈의 잠자리에 들 것을 지시한다. 보아즈는 한밤중에 발치에 누워 있는 룻에게 자기보다 더 가까운 구원자의 양해를 얻어 아내로 맞이하겠다고 약속하면서 새벽까지 지켜 주고는 곡식을 들려 집으로 돌려보낸다.

4장은 이야기의 행복한 결말이다. 보아즈는 성문 앞에서 마을 원로들이 지켜보는 가운데 자기보다 더 가까운 구원자에게 나오미가 관리하는 엘리멜렉의 밭을 사겠느냐고 묻는다. 그 구원자는 처음에 밭이 탐나서 그것을 사겠다고 했다가 밭뿐 아니라 과부 며느리 룻을 아내로 맞이해야 한다는 보아즈의 설명을 듣고는 구원자의 권리와 의무를 포기한다. 젊은 과부 룻을 아내로 맞이하여 그녀가 아이들을 많이 낳기라도 하면 엘리멜렉의 밭은 물론 자기 밭까지도 그 아이들이 상속하게 될 수 있기 때문이다. 그가 물러서자 보아즈는 엘리멜렉에 속한 모든 것을 나오미의 손에서 사들이고 룻도 아내로 맞아들인다. 이 모든 일을 보아즈는 율법에 따라 공정하고 성실하게 처리하였다. 이에 대한 보답으로 주님께서는 보아즈와 룻에게 오벳이라는 아들을 점지해 주셨는데, 이 오벳이 이스라엘에서 가장 위대한 임금 다윗의 할아버지가 되었다.

다. **신학 사상**

라삐 전통에 따르면 룻기의 핵심 주제는 자애·성실·효성 등으로 옮길 수 있는 히브리어 '헤세드'חֶסֶד다. 룻기에는 어려움에 처한 이스라엘 백성을 돌보시는 하느님의 성실하신 자애뿐 아니라, 이 책의 주요 인물들, 곧 나오미와 룻과 보아즈가 보여 주는 가족과 혈족 공동체에 대한 유대감과 사랑, 충실한 의무 이행 등이 돋보인다. 룻기에서 헤세드와 직결된 주제는 '가문의 존속'이다. 그런데 가문의 존속 역시 당신의 약속을 반드시 이행하시는 하느님의 성실하심에 바탕을 둔다. 하느님은 이스라엘의 가문이 끊길 위험에 처했을 때마다 여인들을 시켜 그 위험을 극복하게 하셨다. 라헬과 레아(창세 29—30장), 타마르(창세 38장), 이집트에서 히브리 사내아이들의 출산을 도운 두 명의 산파와 모세의 누이(탈출 1—2장)는 가문이 끊기지 않도록 모두 신속하고 결연하게 행동하였다. 또 다른 중요한 주제는 결핍과 채움이다. 이 주제는 땅과 후손의 약속에 적용된다. 유다는 기근이 들었다가 풍성한 수확을 거둔다. 또 나오미와 룻은 처음에 남편의 죽음을 겪었다가 후손의 탄생을 경축한다. 하느님은 당신 백성이 곤경에 처했을 때 그 조상들과 하신 약속을 잊지 않으시고 구원의 손길을 뻗치신다. 룻기는 모두 85절로 된 소품이지만, 이 책에 히브리어 '가알'(גָּאַל 구원하다)과 '고엘'(גֹּאֵל 구원자, 후견인) 및 그 파생어가 23번이나 나온다. 룻기에서 나오미와 룻은 이스라엘을 상징하고, 고엘이 되어 그들을 도와준 친족 보아즈는 하느님을 대변한다.

마지막으로 룻기에는 다윗과 그 조상에 대한 관심과 존경심이 드러난다. 룻기 이야기는 다윗의 족보로 마무리된다. 다윗처럼 출중한 임금이 나오게 된 데에는 룻과 보아즈 같은 훌륭한 조상이 있었다는 것이다.

룻기는 단지 네 장에 지나지 않는 소품이지만 역사서 전체를 관통하는 구약성경의 중요한 개념들인 땅과 후손에 대한 하느님의 약속, 시나이 계약과 율법, 율법의 충실한 준수 들을 훈훈한 가족 이야기를 통하여 구체적이고 생생하게 표현하고 있다. 그리고 이 개념들을 하나로 묶는 주제로 '헤세드'와 '고엘'을 전면에 내세운다.

4. 사무엘기 상·하권

히브리어 성경에서 사무엘기 상·하권은 쿰란 수사본(4QSam[a])과 탈무드가 증언하듯 본디 한 두루마리였으나, 15세기경에 그리스도교 불가타의 영향으로 둘로 분리되었다. 칠십인역 그리스어 성경과 이를 따르는 그리스도교 성경 전통에서는 처음부터 이 책을 둘로 나누었다. 히브리어 성경에서 이 책의 이름은 일반적 관례와는 달리 첫 문장에서 따오지 않고 이 책 상권의 주역인 사무엘의 이름을 따서 지었다. 우리말 성경에서도 이 책의 이름은 사무엘기다. 히브리어 사무엘שְׁמוּאֵל의 어원을 '샤울 메엘'(שָׁאוּל מֵאֵל 하느님께 청을 드린: 1사무 1,20)에서 찾기도 한다. 그러나 이런 설명은 이스라엘의 초대 임금 사울에게 더 잘 어울린다. 사무엘은 '하느님의 이름'에서 비롯했다는 설명이 더 설득력 있다. 사무엘은 이름 뜻 그대로 하느님을 대신하여 이스라엘에 왕정 제도를 도입하고 사울을 도유하여 첫 임금으로 내세운 인물이다.

칠십인역 그리스어 성경에서는 사무엘기 상권과 하권, 열왕기 상권과 하권을 제1-4열왕기Βασιλειῶν라고 부른다. 사무엘기를 둘로 나누는 기준은 주요 인물의 죽음으로 끝을 맺는 몇몇 책의 관례에 따른 것으로 보인다. 예를 들어 창세기가 요셉의 죽음으로, 신명기가 모세의 죽음으로, 여호수아기가 여호수아의 죽음으로 끝났듯이 사무엘기 상권은 사무엘의 탄생으로 시작하여 이스라엘의 초대 임금 사울의 죽음으로 끝난다. 하권은 다윗의 통치에 집중한다.

가. 작중 연대와 저작 연대

사무엘기의 작중 연대는 이스라엘이 왕정 제도를 도입하기 직전부터 직후까지다. 곧 기원전 1030년 전후다. 사무엘은 이스라엘에 왕정 제도를 도입한 인물이다. 왕정 도입 직전에 이스라엘은 두 가지 위기 상황을 맞는다. 하나는 내적 위기로서 지도자의 부재를 들 수 있다. 왕정이 들어서기 전 200여 년 동안 팔레스티나의 인구는 빠른 속도로 증가하였고 농업 인구가 늘어나면서 부도 축적하게 되었다. 이런 상황에서 관개시설과 상업제도 등을 부족 단위로 운영하는 데는 한계가 있었고 강력한 중앙 통제 조직이 필요하였다. 또 하나는 외적 위기로 필리스티아인들의 침략을 들 수 있다(『성경 입문 상권』 첫째 마당 I.3.나). 그들은 제후가 다스리는 다섯 성읍, 곧 아스돗·아스클론·에크론·갓·가자를 중심으로 동맹 체제를 이루었고, 강력한 철제 무기와 잘 훈련된 정규군과 용병들을 앞세워 남쪽 해안가로부터 중앙 내륙으로 치고 올라왔다. 이런 상황에서 실로의 사제요 판관인 엘리는 늙고 무능했으며 그의 두 아들은 도덕적으로 부패하였다. 이런 위기 상황에서 대안으로 떠오른 것이 하느님의 말씀을 제대로 전달해 줄 수 있는 예언직의 확립과 외적을 막아 낼 수 있는 왕정 제도의 도입이었다. 이스라엘에 이 두 제도를 정착시키는 적임자로 사무엘이 선택된 것이다.

사무엘기의 저작 연대를 추정하는 일은 간단하지 않다. 최종 편집 연대는 다른 신명기계 역사서들처럼 바빌론 유배 기간이었겠지만 그 이전에 길고도 복잡한 본문의 형성 과정이 있었을 것이다. 그래서 아래 사무엘기의 전승과 편집 과정을 상론하고자 한다.

나. 전승과 편집

사무엘기에는 같은 사건을 이중으로 서술한 예가 많은데, 때때로 그 내용이 서로 상충하는 경우도 있다. 사무엘기의 이중 묘사는 매우 복잡한 전승 과정과 편집 과정을 거쳐 이 책이 완성되었다는 것을 시사한다. 사울의 선택(1사무 9,15—10,9; 10,20-24), 사울의 배척(1사무 13,8-14; 15,9-33), 다윗과 사울의 첫 만남(1사무 16,14-23; 17,31-37.55-58), 골리앗의 살해(다윗에게: 1사무 17,40-51; 엘하난에게: 2사무 21,19), 사울이 다윗을 죽이려 함(1사무 18,10-11; 19,9-10), 다윗의 도주(1사무 19,11-12; 20,1—21,1), 다윗이 갓 임금 아키스에게 피신함(1사무 21,11-16; 27,1—28,2), 다윗이 사울을 죽이기를 거부함(1사무 24,1-22; 26,1-25), 사울의 죽음(1사무 31,1-7; 2사무 1,3-10) 등이 그 좋은 예들이다. 같은 사건의 이중 묘사는 민속 설화에서 흔히 나타나는데, 한 사건이 처음부터 두 가지 형태로 만들어져 전달된 것일 수도 있고 동일한 전승이 저마다 다른 시대에 서로 다른 관점을 지닌 편집자들의 손에 의해서 달리 각색된 것일 수도 있다. 사무엘기의 경우 다양한 사료가 여러 시대의 편집 과정을 거쳐 완성되었을 것으로 본다. 최종 편집자는 신명기계 역사가였겠지만, 여호수아기나 열왕기에 비해 신명기 역사관이 덜 반영되었다고 할 수 있다.

사무엘기에는 왕정 제도를 두고 찬성(1사무 9,1—10,16; 11,13-14)과 반대(1사무 7—8장; 10,17-27; 12장; 15장)의 상반된 견해가 그대로 드러나 있는데, 20세기 중반까지만 해도 왕정 제도를 반대하는 경향을 사무엘기의 최종 편집자인 신명기계 역사가에게 돌렸다. 그러나 왕정에 대한 부정적 시각은 신명기계 역사 이전의 옛 전승에서 이미 예언자들의 비판적 견해가 반영된 것으로 보는 학자들도 있다. 또한 신명기계 역사가의 편집도 단 한 번에 그친 것이 아니라 적어도 두 번 이상 이루어졌을 것으로 보고, 그때마다 왕정에 대한 견해가 찬·반으로 엇갈리지 않았나 추측한다. 곧 유배 이전 요시야 임금 시대에 일어난 첫 번째 편집자는 왕정을 지지하는 쪽이었으나, 왕정의 몰락을 체험한 유배 시절의 두 번째 편집자는 왕정에 비판적 태도를 취했을 것이다. 그러나 최종 편집자는 어느 정도의 혼란과 모호함을 무릅쓰고 이 두 가지 상반된 관점을 그대로 받아들여, 왕정 제도의 필요성은 인정하되 그 제도의 취약성과 위험성을 예리하게 지적한다.

다. 구조와 내용

『성경 입문 상권』에서 밝혔듯이 남북으로 갈라지기 이전 이스라엘의 초기 왕정 시대를 풍미하던 인물이 넷 있었다. 사무엘기 상·하권은 이들 가운데 솔로몬을 뺀 세 인물, 사무엘과 사울과 다윗의 생애를 다룬다. 이 세 인물에 얽힌 이야기를 크게 다섯 부분으로 나눌 수 있다. 첫째 부분(1사무 1—7장)은 이스라엘에 닥친 위기가 무엇이고 그 위기를 사무엘이 어떻게 해결하는가를 다룬다. 위에서 지적한 대로 이스라엘에 닥친 위기는 두 가지, 곧 지도자의 부재라는 내적 위기와 필리스티아인들의 침략이라는 외적 위기다. 그 당시 이스라엘의 정신적 지도자는 실로의 사제 엘리였는데, 나이가 너무 많아 필리스티아인들의 침공을 막아 내기는 고사하고 집안 단속조차 제대로 할 수 없을 만큼 무능하였다. 이스라엘은 에벤에제르의 전투에서 실로에 모셔 두었던 주님의 계약 궤를 필리스티아인들에게 빼기고 엘리의 집안은 몰락하였다. 이스라엘 안에 주님의 현존을 확인해 줄 사제직과 계약 궤가 한꺼번에 사라진 것이다. 이런 위기 상황에서 이스라엘 백성은 위기를 극복할 우선적 대안으로 주변 민족들이 이미 오래전에 받아들인 왕정의 도입을 절실하게 요청하였다. 땅을 확보한 이스라엘은 그 땅을 지켜 줄 현실적 제도를 찾고 있었다. 임금과 더불어 하느님의 말씀을 전해 줄 예언직도 중요한 직책으로 떠올랐다. 하느님의 말씀과 현존이 약해진 상황을 극복하기 위해서는 예언자들이, 외적의 침입과 정치·경제·사회적 혼란을 막기 위해서는 임금들이 필요하였던 것이다. 이 두 가지를 충족시켜 준 인물이 바로 사무엘이다.

둘째 부분(1사무 8—15장)은 사울과 사무엘의 갈등을 다룬다. 둘 사이의 갈등은 왕직과 예언직의 갈등이기도 하다. 사무엘기의 둘째 부분은 이스라엘의 첫 임금 사울이 하느님의 명을 전달하는 사제요 예언자인 사무엘의 말을 듣지 않음으로써 어떻게 몰락하는지를 보여 준다. 사울은 정치적으로나 종교적으로나 실패한 임금의 전형이다.

셋째 부분(1사무 16—31장)은 사울과 다윗의 갈등을 다룬다. 이 부분의 시작은 사울 이야기와 비슷하다. 다윗도 사울처럼 사무엘에게 기름부음을 받는 순간 주님의 영에게 사로잡힌다. 주님의 영이 닥치면서 성공을 거두는 다윗과는 대조적으로, 주님의 영과 결별한 사울은 악령에 시달리게 되면서 급속하게 몰락해 간다. 다윗이 성공할수록 사울은 질투의 화신이 되어 다윗을 죽이려고 하지만 번번히 실패하고 오히려 다윗에게 두 번이나 죽임을 당할 기회를 제공한다. 그때마다 다윗은 상전인 사울에 대한 변함없는 충성과 존경심을 보이며 그의 생명을 지켜 준다. 사무엘기 저자는 다윗이 이렇게 성공을 거둔 이유를 주님께서 그와 함께 계셨기 때문이라고 여러 차례 되풀이하여 말한다(1사무 17,37; 18,12.14.28; 20,13; 참조: 2사무

5,10). 다른 한편 다윗 편에서 볼 때, 귀족 가문 출신의 사울과는 달리 베들레헴의 평범한 농사꾼 이사이의 막내 아들로서 그가 성공할 수 있었던 비결은 자신을 낮추고 하느님의 이끄심을 겸손하게 청하면서 그분의 뜻을 충실히 따르고자 하였기 때문이다.

넷째 부분(2사무 1—8장)은 다윗이 이스라엘 전체의 임금이 되는 과정을 다룬다. 다윗은 헤브론에서 이스라엘의 원로들과 계약을 맺고 남북 전체를 포함한 통일 왕국의 첫 임금이 된다. 다윗은 유다와 벤야민 지파의 경계에 위치한 예루살렘을 수도로 정함으로써 사울을 배출한 벤야민 지파와 화합하려 하였다. 또한 이곳에 '다윗 성'을 세워 어느 지파에게도 속하지 않은 독립 지역으로 만들었다. 그런데 예루살렘은 이스라엘 열두 지파에게는 정치적으로 중립 지역이면서 수많은 전문가들과 인재들이 모여 있는 가나안의 중심 도시였다. 다윗은 왕정의 관료조직과 행정 체제를 제대로 갖추기 위하여 이곳의 인물들을 충분히 활용하였을 것이다. 이들과 더불어 다윗의 왕국에 들어온 가나안의 문화와 관습은 이스라엘의 야훼 신앙과 충돌할 위험이 충분히 있었다. 이런 위험을 배제하기 위하여 다윗은 계약 궤를 예루살렘 성소에 모셔 들이고 주님께 그분이 머무실 집을 지어 드리겠다는 제안을 한다. 그러나 주님께서는 나탄 예언자를 통하여 오히려 다윗에게 집을 지어 주고 그의 가문이 영원히 왕좌를 차지하게 해 주겠다고 약속하신다.

다섯째 부분(2사무 9—20장)은 왕위 계승 사화인데, 이 계승 사화가 어디에서 시작하여 어디에서 끝나는지를 두고 학자들 사이에 논란이 있다. 어떤 이들은 2사무 9—20장과 1열왕 1—2장을 연결하여 계승 사화로 주장하고, 다른 이들은 이 둘을 분리하여 전자만 계승 사화로 보고 후자는 솔로몬의 이야기에 포함시킨다. 그러나 두 대목 사이에 낀 사무엘기 마지막 몇 장(2사무 21—24장)을 이 책의 부록으로 여기는 데는 별 이견이 없다. 사무엘기의 왕위 계승 사화는 임금으로서 다윗의 권위나 능력은 제쳐두고 한 인간으로서 그의 허약함을 여지없이 드러낸다. 2사무 11—12장은 이 사화의 백미白眉다. 다윗은 히타이트 용병 우리야의 아내와 간통하고 그 사실을 숨기기 위해 우리야를 은밀하게 살해하지만, 하느님의 눈은 못 속인다. "다윗이 한 짓이 주님의 눈에 거슬렸다"(2사무 11,27). 하느님은 나탄 예언자를 보내시어 다윗의 잘못을 꾸짖으신다. 다윗은 변명을 하거나 핑계를 대지 않고 자신의 잘못을 깨끗하고 솔직하게 인정한다. "내가 주님께 죄를 지었소"(12,13). 다윗의 이런 태도를 보시고 하느님께서는 그의 목숨만은 살려 주시되 그의 집안에 벌을 내리신다. 죄악의 씨앗인 아들이 죽고 왕자들 사이에서 칼부림이 일어난다. 왕위 계승 사화는 절대 권력을 한 손에 쥔 통치자의 잘못이 나라 전체에 얼마나 큰 혼란과 불행을 가져오는지 잘 보여 준다.

사무엘기의 마지막 네 장(2사무 21—24장)은 부록처럼 되어 있다. 이 대목에는 이스라엘에 기근을 가져온 사울의 죄와 흑사병을 야기시킨 다윗의 죄를 보상하는 이야기(21,1-14; 24,1-25), 다윗 용사들의 두 목록(21,15-22; 23,8-39), 주님의 은혜에 대한 감사 노래를 담은 다윗의 승전가(22장)와 주님의 계약을 높이 기린 찬양 노래인 다윗의 마지막 말(23,1-7)이 나온다. 이로써 사무엘기 저자는 사울과 다윗의 왕권이 아무리 높다 하더라도 하느님의 권위에 예속되어 있고 임금으로 뽑힌 자는 맡겨진 왕직을 그분의 뜻에 따라 성실히 수행해야 한다는 사실을 다시 한 번 천명하는 한편, 용사들의 목록을 통해서 다윗처럼 훌륭한 임금도 혼자서 공을 세우지 못하고 다른 사람들의 도움을 받아야 한다는 사실을 독자들에게 주지시킨다. 다윗이 부른 두 노래는 비천하고 미약한 자신을 도구로 삼아 놀라운 업적을 이루신 주님을 마음껏 경축한다.

라. **신학 사상**

사무엘기는 한나의 노래로 시작하여 다윗의 노래로 끝난다. 두 노래 다 거만한 이를 내치시고 가난한 이를 들어 높이시는 하느님을 찬양한다. 사울은 사무엘 예언자를 통해서 전해진 하느님의 뜻을 저버린 탓에 실패한 임금의 전형이 된 반면, 다윗은 나탄 예언자와 가드 예언자를 통해서 전달된 하느님의 뜻을 충실하게 받아들여 모든 면에서 성공한 임금의 전형이 되었다.

사무엘기의 가장 중요한 신학 사상은 신정神政과 왕정王政 사이의 갈등에 바탕을 둔다. 이스라엘은 왕정 이전이든 이후든 언제나 주님을 참 임금으로 모신다. 하느님의 주권은 세상에 대한 주권과 이스라엘 백성에 대한 주권 두 가지로 표현된다. 먼저 하느님은 온 우주만물 위에 군림하시는 최고 주권자로서 우주를 창조하시고 심연과 혼돈을 제압하셨고 세상을 자애와 공정으로 통치하신다. 이 첫째 주권의 특징인 혼돈의 제압과 자애와 공정에 바탕을 둔 통치는 둘째 주권인 이스라엘에 대한 주권에도 그대로 적용된다. 하느님은 당신 백성이 이집트의 파라오에게 억압당하는 모습을 참을 수 없으셨다. 그래서 그분은 이집트 노예살이의 혼돈을 제압하시고 갈대 바다의 심연에 탈출로를 만드시어 이스라엘을 구출하셨다(민수 23,21-22).

이렇게 시작부터 이스라엘 역사 안에 굳건하게 자리 잡은 하느님의 절대 주권 앞에서 인간 통치자는 무슨 의미가 있고 또 무슨 구실을 할 수 있는가? 자칫 왕정 제도의 무용론을 내세울 만도 하지만, 사무엘기에서 이스라엘의 왕정 도입은 주님께서 예언자 사무엘을 시켜 하신 일이었기 때문에 긍정적인 방향으로 풀려나갔다. 그러면서도 이 제도를 요구한 백성들은 단죄를 받았다. 그것은 다른 민족들의 왕정과 달리 이스라엘의 왕정은 인간의 뜻이 아니라 하느님의 의지에 바탕을 두어야 했기 때문일 것이다. 한마디로 이스라엘의 왕정은 신정神政에 철저히 예속되어야 한다. 왕정의 성공 여부는 이 제도의 수장인 임금이 이스라엘의 참임금이신 하느님의 명을 제대로 받드느냐 아니냐에 달려 있다. 사울과 다윗이 그 좋은 예다. 이스라엘의 예언자들은 역대 임금들에게 기회 있을 때마다 이 사실을 주지시켰다.

5. 열왕기 상·하권

이 책의 히브리어 명칭은 임금들의 행적을 전한다 해서 '믈라킴'(מְלָכִים 임금들)이다. 우리말 이름 열왕기도 히브리어 성경 명칭에서 따왔다. 그리스어 성경에서는 앞에서 언급한 것처럼 열왕기 상·하권을 제3·4열왕기라는 이름으로 부른다. 이 책이 두 권으로 구분된 것은 칠십인역에서 비롯한다. 히브리어 성경 인쇄본에서 이 구분이 처음 선보인 것은 16세기 초였다. 오늘날 유다교에서도 이 구분을 당연시한다.

『바빌론 탈무드』는, 요시야 임금 시절부터 바빌론 유배까지 예언활동을 폈고 유배 이후에도 생존했던 예레미야 예언자(예레 1,2-3; 40—41장)를 열왕기의 저자로 내세웠다(바바 바트라 15a). 이에 대한 근거로 열왕기 마지막 장과 예레 25장; 52장이 비슷한 내용을 담고 있다는 사실이 제시되었다. 그러나 열왕기는 특정한 단일 저자가 쓴 책이 아니라 복잡한 편집 과정을 거쳐 신명기계 편집자들이 완성한 책이다.

가. **작중 연대와 저작 연대**

열왕기의 작중 연대는 다윗 임금의 말년(기원전 970년경)부터 바빌론 유배 초기(기원전 560년경)까지다. 열왕기는 솔로몬의 후견자 나탄과 어머니 밧 세바가 다윗에게서 왕권을 물려받는 이야기로 시작하여 유다 임금 여호야킨이 바빌론으로 끌려온 지 37년 만에 감옥에서 풀려나(597년에 끌려와 560년에 풀려남) 바빌론 임금의 은전恩典을 받아 죄수복을 벗고 임금의 식탁에서 음식을 먹으며 임금에게 생계비를 받게 되었다는 이야기로 끝난다.

열왕기의 저작 연대는 유배 직후가 될 것이다. 열왕기도 사무엘기처럼 복잡한 편집 과정을 거쳐 유배가 끝난 직후에 그 최종 편집이 이루어졌을 것이다.

나. **사료**

열왕기의 사료로는 저자 자신이 밝힌 세 가지 실록, 곧 솔로몬의 실록(1열왕 11,41)과 이스라엘 임금들의 실록과 유다 임금들의 실록(1열왕 14,19)

뿐 아니라, 다윗 궁정 사화(1열왕 1—2장)와 성전 건축(1열왕 6—7장)을 다룬 문헌들, 아히야(1열왕 11—14장) · 엘리야(1열왕 17—2열왕 2장) · 미카야(1열왕 22장) · 엘리사(2열왕 2; 13장) 등 북왕국의 예언자들과 남왕국의 예언자 이사야(2열왕 19—20장)의 활동을 다룬 문헌들을 들 수 있다. 그러나 이런 실록과 문헌의 실체는 필사본으로 확인된 바 없다.

다. **구조와 내용**

열왕기는 크게 세 부분으로 나눌 수 있다. 첫째 부분(1열왕 1—11장)은 솔로몬의 통치를 다룬다. 솔로몬은 본디 후계자 자격에서 밀려나 있었지만 다른 형들을 제치고 왕위에 올랐다. 그것이 하느님의 뜻이었기 때문이다. 하느님은 관련 인물들의 온갖 약점과 불의에도 아랑곳없이 다윗에게 하신 약속을 이루신다. 솔로몬에 대한 저자의 평가는 다소 혼란스럽다. 그는 하느님을 사랑했지만 동시에 그 사랑이 완전하지 못했다. 수많은 이방 여자들을 아내로 맞아들였고 산당의 제사를 허용했다. 그러나 하느님은 솔로몬의 불완전한 사랑을 큰 은혜로 갚아 주셨다. 그가 청하는 지혜뿐 아니라 청하지도 않은 부와 명예까지도 주셨다. 예루살렘 성전의 건축과 봉헌은 솔로몬 통치의 최고 업적이다. 성전은 하느님의 현존을 상징한다. 그분은 이스라엘 백성이 충성을 바치는 한 언제나 당신 백성 한가운데에 사시겠다고 약속하신다. 말년에 솔로몬은 하느님에게서 완전히 멀어져 간다. 그분께 받은 은혜들, 곧 지혜와 부와 명예를 그분을 드높이고 그분의 백성을 돌보는 데 사용하지 않고 자기를 과시하는 데 사용했기 때문이다. 솔로몬의 실정과 불충은 실로의 예언자 아히야의 말대로 통일 왕국을 둘로 쪼개는 결과를 낳았다. 솔로몬 통치의 공적과 과실은 하느님께 대한 한 임금의 충성과 불충이 온 나라에 어떤 영향을 미치는지를 극명하게 보여 주는 한편, 사울과 다윗처럼 이어지는 남북 왕국의 역사에서 실패한 임금과 성공한 임금의 본보기가 된다.

둘째 부분(1열왕 12—2열왕 17장)은 분열 왕국의 임금들이 저마다 어떻게 나라를 다스렸는지를 전한다. 이 부분의 시작은 예로보암의 반란이다. 예로보암은 유다와 벤야민 지파를 제외한 북쪽의 열 지파를 데리고 솔로몬의 후임자 르하브암 임금에게서 떨어져 나갔다. 그는 민심이 남쪽 유다 왕국으로 기울어질까 염려하여 단과 베텔에 야훼의 발판으로 금송아지 하나씩을 만들어 세운 뒤 예루살렘 성전에 안치된 계약 궤를 대신하고 백성들이 순례 축제 때 예루살렘 성전에 내려가지 못하게 하였다. 그러자 금송아지를 본 백성들은 자연스럽게 가나안의 풍산신 바알을 연상하면서 전통적 야훼 종교와 바알 종교를 혼동하는 혼합주의Syncretism에 빠지게 되었다. 이후 북왕국 역대 임금들은 모두 태조 예로보암의 악한 길을 따라 예루살렘 성전의 정통성을 부정하고 풍산신 숭배에서 벗어나지 못하였다(1열왕 15,30.34; 16,2.7.19.26.31; 21,22; 22,53; 2열왕 3,3; 9,9; 10,29.31; 13,2.6.11; 14,24; 15,9.18.24.28; 17,21-22). 그 결과 북왕국은 왕조가 아홉이나 바뀌는 정치적 불안정과 종교적 혼란을 겪다가 건국한 지 200년이 조금 지난 기원전 722년에 아시리아 제국에게 멸망당하고 말았다. 남쪽 유다 왕국은 북왕국보다 상대적으로 사정이 조금 나았다. 예루살렘 성전을 중심으로 단일 왕조의 통치를 받던 남왕국에는 아사·여호사팟·요아스와 같은 그런대로 괜찮은 임금들이 몇 있었다. 그러나 그들도 백성들이 지방의 산당들에서 제물을 바치는 것을 허용함으로써 완전한 개혁을 이루어 내지는 못하였다.

북왕국에서는 예로보암의 길이 임금들을 평가하는 기준이라면 남왕국에서는 다윗의 신실함이 평가 기준이다(1열왕 14,8; 15,3-5.11; 2열왕 14,3; 16,2).

셋째 부분(2열왕 18—25장)은 홀로 남은 유다 왕국의 운명을 다룬다. 이 대목에서 돋보이는 임금은 단연 히즈키야(18—20장)와 요시야(22—23장)다. 히즈키야는 이사야 예언자를 통해서 전달된 하느님의 말씀에 의지하여 아시리아인들의 침공을 막아 냈지만, 죽을 병에 걸리게 되었다. 죽음 앞에 선 히즈키야의 운명은 강대국과 맞선 유다의 운명과 직결된다. 히즈키야는 하느님께 의지한 덕분에 죽을 병에서 일어났지만 그 이후에 신흥 강국 바빌론에 의지하고 자신의 안위安慰에만 집착함으로써 유다의 앞날에 어두운 그림자를 드리우게 하였다. 히즈키야의 후계자 므나쎄의 쉰다섯 해 긴 통치는 선왕의 개혁을 무위로 돌렸다. 므나쎄는 이스라엘 백성 전체를 잘못된 길로 빠지게 한 북왕국의 예로보암처럼 유다 백성 전체를 산당 제사와 우상 숭배로 몰아갔다. 므나쎄가 만연시킨 폐습은 그 뿌리가 너무 깊어 이방신들의 숭배를 몰아내고(2열왕 23,4-5.10-14) 산당들을 헐어버린(23,8-9.15-20) 요시야의 종교 개혁 이후에도 여전히 사라지지 않아, 유다도 결국 북왕국의 전철을 그대로 밟아 바빌론에게 멸망당하고 만다.

라. **신학 사상**

신명기계 역사서의 마지막 책인 열왕기 역시 현대적 의미의 역사서와는 다르다. 이 책의 저자는 과거 왕조 시대에 무슨 사건들이 이스라엘에 일어났으며 그 사건들이 왜 일어났는지를 설명하기 위해 기록을 남긴 것이 아니다. 열왕기는 남북 왕국의 몰락과 파괴가 국가의 최고 통치권자인 임금들의 실정에서 비롯한 것이라고 확신하는 신명기계 저자들의 신학 작품이다. 열왕기 저자는 북왕국 이스라엘과 남왕국 유다, 특히 백성의 지도자인 남북의 임금들 대다수가 신명기에서 요구하는 계명을 충실하게 따르지 않았음을 지적한다. 이스라엘과 유다 둘 다 두 가지 형태로 신명기의 요구 사항을 저버렸다. 첫째, 그들은 낯선 신들, 곧 이방인들의 신들을 섬겼다. 이 우상 숭배의 폐습은 솔로몬에게서 비롯되어 이스라엘과 유다의 대다수 임금들에게 이어졌다. 둘째, 신명 12장의 요구를 거슬러 예루살렘 성전 이외의 장소에서 주님께 제사를 바치고 예배를 드렸다. 북왕국의 임금들은, 단과 베텔에 금송아지를 세우고 주로 베텔에서 야훼께 대한 모든 경신례를 집전하게 했던 예로보암의 길을 좇아 베텔에서 제사를 바침으로써 신명기의 요구를 저버렸다. 열왕기의 저자는 임금들의 성공 여부를 가늠할 때, 그들의 정치적 수완이나 업적이 아니라 주 하느님께 대한 충성과 계명의 준수를 중요한 평가 기준으로 삼았다. 이 평가 기준에 따르면 성공한 임금의 대표적 예는 다윗이고 실패한 임금의 대표적 예는 예로보암이다. 다윗과 예로보암은 임금들을 평가하는 시금석 구실을 하였다. 다윗의 길을 따른 임금은 성공한 임금이고 예로보암의 길을 따른 임금은 실패한 임금이다. 북왕국 이스라엘의 임금들은 모두 예로보암의 길을 따랐기 때문에 실패했고 그들의 실정이 결국 나라를 망하게 하였다. 이와 반면 남왕국 유다의 임금들은 아사, 여호사팟, 히즈키야, 요시야 등을 제외하고 모두 다윗의 길을 따르지 않았기 때문에 실패했고 그들의 실정으로 유다 역시 패망하고 말았다.

이스라엘과 유다 임금들의 불충과 그에 따른 징벌 말고도 열왕기에는 또 다른 주요 주제가 있다. 다윗 왕조에 대한 하느님의 특별한 호의(1열왕 11,12-13)와 다윗의 후손들이 예루살렘에서 언제나 다스릴 것이라는 하느님의 약속(1열왕 11,36; 15,4-5; 2열왕 8,19)이다. 이 주제는 열왕기의 마지막 네 구절에 나타난다. 열왕기의 마지막 편집자로 보이는 이 구절의 저자는 바빌론 임금이 유배 중인 유다 임금 여호야킨에게 죄수복을 벗고 궁정 식탁에서 자기와 함께 음식을 먹을 수 있게 했으며 평생 생계비까지 지원받는 특전을 누리게 하였다고 전한다. 이 특전은 다윗 왕조가 계속되리라는 희망의 표지요 메시아 사상으로 이어질 여지를 남긴다.

나라 전체에 영향을 미치는 임금들의 성공 여부는 그들이 얼마나 하느님의 뜻과 계명에 따라 백성을 다스리느냐에 달려 있다는 사무엘기의 가르침을, 열왕기 저자는 이스라엘과 유다 임금들의 실제 통치 역사에서 구체적으로 보여 준다.

6. 역대기 상·하권

이 책의 히브리어 명칭 '디브레 하야밈'(דִּבְרֵי הַיָּמִים 나날의 사건들)은 오해의 소지를 준다. 이 말은 1열왕 14,19에서처럼 역사적 사건들을 담아 놓은 '실록' 또는 '연대기'를 가리킨다. 그러나 역대기는 역사적 사건들을 시대순으로 나열해 놓은 기록이 아니라 하나의 신학 저서이며, 이 책을 열왕기에서 자주 언급하는 이스라엘 임금들의 실록이나 유다 임금들의 실록과 동일시해서는 안 된다. 시대적으로도 역대기는 열왕기보다 한참 지나서 나왔다. 따라서 열왕기 저자가 역대기의 사료를 이용하여 작품을 쓴 것이 아니라 오히려 역대기 저자가 열왕기를 참조하였을 가능성이 크다. 우리말 이름 '역대기'는 히에로니무스가 제안한 이 책의 제목 '하느님의 역사 전체의 연대기'를 간단하게 줄인 것이다. 그리스어 명칭 '파랄레이포메논' Παραλειπομένων은 '곁들여 전해진 것'이라는 뜻인데, 이 책의 목적이 사무엘기에 빠져 있는 부분을 보충하기 위한 것임을 시사한다. 다른 한편으로 이 그리스어 명칭은 역대기의 내용이 저자의 창작이 아니라 사무엘기와 열왕기처럼 역사적 자료에 근거한 것임을 드러낸다. 그러나 일찍부터 역대기와 사무엘기, 열왕기 사이에 내용상 많은 차이점이 있다는 사실을 인지한 라삐 전승은 사무엘기와 열왕기를 역대기보다 먼저 쓰였을 뿐 아니라 역사적 실체에 더 근접한 문헌으로 평가하고, 반면 역대기는 기존 문헌의 주석으로 여겼다.

히브리어 성경에서 본디 하나로 된 역대기를 상권과 하권으로 구분하는 것은 칠십인역에 따른 전통이다. 히브리어 성경에서 역대기는 에즈라·느헤미야기와 더불어 성문서에 속하는데, 내용으로 보아서는 에즈라·느헤미야기보다 앞서야 하지만 경전 순서에서는 나중이다. 아마도 역대기가 아담에서 바빌론 유배에서의 귀환까지 이스라엘의 역사 전체를 관조하고 있기 때문에 유다교 경전에서는 이 책을 맨 마지막에 놓는 것이 적합하다고 여겼을 것이다. 라삐 전승은 역대기의 상당 부분을 기록한 저자로 에즈라를 내세운다. 역대기의 마지막 부분과 에즈라기의 시작 부분이 같다는 사실에서 끌어낸 추론일 것이다. 그러나 앞에서 성경의 형성 과정을 다루면서 밝혔듯이 역대기의 저자는 에즈라·느헤미야기의 저자와 다르다.

가. **작중 연대와 저작 연대**

역대기는 인류의 첫 조상 아담의 족보로 시작하여 페르시아 임금 키루스가 바빌론에 끌려온 유다 포로들에게 고향으로 돌아가도 좋다는 칙령을 반포하는 이야기로 끝난다. 역대기 저자는 이스라엘 역사를 이집트 탈출이나 아브라함에서 시작하는 것이 아니라, 더 멀리 인류의 첫 조상 아담에게서 시작하는 것으로 본다. 따라서 역대기의 작중 연대는 인류의 시작부터 바빌론 유배의 종식(기원전 539년)까지다.

위에서 우리는 역대기의 저작 연대를 에즈라·느헤미야기보다 더 늦은 4세기 중반, 곧 기원전 350년경으로 잡았다(셋째 마당 II.1.다.(2)).

나. **사료와 편집**

구약성경에서 저자가 집필 과정과 방법을 스스로 밝힌 책은 역대기뿐이다. 역대기 저자가 이용하였다는 특수 사료들은 남북 왕조 실록(1역대 9,1; 2역대 16,11; 27,7)과 이스라엘 왕조 실록(2역대 33,18), 왕조 역사서(2역대 24,27), 예언자들의 역사서(1역대 29,29; 2역대 12,15), 선견자들의 역사서(2역대 33,19), 아모츠의 아들 예언자 이사야의 예언서(2역대 32,32) 등이다. 이상의 문헌들은 같은 내용을 중복해서 담았거나 서로 제목만 다를 뿐 같은 문헌들일 가능성도 있다. 역대기 저자가 사료로 이용한 문헌은 크게 세 가지로 볼 수 있다. 첫째는 사무엘기와 열왕기 자체이고, 둘째는 이 두 책의 내용을 보충해 줄 역사 문헌들이며, 셋째는 예언자 전승 문헌들이다. 물론 이 밖에도 그가 정확하게 출처를 밝히지 않고 이용한 다른 자료들도 있었겠지만, 그것들에 대해서는 현재로서 알 길이 없다.

역대기 저자는 입수한 사료를 자신의 역사관과 신학 사상에 따라 나름대로 정리하여 옮겼다. 그의 편집 원칙은 생략·수정·보충 세 가지다. 첫째, 열왕기와는 달리 북왕국 역사에 관해서는 침묵을 지키고, 사무엘기에서 다윗 왕조에 불리한 사건들과 바빌론 유배 시절에 관한 어두운 역사도 생략한다. 둘째, 입수한 자료에 나오는 사건들을 자신의 신학적 견해와 시대 상황에 맞추어 수정한다. 셋째, 주요 사료인 사무엘기와 열왕기에 나오는 사료들을 다른 문헌이나 구두 전승들로 보충한다. 그래서 역대기에는 이스라엘의 일부 역사와 관련하여 성경의 다른 책들에 없는 내용이 상세하게 나온다.

이 세 가지 원칙을 토대로 역대기를 사무엘기·열왕기의 병행 대목들과 비교·연구하면 역대기 저자의 신학 사상을 밝혀낼 수 있다.

다. **구조와 내용**

역대기는 크게 네 부분으로 나눌 수 있다. 첫째 부분(1역대 1—9장)은 아담부터 이스라엘의 열두 지파를 거쳐 다윗에 이르는 조상들의 족보를 다룬다. 역대기 저자는 두 가지 족보를 제시한다. 첫째 족보(1장)에서 저자는 창세기의 족보(창세 5장; 10,2-29; 25,12-16)를 재편집하여 아담부터 에사우·야곱까지의 역사를 직계 중심의 인명록으로 요약한다. 이 인명록 족보는 노아의 홍수를 기점으로 열 세대씩 둘로 나뉜다. 곧 홍수 이전 아담부터 노아의 세 아들까지 열 세대(1-23절), 홍수 이후 셈부터 아브라함까지 열 세대(24-27절)다. 이로써 저자는 이스라엘 백성의 기원은 인류의 기원과 동일하며 하느님께서 이스라엘을 온 세상 사람들 가운데서 당신 백성으로 선택하셨음을 강조한다. 둘째 족보(1역대 2—9장)는 이스라엘 열두 지파의 계보로서 다윗 임금과 레위 지파를 부각시킨다. 이는 앞으로 살펴볼 역대기 저자의 신학 사상에 부합한다.

둘째 부분(1역대 10—29장)은 사울의 죽음부터 다윗의 죽음까지를 다룬다. 저자는 여기서 이스라엘의 운명을 이스라엘 민족의 가장 위대한 임금 다윗의 생애와 직결시킨다. 사울의 불충은 그 자신뿐 아니라 그의 왕조까지도 몰락하게 하였지만 다윗의 하느님께 대한 충성과 그분께 성전을 지어 바치겠다는 갸륵한 의지는 그분의 마음을 움직여 다윗에게 영원히 지속될 왕조를 주시겠다는 약속을 하시게 하였다. 성전 건축과 관련하여 역대기 저자는 열왕기 저자보다 다윗의 역할을 더 강조한다. 성전의 설계와 건축 자재는 다윗이 마련했고, 솔로몬은 다윗이 준비한 것을 실행에 옮긴 것뿐이다. 게다가 다윗은 성전의 조직도 미리 다 짜 놓았다(23—26장). 다윗이 하느님께 충성을 바치고 성전 건립과 성전 예배의 조직에 공을 들임으로써 왕조의 영원한 지속을 약속받았듯이, 이스라엘도 하느님이 주신 율법을 충실히 지키고 잃어버린 왕국 대신 삶의 터전으로 자리 잡은 성전에서 하느님께 합당한 예배를 바치면 영원한 생존과 번영을 보장받게 될 것이다. 한편 다윗을 이상적이고 흠 없는 임금으로 내세운 역대기 저자는 사무엘기와 열왕기의 다윗에 대한 불리한 기록들을 모두 생략한다. 예를 들어 2사무 11,2—12,25에 나오는 다윗과 밧 세바의 간통, 나탄 예언자의 질책, 다윗 아들의 죽음, 배다른 아들 솔로몬의 탄생 등과, 2사무 13—21장에 나오는 암논의 근친상간, 압살롬의 반란, 3년 동안의 기근과 사울 후손들의 처형 등이 역대기에는 빠져 있다.

셋째 부분(2역대 1—9장)은 솔로몬의 통치를 다룬다. 솔로몬의 성공적 통치는 하느님께서 후손을 두고 다윗에게 하신 약속(1역대 17장)의 구체적 실현이다. 솔로몬의 성공을 전하는 2역대 1장은 1열왕 3,4-15의 내용과 거의 같다. 솔로몬은 하느님께서 맡겨 주신 권한을 올바로 행사하여 크게 성공하였다. 솔로몬에게 맡겨진 가장 중요한 임무는 선왕 다윗이 설계한 성전을 완공하는 것이었다. 역대기 저자는 다윗의 경우와 마찬가지로 솔로몬에게 불리한 열왕기의 증언들도 생략한다. 예를 들면 솔로몬이 정적 아도니야·요압·시므이를 처형하고 파라오의 딸과 혼인하였다는 1열왕 2,13—3,3의 이야기, 솔로몬이 번잡한 혼인 관계와 비합법적인 동맹관계로 우상 숭배를 끌어들이고 예로보암이 반란을 일으켰다는 1열왕 11,1-40의 기록은 건너뛴다. 그 대신 솔로몬이 하느님으로부터 선물로 받은 부와 지혜와 탁월한 행정력을 이용하여 큰 명성을 얻게 되었다는 보고로 솔로몬의 통치에 대한 묘사를 마무리한다.

넷째 부분(2역대 10—36장)은 솔로몬 이후부터 바빌론 유배와 예루살렘 귀환 직전에 이르는 남북 왕국의 역사를 다룬다. 역대기 저자는 다윗 왕조의 임금들을 열왕기보다 훨씬 더 긍정적으로 묘사한다. 다윗과 솔로몬에 이어 그 후계자들도 성전 재건이나 전례 개혁에 힘을 기울였다. 특히 아사, 여호사팟, 히즈키야, 요시야의 개혁이 돋보인다. 심지어 열왕기에서 악한 임금으로 낙인 찍힌 솔로몬의 아들 르하브암과 므나쎄도 역대기에서는 말년에 회개하여 주님의 징벌을 면한 것으로 되어 있다. 남북 왕국을 비교적 공평하게 다룬 열왕기와는 달리 역대기 저자는 남왕국 유다에 초점을 맞추고 북왕국에 관한 언급을 거의 모두 배제한다. 다윗 왕조와 예루살렘 성전에만 저자의 관심이 집중되어 있다. 다윗과 솔로몬의 성공적 통치는 언제나 다른 임금들의 치세를 평가하는 시금석이다(2역대 11,17; 35,4). 열왕기에서는 솔로몬을 제외한 다윗의 통치만이 유일한 평가 기준이었다. 역대기에서도 열왕기처럼 하느님과 율법에 충실하고 성전 예배에 공을 들이는 임금들은 부와 군사적 승리와 후손의 번영이라는 성공을 거두고, 불충한 임금들은 전투에서의 패배와 질병과 민심 이반이라는 실패를 겪는다. 그런데 열왕기에서 이스라엘 왕정에 다소 느슨하게 적용되었던 상선벌악의 원리는 역대기에서 조금도 빈틈없이 실현된다.

라. **신학 사상**

역대기 저자가 살던 유배 이후 시대에는 이스라엘에 왕정이 사라진 상태였으므로 왕정 시대에 중요한 가치로 자리 잡았던 임금들의 정치·군사적 업적이 의미를 잃어버렸다. 그 대신 에즈라와 느헤미야의 독려에 힘입어 재건된 예루살렘 성전과 그곳에서 이루어지는 예배가 중요한 가치로 떠올랐다. 말하자면 성전을 중심으로 형성된 예루살렘 공동체가 옛 왕국을 대신하게 된 것이다. 이런 상황에서 역대기 저자는 사무엘기와 열왕기에 나오는 이스라엘의 역사를 새로운 신학적 전망에서 다시 작성할 필요를 느꼈을 것이다. 성전 중심 공동체의 기틀을 탄탄히 다지기 위해 역대기 저자가 새롭게 부각시키거나 강조하는 관점 몇 가지를 지적한다.

첫째, 저자는 다윗 왕조에 대하여 긍정적 평가를 내린다. 신명기계 역사가는 다윗 왕조의 실패를 강조하는 반면, 역대기 저자는 이 왕조를 가능한 한 좋게 평가하려고 한다. 그 이유는 무엇일까? 역대기 저자의 눈으로 볼 때, 다윗 왕조의 기틀을 튼튼히 다진 다윗과 솔로몬은 성전을 건립하고 그곳의 예배와 사제직을 확립하는 데에 지대한 공헌을 한 임금들이다. 그가 다윗 왕조를 높이 평가하는 것은 유배 이후 시대에 백성을 부추겨 잃어버린 옛 왕국을 되찾기 위해서가 아니라 성전 예배를 중심으로 예루살렘 공동체를 굳건히 형성하기 위해서다. 역대기 저자의 견해에 따르면, 왕국이 사라진 뒤 이제 유다의 장래는 다윗이 계획을 세웠고 솔로몬이 건설하였으며 그들의 후계자들이 유지하고 쇄신하려 했던 성전에서의 전례가 어떻게 올바로 거행되느냐에 달려 있다. 이런 역사관은 이스라엘이 예루살렘을 중심으로 생존을 이어 가던 그리스 시대의 유다 국가관(성전국가)에도 부합한다.

둘째, 저자는 혼란을 겪는 사제직과 레위인들의 직무를 재정비 또는 재정립하고자 했다. 역대기 저자가 신명기계 역사서를 새로 쓴 또 다른 이유는 신명기계 역사서에서 사제직과 레위인들의 직무가 매우 혼란스럽게 나타났기 때문이다. 단의 성소에서는 레위인들이 사제처럼 봉직하는가 하면(판관 18장), 실로에서는 레위인이 아닌 엘리가 사제로 봉직하였다(1사무 1—4장). 신명기에서는 레위인 사제들이 여러 성읍에 흩어져 봉직한 것으로 묘사되어 있으나(신명 12,18-19; 18,1; 26,12-13), 민수기에서는 아론의 자손들만 사제가 되고 레위인들은 그들의 협력자일 뿐이다(민수 3장과 18장). 사제직과 레위직의 혼란 없이 성전의 전례를 올바로 거행할 수 있도록, 역대기 저자는 사제들과 레위인들의 역할과 관계를 명백히 규정한다. 그는 민수기 저자처럼 사제가 될 수 있는 사람을 아론의 가문으로 한정하지만, 다른 가문의 레위인들을 단순한 하급 직원으로 보거나 아론 가문의 사제들을 지나치게 우대하지 않는다(2역대 29,34; 30,3). 레위인들도 성전에서 중요하고 영구적인 직책, 곧 노래와 악기 연주, 성전 문지기와 경비 등을 맡는

데, 이 직책은 이미 다윗이 정해 놓았다. 그 밖에도 레위인들은 판결하고(2역대 19,8.11) 예언하고(2역대 20,14 이하) 기부금을 걷는(2역대 24,5; 34,9) 직책도 수행하였다. 역대기 저자는 다윗에게 사제적 특권을 부여한다. 역대기에서 다윗은 사제복을 입고(1역대 15,27) 백성을 축복하며(1역대 16,2) 제물을 바친다(1역대 16,29). 사무엘기에서 사울이 사무엘 대신 사제직을 수행하다 주님의 눈 밖에 난 것과는 대조적이다. 이스라엘 임금들 가운데 왕직과 사제직을 함께 수행한 유일한 예는 역대기에 묘사된 다윗뿐이다.

셋째, 역대기 저자는 신정神政에 특별한 관심을 보인다. 위의 두 가지 관점도 따지고 보면 결국 신정 개념에 수렴한다고 할 수 있다. 신명기계 역사가도 왕정이 신정에 예속되어야 함을 강조하였다. 역대기 저자는 여기서 한걸음 더 나아가 하느님 백성의 역사 전체를 신정 왕국의 역사와 동일시하였다. 이 신정 왕국은 인류 창조 때부터 하느님께서 친히 세우셨고 그 나라는 영원히 계속될 것이다. 하느님 홀로 이 왕국의 유일한 임금이시고 이스라엘의 가장 이상적인 임금 다윗도 그분의 왕좌 위에 앉아 그분을 대신해서 다스리는 대리 통치자일 뿐이다. 대리 통치자들의 거듭된 실정으로 이스라엘에 왕정이 끝나 버렸지만 왕정과 상관없이 지금도 하느님 백성은 예루살렘 성전의 전례 안에서 사제들과 레위인들의 도움을 받아 자신들의 참되고 영원한 임금이신 하느님께 충성과 기쁨과 찬양을 표현한다.

넷째, 역대기 저자는 상선벌악의 원칙을 강조한다. 하느님은 당신 백성을 상선벌악의 원칙에 따라 공정하게 다스리신다. 그들이 하느님의 율법에 순종하고 경신례의 의무를 충실히 이행하면 복을 받고, 그렇지 않으면 벌을 받는다. 백성들뿐 아니라 역대 임금들의 삶도 상선벌악의 원칙에 적용이 된다. 므나쎄와 요시야가 좋은 예다. 열왕기에서 야훼 종교를 박해하고 우상 숭배를 만연시켰다 해서 패덕한 임금으로 평가받은 므나쎄가 55년이란 긴 세월 동안 유다를 다스린 사실을 어떻게 설명할 수 있을까? 역대기 저자는 므나쎄가 회개하여 우상들을 치우고 성전을 정화하였기 때문이라고 설명한다(2역대 33장). 반면에 종교 개혁을 단행하고 조상 다윗의 길을 충실히 걸었다 해서 열왕기 저자가 그렇게 높이 칭송하던 요시야는 왜 그토록 젊은 나이에 전사하고 말았는가? 역대기 저자의 설명에 따르면 요시야가 하느님의 뜻을 거슬러 이집트 군사가 유다를 통과하는 것을 무모하게 막았기 때문이라는 것이다(2역대 35장).

마지막으로 역대기 저자는 지도자가 없는 현실에서 하느님 백성에게 구체적 지침을 마련하기 위하여 과거를 이상화한다. 역대기 저자가 보기에 다윗과 솔로몬 시대는 이스라엘에 신정의 모습을 가장 완벽하게 이룬 때였다. 다윗은 하느님의 율법에 순종하고 전례와 사제직을 확립하였으며, 솔로몬은 다윗이 계획하고 준비한 성전을 완공하여 주님께 장엄하게 봉헌하였다. 문제는 이렇게 이상적인 과거와 어떻게 연결될 수 있는가다. 예루살렘 파괴와 바빌론 유배라는 민족적 재앙이 왜 닥쳤는가를 묻는 신명기계 역사가와는 달리 역대기 저자는, '하느님 백성으로 남아 있기 위해 이스라엘은 지금 무엇을 해야 하는가? 다윗과 솔로몬에게 하신 하느님의 약속이 오늘 우리에게는 어떤 의미일까?'를 묻는다.

낙관론을 펴는 역대기 저자의 과거지향적 신학 전망과 뚜렷이 대조되는 사조는 묵시문학의 신학 전망이다. 묵시문학은 다가올 하느님 나라를 알리기 위하여 현실에서 표상들을 끌어내어 미래에 투사한다. 묵시문학 저자들은 과거와 현재를 비관적으로 보고 미래에 펼쳐질 새로운 세상, 새 하늘과 새 땅을 지향한다. 역대기 저자는 미래의 메시아를 기다리는 대신 지난 역사를 돌아보며 거기에서 율법 준수와 올바른 전례 거행을 위한 본보기를 끌어내는 일에 주력한다.

7. 에즈라·느헤미야기

히브리어 성경 전통에서 본디 이 두 책은 저자의 이름을 따서 지은 에즈라기로 불리며 단일 작품으로 여겼다. 이 단일 작품을 둘로 처음 나눈 사람은 3세기의 오리게네스였고, 이어 4세기에 히에로니무스의 불가타에서도 이를 받아들였다. 히브리어 성경 전통에서 에즈라기와 느헤미야기의 구분이 처음으로 나타난 것은 15세기에 간행된 히브리어 성경에서였다. 우리말 성경은 이 구분을 따른다. 그러나 마소라 성경 결정판masora finalis에서는 둘이 다시 하나로 묶였다. 칠십인역과 불가타에서 이 두 책의 명칭과 범위는 복잡하다. 우리말 성경의 에즈라기는 칠십인역에서 제2에스드라스기로, 불가타에서는 제1에스드라스기로 불린다. 느헤미야기는 칠십인역에서 에즈라기와 함께 제2에스드라스기로, 불가타에서도 제2에스드라스기로 불린다.

가. **연대 측정의 혼란과 작중 연대**

에즈라·느헤미야기는 이스라엘 역사에서 페르시아 시대를 알려 주는 중요한 책이다. 그리고 이 책에는 연대가 비교적 상세하게 제시된다.

그러나 그 연대기적 기록이 연대 측정에 큰 혼란을 초래한다. 첫째, 에즈 4장은 예루살렘 성전 공사가 페르시아 임금 아르타크세르크세스 1세(기원전 464-424년) 때에 그 지방 이방민들의 방해로 중단된 사건을 전하고, 5장은 다리우스 1세 통치 때에 성전 공사가 재개되고 완성된 것으로 보고한다. 실제 역사에서 성전의 재건은 다리우스 1세 통치(기원전 522-486년) 시절인 기원전 520년에 시작하여 515년에 끝났으므로 다리우스보다 한참 뒤에 나타난 아르타크세르크세스 1세와는 아무 상관이 없는 일이다. 그래서 어떤 이들은 에즈 4,6-23에 묘사된 작업은 성전 공사가 아니라 느헤미야가 445년경 유다 지방 총독으로 파견되어 착수한 예루살렘 성읍과 성벽의 복구를 말하는 것으로 여긴다. 실제로 지방 장관 르훔과 서기관 심사이가 아르타크세르크세스에게 보낸 서신(에즈 4,9-16)에서 그들이 고발하는 귀환자들의 반역죄는 성전의 재건이 아니라 예루살렘 도성의 복구로 되어 있다. 또한 이 서신에 대한 답장으로 아르타크세르크세스가 보낸 칙령(에즈 4,17-22)도 예루살렘 도성의 복구 작업을 중지하라는 내용만을 담고 있다.

둘째, 에즈라와 느헤미야가 같은 임금에게서 유다 종교의 회복이라는 공통된 사명을 받고 같은 시기와 같은 장소에서 활동했는데도, 본문의 내용은 서로에 대해 모른 채 일한 것처럼 되어 있다. 에즈라는 아르타크세르크세스 치세 제7년에 먼저 예루살렘에 도착하여 활동하였고(에즈 7—10장), 느헤미야는 그 뒤 아르타크세르크세스 치세 제20년에 총독으로 부임하여 예루살렘을 복구하는 일을 하였다(느헤 1—7장). 느헤미야가 활동하는 동안 에즈라가 활동을 중지하거나 페르시아에 돌아갔다는 이야기는 없고 오히려 느헤 8장에 에즈라가 예루살렘의 '물 문' 앞 광장에서 율법서를 봉독한다. 한편 느헤미야는 아르타크세르크세스 치세 제32년에 잠깐 바빌로니아로 돌아갔다가 다시 예루살렘에 돌아와 활동한다(느헤 13,6).

연대 측정의 혼란을 해결하기 위해 여러 가지 가설이 제기되었지만 만족할 만한 가설은 아직 없다. 그러나 성경의 다른 역사서처럼 이 책 역시 현대의 역사 개념에서 중요시하는 사실에 바탕을 둔 기록이 아니라 진실을 전달하기 위한 기록으로 이해해야 한다. 저자는 자신의 메시지를 전달하기 위해 다양한 사료들을 이용하는 과정에서 역사적 사실 여부에 집착하지 않고 비교적 자유롭게 입수한 사료에 삭제·첨부·수정을 가했을 것이다. 자료의 이용보다는 활용이라는 표현이 더 어울릴 수 있겠다. 예를 들어 저자가 판단하기에 페르시아 임금들의 칙서나 임금들에게 보낸 공한들은 매우 소중한 자료이므로 이것들을 하나도 버리지 않고 적절하게 활용하였을 것이다. 이 경우 생겨날 수 있는 연대의 오차는 저자의 입장에서 볼 때 입수한 자료의 내용에 비해 그리 중요하지 않았을 것이다. 따라서 에즈라·느헤미야가 제시하는 연대기적 기록을 바탕으로 실제 연대나 역사를 재구성하기란 불가능하다. 다만 이 책의 작중 연대는 어림잡아 키루스 칙령(기원전 538년)부터 아르타크세르크세스 1세(기원전 464-424년) 말년까지로 잡으면 될 것이다.

나. **사료와 편집 및 저작 연대**

에즈라·느헤미야기의 저자는 바빌론 유배 이후 한 세기 동안의 사건들을 보고하는데, 세 가지 이야기로 구분할 수 있다. 유배에서 돌아와 성전을 건립한 이야기, 에즈라에 관한 이야기, 그리고 느헤미야에 관한 이야기다. 이 세 이야기의 작성에는 여러 가지 사료가 이용되었을 터이지만, 그 가운데 주목을 받는 사료는 '공식 문서'와 '에즈라 회고록'과 '느헤미야 회고록'이다. '공식 문서'에는 히브리어로 된 키루스의 해방령(에즈 1,2-4)과 귀환자들의 명단과 통계(에즈 2장; 느헤 7장; 10,3-30; 11,3-36; 12,1-26), 그리고 아람어로 된 행정 서신과 공식 명령서(에즈 4,8—6,18) 등을 포함한다. 공식 문서를 사료로 이용하여 작품을 쓰는 것은 에즈라 당대에 유행하던 관습이었다.

'에즈라 회고록'(에즈 7—10장; 느헤 8—9장)은 에즈라의 활동과 기도에 대한 기록들인데 1인칭과 3인칭이 혼용된다. '느헤미야 회고록'(느헤 1—7장; 12,27—13,31) 역시 느헤미야의 활동과 기도를 1인칭과 3인칭을 혼용하여 전한다. 인칭의 혼용을 두고 학자들 사이에 의견이 분분하나 결정적인 가설은 없고 저자가 입수한 자료를 다루면서 사용한 하나의 편집 기법으로 보면 될 것이다. 이는 신약에서 사도행전의 저자가 '우리 대목'(사도 16,10-17; 20,5-15; 21,1-18; 27,1—28,16)을 다루면서 사용한 기법이기도 하다. 옛 문서에 대한 지나친 분석은 자칫 잘못하면 저자의 편집 의도를 벗어나 본문을 해체할 위험이 있다.

에즈라·느헤미야기의 최종 편집은 느헤미야의 공적 활동이 끝난 뒤인 기원전 400년경에 이루어졌을 것이다.

다. **구조와 내용**

(1) **에즈라기**

에즈라기는 둘로 나눌 수 있다. 전반부(1—6장)는 유배자들의 귀환과 성전의 건립 및 봉헌을 다루고, 후반부(7—10장)는 귀환자들의 쇄신을 다룬다. 전반부에는 공식 문서가 많이 나온다. 먼저 성전 건축을 명하는 키루스의 칙령이 세 번이나 언급된다(1,2-4; 5,13-15; 6,3-5). 그다음 2장에 나오는 귀환자들의 명단은 느헤 7장의 명단에서 따온 것이다. 그리고 귀환자들의 건축 사업을 두고 그것을 방해하는 지방 관리들과 페르시아 임금 사이에 오간 서신들이 소개된다. 지방 장관 르훔과 서기관 심사이가 예루살렘 도성을 복구하는 귀환자들을 반역죄로 고발하는 내용의 편지를 페르시아 임금 아르타크세르크세스에게 보낸다. 이 서신은 아람어로 쓰였는데, 이를 계기로 에즈라기 저자는 4,8—6,18을 아람어로 기록하였다. 이 대목은 지방 장관들과 페르시아 임금들 사이에 오간 공식 서신 네 개를 포함하고 있다. 이는 에즈라기의 저자와 독자가 2개 국어 사용자임을 시사한다. 페르시아의 공용어인 아람어 사용은 이 대목의 증언이 신빙성이 있음을 강조하기 위한 것이다. 그런데 르훔의 서신과 임금의 답장은 성전 재건이 아니라 예루살렘 성읍과 성벽 복구에 관한 것이다. 그리고 아르타크세르크세스의 통치 연대는 기원전 464-424년이다. 이는 앞에서 지적한 것처럼 445년경에 느헤미야가 유다 지방 총독으로 파견되어 예루살렘 도성을 복구한 정황과 더 잘 어울린다.

5장은 성전 재건에 관한 독립 기록으로 볼 수 있다. 하까이 예언자와 즈카르야 예언자가 예루살렘의 유다인들에게 예언을 하고, 이 예언에 자극을 받아 즈루빠벨과 예수아의 주도로 성전 건축이 재개된다. 그러자 지방관 타트나이와 다른 관리들이 다리우스 임금에게 서신을 보내어 옛날 키루스 임금이 유다인들에게 성전 건축을 명한 칙령을 내렸는지 문서고에서 확인해 보라고 요청한다. 그런데 다리우스의 통치 연대(기원전 522-486년)는 아르타크세르크세스의 치세보다 훨씬 앞선다. 독자는 앞에서 지적한 연대의 혼란을 감수할 수밖에 없다. 어떻든 다리우스 임금은 문서고에서 키루스의 칙령을 발견하고 타트나이에게 성전의 건축을 방해하지 말고 도와주라는 칙령을 보낸다. 성전 공사는 순조롭게 진행되어 기원전 515년 과월절 마침내 성전 봉헌식을 올릴 수 있게 되었다. 이날 사제들과 레위인들은 먼저 자신들을 정결하게 한 다음 백성 전체에게 정결 예식을 베풀었다. 이제 돌아온 유배자들은 하느님의 거처를 다시 마련하고 전례를 회복했으며 백성 전체의 정화를 이루어 냄으로써 하느님 백성으로서의 외적인 면모를 완전히 회복하게 되었다.

에즈라기의 후반부(7—10장)는 하느님 백성의 내적 쇄신에 관심을 집중한다. 에즈라가 시도한 백성의 내적 쇄신은 두 가지 방향에서 이루어졌다. 토라에 대한 가르침과 이방인과의 혼인 금지가 그것이다. 에즈라는 대사제 아론 가문의 사제요 토라에 능통한 율법학자였다. 그는 아르타크세르크세스 1세의 친서를 가지고 458년에 예루살렘에 도착하였다. 그가 맡은 임무는 "주님의 율법을 연구하고 실천할 뿐만 아니라, 이스라엘에서 규정과 법을 가르치는"(7,10) 것이었다. 라삐 유다이즘의 형성에 미친 에즈라의 영향은 지대하다. 에즈라는 돌아온 유배자들에게 토라를 가져와 낭독하고 풀이해 주었으며 백성들에게서 그것을 지키겠다는 맹세를 끌어냈다(느헤 8—10장). 이 점에서 에즈라는 제2의 모세다. 라삐들은 '만일 모세가 없었더라면 에즈라가 토라를 이스라엘 백성에게 충분히 전해 줄 수 있었을 것'으로 여겼다. 라삐 유다이즘에서 에즈라는 사제요 율법학자인 동시에 예언자의 권위까지도 지닌 원초적 라삐Proto-Rabbi로 통한다. 실제로 에즈라·느헤미야기는 에즈라의 율법 쇄신을, 항구적 구속력을 지닌 모세 법을 올바르게 해석하는 것으로 묘사한다(에즈 7,10; 참조: 느헤 8,1). 토라의 올바른 해석과 가르침에 이어 에즈라는 이방 여자들과의 혼인을 금지하는 조치를 내린다. 에즈라가 도착하기 전에 유다 공동체는 이미 혼종혼인 문제로 분열되어 있었다. 돌아온 유배자들이 외국인들과 혼인한 이유는 조상들에게 물려받은 땅을 되찾기 위해서였던 것으로 보인다. 유배자들은 자기네 조상들의 땅을 되찾고 싶었으나 '그 땅의 민족들'(창세 15,19-21; 탈출 3,8.17; 신명 7,1)은 그것을 내주려 하지 않았다(에제 11,15.17 참조). 에즈라는 외국 여자와 혼인한 모든 남자에게 아내와 자식들을 내보내게 한다. 에즈라가 외국 여자들과의 혼인을 문제 삼은 이유는 두 가지인데, 하나는 솔로몬의 정략적 혼인처럼 그들이 우상을 숭배하고 유다인 남편들까지 우상 숭배에 끌어들이기 때문이고, 다른 하나는 그들이 "거룩한 씨"(에즈 9,2), 곧 이스라엘의 순수성을 오염시키기 때문이다. 이는 돌아온 유배 공동체만이 순수하고 거룩한 '남은 자들'이라는 생각에 뿌리를 둔다. 이방인 아내들과 자식들을 내보내는 일은 공동체에 엄청난 충격이었다. 사제들과 레위인들까지도 이방인 여자들과 혼인한 이들이 많았다. 이 어려운 상황에서 에즈라는 하느님께 간절히 기도하고 백성의 중지를 모아 이방인 추방 작업에 착수하였다. 결정은 단호했지만, 그것을 실행에 옮기는 데는 신중했다. 먼저 선의의 피해자가 없도록 외국 여자와 혼인한 남자들을 정확하게 파악하고, 계절적으로 어려운 겨울철이 지나고 난 다음에 아내와 자식들을 내보내도록 조처하였다. 에즈라의 단호한 결정은 자칫 구심점이 없어 방황할 위험에 처한 유배 이후의 이스라엘을 지켜내는 데 크게 이바지하였다. '에즈라'עֶזְרָא의 이름 뜻은 '도움'이다. 이 이름은 어려운 상황에서 하느님께 도움을 청하고 위험에 처한 이스라엘 백성에게 큰 도움을 준 에즈라의 생애에 잘 들어맞는다.

(2) 느헤미야기

느헤미야기도 두 부분으로 나눌 수 있다. 예루살렘 도성의 재건을 다루는 전반부(1—7장)는 느헤미야의 회고록에 속한다. 페르시아 임금 아르타크세르크세스 1세의 고위 관리인 헌작 시종 느헤미야는 포로살이에서 예루살렘으로 돌아온 남은 자들이 큰 불행과 수치 속에 살고 있으며, 예루살렘의 성벽이 무너지고 성문들이 불에 탔다는 소식을 듣고는 주저앉아 울면서 여러 날을 보낸다. 그러다가 단식하며 하늘의 하느님께 도움을 청하는 기도를 바친 다음 임금에게 예루살렘을 복구하게 해 달라고 간청한다. 임금은 그 간청을 받아들여 느헤미야를 유다의 지방 장관으로 임명하고 예루살렘으로 파견한다. 느헤미야가 예루살렘의 성문들을 세우고 성벽을 보수하는 작업에 착수하자, 그 땅의 민족들이 훼방을 놓는다. 느헤미야와 남은 자들은 한편으로 하느님께 기도를 올리면서(3,36-37), 다른 한편으로는 지혜를 모아 적의 공격에 대비한다(4,3). 느헤미야는 부하들 가운데 반은 일을 하게 하고 반은 무장을 하게 하여 혹시 있을지도 모를 적들의 공격에 대비한다. 마침내 445년 음력 9월경에 적수들의 끈질긴 공격과 방해 공작을 이겨 내고 성벽 공사를 마무리한 뒤, 느헤미야는 마지막으로 성문을 만들어 달고 예루살렘에 경비를 세운다. 이어서 그는 하느님의 지시에 따라(7,5) 포로살이에서 돌아온 이들의 등록부(에즈 2장의 명단과 거의 일치함)를 확인하고 공동체 조직을 재정비한다.

후반부(8—13장)는 계약의 쇄신을 다룬다. 주님의 집인 성전이 세워지고 주님의 도성 예루살렘이 복구되어도 사람들이 쇄신되지 않는다면 아무런 의미가 없다. 남은 자들의 영적 쇄신은 토라에 바탕을 둔다. 느헤 8—9장은 거룩한 독서의 좋은 예다. 예루살렘 성문 앞 광장에 모인 백성은 자진해서 율법학자 에즈라에게 모세의 율법서를 낭독해 달라고 요청한다. 에즈라는 히브리어로 된 율법서를 낭독하고 레위인들은 그를 도와 그것을 아람어로 통역하고 풀이해 주었다. 그래서 백성은 누구나 낭독된 율법 내용을 알아들을 수 있었다. 이튿날부터 백성은 율법의 규정대로 예루살렘 곳곳에 초막을 짓고 그 안에서 지내며 초막절 축제를 성대하게 거행하였다. 에즈라는 축제 첫날부터 마지막 날까지 날마다 하느님의 율법서를 읽어 주었고 마지막 여드레째 되는 날에는 거룩한 집회를 열었다. 초막절 축제는 무엇보다 시나이 계약을 기념하는 축제다. 축제가 끝나고 음력 9월 24일경에 참회 예식을 끝낸 온 백성은 맹약하고 그것을 기록한 다음, 백성을 대표하는 수령들과 레위인들과 사제들이 그 문서에 서명하였다. 그들이 서명한 문서에는 그 땅의 백성들과 혼인하지 않고 안식일과 축일에 장사를 하지 않으며, 안식년에는 그해의 소출과 온갖 종류의 채권을 포기하고 성전의 전례와 레위인들의 몫으로 십일조를 바치는 규정 등이 포함되어 있었다(10,31-40). 사제들과 레위인들은 예루살렘 성벽의 봉헌식을 올린 다음에도 모세의 율법서를 백성에게 낭독해 주었다(13,1-3). 성벽 봉헌식을 치른 뒤, 느헤미야가 예루살렘을 떠나 아르타크세르크세스 임금을 만나러 간 사이에 유다와 예루살렘의 남은 자들이 맹약의 규정을 어겼다. 이방인 적수 토비야에게 하느님의 집 뜰에 있는 방을 차려 주고, 레위인들의 몫을 주지 않아서 그들을 흩어지게 하였으며, 안식일 규정을 어기고 외국 여자들과 혼인하여 그 자녀들의 절반이 유다 말을 할 줄 모르게 하였다. 임금에게 말미를 청하고 예루살렘에 돌아온 느헤미야는 하느님께 기도하며 이런 잘못들을 하나하나 바로잡아 나갔다. 특히 유다인들과 이방인들 사이의 혼종혼인에 대해서는 에즈라보다 더 단호하였다. 에즈라는 공동체에서 유다 남자와 혼인한 이방 여자들을 추방하는 것으로 그쳤지만, 느헤미야는 유다 여자들과 혼인한 이방 남자들까지 추방하였다(13,28). 초기 유다이즘(기원전 250-기원후 200년)에서는 어머니가 유다인이기만 하면 그 자녀는 유다인으로 간주되었다. 아마도 유아기의 종교 교육에서 어머니의 역할이 아버지의 역할보다 더 컸기 때문일 것이다. 하느님의 자비를 청하는 느헤미야기의 마무리 기도가 인상적이다. "저의 하느님, 저를 좋게 기억해 주십시오"(13,31). 히브리어로 '느헤미야' נְחֶמְיָה 이름 뜻은 '주님께서 위로하셨다'이다.

라. **신학 사상**

에즈라·느헤미야기의 신학적 관심은 세 가지에 집중되어 있다. 성전의 건립, 예루살렘 도성의 복구, 그리고 하느님 백성의 쇄신이다. 이 세 가지는 서로 긴밀히 연관된다. 성전의 건립과 도성의 복구는 이스라엘의 외적 조건을 회복하는 것인데, 외적 조건을 아무리 완벽하게 회복하더라도 진정한 내적 쇄신을 이루지 않으면 이스라엘은 또다시 정체성을 잃고 이민족들 사이에서 방황하게 될 것이다. 에즈라와 느헤미야는 둘 다 이 사실을 잘 알고 있었다. 그래서 그들은 성전의 건립과 도성의 복구와 더불어 그 옛날 하느님께서 모세를 통하여 자기네 조상들에게 내려 주신 율법을 바탕으로 시나이 계약을 회복하고 백성을 쇄신하는 데에 심혈을 기울인다. 바빌론 유배를 끝내고 예루살렘으로 돌아와 성전과 도성을 재건하고 새로운 계약 공동체로 다시 태어나게 된 유배 이후의 시대를 '제2의 이집트 탈출'이라고 부르는 이유도 여기에 있다.

8. 토빗기

칠십인역 구약성경에서 대표적 종교 소설로 꼽히는 토빗기는 유다인들과 그리스도인들 사이에서 변함없는 인기를 누려 왔다. 이 책의 제목은 주인공의 이름을 따서 붙였다. 주인공 토빗과 그의 아들 토비야는 둘 다 '좋다, 착하다'는 뜻의 히브리어 '톱'טוב에서 나왔다. 토빗은 이름 뜻 그대로 '착한 사람'이고, 토비야는 '주님은 좋은 분이시다'는 이름 뜻 그대로 라파엘 천사를 통하여 좋으신 주님을 체험한 젊은이다. 이 책에 제시된 시대·지리적 배경은 실제와 다른 경우가 많다. 저자는 아시리아 임금들의 통치 연대를 혼동하고 메소포타미아의 지리에 대한 무지를 드러내기도 한다. 예를 들어 머리글에서 이 책의 주인공 토빗이 아시리아 임금 살만에세르 시대에 티스베에서 니네베로 끌려갔다고 보고하지만(1,2), 그가 속한 납탈리 지파가 포로로 끌려간 것은 살만에세르 5세(기원전 726-722년) 때가 아니라, 바로 앞 임금 티글랏 필에세르 3세(기원전 747-727년) 때다. 그리고 메디아의 수도 엑바타나에서 라파엘이 돈을 받으러 간 라게스까지가 이틀 거리라고 하였으나(5,6) 실제로는 그보다 다섯 배나 먼 열흘 거리다. 따라서 이 책은 실제 역사를 다룬 책이 아니며 저자 자신도 독자들이 이 책을 역사 문헌으로 받아들이기를 바라지 않는다.

가. 작중 연대와 저작 연대

토빗기의 작중 연대는 기원전 8세기 중엽의 아시리아 시대이지만,

저작 연대는 기원전 3-2세기의 그리스 시대다. 저작 연대의 상한선은 기원전 200년경으로 추정할 수 있다. 토빗기의 저자가 기원전 4세기 작품으로 여겨지는 역대기에서 이미 일반화된 모세오경의 명칭, '모세의 책'이나 '모세의 율법'을 사용하고(2역대 23,18; 25,4; 30,16; 토빗 6,13; 7,11-13), 하느님 말씀의 선포자로서 예언자들의 권위를 당연한 것으로 받아들이기 때문이다(토빗 14,4). 예언서가 정경화된 것은 기원전 200년경이다(집회서 머리글 참조). 쿰란 공동체의 사해 문서 안에 이 책의 히브리어와 아람어 필사본 단편들이 들어 있는데도 유다인들이 토빗기를 경전으로 받아들이지 않은 사실 역시 저작 연대를 기원전 3세기 이전으로 끌어올리지 못하게 한다. 그러나 토빗기에 안티오코스 4세의 박해와 마카베오 항쟁과 관련된 어떤 언급도 나오지 않는다는 사실, 바리사이파의 신앙에서 볼 수 있는 천사의 존재를 인정하고 자선과 기도를 강조하는 초기 유다이즘(기원전 250-기원후 200년)의 특성을 드러내면서도 믿는 이건 믿지 않는 이건 죽은 이들의 부활 신앙이 없다고 하는 사실을 감안할 때 저작 연대의 하한선은 기원전 180년경으로 볼 수 있다. 결론적으로 토빗기의 저작 연대는 이 책과 공통점이 많은 집회서의 저작 연대와 같이 기원전 200-180년경으로 추정할 수 있겠다.

집필 장소로는 팔레스티나, 이집트, 메소포타미아 등에 흩어져 사는 디아스포라 유다 공동체를 떠올릴 수 있다. 그러나 아시리아와 페르시아는 이곳에 대한 저자의 부정확한 지리적 언급 때문에 제외시킬 수밖에 없고, 그리스 제국의 동쪽 지방에 위치한 디아스포라 공동체일 가능성이 가장 높다. 저자에 대해서는 전혀 알려진 바가 없다.

나. **사료와 편집**

토빗기의 저자가 이용한 사료는 크게 셋으로 추정할 수 있다. 첫째, 저자는 고대 근동에 널리 퍼져 있던 『아키카르의 지혜』 또는 『아키카르의 이야기』를 틀림없이 알고 있었을 것이다. 『아키카르의 지혜』는 아람어, 시리아어, 아르메니아어, 아랍어(아라비안 나이트), 그리스어(이솝 우화), 슬라브어, 에티오피아어, 루마니아어 등 다양한 언어로 번안되어 전해 온다. 이 가운데 가장 오래 된 형태는 유다인들이 모여 살던 이집트 남부 엘레판틴에서 발견된 기원전 5세기의 아람어 번안이다. 아키카르는 전설적 인물로 채색되기는 하였지만 역사적 인물이었을 것이다. 『아키카르의 지혜』에서 그는 아시리아 임금 산헤립과 에사르 하똔의 대신으로 나온다. 아키카르는 후손이 없어서 조카 나답을 양자로 들이고 자기 직책을 물려주려 한다. 그래서 그는 나답에게 자신이 알고 있는 잠언들을 전해 줌으로써 나답을 현인으로 만드는 교육을 한다. 그러나 나답은 궁정에서 높은 직책을 맡자 양아버지의 은혜를 저버리고 그에게서 받은 지혜를 경멸하며 그를 중상모략한다. 아키카르는 나답에게 쫓겨 어떤 형리의 도움으로 지하 피신처에 숨어 있다가 나중에 복권한다(14,10 참조). 아키카르는 복권하자마자 배은망덕한 조카를 비유로 꾸짖고 옥에 가둔다. 그곳에서 나답은 생을 마감한다(14,10). 토빗기의 저자는 고대 근동의 이 유명한 현인 아키카르를 토빗의 조카로 내세운다. 또 아키카르의 이야기 틀을 상당 부분 자기 책에 끌어들인다. 예를 들면 토빗도 아키카르처럼 처음에 아시리아 임금의 총애를 받았으나 나중에 노여움을 산다(1,13-20). 또 아키카르가 양아들 나답에게 두 번 지혜의 말을 전해 준 것처럼, 토빗도 아들 토비야에게 지혜가 담긴 유언을 두 번 남긴다(4,3-21; 14,8-11). 토빗의 첫 번째 유언에 담긴 몇몇 잠언들은 『아키카르의 지혜』에서 직접 빌려 온 듯 보인다(4,10.15.17.19). 그러면서도 토빗기에는 『아키카르의 지혜』와 다른 점이 많다. 나답의 경우와는 달리 아들 토비야는 아버지를 올바로 공경하고 그의 가르침을 충실히 따른다. 이로써 저자는 토비야의 지혜가 아키카르의 지혜보다 뛰어나다는 것, 그리고 결국 이스라엘의 지혜 교육이 이방인들의 지혜 교육보다 더 우월하다는 것을 은연중에 시사한다.

둘째, 토빗기의 큰 틀은 우리나라에도 있는 '은혜에 보답하는 귀신'의 전설과, 고대 근동과 동유럽에 널리 알려진 '신부를 괴롭히는 괴물'의 민담과 닮은 점이 많다. 어떤 착한 사람이 빚쟁이들에게 맞아 죽은 사람의 시신을 사서 장례를 치러 주고 빈털털이가 되었다. 그는 자기 마을에서 더 살지 못하고 새로운 삶의 터전을 찾아 길을 떠나는데, 웬 낯선 사람이 그가 얻는 것은 무엇이나 반절을 받는 조건으로 그의 하인이 되겠다고 하고 그를 따라 나섰다. 여기까지의 구조가 '은혜에 보답하는 귀신'의 전설과 비슷하고 그다음부터는 '신부를 괴롭히는 괴물'의 민담과 비슷하다. 낯선 사람은 자기 주인인 영웅에게 어떤 부유한 공주와 혼인하기를 권하였다. 그런데 그 공주와 혼인한 남자들은 첫날밤을 넘기지 못하고 신방에서 다 죽어나갔다. 낯선 사람은 주인이 첫날밤을 지내는 동안 신방을 지키고 있다가 주인을 죽이려고 신부의 입에서 기어나온 뱀을 쳐죽였다. 그런 다음, 그는 주인에게 약속한 대로 신부의 몸 반절을 달라고 요구하였고, 신부의 몸을 막 가르려 할 때(또는 실제로 갈랐을 때) 또 한 마리의 뱀이 신부에게서 빠져 나왔다. 그러고 나서 신부는 오랜 세월 자기를 괴롭히던 괴물들에게서 자유롭게 되었다. 그때에 낯선 사람은 그 영웅이 시신 값을 지불하고 장사 지내 준 죽은 사람이 바로 자기라고 정체를 밝혔다. 이 전설과 민담은 토빗기의 줄거리와 여러 가지 닮은 요소를 지닌다. 토빗은 죽은 이를 장사 지내 주다가 어려움을 겪고, 비슷한 이름의 아들 토비야의 여행길에 따라나선 낯선 사람이 신혼 초야에 일곱 남자들을 모두 잃어버린 불행한 여인 사라와 혼인하기를 권한다. 낯선 사람의 도움으로 토비야는 첫날밤을 무사히 넘기고 사라는 마귀에게서 해방된다. 토빗과 토비야는 그가 받아온 돈의 절반을 낯선 사람에게 품삯으로 주려고 하자, 낯선 사람은 자기가 하느님에게서 파견된 천사라고 정체를 밝힌 다음 홀연히 사라진다.

셋째, 토빗기 저자는 창세기에서 영감을 많이 받은 것으로 보인다. 토비야가 아버지의 집을 떠나(5,17-22) 신부를 얻고(7,1-17) 신부를 데리고 처갓집을 나서는(10,7-13) 장면들은, 이사악이 레베카를 얻는 장면(창세 24장)과 야곱이 레아와 라헬을 얻는 장면(창세 29장)을 떠올리게 한다. 또한 8장에 실린 토비야의 기도에는 창세 2,18의 말씀이 그대로 인용된다. "사람이 혼자 있는 것이 좋지 않으니 그와 닮은 협력자를 우리가 만들어 주자"(토빗 8,6). 무엇보다 토빗기의 줄거리는 창세기의 요셉 이야기(창세 37; 39—50장)와 비슷한 요소들이 많다. 토빗기에서처럼 연로한 아버지 야곱이 가족의 생계 문제를 해결하기 위해 사랑하는 어린 아들 벤야민을 먼 고장으로 보낸다. 이때 르우벤과 유다가 보호자로 따라 나선다(창세 42,37; 43,8-9). 벤야민이 도착하자 친동생 요셉이 아버지의 안부를 묻는 장면은 토비야를 본 아드나가 토빗의 안부를 묻는 것과 같다(창세 45,3; 토빗 7,4-5). 벤야민과 토비야는 친족의 극진한 환대를 받고 모든 어려움을 해결한 뒤에 다시 아버지와 상봉한다(창세 46장; 토빗 11장). 아버지는 자손들에게 축복과 유언과 미래에 대한 예언을 남기고 평화롭게 눈을 감는다(창세 47—50장; 토빗 13—14장). 이 밖에도 욥기의 산문 부분도 토빗기의 구성에 얼마간 영향을 미쳤을 것이다.

다. **본문**

토빗기의 본문이 처음에 어떤 언어로 시작하여 어떤 경로를 밟아 전해졌는가를 밝혀내기란 그리 쉽지 않다. 토빗기의 본문은 셈어로 작성된 것은 거의 확실하지만, 그 본문이 아람어였는지 아니면 히브리어였는지는 단정하기 어렵다. 아마도 아람어로 쓴 것을 히브리어와 그리스어로 번역했을 것이다. 그리스어 본문은 긴 본문과 짧은 본문 두 가지 형태로 전해진다. 기원후 4세기에 필사된 시나이 사본의 긴 본문은 쿰란에서 발견된 네 개의 아람어 본문 단편들과 한 개의 히브리어 본문 단편, 그리고 불가타 이전의 고대 라틴어 역본의 지지를 받는다. 우리말을 비롯한 현대어 번역들은 긴 본문을 번역 대본으로 삼는다. 그 밖의 다른 그리스어 수사본들에 나오는 짧은 본문은 그리스 정교에서 채택한다. 한편 긴 본문에는 두 대목이 빠져 있는데, 4,7-19과 13,6-10이다. 이 두 대목은 고대 라틴어 역본과 짧은 그리스어 본문에 나오기 때문에 우리말 번역에서는 짧은 그리스어 본문에서 빠진 부분을 옮겨 보충하였다.

이 밖에 히에로니무스가 아람어 원문을 번역한 불가타 본문도 있다. 히에로니무스는 토빗기를 정경으로 받아들이지 않았기 때문에 이를 번역할 마음이 없었지만, 몇몇 주교의 간청에 못 이겨 단 하루 만에 작업을 끝냈다고 스스로 밝혔다. 아람어를 모르는 그로서는 어떤 유다인이 아람어 본문을 히브리어로 옮겨 주면 이를 다시 자기 서기에게 라틴어로 번역하여 불러 주었다고 한다. 이렇게 짧은 시간에 자유롭게 번역한 데다가 자신의 금욕주의적 생각과 혼인에 대한 개인적 견해까지 곁들였기 때문에 이 라틴어 본문은 진정성에서 높은 평가를 받지 못한다. 그러나 5세기부터 19세기 티셴도르프가 시나이 사본을 발견하기까지 라틴 교회에서는 이 본문만 알았고 현재도 가톨릭 교회의 라틴 전례에서는 이 본문을 사용하고 있다.

라. **구성과 내용**

토빗기의 본문을 분석하는 데는 구조보다는 구성이라는 말이 더 어울린다. 토빗기는 구성이 탄탄하다. 저자는 세 주인공 토빗과 사라와 토비야의 이야기를 따로따로 펼쳐 나가면서도 '그들의 삶을 주관하시는 하느님의 섭리'라는 공통 신학 주제 아래 세 이야기를 하나로 꿰어 엮는다. 이 책은 갈등·해결·마무리라는 소설의 일반 구성에 맞추어 크게 세 부분으로 나눌 수 있다. 첫째 부분(토빗 1—3장)에서는 착한 두 사람 토빗과 사라의 불행한 삶이 서로 병행을 이루며 소개된다. 둘 다 부당하게 고통을 당한다. 토빗은 죽은 동족의 주검을 거두어 장례를 치러 주는 자선을 베풀었는데도 눈이 멀게 되었다. 순결한 여자 사라 역시 아무런 잘못을 저지르지 않았는데도 일곱 번이나 혼인을 하였지만, 아스모대오스라는 이름의 악귀가 나타나 신혼 초야를 지내기도 전에 갓 혼인한 남편을 차례로 살해한다. 그래서 둘 다 절망 속에서 차라리 죽음을 달라고 기도한다.

둘째 부분(4—11장)에서 하느님께서는 두 사람의 간절한 기도를 들으시고 그들의 시련과 고통을 좋은 방향으로 해결해 주신다. 두 사람의 시련은 토빗의 아들이자 나중에 사라의 남편이 된 토비야의 활약으로 극복된다. 그리고 토비야는 하느님께서 보내신 천사 라파엘의 도움을 받는다. '라파엘'רְפָאֵל은 '멸망시키는 자'라는 뜻의 '아스모대오스''Ασμοδαιôs 악귀와는 대조적으로 '하느님께서 고쳐 주셨다'는 이름 뜻을 가진 대천사다. 토비야는 라파엘의 도움으로 티그리스 강가에서 큰 물고기를 잡고 그 배를 갈라 쓸개와 염통과 간을 얻는다. 라파엘 천사의 말에 따르면 염통과 간은 마귀나 악령에 시달리는 사람에게 특효약이고 쓸개는 소경의 눈을 뜨게 하는 효력이 있다. 신혼 첫날밤 토비야와 사라는 물고기의 간과 염통을 꺼내어 향의 잿불에다 올려놓고 주님께 자비와 구원을 베풀어 주십사고 간청한 다음 함께 잠자리에 든다. 라파엘의 말대로 사라의 신랑을 덮치려던 마귀는 물고기 간과 염통이 타는 냄새를 견디지 못하여 악령들의 고향인 이집트 끝 지방까지 도망쳤다. 라파엘은 거기까지 쫓아가 다시는 사람에게 접근하지 못하도록 마귀의 손과 발을 묶어버렸다. 토비야가 장인 라구엘의 집에서 흥겨운 혼인 잔치를 즐기는 동안 라파엘은 멀리 메디아의 라게스로 가서 토빗이 친족 가바엘에게 맡긴 돈을 찾아온다. 집으로 돌아온 토비야는 먼저 아버지의 눈에 입김을 불고 물고기의 쓸개를 눈에 발라 드린다. 그러자 토빗은 아들의 목을 껴안고 울면서 아들이 보인다고 외치고는 하느님을 찬미한다.

셋째 부분(12—14장)은 행복한 마무리다. 토비야의 여행 동반자이자 협력자였던 라파엘은 "임금의 비밀은 감추는 것이 좋고, 하느님의 업적은 존경하는 마음으로 드러내어 밝히는 것이 좋다"(12,7)라고 하면서 마침내 자신의 정체를 밝힌다. 임금의 비밀은 대부분 그의 인간적 약점일 수 있기 때문에 감추는 것이 좋지만 하느님의 업적은 그분의 선하심과 권능을 드러내는 것이므로 널리 알리는 것이 좋다. 하느님은 진실한 기도와 의로운 자선을 기쁘게 받아들이신다. 특히 자선은 사람을 죽음에서 구해 주고 모든 죄를 없애 주며 삶을 풍요롭게 만든다. 라파엘은 그를 통해서 당신의 뜻을 이루시는 하느님의 완벽한 도구다. 그는 하느님께서 자신을 시켜 토빗의 눈을 멀게 하여 시련을 겪게 하셨으며, 토빗의 눈을 치유하고 사라에게서 악귀를 쫓아내게 하셨다고 밝힌다. 토빗의 기도와 사라의 기도를 전달한 이도 그요, 잔치 음식을 놓아둔 채 죽은 이를 매장한 토빗의 자선을 하느님께 알려준 이도 그다. 토빗과 토비야, 그리고 사라를 둘러싸고 일어난 모든 사건은 처음부터 끝까지 하느님께서 그들의 믿음을 튼실하게 하시고 그들을 구원의 길로 이끄시기 위하여 계획하신 일들이다. 천사가 떠난 다음 토빗은 찬미의 노래를 부르는데, 저자는 13장 전체를 이 찬미가에 할애한다. 토빗은 시력을 되찾은 뒤에도 자선을 베풀고 줄곧 하느님을 찬미하며 행복하게 살다가 백열두 살에 평화로이 죽는다. 그의 아들 토비야도 아내 사라와 더불어 영예롭게 살다가 백열일곱 살에 죽는다. 죽기 전에 니네베가 멸망하였다는 소식을 듣고 기뻐하며 영원무궁하신 주 하느님을 찬미한다.

마. 신학 사상

토빗기에는 여러 가지 신학 사상들이 나타난다. 첫째, 하느님은 인간 세상에서 일어나는 사건과 상황을 당신이 뜻하신 바를 이루어 내는 방향으로 이끌어 가신다. 전통적인 인과응보와 상선벌악의 원리를 견지하면서 저자는 의인들이 고통을 당하는 경우 그들이 고통의 한계에 도달하기 전에 하느님께서 개입하시어 반드시 그들의 선행을 보상해 주신다고 생각한 것 같다. 때로는 그분의 개입이 놀라운 기적으로 나타난다. 둘째, 하느님께 대한 인간의 충성은 율법의 준수에서 드러난다. 이는 신명기의 핵심 주제이기도 하다. 그 밖에도 토빗기에는 유배에 관한 신명기적 해석이 엿보인다. 곧 유배는 이스라엘의 불충 때문에 생겼지만, 그것은 하느님의 최종 심판이 아니기에 유배자들은 그분의 자비를 기대해야 한다. 셋째, 디아스포라 유다인들을 결속하고 이방인들 가운데서 그들의 정체성을 유지할 목적으로 동족 사이의 혼인과 가정의 중요성을 강조한다. 특히 가정은 선조들이 물려 준 종교적 전통을 충실하게 유지하는 근본 틀이다. 토빗기가 그리스도교에서 인기를 누리는 이유 가운데 하나도 이 책이 가정의 중요성을 강조하기 때문이다. 넷째, 하느님의 총애를 얻는 가장 중요한 덕목은 자선과 기도다. 유배라는 어려운 상황에서 동족에게 자선을 베풀고 절망 속에서 용기를 잃지 않고 단식을 곁들인 기도를 바침으로써 하느님의 자비를 얻어 입을 수 있다. 다섯째, 하느님과 인간 사이를 잇는 중개자로서의 천사와, 하느님의 일을 방해하고 사람을 괴롭히는 마귀의 존재를 인정한다. 천사는 인간 세상에 드러난 하느님의 상징적 현존이다. 천사와 마귀의 존재를 인정하는 토빗기는 사람이 자신의 운명을 외부의 도움이나 방해 없이 스스로 개척해 나간다고 보는 유딧기나 에스테르기와 매우 대조적이다. 마지막으로, 토빗기는 마술적 방법을 인정한 초기 유다이즘(기원전 250-기원후 200년)의 일부 요소를 받아들인다. 라파엘이 토비야에게 가져다 준 물고기의 내장이 마귀의 힘을 제어하고 소경을 치유한다.

이처럼 탄탄하고 흥미로운 구성 덕분에 토빗기는 앉은 자리에서 단숨에 읽을 수 있다. 그러나 토빗기는 단순한 흥미를 넘어서서 소중한 가르침을 우리에게 전해 준다. 우리의 삶은 하느님이 주관하시고 그 삶의 무수한 사건들을 통해서 그분은 당신 구원의 위업을 여실히 보여 주신다는 것이다. 하느님은 율법과 조상들의 종교 전통에 충실한 이들과 무죄한 이들을 시련과 고통 속에 버려 두지 않으시고 반드시 회복하고 보상해 주신다. 특히 그분은 우리의 기도와 자선을 눈여겨 보신다. 이 책의 기본 골격을 이루는 이야기는 온통 기도와 자선에 관한 언급, 그리고 그분의 선하심과 위업에 대한 찬양으로 가득 차 있다.

9. 유딧기

유딧기의 제목은 여주인공의 이름을 따서 지었다. '유딧'은 '주님께서 이끄신다'는 의미의 히브리어 '유다'יְהוּדָה에서 파생된 이름으로, '유다인 여자'라는 뜻이다. 유딧의 이야기는 서양의 예술가들에게 수많은 영감을 불러일으켰다. 하이든은 이 이야기로 오라토리오를 만들었다(「유딧의 승리」Juditha triumphans). 회화로는 이탈리아의 카라바조(1573-1610년)와 오스트리아의 구스타프 클림트(1862-1918년)의 작품이 유명하다. 그 밖에 수많은 저자와 화가와 음악가들이 유딧기의 내용을 예술 작품으로 즐겨 재현하였다.

앞에서 분류한 대로 유딧기의 문학 양식은 종교 소설이다. 좀 더 세분하자면 성경 본문을 새롭게 해석하여 교훈을 주려는 미드라쉬적 종교 소설이라 할 수 있다. 유딧기의 저자가 이용한 성경 본문으로는 타마르의 지혜를 묘사한 창세 38장, 이스라엘을 축복하는 이방인 예언자 발라암의 이야기를 전하는 민수 22—24장, 에훗이 모압 임금 에글론을 죽인 이야기를 전해 주는 판관 3,12-30, 야엘이 적군의 장수 시스라를 죽인 일화를 담은 판관 4장, 다윗과 골리앗의 대결을 다룬 1사무 17장, 아비가일이 다윗에게 호소하여 가족들의 몰살을 막은 이야기를 담은 1사무 25장, 아벨 벳 마아카 성읍에서 다윗에게 반란을 일으킨 세바의 목을 요압에게 넘겨 준 여인의 이야기인 2사무 20장 등을 들 수 있다.

가. **작중 연대와 저작 연대**

유딧기의 이야기는 실제 역사가 아니다. 본문에 나오는 연대·지명·인물 등이 온통 실제와는 거리가 멀다. 첫째, 기원전 604년—562년에 바빌론을 다스렸던 네부카드네자르가 612년에 패망한 아시리아의 임금으로 나온다. 더구나 예루살렘을 파괴하고 유다인들을 바빌론으로 유배시켰던 네부카드네자르의 군대가 유배에서 막 돌아온 유배자들에게 패망한다. 둘째, 침략군의 총사령관 홀로페르네스와 그의 내시 바고아스는 아르타크세르크세스 3세(기원전 359-338년)가 파견한 이집트 원정대를 언급하는 고대 페르시아 문헌에 그 이름들이 나온다. 셋째, 이야기의 배경인 전략 요충지 배툴리아라는 지명과 그 지명에 관한 유딧기의 묘사가 일치하는 장소는 성경을 비롯하여 어떤 고대 문헌으로도 확인할 수 없다. 그 밖에도 유딧기에는 알려지지 않은 지명들이 여럿 나온다.

유딧기는 실제 역사와는 거리가 먼 교화적 이야기로서 시리아 제국에 대항하여 승리를 거둔 역사를 다룬 마카베오기와 맥을 같이한다. 예루살렘 침공을 주도하고 유다의 수많은 지도자들을 바빌론에 끌고 간 네부카드네자르를 모르는 이는 유다인들 가운데서 아무도 없었을 것이다. 그런데도 그를 아시리아 임금으로 제시한 것은 비슷한 이름(아시리아-시리아)과 영토 점령에서 고대 아시리아 제국을 계승한 시리아 제국을 염두에 둔 것으로 보인다. 또 이 책의 여주인공 이름 유딧은 마타티아스의 다섯 아들 가운데 가장 용맹했던 셋째 아들 유다 마카베오를 연상시킨다. 유다를 비롯한 마카베오 형제들이 거대한 시리아 제국과 대항하여 큰 승리를 거두고 비록 예루살렘 성전을 중심으로 이루어진 작은 성전 국가이긴 하지만 독립 국가를 세웠듯이, 아시리아 군대의 수장인 홀로페르네스를 살해한 유딧의 도움으로 유다인들은 아시리아 군대를 섬멸하고 배툴리아 성읍을 지켜냈다. 배툴리아는 실재하지 않는 가공의 성읍이지만, '처녀'라는 뜻의 히브리어 '베툴라' בְּתוּלָה를 연상시키는데, 구약성경에서 예루살렘 성전이 자리 잡은 언덕 시온은 곧잘 베툴라로 불렸다.

이처럼 유딧기는 교화를 목적으로 꾸민 이야기이긴 하지만, 완전한 허구는 아니고 그 배경에 실존 인물이 자리 잡을 수도 있다. 유다의 가부장적 사회에서 유딧의 역할은 파격적이다. 페르시아 시대에 박해받는 유다인들의 운명을 뒤바꾸는 데 일조한 에스테르 왕비보다 더 적극적이고 주도적이다. 적장을 죽이고 나서도 유딧은 유다의 전통적 관습에 매이지 않고 여생을 혼자 살며 조국을 지켰다. 유딧 이야기와 비슷한 설화들이 유다 문헌에 열두어 번이나 나오고 유딧의 공적을 기리는 축제가 있었다는 사실도 이런 설화 전통의 기원에 실제 사건이 있었음을 시사한다.

유딧기의 작중 연대는 네부카드네자르 임금 때이지만, 저작 연대는 마카베오기와 같은 기원전 2세기 말, 대략 100년경일 것이다.

나. **본문과 정경화**

유딧기는 본디 기원전 2세기경에 히브리어나 아람어로 쓰였을 것이고 이를 나중에 그리스계 역자가 칠십인역의 구약성경 본문들을 이용하면서 그리스어로 옮겼을 것이다. 그러나 히브리어/아람어 수사본은 발견되지 않고, 사해 문서에도 수사본 단편이나 인용문이 포함되지 않았다. 유딧기의 칠십인역 그리스어 본문은 비교적 충실하게 히브리어/아람어 본문을 번역한 것으로 보인다. 이 그리스어 본문을 바탕으로 여섯 종류의 서로 다른 고대 라틴어 번역본이 생겨났고, 이 고대 라틴어역에서 페쉬타(시리아역)가 나왔다. 히에로니무스가 만든 불가타(대중라틴말성경)의 유딧기는 이상의 번역본들과 또 다르다. 불가타 유딧기의 서문에서 히에로니무스는 자신이 유딧기를 아람어 본문에서 하룻밤 만에 번역하였다고 밝힌다. 히에로니무스의 라틴어 번역은 아람어 본문을 바탕으로 그리스어 본문을 수정하려고 한 것처럼 보이지만, 다소 자유롭게 각색한 것이어서 그 진정성에서 그리스어 번역본보다 높게 평가받지 못한다.

유딧기는 유다인들의 정경으로 인정받지 못하였다. 이 때문에 초대 그리스도 교회도 처음에 제2경전의 다른 책들처럼 유딧기를 정경으로 받아들이기를 주저하였다. 그러나 교부들을 비롯하여 초대 그리스도교 저자들은 유딧기를 자주 인용하였다. 유딧기는 405년 교황 인노첸스 1세가 작성한 정경 목록에 포함된 이래, 1442년 피렌체 공의회, 1546년 트렌토 공의회, 1870년 제1차 바티칸 공의회에서 정경으로 재확인되었다. 명시적으로 인용하는 대목은 없지만 신약성경 여러 곳에 유딧기의 내용과 비슷한 생각이나 표현들이 나온다. 마태 26,13(유딧 13,19), 루카 1,42(유딧 13,18), 루카 2,27과 1티모 5,5(유딧 8,6), 루카 20,11(유딧 1,11), 1코린 2,11(유딧 8,14), 야고 1,2(유딧 8,25) 등이 그 좋은 예들이다.

다. **구성과 내용**

유딧기도 토빗기처럼 갈등·해결·마무리라는 소설의 기본 구성에 따라, 세 부분으로 나눌 수 있다. 첫째 부분(1—7장)은 이스라엘 자손들, 특히 배툴리아 성읍의 유다인들에게 닥친 위기 상황을 묘사한다. 아시리아의 임금 네부카드네자르가 메디아의 임금 아르팍삿과 전쟁을 벌일 때였다. 아시리아 임금은 페르시아의 모든 주민과 이스라엘을 포함하여 서쪽 지방의 모든 민족들에게 동맹을 맺자고 정중하게 제의했지만 민족들은 이 임금의 청을 무시하고 거절하였다. 네부카드네자르는 아르팍삿을 물리치고 이어서 이스라엘을 비롯하여 자신을 능멸한 민족들을 대장군 홀로페르네스로 하여금 공격하게 하였다. 다급해진 이스라엘 자손들은 주님의 도성 예루살렘과 성전을 걱정하였고, 예루살렘으로 통하는 산악 지대의 모든 성읍 주민들은 여호야킴 대사제와 원로단의 예루살렘 회의에서 내린 결정에 따라 홀로페르네스 군대를 막기 위해 산악 지방의 통행로를 폐쇄하고 높은 산봉우리마다 성을 쌓고 평야에는 장애물을 설치하였다. 특히 전략 요충지 배툴리아의 주민들은 완강히 저항하였다. 그러자 홀로페르네스는 배툴리아 주민들의 식수원인 샘들과 물길을 장악하고 그들에게 물이 조달되지 못하게 하였다. 배툴리아 주민들은 큰 소리로 울부짖으며 아시리아에 화친을 맺지 않기로 결정한 성읍의 수장 우찌야와 원로들을 원망하였다. 우찌야는 닷새 동안 기다려도 주님으로부터 아무런 도움이 오지 않으면 항복하기로 하자고 백성을 설득하였다. 이렇게 배툴리아 성읍은 절대절명의 위기에 내몰리게 되었다.

둘째 부분(8—14장)은 유딧의 활약상을 소개한다. 유딧은 같은 지파와 같은 가문의 출신인 남편 므나쎄와 사별한 뒤, 자기 집 옥상에 천막을 쳐 놓고 그곳에서 기도와 단식으로 하루하루를 경건하게 살아가고 있었다. 유딧은 용모가 매우 아름답고 자태가 빼어난 기품 있는 여자였다. 게다가 지혜와 용기도 갖추었다. 유딧은 자기가 지닌 이 모든 것을 나라와 겨레를 구하기 위해 기꺼이 사용한다. 그는 먼저, 닷새 안에 하느님이 개입하시지 않으면 항복하기로 한 배툴리아 수장들의 결정은 주님을 시험하는 불손한 처사라고 지적하고, 주님께 대한 절대적인 신뢰만이 위기를 극복할 수 있는 유일한 길임을 강조한다. 또한 주님께서 내리시는 불 같은 시련은 그분이 사랑하시는 이들을 징벌하기 위해서가 아니라 오히려 그들을 성장시키고 당신께 더 가까이 끌어당기기 위해서라고 밝힌다. 유딧은 머리에 재를 뿌리고 자루옷을 입은 채 오랫동안 큰 소리로 주님께 기도한 다음, 자루옷과 과부 옷을 벗어버리고 화사하게 치장하고서 믿을 만한 시녀와 함께 적진으로 들어간다. 미모와 재치로 적장 홀로페르네스를 유혹하고 그와 술자리를 같이하다가 술에 곯아 떨어진 그의 목을 베어 시녀에게 넘긴다. 시녀가 적장의 목을 음식 자루에 넣고 둘이서 무사히 유다 진영으로 돌아오자 온 백성이 환호한다.

셋째 부분(15—16장)은 행복한 마무리다. 유딧은 유다 군 수장들을 불러 모으고 지도자를 잃은 아시리아 군대를 칠 계획을 알려 준다. 이튿날 동이 트자마자 유다 군이 무기를 들고 성읍 밖으로 나가 공격하는 척하자 아시리아 군대가 홀로페르네스를 깨우러 갔다가 그의 죽음을 알아보고 대혼란에 빠진다. 그 틈을 이용하여 적군을 쳐부수라는 것이다. 유딧의 계획대로 유다 군은 대승리를 거두고 배툴리아 성읍 주민들뿐 아니라 다른 산악 지방 성읍과 평야의 마을과 동네 주민들도 아시리아 군대에게서 많은 노획물을 손에 넣는다. 여호야킴 대사제와 예루살렘 원로단도 유딧을 찾아와 문안하고 축복한다. 유딧은 모든 이스라엘 사람들 앞에서 감사 노래를 부르고 온 백성도 그의 찬양가를 따라 부른다. 유딧은 예루살렘 성전에 홀로페르네스의 기물들을 봉헌하고 온 백성과 더불어 석 달 동안 큰 축제를 벌인 다음 배툴리아의 자기 소유지로 돌아와 온 나라의 존경과 사랑을 받으며 여생을 보낸다. 유딧을 탐내는 남자들이 많았지만, 죽는 날까지 홀로 지내며 백다섯 살까지 장수를 누리다 남편 므나쎄의 동굴 묘지에 함께 묻힌다.

라. **신학 사상**

비교적 뒤늦게 그리스도교 정경으로 인정을 받았지만, 유딧기에는 중요한 신학적 주제가 여럿 나타난다. 첫째, 하느님의 초월성을 강조한다. 하느님은 모든 피조물을 뛰어넘으시는 초월적 존재이시므로 인간으로서는 그분의 심오하고 자비로운 계획을 헤아릴 길 없다. 그분이 당신 백성에게 시련을 보내실 수는 있어도 인간 편에서 감히 그분을 시험하려고 해서는 안 된다. 따라서 닷새 동안 버티다 주님의 도움이 없으면 항복하겠다는 배툴리아 원로들의 결정은 하느님을 시험하려는 불손한 행위다.

둘째, 유딧기 저자는 여성도 하느님 백성의 구원을 이루는 데 중요한 구실을 할 수 있음을 증언한다. 유딧은 주님께 대한 확고한 믿음과 지혜로 절망에 빠져 항복하려는 배툴리아의 남자 지도자들에게 용기를 북돋운다. 그러고는 아무런 도움도 없이 연약한 여자의 몸으로 적진에 잠입하여 주님께 도움을 주시라고 간절히 기도한 다음, 적장 홀로페르네스의 목을 베어 가지고 유다 진영으로 돌아온다. 전쟁을 승리로 이끈 다음에도 유딧은 재혼하지 않고 홀로 지내며 남은 여생을 나라와 겨레를 위하여 바친다.

셋째, 유딧기의 저자는 율법과 전통에 대해 유연하고 균형 잡힌 해석을 제시한다. 유딧은 남녀의 역할을 철저하게 구분하는 가부장 사회의 전통과 관습을 훌쩍 뛰어넘어 행동하였다. 또한 수숙혼 의무를 이행하지 않고 남편이 죽은 뒤에 과부로 일생을 마쳤다. 그러면서도 유딧은 율법에 충실하고 이민족들의 침입 앞에서 조상들이 물려준 종교 전통을 지켰다. 적진에 가서도 준비해 간 깨끗한 음식만 먹고 이교인들과의 접촉으로 더러워진 몸을 씻기 위하여 매일 아침 목욕을 했던 것이다.

넷째, 유딧기에는 고통을 두고 당대의 일반 상식을 뛰어넘는 새로운 해석을 내린다. 유딧은 동시대 사람들이 옛 조상들과는 달리 우상 숭배에 빠지거나 하느님을 배신하지 않았으므로 지금 겪고 있는 고통이 결코 하느님의 징벌이 아님을 확신한다. 오히려 이 고통은 당신의 백성을 더 높은 차원의 믿음으로 끌어올리고자 하시는 하느님의 특별한 배려요 자애의 또 다른 표시로 보아야 한다(8,25).

다섯째, 유딧은 행동하는 믿음의 좋은 본보기다. 평범하고 힘없는 한 과부가 남성들로 구성된 유다 지도층은 감히 엄두도 못낼 일을 해냈다. 유딧은 용사의 칼과 힘 대신 유일한 무기인 여성의 아름다움을 이용하여 적장의 목을 베는 엄청난 결실을 얻어 낸다. 구약성경의 다른 책들에서는 여성의 아름다움에 대해 남성을 유혹하는 덫이라고 하면서 부정적으로 묘사하지만(2사무 11,2-5; 잠언 6,26; 집회 9,2 이하), 유딧은 이 아름다움과 주님께 대한 신뢰를 무기 삼아 결연히 행동함으로써 이스라엘에 새로운 생명을 주었다. 가톨릭에서는 유딧을 생명의 원천이신 주님을 세상에 낳아 주신 동정 성모 마리아에 비유한다.

유딧은 이름 뜻(유다인 여자) 그대로 이스라엘 역사에서 위기 때마다 자신들의 믿음과 지혜와 결단으로 용감하게 겨레와 나라를 구한 모든 유다 여성들(미르얌, 드보라, 야엘, 아벨 벳 마아카의 지혜로운 여인 등)을 대표한다. 또한 유딧은 유다 민족이나 나라를 상징할 수도 있다. 민족이나 나라 이름으로서의 '유다'는 히브리어·아람어·그리스어에서 다 같이 여성이다. 말하자면 유딧기의 저자는 '유다' 민족이나 나라에 이 책의 주인공 유딧처럼 이교도들의 침략을 단호히 막아내고 조상들이 물려준 종교 전통과 주권을 용감하게 지켜 나갈 것을 촉구하고 있는 것이다.

10. 에스테르기

에스테르기는 축제오경의 마지막 책으로 표면상 푸림절의 기원을 밝히기 위해 쓰인 책으로 되어 있다. 그러나 엄밀한 의미에서 푸림절은 종교 축제라기보다는 세속 축제로 분류해야 한다. 전통적으로 유다인들은 이 축제 전날 저녁과 당일 아침에 이 에스테르기를 낭독하는데, 낭독 도중에 어린

이들과 젊은이들은 하만의 이름이 나오면 야유하는 소리를 내지른다. 푸림절은 유다교 축제의 특징인 거룩함과 경건함과는 거리가 먼 일종의 카니발이다. 이 축제에는 기도나 제사와 같은 종교적 행사는 없고, 많은 사람들이 기이한 옷을 입고 가면을 쓴 채 마음껏 먹고 마신다. 『바빌론 탈무드』(메길라 7b)에 따르면 이날만큼은 취하도록 마음껏 술을 마시는 것이 허용되었다(에스 9,22 참조).

푸림절은 본디 이스라엘이 아니라 바빌론에 기원을 둔 것으로 보인다. 모세오경에 언급되지 않은 축제는 이 푸림절뿐이다. 푸림은 바빌론의 아카드어 푸루(운명 또는 주사위)라는 말에서 나왔을 가능성이 높다. 아마도 니산 달에 지내던 바빌론의 신년 축제를 페르시아인들이 이어받아 즐기던 것인데, 수사의 디아스포라 유다인들이 에스테르와 모르도카이의 이야기를 첨가해 자기네 축제로 만든 것이 아닌가 생각한다. 그리고 주인공 모르도카이와 에스테르의 이름도 바빌론의 주요 신인 마르둑과 이쉬타르와 연결된다는 점도 감안하기 바란다.

가. **정경화의 어려움**

에스테르기의 히브리어 성경 본문은 두 가지 신학적 어려움을 안고 있다. 하나는 하느님을 전혀 언급하지 않는다는 점이고, 다른 하나는 인종 학살의 잔혹상을 정당화 또는 경축하고 있다는 점이다. 전자는 전통 신앙에 충실한 유다인들에게 걸림돌이고, 후자는 양식 있는 그리스도인들에게 걸림돌이다. 히브리어 구약성경에서 하느님을 직접 언급하지 않은 책은 아가와 에스테르기뿐이다. 그래서 이 두 책을 유다교 정경으로 받아들이는 데에 신학적으로 어려움이 있었다. 그리스어 칠십인역의 에스테르기는 167절로 된 히브리어 성경에 하느님의 주권과 율법 준수의 중요성을 강조하는 107절을 더 보탠다. 이로써 에스테르기가 히브리어 성경 정경화 과정에서 겪는 어려움을 어느 정도 완화할 수 있었다.

에스테르기에 대한 유다인들의 부정적 평가는 구약성경 낱권들 가운데 이 책의 필사본만이 유일하게 사해 문서들에서 발견되지 않는다는 사실로도 드러난다. 쿰란 공동체가 에스테르기를 외면한 이유는 이 축제의 천박함 때문일 것이다. 더구나 364(7×52)일을 일 년 주기로 삼는 그들의 달력에 따르면 푸림절은 언제나 안식일에 걸리는데, 성스러운 안식일 대신 세속적인 이 축제를 지낸다는 것은 그들이 용납할 수 없는 일이었을 것이다. 오늘날 유다인들이 사용하고 있는 전례력에서는 푸림절이 안식일에 떨어질 경우 본 축일 이틀에 안식일 축일을 합하여 사흘을 경축한다. 안식일에는 푸림 예절과 안식일 예절을 섞어서 거행하고 푸림절 식사는 안식일 다음날인 일요일에 갖는다.

에스테르기가 언제 유다교 경전으로 들어오게 되었는가를 두고는 기원전 2세기 중엽에서 기원후 1세기까지 학자들마다 서로 다른 견해를 보인다. 그리스도인들에게 걸림돌이 된 인종 학살의 잔혹상에 관해서는 아래에서 다루겠다.

나. **작중 연대와 저작 연대**

에스테르기를 누가 언제 어디에서 썼는지 밝혀 줄 만한 확실한 근거는 이 책에서 찾기 어렵다. 이 책의 작중 연대는 페르시아 왕국의 크세르크세스 1세 통치(기원전 486-464년) 때다. 고대 그리스의 역사가 헤로도토스의 『페르시아 전쟁사』에서 그리스식 이름 크세르크세스 1세가 등장한다. 에스테르기는 또 페르시아 시대에 부합하는 몇 가지 상황과 관습을 전한다. 예를 들면 인도에서 에티오피아에 이르는 제국의 경계(1,1), 파발꾼을 이용한 발전된 우편 제도(3,13; 8,10), 궁중일지 작성과 보관(2,23; 6,1-2), 말뚝(또는 십자가) 처형(2,23; 5,14; 7,10) 같은 것들이다. 그러나 이런 요소들을 근거로 이 책의 저작 연대를 페르시아 시대로 추정하는 것은 잘못이다. 저자가 이런 요소들을 이용하여 독자로 하여금 에스테르의 이야기를 페르시아 시대에 일어난 사건으로 믿게 했을 수도 있기 때문이다.

에스 3,8에서 총리 대신 하만이 유다인들을 두고 임금에게 한 말은 오히려 유다인들을 극심하게 박해하던 셀레우코스 왕국의 안티오코스 4세 에피파네스 통치 상황에 더 적합하다. "임금님 왕국의 모든 주에는 민족들 사이에 흩어져 있으면서도 저희들끼리만 떨어져 사는 민족이 하나 있습니다. … 그들을 이대로 내버려두시는 것은 임금님께 합당치 못합니다"(3,8). 그리스 시대의 통치자들과는 달리 페르시아 왕국의 임금들은 속국의 백성들에게 정치·종교적 관용을 베푼 것으로 알려져 있다. 에스테르기에 나오는 유다인 박해와 같은 이야기는 에즈라기·느헤미야기·집회서에는 전혀 나오지 않는 반면, 2마카 15,36에 '모르도카이의 날'이 언급된다. 이런 사실들을 종합해 볼 때 에스테르기의 저작 연대는 마카베오기 하권과 거의 같은 시기인 기원전 120년경이 아닐까 생각한다. 그리고 집필 장소로는 시리아와 같은 팔레스티나 이외의 유배지를 떠올릴 수 있겠다.

다. 본문

에스테르기는 세 가지 본문 전통, 곧 마소라 본문MT과 칠십인역 본문LXX과 알파 본문AT 전통으로 갈라진다. 기원전 4세기 말이나 3세기 초에 히브리어로 쓰인 것으로 추정하는 마소라 본문은 에스테르와 모르도카이에 관한 일화에 바탕을 둔다. 마소라 본문의 저자는 히브리어로 전해진 이 일화에 푸림절의 기원을 덧붙였을 것이다. 이 마소라 본문은 유다교와 개신교의 정경으로 받아들여졌다.

알파 본문은 마소라 본문 전통과는 다른 히브리어 본문의 그리스어 번역본으로, 마소라 본문보다 20퍼센트 정도 짧다. 마소라 본문과 비교하여 확연히 구별되는 몇 가지 예를 지적하자면, 알파 본문에는 임금을 해치려는 두 내시의 공모(2,21-23), 취소할 수 없는 페르시아 법의 특성, 푸림절에 관한 언급이 빠진 대신 하느님에 관한 언급이 명백하게 나온다. 알파 본문은 마소라 본문과 거의 같은 시기에 작성되었으나 정경으로 인정을 받지 못했다. 다만 기원전 2세기 이집트에서 널리 읽혔다.

칠십인역 본문은 히브리어 성경의 그리스어 번역본으로, 기원전 2세기 말에 완성된 것으로 보인다. 그리스어 칠십인역의 에스테르기는 위에서 지적한 대로 167절로 된 히브리어 성경에 107절을 더 보탠다. 동방 그리스도교(정교회)는 이 칠십인역 에스테르기를 정경으로 받아들이고, 로마 가톨릭에서는 제2경전으로 이 본문을 받아들인다. 불가타에서는 칠십인역의 덧붙여진 구절들을 히브리어 본문의 마지막에 첨가한다. 이 구절들은 알파 본문에도 나오는데, 칠십인역이 생겨난 뒤 얼마 지나지 않아서 후대의 편집자가 두 그리스어 역본을 조화시킬 목적으로 끼워넣은 것 같다.

이 밖에도 고대 라틴어 역본과 두 종류의 타르굼(아람어 역본)이 있고, 1세기 유다 역사가 요세푸스의 인용문들이 있다.

우리는 칠십인역의 전통을 받아들이는 가톨릭의 성경 전통에 따라 에스테르기의 히브리어 본문과 그리스어 첨가 본문을 다 같이 다루겠다. 그리스어 본문은 『성경』(cbck)에서 해당 절 바로 옆에 동그라미 안 숫자(①, ② 등)와 함께 있다.

라. **구성과 내용**

에스테르기도 토빗기와 유딧기처럼 갈등·해결·마무리라는 소설의 기본 구성에 따라 세 부분으로 나눌 수 있다. 우리가 다룰 본문은 마소라 히브리어 본문과, 칠십인역에서 덧붙인 그리스어 본문을 합한 본문이다. 첫째 부분(1—3장)은 칠십인역에만 나오는 모르도카이의 꿈으로 시작한다. 벤야민 지파 출신 모르도카이는 바빌론 임금 네부카드네자르에게 포로로 잡혀왔다가 수사 왕궁에서 봉직하게 된 디아스포라 유다인이다. 그가 꾼 꿈은 이러하다. 거대한 용 두 마리가 서로 싸우려고 으르렁거리자 모든 민족들이 의로운 민족을 치려고 전쟁을 준비한다. 이런 다급한 상황에서 두려움에 사로잡힌 의로운 민족이 하느님께 부르짖으니 큰 강이 생겨나고 빛과 해가 솟아오르자 핍박받던 이들이 거드름을 피우는 자들을 집어삼켜 버린다. 모르도카이는 이 꿈을 마음에 간직하고 그 뜻이 무엇인가 궁리한다. 때는 크세르크세스 임금 시절이었다. 임금을 해치려는 두 내시의 음모를 적발한 공으로 모르도카이가 임금의 신임을 받자, 이것을 질시하는 아각 사람 하만이 모르도카이와 그의 겨레를 없애 버리려고 기회를 노리고 있었다. 이로써 꿈에 나오는 두 용은 모르도카이와 하만을 가리킨다는 사실이 명백해졌다. 어느 날 임금이 장수들과 대신들을 불러 큰 잔치를 베풀었는데, 술취한 임금은 왕비 와스티에게 왕관을 쓰고 연회장에 나오도록 지시하였다. 미드라쉬에 보면 이때 임금은 왕비가 벌거벗은 채 왕관만 쓰고 나올 것을 명한 것으로 풀이한다. 왕비가 이를 거절하자 임금이 격분하고 결국 왕비를 폐위한다. 그리고 사촌 모르도카이의 양녀가 된 유다인 처녀 에스테르가 페르시아의 새 왕비로 뽑힌다. 에스테르와 후견인 모르도카이가 임금의 총애를 받고 왕궁에서 자신들의 입지를 굳혀가는 사이에, 아각 사람 하만이라는 자가 재상 자리에 올라앉게 된다. 임금은 궁궐 대문에서 근무하는 시종들에게 하만 앞에서 무릎을 꿇고 절을 해야 한다고 명했는데, 다른 시종들과는 달리 모르도카이는 하만에게 예를 갖추지 않았다. 라삐들은 하만이 가슴깃에 우상을 꼽고 다녔기 때문에 모르도카이가 그에게 예를 갖추지 않은 것이라고 추측하였다. 어떻든 그로 인하여 하만은 모르도카이와 그의 겨레 유다 민족들을 말살하려는 음모를 꾸미고, 유다 민족이 자기네 법만 고집하고 페르시아 임금의 법도를 지키지 않고 있으니 아다르 달(음력 2월) 14일에 그들을 전부 죽이라는 임금의 칙령을 받아 내어 전국에 하달하게 하였다. 유다인들을 죽이기로 한 날짜는 주사위, 곧 푸림을 던져 정하였다. 이것이 푸림절의 기원이다.

둘째 부분(4—7장)은 에스테르의 개입으로 모르도카이와 유다인들이 하만의 음모에서 벗어나고 오히려 하만이 몰락하는 과정을 그린다. 유다인들을 모두 죽이라는 임금의 칙령이 내려지자 모르도카이는 옷을 찢은 다음 자루옷을 입고 재를 뒤집어쓴 채 성읍 한가운데서 다른 유다인들과 함께 단식하고 통곡한다. 그러고는 에스테르를 시중 드는 내시 하탁을 통해서 그녀로 하여금 하느님께 간청을 드리고 임금을 움직여 유다인들을 구하게 해 달라는 부탁을 한다. 칠십인역에서는 4장에 모르도카이와 에스테르의 기도를 소개한다. 그들의 기도에 보면 두 사람 다 율법의 규정과 조상들의 전통을 충실히 지켜 온 경건한 유다인으로 자신들을 묘사한다. 그들은 자신들의 하느님이시요 임금님이신 주님께만 모든 희망을 두고 악인들의 손에서 자신들을 구해 주시라고 간청한다. 사흘 뒤에 에스테르는 기도복을 벗고 왕비의 화려한 정장을 갖추고서 임금 앞에 나섰는데, 칠십인역에 따르면 임금 앞에서 그녀가 실신하여 쓰러진다. 놀란 임금은 정신을 차리고 일어난 에스테르에게 소원이 무엇이냐고 묻고 그것이 왕국의 반이라 해도 기꺼이 내주겠다고 한다. 에스테르가 임금에게 하만을 위해 연회를 베풀게 해 달라고 청하자 기꺼이 허락한다. 첫 번째 연회가 끝난 뒤에 에스테르는 한 번 더 연회를 베풀게 해 달라고 청한다. 하만은 왕비가 자기를 위해 두 번씩이나 연회를 베푸는 것에 흐뭇해했지만 궁궐 대문에서 자기에게 절을 하지 않는 모르도카이를 보고 속상해하자, 그의 아내가 임금에게 청하여 높이 세운 말뚝에 모르도카이를 매달아 달도록 하라고 조언한다. 그런데 연회가 열리기 전날 밤 잠을 못 이루는 임금이 시종이 들려 주는 왕정 일지에서 두 내시의 살해 음모를 적발한 모르도카이의 공적을 발견하고, 때마침 말뚝에 모르도카이를 처형하라는 청을 드리러 온 하만에게 공이 많은 신하에게 어떤 영예를 주면 좋겠느냐고 묻는다. 하만은 그 신하가 자기일 것이라고 잘못 짚고서는, 어의를 입히고 어마에 태운 그를 가장 높은 대신이 호위하여 성읍 광장을 돌면서 "임금님께서 영예롭게 하시고자 하는 사람은 이렇게 된다" 하고 외치게 하시라고 아뢴다. 임금은 하만으로 하여금 모르도카이에게 당장 어의를 입히고 그를 어마에 태워 호위하면서 그렇게 외치라고 명령하니, 하만은 자기가 죽이려던 모르도카이를 오히려 영예롭게 해 주었다. 그런 다음 연회가 열렸는데, 에스테르는 소원을 말해 보라는 임금에게 자신과 자신의 겨레를 살려 달라고 청한다. 임금은 왕비와 그 겨레를 해치려는 자가 누구냐고 묻자 왕비는 사악한 하만이 바로 그자라고 대답한다. 임금은 격분하여 술자리를 차고 궁궐 정원으로 나갔는데, 마침 에스테르 왕비에게 목숨을 살려 달라고 애원하는 하만을 보고 그가 왕비를 겁탈하려는 줄 착각한다. 결국 하만은 모르도카이를 죽이려고 자기가 준비한 말뚝에 매달려 죽는다.

셋째 부분(8—10장)은 행복한 마무리로서 푸림절의 기원을 밝힌다. 하만이 말뚝에 매달려 처형된 다음, 에스테르는 임금에게 다시 나아가 동족 유다인들을 없애라고 한 칙령을 취소하는 명령을 작성하게 해 달라고 청한다. 임금은 자신의 인장을 내주면서 마음대로 칙령을 작성하고 서명하도록 허락한다. 모르도카이는 서기관들을 시켜 유다인들이 자신들을 해치려는 자들을 마음껏 징벌해도 좋다는 칙령을 작성하게 하고 이를 인도에서 에티오피아까지 페르시아 127개 주(다니 6,2에서는 120개 주)에 보낸다. 유다인들은 자신들을 죽이기로 한 그날, 임금의 용인 아래 수만 명의 원수들을 살해하였다. 에스테르기의 저자는 유다인들이 원수들을 살해하면서 임금이 허락하였음에도 그들의 재물에는 손을 대지 않았다고 여러 번 밝힘으로써, 유다인들의 거사는 파렴치한 약탈이 목적이 아니라 자신들의 생명을 안전하게 지키기 위한 것이었음을 애써 강조한다. 모든 일이 뜻대로 다 되자 모르도카이는 이를 기록하고 해마다 아다르 달 14일과 15일에 이 사건을 기념하는 푸림절을 지내도록 확정하였다. 이날 유다인들은 기쁨의 잔치를 크게 벌이고 서로 음식을 나누며 가난한 이들에게 선물을 하도록 하였다. 칠십인역 에스테르기는 모르도카이가 꾼 꿈의 의미를 스스로 밝히면서 끝난다. 이 모든 일은 하느님께서 기획하시고 완성하셨다. 두 마리 용은 모르도카이와 하만이고 빛과 해와 많은 물을 담은 강은 임금과 혼인한 에스테르다. 모르도카이는 하만과 그의 편에 선 뭇 민족들이 유다인들을 말살하려고 하였지만, 이스라엘 백성이 하느님께 부르짖자 그들을 구원해 주셨다고 결론짓는다.

마. **신학 사상**

에스테르기의 신학 사상을 두고 여러 가지 설이 난무하다. 먼저 에스테르기의 히브리어 정경 본문을 살펴보자. 학자들 대부분이 에스테르기가 히브리어 정경에 들어온 사실을 받아들여 이 책에 대해 긍정적인 평가를 내리지만, 일부 유다교 성경학자들과 루터를 비롯한 몇몇 그리스도교 신학자들은 서로 다른 이유에서, 곧 종교성이 결여되었을 뿐 아니라 유다인들의 개선주의와 국수주의를 선전하고 인종학살과 폭력을 정당화한다 하여 에스테르기를 구약성경에 낄 자격이 없는 책으로 여긴다. 첫째 이유로 제시된 종교성의 결여는 여러 가지 예에서 드러난다. 이 책의 저자는 하느님의 이름을 단 한 번도 사용하지 않는다. 게다가 이 책에는 기도도 나오지 않고 성전에 대한 언급도 없으며, 두 주인공 에스테르와 모르도카이가 어떤 종교적 행동도 보여 주지 않는다. 두 사람이 토라에 순종했다는 어떤 정황도 찾아보기 힘들고 오히려 그 반대다. 에스테르는 이방인 임금과 혼인하였고 남편과 그 궁정 법도를 충실히 따랐으며 유다교 음식 규정에 전혀 주의를 기울이지 않았다. 유일한 예외가 있다면 에스테르가 4,16

에서 요구하는 단식 정도인데, 그나마 하느님의 자비를 구하려는 의도보다는 동족 사이의 일체감을 얻어 내려는 의도가 다분하다. 에스테르기의 저자가 자기 책에 하느님의 이름을 언급하지 않고 종교적 요소들을 애써 배제한 가장 그럴듯한 이유는, 이 책의 내용 자체가 너무 희극적이고 방탕에 가까울 만큼 세속적이어서 하느님과 유다교의 거룩함에 손상을 입힐까 염려해서였다는 것이다.

그런데 이런 종교성의 결여에도 아랑곳없이 에스테르기를 히브리어 정경으로 받아들이게 된 근거는 무엇일까? 두 가지 중요한 대목을 그 근거로 제시할 수 있다. 첫째 근거는 모르도카이가 에스테르를 설득하는 장면이다. "왕궁에 있다고 모든 유다인들 가운데 왕비만 살아남으리라고 속으로 생각하지 마시오. 그대가 이런 때에 정녕 침묵을 지킨다면, 유다인들을 위한 해방과 구원은 다른 데서 일어날 것이오. 그러나 그대와 그대의 아버지 집안은 절멸하게 될 것이오. 누가 알겠소? 지금과 같은 때를 위하여 그대가 왕비 자리에까지 이르렀는지"(4,13-14). 둘째 근거는 하만의 아내 제레스가 남편에게 한 말이다. "모르도카이가 유다족 출신이라면, 이제 그 앞에서 무너지기 시작한 대감은 그에게 대적할 수 없을 뿐더러, 그 앞에서 무너질 수밖에 없습니다"(6,13). 모르도카이와 제레스 두 사람의 말에는 역사의 주인이신 하느님은 당신 백성이 위기에 처했을 때 어떤 방법으로든지 반드시 개입하실 것이라는 유다인들의 전통적 믿음이 충실히 반영되어 있다. 따라서 하느님의 이름을 직접 그리고 명시적으로 거론하지 않더라도 그분이 선택하신 민족 이스라엘이 사악한 이민족의 말살 음모에서 살아남았다는 이야기는, 이집트 탈출 이야기 못지않게 역사를 주관하시는 하느님의 자애와 권능을 드높이 기리는 이야기로 여겨지고 에스테르기를 자연스레 정경으로 인정할 수 있게 해 주었을 것이다.

알파 본문과 칠십인역 본문은 이 종교성의 결여를 보충한다. 알파 본문은 여러 군데에서 하느님을 언급한다(5,9.11; 7,17; 8,2.34: 칠십인역 캠브리지 판본 참조). 칠십인역은 한 걸음 더 나아가 에스테르와 모르도카이를 매우 경건한 유다인으로 묘사한다. 4장에서 모르도카이와 에스테르가 이스라엘의 주님께 간절한 기도를 바치고, 특히 에스테르는 주님께 자신이 율법에 충실한 착한 유다인이라고 말씀드린다. 따라서 첫 번째 부정적 평가 종교성의 결여는 그리스어 본문에는 해당이 안 된다.

두 번째 부정적 평가는 이 책이 유다인들의 개선주의와 이방인들에 대한 적대감을 노골적으로 드러내고 있다는 것이다. 이 때문에 에스테르기는 초기부터 오늘날까지 그리스도 교회에서 별로 인기를 얻지 못했다. 에스테르기는 신약성경에서 한 번도 인용하지 않았으며 교부들도 거의 언급하지 않았다. 종교 개혁 당시 마틴 루터는 이 책에 대한 혐오감을 숨기지 않고 드러냈다. "나는 이 책이 차라리 존재하지 않았으면 싶을 정도로 아주 싫어한다. 그것은 지나치게 유다적이다. 그리고 이교도적 사악함을 너무 많이 드러낸다"(Bornkamm, 188, 각주 393에서 재인용). 그러나 이 책의 상황 설정이 남의 나라 땅에 끌려와서 생존에 급급한 유다인들의 운명에 관계된 것임을 감안한다면 이런 부정적 평가는 다소 지나친 것이다. 유다인들은 지금 목숨을 걸고 적들과 대적해야 할 처지에 놓여 있다. 그들의 목숨이냐 원수들의 목숨이냐 둘 가운데 하나가 가려질 판이다. 이 같은 절박한 상황에서 에스테르기의 저자는 동료 유다인들을 전통적 믿음으로 초대한다. 이 초대는 마소라 본문에서는 암시적으로 칠십인역 본문에서는 보다 명시적으로 제시된다. 유다인들은 조상들의 종교 전통과 믿음을 충실히 지켜야 한다. 그렇게만 한다면 약속과 계약에 언제나 성실하신 하느님께서 반드시 남의 나라 땅에 끌려와 유배살이를 하는 당신의 백성을 도와주실 것이다. 이로써 에스테르기의 저자는 야훼 신앙을 수호하는 유다교 전통주의자들의 대열에 합류하게 된다. 칠십인역 본문은 새로운 축제로 소개하는 푸림절의 창시자가 하느님이심을 명시한다. 축제는 구원의 사건을 기념하고 재현하며 새로운 세대의 삶에 적용하기 위한 것이다. 옛 세대가 겪었던 어려운 상황과 비슷한 상황은 역사가 진행하는 동안 또다시 반복할 가능성이 언제나 있기 마련이다.

11. 마카베오기 상·하권

구약 역사서의 마지막 책은 마카베오기 상·하권이다. '마카베오'Μακκαβαῖος라는 이름은 시리아 셀레우코스 제국 통치를 종식시키기 위하여 혁명을 일으킨 사제 마타티아스의 셋째 아들 유다의 별명인데, 아람어로 '망치'라는 뜻이다. 여기서 망치는 악을 징벌하는 하느님의 도구를 가리킨다고 볼 수 있다. 유다 마카베오는 마타티아스의 다섯 아들 가운데 가장 용맹하고 지략이 뛰어났다. 마카베오기 상·하권은 기원전 2세기 셀레우코스 제국을 거슬러 마카베오 형제들을 중심으로 일어난 유다인들의 항쟁을 다룬다. 그런데 이 두 책은 사건들을 순서대로 다루지 않고 같은 사건들을 서로 다른 관점에서 독립적으로 다룬다. 그래서 저자와 성격이 다른 두 책을 따로따로 해설할 필요가 있다.

가. 네 권의 마카베오기와 정경화

초기 유다교에서 이름이 마카베오인 문헌은 넷인데, 편의상 제 1·2·3·4마카베오기라고 부른다. 이 마카베오기 네 권도 신명기계 역사서처럼 연대순으로 기록된 역사서가 아니다. 아래에 자세히 논하겠지만 제1마카베오기는 셀레우코스 4세 통치 말년(기원전 176년)부터 하스모네아 왕조의 요한 히르카누스의 즉위(기원전 134년)까지의 역사를 다루고, 제2마카베오기는 대사제 오니아스와 셀레우코스 4세의 통치 시절(기원전 187-175년)부터 시리아 장수 니카노르의 패배(기원전 160년)까지의 역사를 다룬다. 제3마카베오기는 책 이름 자체가 잘못되었다. 마카베오 항쟁과 아무 관련이 없는 이 책은 이집트 임금 프톨레마이오스 4세 필로파토르(기원전 222-205년)의 손에서 어떻게 예루살렘 성전을 거룩하게 보존하고, 말살 위기에 처해 있던 알렉산드리아의 유다인들을 구출할 수 있었는지를 다룬다. 제3마카베오기는 기원전 1세기에서 기원후 1세기 사이에 알렉산드리아의 유다인이 쓴 것으로 보인다. 마지막으로 제4마카베오기는 마카베오 항쟁 때에 있었던 유다인들의 순교에 대한 철학적 반성이다. 저자는 1,1에서 "경건한 이성λογισμός이 감성πάθος을 지배하는가?" 하고 묻고 이에 대해 제2마카베오기의 순교자들(엘아자르, 일곱 아들과 어머니 등)의 예를 들어 '그렇다'는 긍정적 답변을 제시한다(1,7-8). 제4마카베오기 역시 기원전 1세기에서 기원후 1세기 사이에 쓰였다.

이 책의 네 권 가운데 제1마카베오기만 히브리어로 쓰였고 나머지는 모두 그리스어로 쓰였으며 제1마카베오기조차도 그리스어 번역본으로만 전해졌기 때문에, 유다인들은 이 책들 가운데 어느 책도 히브리어 정경에 포함시키지 않았다. 히에로니무스도 이 책들을 외경으로 여겼고 히브리어 정경 목록을 따르는 개신교에서도 정경으로 받아들이지 않는다. 가톨릭에서는 제1마카베오기와 제2마카베오기만을 받아들여 제2경전에 포함시켰다. 『성경』(cbck)에서는 마카베오기 상권과 마카베오기 하권이라고 한다. 일부 동방 정교회에서는 이 두 권과 제3마카베오기까지 세 권을 정경으로 받아들였지만(러시아 정교는 19세기에 제3마카베오기를 정경에서 제외시킴), 제4마카베오기는 받아들이지 않았다. 다만 일부 동방 교회에서 제4마카베오기를 성경 끝에 부록으로 덧붙여 영적 성장에 도움을 주는 책으로 삼고 있다.

초기 교부들은 마카베오기 상·하권을 다른 정경의 책들과 똑같은 비중으로 인용하고 평가하였다. 2세기 교부 알렉산드리아의 클레멘스는 마카베오기 상권을 '토 비블리온 톤 마카바이콘'(τὸ βιβλίον τῶν Μακκαβαϊκῶν 마카베오에 관련된 일의 책), 하권을 '헤 톤 마카바이콘 에피토메'(Ἡ τῶν Μακκαβαϊκῶν ἐπιτομή 마카베오에 관련된 일의 요약)라고 하였다(알렉산드리아 클레멘스 『잡록』 5.14.97). 그리스어 수사본들에서는 마카베오기 상권과 하권을 '마카바이온Μακκαβαίων A', '마카바이온Μακκαβαίων B'라고 한다. 이 두 책이 그리스도교의 정경 수사본에 나타나기 시작한 것은 4세기 말부터이지만, 가톨릭에서조차 논란을 거듭하다 16세기 트렌토 공의회에 와서야 정경으로 확정하였다. 한편 루터는 종교 개혁 때에 마카베오기 상권을 개신교 정경에서 제외시킨 것을 아쉬워하였다(Bornkamm, 188 각주 395에서 재인용).

마카베오기 상·하권은 디아스포라 유다인들의 그리스어 구약성경 정경과 이를 받아들인 초대 교회의 정경에 포함되어 우리에게까지 전해졌다. 그러나 마카베오기의 내용이 유다인들에게 널리 알려지게 된 것은 중세에 라틴어 번역본을 통해서였다. 박해받던 유다인들의 구원 역사를 다룬 마카베오기가 유다교 히브리어 성경으로 인정받지 못했다는 것은 일종의 아이러니다. 오히려 이 책은 초기 교부들을 비롯하여 그리스도교에서 더 소중하게 여겨졌다.

나. 마카베오기 상권

마카베오기 상권은 주로 마카베오 세 형제인 유다·요나탄·시몬의 활약상을 다룬다. 사건으로 보면 악명 높은 안티오코스 4세가 유다이즘을 말살하는 정책을 펴고 성전을 모독하는 행위를 저지른 때부터 마카베오 가문의 마지막 인물 시몬이 죽을 때까지다.

(1) 저자와 작중 연대와 저작 연대 및 집필 장소와 동기

마카베오기 상권의 저자는 히브리어 성경과 관습에 정통한 서기관 출신이거나 시라와 같은 유다교의 출중한 스승에게 교육받은 사람이었을 법하다. 그는 신명기계 역사서, 특히 사무엘기 상·하권에서 영감을 받아 마카베오 형제들의 이야기를 기록한 것으로 보인다. 유다 마카베오의 무용담은 사울·요나탄·다윗의 승전담과 비슷하다. 저자는 하느님의 율법에 충실했던 마카베오 가문의 사심 없는 헌신과 하스모니아 왕조의 통치를 강조한다. 이 때문에 저자가 이 왕조의 공식 역사 편찬관이 아니었나 하는 추측을 불러일으키기도 한다.

이 책의 작중 연대는 위에서 지적한 대로 기원전 176-134년이지만, 저작 연대는 기원전 100년경이다. 가장 빠른 연대는 기원전 103년이다. 이 책 끝에 요한 히르카누스 1세(기원전 134-104년)의 나머지 행적과 업적은 대사제 실록에 실려 있다고 하는데, 이는 히르카누스 사후에 그에 대한 기록을 이용하였다는 것을 뜻한다. 가장 늦은 저작 연대로는 로마의 폼페이우스가 예루살렘을 점령한 기원전 63년이다. 저자가 로마인들의 예루살렘 침략을 알았더라면 이 책에서 로마인들에 대해 긍정적으로 묘사하지 않았을 것이기 때문이다.

집필 장소는 이 작품이 본디 히브리어로 쓰였고 그 안의 지리적 정보도 비교적 정확한 것으로 보아 팔레스티나로 추정할 수 있다.

저자의 집필 동기는 하스모네아 왕조 통치의 합법성을 증명하는 것이다. 교화적 소설 형식을 취한 앞의 세 역사서, 토빗기·유딧기·에스테르기와 달리 마카베오기 상권은 기원전 2세기 중엽의 실제 유다 역사를 다룬다. 그러나 이 책의 저자에게는 역사적 사건들 자체가 중요한 것이 아니라 그 의미가 중요하다. 저자는 이 책에 기록된 사건들을 이용하여 하스모네아 왕조의 이스라엘 통치를 정당화한다. 이 사건들의 주역이었던 마카베오 형제들은 시리아 임금들의 박해에 맞서 독립 운동을 벌였고, 야훼 종교와 율법 준수의 기반을 회복하였다. 따라서 그들에게서 태어난 하스모네아 왕조는 당연히 유다인들을 다스릴 권한이 있고 또 그것이 하느님의 뜻이라는 것이다.

(2) **구조와 내용**

마카베오기 상권은 입문(1—2장)을 제외하면 크게 세 부분으로 나눌 수 있는데, 각 부분은 마카베오 삼형제, 유다(3,1—9,22)와 요나탄(9,23—12장)과 시몬(13—16장)의 무용담을 차례로 전개한다.

입문은 알렉산드로스 대왕과 그 후계자들, 그 가운데서도 특히 에피파네스(신의 현현顯現)라는 신성모독적 별칭을 가진 안티오코스 4세의 박해(1장)와, 이에 항거하는 마타티아스 사제와 그의 다섯 아들(요한·시몬·유다·엘아자르·요나탄)의 반란(2장)을 소개한다.

가장 길고 화려한 무용담이 펼쳐지는 첫째 부분(1마카 3,1—9,22)은 마타티아스의 셋째 아들 유다 마카베오에 관한 이야기다. 아버지 마타티아스의 유언에 따라 유다 군대의 장수로 임명된 셋째 아들 유다 마카베오는 기원전 166년부터 160년까지 여섯 해 동안 독립 항쟁을 총지휘한다. 그는 안티오코스 4세가 페르시아 원정을 하는 틈을 타, 유프라테스 강 서쪽 지역의 총독 리시아스를 공격하고 그와 그의 군대를 유다에서 안티오키아로 몰아낸다. 유다를 탈환한 마카베오는 에피파네스가 더럽힌 성전을 정화하고 봉헌한 다음 이두매아인들과 암몬인들, 그 밖의 이민족들을 제압한다. 한편 페르시아 원정 중 이 소식을 들은 에피파네스는 크게 실망하여 몸져눕더니 병세가 악화되어 죽는다. 마카베오기 하권에서는 이 순서가 뒤바뀐다. 하권 9장에서 에피파네스의 죽음이 먼저 나오고 그다음 10장에 성전 정화 이야기가 나온다. 에피파네스가 죽고 나서 성전 정화가 이루어졌다는 하권의 순서가 더 논리적이다. 에피파네스의 뒤를 이어 그의 아들 안티오코스 5세가 왕위에 올랐으나 삼촌 데메트리오스 1세가 조카를 밀어내고 왕위를 차지한다. 데메트리오스는 니카노르를 유다 지방의 장수로 임명하고 유다를 침공하도록 하지만, 마카베오가 니카노르를 쳐 대승을 거둔다(마카베오기 하권은 니카노르의 죽음으로 끝난다). 데메트리오스가 또다시 바키데스라는 장수를 보냈는데, 유다 마카베오는 워낙 숫자가 많은 바키데스 군과 싸우다가 장렬하게 전사한다.

둘째 부분(1마카 9,23—12장)은 요나탄의 무용담을 다룬다. 다섯 형제

가운데 막내인 요나탄은 왕위를 둘러싼 시리아의 내분을 교묘히 이용할 줄 알았던 지략가다. 부자지간의 두 임금 데메트리오스 1세와 2세는 처음에 에피파네스의 손자 알렉산드로스 발라스와 싸우더니, 나중에는 알렉산드로스의 어린 아들 안티오코스 6세의 후견인 트리폰과 싸운다. 이런 와중에 중요한 사건이 일어난다. 기원전 152년 요나탄이 셀레우코스 왕조의 임금 알렉산드로스에게 대사제로 임명받은 것을 수락한 것이다. 요나탄은 셀레우코스 왕조가 인정한 합법적 대사제라는 것이다. 요나탄은 트리폰과 동맹을 맺지만 트리폰의 간계에 걸려들어 그의 포로가 된다.

셋째 부분(1마카 13—16장)은 시몬의 무용담이다. 트리폰이 또다시 유다를 침공한다는 소식이 들리자 유다 백성이 공포에 떤다. 이때 시몬이 나서서 백성의 사기를 북돋우는 연설을 하는데, 시몬의 연설을 듣고 사기가 오른 백성은 그를 요나탄의 후계자로 추대한다. 시몬의 군대에 패배한 트리폰은 시리아로 돌아가기 전에 포로로 잡아 둔 요나탄을 처형한다. 이 사건을 제외하면 시몬의 시대는 비교적 평온한 시절이었다. 마카베오기 상권의 정점은 시몬이 통치권과 대사제직을 겸하면서 하스모네아 왕조의 시조가 된 것이다. 하스모네아는 시몬의 아버지인 마타티아스의 증조부 이름이다. 시몬은 유다의 성읍들을 튼튼하게 하고 예루살렘 성채도 장악한다. 죽기 전에 시몬은 아들 요한 히르카누스에게 통치권을 이양하고 현직에서 물러난다. 그 뒤 시몬은 사위 프톨레마이오스에게 살해되지만, 요한 히르카누스는 자기까지 죽이려는 프톨레마이오스의 흉계를 미리 알아차리고 암살자들을 처단한다. 이렇게 요한 히르카누스가 반대자들을 물리치고 유다의 최고 통치자가 된다는 이야기로 마카베오기 상권은 끝난다.

(3) 신학 사상

마카베오기 상권에는 의인의 불사불멸 같은 새로운 신학 사상도 없고 종말론적 전망이나 메시아 사상 등도 엿볼 수 없다. 이 책의 저자가 살던 시대는 이스라엘의 예언 운동이 끝나고 대중적 묵시문학이 이제 막 태동하기 시작하던 무렵이다. 반면에 상권에서 저자는 하느님에 대한 충성과 율법의 철저한 준수를 요구하는 신명기 신학을 재확인한다. 이는 성전에 특별한 관심을 보이는 하권과 사뭇 대조적이다. 저자는 신명기계 역사가처럼 유다인들이 계약의 혜택을 받고 번영을 누리기 위해서는 율법을 올바로 지키고 이교 풍습을 단호히 배척해야 한다고 역설한다. 그는 유다인들과 이방인들의 대립보다 율법의 수호자들과 파괴자들의 대립을 더 크게 부각시킨다. 시리아 제국의 이교도 통치자들보다 더 큰 비난과 단죄를 받아 마땅한 자들은 동족 가운데서 율법을 지키지 않는 무도한 자들과, 유다의 종교와 민족을 수호하기 위해 헌신하는 마카베오 가문을 거슬러 행동하는 배신자들이다.

신약성경과 관련해서도 마카베오기 상권은 중요한 의미를 지닌다. 이 책을 관통하는 유다인들의 선민적 구원관은 예수님이 선포하신 인류 전체의 보편적 구원관과 상충한다. 이 책에서는 유다인들과 이방인들을 갈라놓던 성전 벽의 파괴를 신성모독으로 여기는 반면(1마카 9,54), 신약성경에서는 그리스도의 죽음과 부활로 유다인들과 이방인들 사이에 장벽이 허물어진 것을 신성한 구원 행위로 본다(에페 2,14 참조). 다른 한편 성경을 격려와 위로의 원천으로 삼는 1마카 12,9의 내용은 로마 15,4에서 다시 볼 수 있다.

다. 마카베오기 하권

마카베오기 하권은 상권의 연속이 아니다. 오히려 내용상 서로 겹치는 부분이 많다(2마카 8—15장과 1마카 3—7장 비교). 그러나 하권은 같은 사건들을 두고 상권과 다른 관점을 드러낸다. 첫째, 상권에 비해 박해로 이어지는 사건들, 특히 헬라화의 과정을 매우 상세하게 묘사한다. 둘째, 아버지 마타티아스나 다른 형제들에 대한 언급 없이 유다 마카베오에게만 초점을 맞춘다. 셋째, 항쟁의 성공은 순교자들의 죽음 덕분임을 강조하고 그들의 죽음을 주요 주제로 삼는다. 넷째, 하권은 유다가 죽기 전에 니카노르 장군을 패배시키고 가장 큰 승리를 거두었다는 이야기로 끝을 맺는다. 상권에서는 이 이야기가 상당히 앞부분(1마카 7,43-50)에 나온다.

마카베오기 하권의 내용은 제4마카베오기의 저자가 많이 참조하였다. 반면에 유다 역사가 요세푸스는 자신의 저서 『유다 고대사』에서 이 하권을 전혀 인용하지 않는 것으로 보아 이 책을 알지 못했던 것 같다. 교부들은 마카베오기 하권의 순교자들을 초기 그리스도교의 순교자들과 비교하면서 이 책을 중요시하였다.

(1) 저자와 작중 연대와 저작 연대 및 집필 장소와 동기

앞에서 말한 것처럼 마카베오기 하권은 책 제목이 시사하는 것과는 달리 상권의 연속이 아니다. 이 책은 키레네(아프리카 북부 키레나이카 지방의 수도) 사람 야손이 마카베오 항쟁에 대하여 쓴 책 다섯 권을 후대의 어떤 저자가 간추린 것이다. 야손의 원 본문도 전해지지 않고 이 본문의 요약자의 이름이나 신원도 알 길이 없다. 원 본문의 저자 야손은 1,7에 나오는 반역자 야손(대사제 오니아스의 동생)과는 다른 인물이다. 하권의 내용으로 보아 야손은 예루살렘과 셀레우코스 왕국의 관리들과 행정에 관하여 잘 알고 그리스식 교육을 철저히 받았으면서도 율법에 충실한 신심 깊은 유다인이었다.

하권의 작중 연대는 위에서 언급한 대로 안티오코스 에피파네스가 즉위하기 전, 셀레우코스 4세의 치세와 대사제 오니아스 3세의 행적으로 시작하여 니카노르의 패배로 끝난, 기원전 180년경에서 161년까지의 유다 역사다. 하권의 저작 연대는 언제일까? 성경학계에서는 보통 야손이 처음 책 다섯 권을 쓸 때 구두 전승에 바탕을 두었을 것으로 추정한다. 이 추정이 맞다면 야손은 니카노르의 패배 직후인 160년경에 마카베오 항쟁사 다섯 권을 기록했다고 할 수 있다. 하지만 이 책을 요약한 현재 형태의 마카베오기 하권은 최소한 기원전 124년 이전에 무명의 저자가 쓴 작품이다. 이 연도는 현재의 책 입문에 나오는 첫 번째 편지 말미(2마카 1,10)에 밝힌 셀레우코스력 188년을 서기로 환산한 연도다. 셀레우코스력은 셀레우코스 1세의 통치(기원전 311-281년) 원년인 기원전 311년부터 시작한다. 따라서 하권의 저작 연대는 기원전 120년경으로 보면 될 것이다. 이 연대 추정대로라면 상권의 저작 연대보다 하권의 저작 연대가 더 앞서는 셈이다.

마카베오기 하권의 최종 편집자는 야손의 책을 요약하면서 이음과 압축이라는 두 가지 문학 기법을 사용한다. 첫째, 편집자는 원 저자가 서술한 사건들에 단절이 보이면 거기에 짧은 이야기를 만들어 붙여 앞뒤 문맥이 통하도록 이어 준다. 둘째, 원 저자가 서술한 사건들과 그 해석을 유지하면서 그리스어 구문법의 생략법을 이용하여 늘어지는 구어체를 간단명료한 문어체로 압축한다. 두 기법을 바탕으로 한 편집 과정에서 저자는 원 본문이 지닌 종교·교훈적 메시지와 비장한 문체를 훼손하지 않았기 때문에 현재 우리가 보는 하권 본문에서 어느 것이 야손의 글이고 어느 것이 요약자의 글인지 분간하기가 매우 어렵다.

하권의 집필 장소로는 그 당시 유다인들의 문필 활동이 가장 활발했던 이집트의 알렉산드리아나, 마카베오 항쟁의 순교자들을 가장 높이 찬양하고 공경했던 안티오키아를 꼽을 수 있지만, 박해가 극심했던 예루살렘에서 그리스어 문학에 정통한 사람이 집필했을 가능성도 배제할 수 없다.

(2) 구조와 내용

이 책은 네 부분으로 나눌 수 있다. 첫째 도입 부분(1—2장)에는 편지 두 개가 나온다. 첫째 편지와 둘째 편지는 서로 성격이 다르다. 학자들은 히브리어/아람어 문체를 충실히 따르는 첫째 편지를 두고는 진정성을 의심하지 않지만, 둘째 편지에 대해서는 비록 셈어 표현을 많이 사용하고는 있어도 각색한 것으로 받아들인다. 특히 안티오코스 4세의 죽음을 묘사하는 둘째 편지의 내용이 다소 황당하고 이어지는 본문 자체와도 일치하지 않는다. 그러나 두 편지 다 키슬레우 달(12월) 25일에 지내는 봉헌절(하누카)의 성전 정화 예식을 초막절과 연결한다는 점에서는 일치하고 또 이어지는 본문과도 일치한다. 마카베오기 상권에서는 이런 연결이 언급되지 않는다. 첫째 편지는 1,10에서 188년이라고 저작 연대를 명시하는데, 이는 셀레우코스 왕조의 통치 원년인 기원전 311년 4월부터 계산한 것으로 우리식으로 환산하면 기원전 124년을 가리킨다. 저작 연대를 명시하지 않은 둘째 편지는 안티오코스의 죽음을 언급하고 유다 마카베오의 생존을 전제하는 것으로 미루어 그 저작 연대를 164-160년경으로 추정할 수 있다. 중요한 것은 두 편지의 저자가 성전 정결 예식을 거룩한 불로 거행하기를 바란다는 점이다. 특히 둘째 편지의 저자는 옛 문헌에 정통한 사제로서 느헤미야가 제2성전의 제단 봉헌식 때 보인 본보기와 예레미야가 유배자들에게 거룩한 불을 가져가라고 한 말을 인용하면서 거룩한 불의 이용을 정당화한다.

둘째 부분(3—7장)은 마카베오 항쟁의 배경을 다룬다. 3—5장은 정치적 배경을 다룬다. 마카베오 항쟁을 유발시킨 안티오코스 에피파네스가 등장하기 전에 유다인들은 경건한 오니아스 대사제 덕분에 평화를 누리고 있었다. 그런데 시리아와 페니키아의 총독 헬리오도로스라는 자가 예루살렘 성전 금고의 돈을 훔치려 했다가 천사들에게 죽을 정도로 채찍을 맞고 쓰러진 사건이 일어났다. 결국 헬리오도로스는 오니아스 대사제의 중재 기도로 겨우 목숨을 건질 수 있었는데, 이 이야기는 하느님께서 당신의 성전을 얼마나 아끼시는지를 보여 준다. 한편 오니아스의 동생 야손은 새로 왕위에 오른 안티오코스 임금에게 뇌물을 주고 자기 형의 대사제직을 탈취하였다. 야손은 유다인들에게 그리스 문화를 전파하기 위해 예루살렘에 체육관과 청년 학교를 설립하였고 이에 부응하여 사제들은 제단 봉사는 제쳐두고 운동경기 구경에 열을 올렸다. 나중에 야손의 대사제직은 그보다 더 많은 뇌물을 바친 메넬라오스에게 넘어갔고, 야손은 메넬라오스와 겨루다가 내부의 모반 때문에 쫓겨나 이국 땅에서 최후를 맞았다. 야손의 헬라화는 안티오코스 임금에 의해서 더 강력하게 추진되었다. 그는 메넬라오스의 인도를 받아 예루살렘 성전에 들어가 금고의 돈을 엄청나게 빼돌렸고 미시아의 수령 아폴로니우스를 시켜 안식일에 무장하지 않은 예루살렘의 유다인들을 무참히 학살하게 하였다. 이에 격분한 유다 마카베오가 동지들과 함께 광야로 나가 항쟁을 시작하였다. 6—7장은 안티오코스의 헬라화에 대한 순교자들의 저항과 고귀한 죽음을 다룬다. 신심 깊은 율법 학자 엘아자르는 거짓으로 돼지고기 먹는 것을 거절하고 명예로운 죽음을 택한다. 이어지는 또 다른 순교 이야기는 한 어머니와 일곱 아들이 조상들에게서 물려받은 믿음을 어떻게 끝까지 용감하게 지켜냈는지 보여 준다. 이 대목은 몸의 부활과 보상 이론이 구약성경에서 가장 극명하게 드러난 예다. 특히 임금에게 징벌을 피할 수 있으리라는 헛된 생각을 하지 말라고 경고하는 여섯째 아들의 말이 인상적이다. 유다인들이 지금 받는 고통은 그들의 죄에 대한 하느님의 징벌이고 안티오코스는 이사 10장에 언급된 아시리아의 경우처럼 하느님이 선택하신 징벌의 도구다. 그에게 박해를 받는 유다인들은 다시 살아나겠지만 그는 도구의 한계를 넘어서 유다인들을 극도로 미워하고 말살하려고 했기 때문에, 자신의 사악한 동기와 악행으로 중벌을 면치 못할 것이다.

셋째 부분(8—13장)은 유다의 활약상을 다룬다. 이 부분은 유다 마카베오가 박해로 희생당한 무죄한 이들의 피에 주님께서 응답해 주시기를 간청했다는 보고로 시작한다. 육천 명으로 시작한 유다의 군대는 승승장구한다. 당신 백성의 불충을 벌하시던 하느님의 진노가 백성에 대한 자비로 바뀐 것이다. 안티오코스 4세는 맹장 니카노르와 노장 고르기아스를 시켜 유다와 맞서게 했지만 번번히 패배한다. 임금은 자신의 잘못을 인정하고 깊은 회한 속에서 쓸쓸히 죽어간다. 여기서 마카베오기 상권과 다른 점은 안티오코스가 단순한 후회를 넘어서서 병석을 털고 일어서면 자신도 유다인이 되어 하느님의 권능을 널리 알리겠다는 맹세까지 했다는 것이다(9,17). 그러나 그의 맹세는 이루어지지 않았으니, 그가 극도의 고통을 겪으며 이국 땅에서 비참한 죽음을 맞이할 수밖에 없었기 때문이다. 안티오코스 4세가 죽자 유다는 예루살렘 성전을 탈환하고 이교도들에게 더럽혀진 성전을 키슬레우 달 스무닷샛날에 정화하였다(10,1-7). 이어지는 대목은 에피파네스의 뒤를 이어 왕좌에 오른 안티오코스 5세 에우파토르와 유다가 치른 전투 이야기다. 처음에 에우파토르는 선왕과는 달리 유다인들에게 호의적이었다. 그러나 지방 총독들이 문제였다. 그들은 유다인들이 안정을 취하며 조용히 살아가도록 내버려 두지 않았다. 그들 가운데 특히 유다의 총독 티모테오스와 이두매아의 총독 고르기아스 아폴로니우스가 유다인들을 괴롭혔고 유다 마카베오와 정면으로 맞붙었으나 유다군에게 모두 패하였다. 그러자 에우파토르가 기원전 163년 가을에 코끼리 부대까지 동원하여 유다군에게 총공세를 가한다. 그러나 결과는 유다의 대승으로 끝나고 에우파토르는 유다인들과 평화 협정을 맺고 물러선다.

마지막 부분(14—15장)은 유다가 니카노르를 대파하고 큰 승리를 거두는 이야기다. 기원전 146년 셀레우코스의 아들 데메트리오스 1세는 오랜 정적 안티오코스 5세 에우파토르와 그의 후견인 리시아스를 살해하고 대권을 거머쥔다. 그는 코끼리 부대의 장수 니카노르를 유다 지방의 총독으로 임명하고 예루살렘에 파견한다. 니카노르는 유다군의 명성을 익히 알고 있었기에 유다인들과 화친을 맺지만 교활한 대사제 알키모스의 간계로 유다와 갈라서게 된다. 니카노르는 사마리아 지방에 머물고 있는 유다 군을 비열하게도 안식일에 공격하지만, 하느님의 도움을 받는 유다 군에게 대패하고 전투에서 목숨까지 빼앗긴다. 유다는 니카노르의 머리를 성채에 매달고 그날, 곧 아다르 달 열사흗날(음력 2월 14일경)을 니카노르의 패배일로 기념하게 하였다.

(3) 신학 사상

전체적으로 마카베오기 하권의 저자는 상권의 저자와는 달리 하스모네아 왕조 통치의 합법성을 옹호하는 데에 별 관심이 없다. 그 대신 몇 가지 중요한 신학 주제를 강조하거나 새로 제시한다.

첫째, 하권의 저자는 역사를 목적론적 신학의 관점에서 바라본다. 이는 고대 그리스 역사가 헤로도토스의 역사 이해와 맥을 같이한다. 헤로도토스는 역사를 신들이 시간의 흐름 안에서 세상의 균형을 회복하는 것으로 이해하였다. 하권의 저자는 역사 안에서 일어나는 모든 사건을 하느님의 뜻이 실현된 결과로 받아들였다. 유다인들에게 내린 시련, 배반자들에 내린 징벌, 박해자들의 패배와 마카베오 형제들의 승리 등은 모두 하느님의 뜻이 그분의 속성인 자애와 공정에 바탕을 두고 집행된 결과다.

둘째, 저자는 그리스 우주관에 맞서서 셈족 우주관을 재천명한다. 그리스 우주관은 기원전 1세기 로마의 시인이며 철학자인 루크레티우스(기원전 99-55년)가 '무에서 무가 나올 수 없다'(루크레티우스 『사물들의 본성』 1,148-156)고 밝힌 대로 질량보존의 법칙에 따른 것이다. 이에 반해 유다인들은 하느님께서 세상을 '무에서' 창조하셨다고 믿었다. 세상의 창조는 '하느님의 두 가지 행위, 곧 '한처음'에 완전한 무인 혼돈에서 존재를 불러내시는 첫째 행위와, 원초적 무질서 혼돈을 정리하시는 둘째 행위로 이루어진다. 구약성경의 저자들은 대부분 창조된 혼돈을 정돈하는 이 둘째 행위에 관심을 기울이는 반면, 마카베오기 하권의 저자는 첫째 행위를 강조한다. 일곱 순교자의 어머니 입을 빌려 저자는 하느님께서 하늘과 땅과 그 안의 모든 피조물을 무에서 만드셨다고 밝힌다(2마카 7,28). 이로써 저자는 창세 1,1-2에 나오는 유다교의 우주관을 재천명하고 창조에 관한 신약성경의 말씀을 준비한다(콜로 1,15-20; 요한 1,3).

셋째, 저자는 의인들의 부활을 명시적으로 말하면서 분명한 언급은 하지 않지만 그 부활에 영혼의 부활뿐 아니라 육신의 부활도 포함시킨다. 이는 다니엘서의 종말론(다니 12,2-3)과 맥을 같이한다. 다니엘서 저자는, 플라톤의 영향을 받아 의인들의 영혼이 누리는 영원한 행복만을 언급하는 지혜서(5,15)에서처럼 영혼의 부활만을 주장하지 않는다. 다니엘서의 종말론은 영혼과 육신을 함께 포함한 의인들의 부활을 주장하는 바리사이들의 종말론에 가깝다고 할 수 있다. 마카베오기 하권의 저자는 먼저 죽은 다음에 죄인도 벌을 받게 된다는 사실을 언급한(6,26) 다음, 7장의 순교 이야기에서 죽은 자들의 부활에 대하여 명백하게 설명한다(7,9.11.14.23.29). 그리고 14,46에서 육신의 부활에 관해 암시적으로 언급한다.

넷째, 저자는 산 이들과 죽은 이들이 기도로써 서로 통교할 수 있다는 초기 유다이즘(기원전 250-기원후 200년)의 중요한 가르침(『바빌론 탈무드』 버라콧 18b; 샤바트 152b)을 전해 준다(Grintz, 35-36). 먼저 죽은 이들의 죄를 속죄하기 위하여 산 이들이 기도와 제사를 바치고(2마카 12,40-45), 반대로 오니아스와 예레미야 같은 죽은 의인들이 산 이들을 위하여 중재 기도를 한다(15,11-16). 죽은 이들과의 통교 교리는 알렉산드리아의 필론이 이어받아 자기 책에서 성조들을 산 이들의 중재자로 거명한다(『상급과 처벌』 166-167). 개신교에서는 죽은 이들의 운명은 오로지 하느님의 결정에만 유보된 사항이라고 하면서 산 이들과 죽은 이들의 통교를 인정하지 않는다("The Protestants Attitude towards Death"). 그러나 동·서방 그리스도교 역사에서 성인들의 중재 기도는 중요하게 여겨져 왔다. 트렌토 공의회에서는 모든 은총이 그리스도를 통하여 주어진다는 사실을 강조하면서도 기도를 통한 성인들의 중재 역할을 받아들인다.

다섯째, 저자는 예루살렘 성전과 그곳에서의 축제 거행을 중요시한다. 책 처음에 소개된 편지들 가운데 둘째 편지가 이 주제와 관련 있다(1,10—2,18). 이 편지는 유다 마카베오와 동시대 유다인 학자가 이집트에 사는 유다 공동체의 학자 아리스토불로스에게 쓴 것이다. 옛 문헌에 정통한 편지의 발신자는 마카베오와 팔레스티나 유다인들의 이름으로 이집트의 유다인들에게 자기들과 함께 성전 정결 예식을 거행할 것을 요청하면서 기원전 164년 12월 15일에 확정된 이 축제의 거행 방식을 상세히 서술한다.

마지막으로 저자는 유다교 순교자들을 높이 평가한다. 7장의 일곱 순교자 이야기는 실제 사건에 바탕을 두었으며(1마카 1,62-63), 마카베오기 하권에 실리기 전에는 민간 전승으로 떠돌아다녔을 것이다. 이 과정에서 일곱이라는 상징수, 임금의 직접 심문, 형벌의 잔혹성 등이 덧붙여졌을 것이다. 저자는 순교 장소와 일곱 형제의 이름에 관하여 어떠한 구체적 실마리도 제시하지 않는다. 다만 이 일이 유다 땅에서 일어났으리라는 추정을 뒷받침하는 언급이 일부 확인될 뿐이다(1마카 6,8-11). 그런데 "안티오키아 전승"에서는 이와 달리 순교 장소를 안티오키아로 제시한다(Hahn, 79-104). 이에 따르면 일곱 형제와 그 어머니는 에피파네스가 있는 안티오키아로 끌려와 그곳에서 심문당하고 처형되었다고 한다. "안티오키아 전승"의 이야기는 기원후 390년 요한 크리소스토무스가 안티오키아 부근의 성소에 일곱 순교자 유해가 모셔져 있다는 사실을 언급함으로써 확인되었고(『순교 1』), 그 뒤로 일곱 순교자에 대한 공경은 안티오키아에서 서방 교회로 전해졌다. 이들의 유해는 콘스탄티노플과 로마를 거친 뒤 쾰른으로 옮겨져 오늘날까지 그곳(지금 현재는 쾰른의 성 안드레아 성당)에 보존되어 있다(Beale).

로마와 리옹과 빈에는 그들을 추모하는 기념 성당들이 지어졌다. 히포의 아우구스티누스는 이들을 그리스도교 이전의 그리스도인으로 여겼다(『(마카베오 축일 기념) 강론 301』). 일곱 형제와 그 어머니 순교 축일은 8월 1일이다.

III. 시서와 지혜서

1. 욥기
2. 시편
3. 잠언
4. 코헬렛
5. 아가
6. 지혜서
7. 집회서

》

구약성경의 셋째 모음집은 시서와 지혜서다. 이 모음집에 속하는 책들은 욥기·시편·잠언·코헬렛·아가·지혜서·집회서 일곱 권이다. 이 책들을 칠십인역에서는 '시서', 대중라틴말성경(불가타)에서는 '교훈서', 가톨릭에서는 '지혜서'라 하고, 개신교 성경에서는 특정한 명칭을 붙이지 않는다. 히브리어 성경에서는 제2경전에 속하는 지혜서와 집회서를 빼고 이 책들을 '성문서'(크투빔)로 분류한다. 가톨릭에서 역사서로 분류한 룻기·토빗기·유딧기·에스테르기와 열두 소예언서에 속해 있는 요나서도 위의 책들처럼 지혜문학의 분위기를 다분히 드러낸다. 『성경』(cbck)에서는 칠십인역 전통과 가톨릭 전통을 받아들여 이 일곱 책에 '시서와 지혜서'라는 명칭을 부여한다. 이 책들이 지혜문학에 바탕을 두면서 대부분 운문 형태를 지니고 있기 때문이다.

구약성경 전통에서 율법서는 모세에게, 시편은 다윗에게 그 권위를 돌리듯 지혜서들은 솔로몬에게 그 권위를 돌린다. 이는 1열왕 5,9-14에 따른 것이다. 이 대목에서 솔로몬은 하느님께 동방 여러 나라와 이집트의 모든 지혜보다 뛰어난 지혜를 받았으며, 스스로 잠언 삼천 개를 지었다고 되어 있다.

이스라엘의 지혜문학을 비롯하여 고대 근동의 지혜문학이 보여 주는 일반적 특징들을 먼저 살펴보자. 첫째, 지혜문학은 독점적이거나 배타적이지 않고 보편적이다. 지혜는 어떤 특정 민족의 독점물이 아니다. 이스라엘인들은 인생살이에 도움이 된다고 생각하면 고대 근동의 주변 민족들이 보유하고 있던 지혜들을 편안하게 받아들인다. 잠언을 예로 들자면 이집트의 『아멘엠오페의 지혜』와 비슷한 대목(22,17—24,22), 마싸 사람 아구르의 잠언(30,1-4), 마싸 임금 르무엘의 잠언(31,1-9) 등 이방 민족들의 지혜를 거부감 없이 받아들인다. 욥기의 주인공 욥은 동방 사람, 곧 요르단 강 동부 지역의 유목민으로 이방 출신인 것처럼 되어 있다. 위에서 지혜문학의 분위기를 드러내는 책들로 언급한 룻기의 주인공도 모압 여자였고, 요나서에서는 오히려 이방인들이 이스라엘의 예언자에게 환난 중에 기도하라고 가르친다(요나 1,5-6).

둘째, 지혜문학은 대중적이다. 지혜문학은 일반 대중의 인생 체험에서 생겨났다. 거기에는 개인의 체험과 더불어 공동체의 체험도 반영되어 있다. 인간을 끊임없이 위협하는 물리·윤리적 악, 곧 질병, 죽음, 고통, 자연 재해, 불의, 억압, 착취, 기만들 앞에서 어떻게 슬기롭게 대처할 것인가를 알려 준다. 지혜문학 안에는 일종의 생존 본능과 보호 본능을 통하여 얻은 슬기로운 처방들이 농축되어 있다. 민간 전승에서 만나는 갖가지 단방약도 그 좋은 예다. 사람들은 자연과 생명과 인간의 삶을 관장하는 숨겨진 법칙을 발견하고 이를 다음 세대에 물려 주려는 노력으로 지혜문학을 꽃피웠다.

셋째, 지혜문학은 두 가지 목적을 지닌다. 하나는 사람들을 깨우치는 구실을 한다. 자연과 인생의 원리와 법칙을 알려 주고 바로 보게 한다. 다른 하나는 올바른 인격 형성에 초점을 맞춘다. 명령과 금령과 권고를 통하여 사람들의 행동을 바로잡아 개인과 공동체를 건강하게 만드는 데 이바지한다.

넷째, 지혜문학은 현실적이다. 지혜는 개인과 공동체의 삶 속에 스며들어가 문제를 해결하고 어려움을 헤쳐 나가는 데에 실제적 도움을 준다. 구체적으로 가족 관계, 혼인, 자녀 교육, 건강, 재산 분배 등 가정에서 일어나는 문제, 농사와 목축과 자연 재해 등 들판에서 일어나는 문제, 상거래와 재판 등 성문 앞 광장에서 벌어지는 문제, 백성의 통치, 왕위 계승과 전쟁 등 왕궁에서 일어나는 문제, 종교와 경신례와 기도 등 신전 또는 성전에서 일어나는 문제들에 대처한다.

다섯째, 지혜문학은 오랜 세월에 걸쳐 발전한다. 먼저 개인과 가정과 씨족의 삶에서 출발하여 나라의 통치 차원으로 넘어가고 나라의 차원을 넘어서서 공통 인간성, 곧 인류 전체의 삶을 규정하는 단계로 발전한다. 그러고는 나라마다 지혜를 수집하여 연구하고 현인들을 길러내는 학교들이 생겨나 계속해서 지혜를 양산하고 발전시킨다.

마지막으로 지혜문학은 보수적이라는 한계가 있다. 지혜는 과거 전통에서 좋은 점만을 골라 다음 세대에 전수한 것이라는 선입견 때문에, 여기에 맛들인 사람들은 새로운 가치를 좀처럼 받아들이려 하지 않는다. 특히 인생과 역사를 바라보는 지혜의 시각이 다소 운명론적이고 이념화되어 있어서 흔히 기존의 왕정이나 종교 제도를 수호하려는 통치자들과 지도자들에게 쉽게 이용당한다. 이스라엘의 역대 임금들이 지혜의 수집과 교육에 왜 그토록 관심을 쏟았는지 충분히 짐작이 간다. 그들은 자신의 통치 이념과 체제를 정당화하고 받쳐 줄 현인들이 필요했던 것이다. 욥기에서는 인과응보나 상선벌악의 원리에 맞서는 것이 얼마나 어려운 일인지 잘 드러난다.

이런 공통 특징들과는 달리 고대 근동의 지혜문학에 비해 이스라엘의 지혜문학만이 지니는 독특성들도 있다. 첫째, 이스라엘의 지혜문학은 율법서나 예언서처럼 타 민족의 종교와 문화에 배타적이지는 않지만, 율법서와 예언서의 영향을 받아 하느님께 대한 경외심을 강조한다. 지혜의 시작이요 근본은 주님께 대한 경외심이다(잠언 1,7; 2,5; 9,10; 15,33; 욥

28,28; 시편 128편; 집회 1,14). 비교적 후대에 나온 성경의 지혜서들에는 율법이 지혜와 동일시되기도 한다.

둘째, 이스라엘의 지혜문학은 유일신관에 근거하여 창조주이신 한 분 하느님만이 지혜의 주인으로서 사람들에게 지혜를 나누어 주신다고 믿는다. 고대 근동의 지혜문학에 나오는, 임금을 잘 섬기면 인생의 성공을 거둘 수 있다는 가르침이, 이스라엘의 지혜문학에서는 이스라엘의 참임금이시요 참하느님이신 주님을 잘 섬기면 성공할 수 있다는 가르침으로 바뀐다. 참으로 지혜로운 사람은 하느님을 올바로 섬김으로써 하느님께 복을 받아 지상의 삶을 행복하게 누리는 사람으로 통한다.

셋째, 위에서 언급한 대로 본질상 성공적 처세와 체제 유지에 집착하는 지혜의 한계를 극복하려면 예언자들의 새로운 통찰력이 필요하다. 성경의 지혜문학에는 이런 예언의 통찰력으로 지혜의 지평을 넓혀 준 예들이 종종 눈에 띈다. 지혜문학의 마지막 단계에 속하는 집회서(44—50장)와 지혜서(10—19장)의 역사에 관한 긴 성찰이 그 좋은 예들이다. 이 성찰에서 기준이 되는 것은 유일무이하신 주 하느님께 대한 경외심과 이스라엘 종교의 근본인 계약과 율법에 대한 무조건적 충성이다.

1. 욥기

구약성경에서 욥기는 가장 해석하기 어려운 책 가운데 하나다. 머리말과 맺음말을 빼고 전부 운문으로 된 본문에는 매우 모호하거나 욥기 말고 구약의 다른 책에는 나오지 않는 일회적 어휘들hapax legomena이 부지기수로 나온다. 어휘뿐 아니라 내용도 어렵다. 욥기의 저자가 정면으로 다루는 주제는 인간 실존의 가장 어려운 문제인 의인의 고통과 하느님의 침묵이다. 욥기의 저자는 현실에서 인과응보나 상선벌악의 원리가 제대로 작용하지 않는다는 것을 직시한다. 악인이 득세하고 의인이 고통을 당한다. 이런 부조리한 현실 앞에서 저자는 의문을 제기한다. 정의롭고 자비로운 하느님은 이 잘못된 현실을 왜 바로잡으려 하지 않으시는가? 그러나 욥기의 집필 목적은 이 풀리지 않는 문제에 해답을 제시하려는 데 있지 않다. 한 인간으로서 욥기의 저자는 고통의 문제를 회피하지 않고 정직하고 진지하게 그 문제에 맞선다. 그러나 신앙인으로서 저자는 삶의 어두운 현실 한복판에서 자신의 한계를 인정하고 창조주 하느님을 섬겨야 할 분으로 제시한다.

가. **작중 연대와 저작 연대**

욥기의 작중 연대는 알 길이 없다. 이 책에 그것을 추정하는 데 도움이 될 만한 정보가 전혀 눈에 띄지 않기 때문이다. 저자가 일부러 그런 정보를 작품에 흘리지 않았을 수도 있다. 사실 고통이라는 인간의 실존 문제는 시대와 상관없이 삶의 한복판에 늘 자리 잡고 있는 것이 아니겠는가?

학자들 대부분은 욥기의 최종 저작 연대를 기원전 6세기 중반에서 4세기 중반, 곧 페르시아 시대(기원전 539-332년)로 본다. 그에 대한 논거로는 두 가지가 있는데, 첫째 논거는 이 책에 이사 40—66장의 내용이 자주 암시된다는 것이다. 이사 40—66장은 바빌론 유배 기간과 유배 이후에 쓰였다. 둘째 논거는 '중상자 또는 비방자'를 뜻하는 히브리어 사탄 שָׂטָן을 즈카 3장과 같은 용도로 사용하고 있다는 것이다. 즈카 3장은 유배 이후의 작품이다.

그런데 욥기의 언어는 구약성경 초기 작품들을 많이 담고 있다. 이는 저자가 이야기의 작중 연대를 오랜 옛날로 끌어올리면서 불가피하게 고풍스러운 분위기를 연출할 수밖에 없었기 때문일 것이다. 욥기의 저자는 구약성경의 다른 저자들 경우처럼 무명이다.

나. **형성 과정**

욥기의 형성 과정은 크게 세 단계로 나눌 수 있다. 첫째, 산문으로 된 머리말과 맺음말은 기원전 2천년대 말 고대 근동 지방에 널리 퍼져 있던 교화적 설화에 바탕을 둔 것으로 보인다. 문학 양식(셋째 마당 I.1.하)과 내용과 형식이 구약성경의 욥기와 비슷한 메소포타미아 문헌 '수메르 욥'(기원전 2000-1700년)과 '바빌로니아 욥'(기원전 1000년)을 욥기 저자가 이용했을 것이다.

둘째, 욥이 세 친구와 나눈 담론 부분(3—27장), 그리고 이어서 하느님과 나눈 담론 부분(38,1—42,6)은 바빌론 유배 동안에 작성되었을 것이다. 기원전 587년 유다 왕국의 패망과 예루살렘의 함락을 지켜보고 바빌론으로 끌려온 유배자들 가운데는 상선벌악의 전통적 원리를 부정하고 하느님의 정의에 문제를 제기한 이들이 있었을 것이다. 그들은 자신들이 하느님께 불충하고 계약과 계명을 위반했음을 인정하면서도 우상 숭배에 빠져 있는 주변의 다른 민족들과 비교했을 때 자신들의 잘못이 그토록 처참한 불행을 겪을 정도로 크지는 않았을 것이라고 항변한다. 이에 대해 유배 제2세대에 속한 어떤 시인이 반박하고 나선다. 이스라엘은 근동의 다른 민족들과는 달리 주 하느님께 선택된 민족이고 그분께 남다른 은덕과 자애를 입은 민족이므로 그들과는 근본적으로 다른 믿음을 보여 주어야 했다는 것이다. 주님께 대한 그들의 믿음은 결코 타산적이어서는 안 된다. 그분의 사랑받는 백성으로서 이스라엘은 어떠한 불행과 고통 속에서도 하느님의 주권을 인정하고 그분을 충실히 섬겨야 마땅하다. 피조물로서, 그리고 하느님 백성으로서 그들이 주님께 바쳐야 할 충성은 인과응보나 상선벌악의 원리를 훨씬 뛰어넘는다. 그것이 시인의 믿음이고 유배자들이 가져야 할 믿음이다. 시인은 이 믿음을 담론 형식을 빌려 당대의 유배자들에게 전하고자 하였다.

셋째, 엘리후의 담론(32—37장)은 후대의 다른 편집자가 세 친구와의 담론에서보다 더 적극적으로 하느님의 정의를 변호하려는 호신론護神論적 목적에서 덧붙인 것으로 보인다. 문체와 표현이 앞의 담론들과 다르기 때문이다. 28장의 지혜 찬가도 후대에 덧붙여졌을 것이다.

다. 구조와 내용

욥기는 산문으로 된 머리말(1,1—3,1)과 맺음말(42,7-17), 그리고 그 사이에 운문으로 된 담론으로 되어 있다. 담론 부분은 다시 욥이 세 친구들과 나눈 담론(3—31장), 엘리후의 담론(32—37장), 그리고 주님과 욥의 담론(38,1—42,6)으로 나눌 수 있다.

머리말(1—2장)은 욥이라는 한 의인이 까닭 모를 불행을 겪으면서도 하느님을 결코 원망하지 않았다는 내용이다. 욥은 우츠 지방 출신인데, 우츠는 본디 에돔의 시적 별칭이다(애가 4,21). 에돔은 구약성경과 고대 근동 문헌에서 '동방'이라고 옮길 수 있는 케뎀קֶדֶם의 남쪽 끝 지방을 가리킨다(욥 1,3). 동방인들은 예로부터 지혜로운 이들로 통하였다(1열왕 5,10). 따라서 욥기의 저자가 자기 작품의 무대를 지혜의 고장인 동방의 에돔으로 잡은 것은 매우 자연스런 일이다. 욥은 지혜문학에서 이상적 인물로 그리는 현인이었다. 하느님을 경외하고 의롭게 사는 욥에게 하느님은 자녀복과 재산복을 주셨고 욥은 평온한 삶을 누리면서도 하느님 눈에 벗어나는 일을 조금도 하지 않았다. 이런 그를 두고 하느님과 사탄 사이에 내기가 벌어지고 그 결과 욥은 순식간에 비참한 신세로 전락한다. 내기의 내용은 욥이 재난을 당할 때에도 여전히 의롭고 경건할 수 있겠느냐는 것이다. 산문으로 된 머리말에서 욥은 불행 한복판에서도 끝까지 하느님께 대한 신뢰를 저버리지 않고 자신에게 닥친 가혹한 운명을 잘 버텨 낸다.

운문 부분의 첫 대목(3,2—31장)은 욥이 세 친구, 엘리파즈와 빌닷과 초바르와 차례로 나눈 담론이다. 이 대목에서 욥은 돌변한다. 산문 부분에서 자신의 고통을 하느님의 뜻으로 받아들이고 묵묵히 견뎌 내던 욥은 죄가 없는 자신이 왜 고통을 당해야 하는지 묻는다. 이 대목은 욥이 자기 생일을 저주하는 독백으로 시작하여(3,3; 참조: 예레 20,14-15; 집회 23,14; 마태 26,24), 지난 날의 행복과 지금의 불행을 비교하며 공의로운 하느님께 고소장을 제출할 수밖에 없다는 독백으로 끝난다(29—31장). 이 부분의 구조를 세분하면 아래와 같다.

욥의 독백(3장)

첫째 담론(4—14장)

엘리파즈(4—5장)와 욥(6—7장)

빌닷(8장)과 욥(9—10장)

초바르(11장)와 욥(12—14장)

둘째 담론(15—21장)

엘리파즈(15장)와 욥(16—17장)

빌닷(18장)과 욥(19장)

초바르(20장)와 욥(21장)

셋째 담론(22—27장)

엘리파즈(22장)와 욥(23—24장)

빌닷(25장)과 욥(26—27장)

지혜 찬가(28장)

욥의 독백(29—31장)

이 구조를 보면 먼저 처음과 마지막이 욥의 독백으로 되어 있고, 마지막 독백 전에 지혜에 대한 찬가가 나온다. 그리고 세 차례 담론 가운데 세 번째 담론은 파격적이다. 초바르와 욥 사이의 담론이 빠져 있는 데다, 빌닷과 욥의 담론에서 빌닷의 담론이 너무 짧고 이를 반박하는 욥의 담론은 지나치게 길다. 게다가 욥의 담론에는 앞의 주장과는 달리 상선벌악의 원리를 강조하는 친구들의 주장이 그대로 들어와 있다. 그래서 어떤 성경학자들은 이 욥의 담론을 빌닷의 담론이나, 이 대목에 빠져 있는 초바르의 담론으로 간주하기도 한다. 세 친구와 욥 사이의 담론에서 친구들은 욥이 불행을 당하는 이유는 그가 잘못을 저질렀기 때문이라고 하면서 상선벌악의 원리를 철저히 수호하는 입장을 취하고, 욥은 자기는 불행을 당할 아무런 잘못도 저지르지 않았다고 항변하면서 이 원리에 의문을 제기하는 입장을 취한다.

운문 부분의 둘째 대목(32—37장)은 엘리후의 담론이다. 욥의 독백이 끝나면서 또 다른 인물 바라크엘의 아들 엘리후가 돌연 나타나 네 개의 담론을 연거푸 내놓는다. 그런데 여기서는 욥이 아무런 항변을 하지 않는다. 이 대목의 도입부(32,1-6ㄱ)도 산문으로 되어 있는데, 여기서 저자는 엘리후가 왜 이제까지 입을 다물고 있다가 끼어들게 되었는지 그 이유를 밝힌다. 그는 다른 사람들에 비해 나이가 어려서 참고 기다렸지만 욥이 하느님보다 의로운 체하면서 감히 그분을 거슬러 송사를 건 사실에 화가 나서, 그리고 욥의 세 친구들이 이런 불손한 욥에게 제대로 답변을 하지 못한 사실에도 화가 나서 입을 열지 않을 수 없었다는 것이다. 그러나 정작 그의 주장을 들어보면 앞의 세 친구의 견해와 별반 다를 바가 없고 약간의 보충 설명을 곁들였을 뿐이다.

운문 부분의 마지막 대목(38,1—42,6)은 주님과 욥 사이의 담론이다. 주님께서는 욥의 요구에 응하시어 그의 송사를 받아들이신다. 욥에게 나타나신 주님께 욥은 당당하던 태도를 버리고 한껏 자신을 낮춘다. 욥이 아무리 의롭고 현명하다 하더라도 하느님의 정의와 지혜와 권능 앞에서는 한낱 비천하고 연약한 피조물일 따름이다. 하느님은 욥에게 두 차례에 걸쳐 긴 말씀을 하시고 이에 대해 욥은 짧게 두 번 응답한다. 하느님의 말씀은 고대 그리스-로마 문헌에서 '오노마스티콘'(ὀνομαστικόν 고유명사록)이라는 문학 양식으로 전달된다. 이 양식은 한 문화권 내의 고유명사들이나 주요 단어들을 모아 놓은 목록 또는 사전을 말하는데, 욥기에서는 자연의 놀라운 현상들을 설명할 때 나타난다(참조: 지혜 7,17-21; 집회 43장). 주님의 말씀을 들은 욥은 송사를 포기한다. 그리고 하느님의 권능을 무조건 인정하며 그분께 예전의 깊은 신뢰를 다시 보여 드린다.

맺음말(42,7-17)은 다시 산문으로 머리말에 이어진다. 하느님은 상선벌악의 원리에 집착하여 욥을 몰아부쳤던 친구들을 책망하시고 욥을 옳은 사람으로 두둔하신다. 그들의 가장 큰 잘못은 삶의 모순된 현실 앞에서 욥과는 달리 정직하지 못했다는 것이다. 욥의 중재 기도로 친구들은 용서를 받고 욥은 건강과 재산과 명예와 자녀들을 되찾는다. 자녀들 수는 처음과 똑같이 아들 일곱에 딸 셋이지만, 재산과 수명은 두 배로 늘어난다. 이렇게 한때 불행에 빠져 허우적거리던 의인이자 현인인 욥의 이야기는 행복한 결말로 마무리된다.

라. **신학 사상**

욥기를 관통하는 주요 신학 사상은 다음 몇 가지로 요약할 수 있겠다. 첫째, 상선벌악·인과응보의 원리가 욥기 전체를 주도한다. 선에는 보상, 악에는 징벌이 반드시 주어진다는 상선벌악 또는 인과응보는 고대 사회의 정의를 지탱하는 원리였고 동시에 지혜문학의 근본을 이루는 불변의 진리였다. 이 상선벌악의 원리가 제대로 작동하지 않을 때는 자연과 인간 위에 최고 권위를 행사할 수 있는 초월자가 개입해야 한다. 욥기에서 상선벌악의 원리는 중요한 구실을 한다. 욥기의 저자는 이 원리가 현실에 정확히 들어맞지 않는다는 사실을 직시한다. 죄없는 의인이 까닭 모를 고통을 받고 악인이 득세할 수 있다는 것이다. 욥과 그의 친구들은 모두 이 원리에 집착한다. 욥이 겪는 가장 큰 혼란과 고뇌는 소유물의 상실이나 신체적 고통 때문이 아니라 자신에게 닥친 이해할 수 없는 상황 때문이다. 욥은 완전하고 흠 없는 인간이다. 그런데 욥은 악의 결과인 온갖 불행을 겪고 있다. 욥의 친구들은 욥에게 닥친 불행이 큰 것을 보고 그의 죄가 매우 중하다고 여기면서 그에게 반성과 회개를 촉구한다. 욥은 그들에게 자신이 이런 불행을 자초할 만한 아무런 잘못도 저지르지 않았다고 항변해 보지만 친구들은 그의 말에 귀를 기울이지 않는다. 그러자 욥은 이런 불공정한 현실을 바로잡아 주시지 않는 하느님을 원망하고 그분을 걸어 송사한다. 욥의 송사에 하느님이 응하시어 그에게 나타나신다. 그런데 욥에게 나타나신 하느님은 상선벌악의 문제를 거론하지 않으시고 당신의 창조적 지혜와 권능만을 언급하신다. 여기서 하느님은 지혜의 스승으로 드러난다. 그분은 문제의 핵심에 접근하기 위하여 욥에게 질문을 던지시고 자연의 놀라운 현상들을 하나하나 나열하신다. 욥은 점차 자연 안에는 자신이 이해할 수 없는 것이 많으며 인간의 삶 안에도 자신의 이해를 뛰어넘는 현실이 있다는 사실을 인정하게 된다. 하느님은 상선벌악의 원리가 세상만사에 언제나 정확하게 적용되는 것은 아니라는 사실을 욥에게 일깨워 주신다. 행복과 성공이 반드시 의로운 삶에 대한 보상이 아니며, 반대로 불행과 실패가 반드시 불의한 삶에 대한 징벌이 아닐 수 있다. 그리고 무엇보다 중요한 가르침은 고통이 결코 하느님과의 단절을 의미하는 것이 아니라는 사실이다.

둘째, 욥기의 저자는 하느님을 변호하는 호신론護神論을 적극적으로 펼쳐 나간다. 상선벌악의 원리가 통하지 않을 때 사람들은 하느님의 속성인 공정과 자애를 두고 심각한 의문을 제기할 수 있다. 악의 문제와 고통받는 의인의 문제는 하느님이 정의로운 창조주로서 만물을 통제하시고 고통받는 이들을 사랑하는 분이시라는 이스라엘의 전통적 믿음에 정면으로 도전한다. 하느님께 대한 도전은 세 가지 질문에 바탕을 둔다. 첫째, 하느님은 과연 정의의 신이신가? 욥이 만일 하느님께서 정의의 신이심을 믿지 않았다면, 적어도 정신적 혼란은 겪지 않았을 것이다. 둘째, 하느님이 정의의 신이시긴 하지만, 악을 완전히 통제하고 불의를 처단할 능력을 갖추신 분인가? 평소에 욥이 하느님은 자신의 고통을 해결할 능력이 없는 분이라고 생각하였다면, 그분께 문제를 해결해 주시라고 간청하지도 않았을 것이다. 셋째, 하느님이 윤리적이고 전능한 신이시기는 하지만 과연 사람들에게, 특히 보잘것없고 초라한 사람들에게 관심이 있으신가? 그러나 성경의 하느님은 언제나 가난한 이들 편에 서서 그들의 어려운 사정을 늘 헤아려 돌보시는 분이다. 욥기의 호신론은 폭풍 속에서 욥에게 들려 주시는 하느님의 두 말씀과 욥의 두 응답(38,1—42,6)에 나타난다. 먼저 하느님은 욥에게 항변할 기회를 주시며 사내답게 정의의 법정에 나서서 당당하게 자신을 변호하라고 하신다. 하느님은 결코 옳고 그름을 가리는 일을 회피하시는 분이 아니시고, 더더구나 정의를 왜곡하시는 분도 아니다. 맺음말(42,7-17)에서 볼 수 있듯이 하느님은 욥이 바르게 살았고 자신의 생각과 처신을 정직하게 드러냈다는 사실을 인정하신다. 이것이 첫째 질문에 대한 답변이다. 그다음, 하느님은 두 가지 말씀으로 욥에게 당신의 권능을 확인시키신다. 하느님은 만물을 창조하시고 만물 위에 계신 유일한 주님으로서 자애와 공정으로 당신의 피조물을 완벽하게 관리하고 통제하신다. 욥은 그런 피조물들이 어떻게 만들어지고 어떤 기능을 발휘하는지 전혀 모른다. 세상은 그가 생각했던 것처럼 그렇게 무질서하지 않다. 욥은 하느님의 창조 능력과 관리 능력 앞에서 자신이 한없이 왜소해짐을 느끼며 입을 다물 수밖에 없다고 고백한다(40,4). 이것이 둘째 질문에 대한 답변이다. 마지막으로, 하느님의 발현과 말씀은 그분이 사람들과 기꺼이 친교를 맺고자 하신다는 사실을 드러낸다. 자신에게 닥친 이해할 수 없는 상황을 해명해 주시라고 욥이 주님 앞에 그리고 감히 주님을 걸어 송사를 제기했을 때, 친구들은 그분께서 거기에 응해 주시리라고 전혀 예상치 못했다. 그런데 뜻밖에도 하느님이 폭풍 속에서 나타나시어 욥에게 말씀하셨다. 욥의 송사에 응하신 것이다. 그리고 그분은 욥이 옳고 친구들이 잘못되었다고 선언하신다(42,7). 무엇이 옳고 무엇이 잘못되었는가? 욥은 하느님과 자신에게 솔직했고 하느님을 인간의 희노애락에 기꺼이 동참하시는 인격신으로 받아들였다. 그는 범하지도 않은 죄를 고백하라는 친구들의 압력에 결코 굴복하지 않았을 뿐 아니라 자신이 믿어 온 하느님이 무죄한 자신을 반드시 변호해 주시고 자신의 고통을 그냥 버려두지 않으실 분임을 믿어 의심치 않았다. 반면에 욥의 친구들은 하느님을 상선벌악의 원리에 가두어놓고 삶의 부조리를 보면서도 그분에 대해서 정직하게 말하지 않았다. 또한 그들은 하느님을 인격신으로 제시하지 않았으며, 그들 자신도 고통받는 의인의 부르짖음에 진지하게 귀를 기울이지 않았다. 가련한 욥에게 친히 나타나신 하느님은 우리 인간과 기꺼이 친교를 맺으시고 특히 가난한 이들의 호소를 결코 외면하지 않으시는 인격신이시다. 이것이 셋째 질문에 대한 답변이다.

셋째, 욥기의 저자는 고통의 이유와 목적에 대해 진지하게 반성한다. 고대 이스라엘인들은 고통이 어디서 생겨났는가(고통의 기원)에는 관심을 기울이지 않고, 인간이 왜(고통의 이유) 그리고 무엇을 위하여(고통의 목적) 고통을 당해야 하나를 밝히는 데 주력하였다. 고통은 우리 삶의 불가피한 요소다. 어차피 겪어야 할 고통이라면 고통의 이유를 깨닫고 고통에 의미를 부여하는 것이 중요하다. 앞에서 밝힌 대로 고통의 이유가 무엇인지에 관한 가장 일반적 설명은 상선벌악이고 이 원리에 따르면 고통은 죄에 대한 벌이다. 이 상선벌악 말고도 성경에서는 고통의 이유나 목적을 여러 가지로 제시한다. 욥기에서는 하느님이 욥의 충성과 믿음을 시험하시기 위하여 사탄이 그를 괴롭히는 것을 허락하셨기 때문에 욥에게 고통이 닥쳤다. 그리고 이때 고통의 목적은 믿음의 강화다. 외아들을 제물로 바쳐야 했던 아브라함과 시나이 광야에서 갖가지 시련을 겪어야 했던 이스라엘 백성도 시험 때문에 고통을 당했는데, 시험받은 이들은 시련이 지나간 다음에 그것이 자신들을 단련시키기 위한 하느님의 특별한 배려였음을 깨닫고 더욱 큰 믿음을 갖게 되었다. 그러나 욥의 경우는 처음부터 끝까지 고통의 이유와 목적을 알지 못한다. 고통은 믿음의 강화 이외에도 더 큰 멸망을 방지하기 위해서도 주어진다. 욥기에서 엘리후는 고통과 질병이 죄에 대한 경고의 구실을 한다고 주장한다(33,29-30). 이 밖에도 욥기에는 나타나지 않지만, 고통에 관한 다른 설명들, 곧 대속적 고통(이사 52,13—53,12), 정화를 위한 고통(시편 66,10), 하느님의 뜻을 실현시키기 위한 고통(창세 50,20) 등이 성경에 나온다. 이런 의미들은 예수 그리스도의 수난과 죽음에서 다 드러난다. 그런데 고통에 대한 이런 성경의 설명들은 어떤 고통에나 들어맞는 것은 아니다. 욥의 고통은 상선벌악의 원리로 설명이 안 되었다. 세상에는 그 이유나 목적이 뚜렷하지 않은 고통도 수없이 많다. 그런 경우 억지 설명이나 값싼 위로보다는 고통받는 이 곁에 조용히 머물면서 두 손을 잡고 그와 고통을 함께 나누는 것이 더 낫다.

넷째, 욥기의 저자는 하느님의 존재와 섭리는 인간의 사고 범위를 훨씬 뛰어넘는 신비임을 명백히 밝힌다. 폭풍 가운데 나타나신 하느님은 담론의 주제를 고통의 문제에서 하느님의 신비로 바꾸신다. 욥은 하느님을 두고 불평하였다. 가까이 계실 때에는 전능하시지만 인간을 억누르는 분이시고, 멀리 계실 때에는 인간의 고통에 냉담하신 분이라고. 반면에 욥의 친구들은 하느님을 상선벌악의 집행자로 제시하였다. 그러나 하느님은 욥과 친구들의 생각으로 담아낼 수 있는 분이 아니다. 하느님의 권능은 사람들을 억누르기 위한 것이 아니라 당신의 놀라우신 위업에 그들을 초대하여 탄복시키기 위한 것이다. 그분은 창조주로서 만물 위의 초월자超越者이시지만, 동시에 해산하는 산양과 산고를 치르는 사슴까지 돌보시는 자상한 내재자內在者이시다(39,1). 하느님께서 송사를 요청한 욥에게 나타나신 이유는 준엄한 법관으로 그와 시비를 가리시기 위해서가 아니라, 그에게 전혀 새로운 이해의 지평을 열어 주시기 위해서다. 욥에게 던진 수많은 질문의 목적은 그를 질책하거나 고발하려는 데에 있지 않고, 그에게 당신에 관한 신비를 가르치려는 데에 있다. 욥은 하느님의 신비 앞에서 완전히 압도당한다(42,3). 이제 고통의 문제가 욥을 더 짓누르지 못한다. 인간에게 고통을 허락하신 데에는 그분만이 아는 어떤 이유와 목적이 있을 것이다. 고통 역시 하느님이 지혜와 선의로 창조하신 세상 안에서 중요한 몫을 차지한다. 하느님의 활동을 상선벌악의 관리에만 국한시켜서는 안 된다. 그분의 위업은 욥이 이해하지 못하는 크고 많은 신비들과 연관된다.

마지막으로 욥기의 저자는 사심 없는 하느님 공경을 요구한다. 욥기의 머리말에서 사탄은 욥이 하느님을 공경하는 이유를 그가 누리는 온갖 부귀영화 때문이라고 단정한다. 그래서 사탄은 욥의 신심을 두고 하느님과 내기를 한다. 그는 욥에게서 모든 행복을 빼앗으면 하느님을 저주하리라고 장담한다. 하느님은 욥의 충직한 믿음을 확신하셨으므로 사탄의 도전을 받아들여 그가 욥을 공격하도록 허락한다. 사탄은 두 번에 걸쳐 공격한다. 첫 번째 공격으로 욥은 재산과 자녀들을 잃었지만 비탄 속에서도 "알몸으로 어머니 배에서 나온 이 몸, 알몸으로 그리 돌아가리라. 주님께서 주셨다가 주님께서 가져가시니 주님의 이름은 찬미받으소서"(1,21)라고 하면서 주님께 죄를 짓지 않았다. 이렇게 첫 번째 내기는 사탄의 패배로 끝났다. 사탄은 이에 굴복하지 않고 그의 몸에 직접 손을 대게 해 달라고 청한다. 그의 목숨만은 빼앗지 못한다는 조건으로 하느님은 사탄에게 두 번째 공격을 허락하신다. 온 몸에 고약한 부스럼이 돋아난 욥은 잿더미 속에 앉아 질그릇 조각으로 제 몸을 긁고 있었다. 그때 욥의 아내가 와서 하느님을 저주하고 죽어버리라고 하였지만, 이번에도 욥은 "우리가 하느님에게서 좋은 것을 받는다면, 나쁜 것도 받아들여야 하지 않겠소?"(2,10) 하면서 하느님께 죄를 짓지 않았다. 두 번째 내기도 사탄의 패배로 끝났다. 욥은 모든 것을 잃고 제 몸마저 만신창이가 된 상황에서도 하느님께 대한 경외심을 잃지 않았다. 욥이 하느님을 공경한 것은 그분께 받은 복 때문이 아님이 드러났다. 운문의 욥은 산문의 욥보다 덜 경건한 것처럼 보이지만, 하느님에 대한 믿음과 신뢰를 결코 포기하지 않았다. 그 역시 친구들처럼 상선벌악의 원리를 받아들였으므로 죄가 없는 채 까닭 모를 고통을 받아야 하는 상황을 이해할 수 없었다. 그래서 욥은 정의가 왜곡된 상황을 정직하게 고발하고 정의의 원천이신 하느님께 이를 바로잡아 주시라고 호소한다. 운문의 욥은 맹목적으로 고통을 끌어안지도 않고, 하느님 앞에서 내적 갈등과 분노와 좌절을 드러내기를 주저하지도 않는다. 산문과 운문 가릴 것 없이 사심 없는 하느님 공경은 욥기 전체를 관통하는 일관된 주제다. 머리말 산문에서는 아무리 어려운 상황이 닥치더라도 인간은 하느님을 사심 없이 공경해야 한다는 가르침을, 가운데 운문에서는 자신의 이해와 능력의 한계를 뛰어넘는 상황 앞에서도 하느님 안에서만 그 상황의 해결책을 찾아야 한다는 가르침을 얻을 수 있다. 마지막 맺음말 산문에서 저자는 하느님은 언제 어디서나 이 세상 모든 것 위에 섬김을 받기에 합당한 권능과 지혜와 사랑을 갖추신 분임을 재천명한다. 이 세상 온갖 고통과 부조리에도 하느님은 사람들에게 공경받으셔야 할 분이다. 피조물인 우리가 가지고 있는 모든 것은 창조주이신 그분께 받은 것이고, 그분과 그분이 하시는 일은 우리의 지혜와 능력을 무한히 뛰어넘는 엄청난 신비이기 때문이다.

2. 시편

구약성경 낱권 가운데 양과 내용뿐 아니라 신학의 깊이와 다양성, 그리고 개인과 공동체의 영적 삶에 미치는 영향력에서도 시편을 뛰어넘을 책이 없다. 시편은 가히 구약성경이 제시하는 신학과 구원 역사 전체의 축소판이라고 할 수 있다. 히브리어 성경에서는 시편이 성문서의 첫째 책이다. 이는 아마도 성문서에서 가장 먼저 그 권위를 인정받았기 때문일 것이다. 시편의 히브리어 명칭은 '트힐림'תְּהִלִּים으로 '찬미의 노래들'이라는 뜻이다. 그리스어 명칭은 '프살모이'Ψαλμοί인데, 히브리어 '미즈모르'מִזְמוֹר를 번역한 것으로 이는 '현악기를 동반한 노래'를 뜻한다.

시편은 하느님과 그분의 위업에 대한 이스라엘 백성의 총체적 신앙고백이요 구원 역사의 요약이다. 이 신앙고백과 구원 역사의 개요는 시편에서 찬양·탄원·감사·신뢰·원망·호소 등의 기도 요소들을 곁들인 간결하면서도 강렬한 시어詩語로 표현된다. 그래서 학자들은 시편의 '삶의 자리'를 개인의 기도와 공동체의 전례로 여긴다. 동시에 시편은 개인의 기도와 공동체의 전례에 사용되었다. 기도의 스승이신 예수 그리스도께서도 당신 생애의 중요한 순간에 시편으로 기도하셨다. 파스카 만찬을 마치시며 제자들과 함께 '할렐 시편'을 바치셨고, 십자가 위의 극심한 고통과 절망적 상황 한복판에서 시편 22편의 첫마디를 외치셨으며, 유다인들의 저녁 기도문이기도 한 시편 31,6의 말씀으로 이승의 생을 마감하셨다. 신약성경의 저자들은 시편을 100번 이상 인용하고, 초기 그리스도인들이 습관적으로 시편을 낭송하였음을 여러 곳에서 증언한다(1코린 14,26; 에페 5,19; 콜로 3,16; 야고 5,13 등). 오늘날 교회가 성직자와 수도자들에게 의무적으로 바치기를 요구하는 성무일도, 미사 독서 다음의 화답송, 각종 성가 등 교회의 전례와 신심에서도 이 책이 차지하는 비중과 영향력은 지대하다.

가. 시편의 특수 기법

히브리 시의 운율 히브리 시의 한 절은 보통 두 행이지만, 가끔 세 행으로 나타나기도 한다. 히브리 시의 운율은 우리나라 전통 시조처럼 음절의 수에 따른 음수율(예: 3·4조나 4·4조)이나 그리스어와 라틴어 시처럼 길고 짧은 음절의 배합에 따른 장단율과는 다르다. 오히려 영어나 독일어 시처럼 강세음accent에 따른 강약률이다. 히브리 시에서 가장 흔한 운율은 한 절의 두 행이 저마다 세 개의 강세음으로 구성된 3·3이지만, 가끔 1행의 3박자 운율이 2행에 와서 2박자로 짧아질 수 있다. 물론 히브리어 시를 우리말로 옮길 때는 서로의 운율 체계가 다르기 때문에 전자의 강약률을 살릴 수가 없다.

후렴과 셀라 히브리 시에서 절보다 큰 단락으로 연聯이라는 것이 있다. 연은 보통 후렴으로 구분하는데, 시편 여기저기에, 특히 제1권과 제3권 사이에 자주 나타나는 '셀라'סֶלָה로도 구분된다. 셀라는 시편에 71번, 하바국서 3장에 3번 나오는데, 그 기원과 기능 및 의미는 정확하게 밝힐 수 없고 다만 아래와 같은 몇 가지 의미와 기능을 추정할 뿐이다. 의미로는 '영원히'(타르굼), '중단 없이 영원히', '그렇게 되다' 등의 뜻이고, 기능으로는 운율이나 음정의 변화 및 목소리 높임 등을 지시하는 음악적 명령어, 노래를 중단하고 악기만 연주하는 간주곡 표시, 쉼표나 숨표 등의 구실을 한다. 시편 46편에서는 셀라와 후렴이 동시에 나와 연을 구분한다.

인칭의 돌연한 변경 시편에서는 자주 하느님께 2인칭으로 말씀드리다가 갑자기 3인칭으로 바꾸어 그분에 관해 이야기한다. 아니면 그분에 관해 3인칭으로 이야기하다 별안간 2인칭으로 그분을 부르며 직접 그분께 말씀드린다. 이런 경우 존칭과 경어 사용에 엄격한 우리말로 옮길 때 적잖은 어려움을 겪는다.

알파벳 노래acrostic 히브리어 알파벳은 스물두 자다. 시편집에서 가장 긴 시편 119편은 8절씩 22연으로 구성되어 있는데, 8절마다 그 첫 단어가 동일한 알파벳 글자로 시작하여 알파벳 순서에 따라 이어져 나간다. 이렇게 알파벳의 순서에 따라 이어지는 시편을 '알파벳 노래'라고 하며 9—10; 25; 37; 111—112편 등이 여기에 속한다. 그러나 우리말로는 이 같은 히브리어 알파벳 노래의 특성을 살려 옮길 수 없다.

대구법 또는 병행법parallelism 셈어의 운문에서 가장 큰 특징으로 알려진 기법이 바로 대구법 또는 병행법이다. 대구법에는 동의적 대구법, 반의적 대구법, 종합적 대구법 세 가지 형태가 있다. 동의적 대구법은 두 행이나 세 행으로 된 시구에서 첫 행에 표현한 생각을 다음 행에서 다른 표현으로 반복하는 형태이고(시편 114,2-6), 반의적 대구법은 첫째 행의 생각과 다음 행의 생각이 정반대로 나타나는 형태를 말한다(시편 20,9; 참조: 잠언 10,12). 그리고 종합적 대구법은 첫 행의 생각이 둘째 행이나 셋째 행에서 보충되거나 완성되어 가는 것을 말한다(시편 29,1-2). 요한 복음의 로고스 찬가에 나오는, 앞 절의 끝말이 다음 절의 첫말에 연결되는 '말 이어가기 노래'(요한 1,1-5.10-12.14)도 이 종합적 대구법에 속한다고 할 수 있다.

나. 머리글과 저자 및 작중 연대와 저작 연대

시편집에는 34개를 빼고 다양한 길이와 성격을 지닌 머리글이 나온다. 이 머리글은 후대의 편집자가 덧붙인 것으로서, 거기에는 전통적으로 시편 저자로 여겨왔던 사람들의 이름, 곧 모세, 다윗, 솔로몬, 코라의 후손들, 아삽, 헤만, 에단, 여두툰이 나온다. 이들 가운데 제1권 대다수 시편과 그 밖의 시편을 합하여 모두 73개 시편의 머리글은 출중한 시인이자 음악가로 알려진 다윗을, 2권과 3권 여러 시편의 머리글은 제2성전 시대의 성전 전례 음악을 담당한 코라와 아삽을 저자로 내세운다.

이스라엘의 오래된 성경 전통은 머리글에 언급된 인물들 가운데서 다윗을 시편 전체의 저자로 내세운다. 다윗은 젊은 시절에 비파를 연주하여 악령에 시달리는 사울을 진정시킨 궁중 음악인이었고(1사무 16,17-23) "이스라엘의 노래들을 지은 이"였다(2사무 23,1). 또한 성전 성가대를 창설한 이도 다윗이었다(1역대 25장). 이런 전통에 따라 많은 시편의 제목이나 머리글에 '다윗의 시편'이라는 말을 붙인 것이다. 사해 문서에 포함된 시편 두루마리는 시편 3,600편을 다윗이 지었다고 말한다. 이는 3,000개의 잠언과 1,005편의 노래를 지었다는 솔로몬(1열왕 5,12)과 비교하려는 의도에서 나왔을 것이다. 사해 문서의 시편 두루마리는 103편과 122편의 머리글에도 다윗을 저자로 내세우는데, 마소라 본문에는 다윗의 이름을 언급하지 않는다. 신약성경 사도행전의 저자도 본디 히브리어 시편에서 머리글이 아예 없는 2편의 저자를 다윗으로 내세운다(사도 4,25).

시편 전체의 저자를 다윗으로 여기는 전통은 오래 전부터 유다교와 그리스도교에 뿌리를 내렸다. 그러나 언어학적 분석으로 보나 앞뒤 문맥의 정황으로 보나 다윗을 시편의 실제 저자로 보기는 어렵다. 성경 전통은 늘 성경에 등장하는 큰 인물들을 본문 형성에 영감을 준 저자로 내세우는 관습이 있음을 상기할 필요가 있다. 모세를 모세오경의 저자로, 솔로몬을 잠언의 저자로, 예레미야를 애가의 저자로 내세우는 경우들이 그 좋은 예다. 더구나 시편은 오랜 세월에 걸쳐 쓰이고 전례에서 사용하던 노래들을 모아 놓은 책이라서 그 저자와 편집자가 한둘이 아니라 다양한 시대에 걸쳐 살던 수많은 개인과 집단이었다. 따라서 어느 특정한 인물을 시편의 실제 저자나 편집자로 내세울 수는 없다.

머리글에 언급된 인물 이름들을 시편집의 작중 연대를 추정하는 근거로 삼는다면 이 책의 작중 연대는 모세 시대(기원전 13세기)부터 유배 시대(기원전 6세기)까지 700여 년 동안이 될 것이다. 그러나 시편집의 내용은 시대와 장소를 초월하여 신앙인이면 누구나 바칠 수 있는 기도문이기에 작중 연대를 따로 규정할 필요가 없을 것이다. 시편의 저작 연대를 추정하는 일은 어떤가? 신빙성 없는 머리글의 언급을 제외하고 시편의 본문 자체에서 특정한 역사적 사건이나 인물을 시사하는 예가 거의 없기 때문에 본문의 내용만으로는 작중 연대의 추정이 매우 어렵다. 그럴지라도 시편 연구가들은 저작 연대와 관련하여 몇 가지 가능성을 제시했다. 한때는 기원전 2세기 마카베오 시대를 제시하기도 하고 유배 이전 시대를 제시하기도 하였다. 오늘날 학자들은 언어학적 분석에 힘입어 저작 연대를 바빌론 유배 이전과 유배 이후로 나누어 생각한다. 그러나 유배 이전이라 하더라도 그 저작 연대를 다윗 시대까지 끌어올릴 수 있는 시편은 거의 없다. 그리고 언어학적 분석을 근거로 어느 시편이 유배 이전에 나왔고 어느 시편이 유배 이후에 나왔는지 확실하게 가려내는 일은 그렇게 쉽지 않다. 다양한 시대의 언어와 표현에 능숙한 시인은 필요에 따라 고어를 자유롭게 사용하기 때문이다.

우리로서는 시편의 저자와 저작 연대를 밝히는 작업을 포기한 채, 시간과 장소에 아랑곳하지 않고 모든 시대의 다양한 독자들의 심금을 울리는 시인의 감수성과 영감을 고맙게 받아들일 필요가 있다.

다. 구조와 내용

시편은 운문 기도들을 한데 엮어 놓은 모음집의 모음이다. 성경에는 산문 기도들도 여기저기 발견되는데, 이 산문 기도는 대부분 개인들의 사적인 기도이지 공동체를 위한 전례용 기도가 아니다. 시편은 모세오경에 맞추어 크게 다섯 권으로 나뉜다. 이는 다분히 인위적인 것으로 후대의 어떤 편집자가 전례용 시편을 토라처럼 연구용 책으로 이용하려는 의도에서 나눈 것으로 보인다. 라삐들의 말을 빌리자면, "모세는 이스라엘에 토라 다섯 권을 주었고 다윗은 이스라엘에 시편 다섯 권을 주었다"(『미드라쉬』 쇼헤르 토브 1.2). 제1권(1—41편)은 대부분 다윗의 시편으로 되어 있다. 제2권(42—72편)의 일부는 코라와 아삽의 시편이고 나머지는 다윗의 시편이다. 제3권(73—89편)은 거의 모두 코라와 아삽의 시편이다. 제4권(90—106편)은 대부분 지은이의 이름이 없다. 마지막 제5권(107—150편)은 대부분 성전 순례와 축일을 위한 전례용 시편이다. 시편을 이렇게 분류할 수 있는 것은 1권에서 4권까지 각 권의 끝에 하느님께 영광을 드리는 영광송 또는 '종결찬양'이 나오기 때문이다. 그리고 이 영광송들은 모두 "주님께서는 찬미받으소서"라는 말로 시작한다. 예를 들면 "주 이스라엘의 하느님께서는 찬미받으소서, 영원에서 영원까지. 온 백성은 말하리라, '아멘!' 할렐루야!"(106,48)와 같다. 마지막 제5권의 경우는 150편 전체가 종결찬양으로 되어 있는데, 이 시편은 1편이 시편집 전체의 서문 구실을 하는 것처럼 마감 구실도 한다.

시편집을 다섯 권으로 나눈 구조는 하느님의 이름을 두고 또 다른 특징을 보인다. 제1권과 4권과 5권의 시편들은 '야훼'('주님'으로 옮김)를 선호하고, 2권과 3권의 시편들은 '엘로힘'('하느님'으로 옮김)을 선호한다. 그래서 흔히 전자를 '야훼 시편', 후자를 '엘로힘 시편'이라 부른다. 아마도 유배 이후 시대의 편집자가 야훼를 엘로힘으로 바꾼 것 같다. 이 시대에 유다이즘이 형성되기 시작하였고, 유다이즘에서는 하느님의 이름을 극도로 경외하였던 것이다.

시편이 모음집의 모음인 증거로 제2권의 맺음말을 들 수 있다. "이사이의 아들 다윗의 기도는 여기에서 끝난다"(72,20). 어떤 시편들은 서로 다른 두 종류의 모음집에 다 같이 포함되어 있다. 14편과 53편, 40,14-18과 79편은 거의 동일하고 18편은 2사무 22장과 거의 같다. 1-3권의 모음집은 4권과 5권이 덧붙여지기 전에 이미 고정된 것으로 보인다. 제목이 없는 시편 33개 가운데 28개가 4권과 5권에 몰려 있고, 쿰란 시편 본문과 마소라 시편 본문의 차이들도 주로 4권과 5권에서 발견되기 때문이다.

모음집 안에는 더 작은 모음집들이 들어 있을 수 있다. 제5권의 시편들 가운데 상당수의 머리글에는 '순례의 노래'라는 제목이 붙어 있어서 이를 '순례 시편'이라 부른다(120—134편). 덧붙여 머리글과는 상관없이 제5권의 시편들에는 처음이나 끝, 또는 처음과 끝 모두에 '전례적 환호성'이라 할 수 있는 할렐루야가 나오는데, 이런 시편들을 '할렐 시편'이라 부른다(105—106; 111—113; 115—117; 146—150편).

라. **유형과 신학 사상**

시편의 유형은 찬양 시편·탄원 시편·감사 시편·군왕 시편·지혜 시편 등으로 나눌 수 있다. 이 다섯 가지 유형 말고도 순례 시편·신탁 시편 등이 있다. 시편의 유형을 연구하다 보면 자연히 그 시편들을 창출한 공동체의 삶의 자리와 신학 사상도 함께 이해할 수 있게 된다.

첫째, 시편은 무엇보다 하느님을 찬양하는 노래다. 찬양 시편은 주로 공동체의 전례에서 사용하던 노래다. 찬양 시편의 구조는 비교적 단순하다. 먼저 찬양 초대가 나오는데, 이는 전례 주관자가 회중에게 하는 말이다. 그다음에는 하느님의 놀라우신 위업, 곧 창조 업적과 구원 업적(특히 이집트에서의 해방)이 열거된다. 마지막으로 전례 주관자의 찬양 초대가 다시 나온다. 찬양 시편은 하느님을 유일하고 항구한 구원자로 천명함으로써 이스라엘이 생존과 번영을 확고히 누리려면 하느님께 반드시 그리고 온전히 종속되어야 한다는 사실을 확인시키는 데 그 목적이 있다. 찬양 시편들은 하느님을 찬양해야 하는 이유에 따라 두 가지로, 곧 '하느님의 왕권 찬가'와 '시온의 노래'로 세분할 수 있다. '하느님의 왕권 찬가'는 온 세상의 임금이신 주님을 찬양하는 시편이고(47; 93; 96—99편), '시온의 노래'는 하느님의 거룩한 산인 시온과 그분의 도성인 예루살렘을 찬양하는 시편이다(46; 48; 76; 84; 87; 122편).

둘째, 탄원 시편은 시편집에서 가장 많은 양을 차지하는 유형이다(3분의 1 이상). 탄원 시편은 그것을 누가 노래하느냐에 따라 '개인 탄원 시편'과 '공동체 탄원 시편'으로 나눌 수도 있다. 탄원 시편들이 모두 구조가 공통적이거나 동일한 주제를 다루는 것은 아니지만, 흔히 다음과 같은 요소들이 있다. 하느님을 부름(찬양 시편의 도입부에 해당), 기도하는 개인이나 공동체의 고통을 묘사하는 본격적 탄원, 불행에서 구해 달라는 부르짖음, 하느님께서 불행에 처한 이들을 구해 주시리라는 확신, 하느님께 대한 찬양, 하느님의 중재에 감사하는 뜻으로 바치는 서원 등이다. 기도자는 때때로 자신이 지은 죄를 인정하거나 반대로 무죄를 주장하기도 한다. 경우에 따라서는 박해자나 원수들에 대한 저주가 나올 수 있는데, 이 저주는 자주 격렬한 증오를 드러내는 것이어서 시편을 기도로 바치고자 하는 현대인들의 정서에 맞지 않을 수도 있다. 그러나 감수성이 예민한 시인의 극적인 표현으로 받아들이면 그렇게 큰 무리는 없을 것이다. '개인 탄원 시편'(3—7; 17; 22; 25—28; 31; 35; 36; 38—40; 54—57; 69—71; 140—143편 등)의 삶의 자리는 질병이나 박해와 같은 개인의 불행이다. 이 시편은 개인의 전례적 신심과 연결된다. 불행한 처지에 빠진 개인은 성전이나 가까운 성소에 가서 하느님께 자신의 고통과 억울함을 하소연하고 돌보심을 간청한다. '공동체 탄원 시편'(12; 44; 60; 74; 79; 85; 90; 106; 123; 137편 등)은 외적의 침입이나 유배처럼 민족적 재난을 당할 때에 백성이 한데 모여 단식하며 기도하는 공적 전례에서 유래한다. 이 시편에 나오는 원수들은 이스라엘의 적인 동시에 주님의 적인 이민족들이다. '개인 탄원 시편'이나 '공동체 탄원 시편'이나 다 같이 주님께 대한 깊은 신뢰를 전제한다. 탄원 시편의 저자는 인간의 삶이 주님께 언제나 찬양과 감사만 드릴 수 있을 정도로 늘 평화롭고 행복하지는 않다는 사실을 솔직히 인정한다. 이스라엘 백성이 국가적 재난(삼대 재난: 북·남왕국 멸망·바빌론 유배·안티오코스 에피파네스의 박해)과 개인의 불행 한복판에서 바친 불평과 원망의 기도는 하느님께 대한 불신에서 나온 것이 아니라, 하느님이 자기네 편이요 자신들을 도와주실 능력과 원의를 갖고 계시다는 확신에서 바친 것이다. 탄원 시편은 두려움과 슬픔과 분노에 사로잡힌 인간의 부르짖음만이 아니라 하느님의 성실과 자애에 대한 신앙인의 증언이기도 하다.

셋째 유형은 감사 시편이다. 그런데 감사 시편에 나오는 감사와 신뢰는 찬양 시편과 탄원 시편의 내용도 되기 때문에, 이 시편과 다른 두 시편의 구분이 분명하지 않을 수 있다. 여기서는 하느님께 대한 깊은 신뢰와 감사를 명백하게 드러내는 시편들을 감사 시편으로 지칭한다(30; 32; 34; 42; 116; 138편 등). 이 시편들도 탄원 시편들처럼 '개인 감사 시편'과 '공동체 감사 시편'으로 나눌 수 있는데, 둘 다 탄원 시편들의 경우와 같이 개인과 공동체의 전례적 삶에 뿌리를 둔다. 특히 개인 감사 시편에 보면 기도자는 자신의 청원이 이루어졌을 때 친척과 친구들과 함께 성전이나 성소에 올라가 회중들에게 어려웠던 상황을 설명하고 그들을 공동의 감사로 초대한다. 감사 시편은 하느님의 도우심에 마음으로부터 고마움을 표현하는 기도이지만, 동시에 앞으로 주어질 축복을 미리 예약하는 구실도 한다.

넷째 유형은 군왕 시편이다. 위의 찬양 시편에서 언급한 '하느님의 왕권 찬가'는 온 세상 만물 위에 주권을 행사하시는 주님의 왕권을 찬양하는 시편이었다. 이에 비해 군왕 시편은 이스라엘의 임금들에 대한 노래다(2; 18; 20; 21; 45; 72; 89; 101; 110; 132; 144편 등). 이스라엘의 임금은 특별한 위치에 있다. 하느님 앞에서는 온 백성의 대표자요 백성에게는 그분의 대리자다. 군왕 시편들은 임금의 생애와 치세에서 중요한 사건이나 행사와 관련 있다. 임금의 도유와 성별聖別·즉위와 대관식·생일·혼인식·출전이나 승전 등은 임금 자신뿐 아니라 국가의 운명과도 직결되는 일이었으므로 이에 맞추어 궁전과 성전에서 다양한 의식들이 거행되었다. 이 의식들에서 불리던 노래들이 군왕 시편을 이루는데, 여기에는 상황에 따라 임금과 그의 왕조에 대한 칭송, 그를 선택하시고 돌보아 주시는 주님께 대한 찬양과 감사, 그를 위한 탄원, 승리의 기원, 신탁 등 다양한 요소들이 포함된다. 군왕 시편들은 흔히 민족주의와 애국심을 표방한다. 임금에 대한 충절은 곧 나라에 대한 충절이요, 임금과 나라에 대한 충절은 하느님께 대한 충성으로 통한다. 임금은 백성에게 파견된 하느님의 대리자이기 때문이다. 군왕 시편들은 때때로 '메시아 시편'으로 불린다. 임금은 하느님의 아들이요 상속자이며, 주님의 '기름부음받은이'(מָשִׁיחַ 메시아)로서 '지존하신 분'의 오른쪽에 앉는다. 특히 신명기계 역사서에서 이 시편들은 나탄의 중재를 통하여 하느님께 보장받은 다윗 왕조의 안정된 통치에 초점을 맞춘다. 그리스도교에서는 군왕 시편들을 예수 그리스도께 적용한다. 그분은 하느님의 아들이요 메시아로서 온 세상을 구원하시고 이제와 영원히 하느님 오른편에 앉아 계신다.

다섯째 유형은 지혜 시편이다. 지혜 시편은 삶의 자리가 전례로 보이는 앞의 다른 시편들과 명백히 구별된다. 욥기에서 보았듯이 지혜문학은 악의 문제에 큰 관심을 기울이며 의인들의 까닭 없는 고통과 하느님의 정의에 주목한다. 지혜문학의 이 보편 주제는 지혜 시편에도 그대로 드러난다. 지혜 시편은 내용에서도 다른 시편들과 다르다. 다른 시편들은 하느님의 위업과 개인이나 공동체의 불행에 대한 사람들의 반응을 표현하는 데 반해, 지혜 시편은 가르침 또는 교훈을 제시한다(1; 19; 34; 37; 49; 73; 78; 112; 127; 128; 133편). 지혜 시편의 저자들은 백성이 이 시편을 듣고 배우기를 기대한다. 지혜 시편이 어떻게 생겨나고 또 왜 시편집에 들어오게 되었는지는 명확하게 밝히기 어렵다. 더구나 시편집의 시작(시편 1편)이 찬양 시편이나 탄원 시편이 아니라 지혜 시편으로 되어 있다는 사실도 특이하다. 아마도 유배 이후 최종 편집자가 성전도 예배도 없는 상황에서 이스라엘의 믿음을 시편의 가르침으로나마 유지시키고자 한 것이 아닌가 싶다. 시편을 다섯 권으로 편찬한 것도 유다교의 주요 가르침을 담은 토라(תּוֹרָה 가르침) 다섯 책을 염두에 둔 결과로 보인다. 지혜 시편은 기도를 목적으로 하는 찬양 시편이나 탄원 시편들과는 달리 저자 개인의 신심을 드러내는 대신, 보다 더 큰 안목으로 우주의 질서와 정의를 관찰하며 그것을 지배하고 통제하시는 하느님의 권능과 자애에 머리를 숙인다.

이상의 유형들 말고도 몇 가지 다른 시편의 유형이 있다. 순례 시편은 이스라엘의 삼대 축제, 곧 해방절과 오순절과 초막절에 예루살렘과 그곳 성전으로 무리를 지어 올라가면서 부르는 노래다(15; 24; 95편). 순례 시편은 우리 인생의 방향과 목적이 하느님의 품 안임을 다시 한 번 확인시켜 준다. 때로는 하느님을 떠나 방황하거나 하느님 아닌 가치에 안주하기도 하지만, 순례 시편을 읽으면서 우리는 시온을 향하여 확고한 발걸음을 내딛었던 이스라엘의 순례자들처럼 온갖 시련과 유혹을 무릅쓰고 오늘도 기쁘고 힘차게 하느님을 향한 순례의 길을 걸어가겠다는 각오를 다질 수 있게 된다. 마지막으로 신탁 시편은 예언자의 말씀이나 신탁의 형식에 따라 작성되었는데, 주님의 계약에 충실할 것을 이스라엘 백성에게 요청한다(50; 81; 82편). 이로써 시편집은 이스라엘의 예언 전통도 수렴한다는 사실을 알 수 있다.

마. 시편의 전래

히브리어 성경의 마소라 본문에서 시편은 150편으로 되어 있다. 그 가운데 내용과 문맥상 어떤 시편들은 본디 두 개의 서로 다른 시편이 하나로 모아진 것도 있고(19편과 40편), 하나였던 시편이 두 편으로 나뉜 것도 있다(시편 9—10편과 42—43편). 시편은 다양한 공동체에서 다양한 형태로 전수되었다. 초대 그리스도교가 받아들인 칠십인역에는 책 말미에 시편 하나가 더 나오고 시리아 교회에서 사용한 페쉬타(시리아어 역본)에는 시편 다섯 개가 더 나온다. 쿰란 공동체의 시편 사본에는 이 시편들과 더불어 다른 시편들이 덧붙여 있다. 서방 가톨릭에서는 4세기 이후 히브리어 성경을 라틴어로 옮긴 불가타의 시편이 가톨릭 교회 전례 안에 자리 잡는다. 그런데 히브리어 시편과 칠십인역/불가타 시편의 편수 표기가 서로 달라 다소 혼란이 있다. 더구나 한국 가톨릭 교회에서는 구약성경 번역의 경우 히브리어 본문을 우리말로 옮기면서 그 표기를 따르는 반면, 교회 전례에서는 전통적으로 칠십인역/불가타의 표기를 따르기 때문에 더욱 혼란스럽다. 칠십인역/불가타는 두 번(116; 147편)에 걸쳐 히브리어 시편 하나를 둘로 나누고, 반대로 역시 두 번(9와 10편; 113과 114편)에 걸쳐 히브리어 시편 둘을 하나로 묶는다. 그리고 맨 마지막에 시편 151편을 덧붙인다.

다음 도표는 히브리어 성경 시편과 칠십인역/불가타 시편의 서로 다른 편수를 일목요연하게 비교하기 위해 만들었다.

히브리어 시편	칠십인역/불가타 시편
1—8	1—8
9—10	9
11—113	10—112
114—115	113
116	114—115
117—146	116—145
147	146—147
148—150	148—150(151: 칠십인역)

『성경』(cbck)은 히브리어 성경 시편의 표기를 따르면서 괄호 안에 칠십인역/불가타 시편의 표기를 기재한다. 이와는 달리 성무일도에서 사용해 온 최민순 신부의 시편 번역은 불가타의 표기를 따르면서 괄호 안에 히브리어 성경 시편의 표기를 소개한다. 『공

동번역』도 히브리어 성경 시편의 표기를 따른다.

시편은 유다교 신자든 그리스도교 신자든 모든 신앙인에게 사랑받는 아름다운 노래요 진솔한 기도다. 시편집의 저자들은 인간의 다양한 삶과 정서를 절제된 언어와 표상에 담아 때로는 강렬하게 때로는 애절하게 표현하기 때문에 시편은 아름다운 노래다. 또한 시편은 기쁨과 슬픔, 즐거움과 고통, 희망과 절망 속에서 하느님께 찬양과 감사, 불평과 원망 등을 담아 전달하기 때문에 믿는 이들의 진솔한 기도다. 시편은 유다교와 그리스도교의 믿음을 떠받치는 튼튼한 받침목이다. 시편은 성경의 근본 메시지인 하느님과 인간에 대한 총체적 계시다. 시편의 저자들은 자애와 공정을 비롯한 하느님의 주요 속성, 창조와 통치와 구원 등 세상에 대한 하느님의 위업, 인간 실존의 실상과 허상, 하느님과 인간 사이의 올바른 친교에 관한 가르침을 포괄적으로 전한다.

3. 잠언

우리말에서 '교훈적 말씀'을 뜻하는 잠언은 불가타를 내놓은 히에로니무스가 붙인 책 제목, '프로베르비아'Proverbia를 옮긴 것이다. 이 책의 히브리어 이름은 '미슬레이'מִשְׁלֵי인데 미슬레이의 단수 '마샬'מָשָׁל은 프로베르비아가 내포하는 교훈적 말씀뿐 아니라 비유·표상·은유·우화 등 지혜를 가르쳐 주는 온갖 비교 언어들도 폭넓게 포함한다. 잠언은 옛 이스라엘의 일상적 삶에 초점을 맞춘다는 점에서 성경의 다른 책들과 뚜렷하게 구별된다. 잠언의 목적은 이스라엘 민족 전체가 아니라 개인 한 사람 한 사람에게 어떻게 하면 지혜롭고 올바른 삶, 그리고 성공적인 삶을 살 수 있는지를 가르쳐 주려는 데 있다. 잠언은 하느님이 인간에게 주신 지혜를 높이 칭송한다. 지혜는 무엇을 해야 하고, 무엇을 하지 말아야 하는지를 알려 준다. 지혜의 목소리에 귀를 기울이는 이는 누구나 성공적인 삶을 보장받는다. 잠언의 저자는 일상의 삶을 올바로 그리고 성공적으로 살아가기 위해서 하느님의 선물인 지혜 이외에 다른 신적인 계시를 필요로 하지 않는다. 그래서 지혜를 찬양하는 잠언과 계시된 율법의 중요성을 강조하는 토라(모세오경) 사이에는 일종의 긴장 관계가 조성된다.

가. **저자와 작중 연대 및 저작 연대**

잠언의 첫 구절, "이스라엘 임금 다윗의 아들 솔로몬의 잠언"(1,1)은 솔로몬을 이 책 전체의 저자로 제시한다. 두 솔로몬 잠언집도 표제에서 저마다 이를 확인한다(10,1; 25,1). 유다교 전승은 히브리어 성경 성문서 가운데 세 권을 솔로몬이 쓴 것으로 여긴다. 청년기에는 사랑의 시를 담은 아가를, 중년기에는 지혜를 담은 잠언을, 그리고 노년기에는 세상의 덧없음을 노래한 코헬렛을 썼다는 것이다. 칠십인역 그리스어 성경에서는 여기에 '솔로몬의 지혜'라는 제목의 지혜서도 추가한다. 이를 글자 그대로 받아들이면 잠언의 작중 연대는 솔로몬 통치 시절(기원전 972-933년)이 된다.

그러나 잠언의 실제 저자는 솔로몬일 수 없다. 우선 잠언의 몇몇 대목에서 확인할 수 있듯이 본문 자체가 솔로몬 이외에 다른 현인들을 실제 저자로 내세운다(22,17; 24,23; 30,1-14; 31,1-9). 용어나 내용도 솔로몬 시대와 맞지 않다. 잠언은 다양한 시대의 이름 모를 수많은 현인들이 남긴 지혜를 모아 놓은 선집選集이다. 시편처럼 잠언도 지혜를 담은 모음집의 모음이어서 그 저자와 저작 연대를 규명하기 어렵다. 다만 잠언과 비슷한 내용의 책들이 이집트와 메소포타미아에서 기원전 2000년경부터 3세기의 헬라 시대까지 출간되었다는 사실로 미루어 잠언에 담긴 지혜 모음집들도 이 시기에 작성되었을 것으로 추정할 따름이다. 특히 이 모음집 가운데 기원전 1100년경에 기록된 『아멘엠오페의 지혜』가 '현인들의 첫째 잠언집'으로 불리는 잠언 22,17—24,22에 직접적인 영향을 미쳤다는 사실은 앞에서 지적한 바 있다(셋째 마당 I.1.하.(2)).

나. **수집과 최종 편찬**

잠언도 시편처럼 오랜 세월에 걸쳐서 완성된 책이다. 앞에서 언급했듯이 히브리어 성경 전통에서는 잠언의 저자를 솔로몬이라고 하지만(1열왕 5,9-12), 솔로몬의 잠언이라고 제목을 붙인 두 개의 모음집(잠언 10,1—22,16; 25—29장)에서조차 실제로 그가 직접 지었다고 할 수 있는 잠언이 몇 개나 포함되어 있는지는 아무도 알 수 없다. 또 잠언의 보편적 특성상 그 같은 질문이 별 의미가 없다. 잠언이란 본디 특정한 인물이나 시대와 관계없이 모든 문화와 인종과 시대 안에서 유효하기 때문이다. 사실 개별 잠언들의 형성 연대를 측정하는 것은 불가능하다. 그렇긴 하지만 이 잠언들을 수집한 연대는 어느 정도 추정할 수 있다. 두 가지 가능성을 제시할 수 있다.

첫째, 잠언 25,1에 따르면 유배 이전 유다 임금 히즈키야 시대에 솔로몬의 잠언들을 수집한 것으로 되어 있는데 이를 굳이 부인할 만한 근거가 없으므로 이 시대에 광범위하게 잠언이 수집되었음 직하다. 이 책의 중심이 되는 10—29장의 잠언들이 이 시기에 수집되었을 것이다.

둘째, 잠언 1—9장, 특히 8,22-31의 경우에는 학자들 대부분이 그 문체로 보아 유배 이후에 수집하거나 첨부한 것으로 추정한다. 잠언의 저자 또는 최종 편집자는 1—9장을 책 전체의 입문으로 삼은 것 같다. 여기에 지혜로운 아내에 대한 아름다운 잠언(31,10-31)을 덧붙였을 것이다. 이 대목의 한 구절(31,30)이 하느님 경외를 지혜의 근본으로 내세우는 1,7과 연결된다.

잠언에는 이스라엘의 문화와 종교 전통을 넘어서는 범세계적 경구들과, 야훼 신앙에 바탕을 둔 이스라엘의 지혜문학적 글귀들이 여기저기 폭넓게 나타난다. 이 책이 처음부터 정경에 확고한 위치를 차지하게 된 것도 바로 이 때문일 것이다. 오늘날 우리가 보는 형태의 잠언은 기원전 500-300년에 형성되었을 것으로 보면 무난하다. 그 이상의 자세한 편집 연대를 추정하는 것은 무리다. 칠십인역과 비교해 보면 잠언이 완성되기까지 수세기 동안 첨가와 삭제가 계속되었음을 짐작할 수 있다. 칠십인역의 순서를 마소라 본문의 장,절로 배열하면 다음과 같다. 22,17—24,22; 30,1-14; 24,23-34; 30,15-33; 31,1-9; 25,1—29,27; 31,10-31.

다. **구조와 내용**

잠언은 크게 세 부분으로 나뉜다. 첫째 부분은 입문(1—9장)이고 둘째 부분은 솔로몬의 첫째 잠언집(10,1—22,16)과 현인들의 두 가지 잠언

(22,17—24,34)이다. 그리고 셋째 부분은 솔로몬의 둘째 잠언집(25—29장)과 부록처럼 덧붙여진 잠언들(30—31장)이다.

입문의 첫머리(1,1-7)에는 이 책 전체의 표제와 목적이 나온다. 표제는 "이스라엘 임금 다윗의 아들 솔로몬의 잠언"(1절)이고, 목적은 참다운 지혜와 교훈이 무엇인가를 독자들에게 알려 주고 그들이 그것을 얻어 현인이 될 수 있게 하는 것이다(1,2-6). 표제와 집필 목적에 이어지는 1,8—9,18에는 두 교사가 등장하는데, 미성숙한 자녀를 가르치는 부모와 지혜 자체다. 두 교사는 경험이 부족한 젊은이에게 힘써 지혜를 추구하라고 권고한다(1,8-33). 2—7장에서는 먼저 부모가 자녀에게 가르친다. 지혜에 귀를 기울이면 주님을 경외하게 되고 하느님을 아는 지식을 얻게 될 것이다(2,1-5). 그리고 지혜를 통하여 주님을 경외하고 알게 되면 그분이 바라시는 것을 실천하고 그분이 싫어하시는 것을 멀리해야 한다. 특히 낯선 여자로 표현되는 이민족들의 길을 걷지 말고 의인들의 길을 걸어야 한다. 8—9장에서는 지혜가 부모의 역할을 떠맡아 젊은이를 가르친다. 임금과 군주와 제후와 수령들이 지혜의 도움으로 올바른 통치를 할 수 있으며, 지혜를 얻은 자에게는 재산과 번영이 따른다(8,15-21). 지혜와 세상의 창조를 연결한 8,22-31은 널리 알려진 대목으로 후대의 중요한 창조 신학을 준비한다. 여기서 지혜는 아직 창조에 적극적인 구실을 하지 못하지만 지혜서(7,22; 8,4; 9,9)에 가면 그 구실이 분명히 드러난다. 9장에서는 지혜가 하나의 여성 인격체로 등장한다. '지혜'를 가리키는 그리스어 '소피아'σοφία는 여성이다. "지혜가 일곱 기둥을 깎아 자기 집을 지었다. 짐승을 잡고 술에 향료를 섞고 상을 차렸다. 이제 시녀들을 보내어 성읍 언덕 위에서 외치게 한다. '어리석은 이는 누구나 이리로 들어와라!' 지각없는 이에게 지혜가 말한다.

'너희는 와서 내 빵을 먹고 내가 섞은 술을 마셔라. 어리석음을 버리고 살아라. 예지의 길을 걸어라'"(9,1-6). 여기서 '일곱'이라는 숫자는 완전을 뜻하므로 지혜가 자기 집을 튼튼하게 짓고 그곳에서 잔치를 벌여 비록 이제껏 지각이 없고 어리석게 살아왔다 할지라도 너그럽게 초대하겠다는 말이다. 넉넉한 모성애가 드러나는 대목이다. 지혜가 너그럽고 현명한 여인이라면 우둔함은 어리석은 여자다. 우둔함이 주는 금단의 열매는 처음에는 즐거움과 달콤함을 주지만 결국 멸망과 죽음으로 몰고 간다.

둘째 부분은 솔로몬의 첫째 잠언집(10,1—22,16)과 여기에 덧붙여진 현인들의 두 잠언집(22,17—24,22; 24,23-34)이다. 이 부분의 첫머리에 "솔로몬의 잠언"이란 표제가 나온다. 앞의 입문 부분에서는 신적 지혜에 대한 찬양과 지혜를 받아들이라는 초대가 주요 주제지만, 여기서는 지혜의 가르침에 순종하라는 메시지가 나온다. 단순히 지혜를 받아들이는 차원을 넘어서 부모와 지혜가 주는 경고·약속·권고에 귀를 기울이고 그 요구를 힘써 실행에 옮기라고 촉구한다. 먼저 솔로몬의 첫째 잠언집(10,1—22,16)에는 독립된 잠언 375개가 나온다. 이 숫자는 솔로몬שלמה의 히브리어 자음이 뜻하는 숫자이기도 하다(ש 300 + ל 30 + מ 40 + ה 5). 솔로몬의 잠언집에 이어지는 현인들의 두 잠언집은 앞에서 언급한 대로 이집트의 잠언집, 『아멘엠오페의 지혜』를 자유롭게 번안한 것으로 보인다. 여기에 나오는 잠언들은 독립된 경구의 형태가 아니라 어떤 주제를 중심으로 몇 구절이 한데 모여 있는 형태를 취한다. 10—24장에서 현인들을 대표하는 것은 의인이고, 미련한 자들을 대표하는 것은 악인이다. 현인과 미련한 자들을 의인과 악인으로 대비하는 것은 윤리적 실천을 강조하려는 이 부분의 기본 의도에 잘 어울린다. 의인의 행실과 악인의 행실은 자주 길 또는 인생

행로로 표현된다. “의로움의 길에는 생명이 있지만 악인의 행로는 죽음에 이른다”(12,28; 참조: 13,6; 14,2.12; 15,9-10; 16,7; 19,1-3; 21,8.16). 잠언의 둘째 부분에서 특히 돋보이는 것은 하느님의 주권 또는 권위에 대한 강조다. 하느님의 주권은 세 가지 사실을 확인함으로써 강조된다. 첫째, 하느님은 틀림없이 현인 또는 의인에게 복을 내리고 미련한 자 또는 악인을 징벌하신다(11,18). 둘째, 하느님은 인간의 계획을 통제하실 수 있다(16,1-9). 셋째, 하느님은 의인들에게 자기네 손으로 악한 자들을 징벌하려 하지 말고 당신에게 맡기라고 하신다(20,22).

셋째 부분에 나오는 솔로몬의 둘째 잠언집에는 “이것도 솔로몬의 잠언으로서 유다 임금 히즈키야의 신하들이 수집한 것이다”(25,1)는 머리글이 나온다. 히즈키야(기원전 716-687년 통치)는 우상 숭배에 빠진 백성의 마음을 하느님께 돌리기 위하여 나름대로 애쓴 임금이다. 백성이 모든 가치 위에 하느님을 선택하게 하는 데는 무엇보다 지혜가 필요하다. 그래서 히즈키야는 지혜문학의 전문가들인 서기관들을 시켜 솔로몬의 이름으로 전해지던 지혜들을 수집하여 대대적인 필사작업을 하게 하였을 것이다. 솔로몬의 둘째 잠언집의 전반부(25—27장)는 임금의 통치에 관심을 모은다. 임금은 감춰진 하느님의 신비를 깊이 통찰하여 세상에 올바로 펼쳐 나가야 할 소임을 맡았다(25,2). 현인 또는 의인은 임금의 통치를 옹호하고 미련한 자 또는 악인은 임금과 임금의 올바른 통치에 맞선다(25,5-6). 그러나 이스라엘의 지혜문학은 체제를 옹호하는 구실에 안주하지 않는다. 왕정처럼 아무리 위대하고 근본적인 체제라 하더라도 하느님을 경외하는 길에서 벗어나 있다면 마땅히 비판을 받아야 한다. 그래서 솔로몬의 둘째 잠언집의 후반부(28—29장)는 올바른 통치 기준인 율법과 예언서의 정신을 강조한다. 이 잠언집은 주님만이 지혜의 유일한 원천임을 강조하는 말로 끝난다(29,25-27). 솔로몬의 둘째 잠언집에 부록처럼 덧붙여진 잠언들을 세분하면 아구르의 잠언(30,1-14), 수數 잠언(30,15-33), 르무엘의 잠언(31,1-9), 그리고 훌륭한 아내를 칭송하는 알파벳 노래(31,10-31) 등이다. 이 잠언들도 통치자들에게 필요한 가르침을 전한다. 아구르와 르무엘은 둘 다 구약성경에 한 번도 언급되지 않은 인물들로서 이방인 임금들로 보인다. 그들은 마싸 사람으로 되어 있는데, 마싸는 아라비아 북쪽에 거주하는 이스마엘의 한 민족 이름이다. 이 잠언들이 강조하는 주제는 올바른 통치자들에게 필요한 겸허한 자세와 지혜로운 배우자다(30,2-4). 하느님 앞에서 취해야 할 겸허한 자세는 정직과 절제에 바탕을 둔다. "저는 당신께 두 가지를 간청합니다. 제가 죽기 전에 그것을 이루어 주십시오. 허위와 거짓말을 제게서 멀리하여 주십시오. 저를 가난하게도 부유하게도 하지 마시고 저에게 정해진 양식만 허락해 주십시오. 그러지 않으시면 제가 배부른 뒤에 불신자가 되어 '주님이 누구냐?' 하고 말하게 될 것입니다. 아니면 가난하게 되어 도둑질하고 저의 하느님 이름을 더럽히게 될 것입니다"(30,7-9). 절제와 관련하여 르무엘의 잠언에서는 특히 여자에게 빠지는 것과 과음을 경계한다(31,3-5). 잠언의 마지막은 훌륭한 아내에 대한 칭송의 노래로 장식된다. 이 칭송가는 히브리어 자음 22자에 맞추어 지은 알파벳 노래다. 르무엘의 잠언에서 이 대목은 지혜로운 배우자를 얻으라는 어머니의 충고에 해당하겠지만, 여기서 말하는 훌륭한 아내는 지혜 그 자체를 뜻할 수 있다. 지혜를 뜻하는 그리스어 '소피아'σοφία가 여성 명사임을 다시 한 번 떠올리기 바란다.

라. **신학 사상**

잠언은 근동 지혜문학의 특징들을 그대로 보여 주면서도 이스라엘의 종교 전통에서 완전히 벗어나 있지는 않다. 그 때문에 여러 가지 긴장과 갈등을 야기한다.

첫째, 잠언에 나오는 수많은 경구는 신적인 계시에 바탕을 둔 것이 아니라 자연과 인간에 대한 관찰과 축적된 경험에서 얻은 것이다. 이런 경구들은 많은 경우 단순한 선언의 성격을 띤다. "제 땅을 가꾸는 이는 양식이 넉넉하지만 헛것을 뒤쫓는 자는 지각이 없다"(12,11).

둘째, 관찰과 경험에서 얻은 경구는 비교를 통하여 더욱 감칠맛이 나고 풍요로워진다. "예쁘지만 무식한 여자는 멧돼지 코에 금 고리 격이다"(11,22). 30장에 나오는 수 잠언들(30,15-33)도 그 좋은 예다. "발걸음이 당당한 것이 셋, 당당하게 걸어다니는 것이 넷 있으니 짐승 가운데 용사로서 어떤 것 앞에서도 물러서지 않는 사자, 의젓한 수탉과 숫염소 그리고 자기 백성 앞에 선 임금이다"(30,29-31).

셋째, 잠언의 말씀들은 인과응보의 법칙을 철저히 반영한다. "구렁을 파는 자는 제가 그곳에 빠지고 돌을 굴리는 자는 제가 그것에 치인다"(26,27). 불의가 인간에게 손해를 가져오고 의로움은 인간에게 이익을 가져다 준다는 것이 이 법칙의 핵심이다. 그러나 문제는 현실에서 이것이 정확하게 들어맞지 않는다는 것이다. "사람에게는 바른길로 보여도 끝내는 죽음에 이르는 길이 있다"(16,25). 이 문제는 욥기의 저자가 가장 예리하게 제기하였다.

넷째, 잠언의 윤리적 가르침은 매우 실용적이다. 그것은 종교적 지침이라기보다 어떻게 하면 성공한 삶을 살 것인지를 도모하는 일종의 처세술이다. 『아멘엠오페의 지혜』에서 끌어낸 '군주와의 식탁 예법'(23,1-9)이 그 좋은 예다. 남을 도와주는 것은 좋은 일이지만 빚 보증을 서서는 안 된다는 가르침도 여기에 해당한다(22,26-27). 그러나 잠언의 실용주의는 '하느님 경외'라는 이스라엘의 전통적 가치관에 제약을 받고 때때로 인본주의적 이상과 충돌한다. 잠언은 가난을 게으름과 어리석음의 당연한 결과라고 비난하면서도(10,4; 13,18), 가난한 이에게 베푸는 자선을 주님께 대한 공경과 연결시킨다. "약한 이를 억누름은 그를 지으신 분을 모욕하는 것이고 불쌍한 이를 동정함은 그분을 공경하는 것이다"(14,31). "가난한 이에게 자비를 베푸는 사람은 주님께 꾸어 드리는 이 그분께서 그의 선행을 갚아 주신다"(19,17).

다섯째, 잠언의 말씀은 모든 시대의 모든 이에게 어떤 상황에서든지 들어맞는 보편적 가르침이 아니다. 한 상황에 약이 되는 가르침이 다른 상황에서는 독이 될 수 있다. 코헬렛의 가르침대로 모든 것은 때가 있다. 26,4-5은 서로 완전히 반대인 충고를 연이어 내놓는다. "우둔한 자에게 그 어리석음에 맞추어 대답하지 마라. 너도 그와 비슷해진다. 우둔한 자에게 그 어리석음에 맞추어 대답하여라. 그러지 않으면 자기가 지혜로운 줄 안다."

마지막으로, 잠언에서 하느님의 역할은 두 가지로 제시된다. 첫째 역할은 세상의 질서를 보장하시고 통제하시는 기능이다. 잠언에는 주님의 이름이 모세오경이나 예언서에 비해 아주 적게 나오고 이스라엘의 역사나 토라에 관해서는 전혀 언급이 없다. 잠언의 하느님은 이스라엘 역사에 직접 개입하지 않으시고 인간 편에서 기적적인 사건을 기원하는 청원기도도 요구하지 않으신다. 원인과 결과의 법칙은 거의 자동적으로 돌아가고 인간은 자연과 인간의 삶 안에서 그 법칙을 분명하게 확인할 수 있다. 그렇다고 해서 이 세상이 그분이 설정해 놓으신 질서와 법칙만으로 움직이는 것은 아니다. 하느님은 우주만물의 창조주이시므로 모든 피조물이 그분에게서 독립해서 존재할 수는 없다. 특히 피조물 가운데서 가장 소중하게 창조된 인간은 하느님의 특별한 관리 대상이다. 여기서 하느님의 둘째 역할이 드러난다. 하느님은 인간의 능력을 제한하시고 관리하신다. 인간은 자기 운명을 제 마음대로 통제할 수 없고 그의 말이나 생각대로 모든 것이 따라 주지 않는다. "마음의 계획은 사람이 하지만 혀의 대답은 주님에게서 온다"(16,1). 그러므로 주님을 경외함이 지혜의 시작이다. 인간은 하느님의 피조물로서 그분에게 속해 있음을 겸손하게 인정하고 그분의 뜻을 늘 신중하게 받들어야 한다. 겸손과 신중함이 지혜로운 이의 자세라면, 오만과 방자함은 어리석은 자의 특징이다.

4. 코헬렛

코헬렛(קֹהֶלֶת 공동번역: 설교자)은 이 책의 저자가 자신에게 붙인 필명이다(1,1; 1,12; 7,27; 12,8-10). 『성경』(cbck)이 나오기 전까지 우리말 성경에서 이 책의 제목으로 오랫동안 써 왔던 '전도서'傳道書는 칠십인역의 전통과 이를 그대로 수용한 불가타의 전통Ecclesiastes과 연관 있다. 본디 그리스어로 '에클레시아스테스' Ἐκκλησιαστής는 회중의 한 구성원을 뜻한다. 초대 그리스도교에서는 이를 회중을 모으는 사람, 곧 회중의 책임자나 회중을 이끌어 가는 설교가로 이해하였다. 이 설교가의 설교를 모은 책이라는 뜻으로 '전도서'라는 이름을 붙인 것 같다. 그러나 코헬렛은 이 책에서 설교하지 않고 이 책의 내용도 설교와는 거리가 멀다. 저자는 오히려 냉철한 이성과 반성을 통해 깨우친 삶의 지혜와 진리를 전해 주는 철학자요 신학자다. 또한 모두가 당연시하는 종교적 전통과 사회의 통념을 거부하기도 하는 비판적 현인이었다.

히브리어 성경에서 코헬렛은 욥기, 잠언 등과 더불어 지혜문학에 속한 것으로 되어 있지만 중세 탈무드 전통에 따르면 아가·룻기·애가·에스테르기와 함께 축제오경으로 분류된다. 유다교에서 코헬렛은 가을 축제의 완결과 토라(모세오경) 읽기의 완결을 경축하는 축제인 초막절에 읽었다. 그런데 이 책은 일찍부터 유다교 정경으로 인정을 받았음에도 기원전 1세기에서 기원후 2세기까지 라삐들 사이에서 에제키엘서와 아가 등과 더불어 정경 논란을 불러일으켰다(셋째 마당 III.1.가. 참조). 이유는 이 책들이 하느님과 토라에 대한 정통 유다이즘에서 벗어난 견해를 일부 표명하고 있어서 그 신적 영감을 의심하지 않을 수 없다는 것이다. 그러나 이런 논란은 이 책들이 이미 정경으로 받아들여진 뒤에 나온 것이어서 그다지 큰 문제가 되지는 않았다. 다만 코헬렛을 풀이하는 주석가들에게 좀 더 신중한 해석을 하도록 하였다.

가. **저자와 저작 연대**

본디 히브리어 명칭 코헬렛은 이 말을 파생시킨 동사 '카할'(모으다)의 의미에 따라 '모아들이는 자', '얻는 자'로 이해하면 지혜를 모으거나 얻으려 하는 현인을 가리킨다. 이는 저자가 자신을 지혜의 수집가였던 솔로몬과 동일시하려 한 내용과도 잘 들어맞는다. 1,1에서 저자는 자신을 '다윗의 아들이요 예루살렘의 임금'으로 소개하고, 1,12—2,11에서도 솔로몬처럼 내세운다. 칠십인역과 타르굼은 이 책의 저자를 솔로몬으로 인정한다. 물론 솔로몬의 이름은 이 책 어디에서도 찾아볼 수 없다. 반면에 코헬렛이란 이름은 구약성경 다른 곳에서는 나오지 않는다.

고전 라삐 전승은 코헬렛이 솔로몬임을 당연시하고 이 책의 저작 연대를 솔로몬 통치 시절로 여긴다(『미드라쉬』 코헬렛 라바 3). 그러나 코헬렛을 솔로몬의 필명으로 여겼던 전통적 견해와는 달리 이 책의 저자는 분명 솔로몬이 아니다. 여기에 쓰인 언어나 표현이 솔로몬 시대보다 훨씬 후대의 것을 반영하고 2,11 이후에는 저자가 자신을 솔로몬처럼 내세우는 내용이 전혀 나오지 않는다. 더구나 나라 안의 불의(3,16; 4,1-2; 5,8)와 불안정(10,4-7) 등 왕권에 도전이 될 요소들을 과감히 지적하는데, 이 같은 지적은 궁정 안의 인물로서는 불가능한 발언이다. 저자는 맺음말에서 자신이 임금이 아니라 현인임을 분명히 밝힌다(12,9).

222절로 된 코헬렛의 저작 연대는 대략 기원전 3세기로 추정한다. 적어도 페르시아 시대 이전으로 거슬러 올라갈 수는 없다. 저자가 후대에 유행하던 페르시아어를 빌려 쓰고 있고(2,5 פַּרְדֵּס 파르데스 정원; 8,11 פִּתְגָם 피트감 판결) 전통적 인과응보 사상을 통렬하게 비판하는 것은 유배 이후 시대에나 가능하기 때문이다. 12,6의 물동이에 대한 언급은 저작 연대를 기원전 3세기로 잡게 한다. 팔레스티나에서 우물물을 길어 올리기 위하여 물동이를 사용한 것은 기원전 3세기부터다. 다른 한편 집회서의 저자가 이 책을 알고 있는 것으로 보이고 쿰란 넷째 동굴에서 이 책의 필사본 단편(기원전 175-150년경에 필사된 것으로 추정)이 발견된 점으로 미루어 마카베오 시대 이전에 집필되었을 것이다. 그리고 저작 연대야 어떻든 코헬렛이 살던 시대는 이 책의 내용에서도 확인할 수 있듯 무척 불안정하고 가치관의 혼돈을 겪던 때였음이 확실하다.

나. 구조와 내용

코헬렛의 구성은 머리말(1,1), 두 부분으로 나눌 수 있는 본론(1,2—6,12과 7,1—12,8), 그리고 맺음말(12,9-14)이다. 머리말은 명시적으로 이름은 밝히지 않지만 다윗의 아들 솔로몬을 이 책의 저자로 제시한다. 코헬렛을 히브리어 정경의 정통 가르침에 부합시키기 위해 후대에 덧붙인 것으로 보이는 발문은 두 대목으로 나눌 수 있는데, 첫째 대목(12,9-11)은 이 책의 저자 코헬렛을 슬기로운 잠언과 진리의 말로 백성을 가르치는 현인과 동일시하고, 둘째 대목(12,12-14)은 하느님 경외와 계명 준수를 이 책의 결론으로 제시한다.

표제와 발문을 제외한 본론은 시詩로 시작하여(1,2-11) 시로 끝나고(11,7—12,8), 이 책의 기본 주제어인 '허무'로 시작하여 허무로 끝난다. "허무로다, 허무! 코헬렛이 말한다. 허무로다, 허무! 모든 것이 허무로다!"(1,2). "허무로다, 허무! 코헬렛이 말한다. 모든 것이 허무로다!"(12,8). 이 둘을 제외한 본론의 전반부(1,2—6,12)는 '모든 것이 허무요 바람 잡는 일'이라는 말을 끝에 후렴처럼 반복하는 여러 개의 단락으로 구성된다(2,1-11; 2,12-17; 2,18-26; 3,1—4,6; 4,7—6,9). 전반부를 마무리하는 6,10-12은 시작 시(1,2-11)

에 나오는, '태양 아래 새로운 것이 아무것도 없다'는 주제를 반복한다. 전반부에서 가장 돋보이는 대목은 '정한 때에 관한 성찰'(3,17)이다. 본론의 후반부는 '발견하지 못한다'거나 '알 수 없다'는 표현들을 자주 반복하면서 인생과 자연에 관한 갖가지 성찰과 반성들을 두서없이 개진한다. 후반부에서 가장 돋보이는 대목은 '늙음과 죽음에 관한 슬프면서도 아름다운 통찰'(12,1-7)이다.

코헬렛의 성찰과 반성들은 몇 개의 주제어를 끊임없이 반복하는 형태를 취한다. 대표적 주제어 다섯을 소개한다. 첫째 주제어는 '모든'(כֹּל 콜)이다. 코헬렛 전체 222절 가운데 41퍼센트에서 이 낱말을 발견할 수 있다. 저자는 이 주제어를 자주 사용함으로써 인생과 자연에 관한 자신의 통찰이 이스라엘의 삶에 국한하지 않고 인류 전체의 삶을 관조하는 보편적 통찰임을 강조한다.

둘째 주제어는 '허무'(הֶבֶל 헤벨)다. 히브리어 성경에서 헤벨이라는 명사는 69번 나오는데, 그 가운데 5번은 카인에게 허무하게 살해당한 아벨의 이름을 지칭하는 것이므로 그것을 제외하면 실제로는 64번이다. 이 낱말이 코헬렛에 나오는 횟수는 38번으로 히브리어 성경 전체의 60퍼센트에 해당한다. 보통으로 이 말은 문장이나 문맥을 마감하는 자리에 나온다. 저자는 인생과 자연의 덧없음을 표현하기 위해 이 명사를 사용한다.

셋째 주제어는 '노고'(עָמָל 아말)다. 히브리어 성경에서 '아말'은 55번 가량 나오는데, 대가를 정당하게 지불받는 노동이나 수고처럼 긍정적인 의미가 아니라 괴로움(시편 73,16), 슬픔(예레 20,18), 재앙(욥 4,8; 5,6), 억압(신명 26,7) 등과 같이 부정적 의미를 지닌다. 이 낱말은 코헬렛에만 22번(40퍼센트)이나 나온다. 코헬렛에게 삶은 노고 그 자체다. 창세 3장의 실낙원 상황처럼 인간은 하느님의 현존에서 쫓겨나 저주받은 땅에서 힘겹게 살다가 결국 죽음으로 끝나는 존재라는 것이다.

넷째 주제어는 '지혜'(חָכְמָה 호크마)다. 명사로서 호크마는 코헬렛에서 26번 나오고, '현인' 또는 '현명한'이라는 뜻의 하캄חָכָם은 22번, 그 밖의 용법으로 호크마에서 파생된 용어가 6번 나온다. 그런데 코헬렛은 지혜와 관련된 용어들을 구약의 다른 지혜문학과는 다르게 사용한다. 그는 지혜를 의인화하지도 않고 하느님 경외나 토라와 동일시하지도 않는다. 또한 슬기로운 해몽·수수께끼 풀이·점괘 등의 점술적 지혜에도 관심이 없다. 코헬렛에게 지혜는 무엇보다 자연의 순리와 덧없는 인생에 관한 예리한 분별력이요 인간의 한계와 하느님의 섭리에 대한 편안한 수용이다. 계약·이스라엘의 선택·제사 제물·하느님의 역사하심 등과 같은 토라와 예언서의 주요 주제나 관심사들은 코헬렛에 나오지 않는다. 지혜의 스승으로서 그의 사상은 하느님 중심적이라기보다 인간 중심적이고, 한정적이라기보다 보편적이다.

다섯째 주제어는 '운명'(מִקְרֶה 미크레)이다. 이 낱말은 히브리어 성경 전체에서 10번 나오는데, 그 중 7번이 코헬렛에 나온다. 코헬렛은 운명을 인간의 노고와 연결하여 노고의 결과를 이 말로 표현한다. 인간 앞에 놓인 운명은 단순한 기회나 우연한 사건이 아니라 엄연한 사실로서 하느님이 제정하신 법칙에 속한다. 인간의 최종 운명은 누구에게나 닥치는 죽음이다. 결국 인간의 모든 노고는 죽음으로 끝난다.

다. 신학 사상

언뜻 보기에 코헬렛은 염세주의 인생관을 제시한다는 오해를 불러일으킬 만한 구절들을 많이 내포하고 있다. 그러나 코헬렛의 저자는 결코 허무주의자가 아니다. 오히려 삶을 예찬하고 삶을 즐기라고 가르친다. 삶을 즐기라는 권고를 일곱 번(완전수)이나 반복한다. "자기의 노고로 먹고 마시며 스스로 행복을 느끼는 것보다 인간에게 더 좋은 것은 없다. 이 또한 하느님의 손에서 오는 것임을 나는 보았다"(2,24; 참조: 3,12-13; 3,22; 5,17; 8,15; 9,7-9; 11,9—12,1). 유다교에서 이 책을 기쁨의 축제인 초막절에 낭독하는 이유도 이 때문일 것이다.

그렇다면 코헬렛의 저자는 에피쿠로스 학파처럼 쾌락주의자인가? 그것도 아니다. 에피쿠로스 학파는 근본적으로 무신론자들이지만, 코헬렛은 삶의 근원이신 하느님을 믿고 그분을 늘 의식한다. 삶은 하느님의 선물이므로 고맙게 받아들이고 기쁘게 누려야 한다. 선물이란 이익을 창출하려는 투자와는 거리가 멀다. 삶을 선물로 주신 하느님이 바라시는 것은 우리가 그 삶을 기꺼이 받아들여 행복하게 사는 것이다. 그 대신 삶을 기쁘게 누리면서 그것을 선물로 주신 하느님을 배제해서는 안 된다. 그분은 우리 기쁨의 원천이시고 그분 없이 우리는 삶의 기쁨을 충만하게 누릴 수 없다.

가능한 한 삶을 즐기며 살라고 하면서도 코헬렛은 삶의 어두운 면, 곧 고통과 마침내 죽음으로 끝나는 그 한계를 똑똑히 인식한다. 모든 것은 한줄기 바람처럼 스쳐 지나가고 결국 허무로 끝난다(2,17; 참조: 2,11.26; 4,4.6; 6,9). 여기서 코헬렛은 방탕한 생활로 빠져드는 눈먼 향락주의와 거리를 둔다. 코헬렛에게 인생은 결국 행복에 대한 끝모를 욕망이요 갈망이다. '인간의 목숨'을 뜻하는 히브리어 '네페쉬'נֶפֶשׁ는 본디 목구멍을 가리키고, 이 목구멍은 욕망이나 갈망을 상징한다. 인간은 불완전한 미완성의 존재로서 끊임없이 완전한 삶과 행복을 갈망한다. 이 갈망의 최종 목적지는 하느님이다. 하느님과 함께 하느님 안에서 삶의 기쁨을 누리고 그분을 찬미할 때에 인간은 완전한 행복을 얻을 수 있다.

코헬렛은 죽음을 진지하게 반성한다. 살고자 하는 욕망을 완전히 사라지게 하는 것이 죽음이다(코헬 9,10). 죽은 뒤에는 하느님을 찬미할 수도 없다. "그렇다, 산 이들에 속한 모든 이에게는 희망이 있으니 살아 있는 개가 죽은 사자보다 낫기 때문이다"(9,4). 삶은 아름답고 좋은 것이지만 어두운 날도 많으며 삶의 모든 것은 결국 허무로 끝나게 되어 있다(11,7–8). 삶의 한계와 죽음을 진지하게 받아들이는 자만이 삶을 즐길 수 있고 삶의 모든 순간을 소중하게 여길 수 있다.

코헬렛의 인생관은 어느 한 사조에 묶어둘 수 없다. 그는 모든 것을 쉽게 보는 순진한 낙관주의자도, 모든 창의성을 말살하는 비관주의자도, 독선적이고 경직된 수덕주의자도, 쾌락에 탐닉하는 천박한 향락주의자도 아니다. 그는 불의와 모순과 온갖 사악함으로 가득 찬 세상을 정직하고 냉철한 눈으로 구석구석 살피면서도 회의론에 빠지지 않으며, 고통과 고뇌에 시달리다 마침내 죽음으로 끝나는 인생을 관조하면서도 비관론에 기울어지지도 않는다. 이 세상을 만드시고 그분 방식대로 다스리시며 인간에게 생명을 선물로 주신 하느님께 대한 철저한 믿음이 코헬렛을 회의론과 비관론에서 비켜 서 있게 해 준 것이다. 코헬렛은 인과응보와 같은 전통적 개념이나 인간이 만든 어떤 하느님 상도 거부한다. 하느님은 신비 그 자체시다. 그분은 절대자이며 초월자시다. 그러면서도 그분은 인간이 행복하게 살기를 바라신다(3,10-14).

코헬렛은 신비 자체이신 하느님을 경외하며 세상과 삶을 진정으로 사랑하는 신앙인이요 신학자다. 그런 의미에서 코헬렛은 진정한 현인이다. 이스라엘의 지혜문학이 거듭 천명하는 바와 같이 하느님을 경외하는 것이 바로 지혜의 근본이기 때문이다.

라. **유다교와 그리스도교 안에서의 평가**

코헬렛을 히브리어 성경의 정경으로 받아들이는 데는 상당한 진통이 따랐다. 이 책을 두고 라삐들 사이에서 평가와 해석이 갈라졌기 때문이다. 1세기 말엽 개방적 힐렐 학파는 이 책을 거룩한 책으로 여긴 반면, 엄격한 샴마이 학파는 '손을 더럽히는 책'이라는 부정적 평가를 내렸다. 라삐 전승에 따르면 얌니아 종교회의(기원후 85년)에서 코헬렛을 정경으로 인정한 근거는 이 책의 처음과 마지막에 나오는 낱말, '디브레'(דִּבְרֵי 말씀들)와 '라아'(רָעָה 악)가 토라(율법서)에 들어 있기 때문이라고 한다(코헬렛의 정경 문제: Shields 참조). 앞서 언급하였듯이, 또 다른 라삐 전승에 따르면 솔로몬이 아름다운 여인들과 애정 행각에 몰두하던 청년기에는 사랑의 노래 아가를, 나라의 통치에 전념하던 중년기에는 지혜의 시 잠언을, 인생의 황혼길에 들어선 노년기에는 허무적인 시 코헬렛을 썼다고 한다("Ecclesiastes and Solomon's Song").

코헬렛에 대한 부정적 시각은 그리스도교에서도 발견된다. 수덕주의자 히에로니무스는 성경에서 그리스도교 입문자들이 가장 먼저 읽어야 할 책으로 코헬렛을 꼽았다. 입문자들이 코헬렛을 읽고 난 뒤 세상의 모든 가치가 한줄기 바람처럼 허무하게 스러져 간다는 것을 깨닫게 하기 위해서다. 반면에 청춘남녀의 연애를 다룬 아가는 가장 마지막에 읽어야 할 책으로 적어도 서른 살 이전에는 읽으면 안 되었다(『코헬렛 (1,1) 주해』). 대 그레고리우스 교황으로부터 근대주의 신심을 극대화한 토마스 아 켐피스(준주성범)에 이르기까지, 그리고 현대의 신심주의자들은 코헬렛의 구절들을 현세의 삶에서 벗어나 죽음 저너머의 영원한 가치를 추구하라는 권고로 해석해 왔다. 가톨릭 전례 안에서 코헬렛은 1,2과 2,21-23만 전례력 다해 연중 제18주일 제1독서에 들어와 있는데, 전체적 기조는 위의 해석에서 크게 벗어나지 못한다. 그러나 코헬렛은 저자의 집필 의도에 맞게 이스라엘의 중요한 지혜문학으로 정당한 평가를 받아야 한다.

5. 아가

아가를 대하면서 가장 큰 의문점은 남녀 사이의 관능적 사랑을 표현하는 이 같은 '사랑 노래'가 어떻게 성경 안에 들어오게 되었는가일 것이다. 히브리어 성경의 아가 이름 '쉬르 하쉬림'שִׁיר הַשִּׁירִים은 관례대로 이 책의 첫 낱말에서 가져온 것이다. 이 말을 직역하면 '노래들의 노래'이지만 히브리어 문법에서는 소유격을 이용한 반복(예를 들어 에제 26,7의 "임금들의 임금")이 최상급을 뜻하기 때문에 이를 '최상의 노래' 또는 '가장 아름다운 노래'로 옮길 수 있다. 이런 뜻을 담아 중국에서는 '아가'雅歌로 옮겼고 우리도 이를 그대로 받아들였다. 아가의 히브리어 명칭은 대중 라틴말 성경 불가타의 명칭, '칸티쿰 칸티코룸'Canticum Canticorum에도 그대로 반영된다.

칠십인역 그리스어 성경에서는 이 책의 명칭이 단순히 '아스마'(᾿Ασμα 노래)이고, 일부 영어 번역본은 1,1(솔로몬의 가장 아름다운 노래)에서 따온 '솔로몬의 노래'라는 명칭을 이 책에 붙이기도 한다.

가. **저자와 작중 연대와 저작 연대**

1,1은 솔로몬을 아가의 저자로 내세우는 것처럼 보인다. 더구나 이 책 전체에서 솔로몬의 이름이 여섯 번 나오고(1,1; 3,7.9.11; 8,11-12), 고유명사 없이 '임금'이라는 낱말도 세 번이나 나온다(1,4.12; 7,6). 그러나 이 책의 저자는 솔로몬이 아니다. "솔로몬의 가장 아름다운 노래"(1,1)에서 소유격 '솔로몬의'는 노래의 저자를 표시할 수도 있지만 노래의 대상, 곧 '솔로몬에 관한 노래'를 뜻할 수도 있다. 게다가 솔로몬의 이름이 나오는 이 책 어느 곳에서도 그가 직접 말을 하거나 노래를 하지 않는다. 그리고 이 대목들에서 솔로몬은 언제나 3인칭이다. 아마도 아가에서 솔로몬은 저자가 필요에 따라 내세운 작품상의 인물에 지나지 않을 수 있다. 솔로몬뿐 아니라 그 밖의 어떤 구체적 인물도 아가의 저자로 확인하기 어렵다. 한 가지 흥미로운 주장은 이 책에 나오는 두 연인 가운데 여자가 남자보다 더 적극적이고 분명한 태도를 보인다는 점에서 저자를 여성으로 추측하는 것이다. 아니면 적어도 이 책의 일부를 여성이 썼을 수 있다는 주장도 있다.

작중 연대는 솔로몬 시대로 볼 수 있지만 시편이나 잠언의 경우처럼 솔로몬 이름의 언급 말고는 시대에 관한 어떤 암시도 본문에서 확인할 수 없다. 본문의 내용을 바탕으로 밝힐 수 없기로는 저작 연대도 마찬가지다. 솔로몬 시대에 쓰이지 않은 것만큼은 확실하지만 바빌론 유배 전후, 페르시아 시대, 또는 그리스 시대까지 폭넓은 추정들을 한다. 오늘날 성경학계에서는 언어학적 관찰에 힘입어 이 작품이 적어도 유배 이후 페르시아 시대에 나왔을 것으로 보는 견해가 우세하다. 페르시아 시대나 그 이후 시대에 속하는 어휘와 표현들이 본문에 나오기 때문이다. 그러나 본문에는 옛 히브리어 어법이나 표현도 산재해 있어서 언어학적 관찰만을 시대 측정의 표준으로 삼는 것은 무리다. 아마도 서로 다른 시대에 여러 저자들이 써 놓은 시들을 후대의 편집자가 오늘날과 같은 형태의 책으로 묶었을 수 있지만 이 역시 추정에 지나지 않는다. 하기야 사랑의 노래에 동서고금을 따져서 무엇하랴!

나. **배경**

사랑을 주제로 삼는 시는 모든 문화권에서 발견된다. 구약의 아가에 영향을 끼친 사랑 이야기로 지목되는 것은 고대 메소포타미아 신화와 이집트 시문학에 나오는 사랑 이야기다.

고대 메소포타미아 신화에서 남신들과 여신들 사이의 사랑은 계절의 변화와 풍산과 직결되는 중요한 주제다. 수메르 신화에서 겨울은 탐무즈라는 신의 죽음을 뜻하고, 봄은 그의 애인인 이쉬타르 여신의 도움으로 되살아남을 뜻한다. 금성 신 이쉬타르(=인안나)는 죽어 사라진 양치기 신 탐무즈를 찾아 저승까지 내려가 그를 찾아낸 다음 혼인한다(『인안나의 지하계 여행』). 신들 사이의 성혼聖婚은 자연을 소생시킨다. 이 과정이 겨울에서 봄으로 넘어가는 계절의 변화다. 고대 근동에서는 이 성혼을 재현함으로써 풍산을 기원하기 위해 해마다 임금이나 사제가 신전에 거주하는 성처녀聖處女와 결합하는 의식을 올렸다. 비슷한 신화와 의식들이 이집트를 비롯하여 고대 근동 전역에서 발견된다. 가나안에서는 이쉬타르와 탐무즈가 바다의 여신 아세라와 폭풍우의 신 바알로 대체된다. 성혼의 제의祭儀는 기원전 8세기 므나쎄 임금 시절에 예루살렘 성전의 경신례에 끼어든 것 같다(2열왕 21장 참조). 메소포타미아 신화의 몇 가지 요소들이 아가의 표현과 내용에서도 비슷하게 발견된다. 첫째, 남성은 목자와 임금으로, 여성은 신부와 누이로 묘사된다. 둘째, 탐무즈 신의 역할을 하는 임금에게 바친 시에서 성처녀는 그를 생명과 풍산을 가져다 준 '오라버니'로 칭송한다. 또 다른 문헌에서 임금은 인안나 여신을 대신하는 여인에게 "나는 너와 함께 내 들로 가리라. … 나는 너와 함께 내 정원으로 가리라" 하고 초대한다(Kramer 참조).

고대 이집트 문헌의 사랑 노래들 가운데 기원전 14-12세기에 쓰인 것들이 아가의 내용과 비슷하다(Loprieno, 105-135). 이 시들에는 아가처럼 상대방에 대한 예찬과 동경·육체적 매력·자랑 등의 주제가 등장하고, 상대방의 몸을 만지고 보고 듣고 향기를 맡는 감각적 사랑이 강조된다. 사랑하는 애인은 이 세상에서 가장 아름다운 존재요 둘도 없는 존재다. "여인들 가운데 가장 아름다운 이여, 그대가 만일 모르고 있다면 양 떼의 발자국을 따라가다 양치기들의 천막 곁에서 그대의 새끼 염소들이 풀을 뜯게 하오"(아가 1,8). "나의 비둘기, 나의 티 없는 여인은 오직 하나, 그 어머니의 오직 하나뿐인 딸, 그 생모가 아끼는 딸. 그를 보고 아가씨들은 복되다 하고 왕비들과 후궁들은 칭송한다네"(6,9).

이처럼 아가가 고대 근동의 사랑시에 영향을 받았다고 주장하는 학자들이 있는가 하면, 둘이 서로 비슷한 주제나 표현들을 공유하게 된 것은 둘 다 인간의 공통된 사랑 체험에 바탕을 두었기 때문이라는 견해도 있다.

다. 문학 유형

아가가 사랑을 노래하고 있다는 것만큼은 확실하나 이 노래의 문학 유형을 하나로 정확하게 규정하기란 거의 불가능하다. 아가는 남녀 간의 사랑에 얽힌 감정들과 요소들을 표현한 다양한 시들을 모아 놓은 것이다. 현대 성경학계에서는 이 책에 드러난 소주제들을 보통 다음과 같이 밝힌다. 갈망(1,2-4), 예찬(1,12-14), 회상(2,8-17), 육체적 매력의 묘사(4,1-7), 자랑(8,11-12), 놀림(2,14-15), 자아 묘사(1,5-6) 등.

일찍이 오리게네스는 아가를 하나의 드라마로 규정하였다(『아가서 주해』 서문 1.1-3). 오리게네스의 드라마 가설은 오랫동안 잊혀졌다가 19세기에 와서 다시 주목을 받기 시작하였다. 이 가설에 따르면 아가는 여러 사람이 등장하는 한 편의 드라마라는 것이다. 그런데 주인공이 몇 사람이며 누구인지는 해석에 따라 다르다. 어떤 학자는 이 드라마가 솔로몬과 술람 및 처녀 사이의 사랑을 다룬다고 본다. 이 경우 솔로몬이 어떻게 이 여자를 예루살렘으로 데려가는지, 여자에 대한 솔로몬의 사랑이 얼마나 애틋한 것인지가 이 드라마의 주요 내용이라는 것이다. 이와는 달리 이 드라마의 주인공을 셋으로 보는 학자도 있다. 솔로몬 임금과 시골의 목자가 술람밋 처녀의 사랑을 얻으려고 다투는데, 여자는 결국 처음 마음을 준 시골 목자의 사랑에 충실하기 위하여 솔로몬의 화려한 유혹을 뿌리친다는 것이다. 이처럼 드라마 가설을 주장하는 학자들이 서로 의견 일치를 보지 못하는 이유는 그만큼 드라마의 특징인 갈등과 내용 전개가 아가에 뚜렷하게 드러나지 않기 때문이다. 따라서 아가에 드라마적인 요소가 있다고 말할 수는 있지만 이 책 전체를 드라마로 보는 데에는 무리가 있다.

아가는 남녀 간의 인간적 사랑을 노래한 연애시의 모음집으로 보면 무난할 것이다. 그리고 그 가운데 일부는 혼인 예식 때에 사용했을 수 있다.

라. **구조와 내용**

아가의 구조에 관해서는 학자들 사이에서 의견이 매우 분분하다. 학자들은 이 책의 저자가 수집한 노래들을 적게는 여섯 개, 많게는 스물다섯 개 이상까지 추정한다. 저자는 자신이 입수한 노래들을 남자와 여자 사이에 오간 대화의 틀 안에서 아래와 같은 구조로 배열하였다. 이 구조에서 대화가 끊어지면 새로운 상황에 새로운 노래가 나오는 것으로 보면 된다. 노래는 한 남자와 한 여자가 주도하고, 그 밖의 등장 인물들, 곧 예루살렘의 아가씨들(멋쟁이 '서울 아가씨들'과 같은 뜻)과 여자의 오빠들, 그리고 남자의 친구들이 거드는 형태로 되어 있다.

1,2-6은 도입부다. 여자가 자기 애인을 몹시 그리워하면서 예루살렘의 멋쟁이 아가씨들을 자기네 대화에 끌어들인다.

1,7—2,7에서 남자와 여자의 대화가 본격적으로 시작된다. 여자는 남자에게 만나 주기를 청하고 남자는 여자의 청을 받아들인다. 대화 중에

그들은 서로를 예찬하는데, 여자가 남자보다 더 적극적이다.

2,8-17은 여자의 회상이다. 여자는 창가에서 자기 애인이 찾아왔던 때를 회상하며 그가 다시 자기를 방문해 주기를 고대한다.

3,1-5에는 사랑 이야기의 단골 메뉴인 부재와 재회의 주제가 나온다. 여자는 예루살렘 아가씨들에게 자기가 어떻게 애인을 잃고 찾아 헤매다 발견하게 되었는지 설명한다.

3,6-11에서 여자의 친구들이 여자와 그 애인을 예찬한다. 여자의 애인은 혼인날 자기 어머니에게서 면류관을 받아 쓴 솔로몬 임금처럼 늠름하고 화려하다.

4,1—5,1에서는 남자가 여자를 예찬한다. 남자는 머리에서 젖가슴에 이르기까지 자기 여자의 육체적 아름다움을 여러 가지 표상과 은유로 묘사한다.

5,2—6,3은 여자가 예루살렘 아가씨들과 나눈 대화다. 여자는 애인이 한밤중에 자신을 방문했던 때를 회상한다. 이 대목에서 전제하는 것은 여자의 애인이 또다시 사라졌다는 것이다. 그러나 첫 번째 부재와는 달리 이번에는 여자가 그를 찾을 수 없다. 여자가 예루살렘 아가씨들에게 자기 애인을 찾을 수 있도록 협조를 요청하자, 그들이 그에 대해 묻고 여자는 애인의 육체적 아름다움을 갖가지 표상을 동원하여 묘사한다. 이는 앞 대목에서 남자가 여자의 육체적 아름다움을 묘사한 것과 같다. 그러자 아가씨들도 여자와 함께 남자를 찾아 나서겠다고 한다. 여자는 친구들에게 남자가 자기를 완전히 떠난 것이 아니라 자기 정원을 돌보러 갔을 뿐이라고 말하며 둘은 여전히 서로에게 속해 있는 연인임을 확인시키려 든다.

6,4-12은 여자에 대한 남자의 또 다른 예찬이다. 특히 10절은 가톨

릭의 레지오 마리애 기도문에서 성모 마리아에게 적용된다. "새벽빛처럼 솟아오르고 달처럼 아름다우며 해처럼 빛나고 기를 든 군대처럼 두려움을 자아내는 저 여인은 누구인가?" 여자의 아름다움은 이 세상 어느 누구와, 심지어 수많은 왕비와 후궁과 궁녀들과 비교해도 손색이 없다.

7,1—8,4에서는 남자가 여자의 아름다운 몸매를 적나라하게 묘사한다. 애인의 몸을 한껏 아름답게 묘사한 뒤에 남자는 여자에 대한 그리움을 열정적으로 표현한다(7,7-10). 그러자 여자는 남자에게 "나는 내 연인의 것"(7,11)이라고 화답하고 그에게 들로, 포도밭으로 나가자고 부추긴다. 둘은 이제 아무에게도 방해받지 않는 둘만의 오붓한 시간을 갖기를 원한다. "예루살렘 아가씨들이여 그대들에게 애원하니 우리 사랑을 방해하지도 깨우지도 말아 주오, 그 사랑이 원할 때까지"(8,4).

8,5-14은 부록으로서 단편 시들의 모음이다. 이 대목의 백미이자 아가 전체에서 가장 강렬한 표현은, 6절의 "사랑은 죽음처럼 강하고 정열은 저승처럼 억센 것"이다. 죽음과 저승(셔올)이 살아 있는 모든 생명체를 끈질기게 쫓듯이 남녀 간의 사랑과 정열도 그만큼 강렬하고 분명하게 서로를 추구한다.

마. **신학 사상**

구약성경에서 관능적 사랑을 본격적으로 그리고 적나라하게 다룬 책은 아가 말고는 없다. 현대의 성경학계는 저자가 이 책에서 표현하고 묘사한 문자적 의미literal sense가 모두 에로스(성적 사랑)와 관련 있다고 여긴다. 그러나 아가의 남녀 사랑은 '성적 방종'과는 거리가 있다. 아가의 저자는 하느님께서 창조하신 그대로의 남녀 관계를 아름답게 받아들이고 인간의 성을 건강하게 표현한다. 이스라엘 현인들도 남편과 아내 사이의 단일하면서도 순수한 성적 사랑을 높이 평가하였다(잠언 5,15-23 참조). 이는 혼인을 사회적 관점에서 이해한 다른 성경 본문들과 대조를 이룬다. 이 본문들은 혼인의 기능을 종족의 보존과 번영을 위한 자녀 출산과 가족 및 재산의 결합으로 이해한다. 거기에는 성적 사랑이 차지할 자리가 거의 없지만 아가에는 성적 사랑 그 자체에 독자적 가치를 부여한다.

그런데 아가에 묘사된 남녀 관계를 순수한 성적·인간적 사랑으로 본 것은 18세기 이후부터이고, 그 이전까지는 우의적 해석을 통해 유다교의 경우 하느님과 이스라엘 백성의 관계로, 그리스도교의 경우 그리스도(또는 하느님)와 교회(또는 그리스도인 개인)의 관계로 이해하였다. 타르굼은 아가의 내용을 하느님이 이스라엘을 구원하신 역사의 알레고리로 풀이한다(『타르굼』 아가 1,1). 곧 여자가 자기 애인을 잃었다가 찾는 과정은 이집트에서 출발하여 가나안 복지에 들어가 왕정 제도를 수립한 뒤에 바빌론에 유배 갔다가 다시 회복하는 이스라엘의 역사 전체를 반영한다는 것이다. 같은 견해가 『미드라쉬』 아가 라바 1,5에도 나온다(Walfish). 사실 구약의 예언자들은 하느님과 이스라엘 백성의 관계를 남녀의 성적 사랑으로 곧잘 표현한다. 그들은 하느님을 떠나 풍산신 숭배에 빠져든 이스라엘 백성의 불충과 배반을 종종 간음이나 창녀짓으로 묘사한다. 물론 아가는 예언서들처럼 남편과 아내 또는 남자와 여자 사이의 관계를 하느님과 이스라엘의 관계로 분명하게 연결시키지는 않는다. 그러나 예언서의 전통에 익숙한 유다인들이 아가에 묘사된 남녀 사이의 관능적 사랑을 하느님과 자기들 사이의 관계로 해석하는 것은 매우 자연스럽다고 할 수 있다.

한편 그리스도교의 우의적 해석은 오리게네스의 아가 주석에서 비롯한다. 그는 문자적 의미를 의식하면서도 이른바 '사목적 관심'에 이끌려 아가의 남녀 관계를 그리스도와 교회(또는 그리스도인 개인)의 관계로 풀이하였다(Layton, 287-288). 오리게네스의 우의적 해석을 교회 안에 확고히 정착시킨 인물은 대 그레고리우스 교황(604년 사망)이다. 중세에 들어와서 아가는 구약성경의 책들 가운데 가장 큰 주목을 받았다(Astell, 1-24). 12세기에만 아가 주석서가 서른 권이나 쏟아져 나올 정도였다. 아가에 관한 책들 가운데 가장 유명한 것은 클레르보의 베르나르디누스가 남긴 아가 강론집이다(Astell, 119-135 참조). 그는 아가를 '체험의 책'이라고 불렀는데, 그에게 인간의 가장 위대한 체험은 사랑이었다. "사랑만이 그 자체로서 충분하다. 사랑은 그 자체로서 그리고 그 자체를 두고 만족한다. 사랑은 그 자체로서 가치가 있으며 그 자체가 보상이다. 사랑은 그 자체를 넘는 어떤 이유도 결과도 찾지 않는다. 사랑은 그 자체가 결실이요 목적이며 유용함이다. 나는 사랑하기 때문에 사랑하고, 사랑할 수 있기 때문에 사랑할 따름이다"(『아가서 강론』 83.4).

바. 정경화正經化와 활용

히브리어 성경에서 아가는 룻기·애가·코헬렛·에스테르기와 더불어 축제오경에 속한다. 전통적으로 유다교에서 아가는 과월절 때에 읽었고 지금도 이 관습은 지속되고 있다. 일부 유다교 공동체에서는 아가를 안식일 전야인 금요일 저녁 예배 때에 카발랏 샤밧(קַבָּלַת שַׁבָּת 안식일의 영접)의 예식 가운데 하나로 낭독하거나 노래한다. 그런데 아가가 구약성경 정경에 포함된 이유나 시기를 정확하게 규명하기란 불가능하다. 다만 1,1에 솔로몬의 이름이 나올 뿐 아니라, 위에서 살펴본 대로 아가 전편을 관통하는 남녀 간의 사랑 이야기가 쉽게 주님과 이스라엘 사이의 관계로 이해할 수 있었기 때문에 정경에 포함된 것이 아닌가 추측한다. 어떻든 유다교에서나 그리스도교에서 일부 라삐 전승을 제외하고 아가를 정경에 포함시키는 것을 문제 삼은 경우는 거의 없다.

유다교에서는 아가를 전례에서뿐 아니라 다른 용도로도 활용한다. 탈무드에 보면 연회석 상에서 아가를 불러 흥을 돋군다는 내용이 나온다. 특히 중세 이후 아가의 어휘와 표상들은 유다인들의 혼례 때 사용하는 음악과 예식에 자주 등장한다. 아가의 본문은 또 초기 시온주의Zionism 운동에 적지 않은 영향을 미쳤다. 아가에 나오는 산천초목과 짐승들이 빼앗긴 땅에 대한 동경과 그 땅을 되찾으려는 강한 열망을 불러일으켰던 것이다(Walfish).

6. 지혜서

지혜서는 히브리어 성경에는 포함되지 않고 칠십인역에만 나오므로 제2경전으로 분류한다. 칠십인역에서 이 책의 이름은 '솔로몬의 지혜서'Σοφία Σαλωμῶνος다. 그러나 내용상 지혜서에 솔로몬을 염두에 두고 쓴 대목이 많긴 하지만, 지혜서 본문 자체에 솔로몬의 이름은 직접 나오지 않는다. 따라서 책 제목을 '솔로몬의 지혜서'라고 한 것은 솔로몬을 지혜의 대부로 여기는 이스라엘 지혜문학의 관행일 뿐 실제 저자가 솔로몬이라는 뜻은 아니다. 제2경전에서 처음부터 그리스어로 저작된 책은 지혜서와 마카베오기 하권뿐이다.

가. **저자와 저작 연대 및 집필 목적**

지혜서는 인간 삶의 다양한 분야에 대한 반성이므로 작중 연대를 따로 한정하여 지정할 수 없다. 그러나 저작 연대는 이 책의 내용에 따라 어느 정도 추정이 가능하다. 지혜서는 기원전 50-30년경에 이집트 알렉산드리아에 살던 유다인이 쓴 것으로 보인다. 저자는 그리스 교육을 제대로 받은 지식인으로 그리스 철학에도 정통한 것으로 드러난다. 이집트 탈출 사건에 관한 깊은 숙고, 헬레니즘에 대한 폭넓은 이해, 그리스 철학에서 발견되는 수사학적 권고의 활용, 특히 이집트의 유다인들이 본토 주민들과 동등한 시민권을 요구한 사실(지혜 19,16 참조) 등이 이를 뒷받침한다. 알렉산드리아의 유다인 공동체는 기원전 300년경 프톨레마이오스 가문이 이집트를 다스리기 시작하면서 곧바로 뿌리를 내렸다. 마카베오 항쟁 때 예루살렘에서 이곳으로 도망쳐 온 대사제 오니아스 4세는 프톨레마이오스 군대의 장군이 되어 왕실의 허락 아래 이곳 레온토폴리스에 유다교 성전을 지었다. 그 뒤 이집트의 유다인들은 문필 활동을 활발하게 펼쳐 나갔는데, 대부분 알렉산드리아에서 그리스어로 문헌들을 출간하였다. 유다교 사상가 필론에 따르면 기원후 1세기 초에 이집트에는 100만 명이 넘는 유다인들이 살고 있었다고 한다(『플라쿠스 반박』 6-9). 100만 명은 좀 과장된 숫자이겠지만 이집트의 디아스포라 유다인들이 이집트에 상당히 많이 분포되어 있었다는 것은 분명하다. 지혜서의 저작도 이런 배경과 무관하지 않다. 특히 지혜서의 이집트 탈출에 관한 깊은 숙고는 유다이즘을 그리스 사상과 접목하려고 노력했던 필론(기원전 20년경 출생)의 저서 『모세의 생애』에서도 발견된다.

지혜서는 체계적인 철학 논문이 아니라 철학·윤리·신학·역사 등 다양한 분야에서 제기된 갖가지 주제들을 다룬 소품 모음집이다. 저자의 집필 목적은 이집트의 디아스포라 유다인들이 헬레니즘 문화가 압도하는 대도시 알렉산드리아와 그 부근에 살면서 어떻게 자신들의 정체성을 유지할 것인가를 가르쳐 주기 위한 것이다. 저자는 유다교 전통에 충실한 신앙인이면서 동시에 그리스 문화에도 해박한 식견을 가진 지성인으로서 유다교의 정통 교리를 다른 문화에 어떻게 적용하고 발전시킬 것인지를 끊임없이 모색한다. 이 같은 토착화 작업은 일찍부터 초대 교회 안에서 신약성경 저자들(참조: 로마 1,20-23; 콜로 1,12.15.17; 히브 1,2-3)과 교부들의 특별한 주목을 받았다.

나. **사료와 독자**

지혜서의 저자가 참고한 사료는 칠십인역 성경 본문과 유다교의 교화적 성경 해설인 미드라쉬, 그리고 그리스 문헌들이다. 성경 가운데서는 주로 창세기·탈출기·이사야서·잠언·집회서가 저자에게 영감을 준 것으로 보이는데, 이 책들에 대한 지식과 반성이 지혜서 곳곳에 나타나기 때문이다. 미드라쉬적 해석은 이 책 후반부의 이집트 탈출에 관한 장황한 언급과 반성(11—19장)에서 찾아볼 수 있다. 또한 저자는 그리스의 시 작법, 수사학 기법, 그리스 철학과 사상을 자유롭게 이용한다. 그리스의 대표적

문인 호메로스나 대표적 사상가 플라톤의 경우 직접 인용하는 경우는 매우 드물고 대부분 간접적으로 인용하거나 시사한다. 그 당시 알렉산드리아의 유다이즘에서는 기존 성경의 주제들과 개념들을 깊이 반성하고, 그 반성의 결과를 그리스 문학 기법과 철학 개념을 이용하여 헬레니즘에 익숙한 독자들에게 풀이해 주는 것을 당연시하였다. 지혜서 저자는 이런 당대의 관례에 따라 구약성경의 토착화를 시도한 셈이다.

지혜서의 저자가 염두에 둔 독자는 둘이다. 하나는 유다교 전통을 거의 알지 못하는 그리스인들이고, 다른 하나는 저자 자신처럼 히브리어를 제대로 알지 못한 채 헬레니즘에 익숙한 유다인들이다. 저자는 이 두 부류의 독자들에게 그리스 문화와 사상과 비교하여 유다교 관습과 사상이 훨씬 우월하다는 것을 보여 주고, 헬레니즘에서 기원한 우상 숭배와 물질주의적 인생관에 맞서 유다교의 전통적 믿음과 교리를 수호하는 일이 얼마나 중요한 일인지를 일깨워 준다.

다. **구조와 내용**

지혜서는 크게 세 부분으로 나눌 수 있는데, 종말의 숙고(1—5장), 지혜의 찬가(6—9장), 역사의 숙고(10—19장)다.

첫째 부분 종말의 숙고(1—5장)에서 저자는 먼저 하느님의 전지全知하심을 강조한다. 하느님은 모르시는 것이 없어 사람의 속마음까지 꿰뚫어 보신다(1,6-7). 그것을 모르는 악인들은 나쁜 생각을 하고 제멋대로 산다(2,5-9). 악인의 이런 생각과 태도는 삶을 하느님의 선물로 여기며 기쁘게 살라는 코헬렛의 권고와는 거리가 멀다. 악인들은 하느님을 의식하지 않고 방탕한 생활에 깊이 빠져 있다. 그들은 가난한 이들을 돌보지 않고 노인을 존경하지 않으며 약한 이들을 짓밟는다(2,10-11). 그리고 그들은 정도를 걷는 의인을 부담스러워하고 괴롭힌다(2,12). 이런 악인들은 자신들의 그릇된 생각과 행동으로 벌을 받게 될 것이므로 그들의 말로는 비참하다(3,10-12). 이와는 반대로 그들에게 박해받던 의인들은 죽지 않고(1,15) 그들의 영혼은 하느님의 시험을 거친 뒤에 그분과 함께 사랑 속에서 영원히 살 것이다(3,1-9). 따라서 이 세상에서 의인들이 고통을 당하고 악인들이 행복을 누리는 모순이 있다 하더라도 억울해하거나 애석하게 생각할 필요가 없다(3,13—4,20).

둘째 부분 지혜의 찬가(6—9장)는 임금과 권력자들에게 하는 권고로 시작한다. 백성의 통치자들은 자기네 권력이 주님에게서 온 것임을 깨닫고 그분의 뜻을 따라야 한다. 높은 자리에 있는 자들은 다른 이들보다 더 엄격한 심판을 받을 것이다(6,5). 통치자들은 솔로몬처럼 하느님께 간청하여 지혜를 얻어야 한다(7,7-14). 저자는 지혜에 담긴 정신의 특성 21가지를 소개한다. 21은 완전을 뜻하는 7의 3배수로서 매우 완전한 숫자다. "지혜 안에 있는 정신은 명석하고 거룩하며 유일하고 다양하고 섬세하며 민첩하고 명료하고 청절하며 분명하고 손상될 수 없으며 선을 사랑하고 예리하며 자유롭고 자비롭고 인자하며 항구하고 확고하고 평온하며 전능하고 모든 것을 살핀다(이상 20가지). 또 명석하고 깨끗하며 아주 섬세한 정신들을 모두 통찰한다(마지막 한 가지)"(7,22-23). 8장에서 저자는 지혜를 삶의 반려자로 맞아들인 사람의 행복을 노래한다(8,9-11.16). 이 구절들은 잠언 끝에 나오는 훌륭한 아내를 기리는 노래를 자연스레 떠올리게 한다(잠언 31,10-31 참조). 둘째 부분은 9장의 지혜를 청하는 기도로 끝나는데(9,1-18),

1열왕 3장에 나오는 솔로몬의 기도를 연상시킨다. 특히 지혜와 거룩한 영을 받아야 하느님의 뜻을 깨닫게 된다는 9,17은 보호자 성령, 진리의 영이 오시면 모든 것을 깨닫게 해 주실 것이라는 요한 복음의 예수님 말씀(요한 14,26; 16,13)과 상통한다.

마지막 셋째 부분 역사의 숙고(10—19장)는 이스라엘 역사에 관한 반성이다. 10장에서는 원조들(아담·카인과 아벨·노아)과 성조들(아브라함·야곱과 에사우·요셉과 열한 형제들)의 이야기를, 10,15—11,20에서는 이집트 탈출 사건을 다룬다. 그다음 가나안의 정복 사업을 언급하기에 앞서 하느님의 전능과 사랑, 그리고 그분의 구원 의지를 높이 기리는 찬미가가 나온다(11,21—12,2). 이 대목에서 구원의 보편주의를 확인할 수 있다. "생명을 사랑하시는 주님, 모든 것이 당신의 것이기에 당신께서는 모두 소중히 여기십니다"(11,26). 그런데 이어지는 대목에 언급된 가나안 정복은 구원의 보편주의와 충돌하는 것일까? 저자는 그렇지 않다고 항변한다. 하느님은 가나안 민족들을 천천히 징벌하시면서 회개할 기회를 주셨지만 저들은 끝내 그 뜻을 저버리고 악한 길에서 돌아서지 않았다. 가나안 민족들이 벌을 받아 멸망한 이유는 그들이 우상을 숭배하고 생명을 거슬러 온갖 불경한 짓들을 저질렀기 때문이다. 하느님은 자애로운 분이시지만 잘못을 그냥 보아 넘기지 않으시는 공정한 분이시다. 13—15장은 자연 숭배와 우상 숭배와 동물 숭배의 어리석음을 구체적으로 묘사한다. 이어지는 16—19장에서 저자는 이집트 탈출 사건과 광야에서의 시련을 두서없이 열거한다. 지혜서의 마지막 절은 당신 백성에 대한 주님의 한없는 자애를 기리는 찬송으로 되어 있다. "주님, 당신께서는 모든 일에서 당신 백성을 들어 높이시고 영광스럽게 해 주셨으며 언제 어디에서나 그들을 도와주시는 일을 소홀히 하지 않으셨습니다"(19,22). 이 찬송에는 이스라엘의 과거를 통해서 드러난 하느님의 자애가 현재와 미래에도 계속될 것이라는 위로와 희망의 메시지가 담겨 있다.

라. **신학 사상**

지혜서에는 여러 가지 주제가 나오지만 그 가운데 두 가지 신학적 주제가 돋보인다. 의인들의 불사불멸과 지혜의 의인화가 그것이다. 지혜서의 저자는 전통적 인과응보와 상선벌악의 원리를 확신하고 적극적으로 옹호한다. 욥기의 저자는 이 원리가 제대로 작동하지 않는 상황을 지적하면서도 그것을 근본적으로 부인하지는 않았다. 반면에 코헬렛은 이 원리를 현실과 맞지 않는 것으로 거부하였다. 지혜서의 저자는 코헬렛처럼 상선벌악의 원리가 현실에서 꼭 들어맞지 않는다는 사실을 인정하지만, 그것은 어디까지나 현세에서의 사정이고 내세를 고려하면 이야기가 달라진다는 것이다. 의인들을 비웃고 박해하는 죄인들은 이 세상에서 득세하고 복을 누리겠지만, 죽음을 맞이할 때 모든 것을 잃게 된다는 것이다. 이와는 달리 의롭게 살고도 현세에서 보상을 받지 못한 의인들은 비록 장수를 누리지 못하고 죽더라도 하느님의 마음에 들어 죽은 다음에 하느님 곁에서 평화를 누리며 영원히 살게 된다는 것이다. 불사불멸은 악인들에게는 해당하지 않고 의인들에게만 주어지는 선물이다. 지혜서 저자가 희망하는 것은 죽은 의인의 부활이 아니라 의로운 영혼의 불멸이다. 영혼의 불멸설은 플라톤의 이원론에 영향을 받은 것이다. 그러나 지혜서 저자는 플라톤과는 달리 영혼의 선재先在를 받아들이지도 않고, 악인이나 의인의 구별 없는 모든 영혼의 불멸도 주장하지 않는다. 사람은 본디 하느님의 모상에 따라 창조되었으므로 불멸하게 되어 있었으나 악마의 시기로 죽음이 세상에 들어오게 되었다(2,23-24). 따라서 악마의 유혹에 넘어가 악을 저지르는 자들은 스스로 죽음을 불러들이게 되고 의롭게 사는 이들의 영혼은 그 의로움 때문에 하느님의 특별한 보호를 받아 죽지 않게 될 것이다(3,1). 한편 상선벌악의 원리는 욥기에서 도전을 받고 코헬렛에서 거부당했지만, 내세를 전제하는 지혜서에 와서 확고하게 정립되었다. 상선벌악의 원리와 의인의 불사불멸은 동전의 양면과 같고 동전 자체는 내세에 대한 믿음이라 할 수 있다.

지혜의 인격화는 이미 잠언 1—9장과 집회 24장에서 영감을 받은 것이지만, 그리스 철학에서도 영향을 입었다. 지혜서 저자는 지혜를 거룩한 영, 온 세상에 충만하여 만물을 총괄하는 주님의 영과 동일시하는데(1,5-7), 이는 영을 우주의 영혼으로 인식하는 스토아 철학과 통한다. 스토아 철학에서 이 영은 우주의 모든 실재에 만연하여 그 실재에 생명을 주는 본질이다. 그것은 또한 우주의 이성적 원리인 로고스(말씀 또는 이성)와 동일시되며 흔히 '신'으로 간주될 수도 있다. 지혜의 본성을 설명하는 지혜 7,22—8,1의 내용은 스토아 학파의 로고스 묘사와 많이 흡사하다. 그러나 지혜서가 묘사하는 지혜는 스토아 철학의 로고스와는 달리 우주 만물 안에 내재內在하는 신 자체가 아니라 초월적 신과 우주를 이어 주는 연결고리다. 또한 사람 안에 들어와 사람을 변화시키는 힘이다. "지혜는 … 대대로 거룩한 영혼들 안으로 들어가 그들을 하느님의 벗과 예언자로 만든다"(7,27). 물론 잠언이나 집회서에서도 사람들을 하느님 마음에 들도록 변화시키는 지혜의 역할을 강조하지만 지혜서만큼 구체적이고 체계적으로 묘사하지는 못한다. 지혜서에 묘사된 인격적 지혜는 사람 안에 들어와 사람을 변화시키고 하느님과 일치하게 만드는 그리스도교의 은총 개념과, 우리를 구원하시려고 우리 가운데 오신 요한 복음의 육화된 말씀과도 상통한다. 지혜의 인격화는 분명 신약성경에서 뚜렷하게 드러날 삼위일체 신학을 준비하고 있지만, 인격적인 지혜를 곧바로 성령이나 성자와 동일시하는 것은 성급한 시도다.

지혜 1,7은 가톨릭의 성령강림 대축일 미사 전례에서 입당송에 인용된다. "온 세상에 충만한 주님의 영은 만물을 총괄하는 존재로서 사람이 하는 말을 다 안다."

7. 집회서

집회서는 가히 유다 지혜문학의 총결산이라 할 수 있다. 이 책의 원문은 히브리어로 쓰였는데, 원 저자의 손자가 이를 그리스어로 옮겼고, 이 그리스어 본문이 현존하고 있다. 그리스어 본문의 필사본들은 대부분 이 책의 제목을 '시라의 아들 예수의 지혜'Σοφία Ἰησοῦ υἱὸς Σιράχ로 제시한다. 이 책의 칠십인역 제목은 '시라의 지혜'Σοφία Σιράχ다. 불가타에서는 본디 '에클레시아스티쿠스'Ecclesiasticus라고 하였고 *Biblia Sacra Vulgata*(Stuttgart, 1964)에서는 '리베르 예수 필리 시라'(Liber Iesu Filii Sirach, 시라의 아들 예수의 책)로 바꾸었다. 전통적으로 그리스도교에서는 '리베르 에클레시아스티쿠스'(Liber Ecclesiasticus 교회의 책)라고 불렀다. 리베르 에클레시아스티쿠스라는 이름은 치프리아누스 시대(210-258년) 이후 서방 그리스도교에서 새로 입교한 사람들을 교육할 때에 이 책의 가르침을 이용하였기 때문에 붙여진 것이다. 우리말 이름 '집회서'도 이 불가타와 서방 교회 전통에 따른 것이다.

가. 저자와 작중 연대와 저작 연대

집회서의 저자는 본문에서 자신을 '예루살렘 출신 엘아자르의 아들, 시라의 아들인 예수'라고 소상히 밝힌다(50,27). 이 긴 이름은 보통 벤 시라 또는 더 간단하게 시라로 줄여 부른다. 벤 시라는 젊은 시절부터 율법 공부를 충실히 하여 명문 율사가 되었고 나이가 들자 학교를 열어(51,23) 자신이 터득한 지혜와 교훈을 다른 이들에게 전해 주고자 하였다(24,34; 33,18).

히브리어 본문의 원 저자 벤 시라는 기원전 180년경에 예루살렘에서 히브리어로 이 책을 썼던 것 같다. 이 집필 연도는 어떻게 추론한 것일까? 칠십인역에 첨부된 머리글에 따르면 에우에르게테스 2세 임금 치세 38년에 벤 시라의 손자가 이집트에 와서 자기 할아버지가 쓴 히브리어 사본을 발견하고 이를 번역하였다고 밝힌다. 에우에르게테스 임금은 프톨레마이오스 8세 에우에르게테스 피스콘(기원전 170-116년)을 가리키는 것으로 추정하는데, 이 추정이 맞다면 그의 치세 38년은 기원전 132년이 된다. 손자와 할아버지의 나이 차를 50년 정도로 잡으면 히브리어 본문의 저작은 기원전 180년경에, 이 책의 그리스어 번역은 130년경에 이루어졌을 것이다.

집회서 본문은 본디 히브리어로 쓰였고 유다교에서 널리 알려져 있었다. 제2경전 가운데서 유일하게 라삐 문헌에 인용된 책은 집회서뿐이다. 이런 집회서가 히브리어 정경에 포함되지 않은 이유로 흔히 뒤늦은 저작 연대를 제시한다. 그러나 정경에 포함된 다니엘서도 집회서 못지않게 후대의 작품이다. 하지만 다니엘서는 차명 작품으로 바빌론 유배 시절에 다니엘이라는 가상 인물에게 내려진 계시를 주요 내용으로 제시하고 있다. 이와는 대조적으로 집회서는 기원전 180년경에 살았던 실제 인물을 저자로 내세운다. 따라서 다니엘서는 고대 작품으로 간주하여 정경에 포함시킨 반면 집회서는 후대의 작품으로 여겨 정경에 포함시키지 않은 것 같다. 말하자면 저작 연대가 아니라 작중 연대가 경전이냐 아니냐를 판단하는 기준이 된 셈이다.

나. **히브리어 본문과 그리스어 본문**

집회서 본문의 전수 과정은 복잡하다. 벤 시라가 집필한 히브리어 본문은 현재 우리에게까지 온전한 채로 전해지지 않았다. 4세기 불가타를 만들 때 히에로니무스는 히브리어 원문의 수사본 하나를 알고 있었지만 실제로 그 수사본이나 그 뒤에 다른 히브리어 수사본을 목격한 사람은 없다. 다만 탈무드를 비롯한 유다교 라삐들의 문헌과 시선집에 단편적으로 인용한 히브리어 본문을 만날 수 있었을 따름이다. 그러다가 19세기 말엽(1896-1900년) 카이로 유다 회당의 부속건물인 게니자(허드레 수사본들의 보관 창고)에서 중세 때 필사된 것으로 추정되는 여섯 개 히브리어 수사본 단편들을 발견하였다. 게니자 수사본 단편들은 집회 3—16장 거의 전부와 18—36장의 단편들을 포함한다. 이보다 더 오래된 수사본들이 사해 문헌에서 발견되었는데, 한 가지 흥미로운 사실은 집회 51,13-20이 쿰란 열한째 동굴에서 찾아낸 시편 두루마리에 포함되어 있다는 것이다. 마지막으로 입수한 수사본 단편은 유다인들이 기원후 73년까지 로마 군대와 맞서 항전했던 마싸다 요새에서 발견한 양피지 두루마리 26개다. 마싸다 두루마리는 집회 39—44장의 상당 부분을 포함한다. 이 모든 히브리어 수사본 단편을 다 합하면 전체 본문의 68퍼센트 정도가 된다. 완전한 본문은 세 가지 고대 번역본, 칠십인역과 불가타와 페쉬타에서 확인할 수 있다.

그런데 그리스어 사본과 히브리어 사본은 짧고 긴 두 종류로 후대에 전해졌다. 그리스어 사본의 짧은 본문은 기원전 132년에, 긴 본문은 기원후 130-215년경에 작성된 것으로 보이고, 히브리어 사본의 짧은 본문은 원 저자가 기원전 180년경에 집필한 것이고 긴 본문은 기원후 50-150년경에 작성한 것으로 보인다. 긴 본문은 후대의 편집자가 완성도를 높이기 위해 미진하다고 생각하는 원문의 짧은 본문에 일부 내용을 덧붙인 수정본일 가능성이 높다. 우리말 가톨릭 『성경』(cbck)의 집회서에는 짧은 본문에 덧붙인 부분을 이탤릭체로 표기하였다.

다. 집회서의 중요성

집회서는 구약의 종교에서 유다교로 넘어가는 과정을 증언한다는 점에서 매우 중요한 책으로 평가한다. 그 중요성을 열거하자면 다음과 같다. 첫째, 집회서에는 히브리어 구약성경의 종교와 나중에 뚜렷하게 드러날 유다교의 근본 사상들이 서로 조화되어 나타난다. 둘째, 집회서는 헬레니즘과 유다이즘이 충돌하는 시대 상황에서 헬레니즘의 긍정적 요소들은 받아들이고 종교혼합주의를 불러올 부정적 요소들은 배척한다. 셋째, 히브리어 정경의 전통적 삼분법, “율법서와 예언서와 그 뒤를 이은 다른 글들"(머리글 〈1〉 성문서를 가리킴)을 증언하고(39,1-3 참조), 모세오경·여호수아기·사무엘기·에제키엘서·열두 소예언서(명시적으로 말라키서와 하까이서)·느헤미야기 등을 인용한다. 또한 시편의 저자를 다윗으로, 잠언의 저자를 솔로몬으로 내세운다. 넷째, 유다교에서 집회서는 탈무드에 자주 인용될 만큼 유다 문학의 빼어난 고전으로 평가받았다. 고대 근동의 지혜문학과 구약성경에 통달한 집회서 저자는 "자기 곳간에서 새것도 꺼내고 옛것도 꺼내는 집주인"(마태 13,52)과 같은 현명한 율법학자다. 다섯째, 집회서는 속죄일 축일을 비롯하여 다양한 유다교 축제 전례를 이해하는 데 도움을 준다. 특히 36,1-22의 기도문은 유다 회당의 안식일 예배에서 바치는 '18축복문'(שְׁמֹנֶה עֶשְׂרֵה 스모네 에스레)과 비슷하다.

마지막으로, 집회서의 중요성은 그리스도교에서도 드러난다. 신약성경, 특히 야고보서에는 집회서와의 병행구들이 많이 등장한다. 위에서 언급하였듯이 치프리아누스 시대부터 서방 교회에서는 이 책을 신입교우들의 교리 교육에 이용하였다. 이처럼 중요하게 평가받은 집회서의 정경 인정이 그리스도교에서 늦어진 이유는 얌니아 종교회의(90년경)에서 유다인들이 이 책을 구약 정경으로 인정하지 않았기 때문이다. 또한 위에서 설명한 집회서 본문의 복잡한 전수 과정도 그리스도교에서 이 책을 정경으로 받아들이는 데 망설이게 한 이유다.

라. **구조와 내용**

집회서는 인생과 관련한 온갖 실천적 주제들을 두서없이 다루기 때문에 그 안에서 분명한 틀을 찾아내기가 어렵다. 그럴지라도 편의상 머리글(장절 표시가 없다)과 부록(51장)을 뺀 본문을 크게 다섯 부분으로 나눌 수 있겠다. 다섯 부분의 공통 특성은 처음에 지혜·율법·하느님의 창조와 섭리·하느님 경외 등과 같은 큰 주제로 시작하여 올바른 삶과 처세에 필요한 다양한 금언들을 나열하는 형식으로 전개된다는 것이다.

머리글은 원 저자와 번역자·저작 연대·원문과 번역의 집필 동기를 밝힌다. 앞에서 언급했듯이 집회서의 원 저자 벤 시라는 율법서와 예언서와 그 밖의 다른 글들(성문서에 속하는 책들)을 읽고 해독하는 일에 평생을 바쳐 오다가, 배우기를 즐기는 사람들이 율법에 맞는 삶을 한층 더 진지하게 살아가도록 하기 위해 히브리어로 이 책을 썼다. 그리고 에우에르게테스 임금 치세 38년(기원전 132년)에 그의 손자 역시 이집트에서 이 책의 히브리어 사본을 발견하고 히브리어를 모른 채 그리스어만 사용하는 디아스포라 유다인들을 위해 할아버지와 같은 집필 동기를 가지고 이 책을 그리스어로 옮겨 출간하였다.

제1부(1,1—16,23)에서 저자는 주님을 경외함이 지혜의 근본임을 천명한다. 모든 지혜는 주님에게서 오므로 주님을 제대로 알아 모시지 않으면 그 지혜를 얻을 수 없다. "지혜의 시작은 주님을 경외함"이다(1,14). 여기서 '경외함'은 벌을 받을까 두려워하는 소극적인 삶의 자세가 아니라 어른을 삼가 공경하는 적극적이고 긍정적인 자세를 말한다. 우리의 '효'孝 개념과 통한다고 할 수 있다. 실제로 저자는 먼저 하느님께 대한 경외심을 언급한 데(1—2장) 이어서 곧바로 부모에 대한 의무를 가르친다(3장). 그런 다음에 삶에 필요한 여러 덕목, 곧 겸손·자만심·자선·바른 처신과 인격 존중·재산의 올바른 사용·우정 등을 나열하고(3,17—7,36) 현명한 처세를 권고한다(8—14장). 인간의 행복은 혀의 절제와 깨끗한 양심에 바탕을 두지

만, 그 무엇보다 행복한 사람은 지혜의 길을 터득하고 지혜와 함께 사는 현인이다(14,20-25 참조). 행복한 현인과는 반대로 악인들에게는 주님의 징벌이 닥친다. 상선벌악의 원리는 집회서에서 확고하다(16,11-14 참조).

제2부(16,24—23,28)는 하느님의 창조 위업과 창조주 앞에 선 인간의 위치를 서술하고 지혜로운 이와 어리석은 자에 관한 금언들을 나열한다. 이 대목 첫머리에서 저자는 창조주 하느님의 위대한 업적을 기린다. 그분은 만물을 창조하시고 그 만물에 영원한 질서와 제 자리를 정해 주셨다(16,26-28). 만물 가운데 가장 중요하고 존귀한 존재는 사람이다. 주님께서는 그의 육신 생명을 흙에서 창조하시고 흙으로 돌아가게 하셨지만, 당신 모습대로 사람들을 만드시고 그들에게 당신의 힘을 주시어 모든 짐승의 주인이 되게 하셨다(17,1-4). 그들이 하느님에게서 받은 다섯 가지 능력은 분별력·혀·눈·귀·마음의 오감五感이다. 여기에 여섯째 능력인 지성과 일곱째 능력인 이성이 덧붙여진다. 이 모든 능력은 그들이 선과 악을 분별하고 하느님을 경외하며 그분의 업적을 알아볼 수 있게 하기 위해서다(17,6-10). 그러나 사람들에게 주신 가장 큰 상속 재산은 생명의 율법과 영원한 계약이다(17,11-14). 집회서의 인생관은 인간의 영광을 노래하는 시편(특히 8편)과 인간의 비참함을 고백하는 욥기 사이에 있다. 인간은 하느님으로 말미암아 위대할 뿐이지 본질적으로는 비참하다. 이 사실을 잘 알고 계시는 하느님은 당신의 규정을 열심히 따르는 이들에게 자비를 보이신다(18,11-14). 여기까지 창조주 하느님의 위대하심과 인간의 한계에 대한 깊은 반성을 하고 나서 저자는 너그러움·신중함·절제·우정·기도·정숙함 등 다양한 덕목의 실천을 구체적으로 요구한다(18,15—23,28). 저자는 혀의 실수에 대해 많이 언급하는데, 다음과 같은 구절은 실언을 막는 데 적

지 않은 도움이 될 것이다. "어리석은 자들의 마음은 그들의 입에 있지만 지혜로운 이들의 입은 그들의 마음에 있다"(21,26).

제3부(24,1—32,13)는 지혜와 율법에 관한 가르침과 기타 금언들을 포함한다. 첫 대목 지혜의 찬미(24,1-22)는 지혜를 인격화하여 찬미하는데, 이스라엘의 역사 또는 구원의 역사와 관련하여 특별한 주의를 끈다. 이 찬미는 서론(1-2절)과 본론(3-18절)과 결론(19-22절), 세 부분으로 나뉜다. 서론에서는 지혜가 사람들과 하느님 앞에서 자신을 찬미하고 자랑한다. 본론에서는 천지 창조 때부터 하늘에 거처를 정했던 지혜가 사람들이 사는 세상에 내려와 안식처를 찾다가 이스라엘 백성 안에 뿌리를 내리게 되었다고 말한다. 지혜는 시나이 광야에서는 '만남의 천막' 안에 머물렀고 예루살렘 성전이 지어졌을 때는 지성소에서 지냈다. '만남의 천막'과 성전의 지성소에는 계약의 궤가 안치되어 있었는데, 이 궤가 바로 지혜가 자리 잡은 곳이다. 결론에서 지혜는 자신의 모든 자녀들, 곧 하느님께 말씀을 받은 이들을 초대하여 자기를 먹고 마시라고 권고한다. 이 지혜는 결국 계약 궤에 모신 십계석판으로 대표되는 율법과 동일시된다(24,23-34). 결론에서 지혜는 자신을 원하는 이들을 모두 초대한다. 이어지는 25—32장에는 여러 가지 격언과 여인·장사·언행·정의와 신의·위선·원망·빚 보증·자선·자녀 교육·건강과 재산·음주와 잔치 등과 관련된 구체적 처세 지침들이 나온다.

제4부(32,14—42,14)는 하느님 경외와 올바른 처세를 강조한다. 첫 대목(32,14—33,6)에서 저자는 하느님 경외자들과 죄인들을 대비한다. 지혜로운 이는 주님을 경외하고 율법을 따르며, 그로 인해 주님의 총애를 받고 시련 속에서도 그분의 도움을 얻어 구원을 받는다. 그러나 어리석은 자

는 제 멋대로 행동하고 율법을 지키는 체만 하다가 폭풍에 휘말린 배처럼 파선하고 말 것이다. 33—42장은 하느님의 섭리·재산 관리·노예 다루는 법·꿈에 대한 경고·여행의 경험·율법과 제사·하느님의 정의·우정·음식 절제·질병과 치료·직업·죽음·수치심·딸 가진 어버이의 걱정 등 다양한 주제들에 관한 반성이다. 집회서 저자는 하느님의 공정과 기도를 연결한다. 하느님은 차별 대우를 하지 않으시는 공정한 심판관이시다. 그분은 가난한 이들, 곧 고아의 간청을 무시하지 않으시고 과부의 하소연을 들어 주신다(35,15-17). 내세의 개념을 아직 알지 못하는 집회서 저자의 죽음에 대한 충고도 새겨들을 만하다. “한 번 가면 다시는 돌아오지 못한다는 사실을 잊지 마라. 너는 죽은 이를 돕지 못하고 너 자신만 상하게 할 뿐이다. 그의 운명을 돌이켜 보며 네 운명도 그와 같다는 것을 기억하여라. 어제는 그의 차례요 오늘은 네 차례다”(38,21-22). 죽음은 모든 생명체에게 예외 없이 닥치는데, 모든 사람은 죽음과 더불어 주님의 판결 앞에 서게 된다. “그런데 어쩌자고 지극히 높으신 분의 뜻을 거역하려 드는가? 십 년을 살든 백 년을 살든 천 년을 살든 저승에서는 수명을 따질 필요가 없다”(41,4).

마지막 제5부(42,15—50,29)는 하느님의 영광과 조상들의 올바른 삶을 기린다. 첫 대목(42,15-25)에서 저자는 말씀으로 이루어진 업적을 통하여 하느님의 영광이 드러난다고 말한다. 하느님은 말씀으로 업적, 곧 사건을 일으키신다. 본디 히브리어에서 말씀과 사건은 한 단어, 다바르דָּבָר다. 말씀으로 이루신 업적 가운데 가장 놀라운 일은 자연의 창조다. 43장은 자연의 아름다움과 위대함을 노래한다. 맑은 하늘, 끊임없이 열기를 뿜어내는 태양, 절기와 축제일을 알려 주는 달, 궤도를 정확히 도는 별들, 하늘을 가로지르는 찬란한 무지개, 그 밖에 번개·구름·우박·눈·이슬·얼음·안개·바람, 그리고 온갖 종류의 생물과 용들을 열거하며 그것들이 모두 주님의 권능과 영광을 드러낸다. 자연뿐 아니라 훌륭한 인물들도 하느님의 영광을 드러낸다. 저자는 44—50장에서 하느님의 영광을 드러낸 인물들을 하나하나 나열한다. 그들은 이스라엘의 역사에 큰 발자취를 남긴 임금·현인·예언자·사제들이다. 집회서 저자는 사제들에게 특별한 관심을 보이고 특히 아론(모세보다 더 길게 다룬다)과 대사제 오니아스의 아들 시몬에 관하여 많은 지면을 할애한다. 역사의 인물들에 대한 평은 찬미의 권고와 기도로 마무리한다(50,22-24). 이어서 저자는 세 민족, 곧 사마리아인들과 필리스티아인들과 에돔인들(그리스어 본문에서는 '스켐인들', 곧 사마리아인들로 되어 있지만 히브리어 본문에는 '에돔인들'이다)을 언급하면서 그들에게 혐오감을 드러낸다. 그들이 바빌론 유배에서 돌아와 예루살렘 성전을 짓고 복구 작업을 벌이는 유다인들을 방해하였기 때문이다. 집회서 저자 시대 직후에 들어선 하스모네아 왕조는 이 세 민족을 공격하였다. 50장의 마지막 세 절(27-29절)은 집회서 전체의 결론으로 저자는 자신의 이름을 예루살렘 출신 엘아자르의 아들, 시라의 아들 예수라고 밝히고 자신의 가르침을 담은 이 책을 독자들이 주의 깊게 읽고 실천해 줄 것을 부탁한다.

마지막 51장은 부록이다. 앞부분의 기도(1-12절)는 시편집의 감사 시편을 닮았는데, 멸망의 위기와 원수들의 흉계에서 자신을 건져 주신 하느님을 찬양한다. 뒷부분의 알파벳 노래(13-30절)는 자신이 지혜를 얻기 위해 얼마나 많은 노력을 기울였는지 밝히고 독자들에게 지혜를 얻어 기쁨을 누리기를 기원한다.

마. **신학 사상**

집회서의 기본 주제는 이스라엘 지혜문학의 핵심인 '주님을 경외함'이다. 이 주제를 바탕으로 이 책의 저자가 다루지 않은 인생 문제는 없다. 우정, 자선, 자녀 교육, 여성과 아내, 의학과 질병, 부와 가난, 종을 다루는 법, 잔치와 밥상 예법에서부터 이스라엘의 옛 역사, 축제와 경신례, 하느님, 율법, 창조, 인간의 자유, 죽음 등이다. 그 가운데서도 중요한 신학 사상 몇 가지만 소개한다.

첫째, 집회서 저자의 여성관은 매우 부정적이다. 이스라엘 역사의 훌륭한 인물들을 칭송하는 44—50장의 목록에 여성은 아무도 없다. 저자는 잠언 31장처럼 좋은 아내의 덕들을 칭송하지만(집회 26,1-4.13-18) 어디까지나 남편의 입장에서다. 조용함과 정숙함으로 집안과 자녀를 잘 돌보고 남편을 행복하게 해 주는 아내를 칭찬하면서도 잠언 31장과는 달리 아내가 가질 수 있는 직업에 대해서는 한마디 언급이 없다. 저자가 가장 크게 염두에 두는 것은 여자가 가져올 수치다. "선을 행하는 여자보다 남자의 악이 더 낫다. 부끄러움과 수치를 가져오는 것은 여자다"(42,14). 그의 여성관은 당시의 가부장제와 남존여비 사상에 바탕을 두어 남녀평등을 주장하는 우리 시대와는 맞지 않다. 그러니 문화적 차이를 인식하고 집회서의 여성관을 곧바로 우리 시대에 적용하지 않도록 조심해야 한다. 예를 들어 "죄는 여자에게서 시작되고 여자 때문에 우리 모두가 죽는다"(25,24)는 구절은 창세 3장에서 언급된 원죄를 부당하게 여성의 탓으로 돌리는데, 신구약성경 전체에서 이런 내용은 이곳과 1티모 2,14 두 곳에만 나온다. 또 "그(아내)가 네 지시대로 걷지 않거든 네게서 그를 잘라 버려라"(집회

25,26)는 지침은 예수님의 반이혼율과 정면으로 배치된다(마르 10,9-12 참조). 성경의 말씀도 문화적 한계와 제약을 드러내는 경우에는 그 가르침 대신 더 보편적이고 높은 차원의 가르침을 따라야 한다.

둘째, 저자는 지혜와 율법에 관한 깊은 성찰을 제공한다. 이와 관련하여 집회 24장의 지혜 찬미는 중요한 대목이다. 잠언에서처럼 여기서도 지혜는 하느님과 세상 사이의 중개인으로 드러난다. 지혜는 '자아 찬미'에서 스스로를 천상의 존재로 소개한다. "지혜는 지극히 높으신 분의 모임에서 입을 열고 자신의 군대 앞에서 자랑하리라"(24,2). 집회서에 나오는 지혜의 자아 찬미는 이집트 여신 이시스의 자아 찬미에서 영향을 받은 것일 수도 있다. 집회서 저자는 지혜를 말씀Logos과 영과 동일시하는 듯하다. "나는 지극히 높으신 분의 입에서 나와 안개처럼 땅을 덮었다"(24,3). 입에서 나오는 것은 말과 숨이다. 창세기 첫 장에 따르면 세상 창조 때에 하느님의 영이 심연을 감돌고 있었고 하느님은 말씀으로 세상을 창조하신다. 집회 24장의 이어지는 구절에서 지혜는 천상에서는 높은 하늘과 구름 기둥 위에 자리를 잡았고 지상에서는 예루살렘과 성전에 거처를 정했다(4-11절)고 주장함으로써 스스로 자신을 하느님의 현존과 동일시한다. 지혜는 또 율법과 동일시된다. "이 모든 것은 지극히 높으신 하느님의 계약의 글이고 야곱의 회중의 상속 재산으로 모세가 우리에게 제정해 준 율법이다"(23절). 지혜가 한처음 세기가 시작하기 전에 창조된 것처럼(9절), 라삐 유다이즘에서 토라도 천지창조 이전에 창조되었다(『미드라쉬』 창세기 라바 1). 토라는 지혜의 원천이요 지혜의 특별한 표현이다. 집회서 이전의 이스라엘 지혜문학, 잠언·코헬렛·욥기에서는 토라에 대한 언급을 찾아볼 수 없다. 그러나 집회서에는 모세의 토라를 지혜의 중요한 원천으로 제시하며 율법

공부를 지혜 수련의 중요한 과정으로 받아들인다.

셋째, 집회서 저자는 인간의 자유 의지를 강조하고 선과 행복, 악과 불행의 원인을 하느님께 돌리지 않고 인간 스스로에게 돌린다. 이와는 달리 집회서와 동시대의 쿰란 문서『공동체 규칙서』에 보면 하느님은 인간에게 두 가지 영, 곧 빛의 영과 어둠의 영을 창조해 주신 것으로 되어 있다(1QS 3.15-4.1). 이 견해를 받아들이면 세상의 악에 대한 궁극적 책임은 하느님께 돌아갈 수밖에 없다. 그러나 집회서 저자는 우리 앞에 놓인 생명과 행복, 죽음과 불행은 스스로 선택하는 것이라는 신명기 말씀처럼(신명 30,15.19), 사람은 자기 의지로 계명을 받아들이느냐 거부하느냐에 따라 생명을 얻을 수도 있고 죽음으로 내몰릴 수도 있다(집회 15,14-17).

넷째, 집회서 저자는 악의 문제와 하느님의 섭리를 욥기 못지않게 심도 있게 다룬다. 그에게 악은 선의 다른 짝으로 존재해야 마땅하다. "선은 악의 반대고 생명은 죽음의 반대다. 마찬가지로 죄인은 경건한 이의 반대다. 지극히 높으신 분의 온갖 업적을 살펴보아라. 서로 반대되는 것들끼리 짝을 이루고 있다"(33,14-15). 선과 악의 필연적 공존 이론은 스토아 학파의 주장이기도 하다. 집회서 저자는 모든 것에는 나름대로 존재의 목적과 이유가 있다는 스토아 학파의 목적론teleology에 영향을 받은 것으로 보인다. "주님께서 이루신 모든 위업은 너무나 훌륭하고 그분의 모든 분부는 제때에 이루어지리라"(39,16). 폭풍우와 같은 자연 재해도 악인을 벌하시는 하느님의 진노를 표현하기 위한 것이다(39,28-29). 집회서 저자는 세상의 창조를 좋게 본 창세기 저자의 낙관론을 그대로 받아들이면서 주님의 섭리에 온전히 신뢰한다. "주님의 모든 업적은 좋으니 그분께서는 때에 맞춰 필요한 것을 모두 마련하시리라. 아무도 '이것이 저것보다 나쁘다.'고 말해서는 안 된다. 모든 것이 때가 되면 좋은 것으로 판가름 나기 때문이다"(39,33-34). 그러나 갖가지 재난과 죽음이 왜 의인들에게도 닥치는지에 대한 만족할 만한 답을 제시하지는 못한다.

마지막으로 자연의 원리에 집착했던 코헬렛과는 달리 집회서 저자는 세상에 대한 하느님의 자애로운 통치와 권능에 절대적 신뢰를 보인다. 창조주께 바치는 43장의 위대한 찬미가에서 저자는 "그분은 전부이시다"(43,27)라고 선언한다. 이 범신론적 표현 뒤에는 집회서 저자가 헬레니즘 사상 가운데 긍정적인 것으로 받아들였던 스토아 사상이 배경으로 깔려 있는 듯이 보인다. 스토아 학파는 세상(코스모스 κόσμος)은 신의 몸이고 영이나 로고스로 유지된다고 믿었다. 그러나 집회서 저자는 하느님과 자연 또는 피조물과의 친밀한 관계를 강조하면서도 창조주와 피조물을 엄격하게 구분한다. 그의 하느님은 만물을 창조하신 이스라엘의 하느님이시고(18,1; 24,8; 39,21; 43,33) 모두의 하느님이시며(36,1) 당신의 작품보다 훨씬 위대한 분이시다(43,28).

IV. 예언서

IV.1. 네 대예언서

1. **이사야서**
2. **예레미야서**
3. 애가
4. 바룩서
5. **에제키엘서**
6. **다니엘서**

IV.2. 열두 소예언서

1. 호세아서
2. 요엘서
3. 아모스서
4. 오바드야서
5. 요나서
6. 미카서
7. 나훔서
8. 하바쿡서
9. 스바니야서
10. 하까이서
11. 즈카르야서
12. 말라키서

》

그리스도교 정경의 예언서는 크게 네 대예언서와 열두 소예언서 둘로 나뉜다. 네 대예언서는 이사야서·예레미야서(애가와 바룩서 포함)·에제키엘서·다니엘서이고, 열두 소예언서는 호세아서·요엘서·아모스서·오바드야서·요나서·미카서·나훔서·하바쿡서·스바니야서·하까이서·즈카르야서·말라키서다. 이 예언서들은 다니엘서만 빼고 히브리어 성경에서 후기 예언서 또는 문서 예언서로 분류한 책들이다. 대예언서와 소예언서의 분류는 앞에서도 밝혔지만, 본 예언자의 인격이나 활동의 중요성 여하에 바탕을 둔 것이 아니라 단순히 예언서의 분량에 근거한 것이다.

문서 예언서는 전체적으로 세 가지 기본 문학 양식, 곧 보고·설교·기도를 갖춘다. 보고는 예언서의 머리글(아모 1,1; 이사 1,1), 예언자의 설교나 체험이 이루어진 장소와 시간에 대한 기록(예레 21,1; 에제 8,1), 또는 예언자 자신의 신분과 언행에 얽힌 여러 가지 이야기, 예를 들면 예언자를 둘러싼 갈등 이야기(아모 7,10-17), 소명 이야기(이사 6장; 예레 1,4-10; 에제 1—3장), 예언자의 상징적 행동에 대한 기록(이사 8,1-4; 예레 32장) 등을 말한다. 이런 보고는 예언자 자신이 전하는 1인칭 보고도 있고 예언자 자신에 대한 3인칭 보고도 있다. 설교는 문서 예언서에서 대부분 개별 단락으로 구성되어 있는데 유배 이전 예언자들의 설교는 비교적 짧은 편이고 유배 이후 예언자들의 것은 긴 편이다. 예언적 설교 모음을 흔히 '신탁'이라고 부른다. 신탁에 대해서는 셋째 마당의 문학 양식에서 다룬 바 있다(78-80쪽 참조). 기도는 찬미(아모 4,13; 5,8 이하; 9,5 이하), 불평(예레 11,18—12,6; 15,10-21), 짧은 청원(아모 7,2.5; 이사 6,11) 등의 내용을 포함한다. 이 세 가지 문학 양식 사이는 엄격한 경계를 그을 수 없다. 많은 보고가 설교를 포함하고, 기도가 환시의 보고 가운데 등장하기도 하며, 때로는 보고가 설교와 똑같은 기능을 발휘하기도 한다.

신명기계 문헌과 거의 같은 시기에 생겨나기 시작해서 더 늦게까지 쓰인 예언서는 이스라엘 역사를 보는 관점이 신명기계나 역대기계 문헌과는 사뭇 다르다. 보통 신명기계와 역대기계 문헌에서는 왕정 제도, 가나안 정복과 소유, 예루살렘 성전과 제사 등 이스라엘의 외적 구조와 체제를 두고 건설적으로 충고하기는 하나 그것을 근본적으로 부정하거나 통렬히 비판하지는 않는다. 그러나 예언서에는 이스라엘의 종교·정치 구조의 붕괴는 물론 이스라엘 자체가 완전히 망하리라는 메시지가 나온다. 특히 유배 이전의 예언자들은 회개를 하더라도 이스라엘에 내릴 징벌과 재앙을 되돌릴 수 없다는 절망적인 메시지를 전한다. 한편 유배 기간이나 유배 이후의 예언서에는 놀랍게도 이렇게 완전히 멸망한 이스라엘의 운명이 다시 회복되리라는 메시지가 담겨 있다. 그리고 마침내 예언서의 이 같은 희망의 메시지는 이스라엘의 종교 제도를 넘어서서 메시아와 메시아 왕국에 대한 대망으로 이어지고, 신약성경 저자들은 이 메시아 대망이 예수 그리스도의 삶과 하느님 나라의 선포로 실현되었다고 전한다.

구약성경의 절반 정도를 차지하는 이스라엘의 예언문학은 그들의 정치적 흥망성쇠와 민족의 애환 속에서 탄생하여 종교·사회·문화·경제 등 삶의 모든 조건과 상황 구석구석에 지대한 영향을 미쳤다. 모세오경과 전기 예언서(신명기계 역사서)에 나오는 초창기 예언자들은 신명기계 역사관에 따라 왕정 제도의 창출과 보존, 사회의 안녕과 질서 유지에 기여한 반면, 후기 예언서 또는 문서 예언서의 예언자들은 격변하는 국제 정세 앞에서 이스라엘의 운명을 좌우하시는 하느님의 주권과 계획을 선포하는 데 주력하였다.

예언서의 형성 과정에서 드러났듯이(셋째 마당 II.1.나) 모든 문서 예언자의 공통 주제는 이스라엘의 파괴와 재생을 불러일으킨 하느님의 심판과 약속이다. 우리는 문서 예언서의 메시지를 이민족들의 대대적인 침공과 그로 인한 사마리아와 예루살렘 함락, 바빌론 유배라는 민족적 대재앙과 가혹한 시련을 전후로 유배 이전과 유배 이후로 나누어 고찰했는데, 이 시기의 예언을 비교하면서 돌이킬 수 없는 심판과 징벌에서 희망과 위로로, 결실 없는 회개에서 개혁과 쇄신의 회개로, 근시안적 세계관에서 종말론적 세계관으로 그 메시지의 차이와 변화를 가늠할 수 있었다. 이스라엘의 재생과 예루살렘의 복구에 대한 희망의 메시지는 메시아 사상과 더불어 예수 그리스도의 신분과 그분이 선포하신 하느님 나라 사상을 이해하는 데 결정적 구실을 한다.

IV.1. 네 대예언서

칠십인역 그리스어 성경의 분류를 받아들인 그리스도교에서는 구약의 예언서를 크게 네 대예언서와 열두 소예언서로 나눈다. 이 분류에 따라 우리도 네 대예언서를 먼저 다루고 이어서 열두 소예언서를 정경의 순서에 맞추어 다루겠다. 네 대예언서는 이사야서, 예레미야서, 에제키엘서, 그리고 다니엘서인데, 역사비평 이전의 전통에서 예레미야를 그 저자로 내세운 애가와 바룩서도 포함한다.

1. 이사야서

구약의 예언서들 가운데 이사야서만큼 널리 인용하고 애용하는 책도 없을 것이다. 유다교 라삐 문헌과 회당 전례에서 이사야서 본문은 우선 그 빈도수에서 다른 예언서를 압도한다. 또한 유다교의 주요 신학 주제들, 예를 들어 이스라엘의 거룩하신 주님·메시아 사상·시온/예루살렘의 독보성·사회 정의 구현을 뒷받침하는 주요 논거 본문으로 이사야서는 확고한 자리를 차지하고 있다.

이사야서의 중요성은 유다교뿐 아니라 그리스도교에서도 충분히 감지된다. 공관 복음에서 예수님은 당신의 삶과 가르침 전체를 하느님 나라의 선포로 드러내시는데, 이 '하느님 나라' 개념은 이사야서에서 영감을 받아 정립된 것으로 볼 수 있다. 이사야가 말하는 하느님 나라는 일차적으로 공간 개념이 아니라 하느님의 다스림(통치)을 가리킨다. 하느님은 온 세상의 임금님으로서 당신의 백성을 자애와 공정으로 다스리신다. 특히 백성 가운데 가난하고 소외당한 이들을 우선으로 돌보신다. 임금님으로서 당신 백성에게 베푸시는 선정善政이 바로 이사야가 제시하는 하느님 나라의 개념이다.

가. **이사야 예언자와 시대적 배경**

이사야יְשַׁעְיָהוּ의 이름 뜻은 '야훼는 구원이시다' 또는 '야훼께서 구원을 주신다'이다. 이사야는 유다 임금 우찌야가 죽던 해(기원전 740년)에 예언자 소명을 받았다. 이사야서의 머리글에서 이사야는 아모츠의 아들이다(1,1). 라삐 전승에 따르면(『바빌론 탈무드』 메길라 14b) 이 아모츠는 유다 임금 우찌야의 아버지 아마지야의 동생이었다고 하니 이사야의 가문은 왕족인 셈이다. 그래서인지 이사야는 유다 왕궁에서 임금들의 조언자로 지냈다. 머리글에 보면 그가 보필한 임금은 요탐, 아하즈, 히즈키야로 셋이나 되었다(1,1). 구약 외경 예언자들의 생애에서 이사야 예언자는 악명 높은 므나쎄 임금 시절에 톱으로 두 동강 나는 순교를 하였다(1,1; 참조: 히브 11,37). 그러나 이사야서 본문 자체로는 이사야가 므나쎄 시절에도 활동했다는 어떤 암시도 없다.

이사야는 여예언자와 결혼하여 두 아들을 두었는데 첫째 아들의 이름은 스아르-야숩(שְׁאָר יָשׁוּב '남은 자가 돌아올 것이다' 7,3)이고 둘째 아들의 이름은 마헤르 살랄 하스 바즈(מַהֵר שָׁלָל חָשׁ בַּז '약탈물은 재빨리, 노획물은 날래게' 8,3)였다. 이사야는 예루살렘에 거주하며 예언 활동을 펼쳤는데, 그의 예언 활동은 세 시기로 나눌 수 있다.

첫째 시기는 요탐의 치세 동안이다(기원전 740-735년). 열왕기 하권은 요탐이 16년 동안 통치한 것으로 보고하지만(2열왕 15,33), 그의 독자적 통치 기간은 여섯 해뿐이다. 열왕기 하권의 기록은 나병 때문에 왕직을 제대로 수행할 수 없었던 아버지 우찌야와 함께 공동으로 다스린 기간까지 합한 것으로 보인다. 요탐의 치세 때에 유다는 풍요로움과 가난을 동시에 겪었다. 그만큼 사회 정의가 실현되지 않았다는 말이다. 이러한 시대 상황을 반영하는 대목은 이사 2—5장이다.

둘째 시기는 아하즈 치세 동안이다(기원전 735-716년). 이 시기에 시리아-에프라임 전쟁(734-732년)이 일어났다. 아람 임금 르친과 북왕국 이스라엘 임금 페카가 동맹을 맺고 아시리아에 반기를 든다. 유다 임금 아하즈가 이사야의 조언에 따라 반아시리아 동맹을 거절하자 르친과 페카가 유다를 침공한다. 아하즈의 목숨뿐 아니라 다윗 왕조의 운명이 위기에 처한 상황에서 이사야는 저 유명한 임마누엘의 표징을 아하즈에게 알리면서 두려워하지 말라고 충고한다. 그러나 믿음이 부족한 아하즈는 하느님께 매달리는 대신 아시리아에 도움을 요청하고 그 대가로 아시리아의 이교 신앙을 받아들인다. 이는 이사야가 의도한 것과는 전혀 다른 결과였다. 그가 반아시리아 동맹에 가담하지 말라고 한 것은 당시 근동의 초강대국 아시리아에 무모하게 대항하지 말라는 것이었지 아시리아에 의존하라는 것은 아니었다. 7,1—9,6; 17,1-6; 28,1-4에 나오는 신탁들이 이 시대의 상황을 반영한다.

셋째 시기는 히즈키야 치세 동안이다(기원전 716-687년). 유다 임금 히즈키야는 기원전 712년에 필리스티아인들이 아스돗에서 일으킨 반아시리아 봉기에 동조하고 나섰다. 이사야는 이번에도 반대하였다. 히즈키야는 이집트 임금 샤바카(715-696년)가 반아시리아 동맹을 지원해 줄 것으로 믿었으나 막상 전쟁이 일어나자 이집트는 뒷전으로 물러섰다. 그 사이에 아시리아 임금 사르곤 2세(722-705년)는 711년 아스돗을 함락하여 아시리아의 속주에 편입시키고 자신의 충직한 신하가 되겠다고 충성 서약을 한 히즈키야를 살려 주었다. 이사 18—20장의 신탁이 이 시기를 반영한다. 사르곤이 죽자 바빌론을 비롯하여 에돔·모압·페니키아·아스돗·유다 등 아시리아 제국 서쪽 지방이 다시 아시리아를 거슬러 일어났다. 아시리아 임금 산헤립(704-681년)은 먼저 왕위를 튼튼히 다진 다음 반란에 가담한 제국의 서쪽을 정벌하러 나섰다. 이제까지 반아시리아 봉기에 반대하던 이사야가 이번에는 주

하느님께 의지하여 아시리아 군대에 용감히 대항하라고 히즈키야와 대신들을 독려하였다. 이사야의 예언대로 산헤립은 예루살렘을 함락하지 못하고 철수하였다. 30—39장이 이 시기의 역사를 잘 반영한다.

나. **구조와 내용과 최종 편집**

학자들에 따라 이사야서는 크게 두 부분으로 나누기도 하고 세 부분으로 나누기도 한다. 두 부분으로 나눌 경우 전반부는 바빌론 유배 훨씬 이전에 활동했던 이사야 예언자의 예언과 신탁을 반영하는 제1이사야서(1—39장)이고, 후반부는 유배 이후에 나온 신탁과 예언을 포함하는 제2이사야서(40—66장)다. 세 부분으로 나눌 경우에는 전반부는 그대로 두고, 후반부만 유배 시대의 예언을 담은 제2이사야서(40—55장), 유배 후 시대의 예언을 포함하는 제3이사야서(56—66장)다. 그러나 둘로 나누든 셋으로 나누든 이런 구분은 다소 인위적인 것이어서 시대와 내용이 어느 경우나 정확하게 맞아떨어지는 것은 아니다. 전반부에서 유배 이후 시대에 걸맞는 예언들을 발견할 수도 있고, 후반부에서 유배 이전의 상황에 맞는 신탁들을 만날 수도 있다. 또한 메시아 시대를 노래하는 종말론적 예언들의 경우에는 전반부와 후반부에 다 나온다. 이는 후대의 편집자(또는 편집자들)가 입수한 사료들을 주제별로 분류하고 여기에 자신의 대표적인 신학 사상을 주입한 결과일 것이다. 사실 구약의 다른 예언서들과 마찬가지로 이사야서도 오랜 기간의 형성 과정을 거쳐서 완성된 책이다. 이사야서의 최종 편집은 이르면 기원전 5세기 중엽, 늦으면 기원전 3세기 중엽에 이루어진 것으로 보인다. 집회서와 쿰란 사본들은 이미 지금 형태의 완성된 이사야서 본문을 증언한다.

여기서는 편의상 전반부와 후반부로 나누어 고찰하겠다. 전반부는 여러 개의 예언 또는 신탁을 모아놓은 집성록이다. 전반부는 유다 백성의 정화와 구원을 기본 틀로 삼고서 중심 주제, 곧 온 세상을 향한 구원의 보편주의를 펼쳐나간다. 1장의 머리글과 중심 주제의 간략한 소개에 이어 2장부터는 네 가지 예언들이 연이어 나온다.

첫째 예언(2—12장)은 유다와 예루살렘에 관한 말씀인데, 요약하면 이렇다. 하느님은 이스라엘의 잘못을 징벌하시기 위해 여러 민족을 끌어들이신다. 그러나 징벌의 도구로 선정한 민족들이 이 사실을 잊고 만용을 부리자 하느님은 그들도 응징하신다. 징벌을 받은 이스라엘에는 남은 자들 소수가 하느님께 충성을 보일 텐데, 이들을 중심으로 이스라엘이 회복될 것이다. 하느님이 이루신 이 모든 위업, 곧 이스라엘의 징벌과 이민족들의 심판과 남은 자들을 통한 이스라엘의 회복은 메시아 왕국이라는 종말론적 희망으로 이어진다.

둘째 예언(13—23장)은 아시리아와 바빌론을 비롯하여 여러 이방 민족에 관한 말씀이다. 당대의 고정관념에 따르면 한 나라의 국가 신이 얼마나 위대한가는 그 신을 섬기는 민족이 얼마나 강력한가에 달렸다. 이런 고정관념에 맞서서 이사야는 비록 유다가 고대 근동에서 소수 민족이긴 하지만 그들의 하느님 야훼는 온 세상을 창조하시고 다스리시는 유일무이한 신이시요 그분 홀로 역사의 주인이시므로 세상의 모든 민족은 그분을 경배해야 한다고 주장한다.

셋째 예언(24—27장)은 주석가들 사이에서 흔히 '이사야의 대묵시록'이라 불린다. 이 대목에서 저자는 묵시문학적 요소와 표현을 이용하여 온 세상에 대한 하느님의 최종적이고 보편적인 심판을 선포한다. 만군의 주님이신 이스라엘의 하느님이 온 세상의 임금님으로 영광을 받으실 때, 고대 근동의 셈족들이 숭배하던 달 신과 태양신은 빛을 잃고 움츠러들 것이다(24,23). 그날 만군의 주님께서는 시온 산 위에서 살진 고기와 잘 익은 술로 큰 잔치를 베푸시고 모든 사람의 눈에서 친히 눈물을 닦아 주실 것이다(25,6-8). 이 대목은 메시아 잔치에 관한 신약성경의 언급들(마태 8,11; 22,2-10; 루카 14,15-24; 묵시 19,9)에 영감을 불어넣었을 것이다.

넷째 예언은 주 하느님 말고 다른 어떤 나라에도 의존해서는 안 된다는 경고(28—33장)와 주님께서 민족들을 심판하시고 이스라엘 백성을 속량하시리라는 희망(34—35장)의 말씀으로 짜여 있다. 그런데 희망의 말씀은 유배의 상황에 더 잘 어울리므로 이 두 장은 제2이사야서에 편입시켜야 마땅하다. 한편 이 두 장을 어떤 학자들은 '이사야의 대묵시록'(24—27장)과 대비해 '이사야의 소묵시록'이라 부르기도 한다. 한 가지 유념할 것은 '이사야의 묵시록'은 아직 본격적인 묵시문학의 꼴을 완벽하게 갖춘 것이 아니라, 예언에서 묵시로 넘어가는 과정으로 보아야 한다는 사실이다. 본격적인 묵시문학은 인간 역사를 선과 악의 싸움으로 보고 저자가 익명이어야 하며 하느님의 심판을 인간 역사에서 우주의 영역으로 전환시키는 등의 특징을 드러내는데, 이사야의 묵시록은 이런 특징을 완벽하게 갖추고 있지는 않다.

전반부에서 마지막으로 남은 대목 36—39장은 히즈키야의 찬미가(38,9-20)만 빼고 2열왕 18,13—20,19을 거의 그대로 되풀이하는 산문 형식의 역사 이야기다. 여기서 저자는 아시리아 침공과 중병에서 히즈키야를 구한 사건을, 하느님께서 당신께 충실한 남은 자들을 구원하시는 좋은 예로 제시한다. 특히 히즈키야의 찬미가는 하느님께서 유다의 '남은 자들'을 바빌론 유배에서 구원하시리라는 사실을 예상하게 하면서 후반부를 준비한다.

후반부는 유배와 유배 이후의 상황을 반영한다. 여기서는 성경에서 유일하게 하느님을 남성적 표상뿐 아니라 여성적 표상으로도 표현한다(용사와 해산하는 여인: 42,13-14; 아버지와 여인: 45,10; 주님과 젖먹이를 가진 여인: 49,14-15; 주님과 자식을 위로하는 어머니: 66,13). 후반부에서는 거의 모든 장마다 이전의 성경 본문에서 어휘를 빌려 와 언어유희를 한다. 후반부는 크게 둘로 나눌 수 있는데, 제2이사야서 또는 '위로의 책'으로 불리는 40—55장과 제3이사야서로 불리는 56—66장이다.

'위로의 책'(40—55장) 첫 대목은 "위로하여라, 위로하여라, 나의 백성을"(40,1)로 시작하는데, 이 말씀은 헨델의 유명한 오라토리오 '메시아'에도 나온다. 이 시작말은 히브리 예언 역사의 전환점을 알리는 말씀이다. 이전의 예언자들은 전쟁과 기아와 역병으로 대표되는 징벌의 신탁을 선포했으나, 이후의 예언자들은 하느님의 구원과 이스라엘의 회복을 선포한다. 하느님 친히 당신 백성을 위로한다는 내용은 '위로의 책' 전체를 관통한다. 바빌론 유배가 끝났음을 알리는 40,2은 후반부에서 역사적 상황을 명시하는 유일한 곳이다(전반부에서는 역사적 상황에 대한 언급이 자주 나왔다). '위로의 책'(40—55장)에서 특별히 주목할 부분은 네 개의 노래로 되어 있는 '야훼의 종'עֶבֶד יְהוָה, 또는 '주님의 종'에 관한 신탁이다(42,1-9; 49,1-7; 50,4-11; 52,13—53,12). 여기서 주님의 종이 누구를 가리키는가를 두고 학자들 사이에 의견이 분분하다. 바빌론을 멸망시키고 유배자들을 풀어 준 페르시아 임금 키루스, 숱한 고난을 이겨낸 이상적 이스라엘 백성 또는 소수의 경건한 남은 자들, 모세·이사야·예레미야와 같은 예언자, 요시야·여호야킨·즈루빠벨 같은 유다 왕족, 아니면 무명의 제2이사야서 저자 등 다양한 대상이 제시되었지만, 본문 자체로는 확실하게 규명하기 어렵다. 또 네 노래가 동일한 대상을 묘사하는지 아니면 저마다 다른 대상을 묘사하는지도 판가름하기 어렵다. 신약성경 저자들은 한결같이 예수님을 '주님의 종'으로 이해하였다.

제3이사야서로도 불리는 이사야서의 마지막 부분(56—66장)은 앞에서 언급한 대로 바빌론 유배에서 돌아온 유다 백성의 상황을 겨냥한다. 이 대목 역시 저자 한 사람이 쓴 것이라기보다 다양한 역사적 삶의 배경에서 나온 여러 신탁을 한데 모아 놓은 것이다. 다양한 주제를 다루면서도 이 대목에 모아진 신탁들은 몇 가지 공통된 주제를 제시하는데, 이 주제들은 1장에서 이미 언급한 이사야서 전체의 중심 주제, 곧 구원의 보편주의를 재천명한다고 볼 수 있다. 첫째, 하느님께서는 이스라엘 백성 가운데 당신께 충실한 남은 자들을 구원하실 것이다(57,13; 58,13-14; 60,21; 65,13-16; 66,2.17). 둘째, 이스라엘의 수도이자 하느님의 도성인 시온 또는 예루살렘은 참다운 예배의 중심이 될 것이다(60,4-7.10-14; 66,10-13). 셋째, 하느님의 심판은 이스라엘과 그 주변의 경계를 넘어서 모든 민족에게 미칠 것이다(59,18; 60,12; 63,3-6; 64,1-3; 66,15-16). 넷째, 주님의 구원은 이스라엘뿐 아니라 이 세상 모든 민족에게 확장된다(56,1-8; 60,3-14; 66,18-19.21). 특히 이사 58,6-7과 61,1-2은 루카가 예수님 공생활의 청사진을 그려내는 데 결정적 영감을 준 것으로 보인다.

다. 신학 사상

이사야서의 주요 신학 사상은 구원의 보편주의이고, 이 사상을 떠받치는 두 개의 기초 개념이 하느님의 거룩하심과 강력한 주권이다. 이 주요 신학 사상에 다른 개념과 주제들이 연결된다.

첫째, 하느님의 거룩하심(1,4; 5,19.24; 10,20; 12,6; 17,7; 29,19 등)은 악과 병존할 수 없다. 어떤 인간도 하느님의 자비와 용서를 입지 않고서 그분 앞에 나설 수 없다. 이사야 예언자도 예외가 아니다. 하느님은 불경한 자들의 죄악을 그냥 보아 넘기지 않으시고 반드시 심판하신다. 그러나 그분께 충실한 '남은 자들'만은 그 심판에서 살아남아 새로운 미래를 맞이할 것이다(4,3-6; 6,13; 10,20; 11,11.16). 남은 자들의 구원은 이사야 예언자의 아들 '스아르 야숩'שְׁאָר יָשׁוּב의 이름이 예고한다. 이 이름은 '남은 자가 돌아올 것이다'라는 뜻이다. 하느님은 이 남은 자들을 중심으로 새 이스라엘을 세우시고 이 새 이스라엘을 통하여 만민을 구원하실 것이다.

둘째, 이사야서는 구약의 어느 예언서보다 유일신 사상을 강조한다. 하느님 홀로 위대하시고 거룩하시기 때문에, 다른 신들을 섬긴다는 것은 참으로 어리석은 일이다. 유일신 사상은 특히 이사야서 후반부에서 두드러진다. 이스라엘의 가장 큰 죄악은 유일하고 거룩하신 하느님을 저버리고 헛것들을 섬긴 어리석은 소행이다. 이사야서에는 원수들에 대한 복수의 신탁이 없다. 아시리아와 이집트가 멸망한 이유는 그들의 우상 숭배와 거만함 때문이지 유다에 대한 억압과 폭정 때문이 아니다. 그들이 벌을 받고 나서는 이스라엘과 똑같이 다시 일어나 평화롭게 살며 한 분이신 참하느님을 알아 모시게 될 것이다(이사 19,24-25).

셋째, 위대하시고 거룩하신 하느님께서 이 세상 만물을 창조하셨다. 창조주 하느님께 대한 믿음은 유배 중에 있는 이스라엘 백성이 어려움에 처한 자신들을 하느님이 과연 도와주실 수 있는지 의심할 때 생겨났다. 하늘과 땅을 만드신 위대한 창조주께서는 일찍이 이스라엘을 이집트 노예살이에서 구원해 주셨다. 바로 그 하느님이 흩어진 당신 백성을 땅 끝에서부터 그들 조상들의 고향으로 불러 모으실 것이다. 이사야서 저자는 유배에서 풀려나는 이 정황을 새로운 이집트 탈출로 본다.

넷째, 새로운 이집트 탈출은 예루살렘의 회복으로 이어진다. 전반부의 예언에서 시온은 특별한 위치를 차지한다. 예루살렘 성전이 있는 주님의 처소 시온은 메시아 왕국의 중심이 될 것이다. 미래의 어느 날, 주님의 집이 서 있는 시온을 향하여 모든 민족이 모여와 한 분이신 참하느님을 만나게 될 것이다.

마지막으로, 이 모든 주제는 다윗 가문의 한 구원자에게 수렴된다. 이사야서 저자는 그를 때로는 임금으로, 때로는 '주님의 종'으로 묘사한다. 비록 이사야서에서는 그를 메시아라고 명백하게 지칭한 적은 없지만, 유다교에서나 그리스도교에서나 이 인물이 완벽한 자비와 정의로 이스라엘뿐 아니라 모든 민족을 통치할 새 시대를 열 것으로 기대한다. 주님께서 아브라함과 맺으신 계약, 모세를 통하여 이스라엘 백성과 맺으신 시나이 계약, 다윗과 맺으신 계약 등 구약의 모든 계약도 이 인물을 통해서 쇄신되고 완결된다(55,3-4). 이사 61장은 이 신비스런 인물이 받은 소명을 구체적으로 밝힌다. "주님께서 나에게 기름을 부어 주시니 주 하느님의 영이 내 위에 내리셨다. 주님께서 나를 보내시어 가난한 이들에게 기쁜 소식을 전하고 마음이 부서진 이들을 싸매어 주며 잡혀간 이들에게 해방을, 갇힌 이들에게 석방을 선포하게 하셨다. 주님의 은혜의 해, 우리 하느님의 응보의 날을 선포하고 슬퍼하는 이들을 모두 위로하게 하셨다"(61,1-2). 주님의 영과 기름부음을 받은 이가 잡혀 간 이들과 갇힌 이들, 그리고 슬퍼하는 이들로 대표되는 가난한 이들 모두에게 하느님의 해방과 위로를 전한다는 기쁜 소식은 나자렛 예수님을 통하여 선포될 하느님 나라를 예고한다(루카 4,18-19 참조). 이로써 이사야서의 보편적 구원관은 예수님의 하느님 나라 선포에 그대로 이어진다.

2. 예레미야서

문서 예언서 가운데 가장 긴 예언서는 예레미야서다. 장으로 보면 이사야서(66장)가 예레미야서(52장)보다 더 길지만 단어와 절 수는 예레미야서가 더 많다. 예레미야서는 예레미야 예언자의 생애 동안 일어난 주요 사건들과 이 사건들에 맞추어 그가 전한 신탁들을 전한다. 예레미야는 이스라엘 역사에서 가장 절박한 시대의 산 증인으로 살다 간 인물이다. 그는 바빌론 군대가 예루살렘을 포위 공격하여 도성을 함락시키고 주님의 집인 예루살렘을 파괴하는 것을 지켜보았다. 그리고 유다의 수많은 정치·종교 지도자들이 포로가 되어 바빌론으로 끌려가는 것도 목격하였다. 이런 상황에서 예레미야는 민족의 멸망과 더불어 제기된 신학적 문제들을 부둥켜 안고 고뇌한다. 그래서 예레미야를 일컬어 고통의 예언자 또는 비극의 예언자라 한다. 다른 예언서들의 경우에는 보통 예언자가 하느님에게서 받은 말씀만 전할 뿐, 그 말씀 안에 자기 자신의 개인적 고뇌를 피력하지 않는다. 그러나 예레미야서는 예언자가 전하는 말씀 안에 자신의 고뇌와 격정을 그대로 드러낸다. 예레미야의 고통은 세 가지 이유 때문이다. 그는 백성에게 버림받은 하느님의 고통을 전해야 했고, 그분의 말씀을 전하다가 자신이 박해를 당해야 했으며, 하느님께 벌을 받고 비참한 상황에 빠진 이스라엘 백성이 다름 아닌 자신의 동족이었기 때문에 괴로워하였다.

다른 한편 예레미야는 고통의 예언자로만 한정할 수도 없다. 그는 오래지 않아 유배가 끝나 예루살렘이 복구되고 성전이 재건되며 다윗 왕조가 다시 일어서리라는 희망을 결코 잃지 않았다. 이런 점에서 예레미야는 이스라엘의 회복을 위한 기초를 놓은 인물이라고 말할 수 있다.

그리스도교와 관련해서도 예레미야 예언서는 특별한 의미를 지닌다. 새 계약을 언급한 예레 31,31 이하의 말씀은 신약성경의 성만찬 기록(루카 22,19-20; 1코린 11,25-26)과 연결되면서 그리스도의 십자가 죽음을 새롭게 해석하는 기틀을 마련해 주었다(히브 8장 참조).

가. 예레미야 예언자와 시대적 배경

힐키야의 아들 '예레미야'יִרְמְיָהוּ의 이름 뜻은 '주님께서 들어 높이실 것이다'이다. 그는 벤야민 지파의 영역 아나톳 성읍 출신의 사제로서 사무엘의 스승이자 실로 성소의 대사제였던 엘리 가문의 후손이다. 엘리 가문의 사제들은 솔로몬 임금이 에브야타르 사제를 예루살렘에서 아나톳으로 축출하고 경쟁자 차독 사제의 지위를 공고히 하기 전까지 이스라엘의 사제직을 주도하였다.

예레미야는 모세와 비슷한 점이 많다. 첫째, 둘 다 사제요 예언자였고, 둘 다 레위 가문에 속하였다. 예레미야의 가문인 엘리 가문을 더 거슬러 올라가면 레위 가문에 연결된다. 둘째, 두 사람의 소명 이야기가 닮았다. 예레미야와 모세 둘 다 소명의 어려움을 깨닫고 말을 잘 못한다는 핑계를 댄다. 그러자 하느님께서는 이 두 예언자에게 당신께서 함께해 주시며 도와주겠다고 약속하신다. 그리고 두 예언자는 이런 약속에도 아랑곳하지 않고 어려운 고비마다 하느님이 제대로 도와주시지 않는다고 불평하며 좀 더 분명하게 도와주시라고 호소한다. 셋째, 예레미야도 모세처럼 고집 센 이스라엘 백성에게 주님의 말씀을 전달하며 40여 년 동안 예언직을 수행하였다. 그는 요시야 치세 13년부터(기원전 627년) 치드키야 치세 11년까지(기원전 587년) 활동하였다. 이런 이유로 예레미야는 모세를 닮은 예언자, 신명기에 언급된 "너와 같은 예언자"(18,15.18)와 곧잘 동일시된다. 그러나 예레미야는 이스라엘 백성을 이집트에서 약속된 땅으로 인도한 모세와는 달리 이스라엘 백성이 약속의 땅에서 쫓겨나 유배살이하는 것을 지켜봐야 했고 자신은 이집트에서 생을 마감했다.

예레미야가 활동하던 시기는 고대 근동의 세력 판도에서 격변기에 해당하며, 이 시기에 유다 왕국은 이집트·아시리아·바빌론 등과 같은 강대국들 사이에서 어떻게 하면 살아남을 수 있는가를 모색하고 있었다. 이 시기의 역사적 상황에 관해서는 『성경 입문 상권』(둘째 마당 III.5.다)을 참조하기 바란다. 여기서는 다만 이 상황을 간략하게 일별하는 것으로 만족하겠다. 기원전 701년 아시리아가 이집트를 공략하기 시작하자 남왕국 유다는 아시리아를 종주국으로 모시기로 결정하고 종주국의 신들을 자신들의 신 야훼와 함께 경배한다. 이른바 이 종교혼합주의가 극에 달한 것은 므나쎄 통치 시절(기원전 687-642년)이었다. 므나쎄의 긴 통치가 끝나고 그의 아들 아몬(642-640년)이 왕위에 올랐지만 반아시리아파에게 살해당한다. 이때 '나라 백성'이라고도 하는 서민 대중이 일어나 아몬을 살해한 신하들을 죽이고 여덟 살 난 아몬의 아들 요시야(640-609년)를 왕위에 올린다. 요시야는 밖으로는 외세에서의 정치적 독립을 꾀하고 안으로는 신명기 법전에 따른 종교 개혁을 일으킨다. 예레미야는 요시야 치세 13년에 활동을 시작했다. 요시야의 생애와 종교 개혁을 반영하는 신탁은 예레 1—6; 8—9; 14—16; 18; 23장 등에 나온다.

요시야의 종교 개혁은 그가 므기또 평원에서 이집트 임금 느코의 군대를 맞아 싸우다가 전사하면서 끝이 났다. 요시야의 뒤를 이어 그의 아들 여호아하즈가 왕위에 올랐으나 그 당시 팔레스티나와 시리아를 장악하던 이집트 파라오 느코가 그를 강제로 폐위시키고 그의 동생 여호야킴(609-598년)을 왕위에 앉혔다. 여호야킴은 나라와 민족을 위한 정치를 펴 나가기보다 이집트의 종속국 군주로서 파라오 느코의 비위를 맞추는 데 급급하였다. 그러다가 605년 바빌론의 네부카드네자르가 카르크미스 전투에서 느코의 군대를 대파하고 604년에 바빌론 임금이 되자 여호야킴은 이집트에서 돌아서서 바빌론의 속국이 되었다. 601년 네부카드네자르와 느코가 이집트 국경에서 다시 맞붙었는데 어느 쪽도 승산이 없자 네부카드네자르가 재충전을 위해 본국으로 군대를 철수시킨 틈을 타서 여호야킴이 바빌론에 반기를 들었다. 598년 네부카드네자르는 팔레스티나로 다시 쳐들어와 예루살렘을 포위 공략하는 도중에 여호야킴이 죽고(살해된 것으로 추정) 그의 아들 여호야킨이 왕위에 올랐다. 여호야킨이 석 달 정도 다스렸을 때, 네부카드네자르가 예루살렘을 점령하고 여호야킨 대신 그의 삼촌 치드키야를 유다 임금으로 내세운다. 폐위된 여호야킨을 비롯하여 칠천 명에서 만 명에 이르는 지도급 인사들과 각종 장인들이 바빌론에 포로로 끌려갔다. 이른바 제1차 바빌론 유배다. 이 시기를 반영하는 본문은 7; 19—20; 22; 24; 35—36; 45장 등이다.

치드키야는 유약한 성격의 소유자였다. 그의 치세 동안 유다에 친이집트파, 친바빌론파, 독립파 등 여러 파벌이 갈라져서 서로 싸우자, 임금은 올바른 판단을 내리고 슬기롭게 나라를 다스리기가 어려웠다. 595/4년에 바빌론 왕궁에 내란이 일어나고 동쪽에서 엘람인들이 쳐들어오자 네부카드네자르는 속국 민족들을 느슨하게 풀어 주게 되었다. 이 틈을 타서 팔레스티나 주변의 약소국들이 예루살렘에 모여 바빌론에 반기를 드는 모의를 하였으나 결정에 이르지는 못했다. 그러다가 589년 치드키야가 독립을 쟁취하기로 결심하고 이집트의 지원에 힘입어 티로와 시돈을 반란에 끌어들이게 되었다. 588년 정월 네부카드네자르가 다시 유다에 쳐들어와 예루살렘을 포위 공격하였다. 마침내 587년 7월 성벽이 뚫려 도성이 함락되고 성전이 불탔다. 치드키야는 도성을 탈출하여 유다 사막으로 도주하려다 예리코 근처에서 잡혀 시리아의 리블라에 진을 친 네부카드네자르 앞에 끌려갔다. 네부카드네자르는 치드키야가 보는 앞에서 그의 두 아들을 살해하고 두 눈을 뽑은 다음 쇠사슬에 묶어 다른 지도자들과 장인들과 함께 바빌론으로 끌고 갔다. 이것이 제2차 바빌론 유배다. 이 시기에 해당하는 본문은 27—29; 37—38; 51장 등이다.

예루살렘을 함락시킨 네부카드네자르는 새 수도로 예루살렘 약간 북쪽에 위치한 미츠파를 정해 준 다음 유다를 바빌론 제국의 한 지방으로 만들고 왕궁의 의전관리였던 그달야를 지방 총독으로 임명하여 다스리게 하였다. 그달야는 현명한 사람이었다. 더 큰 비극을 막기 위해 바빌론에 저항하지 말고 예속 상태를 받아들이라는 그의 충고에 유다인들 대부분이 동조하였다. 그리고 요르단 강을 건너 도피했던 많은 유다인들이 돌아와 그의 통치를 받아들였다. 그러나 옛 왕족의 후예인 이스마엘이 그달야를 배신자로 몰아 살해하고 바빌론 수비대 요새를 파괴한 다음 암몬으로 도망쳤다. 이렇게 되자 미츠파에 남은 그달야의 친구들과 주민들은 네부카드네자르에게 오해를 받고 보복당할까 두려워 이집트로 피신하였다. 이때 그들은 네부카드네자르의 호감을 샀던 예레미야를 인질로 바룩과 함께 끌고 갔다. 예레미야의 최후에 대한 기록이 없는 것으로 미루어 짐작컨대 그의 비서인 바룩이 먼저 죽은 것이 아닌가 싶다. 예레 52,30에 따르면 582년(네부카드네자르 치세 23년)에 유다인들이 또다시 바빌론에 포로로 끌려간 것으로 되어 있는데, 이 제3차 바빌론 유배는 그달야를 살해한 것에 대한 네부카드네자르의 복수 행위일 수 있다. 이 시기를 반영하는 대목은 39—44장이다.

나. **저자와 사료와 편집**

라삐 전통에 따르면 예레미야는 자신의 책 예레미야서뿐 아니라 열왕기와 애가까지도 저술한 것으로 되어 있다. 그러나 이 같은 전통적 견해와는 달리, 현재 우리가 보는 예레미야서에 예언자 자신의 신탁이 다수 포함되어 있다 할지라도 이 책 전체의 저술을 예언자에게 돌릴 수는 없다. 예레미야서는 매우 복잡하고 난해한 책이다. 그것은 저자 한 사람이 전체 내용을 일관성 있게 집필한 현대적 의미에서의 책이 아니라, 앞뒤 문맥과 논리가 매끄럽게 연결되지 않는 하나의 선집選集이다. 이 선집은 운문으로 된 신탁과 고백록, 산문으로 된 설화와 담화 등을 포함한다. 거기에 담긴 메시지는 유배 전, 유배 도중, 유배 후 등 여러 세대를 겨냥하지만 일정한 순서에 따라 전달되지 않고 누가 누구에게 전하는 메시지인지 분명히 드러나지 않는 경우도 많다. 곳곳에 반복과 연대기적 혼란, 그리고 문체의 갑작스러운 변경 등은 이 책의 복잡한 편집 과정을 짐작케 한다. 이 책의 전수 과정도 간단하지 않다. 예레미야서의 히브리어 마소라 본문과 그리스어 칠십인역 본문 사이에 상당한 차이를 보인다. 쿰란 넷째 동굴(4Q)에서 발견한 예레미야서의 히브리어 사본 단편들 가운데 어떤 것들은 마소라 본문에, 어떤 것들은 그리스어 역본에 더 가깝다.

이렇게 복잡한 예레미야서의 사료와 편집을 두고 금세기 초에 제안되어 오늘에 이르기까지 섬세한 수정을 거쳐 정립된 이론이 바로 세 출전가설이다. 이 가설에 따르면 예레미야서는 세 가지 기록 문서로 된 기본 사료에 바탕을 둔다. 첫째 사료는 예언자 자신의 운문 예언으로 주로 예레미야서의 초반부(1—25장)에 등장하고, 둘째 사료는 예레미야의 비서요 제자이며 목격 증인이었던 궁정 서기관 바룩이 기록해 둔 예언자의 전기적 설화로서 주로 후반부(26—29장; 34—44장)에 자리 잡고 있으며, 셋째 사료는 후대의 신명기계 저자(또는 저자들)가 작성한 산문체 설교와 수사학적 담화들로서 예레미야서 전체에 흩어져 있다(7,1—8,3; 11,1-5.9-14; 18,1-12). 예레미야서의 최종 편집은 바로 이 마지막 신명기계 저자의 손으로 이루어졌다고 한다.

세 출전가설은 예레미야서의 기본 구조를 설명하는 데는 큰 도움이 되지만, 몇 가지 약점을 드러낸다. 첫째, 전반부에 나오는 예레미야의 고백

(11,18—12,6; 15,10-21; 17,12-18; 18,18-23; 20,7-18)은 위의 세 사료 가운데 어느 것으로 분류하기 어려운 독특한 문학 양식이다. 둘째, 이 가설은 구두 전승 과정을 소홀히 다룬다. 최종 편집이 이루어지기까지 예레미야의 예언과 신탁은 그 제자들과 추종자들의 입을 통하여 후대에 전해졌을 것이고, 이 과정에서 여러 요소들이 덧붙여지거나 수정되었을 것이다. 셋째, 이 가설은 이 책 전체를 주도하는 신학 사상과 집필 동기, 사료들 사이에서 확인할 수 있는 문체나 어휘의 유사성을 지나친다.

따라서 지금으로서는 기본적으로 세 출전가설을 받아들이되 이런 약점들을 보완한 시도들을 눈여겨볼 필요가 있다. 먼저 세 사료의 실제 저자에 대한 극단적인 두 이론을 소개한다. 한 이론은 예레미야서의 친저성을 적극적으로 옹호하는 입장인데, 운문과 산문 모두 예레미야의 언행을 충실히 반영하고 셋째 사료인 예언자의 전기까지도 예레미야 자신이 썼다고 주장한다. 다른 이론은 모든 사료에 대해 예레미야의 친저성을 철저하게 부인하면서 산문 부분의 저작은 유배 뒤 무명의 신명기계 저자에 돌리고 운문 부분의 저작은 유배 시절에 활동했던 무명 예언자에게 돌린다. 이 둘째 이론에 따르면 예레미야는 역사적 실존 인물이 아니라 후대인들이 만들어 낸 인물이다. 첫째 이론이 맞다면 이 책은 유배 이전 유다 백성들을 위해 집필된 것이고, 둘째 이론이 맞다면 유배 뒤 디아스포라 유다 공동체를 위해 집필된 것이다.

우리 입장은 이 두 극단을 피하면서 절충을 시도하는 것이다. 운문 부분은 대체로 유배 이전에 예레미야가 예루살렘 중심의 유다 지도자들과 백성들에게 설교한 심판의 신탁을 반영하고, 산문 부분은 유배 기간 또는 유배 이후의 유다 공동체를 위해 예레미야 생애 말기나 사후에 바룩을 비롯한 제자들과 추종자들, 그리고 신명기계 저자들이 작성한 전기적 설화와 교화적 설교와 수사학적 담화들을 반영하는 것으로 본다. 이는 운문 부분과 산문 부분의 어휘와 표현, 형식과 구조, 문체와 신학적 관점이 뚜렷한 차이를 드러내는 데에서 얻은 결론이다. 심판과 징벌을 알리는 운문의 신탁들은 아모스·호세아·제1이사야·미카·스바니야 등 유배 이전 예언자들의 신탁과 비슷한 문학적 양상을 나타낸다. 산문의 경우 일부는 유배 중의 유다인들을 겨냥한 에제키엘서의 설화와 설교에 가깝고 다른 일부는 유배 이후의 것으로 보이는 신명기계 문헌의 내용과 문체를 반영한다.

이상의 고찰을 요약하면, 예레미야서는 크게 저마다 다른 시대에 작성된 세 가지 사료에 바탕을 둔다. 세 가지 사료란 유배 이전 예언자 자신의 운문 신탁, 예레미야 생애 말기나 사후에 바룩이나 다른 추종자들이 작성한 전기적 설화, 그리고 유배 이후에 신명기계 저자들이 첨부한 설교와 담화들이다. 이 사료 가설의 자연스런 결론으로 예레미야서의 저자는 예레미야 자신, 바룩을 비롯한 그의 제자들과 추종자들, 그리고 신명기계 저자로 제시할 수 있을 것이다. 편집 과정은 먼저 예레미야의 예언 활동이 있었고, 그의 제자들과 추종자들이 구전이나 기록으로 전수된 그의 언행을 수집하여 기록하였을 것이며, 마지막으로 신명기계 저자가 필요한 설교와 담화를 덧붙이고 자신의 신학 사상에 따라 책의 내용을 완성했을 것이다.

다. 구조와 내용

예레미야서는 크게 다섯 부분으로 나눌 수 있다. 첫째 부분(1—10장)

은 예레미야가 소명을 받는 이야기와 우상 숭배에 빠진 이스라엘 백성에 대한 예언자의 고발과 단죄, 그리고 징벌 당하는 백성의 고통을 다룬다. 예레미야가 받은 소명은 '민족들의 예언자'가 되는 것이다. 본문 자체로서는 그에게 '유다의 예언자'나 '이스라엘 백성 전체의 예언자'가 어울릴 텐데, 왜 '민족들의 예언자'란 칭호가 붙는가? 그가 전한 신탁 내용이 이스라엘과 다른 민족들의 관계, 그리고 민족들과 민족들 사이의 상호 관계를 언급하는 국제적 성격을 띠기 때문일 것이다. "보라, 내가 오늘 민족들과 왕국들을 너에게 맡기니, 뽑고 허물고 없애고 부수며 세우고 심으려는 것이다"(1,10). 앞의 네 동사 '뽑고 허물고 없애고 부수다'는 세상 민족들에게 내릴 하느님의 징벌을(2—25장; 46—51장), 뒤의 두 동사 '세우고 심다'는 재건의 희망을(30—33장) 시사한다. 바로 이어지는 장들(2—9장)에서는 이스라엘의 배반에 대한 고발과 단죄가 나온다. 하느님을 저버리고 풍산신들을 섬김으로써 지은 이스라엘의 죄는 아무리 강한 표백제로도 지울 수 없는 얼룩과 같다. 하느님은 예언자를 시켜 우상 숭배에 빠진 이스라엘 백성에게 당신께 돌아오라고 호소하신다. 그러나 이스라엘 백성은 주님께 돌아가겠다고 말만 하고 실천하지는 않는다. 그래서 하느님은 그들을 징벌하시기 위해 북쪽에서 적군들을 일으켜 예루살렘을 공격하게 하신다. 이제 이스라엘은 하느님의 징벌을 피할 수 없다. 백성은 하느님이 내리시는 징벌의 매를 맞고 깊은 상처를 입는다. 그들이 당하는 고통을 내다보며 예언자는 하느님의 고통과 자신의 고통을 한데 섞어 전한다. 이스라엘은 하느님께는 사랑받는 백성이요, 예레미야에게는 동족이다. 하느님(또는 예레미야)은 자기 백성에게 버림받은 신들처럼 백성을 떠나 광야에 은둔하고 싶으시지만, 그렇게 못하시고 예루살렘에 남아 당신 백성의 고통을 지켜보며 슬퍼하신다(9장).

둘째 부분(11—20장)은 예언자의 다섯 고백(11,18—12,6; 15,10-21; 17,12-18; 18,18-23; 20,7-18)을 전한다. 이 운문 고백들은 학자들에 따라 '애가'라고도 하고 '불평'이라고도 불린다. 자신의 출생까지도 저주하는 끊임없는 자기 비하와 연민, 자신을 박해하는 사람들에 대한 분노와 복수의 요청, 자신에게 감당할 수 없는 소명을 주시고 그 소명을 수행하는 자신을 제대로 돌보아 주지 않으시는 하느님께 대한 원망과 불평 등은 예레미야가 과연 예언자로서의 인격과 소양을 제대로 갖추었는지 의심하게 만든다. 그러나 다른 한편 이 고백들은 예언자가 하느님께 받은 소명을 수행하다 한계 상황에 이르렀을 때, 자신의 약점과 한계를 그분 앞에서 솔직하게 드러낸 채 허심탄회하게 자신의 어려운 처지를 고백하고 혼신의 힘을 다해 그분께 매달리는 태도도 보여 줌으로써, 하느님께 받은 소명 덕분에 힘겹게 살아가는 이들에게 희망과 위로의 원천을 마련해 준다. 예레미야 고백록의 성격을 두고 학자들은 세 가지 다른 해석을 한다. 첫째 해석은 이 고백록을 예레미야 자신의 비극적 체험에 바탕을 둔 자서전적 문헌으로 본다. 둘째 해석은 공동체의 비극적 체험을 경신례 안에서 노래로 지어 반복하던 공동체 문헌으로 여긴다. 셋째 해석은 이 고백록을 예레미야 자신도 함께 겪은 유다 공동체의 재앙을 예언자가 자신의 불행한 삶으로 구체화하여 묘사한, 개인 체험과 공동체 체험의 혼합 문헌으로 여긴다. 우리는 마지막 셋째 해석을 가장 적절한 것으로 받아들인다.

셋째 부분(21—29장)은 예레미야가 임금·예언자·사제 등 백성의 정치·종교 지도자들과 뭇 민족들과 이스라엘 백성과 겪은 총체적 갈등을 다룬다. 21,1—23,8은 유다가 바빌론에 함락되기 직전 마지막 네 임금, 곧 살룸(여호아하즈), 여호야킴(엘야킴), 콘야(여콘야 또는 여호야킨), 치드키야(마탄야)에 대한 신탁이다. 예레미야가 유다의 마지막 임금들과 갈등을 빚은 것은 주님의 법(신명 17,14-20)을 지키고 정의를 실천하는 임금의 첫째 의무를 소홀히 하였다 해서 예레미야가 그들을 비판했기 때문이다. 그들은 하느님의 대리자로서 그분의 비천하고 가난한 백성을 돌보는 대신 그들을 억압하고 착취하며 사치와 향락에 빠졌다. 그 결과 이민족에게 나라를 넘겨주고 자신들도 파멸로 이끌었다. 임금들에 관한 신탁은 주님께서 당신 백성을 공정과 정의로 돌볼 현명한 임금을 세워 주시겠다는 약속으로 마무리된다(23,1-8; 참조: 에제 34장). 예레미야는 정치 지도자에 이어 종교 지도자들도 비판한다. 거짓 예언자들에 대한 비판(23,9-40; 27—29장)에서 예레미야는 거짓 예언자들을 둘로 나누는데, 하나는 이미 멸망해 버린 북왕국의 바알 예언자들이고 다른 하나는 당대의 예루살렘 예언자들이다. 후자는 종교적 탈선에 윤리적 탈선까지 겸했다는 점에서 전자보다 더 악하다. 거짓 예언자들을 판별하는 기준은 세 가지다. 그들은 주님의 어전회의에 참석한 적이 없으므로 그분의 말씀을 전해 듣지 못했고(23,16-24), 설교할 때 주님의 말씀을 받아 전하기는커녕 자신들의 망상이나 허망한 꿈 이야기만 하며(23,25-32), 주님의 말씀이 짐이 된다는 말을 자주 하는데, 오히려 그들이야말로 주님의 짐이다(23,33-40). 예레미야의 성전 설교(26,2-6)는 주님의 집에서 예배와 제사를 바치는 예언자들과 사제들과 백성들이 그분의 법을 지키지 않는다면, 주님께서는 당신의 집인 성전을 폐허로 만드시겠다고 선언한다. 복음서에 나오는 예수님의 성전 정화 사건처럼 이 성전 설교가 도화선이 되어 유다의 종교 지도자들, 곧 예언자들과 사제들은 예레미야를 죽이기로 작정한다.

넷째 부분(30—45장)은 희망의 메시지다. 이제까지 예레미야의 신탁은 뽑고 무너뜨리고 멸하고 헐어버리는 '파괴를 통한 징벌'에 집중했으나, 30—33장에서는 파괴 다음에 따라오는 하느님 백성과 땅의 회복에 대한 희망의 메시지를 전한다. 먼저 30—31장 신탁들은 하느님 백성의 회복을 예고한다. 그날이 오면 주님께서 흩어져 박해를 받고 있는 당신 백성을 다시 시온으로 불러들이시어 그들과 새로운 계약을 맺으실 것이다. 새 계약은 시나이 계약과 달리 돌이 아니라 백성들의 마음에 새겨지고, 백성들은 저마다 다른 사람들에게 가르침을 받지 않고도 그분이 누구신지 알게 될 것이다(31,33-34). 새 계약은 예수님이 세우신 성찬과 그분이 십자가에서 흘리신 피로 성취될 것이다(루카 22,30; 1코린 11,25; 히브 8장). 땅의 회복은 32—33장에서 예고된다. 이 예고는 예루살렘이 바빌론 군대에 포위되었을 때(기원전 588-587년) 예레미야가 숙부 살룸의 땅을 사는 상징 행위를 동반한다. 상식 밖의 이 거래는 지금 바빌론인들의 수중에 들어간 이 땅을 오래지 않아 되찾게 되리라는 희망을 전달하기 위한 것이다. 사람과 짐승이 살지 않던 유다 성읍들과 예루살렘 거리마다 활기가 넘쳐나고 그곳 주민들이 주님의 선하심과 자애하심을 찬양하는 노래를 부를 것이다(33,1-13). 그때에 주님께서는 다윗 왕조와 레위 지파의 사제직도 회복하실 것이다(33,14-22). 34—45장은 신명 27—28장에 바탕을 둔 신명기계 역사관, 곧 이스라엘 백성은 주님의 말씀에 순종할 때 축복을 받고 순종하지 않으면 불행을 겪게 된다는 원칙을 재조명한다.

예레미야서의 마지막 부분(46—52장)은 다른 민족들에 대한 신탁이다. 이 대목 덕분에 예레미야를 '민족들의 예언자'라고 할 수 있는 것이다. 여러 민족에 대한 신탁의 핵심에는 이사 24—27장과 아모 1,2—2,16에서와 같이 온 세상 모든 민족에 대한 하느님의 주권이 자리 잡고 있다. 세상의 역사도 하느님이 주관하신다. 제 아무리 강대한 민족과 국가라도 그분 손바닥 안에 있다. 이 신탁에는 열 민족이 차례로 거론되는데, 바빌론이 맨 나중에 나온다. 하느님께서는 우상 숭배에 빠진 여러 민족을 징벌하는 도구로 이용하시지만, 바빌론도 우상 숭배에 떨어지거나 주님의 도구임을 망각하고 자만에 빠져 과도한 폭력을 행사하였을 때는 가차없이 징벌하신다. 바빌론 말고도 이 대목에서 거론되는 순서에 따라 처음 여섯 나라, 이집트·필리스티아·모압·암몬·에돔·시리아는 다른 예언서에서도 단죄의 대상이다(참조: 이사 13—23장; 에제 25—32장; 아모 1,3—2,3). 마지막 52장의 내용은 2열왕 24,18—25,30과 거의 같다. 차이가 있다면 그달야의 살해 이야기(2열왕 25,22-26) 대신 유배자들의 수를 덧붙인 것뿐이다(예레 52,28-30). 이 마지막 장은 예레미야가 절망 한복판에서 선포한 희망의 예언이 성취되었다는 사실을 보여 주기 위한 것이다. 바빌론에 포로로 끌려간 다윗의 후손 여호야킨이 죄수의 신분에서 벗어나 품위 있는 대우를 받게 되었다는 기록은 이스라엘의 미래에 희망의 빛으로 남아 있다.

라. **신학 사상**

예레미야의 신학 사상은 그가 펼쳐 보이는 상징 행위에서 잘 드러난다. 첫 번째 상징 행위는 13장에 나오는데, 이스라엘은 반역과 불충실로 반드시 멸망하리라는 사실을 증언한다. 주님께서 예레미야에게 이르시길, 허리에 걸쳤던 아마포 띠를 벗어서 물에 적시지 말고 바위 틈에 숨겨두라고 하셨다. 이 띠는 속옷처럼 허리에서 무릎 위까지를 가리는 아마포 천을 말한다. 물에 적시지 말라는 명령은 그것을 세탁하지 말라는 분부다. 오랜 시일이 지난 다음 주님께서는 예레미야에게 다시 그 천을 가져오라고 하시는데, 숨겨 둔 곳에서 꺼내보니 몸에서 묻어난 땀과 때로 그 천은 썩어서 아무짝에도 쓸모가 없게 되었다. 주님한테서 떨어져 나간 이스라엘 백성도 제 죄 탓에 이처럼 망하고 말 것이다. 이어지는 술 항아리의 상징도 같은 메시지를 전한다. 지도자건 일반 주민이건 주님의 말씀을 듣지 않고 온갖 죄악으로 가득 찬 이스라엘 백성은 서로 부딪쳐 큰 혼란 속에서 멸망하리라는 것이다. 하느님은 이렇게 이스라엘이 망해도 동정이나 자비를 베풀지 않으실 것이다(13,14). 그들은 이제 그분의 징벌을 피할 수 없다(15,1-4).

18—19장에 나오는 두 번째 상징 행위는 당신 백성에 대한 하느님의 주권을 강조한다. 18장에서 주님은 예레미야에게 옹기장이 집으로 내려가라고 명령하신다. 옹기장이는 자신의 손으로 빚어 만든 옹기그릇에 흠집이 생기면 그것을 없애 버리고 흠 없는 그릇이 나올 때까지 계속 새로 빚고 있었다. 내려가라는 명령을 내리시는 분도 주님이시고 예언자가 본 일들의 상징적 의미를 밝혀 주시는 분도 주님이시다. 옹기장이는 진흙덩이의 주인이다. 그는 자기가 만드는 옹기의 형태가 마음먹은 대로 구워져 나오지 않으면 그것을 부수고 다시 만들 수 있다. 이와 마찬가지로 당신 백성에 대한 주권을 가지신 주님께서는 그들을 만드실 수도 없애 버리실 수도 있다. 19장에서 하느님은 예언자에게 옹기장이의 단지를 하나 사서 백성들의 대표들을 데리고 우상 숭배의 본거지인 벤 힌놈 골짜기로 나가라고 명령하신다. 그리고 그들이 보는 앞에서 단지를 산산조각으로 깨부수면서 이런 말씀을 전하게 하신다. "만군의 주님께서 이렇게 말씀하

신다 '옹기장이가 다시는 주워 맞출 수 없게 질그릇을 깨 버리듯이, 내가 이 백성과 이 도성을 그렇게 부수겠다. 장사 지낼 곳이 없어 사람들은 결국 토펫에서 장사를 지내야 할 것이다"(19,11). '토펫'תֹּפֶת은 본디 '화로 또는 제단'을 뜻하는데, 이 골짜기에서 어린이들을 죽여 우상에게 제사를 바치던 제단을 가리킨다.

세 번째 상징 행위는 24장에 나오는데, 하느님께서 바빌론에 끌려간 유배자들이나 예루살렘에 남은 주민들이나 상관없이 당신 백성을 모두 돌보실 것이라는 희망의 메시지를 전한다. 백성의 지도자들이 바빌론으로 끌려간 뒤 어느 날 주님께서는 예레미야에게 무화과 바구니의 환시를 보여 주신다. 주님의 성전 앞에 무화과가 담긴 바구니 두 개가 놓여 있는데, 한 바구니에는 맏물처럼 매우 좋은 무화과가 담겨 있고 다른 바구니에는 매우 나쁜 무화과가 담겨 있었다. 기원전 597년 첫 번째 바빌론 유배 때 예루살렘에 남아 있던 사람들은 포로로 끌려간 사람들만이 죄인이고 자신들은 죄가 없다고 생각하였는데, 무화과 바구니 환시는 이런 생각을 뒤바꾼다. 하느님은 오히려 어려운 처지에 빠진 바빌론 유배자들을 좋은 무화과처럼 잘되게 해 주시고, 예루살렘에 남은 자들과 이집트 땅으로 피난 간 자들은 나쁜 무화과처럼 다루겠다고 하신다. 그러나 두 바구니가 주님의 성전 앞에 놓여 있다는 것은 주님께서 예루살렘에 남은 자들이나 유배자들이나 다 같이 당신의 백성이므로 결국에는 둘 다 돌보아 주실 것임을 시사한다.

27장에 소개된 네 번째 상징 행위는 주님께서 이스라엘을 책벌하시기 위해 바빌론을 징벌의 도구로 삼으셨으니 바빌론 임금에게 저항하지 말라는 메시지를 전한다. 예레미야는 주님의 명에 따라 목에 멍에를 메고 나타나, 유다를 비롯하여 주변의 모든 민족이 바빌론 임금의 멍에 밑에 제 목을 내밀어야 한다고 말한다. 그렇게 하지 않으면 칼과 기아와 흑사병으로 멸망하고 말 것이다. 이미 주님께서 바빌론 임금 네부카드네자르를 징벌의 도구로 선정하셨기 때문에 그 뜻에 저항하는 자는 재앙을 면치 못할 것이다. 재앙보다는 항복을 택하는 것이 더 낫다. 주님께 선택된 백성이라고 자부하던 이스라엘 백성으로서는 하느님이 이민족을 이용하여 당신 백성을 징벌하시리라는 사실을 도저히 받아들일 수 없었다. 그래서 거짓 예언자 하난야는 주님께서 597년 바빌론에 끌려간 유다 임금 여콘야와 다른 유배자들을 돌아오게 하시고 성전에서 탈취해 간 기물들을 되돌려 놓으시리라고 예언한다. 그러고는 예레미야의 목에서 멍에를 벗겨 내 부순다. 예레미야는 하난야의 예언을 정면으로 부정한다. 주님께서는 하난야가 예레미야의 나무멍에를 벗겨 내어 부숨으로써 오히려 쇠멍에를 만들었다고 하신다. 그리고 이 쇠멍에를 모든 민족의 목에 씌우겠다고 하신다. 바빌론 제국이 주변의 제 민족들을 지배하리라는 사실을 알리신 것이다. 백성을 그릇된 길로 이끈 거짓 예언자 하난야는 예레미야의 예언대로 그해 일곱째 달에 죽었다.

다섯 번째 상징 행위는 백성의 회복에 이어 땅의 회복을 선언한다 (32—33장). 예루살렘이 바빌론 군대에 포위되었을 때, 예레미야의 숙부 살룸은 베냐민 지방 아나톳에 있는 자기 밭을 팔려고 내놓았다. 이때 주님께서는 예레미야에게 숙부를 구제할 권한 또는 의무를 행사하여 그 밭을 사라고 분부하신다. 적군에게 떨어질 밭을 사겠다는 이 어처구니 없는 거래는 지금은 칼데아인들의 손에 넘어간 유다 땅을 오래지 않아 되찾게 되리라는 희망을 전한다. 폐허가 되었던 유다의 성읍들과 예루살렘이 곧 번영하고 그곳 주민들은 행복의 노래를 부를 것이다(33,1-13). 그때가 오면 유다 땅의 상실과 함께 사라졌던 다윗 왕조와 레위 지파의 사제직도 완전하게 회복될 것이다(33,14-22).

3. 애가

애가는 현대 히브리어 성경에서 성문서로 분류된 축제오경(아가, 룻기, 애가, 코헬렛, 에스테르기) 가운데 셋째 책이다.

애가는 본디 기원전 587년 바빌론 침공과 예루살렘의 함락을 애도하는 성전 방화일(음력 7월)에 낭독하였다. 그런데 이 성전 방화일이 2열왕 25,8-9에 따르면 다섯째 달(압 달) 7일이지만, 예레 52,12에서는 다섯째 달 10일이다. 한편 미쉬나에서는 제1차 유다 항쟁 때 제2성전이 로마인들에게 파괴된 날과 제2차 유다 항쟁 때 바르 코크바의 마지막 요새 베타르가 함락된 날을 압 달 9일이라고 밝히면서(『미쉬나』 타아닛 4.6), 이날을 제1성전(솔로몬이 지은 성전)과 제2성전(기원전 515년에 복구한 성전)의 파괴를 비롯하여 이스라엘 백성에게 일어난 주요 재앙들을 모두 기억하는 날로 정하였다. 히브리어로 이날은 티스아 베압(תִּשְׁעָה בְּאָב 압 달 아홉째 날 = 음력 7월 9일경)이라고 하는데, 유다교에서는 속죄일(욤 키푸르)과 더불어 공식적으로 단식하는 유일한 날이다. 오늘날에도 많은 유다교 회당에서는 이날 유다교 신자들이 바닥이나 낮은 의자에 앉아, 저녁 기도와 다음날 아침 기도 때에 애가를 봉독한다. 로마 가톨릭에서는 예수님의 수난과 죽음을 기념하는 성주간 전례에 애가를 낭송한다.

히브리어 성경에서 애가의 명칭은 관례에 따라 첫 낱말을 그대로 딴 '에카'(אֵיכָה '아!' 또는 '어찌하여!')이다. 이 탄식조의 감탄사는 둘째와 넷째 노래의 시작에도 나온다. 그러나 탈무드에 따르면 본디 히브리어 성경에서 이 책의 이름은 '에카'가 아니라 죽은 이를 애도하며 부르던 만가輓歌, 곧 애가哀歌를 가리키는 '키놋'קִינוֹת이었다고 하는데(『바빌론 탈무드』 바바 바트라 14b), 이 '키놋'이 오히려 이 책의 내용에 더 잘 어울린다. 칠십인역의 '트레노이'Θρῆνοι, 이를 음역한 불가타의 '트레니'Threni도 이런 전통을 그대로 받아들인다. 불가타에서는 애가를 뜻하는 다른 라틴어 '라멘타씨오네스'Lamentationes를 이 책의 명칭으로 사용하기도 한다.

가. **저자와 저작 연대와 장소**

애가는 서로 독립된 시 다섯 편으로 되어 있다. 애가를 예레미야서와 분리해 성문서에 편입시킨 히브리어 성경 전통에서는 애가의 저자를 예레미야로 여기지 않지만, 라삐 문헌 타르굼과 칠십인역과 불가타에서는 예레미야를 애가의 저자로 여긴다. 예레미야가 유다 임금 요시야의 죽음을 애도한 애가를 지었다고 전하는 2역대 35,25에 근거하여, 그리고 예레미야서와 애가의 어휘가 비슷하다는 이유로 예루살렘 함락 때에도 애가를 지었으리라고 추정한 것이다. 그러나 애가를 보면 "예언자들은 주님에게서 어떤 환시도 받지 못한다"(2,9)라는 내용이 나오는데, 이는 예레미야서에서 스스로 여러 가지 환시를 보았다고 주장하는 예언자의 말과 모순된다. 더구나 앞에서 살펴보았듯이 예레미야서의 전체 편집은 예언자 자신이 아니라 후대의 신명기계 저자의 손에서 이루어졌다. 따라서 애가의 저자는 예레미야가 분명 아니다. 오늘날 학자들은 애가의 저자가 무명의 시인이라고 하지만, 한 사람이 노래 다섯 편을 다 지었는지 아니면 다른 저자들이 저마다 다른 시대와 상황에서 지은 노래들을 후대의 편집자가 모아 놓은 것인지는 확실히 밝히지 못하고 있다.

애가의 저작 연대는 바빌론 유배시절이다. 1장, 2장, 4장은 폐허가 된 예루살렘 도성을 애도하고, 3장과 5장도 바빌론의 통치 아래에서 겪는 유다 주민들의 고통을 아주 생생하게 증언하기 때문이다. 이렇게 예루살렘이 함락된 직후에 쓰인 노래들은 520년 바빌론에서 돌아온 유배자들이 성전을 다시 짓기 시작할 때 하나로 모아졌을 법하다.

저작 장소는 바빌론이 아니라 예루살렘이다. 저자(또는 저자들)는 예루살렘 폐허를 바라보면서 이 노래를 불렀을 것이다. 폐허가 된 도시를 애도하는 노래를 부르는 관습은 고대 근동의 문학 전통에서 심심치 않게 발견된다. 상당수 고대 수메르어 문헌이 이를 증언하는데, 가장 좋은 예는 아브라함이 살던 우르의 멸망을 애도한 애가일 것이다(ANET, 455). 실제로 바빌론에 끌려가지 않고 팔레스티나에 남은 유다인들이 유배 기간 동안 해마다 성전 파괴일에 옛 성전터에 모여 이 노래를 불렀을 수 있다(참조: 즈카 7,1-7; 8,19).

나. **구조와 내용**

애가는 형식상 다섯 개의 알파벳 노래로 짜여 있다. 성경에서 알파벳 노래는 시편 119편과 잠언 31,10-31 등에도 나온다. 알파벳 노래는 히브리어 22개의 자음을 모두 사용함으로써 완전함 또는 충만함을 표현하고자 할 때 주로 이용한다. 애가의 저자도 알파벳 노래의 형식을 취하여 시온 또는 예루살렘(시온 언덕 위에 예루살렘이 세워졌으므로 둘은 서로 바꿔 쓸 수 있다) 도성이 철저히 파괴된 것에 대한 애도를 완전하게 표현하여 드러내고자 한 것으로 보인다. 1장과 2장은 절마다 3행씩을 갖추어 22절 66행으로 구성되고, 각 절의 첫 행 첫 단어가 히브리어 알파벳 순서에 맞추어 배열된다. 3장은 각 절이 한 행뿐인 66절로 되어 있는데, 히브리어 알파벳 22자는 순서에 따라 세 절마다 바뀌면서 배열된다. 4장은 처음 두 장과 같이 알파벳 노래이지만, 각 절이 세 행이 아니라 두 행씩을 갖추어 22절 44행으로 구성된다. 5장은 알파벳 노래가 아니고 절수만 22절로 되어 있다. 흥미로운 점은 행수로 보면 1장과 2장이 저마다 66행, 3장도 66행, 4장과 5장을 합해서 66행이라는 것이다. 이처럼 애가의 다섯 노래는 그 구성이 매우 정교하다.

애가를 내용으로 분류해 보면 1장, 2장, 4장은 시인 개인의 애가와 인격화된 도성 시온의 애가이고, 3장은 개인과 공동체의 탄원 기도이며, 마지막 5장은 공동체의 애가다. 이를 장별로 좀 더 상세히 살펴보자. 1장 전체는 개인의 애가(1-11절)와 딸 시온의 애가(12-22절)로 정확하게 양분된다. 시인과 인격화된 시온 다 같이 폐허가 된 도성의 참상을 알린다. 시인은 시온 도성을 버려지고 수치스러운 과부로 묘사한다. 과부의 표상으로 떠나감과 외로움과 상처를 표현한다. 예루살렘이 정복자의 수중에 떨어지자 동맹국들은 도와주기는커녕 그를 배반하고 떠나버린다. 축제가 사라진 시온의 거리는 비탄에 잠겨 있고 쓸쓸하기 짝이 없다. 원수들은 그의 몰락을 비웃고 그를 숭배하는 자들도 그를 멸시한다. 시온도 자신에게 닥친 비참한 운명을 애도한다. 이 고통은 주님께서 당신 백성에 대한 의로운 분노를 드러내신 것이다(12절). 시온이 주님께 벌을 받은 것은 그분의 명령을 거역하였기 때문이다. 그러나 원수들이 자신의 불행을 보고 기뻐하는 모습은 참아 내기 힘들다. 그래서 시온은 그 원수들에게도 벌을 내려 주시라고 간청한다(21-22절).

2장에도 시인의 애가(1-19절)와 시온의 애가(20-22절)가 같이 나오지만, 시인의 애가가 더 많은 지면을 차지하는 것이 1장과 다른 점이다. 또한 애가의 강조점도 다른데, 1장에서는 유다와 예루살렘의 절망과 비탄에 초점을 맞추지만 2장에서는 하느님의 분노를 부각시킨다. 하느님은 딸 시온과 예루살렘을 난폭하게 파괴하는 성난 원수처럼 묘사된다. 그분은 진노의 날에 딸 시온을, 야곱의 모든 거처를, 딸 유다의 성채들을 사정없이 쳐부수고 허무신다. 주님은 그들이 당신을 기리고 예배하는 축제의 날과 안식일을 진노의 날로 바꾸시고, 전례의 중심인 제단과 성소까지도 버리셨다. 20-22절의 애가는 의인화된 시온이 주님께 하소연하는 기도다. 여기에 언급된 인육을 먹는 비극은 포위된 예루살렘 도성의 극한 상황을 가리킨다(참조: 2열왕 6,28-29; 예레 19,9; 에제 5,10). 유다 역사가 요세푸스는 기원후 70년 예루살렘이 로마군에 포위되었을 때도 이런 일이 있었다고 전한다(『유다 전쟁사』 6.204-211). 신명기 저자는 이스라엘이 계약을 위반할 때 이런 상황을 맞게 될 것이라고 경고한 바 있다(신명 28,53-54).

3장은 개인의 애가(1-39절), 공동체의 탄원기도(40-47절), 개인의 탄원기도(48-66절)로 나눌 수 있다. 이 애가는 욥기에서 볼 수 있는 고통에 대한 신학적 반성을 포함하면서 희망과 절망을 교차시킨다. 이 장에 나오는 개인을 두고 학자들 사이에 의견이 분분하다. 제2이사야서에 나오는 고통받는 주님의 종처럼 예레미야, 치드키야, 시인 자신, 예루살렘, 고통받는 이스라엘 백성 등 다양한 주체가 제시되지만 그 어느 주체로도 한정할 수 없다. 저자는 자신을 남성으로 소개한다. "나는 그분 격노의 막대로 고통을 겪은 사나이. 그분께서는 빛 없는 어둠 속으로 나를 몰아쳐 걷게 하시고 당신 손을 날마다 나에게 돌려 내리치시네"(1-3절). 이 사나이는 재앙에서 살아남아 바빌론에 포로로 잡혀 가야 할 운명에 놓여 있었는지도 모른다. 동시에 그는 1—2장에서 여성으로 표현한 시온/예루살렘과 유다 백성에 대한 대칭으로 볼 수도 있다. 이 추정이 맞다면 저자는 여기서 시온과 유다의 비극적 상황을 자신의 고통과 연계하여 내면화하고 심화한 것으로 볼 수 있다. 그는 고통 한복판에서 욥처럼 모든 것을 하느님의 뜻으로 돌린다. "나쁜 것도 좋은 것도 지극히 높으신 분의 명령에 따라 일어나지 않는가? 그러니 살아 있는 인간이 무엇을 한탄하리오? 저마다 제 잘못을 한탄할 수밖에"(38-39절). 그러고는 하느님의 자애에 희망을 걸고 그분께 부르짖으며, 자신의 길을 성찰하고 반성하는 가운데 그분께서 하늘에서 굽어보실 때를 기다린다(40-54절). 55-66절은 큰 물고기 배 속에서 요나가 바치는 기도처럼(2장), 주님께서 고통받는 사나이의 기도를 이미 들어주신 것으로 간주하여 그분께 찬미를 드리는 내용이다.

4장에는 시인의 애가(1-16절)와 시온의 애가(17-22절)가 세 번째로 다시 나온다. 시인은 화려했던 과거의 예루살렘과 비참한 현재의 예루살렘을 비교한다. 1절의 황금과 순금은 이 도성의 전성기를 상징하는 표상이다. 그토록 화려했던 도성이 지금은 완전히 폐허가 되었다. 그곳의 주민들은 버림을 받았다. "승냥이들도 가슴을 헤쳐 제 새끼들에게 젖을 먹이건만 내 딸 백성은 사막의 타조처럼 매정하게 되어 버렸구나"(4,3). 사막의 타조는 모래에 알을 낳고는 그대로 방치하여 새끼들을 위험에 빠뜨리는 짐승으로 널리 알려져 있다(욥 39,14-16 참조). 기아에 시달리는 여인들이 자식들을 양식으로 삼을 정도로 예루살렘의 참혹상은 극에 달했다(4,9-10; 참조: 레위 26,29; 신명 28,53-57; 에제 5,10). 예루살렘이 이렇게 비참하게 된 것은 무엇보다 그곳 예언자들과 사제들의 죄악 때문이다(13절). 17절부터는 '우리'로 표현되는 시온의 애가다. 저자는 절망적인 상황 한복판에서도 3장의 후반부 기도에서처럼 희망의 끈을 결코 놓지 않는다. 주님께서 적대자 에돔을 치시고 시온을 다시는 유배 보내지 않으실 것이다(21-22절).

마지막 5장은 공동체의 애가다. 여기서 백성은 바빌론의 속국이 된 유다의 경제적 빈곤과 사회적 무질서와 정치적 무력함을 토로하고 하느님께 도움을 청한다. 가장을 잃은 가족들은 당연히 상속 재산도 잃게 되었다. 경제가 어려우니 불법과 무질서가 판을 치고 가난한 서민은 하루하루 생계를 꾸려가기가 몹시 힘들었다. 게다가 각계 각층의 지도자들은 지위를 박탈당하여 백성을 전혀 돌볼 수 없게 되었다. 5장의 처음에서 시인은 공동체를 대표하여 자신들의 불행한 처지를 기억하고 돌아보시기를 간청한다. "주님, 기억하소서, 저희가 어찌 되었는가를. 바라다보소서, 저희의 치욕을"(5,1). 그리고 마지막에서 시인은 공동체를 예전의 모습으로 회복시켜 주시기를 간청한다. "주님, 저희를 당신께 되돌리소서, 저희가 돌아가오리다. 저희의 날들을 예전처럼 새롭게 하여 주소서"(5,21). 이 호소에는 예전의 모습을 회복하기 위하여 주님께 반드시 돌아가겠다는 공동체의 의지가 담겨 있다. 5장의 마지막 절에서 시인은 주님의 자애심을 불러일으킬 질문을 던진다. "정녕 저희를 물리쳐 버리셨습니까? 저희 때문에 너무도 화가 나셨습니까?"(5,22).

다. 신학 사상

애가는 이스라엘에 닥친 환난의 원인이 바로 그들 자신의 죄악이라고 확신하는 예언서와 신명기의 사상을 반영한다. 저자는 예루살렘의 폐허 앞에서 민족 전체를 휩쓴 재앙의 참상을 바라보며 슬퍼하고 분노한다. 그런 다음 민족 전체에 닥친 이 재앙의 윤리·신학적 의미를 반성한다. 이 반성은 참회와 탄원기도로 이어진다.

애가의 독립된 시 다섯 편 모두 한 가지 사실을 공통적으로 증언한다. 예루살렘과 그 주민에게 닥친 재앙은 이스라엘이 저지른 죄악에 대해 하느님께서 손수 내리신 벌이라는 것이다. 애가에는 어느 대목에도 바빌론이 거명되지 않는다. 도성의 파괴는 전적으로 하느님이 주도하신 것이다. 하느님께는 도성을 세우실 능력도 파괴하실 능력도 있으신 분이다. 이스라엘 백성을 향한 그분의 자비심 또한 크다. 그분의 권능과 자비에 대해서 시인들은 추호의 의심도 없다. 그래서 그들은 자신들이 겪는 극도의 곤경에서도 그분께 도움을 강력하게 요청하는 것이다. 그러나 이스라엘에 닥친 이 재앙이 끝나기까지 아직도 많은 세월이 필요하다. 시인들은 눈앞에 펼쳐진 참상 앞에서 비탄에 젖어 하느님의 자비에 호소할 뿐이다.

애가는 구약성경 전체가 제시하는 하느님의 두 가지 속성, 곧 하느님의 공정(מִשְׁפָּטִים 미스파팀)과 자애(חֶסֶד 헤세드)를 충실히 드러낸다. 예루살렘의 함락은 하느님께서 이미 레위 26장과 신명 27—28장에서 경고하신 말씀 그대로 이스라엘의 불충과 반역에 대한 벌이다. 하느님은 공정한 분이시기 때문에 당신 백성의 죄를 그냥 보아 넘기지 않으신다. 그러나 다른 한편 하느님은 자애로운 분이시므로 당신 백성을 절망 속에 버려 두지 않으시고 정해진 징벌 기간이 끝나면 다시 일으켜 세우실 것이다. 애가의 저자들은 하느님의 공정이 빚어낸 참혹한 결과를 속수무책으로 지켜보면서도 폐허의 한복판에서 그분의 자애에 희망을 걸고 있다.

4. 바룩서

히브리어 성경에 없는 바룩서는 칠십인역 그리스어 성경을 통해서 전해졌다. 히에로니무스는 유다인들이 읽지도 않고 가지고 있지도 않다는 이유에서 바룩서를 라틴어로 옮기지 않았다. 불가타에 실린 바룩서는 히에로니무스의 번역이 아니라 칠십인역 바룩서 본문을 옮긴 고대 라틴어 성경에서 가져온 것이다. 바룩서의 순서는 칠십인역과 불가타에 다르게 나온다. 칠십인역은 예레미야서와 애가 사이에 바룩서를 놓고, 예레미야의 편지는 바룩서와 분리해 애가와 에제키엘서 사이에 놓는다. 이와는 달리 불가타에서는 예레미야의 편지를 바룩서 마지막(6장)에 덧붙이고 이렇게 확장된 바룩서를 애가와 에제키엘서 사이에 놓는다. 우리말 번역은 불가타 전통을 따른다. 어떤 학자들은 이 바룩서를 외경의 바룩서(바룩 2서와 3서와 4서)와 구별하여 바룩 1서라 칭하기도 한다.

가. 저자와 작중 연대와 저작 연대

예레미야의 편지(6장)를 빼고 이 책의 전통적 저자로 알려진 바룩은 유다 왕궁의 서기관이었던 것 같다. 동시에 그는 예레미야의 비서 겸 제자요 친구로서 예언자의 삶과 신탁을 후대에 전해 준 중요한 인물이다. 히브리어로 '바룩'בָּרוּךְ은 '축복받은 자'라는 뜻이다. 예레미야서의 증언에 따르면(예레 36; 43장), 바룩은 유다 명문 가문 출신으로 마흐세야의 손자이며 네리야의 아들이었다. 바룩이 왕궁의 서기관으로 있을 때, 예루살렘 파괴에 관한 예레미야의 신탁을 두루마리에 적어 여호야킴 임금에게 전달한 적이 있었다. 신탁을 들은 여호야킴은 그 내용이 실현되지 못하도록 그것을 적은 양피지 두루마리를 칼로 조각을 내어 불태워 버렸다. 그러자 바룩은 더 긴 내용을 담은 두루마리를 다시 만들었다(예레 36,27-32). 평생을 예레미야 곁에서 맴돌던 바룩은 마지막 운명도 예레미야와 함께하였다. 유다의 독립파에게 붙잡힌 바룩과 예레미야는 이집트로 끌려간(예레 43,1-7) 뒤에 흔적 없이 사라졌다.

바룩이 이 책의 원저자라면 서문에서 밝힌 대로, 바룩서는 "칼데아인들이 예루살렘을 점령하여 불태운 지 오 년째 되던 해"(바룩 1,2), 곧 기원전 582년 "바빌론에서"(1,1) 바룩서를 썼어야 한다. 그러나 바룩서는 그의 이름을 빌려 쓴 차명 작품임이 틀림없다. 저자와 저작 연대와 집필 장소에 실마리를 제공하는 것처럼 보이는 서문의 정보가 신빙성이 없기 때문이다. 예를 들어 1,7에 나오는 여호야킴 사제는 이곳 말고는 성경 어디에서도 알려진 바가 없고, 1,10에서는 파괴된 예루살렘의 성전 제단이 아직도 건재한 것으로 되어 있다. 더구나 이 책에서 활용한 성경 대목도 바빌론 유배보다 후대에 작성된 것으로 추정된다. 이를테면 1,11-12에 나오는 바빌론 임금 네부카드네자르와 그의 아들 벨사차르에 대한 언급은 다니 9장을 참조한 것인데, 다니엘서는 마카베오 항쟁 때 쓰인 책이다. 따라서 이 책의 작중 연대는 바빌론 유배 기간이겠지만, 주요 부분의 저작 연대는 이르면 유배 이후 시대부터, 늦으면 헬레니즘 시대(기원전 200-60년경)까지 폭넓게 생각할 수 있다.

지금으로서는 바룩서의 저자가 누구인지 알 수 없다. 다만 도입부(1,1-14)와 세 개의 주요 부분(1,15—3,8; 3,9—4,4; 4,5—5,9)을 서로 다른 네 저자가 썼고 이를 최종 편집자 한 명이 한데 엮었을 것이라고 추정할 뿐이다. 최종 편집자가 본디 서로 독립된 작품들을 이렇게 한데 모은 이유는 그 문헌들이 지닌 공통점 때문일 것이다. 그 공통점이란 바빌론 유배다. 말하자면 이 책의 편집자는 내용상 바빌론 유배와 관련 있는 문헌들을 모으고 히브리어 성경(특히 다니 9장; 욥 28장; 이사 40—66장)의 어휘와 내용을 활용하여 새로운 작품을 만들어 낸 것이다.

우리에게 전해진 바룩서의 본문은 칠십인역 그리스어지만 그 원문은 십중팔구 히브리어였을 것이다. 그리스어 본문을 히브리어로 바꾸어 원문을 재구성했을 때 히브리어 어법에 맞고 운문의 경우 병행구가 정확하게 드러나는 것만 보아도 알 수 있다. 바룩서의 저자는 이 책의 배경을 바빌론 유배로 제시하지만 집필 장소는 팔레스티나일 가능성이 더 높다. 바룩서의 원문이 히브리어로 쓰였고 그 내용이 바빌론 포로들을 겨냥한 것이 아니라 예루살렘 공동체에 대한 권고 형식을 취하고 있기 때문이다.

『성경』(cbck)의 바룩서에는 도입부와 세 주요 부분(1—5장)에 이어 예레미야의 편지(6장)가 덧붙어 있다. 이 예레미야의 편지도 원문이 히브리어로 쓰인 것이 거의 확실하다. 칠십인역의 그리스어 본문 여기저기에서 발견되는 번역투와 오역이 그 근거다. 편지의 작중 연대는 제1차 바빌론 유배가 있었던 기원전 597년이다(예레 29장 참조). 그러나 이 편지의 실제 저작 연대는 훨씬 후대로 드러난다. 6,2에서는 보통 유배 기간을 세 세대(예레 27,7)나 70년(예레 25,11-12; 29,10; 참조: 2역대 36,21; 다니 9,2)으로 잡는 것과는 달리 '일곱 세대'로 잡는다. 한 세대를 40년으로 계산하면 일곱 세대는 280년이고, 이를 실제 역사에 적용하여 기원전 597년의 제1차 유배로부터 환산하면 기원전 317년이 된다. 이상의 고찰은 저작 연대의 상한선을 기원전 4세기 말엽(기원전 연대는 317년이 4세기 말엽이다)으로 잡게 한다. 다른 한편 이 편지에 대한 언급이 2마카 2,1-3에 나오고 또 쿰란 일곱째 동굴(7Q)에서 기원전 100년경의 것으로 추정되는 이 편지의 그리스어 사본이 발견된 점으로 미루어, 저작 연대의 하한선은 기원전 2세기로 생각할 수 있다. 편지의 저자가 구체적으로 누구인지는 알 수 없지만, 편지 내용이 우상에 대한 신랄한 비판을 담은 것으로 보아, 아마도 마카베오 항쟁 시대에 외국 문화와 종교에 대한 경각심을 일깨우기 위해 이 편지를 작성했을 가능성이 높다.

나. **구조와 내용**

바룩서는 다섯 부분으로 나눌 수 있다. 도입부(1,1-14), 유배자들의 기도(1,15—3,8), 지혜와 율법에 관한 성찰(3,9—4,4), 유배의 신학적 반성과 회복에 대한 희망(4,5—5,9), 그리고 예레미야의 편지(6장)다.

첫째, 도입부(1,1-14)는 저자와 저술 장소와 시기, 저술 상황을 밝힌다. 이 책은 네리야의 아들 바룩이 바빌론에서 썼다고 한다(1,1). 저술한 때는 바빌론인들이 "예루살렘을 점령하여 불태운 지 오 년째 되던 해, 그달 초이렛날"(1,2)로 되어 있다. 여기서 '그달'은 예루살렘 도성과 그곳 성전이 불타버린 기원전 587년 다섯째 달(음력 7월)일 것이다(2열왕 25,9). 바룩을 비롯하여 바빌론에 끌려온 유다의 포로들은 모금을 하여 예루살렘에 보내면서 그 돈으로 번제물과 속죄 제물과 유향을 사고 곡식 제물을 장만하여 주 하느님의 제단에 바쳐 달라고 부탁한다. 그리고 바빌론 임금과 자신들을 위해서 하느님께 기도해 달라고 요청한다. 유다인 포로들이 바빌론 임금의 총애를 받고 그곳에서 평안히 살 수 있도록, 그리고 주님의 진노가 자신들에게서 떠나도록 하기 위해서다.

둘째, 유배자들의 기도(1,15—3,8)는 산문이다. 저자는 여기서 신명기 신학을 재확인한다. 곧 이스라엘의 과거 역사를 돌아보며 깊이 반성하고(1,15—2,12), 주님의 자비를 간절히 청한다(2,13—3,8). 과거에 대한 반성은 이스라엘의 과거 역사에 중점을 두고, 간절한 청원은 현재 바빌론 유배 상황에 초점을 맞춘다. 이스라엘은 과거 이집트 탈출 시절부터 오늘에 이르기까지 반역을 일삼았다. 그 결과 모세를 통하여 주님께서 경고하신 재앙과 저주(신명 27—30장)가 현실로 다가온 것이다. 재앙의 근원은 하느님이 아니라 이스라엘의 잘못이다. 하느님은 자애롭고 공정한 분이시다. 그분은 이스라엘 백성을 이집트의 노예살이에서 해방하시어 젖과 꿀이 흐르는 땅으로 인도하셨다. 그러나 그들은 그곳에서 하느님 대신 그 땅의 잡신들을 섬기고 그분의 뜻을 거역하며 살았다. 주님께서는 예언자들을 시켜 경고하셨지만 이스라엘 백성은 그 경고를 듣지 않아 결국 스스로 재앙을 불러들였다. 앞의 애가에서처럼 여기서도 제 자식의 살을 먹는 끔직한 상황을 언급한다(2,3; 참조: 신명 28,53-54). 이스라엘은 이제 공정하신 하느님 앞에서 아무것도 요구할 수 없게 되었으므로 그분의 자애에 매달릴 뿐이다(3,1-2).

셋째, 지혜와 율법에 관한 성찰(3,9—4,4)은 운문이다. 이 대목은 하느님 경외가 지혜의 근본임을 천명하는 이스라엘의 전형적 지혜문학을 반영한다. 이스라엘이 원수들의 땅에서 유배살이를 하게 된 것은 지혜의 샘을 외면하였기 때문이다(3,9-13). 저자는 지혜의 샘을 하느님의 길, 곧 생명의 말씀인 토라와 동일시한다. 토라를 따라 걷는 사람은 살 것이요 토라의 길을 버리는 자는 죽을 것이다(3,37—4,1). 이는 생명과 죽음의 길을 언급하는 신명 30,15-20의 가르침이기도 하다.

넷째, 유배의 신학적 반성과 회복에 대한 희망(4,5—5,9)은 운문이다. 이 대목은 저자가 신명 32장과 이사 40—55; 60—62장에서 영감을 받아 기록한 것이다. 먼저 저자는 유배의 원인을 이스라엘이 하느님을 저버린 탓으로 돌린다(4,5-8). 그런 다음 4,9-29에서는 애가 1장처럼 예루살렘을 인격화하여, 이 도성이 이스라엘 백성에게 보내는 권고와 위로의 메시지를 전한다. 저자는 애가에서처럼 여기서도 예루살렘을, 낯선 민족들에게 아들딸들을 빼앗기고 슬퍼하는 홀어미로 묘사한다. 자식들을 잃고 황폐해진 이 홀어미는 그들을 구원할 힘이 없어 더욱 슬프다. 그래서 홀어미 예루살렘은 하느님의 자비에 함께 호소하자고 자녀들에게 권고한다(4,20-21). 4,30—5,9에서는 저자가 이 도성에 위로의 메시지를 보낸다. "용기를 내어라, 예루살렘아! 너에게 이름을 지어 주신 분께서 너를 위로하시리라"(4,30). 이름을 지어 준다는 것은 소유와 소명을 뜻한다. 하느님은 예루살렘에게 '의로운 평화'와 '거룩한 영광'이라는 이름을 주심으로써(5,4) 당신의 것으로 삼으시고 정의와 평화와 거룩함을 전파할 사명을 맡기신다.

마지막으로, 6장의 예레미야의 편지는 예레미야가 바빌론으로 유배살이를 하러 떠나는 포로들에게 써 보낸 것으로 되어 있다. 문학 양식으로 보면 이 대목은 서간이라기보다 설교에 가깝다. 편지의 내용은 예레

10장과 그 밖의 성경 구절(시편 115,4-8; 135,15-18; 이사 40,18-20; 41,6-7; 46,1-7)에 바탕을 둔다. 유다인 포로들은 바빌론 사람들이 섬기는 우상들이 아무리 화려한 금은으로 만들어졌다 하더라도 생명체가 없는 물건에 지나지 않으므로 두려워할 필요가 없다. 목재 우상은 집안의 대들보처럼 땅에서 나온 벌레가 그 속을 갉아먹어도 속수무책이고 아픈 줄도 모른다. 오물이 묻었을 때도 누군가 그것을 닦아 주지 않으면 언제까지나 더러운 채로 남아 있을 것이다. 그런 무기력하고 썩어 없어질 우상들을 섬기는 자들은 그 우상들과 함께 망한다. 그러나 의인이라면 당연히 그런 헛된 것들을 섬기며 수치를 당할 리가 없다(6,69-72).

다. **신학 사상**

바룩서는 애가처럼 하느님의 자애와 공정을 재천명하면서 예언자들의 목소리와 신명기 신학을 충실히 반영한다. 상황 설정이 서로 다를 뿐이다. 애가가 시온/예루살렘의 참상을 목격하면서 그 재앙의 원인이 무엇인가를 반성한 반면, 바룩서는 유배의 상황을 겪으면서 이스라엘에 닥친 불행의 원인이 무엇인지를 반성한다. 애가의 무대가 예루살렘이라면, 바룩서의 무대는 바빌론이다.

이스라엘은 자신들에게 닥친 재앙의 원인을 하느님께 돌릴 수 없다. 하느님은 자애롭고 공정한 분이시다. 그분은 이스라엘 백성에게 자애를 베푸시어 이집트 노예살이에서 그들을 건져 주셨고 젖과 꿀이 흐르는 가나안 땅으로 인도하셨다. 그러나 이스라엘은 하느님의 말씀을 듣지 않았으며, 자신들의 주인이신 하느님을 저버리고 그 땅의 잡신들을 섬겼다. 그

결과 바빌론 사람들이 예루살렘을 멸망시키고 그곳의 많은 주민들을 바빌론으로 끌고 갔다. 이런 상황에서 이스라엘이 할 수 있는 일은 자애로우신 하느님께 호소하는 것뿐이다.

이 같은 신명기적 신학 사상과 관련하여 바룩서의 저자는 세 가지 점을 부각시킨다. 첫째, 유배의 진정한 의미를 밝힌다. 유배는 실로 이스라엘이 하느님의 이름과 계약을 다시금 기억하고 자신들의 죄악에서 유일한 하느님이신 주님께 돌아가는 결정적 계기가 되었다. 둘째, 토라의 중요성을 강조한다. 집회서를 비롯하여 이스라엘의 지혜문학은 토라를 지혜의 원천으로 보고 중요시하면서도 유일한 원천이라고 여기지는 않는다. 지혜는 피조물 또는 자연 안에 널리 퍼져 있어서 피조물을 잘 살펴보면 그것을 발견할 수 있다. 그런데 바룩서에 따르면 토라를 소유한 이는 다른 지혜가 필요 없다. 이스라엘이 죽음의 길에 들어선 것은 지혜의 샘을 저버린 탓이다. 이 지혜의 샘은 하느님께서 조상들에게 주신 토라 이외에 다른 것이 아니다. 토라가 곧 지혜요 생명으로 인도하는 길이다. 셋째, 바룩서의 저자도 애가의 저자처럼 예루살렘을 여성으로 인격화한다. 다만 애가에서는 시온/예루살렘을 딸로 표현한 데 반해, 바룩서에서는 홀어미로 표현한다. 이 홀어미는 모든 것을 빼앗겼다. 심지어 자식들마저 낯선 땅으로 떠나 보내고 지금 큰 슬픔에 사로잡혀 있다. 그러나 바룩서 저자는 하느님께서 그들을 낯선 땅에서 돌려보내시리라고 절망에 빠진 홀어미를 위로한다. 그리고 하느님께서 절망에 빠진 홀어미를 들어 올리시고 정의와 평화와 거룩함을 전파할 새로운 소명을 주실 것이라고 선언한다(5,3-5).

5. 에제키엘서

에제키엘서도 유배를 겪은 다른 예언서들처럼 바빌론 유배라는 민족적 재앙의 의미를 밝히는 데 주력한다. 유배는 하느님의 공정과 자애를 드러내는 사건이다. 하느님은 이스라엘 백성이 저지른 죄를 유배로 징벌하시지만, 징벌 기간이 끝나면 이스라엘을 유배에서 풀어 회복시켜 주실 것이다. 백성 가운데 남은 자들을 약속의 땅으로 다시 불러들이시고 그곳의 중심부인 예루살렘 도성에 새 성전을 세우셔서 이스라엘과 맺으신 계약을 충실히 이행하시고 당신의 거룩한 이름을 드높이실 것이다. 미래에 세워질 이 새 성전의 모습은 에제키엘서의 마지막 부분에서 상세히 묘사된다. 에제키엘서에서 가장 유명한 대목은 37장의 마른 뼈들이 살아나는 환시일 것이다. 이 환시는 유배로 흩어진 이스라엘 백성의 회복을 예시한다.

가. **에제키엘 예언자와 시대적 배경**

'에제키엘'יְחֶזְקֵאל의 이름 뜻은 '하느님의 힘'이다. 부즈의 아들 에제키엘은 사제요 예언자로, 기원전 597년 바빌론 임금 네부카드네자르가 유다 임금 여호야킨을 포로로 사로잡아 바빌론으로 끌고 갈 때 그와 함께 끌려간 유배자들 가운데 하나였다(2열왕 24,8-17). 에제키엘은 솔로몬이 예루살렘 성전의 대사제로 임명한 차독 가문(1열왕 2,35) 출신이었다. 따라서 그의 소명과 활동은 사제직과 예언직 둘 다에 바탕을 둔다.

먼저 그는 사제로서 정결과 부정, 성전 등 레위기 법전과 관련된 내용을 자주 언급한다. 에제 1—24장은 대부분 바빌론이 아니라 예루살렘에 관심을 집중한다. 이야기의 배경은 분명 바빌론인데, 그 내용은 예루살렘과 그곳 성전이 중심이다. 그래서 에제키엘이 예루살렘과 바빌론 두 곳에서 활동한 것으로 추정하는 이들도 있다. 그러나 에제키엘서가 전하는 여러 가지 정황으로 보아 에제키엘이 바빌론 유배지에서 활동한 것이 분명하다. 에제키엘은 예레미야와 여러 가지로 비교된다. 예레미야가 예루살렘에서 활동하면서도 바빌론 유배자들에게 편지로 하느님의 말씀을 전한 반면, 에제키엘은 바빌론에서 활동하면서 예루살렘 유다인들에게 역시 편지로 하느님의 말씀을 전한다. 둘 다 사제 출신 예언자로 예루살렘 성전에 관해 중요한 신탁을 전하였다. 예레미야서의 끝맺음은 다윗 왕조의 회복을 암시하는 말로 되어 있는 반면, 에제키엘서의 끝맺음은 미래에 복구될 새 성전에 대한 묘사로 되어 있다.

에제키엘은 사제로서뿐 아니라 예언자로도 활동하였다. 그는 여러 가지 환시를 보고 신탁을 전달했으며 백성들 앞에서 상징적 행위를 보여 주었다. 에제키엘은 예언자로서 자신의 임무를 똑똑히 인식하였다. 그는 이스라엘에 닥친 위기 상황을 백성에게 알리는 파수꾼 역할을 하였다.

에제키엘은 언제 예언직을 수행했을까? 에제키엘서 서두에 보면 그는 삼십년 되던 사월 오일에 크바르 강 가에서 신비스런 환시를 보고 예언 활동을 시작하였다(1,1). 여기서 삼십년은 무엇을 기준으로 한 것인가? 요시야 임금의 종교 개혁 원년인가 아니면 바빌론 임금 네부카드네자르의 통치 원년인가? 오리게네스는 이 '삼십'을 에제키엘의 나이로 본다(『에제키엘서 강론 1』 4.1). 2절에서 이 책의 저자는 에제키엘이 환시를 본 해를 여호야킨 임금의 유배 제5년으로 밝힌다. 오리게네스의 추측이 맞다면 에제키엘이 여호야킨 임금과 더불어 바빌론에 끌려갈 때의 나이는 25세였고 5년 뒤인 30세에 에제키엘은 크바르 강 가에서 환시를 보고 예언 소명을 받았다. 크바르 강은 바빌론 남쪽 성읍 닙푸르 근처 유프라테스 강에 연결된 수로였는데, 유다인들은 크바르 강 가의 마을 텔 아비브(아카드어로 '홍수 언덕')에 집단으로 거주하며 이 수로를 만드는 데 강제로 동원되었을 수 있다. 에제키엘은 예레미야의 권고(예레 29,5)에 따라 이곳에 집을 짓고 살았던 것 같다(에제 3,24; 8,1; 12,3).

에제키엘은 스무 해 조금 넘게 예언직을 수행하였다. 그는 기원전 597년의 제1차 유배 때 유다 임금 여호야킨과 함께 포로로 바빌론에 끌려가서 유배 제5년, 곧 기원전 593년에 크바르 강 가의 유다인 정착촌 텔 아비브에서 환시와 예언자 소명을 받는다. 587년 이곳에서 예루살렘 함락과 성전 파괴에 관한 소식을 들은 에제키엘은 이스라엘의 운명과 예루살렘과 성전을 두고 하느님의 말씀을 전하기 시작한다. 같은 해에 갑자기 아내와 사별하는데, 둘 사이에 자녀는 없었다. 에제키엘의 예언 역시 다른 예언자들의 경우처럼 예루살렘이 함락되기 전에는 심판의 예고가 주를 이루지만(1—24장), 함락된 뒤에는 회복과 축복을 알리는 예언이 주를 이룬다(33—48장). 예언직과 관련하여 그가 언급한 마지막 연대는 유배 27년째 되던 해(29,17), 곧 기원전 571년이다. 그러니까 에제키엘이 예언직을 수행한 기간은 593년부터 571년까지 22년 동안이다.

에제키엘은 예언자들 가운데서 환시와 황홀경을 가장 많이 체험한 인물이다. 상징적인 행동은 물론 때로는 벙어리 증세(3,26; 24,27)와 반신불수 증세(4,4-6)를 보이기도 했으며, 집에서 예루살렘을 돌아다니는 환시를 보기도 한다(8장). 그 때문에 에제키엘의 정신상태가 비정상이 아닌가 하는 오해를 불러일으키기도 한다. 그러나 상징 행위와 환시와 황홀경은 다른 예언자들에게서도 흔히 볼 수 있는 현상이다. 벙어리 증세는 그가 하느님한테 신탁을 받지 않아서 전할 말이 없었기 때문이고 마비 증세는 초자연 세계에 대한 그의 예민한 감성 때문에 일어난 현상으로 이해할 수 있다. 그의 내면에는 두 가지 정신이 늘 대립하고 있었다. 그는 엄격한 규율 속에서 살았던 사제인 동시에 그런 규율을 뛰어넘은 예언자였으며, 하느님의 말씀을 정열적으로 선포하는 설교가인 동시에 모든 것을 사실적으로 기술하는 저술가였다. 그가 풍부한 감성과 논리적 사고, 이상과 현실, 냉정함과 동정심을 함께 갖추었으면서도 인격적 균형을 잃지 않았다는 것은 놀라운 일이다.

에제키엘서의 본디 청중은 누구였을까? 에제키엘서가 시사하는 바로는 그가 바빌론에서만 예언 활동을 한 것으로 되어 있다. 이 경우 그의 청중은 당연히 동료 유배자들, 곧 왕족과 귀족·서기관·사제·장인 등 예루살렘의 지도층 인사들이다. 에제키엘은 바빌론 유배자들뿐만 아니라 예루살렘 주민들을 향해서도 메시지를 보내는데, 앞에서 언급한 것처럼 이 때문에 그가 바빌론과 예루살렘을 오가며 예언 활동을 벌인 것이 아닌가 하는 추측을 낳기도 한다. 그러나 이스라엘의 예언자들은 자기 눈앞에 있지 않은 청중들에게 곧잘 신탁을 전한다. 예레미야도 유다에 있으면서 바빌론 유배자들에게 권고의 메시지를 전하였다. 특히 바빌론 유배자들과 예루살렘 공동체 사이에는 서신 교환이 있었을 터인데, 에제키엘이나 예레미야가 이를 이용했을 가능성이 높다.

나. 저자와 저작 연대

에제키엘서는 독자들에게 전체적으로 통일된 인상을 준다. 이 때문에 고대 해석가들은 이 책을 한 저자의 작품으로 생각하였다. 19세기 비평가들마저 이 책을 분석하고 해부하려는 시도를 별로 보이지 않았다. 그러다가 20세기에 들어와서 비평가들은 다른 예언서에도 적용된 예언서의 형성 원칙, 곧 예언자가 직접 발설한 구전 신탁을 후대의 제자들이나 추종자들이 편집하였을 것이라는 원칙을 에제키엘서에도 적용하였다. 이때 예언자 자신의 구전 신탁을 확인하는 기준은 간결하고 압축된 말이어야 한다는 것이다. 특히 예언 황홀경에서 발설한 구전 신탁은 표상과 은유를 많이 담은 운문이어야 한다. 그런데 에제키엘서의 신탁은 많은 경우 길고 반복적인 산문으로 되어 있어 이 기준에 맞지 않는다. 이런 산문들은 듣기 위한 것이 아니라 읽기 위한 것으로 보아야 한다. 따라서 에제키엘서는 예언자가 처음부터 말보다는 글로 선포했을 가능성이 높다. 사실 유배 시절의 예언자들은 예루살렘 성전이나 지방 성소에 모여든 청중에게 공개적으로 신탁을 전하던 유배 전의 예언자들과는 달리 대중 설교를 하는 것이 불가능하였을 것이다. 팔레스티나·이집트·바빌론 등 곳곳에 흩어져 사는 유다인 동족을 한데 모을 수 없는 상황에서 에제키엘이나 제2이사야와 같은 유배 시절의 예언자들은 주님의 말씀을 전달하는 효과적인 수단으로 말보다는 글을 선호하였을 것이다. 따라서 에제키엘서는 전체적으로 구전 신탁보다는 문서 신탁이 주를 이루었을 것이고, 후대의 편집자들이 예언자 자신의 글을 변하는 시대적 상황에 맞추어 수정·보완하였을 것이다.

에제키엘서 자체는 매우 복잡한 구조와 표현으로 되어 있지만 메시지는 비교적 단순하다. 예루살렘 도성과 유다 백성은 자신들이 저지른 종교적이고 사회적인 죄악 탓에 벌을 면할 길이 없다. 당대의 민족만이 죄를 지은 것이 아니라 이스라엘 역사 전체가 하느님을 거슬러 불순종하고 반역하였다(20장). 회개는 경건하게 살아가는 개인을 구원해 줄 수 있겠지만(18장), 그런 의인들이 존재한다 하더라도 그 수가 너무 적어 민족 전체를 구원할 수는 없을 것이다. 이 메시지는 기원전 597년에 바빌론으로 유배간 이들과 유다에 남아 있는 자들에게 모두 해당한다. 에제키엘은 유배 이전의 예언자들에게서 공통적으로 나타난 이 같은 재앙의 신탁과 더불어, 예루살렘 도성이 파괴되고 백성이 징벌을 받은 다음에 하느님께서 유배자들을 가나안 땅으로 다시 데려오시고 당신의 계획에 따라 성전을 재건하실 것이라는 구원과 희망의 신탁도 전한다(40—48장). 그러나 유배자들의 귀환은 온전히 하느님의 은총에 힘입은 것이지 사람들의 노력 때문이 아니다. 하느님은 당신의 거룩한 이름을 더럽히지 않게 하시려고 백성을 되돌아오게 하실 것이다(36,16-32).

유배 사건이 이스라엘 백성으로 하여금 자신들의 잘못을 깨닫고 뉘우치게 하는 계기가 되고 백성들이 회개하였기 때문에 하느님께서 이스라엘을 회복시켜 주실 것이라고 믿은 예레미야와는 달리, 에제키엘은 백성이 이 유배 기간을 참회의 기회로 이용할 것이라고 생각하지 않는다. 예언자 주변의 적은 무리만이 그의 말에 귀를 기울였을 뿐 대부분의 유배자들은 무관심하였을 것이다. 그래서 에제키엘서에서는 하느님께서 먼저 백성의 돌 심장을 살 심장으로 바꾸어 놓으시는 것이 급선무였다. 그런 다음에야 그들은 하느님께서 자신을 위하여 무슨 일을 하셨는지를 깨닫고 회개하게 될 것이다.

다. 구조와 내용

에제키엘서 역시 다른 예언서들처럼 사건별로나 연대순으로 정리한 문헌이 아니라 여러 신탁과 자료들을 한데 모아 놓은 '선집'選集이다. 에제키엘서는 통일된 구조를 갖추고 있지만, 그 안에 포함된 신탁들은 흔히 길이가 매우 길고 화려한 치장이 많으며 그 내용이 중복되고 복잡하여 때때로 모호하다.

에제키엘서는 세 부분으로 나눌 수 있다. 첫째 부분(1—24장)은 유다와 예루살렘에 대한 심판의 말씀이고, 둘째 부분(25—32장)은 이스라엘의 원수 이방민족들에 대한 심판의 말씀이며, 셋째 부분(33—48장)은 유배자들에게 보내는 구원의 말씀이다. 이스라엘 백성에 대한 심판과 구원의 말씀 사이에 이방민족들에 대한 심판의 말씀을 끼워 넣은 것은 이스라엘을 괴롭힌 원수들을 심판하는 것 자체가 이스라엘에 구원을 가져오는 계기가 되기 때문이다. 물론 이 구조와 내용이 언제나 정확하게 들어맞는 것은 아니다. 심판의 신탁을 전하는 첫째 부분에 때때로 구원의 신탁이 포함되기도 하고(11,14-21; 16,60-62; 17,22-24), 구원의 신탁을 전하는 셋째 부분에 심판의 말씀이 들어오기도 한다(34,1-10; 36,16-32).

저자는 이 구조와 내용을 또렷하게 드러내기 위하여 표상과 말씀의 반복, 장황하게 묘사한 세 가지 환시를 이용한다. 먼저 예언자의 소명 이야기를 거의 그대로 반복하는데(3,16-21; 33,1-9), 33장의 반복은 징벌의 메시지에서 구원의 메시지로 바뀌는 전환점이 된다. 예언자가 벙어리가 되는 이야기(3,22-27)와 풀리는 이야기(33,21-22)는 저마다 예언자의 소명과 예루살렘의 함락과 직결된다. 그다음 세 가지 환시는 에제키엘서의 핵심 주제와 밀접한 관련이 있다. 첫 번째 환시는 바빌론에서 하느님의 영광이 어떻게 드러나고 에제키엘 예언자가 어떤 소명을 받게 되는가를 알려 준다(1—3장). 두 번째 환시는 예루살렘과 성전에 주님의 심판이 떨어지고, 하느님의 영광이 죄악으로 가득 찬 이 도성을 떠나게 된 것을 시사한다(8—11장). 마지막 세 번째 환시는 하느님의 영광이 어떻게 다시 세워지고 성별된 성전에 돌아오게 되는지를 밝혀 준다(40—48장).

라. **신학 사상**

에제키엘서는 민족적 재앙을 둘러싸고 이스라엘 백성에게 제기된 몇 가지 신학적 질문에 분명한 답변을 제시한다. 첫째, 주님의 도성인 예루살렘의 함락과 주님의 백성인 이스라엘의 유배는 하느님의 무기력함을 드러내는 표지인가? 에제키엘서 저자는 이 질문에 단호하게 아니라고 답변한다. 바빌론인들이 예루살렘과 성전을 파괴한 것은 고대 근동의 정치 질서 변화에서 불가피하게 파생된 결과가 아니라 하느님이 의도적으로 일으키신 일이기 때문이다(8—11장). 그러나 이 사건으로 예루살렘에 대한 하느님의 성실한 약속이 잊혀지거나 약화된 것은 결코 아니다. 하느님의 영광이 예루살렘에서 잠시 동안만 떠나 있을 뿐, 이스라엘에 대한 징벌의 기간이 다 채워지면 적절한 때에 그분의 영광은 새로 마련되고 성별된 성전에 다시 돌아올 것이다.

둘째, 누가 참다운 이스라엘을 형성할 것인가? 바빌론에 유배를 갔다가 돌아온 이들이다. 그들은 온갖 어려움을 무릅쓰고 민족을 재건하고 회복할 것이다(11,14-21). 유배지에 눌러앉은 사람들이나 팔레스티나에 머물러 있던 사람들은 장차 이스라엘을 재건하는 데 아무 구실도 하지 못할 것이다.

셋째, 에제키엘 예언자의 예언은 하느님한테서 직접 받은 것인가, 아니면 예언자 자신이 임의로 전한 것인가? 저자는 에제키엘이 언제나 신적인 권위를 가지고 예언을 하였다는 사실을 기회 있을 때마다 강조한다. 에제키엘의 말은 어떤 인간적 방해나 해석 없이 청중에게 직접 전달되는 하느님의 말씀이다. 힘겹게 살아가던 유배자들은 그의 예언을 들으면서 자신들 가운데 참된 예언자가 있다는 사실을 알게 될 것이다(33,33).

에제키엘서에 나오는 서로 상반된 두 신탁, 곧 심판의 신탁과 구원의 신탁은 예루살렘의 함락을 기준으로 전자는 함락 이전에, 후자는 함락 이후에 나온 것으로 볼 수 있다. 유다와 예루살렘은 자신들이 저지른 죄 탓에 멸망할 수밖에 없다. 어떤 조치도 이미 확정된 이 심판의 상황을 되돌리지 못한다. 그러나 이스라엘 백성이 자신들의 죄에 상응하는 벌을 받은 다음에는 하느님께서 이민족 가운데 흩어진 그들을 다시 불러 모아 재건하시고 파괴된 예루살렘을 당신의 영원한 거처로 회복하게 하실 것이다. 그리하여 이스라엘과 예루살렘은 엄청난 재앙을 극복하고 하느님의 선택된 민족과 도성으로 항구하게 남게 될 것이다.

6. 다니엘서

다니엘서는 유다교와 그리스도교에서 서로 다른 평가를 받았다. 쿰란과 초기 유다이즘(기원전 250-기원후 200년)에서 다니엘은 분명히 예언자로 통했으나(요세푸스 『유다 고대사』 10.266-68), 초대 그리스도교에서 그를 그리스도의 예형例型으로 여기고 그가 불가마에서 살아남은 것을 그리스도인의 부활에 대한 예시豫示로 제시하자, 라삐 전승은 그를 예언자가 아니라 단순한 환시가로 낮게 평가하였다(『바빌론 탈무드』 메길라 3a; 참조: Shurpin). 라삐들은 다니엘서가 마카베오 항쟁 이후의 사건들이나 세상 종말에 관해 예언을 하고 있다는 사실을 부인하였다. 그리고 일부 유다교 전승에서는 다니엘과 네부카드네자르 사이의 친밀한 관계에 대해서도 비판적 입장을 취하였다.* 그럼에도 유다교에서 다니엘서는 구약 말기 유다인들의 사회관과 신학관을 밝혀 주는 중요한 문헌으로 특별한 주의를 끈다.

가. **히브리어 성경과 그리스어 성경**

다니엘서의 위치와 본문은 히브리어·그리스어·라틴어 성경 전통 모두에서 서로 다르게 나타난다. 위에서 밝힌 이유 때문에 히브리어 성경에서 다니엘서는 예언서가 아니라 성문서에 속하고 그 위치는 축제오경과 에즈라기 사이에 놓이는 반면, 그리스도교에서 받아들인 그리스어 성경에서는 이사야서, 예레미야서, 에제키엘서와 함께 네 대예언서 가운데 하나로 분류되어 에제키엘서 뒤에 위치한다. 히브리어 성경의 다니엘서 본문은 모

---

* 이 문제는 Henze, *The Madness of King Nebuchadnezzar: The Ancient Near Eastern Origins and Early History of Interpretation of Daniel 4*, 109-111에 다뤄져 있다. 이에 따르면, 라삐들은 다니엘이 네부카드네자르의 꿈을 해석해 준 것은 그 임금을 위해서가 아니라 하느님을 위해서였다고 설명한다.

두 열두 장으로 되어 있는데, 2,4ㄱ—7,28은 아람어로, 나머지는 히브리어로 되어 있다. 다니엘서 원본보다 100년도 차이가 나지 않는 쿰란 사본의 본문도 똑같다. 다니엘서의 히브리어 본문과 아람어 본문을 두고 두 가지 주장이 있다. 하나는 최종 편집자가 아람어 본문 앞뒤에 히브리어 본문을 덧붙였을 것이라는 주장이고, 다른 하나는 전체가 아람어로 쓰인 본문을 팔레스티나의 경건한 유다인들을 위해서 일부만 히브리어로 번역했을 것이라는 주장이다. 후자 주장이 그럴듯하다. 박해 상황에서 유다교의 전통과 관습을 보존하려는 경건한 유다인들에게 히브리어는 중요한 의미를 지녔을 것이기 때문이다.

그리스어 성경 전통은 초대 그리스도인들과 가톨릭에서 받아들였다. 그리스어 성경 전통은 크게 두 가지로 전해진다. 칠십인역(기원전 100년경)과 테오도티온역(기원후 180년경)이 그것이다. 두 역본 다 히브리어 성경 다니 3,23 다음에 '아자르야의 노래'와 '세 젊은이들의 노래'를 덧붙이고, 히브리어 성경의 다니엘서 마지막 장(12장) 다음에 '수산나 이야기'와 '벨 신상과 큰 뱀 이야기'를 덧붙인다. 그런데 칠십인역에 비해 테오도티온역이 히브리어 다니엘서 본문에 더 충실하고 덧붙인 부분에서도 칠십인역 본문보다 더 길다. 『성경』(cbck)은 히브리어와 아람어 본문은 그대로 옮기고 히브리어에 덧붙여진 그리스어 본문은 테오도티온역에서 옮겼다.

나. 다니엘 예언자와 작중 연대와 저작 연대

히브리어로 '다니엘'דָּנִיֵּאל은 '하느님께서 나의 심판관이시다'는 뜻이다. 이 이름은 다니엘서 훨씬 이전의 구약성경 문헌뿐 아니라 성경 밖 고대 근동의 문헌에서도 찾아볼 수 있다. 에제 14,14.20은 다니엘을 구약의 유명한 두 인물, 노아와 욥과 나란히 의인으로 기억한다. 같은 예언서 28,3에서는 다니엘이 지혜를 두고 티로의 군주와 비교된다. 성경 밖의 예로는 기원전 14세기 고대 시리아 해안 도시 우가릿(오늘의 라스 샤므라)에서 발견된 문헌을 들 수 있다. 여기서 그 이름의 어근이 다니엘과 같은 드닐*Dnil*이라는 한 의로운 영웅이 공정한 판관으로 이름을 떨친다. 이처럼 성경 안팎의 전통에서 다니엘은 지혜롭고 의로운 인물로 드러나며 이는 다니엘서의 주인공 묘사와 부합한다. 다니엘서의 주인공은 자신의 지혜와 의로움 덕분에 천사들의 도움을 받아 장차 다가올 세상의 운명에 대하여 신적 계시를 받게 된다.

다니엘서의 작중 연대는 본문의 정보에 따르면 유다 임금 여호야킴 제3년(다니 1,1)인 기원전 606년부터 페르시아 임금 키루스 제3년(10,1)인 기원전 536년까지다. 그러나 작중 연대의 시작을 기원전 606년으로 보는 데는 문제가 있다. 먼저 네부카드네자르가 바빌론 왕좌에 오른 때는 606년이 아니라 605년이다. 또 그의 통치 시절에 예루살렘 공략과 바빌론 유배는 크게 기원전 597년과 587년에 두 번 있었는데, 모두 여호야킴이 아니라 첫 번째는 그의 아들 여호야킨이, 두 번째는 여호야킨의 삼촌 치드키야가 유다를 다스리던 때였다(2열왕 24,10-16; 25,5-7; 에제 1,2; 예레 52,1-30). 그러나 역사적 사실fact의 세부사항은 그다지 중요하지 않다. 다니엘이라는 한 인물을 통하여 이민족의 지배 아래에서 유다인들이 어떻게 살아야 하는지를 제시하는 것이 이 책의 중요한 진실truth이다. 어떻든 다니엘서의 작중 연대에 따르면 다니엘이 바빌론 왕궁에 봉직한 기간은 십대 소년 시절부터 칠십대 노년기까지 60여 년으로 볼 수 있다.

다니엘서의 저작 연대는 마카베오 항쟁을 불러일으킨 안티오코스 4세(기원전 175-164년)의 박해 때다. 본문 자체가 기원전 167년 안티오코스 4세가 성전을 모독하고 유린한 사건을 암시하기 때문이다(참조: 다니 8,9-13; 9,27; 11,31). 그런데 164년에 있었던 성전 정화는 언급하면서도 같은 해에 있었던 이 박해자의 죽음은 언급하지 않은 것으로 미루어, 이 책의 저작 연대를 164년으로 비교적 정확하게 추정할 수 있겠다. 그런데 1—6장에 나오는 여섯 가지 이야기는 박해 상황에 걸맞지 않게 유머스럽고 긴장감이 덜하다. 이 이야기들은 이스라엘의 출중한 인물들이 고대 근동의 궁정 안에서 벌인 활약상을 전하는 3인칭 궁정 설화의 전형적 예들이다(참조: 창세 37—50장의 요셉 이야기와 에스테르기 전체). 이 궁정 설화들은 본디 마카베오 항쟁 훨씬 이전에 디아스포라 유다인들이 이방인 왕궁에서 겪었던 갈등과 성공을 반영하는 것으로 볼 수 있다. 다니엘서 저자는 이 궁정 설화들을 입수하여 안티오코스 4세의 박해와 마카베오의 항쟁의 상황에 맞게 편집하였을 것이다.

다. **구조와 내용**

다니엘서는 크게 세 부분으로 나눌 수 있다. 첫째 부분(1—6장)은 다니엘과 세 친구가 바빌론과 메디아 왕궁에서 겪는 공적인 이야기를 다루고, 둘째 부분(7—12장)은 다니엘이 혼자 환시를 보는 사적인 이야기를 다룬다. 그리고 마지막 셋째 부분(13—14장)은 13장의 '수산나 이야기'와 14장의 '벨 신상과 큰 뱀 이야기'다.

첫째 부분(1—6장)은 다니엘이 바빌론 임금들의 꿈을 해몽하는 이야기가 주를 이루기 때문에 문학 양식으로 보자면 지혜문학에 속한다고도 할 수 있다. 이 부분에는 궁정 설화 여섯 개가 각 장마다 하나씩 나온다. 1장은 다니엘을 비롯하여 유다의 네 젊은이가 바빌론에 포로로 잡혀 왔다가 바빌론 임금 네부카드네자르의 왕궁에 임금의 조언자로 발탁되는 이야기다. 네 젊은이는 바빌론식 이름을 받고 궁중 음식과 술을 먹게 되었는데, 전자는 받아들이지만 후자는 거부한다. 다니엘은 감독관에게 열흘 동안 채식만 하고 열흘 뒤에 건강에 이상이 없으면 유다교식 음식 규정을 계속 지키게 해 달라고 요청하였다. 열흘 뒤에 그들의 용모가 더 좋아지고 건강해져서 그들 뜻대로 되었다. 다니엘과 그의 동료들은 하느님께 이해력과 지혜를 얻어 임금의 총애를 받았다.

2장은 다니엘이 바빌론 임금의 꿈과 그 꿈의 뜻을 알아맞혀 임금에게서 칭송을 받았다는 이야기를 전한다. 어느 날 밤 네부카드네자르가 불길한 꿈을 꾸고 잠을 못 이룬 사건이 일어났다. 그가 꾼 꿈에는 크고 눈부신 사람의 형상이 나타났는데 머리는 순금, 가슴과 두 팔은 은, 배와 두 넓적다리는 놋쇠, 정강이는 쇠요 발은 쇠와 흙으로 되어 있었다. 그때 돌 하나가 갑자기 날아 들어와 그 형상 전체를 가루로 만들어 버리고 산같이 큰 바위가 되었다. 다니엘의 해몽에 따르면 사람의 형상은 네부카드네자르가 다스리는 바빌론 왕국에 이어지는 나라들의 흥망성쇠를 가리킨다. 순금 머리는 네부카드네자르, 은으로 된 가슴과 두 팔은 바빌론 다음에 오는 나라 메디아, 놋쇠로 된 배와 두 넓적다리는 그다음에 일어나 온 세상을 다스릴 나라 페르시아, 그리고 정강이와 발로 표현된 넷째 나라는 알렉산드로스가 세운 강력한 그리스 제국이다. 그런데 발과 발가락들이 쇠와 흙으로 되어 있다는 것은 그리스 제국이 프톨레마이오스 왕조의 이집트 왕국과 셀레우코스 왕조의 시리아 왕국으로 나뉘고 이 두 왕국이 서로 인척 관계를 맺어 화합하려 하지만 그것이 쉽지 않다는 것을 말한다(2,41-43). 마지막에 날아온 돌 하나가 이 거대한 사람의 형상을 부수고 산같이 큰 바위가 된다는 것은 하늘의 하느님께서 이 왕국들 다음에 새로운 나라를 세우실 터인데, 이 나라는 영원히 서 있게 될 것이라는 뜻이다. 다니엘서 저자에게 이 나라는 하느님께 충성을 바치는 하시드인들(경건한 이들)이 물려받게 될 미래의 왕국일 것이다. 그러나 그리스도인들은 이 돌을 그리스도로, 그리고 하느님이 세우실 새로운 나라는 이 돌을 모퉁이의 머릿돌로 삼아 세울 교회로 자연스럽게 이해한다. 네부카드네자르는 다니엘의 하느님을 찬양하고 꿈과 그 뜻을 알아맞힌 그와 세 동료를 중용한다.

3장은 다니엘의 세 동료가 우상 숭배를 거절한 탓으로 불가마에 던져졌다가 기적적으로 살아난 이야기다. 2장과는 달리 3장에서 네부카드네자르는 현명한 군주가 아니라 어리석고 잔인한 폭군이다. 그는 금신상(아마도 자기 자신의 상)을 만들어 놓고 문무대신들더러 거기에다 절을 하라고 명령한다. 다니엘의 세 친구가 거절하자 임금은 그들을 활활 타는 불가마에 던지게 한다. 그때 주님의 천사가 나타나 불길을 가마 밖으로 내몰아 세 젊은이를 보호한다. 세 젊은이는 하느님을 찬양하는 노래를 부르는데, 그 노래가 그리스어 역본에만 나오는 '아자르야의 노래'와 '세 젊은이의 노래'다(3,24-90).

4장에는 네부카드네자르의 꿈 이야기가 다시 나오며, 이번에는 임금이 자기가 꾼 꿈을 기억한다. 임금은 꿈에 하늘까지 닿고 땅 끝에서도 볼 수 있는 우람한 큰 나무를 보았는데, 하늘에서 감독관 하나가 내려오더니 나무를 찍어버리되 등걸과 뿌리만은 뽑지 말라고 외친다. 그리고 나무를 쇠사슬로 묶어 일곱 해 동안 풀밭에 버려둔 채 하늘의 이슬에 젖게 하고 짐승들과 어울려 풀이나 뜯게 하라고 한다. 다니엘은 꿈을 이렇게 풀이한다. 큰 나무는 네부카드네자르를 가리키는데, 대바빌론을 자신의 공으로 세운 왕국이라고 하며 오만하게 굴다가 세상에서 쫓겨나 들짐승과 어울려 살게 될 것이다. 이렇게 일곱 해를 보낸 다음 임금은 제정신이 들어 지극히 높으신 하느님을 찬양하게 되고 그런 다음에야 다시 왕위를 회복한다는 것이다.

5장은 벨사차르 임금의 이야기다. 본디 벨사차르는 바빌론의 마지막 임금 나보니두스의 아들이지만, 여기서는 네부카드네자르의 아들로 나온다. 이 이름 뜻은 '벨(바빌론의 신)이 임금을 보호한다'는 뜻이다. 어느 날 벨사차르가 예루살렘 성전에서 훔쳐 온 거룩한 금기물들에 술을 담아 마시면서 신성모독적인 잔치를 벌이고 있을 때, 갑자기 사람 손가락이 나타나 벽에 이상한 글자를 썼다. 벨사차르의 잔치는 기원전 167년 안티오코스 4세가 예루살렘 성전을 모독한 사건을 떠올리게 한다. 잔치 도중에 임금은 몹시 놀라 바빌론의 주술사들과 현인들을 불러 그 뜻을 풀이하라고 한다. 그때 다니엘이 나서서 풀이하였다. 그 글자들은 '므네 므네 트켈 그리고 파르신' מְנֵא מְנֵא תְּקֵל וּפַרְסִין이고, 그 뜻은 하느님께서 벨사차르의 날수를 헤아리시고 저울에 달아보시니 무게가 모자라 그의 왕국을 둘로 나누어 메디아인들과 페르시아인들에게 주셨다는 것이다. 그리스어로 므네와 트켈과 파르신은 두 가지로 해석할 수 있는데, 하나는 무게와 화폐 단위로 '므네'는 60세켈의 가치를 지닌 한 미나를, '트켈'은 세켈을, '파르신'은 30세켈의 가치를 지닌 반 미나를 가리킨다는 것이다. 다른 해석은 세 단어를 동사의 수동태로 여겨 '헤아려지고 무게가 측정되고 나뉜다'로 이해할 수 있다는 것이다. 이 두 가지 해석을 합하면, 벨사차르 임금의 왕국을 헤아렸을 때 60이고 그 자신의 무게를 달아보니 1이었는데, 하느님이 그의 왕국을 둘로 나누시어 메디아와 페르시아에게 저마다 30씩 넘기신다는 뜻으로 이해할 수 있다. 벨사차르 역시 네부카드네자르처럼 하느님을 모독하고 거역했다가 비참한 최후를 맞는 벌을 받았다. 이 이야기를 통해서도 저자가 강조하는 것은 하느님의 절대 주권이다. 하느님의 주권은 어떤 오만한 인간에게서도 도전을 받을 수 없다.

6장은 메디아 임금 다리우스의 통치 시절에 다니엘이 당한 박해와 극적인 구원 이야기다. 그런데 다니엘서의 역사 도식은 실제 역사와 다르다. 다니엘서 저자에 따르면 역사는 바빌론(네부카드네자르/벨사차르), 메디아(다리우스), 페르시아(키루스), 그리스(알렉산드로스), 이집트와 시리아, 로마로 이어간다. 그러나 6,1의 기록과는 달리 실제 역사에서 바빌론의 패권을 이어받은 사람은 메디아의 다리우스가 아니라 페르시아의 키루스다. 저자가 본디 페르시아의 제4대 임금인 다리우스 1세와 메디아라는 나라를 이야기에 끌어들인 것은 2장과 7장의 '네 제국 도식'에 맞추기 위해서였을 것이다. 다니엘서에 따르면 다리우스는 총독 백스무 명(헤로도토스에 따르면 스무 명: 『역사』 3,89-97)과 그 위에 재상 세 명을 두어 나라를 다스리게 하였는데, 다니엘이 그 재상들 가운데 하나였다(6,2-3). 임금이 다니엘을 최고 재상에 임명하려고 하자 다른 두 재상과 총독들이 그를 시기하고 모함하였다. 그들은 다리우스로 하여금 임금 이외에는 어떤 신이나 사람에게도 기도해서는 안 된다는 금령 문서에 서명하도록 하고는 다니엘을 주시하였다. 이 사실을 알면서도 다니엘은 자기 집에서 하루에 세 번씩 하느님께 기도하였다. 이를 목격한 사람들이 임금에게 고발하자 임금은 금령대로 다니엘을 사자 우리에 넣었으나 이튿날 다니엘이 무사한 것을 보고 오히려 그를 모함한 자들을 가족들과 함께 사자들의 밥이 되게 하였다. 그러고 나서 임금은 다니엘의 하느님을 찬양하고 섬기라는 칙령을 내렸다(6,27-28). 사자굴에서 구원받은 다니엘은 그리스도인들에게 십자가 죽음에서 부활하신 예수 그리스도의 예형이다.

둘째 부분(7—12장)은 다니엘 자신이 직접 꿈을 꾸고 환시를 보는 내용으로 묵시문학의 색채가 짙다. 7장의 꿈 이야기 역시 저자의 역사 도식을 따른다. 먼저 꿈을 통한 환시가 나오고(1-14절) 이어서 환시의 해설이 나온다(15-28절). 그런데 앞에서와 달리 다니엘이 직접 환시를 설명하지 않고 하느님의 옥좌 곁에 서 있는 천사에게서 그 설명을 듣는다. 환시에는 네 짐승이 등장한다. 사자의 몸에 독수리의 날개가 달린 첫 번째 짐승은 바빌론이다(참조: 예레 50,17; 에제 32,2; 하바 1,8ㄴ). 곰처럼 생긴 두 번째 짐승은 이빨 사이에 갈비 세 개를 물고 있었는데, 이는 세 왕국을 집어 삼킨 메디아를 가리킨다. 표범의 몸에 네 날개와 네 머리가 달린 세 번째 짐승은 페르시아를 가리킨다. 여기서 네 날개와 네 머리는 동서남북 네 방향, 곧 온 천하를 통치하던 페르시아 제국과 제국의 네 임금 키루스·다리우스·크세르크세스·아르타크세르크세스를 가리킬 수도 있다. 무시무시하고 끔찍하게 생긴 네 번째 짐승은 알렉산드로스가 창건한 그리스 제국이다. 이 짐승에 달린 뿔 열 개는 알렉산드로스 제국을 이어받아 다스리던 시리아 셀레우코스 왕조의 열 임금을 말하고, 나중에 돋아난 작은 뿔은 안티오코스 4세 에피파네스를 가리킨다. 이 열한 번째의 뿔은 세 개의 뿔, 곧 데메트리오스와 그의 동기 또 다른 안티오코스, 그리고 이집트의 프톨레마이오스 6세(필로메토르)를 제거한다. 한편 1세기의 유다인들과 그리스도인들은 사자는 바빌론, 곰은 페르시아, 네 머리가 달린 표범은 알렉산드로스 제국과 대왕 이후에 장군들에게 분할된 네 왕국, 그리고 마지막 네 번째 무시무시한 짐승은 로마로 해석하였다(참조: 에즈라 4서 11,39-46; 12,10-34). 네 짐승은 신약성경 묵시록에도 나온다.

8장에는 두 번째 환시가 나오는데, 다니엘은 이 환시를 꿈을 통해서가 아니라 직접 본다. 먼저 뿔 두 개가 달린 숫양이 강가에 서 있다. 이는 메디아와 페르시아의 쌍두 왕국을 가리키는데, 나중에 나온 뿔이 더 길었다는 표현은 페르시아 제국이 더 오래 지속된다는 말이다. 이 숫양은 서·북·남쪽으로 치닫는다. 동쪽이 빠진 것은 메디아나 페르시아가 본디 동방에서 넘어온 왕국이기 때문이다. 그런데 서쪽에서 큰 외뿔 숫염소가 나타나 숫양의 두 뿔을 꺾어 버린다. 그리스에서 넘어온 알렉산드로스를 말한다. 숫염소가 한창 힘을 쓸 때 큰 외뿔이 부러지고 그 자리에 뿔 네 개가 돋아나 사방으로 퍼져 나간다. 이는 알렉산드로스가 한창 나이인 서른세 살에 갑자기 열병으로 죽고(기원전 323년), 7년의 갈등 끝에 315년 부하 장군 네 명이 왕국을 나누어 다스린 것을 말한다. 네 뿔 가운데 하나에서 작은 뿔이 돋아나더니 남쪽과 동쪽, 그리고 영광스러운 나라, 곧 팔레스티나 쪽으로 줄기차게 뻗어 나갔다는 것은 시리아 제국의 임금 안티오코스 4세 에피파네스의 철권 통치를 가리킨다. 안티오코스 4세는 기원전 168-165년, 삼 년 반 동안(다니 7,25) 유다인들을 박해하였다. 8장에서 이 박해는 아침과 저녁이 2300번 바뀌어야 끝나는 것으로 되어 있는데(다니 8,14), 이를 날수로 따지자면 1150일이다. 이 기간이 12,11에서는 1290일, 12,12에서는 1335일로 되어 있다. 삼 년 반 동안이라는 기간은 신약성경에도 언급된다(묵시 11,2에는 42개월; 루카 4,25; 야고 5,17). 8장에서 다니엘에게 이 환시의 뜻을 설명해 주는 천사는 가브리엘이다. 천사들의 등장은 유다교 묵시문학의 한 특징이지만 거기서 다니엘서처럼 가브리엘(다니 8,16-17; 9,21)이나 미카엘(10,13; 12,1) 같은 천사들의 이름을 구체적으로 거론하지는 않는다.

9장은 다니엘과 가브리엘 천사의 대화를 담은 8장 내용을 연장하는 대목으로서 먼저 동포들을 위한 다니엘의 기도가 나오고(9,3-20), 그 다음에 가브리엘이 예레미야가 예고한 칠십 년의 예루살렘 황폐 기간(예레 25,11-14; 29,10)을 해석한다(다니 9,21-27). 진솔한 고백과 청원으로 이루어진 다니엘의 기도는 에즈라-느헤미야기의 다른 세 기도(에즈 9,6-15; 느헤 1,5-11; 9,5ㄴ-37)와, 더 거슬러 올라가 성전을 봉헌하면서 바친 솔로몬의 기도(1열왕 8,22-53)와 맥을 같이한다. 이 기도들은 구약 말기에 유다 공동체에서 바치던 참회 기도를 반영한다. 참회 기도에 이어서 칠십 년에 대한 해석(9,21-27)이 나온다. 그런데 이 70을 실제 숫자로 받아들일 것인가, 아니면 상징수로 받아들일 것인가, 그리고 상징수로 받아들일 경우 어떤 해석이 가능한가를 두고 의견이 분분하다. 예레미야서를 다루면서는 70이라는 숫자를 상징수로 받아들였다(참조: 창세 46,27; 50,3; 탈출 15,27; 24,1; 판관 1,7; 8,30; 9,5; 12,14; 이사 23,15 등). 70년은 안식년의 주기가 열 번 되풀이되는 것이다(7×10). 예레미야의 언급을 레위 26,35; 2역대 36,21과 연관시켜 풀이하면 안식년 규정을 지키지 않은 세월을 완전하게 보상받기까지 약속의 땅은 충분히 쉬어야 한다는 것이다. 여기서 70이라는 숫자는 '완전한 휴식 기간'을 뜻한다. 이런 해석과는 달리 다니엘서 저자는 70년을 안식년의 70배로 이해한다. 9,24의 '칠십 주간'은 히브리어에서 '칠십 안식년'(7×70), 곧 490년으로 번역할 수 있고, 490년은 희년의 주기 열 번(49×10)을 가리키며 '완전한 희년'을 뜻하는 상징수일 수 있다.

10—12장은 첫째 부분과 둘째 부분의 마무리다. 여기서 다니엘이 천사의 도움으로 보게 된 묵시적 환시는 우주적 차원을 갖는다. 천사들끼리 대적하고(10,13.20) 인간 역사 안에서도 선과 악의 양보할 수 없는 전투가 벌어진다. 그러나 모든 것은 하느님의 구원 계획을 적어 놓은 진리의 책(10,21)에 따라 진행되어 결국 선이 악을 누르고 승리할 것이다. 10,13에 나오는 일곱 천사들 가운데 대천사는 미카엘(מִיכָאֵל 누가 하느님과 같으냐?)·가브리엘(גַּבְרִיאֵל 하느님의 용사)·라파엘(רְפָאֵל 하느님은 치유하신다)·우리엘(אוּרִיאֵל 하느님은 나의 빛) 넷이다.

11장에서 천사는 다니엘에게 앞으로 전개될 역사를 둘로 나누어 설명한다. 이 설명은 페르시아와 그리스 시대 역사의 요약이다. 첫 번째 설명(11,2-20)은 페르시아 제국의 초기 세 임금 키루스·캄비세스·다리우스 1세의 언급으로 시작하여 그리스 제국을 일으킨 알렉산드로스 대왕의 출현과 갑작스런 죽음, 그리고 그 이후 이집트의 프톨레마이오스 왕조와 시리아의 셀레우코스 왕조에 대한 이야기다. 두 번째 설명(11,21-39)은 온전히 안티오코스 4세 에피파네스의 통치에 집중한다. 그는 에피파네스의 초기 성공을 인정한다. 두 번의 이집트 원정 가운데, 첫 번째 원정(25-28절)은 성공을 거두겠지만 두 번째 원정(29-39절)은 성공하지 못할 것이다. 그러나 두 차례 원정 전쟁을 치르는 가운데 이교 신상들을 세워 예루살렘 성전을 모독하고 유다교를 말살하려는 정책을 펼치면서 하느님의 분노를 사게 될 것이다(36절). 40-45절은 안티오코스 4세의 마지막 운명에 관한 예언이다. 여기서 그는 '바다'(지중해)와 '영화롭고 거룩한 산'(하느님의 거처) 사이에서 최후를 맞는 것으로 되어 있다(45절). 여기서 다니엘서 저자가 머릿속에 떠올린 것은 세말의 대전투(에제 38—39장) 장면이었을 것이다. 그러나 실제로 안티오코스는 기원전 164년 페르시아 지방을 원정하던 도중에 죽었다. 다니엘서 저자는 안티오코스의 죽음을 알지 못했던 것 같다.

12장은 마지막 때에 대한 언급이다. 운문으로 된 1-3절의 내용이 특별히 중요하다. 여기서 최종 구원을 주관하는 이는 미카엘 대제후 천사다. 구원의 때는 재앙의 때와 병행한다. 이 재앙의 때에 살아남을 사람들은 하늘에 있는 생명의 책에 미리 기록되어 있다. 생명의 책(참조: 탈출 32,3-33; 이사 4,3)은 유다인들이 메소포타미아에서 빌려온 표상으로 여기서는 종말론적 의미를 지닌다. 또 이미 죽음에 희생된 의인들은 나중에 깨어나 영원한 생명을 누릴 것이다. 다니엘서의 의인 부활 사상은 마카베오기 하권에서 제기된 순교자의 부활 문제에 대한 답변이기도 하다(2마카 7장). 끝으로 남은 문제는 종말까지 시간이 얼마나 남았느냐 하는 것이다. 종말까지의 시간에 대한 언급은 삼 년 반(7,25), 이천삼백 밤낮, 곧 천백오십 일(8,14), 한 주간, 곧 칠 년(9,27) 등, 이미 앞에서 다양하게 나왔다. 여기서는 7절에 삼 년 반, 11절에 천이백구십 일, 12절에 천삼백삼십오 일이 제시된다. 이 숫자들을 놓고 주석가들마다 여러 가지로 해석하지만 아직까지 만족할 만한 답변은 없다.

셋째 부분(13—14장)은 그리스어 성경에만 나오는 수산나 이야기, 벨 이야기, 그리고 큰 뱀 이야기다. 이 세 이야기는 다니엘이 문제를 지혜롭게 해결했다는 공통분모 때문에 그리스어 성경 다니엘서로 편입되었을 것이다. 13장은 정숙한 한 유다 여인이 욕정에 눈이 어두운 두 원로의 모함에 빠져 목숨을 잃을 뻔했다가 다니엘의 지혜로 구출된 이야기다. 여기서 저자는 이교도들의 땅, 바빌론에서도 모세의 율법을 지켜야 하며 죽음을 무릅쓰고 율법에 충실한 의인들은 반드시 구원을 받는다는 사실을 강조한다. 14장은 벨 이야기(1-22절)와 큰 뱀 이야기(23-30절), 그리고 다니엘이 사자굴에서 살아 나오는 이야기(31-42절)로 나뉜다. 벨 이야기는 우상 숭배에 대한 신랄한 풍자를 담은 구약성경의 여러 대목을 떠올리게 한다(시편 115,5-8; 135,15-18; 이사 40,19-20; 41,6-7; 예레 10,3-5; 바룩 6장 등). 여기서는 우상 숭배 사제들의 사기 행각을 폭로하는 다니엘의 지혜가 돋보인다. 큰 뱀 이야기는 다니엘이 바빌론인들이 떠받드는 큰 뱀(그리스어로는 '드라콘', 곧 용)을 죽이고 그로 인해 사자굴에 던져졌다가 구출되었다는 내용이다. 다니엘이 사자굴에서 구출된다는 셋째 이야기는 다니 6장과 내용이 비슷하지만 특이하게도 하바쿡 예언자가 등장하여 사자굴 속에 갇혀 있는 다니엘에게 음식을 날라다 준다. 6장과는 달리 여기에 유다인들에 대한 공식적인 박해의 성격이 빠져 있는 것으로 보아 후대에 첨부된 내용이 아닌가 싶다.

라. **신학 사상**

시리아 임금 안티오코스 4세 에피파네스의 박해 시절에 유다인들은 두 가지 심각한 문제에 직면하였다. 첫째, 박해가 일어나기 전에 그들을 지배하는 이방 통치자와 군인들, 그리고 그들 사이에 들어와 사는 이방 주민들의 종교적 관습을 어느 정도까지 받아들일 것인가? 둘째, 일단 박해가 일어난 다음에는 어떻게 자신들의 신앙과 유다교 전통을 지키면서 살아남을 것인가? 다니엘서 저자는 이런 문제에 대한 해답을 제시하기 위하여 이 책을 썼다.

다니엘서는 유다교 신앙과 관습을 지켜 나가기가 매우 어려운 이방인 궁정 안에서도 어떻게 유다교 신자로서 합당한 생활을 할 수 있는지 보여 준다. 이방인 임금의 궁정에서 시종으로 지내기 위해서는 이방식 이름을 갖기 마련이다. 더구나 그것은 이방신들의 이름과 관련 있다. 다니엘과 그의 세 동료는 이교식 이름을 편하게 받아들였다. 이름이 뭐 그리 큰 문제인가? 그들의 히브리식 이름과 바빌론식 이름을 풀이하면 이렇다. 다니엘은 '하느님은 나의 판관', 하난야는 '주님은 은혜로우신 분', 미사엘은 '누가 하느님의 것인가?'이고 아자르야는 '주님께서 도와주시는 이'라는 뜻이다. 다니엘이 받은 벨트사살은 아카드어로 '제후의 생명을 보호하여라'이고, 하난야가 받은 사드락은 페르시아어로 '아쿠(페르시아 달 신의 이름)의 명령'이며, 미사엘이 받은 메삭은 '누가 아쿠를 위해 있는가?'이고, 아자르야가 받은 아벳 느고는 '느고(바빌론의 신)의 종'이라는 뜻이다. 디아스포라 유다인들에게 이교식 이름은 그리 중요한 문제가 아니었지만, 이교 음식으로 자신들을 부정하게 하는 것은 큰 문제였다. 디아스포라 유다인들은 정결 예식으로 부정한 사람들을 정화시켜 주는 예루살렘 성전에서 멀리 떨어져 있었고 부정한 이방인들과 함께 살고 있었기 때문에 정결을 유지한다는 것이 매우 중요한 문제로 떠올랐다.

그러면 다니엘과 세 젊은이처럼 왕궁 안에서 먹고 자야 하는 관리로서 어떻게 유다교의 음식 규정을 지킬 수 있을까? 다니 1장은 그런 경우 아예 채식 요리를 청하라고 제안한다. 이방인들은 처음에 좀 이상하게 여기겠지만 별 무리 없이 그 청을 들어줄 것이다. 이런 문제는 지혜를 발휘하여 대처해 나가면 된다. 그러나 유다 종교 자체에 반대되는 명령 앞에서는 적당한 타협이 있을 수 없다. 유다교의 일상 기도(6장)와 정해진 규정에 따른 예배를 막거나 우상 숭배, 특히 신격화된 이방 임금을 섬기라고 강요하면 목숨을 걸고 저항해야 한다. 그러면 주님께서 불가마 속에서도 그들을 구해 주실 것이다(3장). 설혹 주님의 도움이 없더라도 우상을 섬겨서는 안 된다(3,18). 기적이 일어나든 일어나지 않든, 하느님의 구원이 있든 없든 율법의 첫 두 계명을 절대로 어길 수 없다.

다니엘서는 묵시문학 저자들에게 크게 영향을 미쳤다. 이 책이 전하는 몇 가지 표상과 강력한 메시지 때문이다. 다니엘서가 묵시문학에 가장 크게 영향을 미친 표상들은 '사람의 아들', 사자·독수리·곰·표범·뱀 등의 짐승들, 그리고 삼 년 반을 비롯한 여러 가지 상징수들이다. 묵시문학에서 사람의 아들은 세말에 나타나 하느님의 왕권을 온 세상에 펼칠 천상 존재로 인식되었고 짐승들은 때로는 우호 세력으로 때로는 적대 세력으로 나타난다. 다니엘서의 숫자들 역시 묵시문학에서 길수吉數나 흉수凶數 양쪽 방향으로 다 이용된다. 요한 묵시록은 다니엘서의 이런 표상들을 가장 널리 이용한 묵시문학의 대표 문헌이다. 그리스도교의 천년왕국설도 다니엘서와 요한 묵시록에서 유래한다.

다니엘서는 이런 표상들에 이어 묵시문학에 큰 영향을 미친 메시지도 다수 포함하고 있다. 대표적 메시지만 몇 가지 열거하겠다. 첫째, 다니엘서는 사람들에게 분명한 결정을 요구한다. 우리가 사는 세상은 하느님의 통치를 받아들일 것인가, 거부할 것인가를 결정해야 할 장소다. 둘째, 결정은 지금 이 자리에서 바로 해야 한다. 잠시 뒤에는 하느님께 결정권이 돌아가고 인간에게는 이제 기회가 주어지지 않는다. 셋째, 이 결정은 순간이지만 그 결정에 영원한 운명이 판가름 난다. 구약성경에서 죽음 이후의 생에 대한 생각은 다니엘서에 와서야 본격화된다(12,2). 넷째, 다니엘과 다른 묵시문학 저자들은 하느님 위업의 우주적 규모를 강조한다. 세상은 임금이나 장군 또는 금력으로 좌우되는 것이 아니라 오로지 지극히 높으신 분의 주권에 예속되어 있다(4,32).

그러나 이 같은 중요한 메시지들에도 아랑곳없이 다니엘서를 비롯하여 기원전 2세기부터 1세기 사이에 유행했던 묵시문학은 처음에는 유다교에서, 그리고 다음에는 그리스도교에서 점점 사람들의 관심 밖으로 밀려났다. 신·구약성경 정경에 묵시문학이 차지하는 분량과 비중이 그리 크지 않다는 사실이 이를 말해 준다. 그렇지라도 초대 그리스도교와 예수님 당시의 언어에는 묵시문학적 표현과 개념이 많이 들어와 있다. 이러한 묵시문학적 표현과 개념이 후대의 '종말론' 형성에 지대한 영향을 미친다. 특히 신약의 요한 묵시록 저자는 다니엘서를 많이 인용한다.

IV.2. 열두 소예언서

히브리어 성경에서 열두 소예언서는 한 두루마리에 쓰인 열두 소책자 모음이다. 열두 소책자의 길이는 저마다 다르다. 가장 긴 책인 호세아서가 열네 장인 데 반해 오바드야서는 달랑 한 장뿐이다. 이렇게 한 두루마리 안에 열두 소책자를 모아 놓은 이유는 작은 책자 하나라도 분실하지 않기 위해서였을 것이다(열둘이라는 수는 잘 알다시피 이스라엘의 열두 지파를 가리키는 거룩하고 완전한 숫자다). 실제로 열두 소예언서 전체의 두루마리 길이는 히브리어 성경의 삼대 예언서, 곧 이사야서, 예레미야서, 에제키엘서 각 권의 길이와 거의 같아서, 오바드야서와 같이 작은 소책자가 낱권으로 돌아다니다가는 이런 대예언서들에 비해 가벼이 취급받다 분실될지도 모를 일이었다. 언제부터 이 예언서들이 한 두루마리 안에 모아졌는지는 알 수 없지만, 적어도 집회서가 편찬되기(기원전 2세기 초) 전인 것은 확실하다(집회 49,10 참조). 그런데 열두 소예언서를 한 두루마리 안에 모아놓기는 했어도 유다교에서 이 책들은 언제나 개별적으로 읽혔고 라삐 전통도 따로 따로 다루었다.

열두 소예언서 역시 네 대예언서처럼 저마다 과거에 실존했던 특정 예언자의 활동과 예언을 기반으로 하느님의 말씀을 전한다. 열두 소예언서의 작중 연대는 기원전 8세기에서 5세기 사이이다. 탈무드에 따르면 (페르시아 시대) '대의회 의원들'이 이 책을 썼다고 한다(『바빌론 탈무드』 바바 바트라 15a). 오늘날 성경학계에서는 열두 예언서가 예루살렘이 함락한(기원전 587년) 뒤에 예언서의 말씀들이 체계적으로 수집되고 쓰이기 시작하여, 페르시아 시대(기원전 539-332년)에 최종 편집이 이루어진 것으로 본다.

소예언서들의 전반부 여섯 권의 순서는 히브리어 성경과 그리스어 성경에서 다르다. 히브리어 성경에서는 호세아서, 요엘서, 아모스서, 오바드야서, 요나서, 미카서의 순이지만 그리스어 성경에서는 호세아서, 아모스서, 미카서, 요엘서, 오바드야서, 요나서의 순이다. 후반부는 둘 다 나훔서, 하바쿡서, 스바니야서, 하까이서, 즈카르야서, 말라키서의 순이다. 『성경』(cbck)에서는 그리스어 성경이 아니라 히브리어 성경의 순서를 따른다. 그리스어 성경의 경우 열두 소예언서의 배열 순서는 크게 보아 본 예언자들의 활동 시기와 연관된 시대적 구분에 따른다. 예를 들어 처음 세 예언자 호세아·아모스·미카는 유배 전 8세기에, 마지막 세 예언자 하까이·즈카르야·말라키는 유배 후 5세기에 활약하였다.

1. 호세아서

열두 소예언서의 예언자들 가운데 기원전 8세기에 활동한 예언자는 호세아·아모스·미카다. 활동 연대순으로 보면 아모스가 가장 먼저고(8세기 초) 그다음 호세아(8세기 중엽에서 초엽), 미카가 맨 나중이다(8세기 말에서 7세기 초). 특히 호세아와 아모스는 그들이 북쪽 이스라엘 왕국에서 예언 활동을 하였고 이스라엘 백성이 부정과 불의로 손상시킨, 하느님과의 수직 관계와 이웃과의 수평 관계를 복원하려 했다는 점에서 서로 밀접하게 연결된다.

호세아서의 중심 주제는 하느님과 이스라엘 백성 사이의 손상된 관계와 그 관계의 복원이다. 예언자는 하느님의 자애와 이스라엘 백성의 충성에 바탕을 둔 둘 사이의 돈독한 관계가 어떻게 무너지게 되었는지를 남녀 간의 사랑과 가정의 표상을 이용하여 설명한다. 손상된 관계의 책임은 전적으로 이스라엘에게 있다. 그들은 하느님이 그들을 이집트 노예살이에서 해방시키시고 계약을 맺으신 다음, 약속의 땅에 데려와 풍요를 누리게 하셨다는 사실을 잊고 어리석게도 가나안의 풍산신 숭배에 빠져들었다. 호세아 예언자는 백성들의 무지와 어리석음을 고발하고 자신의 불행한 혼인 생활을 하나의 상징과 비유로 제시하면서 온몸으로 그들의 부정에 맞서 하느님의 한결같고 성실한 사랑을 증언하였다.

가. 호세아 예언자와 시대적 배경

호세아 예언자는 독립된 문서로 우리에게 알려진 유일한 북왕국 출신 예언자다. '호세아' הוֹשֵׁעַ의 이름 뜻은 '구원'이다. 호세아 예언자는 북왕국 이스라엘이 번영을 누리던 예로보암 2세 치세(기원전 787-747년)가 끝나갈 무렵부터 북왕국이 아시리아에게 함락되기(기원전 722년) 전까지 가장 큰 위기 상황에서 예언 활동을 하였다. 연대로 따지자면 대략 기원전 750년경부터 730년경까지다. 호세아는 북왕국의 몰락을 직접 목격하지는 못했다. 따라서 사마리아의 멸망을 가리키는 표지들은 후대의 편집으로 보인다. 예로보암 2세의 뒤를 이어 왕위에 오른 그의 아들 즈카르야는 반 년 만에 살해되고, 왕위를 차지한 살룸도 한 달 만에 므나헴에게 살해된다. 므나헴은 아홉 해를 다스리고 아들 프카흐야에게 왕위를 물려주지만, 프카흐야는 두 해 만에 페카에게 죽임을 당하고 페카도 세 해 뒤에 북왕국 마지막 임금 호세아(예언자와 동명이인)에게 시해된다. 결과적으로 호세아 예언자가 활동한 시기에 일곱 임금이 북왕국을 다스린 셈이다. 이스라엘의 왕정이 이처럼 안으로 극심한 혼란을 겪는 동안에 왕국 자체는 기원전 732년에 아시리아의 속국이 되었다가 722년 아시리아에 멸망하고 만다.

호세아가 살던 세대는 이 같은 왕정의 혼란뿐 아니라, 종교적 배신, 지도자들의 오도誤導, 잘못된 동맹 등으로 돌이킬 수 없는 멸망의 길로 내달리고 있었다. 한마디로 주님께 대한 지식과 경외함을 완전히 상실한 시대라 할 수 있다. 유다교 라삐 전승은 1,2 전반부의 말씀(직역: "주님께서 처음으로 호세아에게 말씀하셨을 때, 주님께서 호세아에게 말씀하셨다")을 근거로 열두 예언자들 가운데 주님께서 가장 먼저 말씀을 전한 예언자로 호세아를 지명한다(『바빌론 탈무드』 바바 바트라 14b). 이 책이 열두 소예언서 첫 자리를 차지하는 이유도 이 때문일 것이다.

나. 저자와 저작 연대

사마리아의 함락은 유다에게 큰 교훈이었다. 특히 이스라엘의 회개를 촉구하고 북왕국의 멸망을 예고한 호세아 예언자의 신탁들은 홀로 남은 남왕국 유다의 지식인들에게 큰 반향을 일으켰을 것이다. 이 예언자의 신탁들을 모아 편집한 유다의 지식인들은 신명기 신학과 지혜문학에 익숙한 서기관 그룹이었을 가능성이 높다. 호세아서의 마지막 절이 이를 입증한다. "지혜로운 사람은 이를 깨닫고 분별 있는 사람은 이를 알아라. 주님의 길은 올곧아서 의인들은 그 길을 따라 걸어가고 죄인들은 그 길에서 비틀거리리라"(14,10).

호세아서에 여기저기 간헐적으로 나오는 유다에 대한 언급들은 모두 이 서기관 그룹의 편집 작업으로 볼 수 있다. 예를 들어 주 하느님께서 이스라엘 집안은 가엾이 여기지 않으시겠지만 유다 집안은 구해 주시리라는 말씀(1,6-7), 이스라엘 자손들이 돌아와 저희 임금 다윗을 찾으리라는 예언(3,5), 유다 백성에게 북왕국의 성소 길갈과 벳 아웬에 예배하러 올라가지 말라는 경고(4,15)에서 그것을 확인할 수 있다. 특히 4,15의 경고는 지방 성소의 예배를 금하고 예루살렘 성전의 예배만 촉구했던 신명기 신학을 잘 반영한다. 이상의 정황으로 보아 호세아서의 저작 연대는 북왕국이 멸망한 이후 8세기 말엽이나 7세기 초일 것이다.

다. 구조와 내용

호세아서는 크게 둘로 나눌 수 있다. 전반부(1—3장)에서는 하느님과 이스라엘 백성 사이의 관계를 상징하는 예언자의 혼인 생활을 다루고, 후반부(4—14장)에는 이스라엘 백성과 그 지도자들에게 보내는 예언과 가르침을 담는다. 1장은 3인칭으로 된 전기적 기록이다. 여기서 하느님은 호세아에게 풍산신전의 창녀 고메르와 그녀에게서 태어난 자식들을 맞아들여 함께 살라고 명하시고 호세아는 이 명령을 받든다(호세 1,2). 주님께서는 첫째 아들의 이름을 이즈르엘이라 부르라 하셨다. 이즈르엘은 이스라엘 임금들의 여름 궁전 이름이다. 이곳은 예후가 아합 가문의 사람들을 학살하고 왕위를 찬탈한 곳으로서(2열왕 9장) 피비린내 나는 권력투쟁을 상징하는 장소다. 둘째는 딸인데 '로 루하마'לֹא רֻחָמָה 곧 '가엾이 여김을 받지 못하는 여자'다. 셋째 아이는 아들로서 '로 암미'לֹא עַמִּי 곧 '나의 백성이 아니다'라는 이름 뜻을 지녔다. 이 이름들이 뜻하는 바는 하느님께서 과도한 폭력을 행사한 예후 가문의 죄를 물으시고 풍산신 숭배에 빠진 이스라엘을 가차없이 벌하시며 이스라엘을 이제는 당신의 백성으로 여기지 않으시리라는 것이다. 하느님께서 이스라엘을 내치시겠다는 1장의 내용은 한마디로 이혼 선언이라 할 수 있다. 2장에서 이 이혼 선언은 재결합 선언으로 바뀐다. 하느님께서는 이스라엘 백성을 버린 자식이라고 하였지만 이제는 살아계시는 하느님의 자녀라 하실 것이다. 그리고 이스라엘 백성의 형제들을 '암미'עַמִּי 곧 '나의 백성'이라 하시고, 자매들은 '루하마'רֻחָמָה 곧 '가엾이 여김을 받는 여자'라 하신다. 하느님은 불륜을 저지른 이스라엘을 발가벗겨 밖에 세우실 것이다. 이는 이민족의 침범(아시리아 침공)과 이스라엘의 유배(니네베 유배)를 가리킨다. 그러나 이렇게 쫓겨난 이스라엘을 다시 맞아들이시어 광야로 데리고 나가 사랑을 속삭이실 것이다. 본디 죽음과 저주의 땅인 광야가 하느님이 이스라엘 백성과 애정을 나누는 장소로 바뀐다. 이집트 탈출 사건에서 시나이 광야는 하느님과 이스라엘 백성 사이의 신혼 여행 장소였다. 하느님께 속한 완전봉헌물을 차지한 죄로 아칸이 돌에 맞아 죽은 아코르(여호 7장)가 희망으로 통하는 관문이 될 것이다. 3장에서 호세아는 부정한 아내 고메르를 사랑하라는 하느님의 명령을 듣는데, 이 명령은 불충한 이스라엘 백성에 대한 하느님의 사랑을 증언한다.

4—14장은 고발-징벌-구원의 정식定式을 되풀이한다. 고발의 내용은 이스라엘 백성이 주님의 계약을 위반했다는 것이다. 하느님이 이스라엘 백성에게 '너희는 나의 백성이고 나는 너희의 하느님이다'라고 하신 말씀은 '그 여자는 나의 아내이고, 그는 내 남편이다' 하고 선언하는 혼인 서약과 같다. 호세아서에서 하느님은 혼인서약에 충실한 남편인 반면, 이스라엘 백성은 혼인서약을 위반하고 다른 남자들과 부정한 행위를 저지른 부정한 아내다. 이스라엘이 지켜야 할 계약은 십계명이다. 이스라엘은 크게 두 가지로 계약을 어겼다. 그것은 풍산신 숭배와 사회적 불의다. 풍산신 숭배는 하느님께 대한 계명을 어긴 것이고 사회적 불의(4,2-3)는 동료 인간에 대한 계명을 어긴 것이다. 이 둘 가운데 호세아서가 더 크게 문제 삼는 것은 풍산신 숭배다. 이스라엘은 주님과의 계약을 위반하고 주님이 아니라 외세에 의존함으로써 이민족들에게 멸망당하였다. 사마리아는 아시리아인들의 공격을 받아 함락되고 북왕국의 지도자들은 아시리아의 수도 니네베에 포로로 끌려갔다. 그러나 북왕국의 멸망이 종말은 아니다. 오히려 그것은 이스라엘을 정화시키는 하나의 과정이다. 이스라엘은 자신들의 죄악 때문에 아시리아인들에게 발가벗겨졌으나 죗값을 치르고 새로운 시작, 곧 새 이집트 탈출을 맞이할 것이다. 이 새 이집트 탈출도 첫 번째처럼 하느님께서 주도하실 것이다(12,10). 하느님께서 이스라엘을 포기하

실 수 없는 이유는 그분이 그들의 부모이시기 때문이다. 부모는 자기 자식을 마음대로 하지도 못하지만 잘못된 자식을 포기하지도 못한다. "에프라임아, 내가 어찌 너를 내버리겠느냐? 이스라엘아, 내가 어찌 너를 저버리겠느냐? 내가 어찌 너를 아드마처럼 내버리겠느냐? 내가 어찌 너를 츠보임처럼 만들겠느냐? 내 마음이 미어지고 연민이 북받쳐 오른다. 나는 타오르는 내 분노대로 행동하지 않고 에프라임을 다시는 멸망시키지 않으리라. 나는 사람이 아니라 하느님이다. 나는 네 가운데에 있는 '거룩한 이' 분노를 터뜨리며 너에게 다가가지 않으리라"(11,8-9). 여기에 나오는 지명 '아드마'와 '츠보임'은 항상 소돔과 고모라와 함께 언급된다(창세 10,19; 14,2.8; 신명 29,22). 소돔과 고모라가 남왕국에서 하느님의 무서운 심판을 받은 도시라면 아드마와 츠보임은 북왕국에서 심판을 받은 도시다. 북쪽 사마리아 전통에서는 이처럼 네 도시가 같이 나오지만, 남쪽 예루살렘 전통에서는 소돔과 고모라만 나온다(이사 1,9-10 참조). 마지막 14장에서 저자는 하느님의 한없는 자애를 다시 한 번 증언한다. 그분은 이스라엘이 당신께 돌아오기만 하면 화를 푸시고 반역만 꾀하는 그들의 마음을 고쳐 주시며 그들을 사랑해 주실 것이다(14,5-6). 그러면 대지는 풍산을 약속하고 이스라엘은 번영을 누릴 것이다.

라. **신학 사상**

호세아서만큼 이스라엘 백성에 대한 하느님의 사랑을 강렬하게 표현한 예언서도 드물다. 남녀 간의 혼인-이혼-재결합의 표상을 이용하여 하느님과 이스라엘 사이의 관계를 설명하면서 그분은 이스라엘이 아무리 큰 잘못을 저지르더라도 끝까지 포기하지 않으시고 그들이 당신께 돌아올 수 있도록 모든 방법을 다 동원하신다는 사실을 강조한다. 호세아서는 당신 백성에 대한 하느님의 사랑을 표현하기 위하여 혼인의 표상뿐 아니라 자식에 대한 부모의 무조건적 사랑의 표상도 이용한다. "내가 에프라임에게 걸음마를 가르쳐 주고 내 팔로 안아 주었지만 그들은 내가 자기들의 병을 고쳐 준 줄을 알지 못하였다. 나는 인정의 끈으로, 사랑의 줄로 그들을 끌어당겼으며 젖먹이처럼 들어 올려 볼을 비비고 몸을 굽혀 먹여 주었다"(11,3-4).

그런데 호세아서에는 하느님의 사랑을 강조하는 표현만 나오는 것이 아니다. 백성에 대한 신랄한 고발과 무서운 징벌의 신탁, 그리고 강력한 회개의 요청도 곳곳에서 볼 수 있다. 호세아서 저자는 하느님의 두 가지 중요한 속성인 공정과 자애를 다 같이 강조하면서 이스라엘을 결코 버리지 않으시리라고 약속하신다. "나는 너를 영원히 아내로 삼으리라. 정의와 공정으로써 신의와 자비로써 너를 아내로 삼으리라"(2,21). 이스라엘을 영원히 아내로 삼으리라는 하느님의 약속은 이스라엘을 멸망시키겠다는 위협과 정면으로 충돌한다. "이스라엘아, 내가 너를 멸망시킬 터인데 누가 너를 도울 수 있겠느냐?"(13,9). 하느님은 죽음과 저승에서 그들을 결코 구원하지 않으실 것이다. "내가 그들을 저승의 손에서 구해야 하는가? 내가 그들을 죽음에서 구원해야 하는가? 죽음아, 네 흑사병은 어디 있느냐? 저승아, 네 괴질은 어디 있느냐? 내 눈은 연민 같은 것을 모른다"(13,14; 참조: 1코린 15,55). 이 같은 모순은 하느님의 두 가지 속성, 자애와 공정에 바탕을 둔다. 하느님은 무한히 자애로우신 분이지만 악과 병존하실 수 없는 분이시다. 그분은 이스라엘을 속 깊이 사랑하시지만 그들의 반역과 불륜을 결코 용납하지 않으시고 반드시 징벌하신다. 이 징벌은 반역과 불륜의 정도에 따라 때때로 이스라엘이 감당할 수 없을 만큼 가혹한 것일 수 있다. 그러나 이스라엘은 이 징벌을 그분의 순결한 아내가 되고 사랑스러운 자녀가 되기 위해 반드시 겪어 내야 할 정화의 기회로 삼아야 한다.

호세아서는 하느님께 대한 충성과 동료 이웃에 대한 정의를 강조하는 신명기 전승과 같은 선상에 서 있지만 사회 정의보다 종교적 순수성을 더 강조한다. 호세아를 계승하는 예언자는 예레미야다. 둘 다 이스라엘 백성과 맺은 주님의 계약에 따라 하느님을 온전한 마음으로 사랑하고 그분께만 충성을 바칠 것을 요청한다.

유다교 전례는 호세아서에 담긴 희망의 메시지를 폭넓게 이용한다. 호세 14,2-10은 제1성전과 제2성전이 파괴된 것을 애도하는 티스아 베압('애가' 입문 참조)의 오후 예절과 샤밧 슈바(שַׁבָּת שׁוּבָה 회개의 안식일: 로쉬 하샤나와 욤 키푸르 사이의 안식일)에 낭독하였다. 호세 2,1-22은 민수 1,1—4,20의 광야 대목을 낭독하고 나서 마침 독서로 이용되었다. 특히 호세 2,21-22은 유다인들이 성구갑에 적어 수시로 바치는 기도문이다.

2. 요엘서

요엘서는 보통 예언서들과 다른 특성을 보인다. 저자는 독자들에게 무서운 메뚜기 재앙을 상상하게 만든 다음 메뚜기 떼의 공격을 주님이 유다를 공격하기 위해 보내신 군대의 공격으로 바꾼다. 이런 식의 문학 기법은 다른 문서 예언서들에서는 찾아볼 수 없다.

영어판 성경에서는 대부분 요엘서가 세 장으로 되어 있다(1,1-20; 2,1-32; 3,1-21). 이는 중세의 장절 구분에 따른 것이다. 『첫 번째 라삐 성경』*The first Rabbinic Bible*은 세 장의 구분을 따랐지만, 『두 번째 라삐 성경』*The second Rabbinic Bible*부터* 현대에 이르기까지 모든 히브리어 성경은 요엘서를 네 장으로 구분한다(1,1-20; 2,1-27; 3,1-5; 4,1-21). 『성경』(cbck)은 후자를 따른다.

가. 요엘 예언자와 작중 연대와 저작 연대

'요엘'יוֹאֵל은 히브리어로 '주님은 하느님이시다'라는 뜻이다. 히브리어에서 '요'는 '야훼'의 약칭이다. 예언자의 이름 자체가 주님을 참하느님으로 받들어 모셔야 한다는 이스라엘의 신앙 고백을 가리킨다.

다른 예언서들과는 달리 요엘서에는 임금들의 이름이나 연대기 언급 등 연대 측정에 도움이 될 만한 정보가 전혀 없다. 요엘이라는 이름도 히브리어 성경에 흔하게 나오는 이름이고(1사무 8,2; 1역대 5,4.8; 15,7.11; 에즈 10,43; 느헤 11,9), 메뚜기 떼의 공격이나 적군의 침입도 특정한 역사적 사건이 아니라 이스라엘 역사에서 흔하게 일어나는 사건이었다. 따라서 요엘서의 작중 연대는 오리무중이다.

저작 연대를 두고는 약간의 추정이 가능하다. 학자들 대부분은 요

* 『두 번째 라삐 성경』(*The second Rabbinic Bible/The Great Rabbinic Bible*)은 이후 거의 모든 '히브리어 성경'의 표준이 되었다.

엘서의 저작 연대를 페르시아 시대(기원전 539-332년), 좀 더 좁혀서 400-350년경으로 본다. 그 저자는 왕정에 관심이 없고 아시리아나 바빌론과 같은 이스라엘의 전통적 원수들도 거론하지 않는다. 그 대신 '주님의 집'인 성전 예배(1,9.13-14)와 예루살렘 도성이나 이곳의 상징적 이름인 시온의 운명에 대해서는 큰 관심을 보인다. 따라서 요엘서는 기원전 520년 제2성전이 창건된 뒤 예루살렘 성전이 유일한 성소로 확고한 위치를 차지하고 그곳에서 제사가 안정되게 거행되던 기원전 500-400년에 쓰인 것으로 추정할 수 있다. 이 시기에는 원로들과 사제들이 나라를 이끌었는데, 이를 시사하는 대목이 요엘서 여기저기에 나온다(1,2.13-14; 2,16-17 등). 또한 이 책에서 다른 예언서들의 내용이 직접 또는 간접으로 인용되는 것을 감안하여 저작 연대의 범위를 좀 더 좁혀 기원전 400년 전후로 보는 견해도 있다.

나. **구조와 내용**

요엘서는 두 부분으로 확연하게 구분할 수 있다. 전반부(1,2—2,17)는 이스라엘에 닥친 재앙과 회개의 촉구를 다루는 반면, 후반부(2,18—4,21)는 원수들의 심판과 이스라엘의 미래에 대한 보증을 다룬다. 그런데 전반부에서 후반부로 넘어가는 과정이 매끄럽지 못하다. 전반부에서 예언자가 백성에게 회개를 촉구했는데, 후반부에서 백성이 회개했다는 언급도 없이 미래에 대한 보증이 갑자기 나타난다. 공동체의 회개를 다룬 대목이 최종 편집 과정에서 누락된 것이 아닌지 의심하는 주석가도 있지만, 있는 본문만 가지고도 얼마든지 다른 식으로 설명할 수 있다. 이스라엘 백성의 미래에 대한 보증은 근본적으로 하느님의 자비에 바탕을 둔 것이지 인간

편의 회심에 따라 좌우되는 것은 아니라는 설명이다. 구원은 인간이 아니라 하느님께서 주도하신다.

전반부와 후반부 내용이 뚜렷하게 구별되지만 전반부와 후반부를 관통하는 일관된 주제는 '주님의 날'이다. 전반부(1,2—2,17)에 묘사된 가뭄과 메뚜기 습격 그리고 적군의 침략은 '주님의 날'의 서곡일 따름이다. '주님의 날'은 죄인들에게는 심판의 때지만 의인들에게는 구원의 때다. 요엘서는 '프투엘의 아들 요엘에게 내린 야훼의 말씀'이다. 히브리어로 '환시'라는 뜻의 '프투엘'פְּתוּאֵל이라는 이름은 구약성경 다른 곳에서는 나오지 않는다. 메뚜기 떼 재앙은 상상을 초월한 전무후무한 일이다(1,4-9). 히브리어 본문에서 모든 것을 먹어 치우는 메뚜기 떼를 풀무치·메뚜기·누리·황충 이렇게 서로 다른 네 단어로 말하는데, 아마도 서로 다른 메뚜기 종류를 가리키는 것 같다. 1,6에서 메뚜기 떼의 습격은 외국군의 침략과 비교된다. 이 땅을 폐허로 만들기는 메뚜기 떼나 적국이나 마찬가지다. 이 재앙 앞에서 예언자는 사제들과 원로들에게 단식을 선포하고 거룩한 집회를 소집하여 주님께 부르짖으라고 요구한다(1,13-14). 그러나 백성은 반응이 없다. 오직 예언자만이 이 상황 앞에서 탄식하고 하느님께 하소연한다(1,19-20).

결국 '주님의 날'이 닥쳤다. 산등성이를 달려오는 그분의 군대는 병거들의 소리 같고 검불을 삼켜버리는 불꽃 소리 같으며 싸움터로 달려가는 막강한 군대의 행렬과 같다. 여기서도 메뚜기 떼의 습격과 적군의 침입이 하나로 연결된다(2,3-5). 2,10-11이 묘사하는 내용은 주님의 날이 우주적 심판의 날이라는 것이다. 땅이 뒤틀리고 어둠이 내린다. 이 거대한 군대를 호령하시는 이는 하느님이시다. 어느 누가 그분이 일으킨 무서움을 견뎌 낼 수 있겠는가? 이런 무서운 심판의 날 앞에서 진정한 회개가 절실히 필요하다. 심판의 메시지를 보내신 주님께서 역설적으로 회개를 요청하신다. "주님의 말씀이다. 그러나 이제라도 너희는 단식하고 울고 슬퍼하면서 마음을 다하여 나에게 돌아오너라"(2,12). 예언자도 진정한 회개를 선포한다. "옷이 아니라 너희 마음을 찢어라. 주 너희 하느님에게 돌아오너라. 그는 너그럽고 자비로운 이, 분노에 더디고 자애가 큰 이, 재앙을 내리다가도 후회하는 이다"(2,13). 요엘서에서는 이렇게 하느님의 말씀과 예언자 자신의 말이 뒤섞여 나와, 어느 것이 하느님 말씀이고 어느 것이 예언자의 말인지 분간하기 어렵다.

후반부(2,18—4,21)는 황폐한 땅이 회복되리라는 희망의 메시지를 담고 있다. 그런데 앞에서 지적한 것처럼 하느님과 예언자의 회개 요청에 백성이 진정한 참회로 응답했다는 언급이 전혀 없는 상태에서 일방적으로 주님의 자애로운 조처가 내린다(2,19-20). 이스라엘인들에게 북쪽은 재앙이 내리는 방향이다(참조: 예레 1,14; 4,6; 6,1). 북에서 쳐들어온 자들은 메뚜기 떼일 수도 있고 주님의 종말론적 군대를 가리킬 수도 있다. 하느님께서는 이 군대의 전위부대를 동쪽 바다인 사해로, 후위부대를 서쪽 바다인 지중해로 쓸어 넣으실 것이다. 그런 다음에 땅을 회복시켜 들판은 푸르러지고 무화과나무와 포도나무를 비롯하여 모든 나무에는 열매가 주렁주렁 달리게 하실 것이다. 겨울비와 봄비도 풍족하게 내려 주시어 타작 마당에는 곡식이 넘쳐나게 하실 것이다. 백성은 한껏 배불리 먹고 하느님을 찬양하며, 주님만이 이스라엘의 하느님임을 알아 모시게 될 것이다(2,26-27).

3장의 칠십인역 본문은 오순절에 일어난 성령강림을 묘사하기 위하여 루카가 사도 2,17-21에서 인용한 유명한 대목이다. 여기서 '주님의 날'은 심판과 징벌의 날만이 아니라 주님의 남녀 종들이 그분의 영을 받아 예언을 하고 꿈을 꾸고 환시를 보면서 주님께 부름받는 구원의 날이기도 하다.

4장은 주님께서 당신 백성을 억압한 민족들에게 그 죗값을 되갚으신다는 내용이다. 유다와 예루살렘의 운명을 되돌리기 위하여 주님께서는 이스라엘의 원수 민족들을 모아 여호사팟 골짜기로 끌고 내려가신다. 여호사팟 골짜기는 실재하는 장소가 아니라 묵시문학에서 주님의 심판이 벌어지는 상상의 장소다. 히브리어로 '여호사팟'יְהוֹשָׁפָט은 '주님께서 심판하신다'는 뜻이다. 티로와 시돈과 필리스티아 주민들을 비롯하여 이스라엘의 원수들은 하느님의 백성을 뭇 민족 가운데 흩어 버리고 땅을 나누어 가졌으며 젊은이들을 포로로 사로잡아 소년들은 화대로 팔고 소녀들은 술값으로 팔았다(4,3). 또한 그들은 주님의 집인 예루살렘 성전에서 금은 보석들을 탈취하여 자기네 신전에 갖다 두고, 유다 백성과 예루살렘 주민들을 그리스인들에게 노예로 팔아넘겼다(4,5-6). 이스라엘 백성을 공격하는 행위는 그들의 하느님이신 주님을 공격하는 행위다. 주님께서는 원수 민족들을 유다인들에게 파시고 유다인들이 다시 그들을 스바인들(향료와 금은 보석이 풍부한 아라비아 남쪽의 부족)에게 팔아넘기게 하심으로써 당신 백성에게 저지른 그들의 행실을 그대로 되갚으실 것이다(4,7-8).

요엘은 뭇 민족에게 주님의 날을 맞이하기 위하여 금식과 회개 대신 성전聖戰을 준비하라고 한다. 예언자는 농기구를 전쟁 도구로 만들라고 말한다. "보습을 쳐서 칼을 만들고 낫을 쳐서 창을 만들어라"(4,10ㄱ). 이는 같은 표상을 사용하면서도 메시아 시대의 평화를 알리는 이사 2,4;

미카 4,3의 내용과는 정반대다. 예언자는 농기구의 표상에 이어 수확의 표상을 이용한다. 수확을 기다리는 들판의 곡식처럼 민족들의 죄악은 무르익고 흘러넘쳐 하느님의 심판을 기다린다(4,13). 결판의 날이 다가오면서 해와 달이 어두워지고 별들은 빛을 잃게 될 것이다(4,14-15). 그날에 주님께서는 거룩한 산 시온에서 그리고 예루살렘 성소에서 민족들에게 호통을 치시겠지만, 당신 백성 이스라엘에게는 피난처와 요새가 되실 것이다(4,16). 그날이 오면 유다의 산천에 포도즙과 젖이 흘러넘치고 개울마다 물이 넘쳐나겠지만, 유다 백성의 무고한 피를 흘리게 만든 이집트와 에돔과 같은 나라들은 폐허로 변할 것이다(4,18-19).

요엘서의 마무리는 전형적인 전화위복이다. 이 책의 처음에 묘사된 생명을 위협하는 상황이 완전히 뒤바뀐다. 땅은 다시 비옥하게 되고 적군이 더는 위협하지 않으며 안전이 보장된다. 주님께서 거룩한 시온 산 위에 거주하시기 때문이다. 주님의 현존은 또한 유다와 예루살렘이 주민들로 넘쳐나게 하고 억울하게 흘린 피를 반드시 되갚아 정의가 바로 서게 할 것이다.

다. **신학 사상**

요엘서의 내용을 보면 표면상 '메뚜기 재앙' 앞에서 이스라엘에게 회개를 촉구하는 것으로 볼 수 있다. 그런데 메뚜기의 공격이 적군의 공격처럼 묘사된다. 이스라엘 백성에게 닥친 재앙이 메뚜기 공격인가, 아니면 적군의 침입인가? 그것도 아니면 둘 다를 가리키는 것은 아닐까? 둘 다 실제로 일어난 사건인데, 둘을 연결하여 더 중요한 주제를 다루었을 가능성이 높다. 사실 요엘서가 집중하는 주제는 메뚜기 재앙이나 적군의 침입이 아니라 '주님의 날'이다. '주님의 날'은 본디 축제일을 가리켰으나 예언서 전통에서 '심판의 날'로 바뀐다. 그날은 하느님께서 이스라엘의 죄를 물어 심판하시는 때인 동시에, 이스라엘의 원수들을 심판하시고 그들을 전장에서 무찌르시리라는 희망을 드러내는 때이기도 하다.

'주님의 날'이라는 주제는 요엘서 전체를 꿰뚫는다(1,15; 2,1-11; 3,4—4,16). 저자는 이 주제를 메뚜기 재앙과 적군의 침략과 연결하면서 공포 분위기를 극적으로 창출하고 회개의 긴박성을 알린다. 메뚜기 재앙과 적군의 침략은 주님의 날이 임박했다는 전조다. 이런 현실 앞에서 심판을 면하려면 서둘러 회개하는 길밖에 없다.

'주님의 날'은 묵시문학의 중요한 주제로 등장한다. 주님의 날과 관련하여 요엘 3장은 종말론적 예언으로 통한다. 사도행전의 저자는 주님의 날에 관한 요엘 3장의 예언을 오순절의 성령강림과 연결시키면서 종말론적 풍요와 구원의 예언으로 만든다(사도 2장). 마지막 날에 주님의 영이 모든 사람에게 내려 그들이 예언을 하게 될 것이다(사도 2,17-18). 또 "그 크고 찬란한 주님의 날"에 주님의 이름을 받들어 부르는 이는 모두 구원을 얻게 될 것이다(사도 2,20-21).

3. 아모스서

아모스서의 중심 주제는 이웃과의 수평 관계, 곧 사회 정의다. 아모스는 가난한 이들을 억누르고 착취하는 이스라엘의 상류층을 신랄하게 또는 풍자적으로 비판하면서 이스라엘 사회에 사회 정의가 실현되지 않으면 나라 전체가 적들의 손에 넘어갈 것이라고 경고한다. 그 적들이 누구인지 구체적으로 명시하지는 않지만 아모스가 염두에 둔 적은 8세기 후반에 근동의 패권을 장악하고 북왕국 이스라엘을 멸망시킨 아시리아 제국임이 틀림없다.

가. 아모스 예언자와 시대적 배경

'아모스' עָמוֹס는 히브리어로 '짐' 또는 '(짐을) 나르다'라는 뜻인데, '아모스야' עֲמוֹסְיָה의 단축형일 수 있다. 이 경우 '주님께서 날라 주셨다'는 이름 뜻을 갖게 되고, 이는 주님께서 이 예언자를 통해 이스라엘의 불의에 친히 개입하시겠다는 강력한 의지를 드러내는 것으로 볼 수 있다.

아모스는 호세아와 더불어 최초의 문서 예언자 그룹에 속한다. 1,1의 머리글을 보면 아모스가 활동하던 시기는 유다 임금 우찌야(기원전 781-740년)와 이스라엘 임금 예로보암 2세(기원전 787-747년)의 치세 때다. 그는 베들레헴 남동쪽 9킬로미터에 자리 잡은 트코아에서 조용히 목축업을 하던 목양업자요 무화과를 재배하던 농부였다(1,1; 7,14). 그러나 기원전 760년경 지진이 일어나기 이태 전에 북왕국 이스라엘에 관한 환시를 보고 북쪽으로 올라가 그곳에서 환시 내용을 선포하기 시작하였다. 환시는 특정 사건에 대한 계시고, 이 계시는 예언자가 백성에게 선포할 말씀이 된다. 히브리어에서 사건과 말씀이 한 낱말(דָּבָר 다바르)이라는 것을 다시 한 번 떠올리기 바란다.

남왕국 유다 출신 예언자가 북왕국 이스라엘에 올라가서 활동했다는 사실은 '하느님 백성의 통일성'과 '말씀의 보편성'을 드러내기 위한 것이다. 아모스가 활동하던 당시의 북왕국 상황은 정치·경제·종교면에서 양면성을 지니고 있었다. 먼저 정치면에서 북왕국은 강력한 경쟁국이던 시리아가 남진 정책을 펴던 아시리아 제국의 희생물이 되자, 예로보암 2세의 주도 아래 시리아에게 빼앗겼던 요르단 건너 동부 지역을 탈환하고는 다윗과 솔로몬 시대의 옛 영화를 되찾으리라는 희망에 부풀어 있었다(6,13-14). 그러나 시리아를 정복한 아시리아 군대가 이번에는 사마리아를 향하여 서서히 움직이고 있었다. 그다음 경제면에서 북왕국은 외국과의 활발한 교역에 힘입어 물질적 풍요와 번영을 누리고 있었다. 그러나 왕국의 경제적 번영은 가난한 사람들과 부유한 사람들 사이의 심각한 불균형과 계층 간의 갈등을 초래하였다. 수도 사마리아의 상류층 사람들은 사치와 호사에 여념이 없었다(3,9-15). 부유한 강자들은 가난한 약자들을 착취하고 이를 시정해야 할 법정은 부유한 강자들 편에 서서 부정한 판결을 내렸다(2,6-7; 4,1; 5,7). 마지막으로 종교면에서 백성들은 베텔과 길갈에서 거행되는 장엄하고 화려한 전례를 자랑스럽게 생각하였지만, 예언자는 이런 형식적인 종교 의식을 맹렬하게 비판하고(4,4-5; 5,4-5.21-27) 하느님께서 그들의 축제를 경멸하신다고 선언한다(5,21). 아모스가 베텔과 길갈의 전례를 비판한 이유로 세 가지를 들 수 있다. 첫째, 북왕국 사람들은 자신들의 종교 행위를 경신례 거행에만 한정시키고 공정과 정의를 실천하지 않았다(5,24). 둘째, 북왕국은 남왕국의 예루살렘 성전에 맞서서 베텔과 길갈에 성소를 만들었다. 셋째, 북왕국은 이방신들을 섬겼다(5,26; 8,14).

나. **저작 연대**

아모스는 남왕국의 예루살렘 성전에 맞대응하기 위하여 세워진 북왕국의 베텔 성소에서 주로 예언한 것 같다. 북왕국의 종교 지도자들과 정치 지도자들은 자신들을 비판하는 남왕국 출신의 예언자를 못마땅하게 생각하고 배척하였다. 아모스의 활동은 다른 예언자들과 달리 몇 달밖에 지속되지 못한다. 베텔의 사제가 그를 공공질서의 파괴자로 몰아 임금에게 고발하고 추방했기 때문이다(7,10-17). 베텔에서 추방당한 아모스는 자기가 받은 환시와 신탁을 기록하고 백성들에게 유포하여 살아 있는 전승으로 만들었고, 이를 그의 추종자들이 수집하여 책으로 엮었을 것이다.

아모스서의 최종 편집은 바빌론 유배가 끝난 다음 페르시아 시대(기원전 6-4세기)에 이루어진 것으로 추정된다. 이 시대에 페르시아 임금들의 도움에 힘입어 문필활동이 활발하였으며 유다인들은 제국의 새로운 질서 안에서 자신들의 신원을 확고하게 다지기 위하여 무척 애를 쓰고 있었다. 이 과정에서 남왕국 유다에 대한 신탁(2,4-5), 예루살렘 성소와 관련된 언급, 그리고 마지막 회복의 약속(9,11-15) 등이 덧붙여졌을 것이다. 특히 마지막 대목 '마지막 회복의 약속'에서 주님께서는 "그날에 나는 무너진 다윗의 초막을 일으키리라"고 선언하신다. 이 선언은 다윗 왕조가 완전히 끊긴 것을 전제하면서 메시아 시대의 희망을 드러내는 것이므로 아모스서의 편집을 유배 이후 시대로 추정하게 만든다. 그리고 불특정 미래를 나타내는 "그날에"는 이전의 역사를 완전히 뒤바꿀 것이라는 종말론적 시제를 가리킬 때 자주 쓰는 표현이다.

다. 구조와 내용

아모스서는 크게 네 부분으로 나눌 수 있다. 첫째 부분(1—2장)은 저마다 특정한 나라의 죄악과 징벌을 선고하는 여덟 가지의 설교를 전한다. 하느님께서는 먼저 이스라엘과 유다 주변의 여섯 나라가 저지른 죄악을 고발하시고 그에 상응한 벌을 내리겠다고 하신다(1,3—2,3). 그 여섯 나라는 시리아, 필리스티아의 네 도시(가자 · 아스돗 · 아스클론 · 에크론, 또 다른 도시 갓은 6,2에 나옴), 티로, 에돔, 암몬, 그리고 모압이다. 그들의 죄악은 다른 민족들과의 전쟁에서 저지른 잔혹한 폭력이다. 그들에 대한 징벌은 성채를 불태우거나 주민들을 포로로 만들어 다른 곳으로 끌고 가는 것이다. 주변의 여섯 나라에 대한 죄악과 징벌 선고에 이어 유다와 이스라엘에 대한 고발과 선고가 나온다. 유다는 주님의 법을 배척하고 다른 신들을 섬겼다고 주님께 고발당한다(2,4-5). 이는 시나이 계약의 위반으로서 하느님께서는 광야에서나(탈출 32—34장; 민수 25,1-18) 가나안 땅에서나(판관 2,6-23) 이런 죄악을 벌하지 않고 그대로 지나치지 않으셨다. 유다의 자매국 이스라엘은 시나이 계약에서 더욱더 멀어졌다. 그들은 눈앞의 작은 이익을 위해서 동료 인간의 생존을 위협하는 짓거리들을 서슴지 않았던 것이다(아모 2,6-8). 하느님은 예언자들과 나지르인들을 시켜 그들의 잘못을 일깨우셨지만 그들은 오히려 예언자들과 나지르인들을 조롱하고 배척하였다(2,11-12). 그러니 주님께서는 신명 27—28장에서 경고하신 것처럼 이민족들의 침략으로 그들을 심판하실 것이다(2,13-16).

아모스서의 둘째 부분(3—6장)은 계약의 백성이 상습적으로 저지른 죄악, 특히 북왕국이 저지른 죄악을 고발하고 하느님께서 그들을 징벌하실 것이라고 예고한다. 3,3-8에는 반어적 의문문 아홉 개가 나오는데 그것에 대한 유일한 대답은 '당연히 그럴 리가 없다'이다. 3,9-15에서는 북왕국의 수도 사마리아를 징벌의 표적으로 삼는다. 예언서에는 이처럼 민족들의 수도가 징벌의 표적이 되는 경우가 흔하다. 하느님은 북왕국 첫 임금 예로보암이 남왕국의 예루살렘 성전에 맞서 세운 베텔의 성소를 파괴하시고 부자들의 화려한 별장을 쳐부수실 것이다(3,14-15). 하느님이 이스라엘에게 내리시는 징벌은 당신께 돌아오라는 간절한 호소이기도 하다. 그런 의미에서 그분의 징벌은 은총이다. 그러나 이스라엘은 이 호소에 응답하지 않았다. 기근과 가뭄, 병충해와 메뚜기 떼, 흑사병 등 온갖 재앙을 언급하는 4,6-11에 "그런데도 너희는 나에게 돌아오지 않았다"는 말이 후렴처럼 다섯 번이나 반복된다. 이스라엘이 주님의 징벌에서 살아남기 위해서는 베텔·길갈·브에르 세바와 같은 성조들의 성소를 찾을 것이 아니라 하느님을 찾아야 하고(5,4-6), 악을 피하고 선을 찾아야 한다(5,14-15). 이제 주님의 날이 다가온다. 그런데 주님의 날은 이제 주님께서 원수들의 손에서 당신 백성을 구원하실 날이 아니다. 그날은 이스라엘에게 빛이 아니라 어둠이다(5,18-20). 하느님은 겉치레뿐인 예배와 제물을 지겨워하시고, 다만 공정과 정의를 강물처럼 흐르게 하기를 바라신다(5,21-24). 사회 정의의 실천이 없는 예배는 공허하다. 6장에서 예언자는 백성의 안녕은 거들떠보지도 않고 착취와 향락에만 몰두하는 지도자들을 신랄하게 비판하고 고발한다.

아모스서의 셋째 부분(7,1—9,10)은 예언자가 본 다섯 번의 환시 이야기를 중심으로 엮어졌다. 처음 두 환시 이야기, 곧 곡식과 풀을 완전히 먹어 치우는 메뚜기 떼의 환시 이야기(7,1-3)와 들을 태우는 불의 환시 이야기(7,4-6)는 비슷하게 전개된다. 하느님께서 심판의 표상들을 보여 주시자 예언자가 탄원을 하고 그 탄원을 받아들여 하느님께서 징벌을 멈추신다. 그러나 뒤의 세 환시 이야기에서는 예언자가 개입할 시간도 없이 하느님께서 이스라엘을 징벌하실 것임을 분명히 한다. 주님께서 돌담에 다림줄을 대보시는 세 번째 환시 이야기는 북왕국의 완전한 파괴를 가리킨다(7,7-9). 여기서 다림줄은 벽이나 건물을 파손하기 위해 고안해 낸 무거운 납덩어리를 매단 줄이다. 네 번째 환시 이야기(8,1-3)에는 잘 익은 여름 과일 바구니가 나온다. 팔레스티나에서 여름은 우리와 달리 일 년 농사 주기에서 마지막 철이다. 따라서 환시의 여름 과일은 이스라엘의 종말을 가리킨다. 네 번째 환시와 다섯 번째 환시 사이에는 가난한 이들을 착취하는 자들에 대한 주님의 단죄와 징벌이 나온다. 징벌의 때 곧 주님의 날이 오면 대낮에 칠흑 같은 어둠이 닥치고 사람들은 외아들을 잃은 것처럼 비통해 할 것이다. 복음서도 외아들 예수님을 잃은 아버지 하느님의 슬픔을 대낮에 닥친 어둠으로 표현한다(마르 15,33; 루카 23,44-45). 가장 큰 징벌은 백성들이 주님의 말씀을 받지 못해 굶주리고 목마르는 것이다(8,11-13). 말씀의 부재不在는 곧 주님의 부재로 백성의 가장 큰 불행이다. 다섯 번째 환시 이야기(9,1-4)에는 물건이나 생물이 등장하지 않고 주님께서 제단 옆에 직접 나타나시어 예언자에게 말씀하신다. '기둥머리'와 '문지방'의 언급(9,1)은 7장에 나오는 베텔의 성전을 가리킬 수 있다. 환시 가운데 주님께서는 이스라엘을 완전히 진멸하겠다고 선언하신다. 포로로 적군에게 붙잡혀 가는 것으로도 만족하지 않으시고 살아남은 자가 아무도 없게 만들리라 하신다. 그러나 이어지는 9,8의 말씀에서 죄 많은 왕국은 멸하시겠지만 선택된 민족 전체를 완전히 없앨 수는 없으리라고 하신다.

마지막 넷째 부분(9,11-15)은 이스라엘이 미래의 어느 날 다시 회복되리라는 희망의 메시지다. “그날에 나는 무너진 다윗의 초막을 일으키리라. 벌어진 곳은 메우고 허물어진 곳은 일으켜서 그것을 옛날처럼 다시 세우리라”(9,11). 준엄한 고발과 심판에 이어지는 이 같은 긍정적인 마무리(호세아서도 마찬가지였다)는 후대의 청중들에게 본질적으로 미래에 대한 희망의 책임을 일깨워 준다.

라. **신학 사상**

신명기 신학을 반영한다는 점에서는 아모스서도 다른 예언서들과 비교하여 예외가 아니다. 그러면서도 아모스서에는 다음 몇 가지 신학적 특성을 보인다.

첫째, 신명기 신학의 두 기둥은 하느님께 대한 합당한 공경과 가난한 이웃 형제 자매들에 대한 배려다. 호세아서가 전자를 강조한 반면, 아모스서는 후자를 강조한다. 따라서 아모스서는 호세아서보다 더 인본주의적 색채를 드러낸다. 하느님은 이웃에게 불의를 저지르는 자, 다른 민족들에게 폭력을 행사하는 민족을 반드시 징벌하실 것이다. 1—2장에서 여섯 민족들과 이스라엘을 고발하는 내용도 반인도주의적 범죄와 관련 있다. 이 고발에 사용되는 정식定式 표현, ‘…의 세 가지 죄 때문에, 네 가지 죄 때문에 나는 철회하지 않으리라’는 힘없는 이들에 대한 폭력과 억압이 극에 달한 상황을 지적한다. 잘 알다시피 일곱이라는 숫자는 완전수다. 하느님은 폭력으로 가득 찬 세상을 결코 용납하지 않으신다(창세 6,11-13 참조).

둘째, 아모스서는 징벌의 보편성을 강조한다. 하느님은 이스라엘을 비롯하여 어떤 민족이든 불의와 폭력을 자행했을 때 반드시 책벌하신다. 하느님의 책벌은 다른 민족들에 비해 이스라엘 백성에게만 특별히 더 무겁거나 가볍지 않다.

셋째, 주님의 징벌은 그 자체로 재앙이 아니라 그분께 돌아오라는 은혜로운 초대다. 4장에 보면 이스라엘에 내린 재앙을 구체적으로 열거하면서 '그런데도 너희는 나에게 돌아오지 않았다. 주님의 말씀이다'는 표현이 후렴처럼 되풀이된다.

넷째, 올바른 회개는 성소를 찾아 겉치레뿐인 예배와 예물을 드리는 것이 아니라 악을 미워하고 선을 사랑하며 정의를 실천하는 것이다. "너희가 나에게 번제물과 곡식 제물을 바친다 하여도 받지 않고 살진 짐승들을 바치는 너희의 그 친교 제물도 거들떠보지 않으리라. 너희의 시끄러운 노래를 내 앞에서 집어치워라. 너희의 수금 소리도 나는 듣지 못하겠다. 다만 공정을 물처럼 흐르게 하고 정의를 강물처럼 흐르게 하여라"(5,22-24).

다섯째, 아모스서는 주님의 날과 말씀의 중요성을 연계한다. 주님의 날은 징벌과 심판의 날이다. 이스라엘에 내린 가장 큰 징벌은 하느님 말씀의 부재不在다. "보라, 그날이 온다. 주 하느님의 말씀이다. 내가 이 땅에 굶주림을 보내리라. 양식이 없어 굶주리는 것이 아니고 물이 없어 목마른 것이 아니라 주님의 말씀을 듣지 못하여 굶주리는 것이다. 그들이 주님의 말씀을 찾아 이 바다에서 저 바다로 헤매고 북쪽에서 동쪽으로 떠돌아다녀도 찾아내지 못하리라. 그날에 아름다운 처녀 총각들이 목이 말라 지쳐 쓰러지리라"(8,11-13). 이스라엘은 백성이 주님의 말씀만 제대로 들을 수 있다면 다시 일어설 수 있다. 그렇게만 된다면 징벌과 심판의 날이 축복과 회복의 날로 바뀔 것이다.

아모스도 희망의 메시지로 끝을 맺는다. "보라, 그날이 온다. 주님의 말씀이다. 밭 가는 이를 거두는 이가 따르고 포도 밟는 이를 씨 뿌리는 이가 따르리라. 산에서 새 포도주가 흘러내리고 모든 언덕에서 새 포도주가 흘러넘치리라. 나는 내 백성 이스라엘의 운명을 되돌리리니 그들은 허물어진 성읍들을 다시 세워 그곳에 살면서 포도밭을 가꾸어 포도주를 마시고 과수원을 만들어 과일을 먹으리라. 내가 그들을 저희 땅에 심어 주리니 그들은 내가 준 이 땅에서 다시는 뽑히지 않으리라. — 주 너의 하느님께서 말씀하신다"(9,13-14).

4. 오바드야서

오바드야서는 히브리어 낱말 291개, 21절로 된 구약성경 가운데 가장 짧은 책이다. 그렇다고 해서 이 예언서를 무시해도 될 책으로 여겨서는 안 된다. 오히려 오바드야서 역시 다른 긴 예언서에서 볼 수 있는 영감에 가득 찬 아름다운 신탁들로 꾸며져 있다. 사실 성령의 영감을 받아 기록된 성경의 어느 책도 중요하지 않은 책은 없다.

히브리어 성경에서 오바드야서는 아모스서 다음에 위치하는데, 이는 아모스서의 마지막에 나오는 에돔에 관한 언급이 에돔의 심판을 주요 주제로 다루는 오바드야서와 직결된다고 보았기 때문일 것이다. 이와는 달리 그리스어 성경에서는 오바드야서가 요엘서 다음에 나온다. 두 예언서가

'주님의 날'이라는 공통 주제를 다루기 때문일 것이다.

가. **오바드야 예언자와 시대적 배경 및 저작 연대**

'주님의 종'이라는 뜻을 지닌 '오바드야' עֹבַדְיָה라는 이름의 인물은 구약성경에 열세 명이나 등장한다. 그 가운데 예언자 오바드야의 개인적 삶이나 역사적 배경에 대해서는 알려진 바가 거의 없다. 오바드야서의 작중 연대와 저작 연대에 관해서도 추측만 할 뿐이다. 일부 학자들은 유다가 제3자에게 멸망하고 약탈당할 때 에사우의 후손인 에돔인들이 야곱의 후손인 이스라엘인들에게 못되게 군 소행을 고발하는 11-14절의 내용을 근거로 오바드야서가 기원전 587년 예루살렘이 함락된 지 얼마 안 되어 쓰였다고 주장한다. 전통적으로 에돔은 늘 이스라엘의 적대 민족으로 여겨지고 특히 유배 뒤의 예언서들에서 늘 부정적으로 묘사된 것을 보면 에돔이 예루살렘의 함락을 전후해서 어떤 형태로든지 유다에 적대적인 태도를 취했던 것 같다.

이상의 추측이 맞다면 오바드야서의 저작 연대는 예루살렘 함락 직후가 될 것이고 이 책의 저자는 애가의 저자와 동시대 인물로서 예루살렘 멸망을 지켜본 목격 증인들 가운데 하나였을 것이다.

나. **구조와 내용**

오바드야서는 세 부분으로 나눌 수 있다. 첫째 부분(1-9절)은 에돔이 교만한 탓으로 망하게 되리라는 메시지를 담고 있다. "네가 바위틈에 살고 높은 곳에 자리를 잡고서는 '누가 나를 땅으로 끌어 내리랴?' 하고 마음속으로 생각한다마는 네 마음의 교만이 너를 속였다. 네가 독수리처럼 높이 치솟아도 네가 별들 사이에 보금자리를 틀고 있어도 내가 너를 거기에서 끌어 내리리라. 주님의 말씀이다"(3-4절). 실제로 에돔의 수도는 바위와 동굴이 많은 곳에 자리 잡고 있어서 접근하여 공격하기가 어려웠다. 2-9절의 내용은 예레 49,7-16에도 나온다. 그래서 좀 더 짧고 단순한 오바드야서의 본문을 예레미야서의 저자가 이용한 것이 아닌가 추측하면서 오바드야서의 저작 연대를 예레미야 시대보다 앞선 9세기 말이나 8세기 초로 잡기도 한다. 그러나 예루살렘 멸망에 관한 10-14절의 시사가 너무 분명하기 때문에 이런 가설은 받아들일 수 없다. 두 본문이 동일한 사료를 이용했는지도 모른다.

둘째 부분(10-14절)에서는 기원전 587년 예루살렘이 함락될 때 에돔이 침략자들과 결탁하여 같은 핏줄을 타고난 동기 야곱의 후손들을 약탈한 소행을 고발한다. "네 아우 야곱에게 저지른 살인과 폭행 때문에 너는 치욕으로 뒤덮여 영원히 멸망하리라. 네가 저만치 떨어져 서 있던 그날 이민족들이 야곱의 재산을 끌어가고 낯선 자들이 그의 대문으로 쳐들어가 예루살렘을 두고 제비를 뽑던 그날 너도 그들과 마찬가지였다"(10-11절). 예루살렘의 멸망을 전하는 다른 성경 대목들에도 에돔이 신이 나서 도성을 약탈하는 데 가담했다는 언급이 나온다(시편 137,7; 애가 4,22; 에제 25,12; 35,5.12).

셋째 부분(15-21절)에서는 주님의 날에 에돔에게 닥칠 재앙과 야곱 집안의 회복을 대비한다. "그러나 시온 산에는 살아남은 이들이 있고 그 시온 산은 거룩한 곳이 되리라. 야곱 집안은 저희를 소유하던 자들을 소유하리라. 야곱 집안은 불이, 요셉 집안은 불꽃이 되고 에사우 집안은 검불이 되리라. 그 불과 불꽃이 검불을 태우고 삼켜 버려 에사우 집안에는 살아남은 자가 아무도 없으리라. — 주님께서 정녕 이렇게 이르셨다"(17-18절).

다. **신학 사상**

오바드야서는 나훔서와 더불어 이스라엘이나 유다를 정면으로 비판하지 않는 몇 안 되는 예언서들 가운데 하나다. 오바드야서의 내용은 표면상 온통 유다의 적 에돔에 대한 심판의 신탁으로 가득 차 있다. 그래서 이 예언서는 종종 복수를 부추기는 책으로 비판을 받기도 한다. 그러나 고대 근동 사회에서 정당한 복수는 정의의 실천으로 통했고 이런 생각은 구약성경 곳곳에서 발견된다. 특히 개인이나 민족이 부당하게 착취를 당하는 경우에 복수는 가난한 이들 편에 서서 그들의 권리를 되찾아 주시는 하느님의 정의에 부합하는 행위로 간주되었다. 그래서 신명기에 보면 복수의 권한을 근본적으로 하느님께 돌린다(신명 32,35).

오바드야서의 핵심 메시지는 하느님께서 한 번 당신 백성으로 선택하신 민족은 결코 멸망하도록 버려 두지 않으시고 어떤 위협에서도 보호하신다는 것이다. 이는 여호수아기를 비롯하여 신명기계 역사서의 일관된 신학 사상이기도 하다. 에돔에 대한 심판의 신탁으로 일관하는 오바드야서는 유다와 예루살렘의 회복을 전하는 신탁으로 마무리된다. 특히 주님의 날에 에돔이 멸망하고 야곱 집안이 거룩한 시온 산을 차지하리라는 15-21절의 신탁은 메시아 사상을 명백하게 드러낸 것으로 이해할 수 있다. 결국 오바드야서에서 에돔은 한때 하느님의 백성을 위협하다가 그분의 분노를 사게 되어 멸망해 버린 세력들의 한 가지 구체적 표상 또는 표본에 지나지 않는다. 하느님은 이런 적대 세력에도 아랑곳하지 않으시고 당신의 구원 계획을 중단 없이 예정대로 실현해 나가실 것이다.

후대의 라삐 유다이즘에서 에돔은 유다의 원초적인 적으로 묘사되고 적대국 로마와 동일시되기도 하였다(『바빌론 탈무드』 아보다 자라 10b). 또 야곱의 형제인 에사우가 친동기에게 적대적인 태도를 취한 것을 감안하여 그리스도교를 에돔으로 여기기도 했다(『예루살렘 탈무드』 타아닛 4,8; 『미드라쉬』 창세기 라바 63,7). 물론 고대와 중세의 그리스도인들은 이에 동조하지 않고 자신들을 에돔이 아니라 참이스라엘로 확신하였다(로마 9,6-13 참조).

5. 요나서

우화 형식의 요나 이야기는 널리 알려져 있지만, 그 깊은 메시지는 흔히 간과된다. 요나서 자체는 요나를 예언자로 명시하지 않는다. 실제로 요나서는 전형적인 예언서의 틀에 맞지 않다. 대부분의 예언서들은 예언의 말씀이나 신탁을 전하는 데에 주력하지만 요나서에는 신탁이라고 해야 가장 짧고 단순한 한마디, "이제 사십 일이 지나면 니네베는 무너진다!"(3,4)만 나온다. 그럼에도 구약성경에서 요나서만큼 유다교의 국수적 민족주의를 넘어서서 인류 전체에 대한 하느님의 자애와 구원 의지를 분명하게 증언하는 문헌도 없을 것이다.

가. **요나서의 특징**

요나서는 여러 가지 면에서 다른 예언서들과는 다른 특징을 보인다. 첫째, 다른 예언서들에는 예언자 자신의 이야기는 최소로 하고 예언자가 전한 말씀을 전하는 것에 주력하는 데 반해, 요나서에서는 모든 것을 알고 있는 저자가 예언자 자신에 관한 이야기를 펼쳐 나간다. 이는 열왕기에 나오는 엘리야와 엘리사 이야기와 같다. 이 이야기들에는 주로 예언자들의 행동을 다루고 그들의 설교는 거의 나오지 않는다. 둘째, 요나서에서 요나는 예언자처럼 행동하지만 다른 예언자들과는 달리 그에게는 한 번도 예언자라는 칭호가 붙지 않는다. 셋째, 요나서에 나오는 등장 요소는 하느님과 요나를 제외하고 모두 하나의 표상이요 상징일 뿐이다. 니네베는 여느 대도시를 가리키고, 타르시스는 단지 미지의 머나먼 곳일 따름이며, 요나를 삼켰다가 토해 낸 큰 물고기는 구원의 상징이다. 넷째, 다른 예언자들은 모두 이스라엘 안에서 겨레의 회개를 촉구하지만 요나는 이방인들의 땅에서 이방인들에게 회개의 설교를 한다. 마지막으로 다른 예언자들과는 달리 요나는 설교의 대상들이 자신의 회개 요청을 받아들여 하느님의 징벌을 면하게 된 것을 두고 기뻐하기는커녕 심통이 나서 죽을 지경이다.

나. **요나 예언자와 작중 연대와 저작 연대**

요나서 저자는 '비둘기'라는 이름 뜻을 지닌 '요나'יוֹנָה를 기원전 8세기 예로보암 2세의 통치 시절(기원전 787-747년)에 활동한 나자렛 근처 갓 헤페르 출신의 예언자 아미타이의 아들 요나와 동일시한다(2열왕 14,24-25). 그러나 요나서의 요나는 열왕기에서와 달리 북왕국 이스라엘이 아니라 아시리아의 수도 니네베에서 예언 활동을 벌인다.

요나서의 작중 연대는 예로보암 2세가 이스라엘을 통치하고 아시리아 제국이 기세를 올리던 8세기로 제시되지만 저작 연대는 어휘와 문체, 그리고 내용을 살펴볼 때 훨씬 후대로 추정된다. 페르시아 시대의 공용어인 아람어식 표현(예를 들어 1,9의 "하늘의 하느님"), 이집트 탈출 설화와 시편의 이용, 유배 이후 시대에 유행하던 단편소설식 문학 양식 등은 이 책의 저작 연대를 기원전 6-4세기의 페르시아 시대로 늦잡게 한다. 저자의 니네베 언급도, 그곳의 임금이 아시리아 제국의 임금이 아니라 한 도시의 임금으로 제시되는 것으로 미루어 역사적 사실과는 거리가 멀다 하겠다.

다. **구조와 내용**

요나서의 구조는 각 장이 바뀌면서 기승전결을 뚜렷하게 드러낸다. 저자는 구성이 탄탄한 이야기를 풍자와 해학을 섞어 능숙하게 끌어간다. 1장에서 하느님은 요나에게 니네베로 가서 회개의 설교를 하라는 소명을 주시는데, 요나는 이 소명을 받들지 않으려고 도망친다. 여기서 하느님은 요나더러 니네베 사람들에게 가서 그들의 죄악이 당신의 진노를 일으키게 하였다고 설명하라고 하시는데, 이는 니네베에 대한 당신의 특별한 관심과 배려를 드러내시는 것이다. 성경에서 니네베는 노아의 홍수가 끝난 뒤 노아의 증손자 니므롯이 건설한 최초의 도시로 처음 소개된다(창세 10,11). 예언자들에게 니네베는 거친 폭력의 도시로 악명이 높았다. 현재는 이라크의 모술 시 근처 티그리스 강 건너에 위치해 있다. 오늘날 에사르 하똔 임금(기원전 680-669년)의 궁전으로 알려진 니네베의 한 유적지에 발굴자들이 '예언자 요나의 흙무덤'이라는 이름을 붙여 놓은 폐허가 이 도시와 요나서를 연결시킨다.

요나가 도망치려 한 타르시스는 이스라엘 사람들에게 세상에서 가장 먼 곳으로 알려졌다. 이사 66,19에 따르면 이곳은 아직 하느님의 소문을 듣지도 그분의 영광을 보지도 못한 땅, 극변의 도시 가운데 하나다. 하느님은 이곳에 당신의 재앙을 모면한 자들을 파견하여 그분의 영광을 선포하게 하실 작정이었다. 따라서 요나가 타르시스를 하느님의 손에서 벗어날 피신처로 선택한 것은 아이러니가 아닐 수 없다. 야포는 팔레스티나 북서쪽 지중해 연안에 자리 잡은 항구도시로서 바위로 둘러싸여 있다. 오천 년의 역사를 지닌 이 도시는 언제나 히브리인들의 통제에서 벗어나 있었다. 아시리아 시대에 이 도시는 필리스티아의 왕국 아스클론에 속해 있었다. 요나는 타르시스로 가기 전에 이미 하느님의 통제권에서 자유로워지기 위하여 야포를 택한다. 타르시스로 가는 배를 곧바로 얻어 탄 것은, 장거리를 항해하는 배가 매우 뜸했던 옛날의 포구 상황에 비추어 대단한 요행이었다. 지중해의 항해는 일 년 가운데 넉 달로 제한되어 있었고 그나마 폭풍우가 치는 날이면 출항이 금지되었으며 타르시스처럼 다른 쪽 극변의 항구도시로 가는 배는 더욱 얻어 타기가 어려웠다. 솔로몬의 타르시스행 배들은 3년에 한 번 꼴로 돌아왔다(2역대 9,21). 그러나 요나에겐 요행으로 보이는 이 타르시스행이 저자와 독자의 눈엔 불행의 씨앗이었다. 1,13에서 항구를 떠난 지 얼마 안 되어 폭풍이 닥쳐서 선원들이 다시 육지로 돌아가려 했기 때문이다.

폭풍 속에서 선원들은 저마다 자기가 섬기는 수호신에게 기도를 바치며 역경을 극복하기 위하여 부지런히 일하고 있었다. 저자는 이런 선원들의 모습과 자신의 소명을 거부하고 나태한 잠에 곯아떨어진 요나의 모습을 극적으로 대비시킨다. 선원들은 요나를 깨워 그의 신에게 부르짖어 보라고 권한다. 이방인들이 이스라엘의 예언자더러 기도하라고 권면하는 것이다. 행여 요나가 섬기는 신이 다른 선원들의 신들보다 더 높고 능력 있는 신일지도 모르니까. 그러고는 누구 때문에 이런 폭풍우가 닥쳤는지 알아보기 위하여 제비를 뽑기로 한다. 고대의 선원들은 같은 배에 범법자를 태우면 그로 인해서 재앙이 닥친다고 믿고 있었다. 제비가 요나에게 떨어지자 요나는 모든 것을 실토하고 자신을 바다에 던지라고 한다.

2장은 요나가 바다에 던져지고 큰 물고기에게 삼켜진 뒤, 그 배 속에서 하느님께 감사와 찬미를 드리며 니네베에 가서 설교하라는 주님의 소명을 받들기로 결심한다는 내용의 찬가다. 이 찬가는 주로 시편 말씀과 표현을 폭넓게 이용한다. 하느님은 요나가 회개하기도 전에 불순종하는 요나를 구원하기로 결심하신다. 요나는 하느님의 구원을 체험한 뒤에야 그분께 순종하기로 결심한다. 성경에서 3이라는 숫자는 기적적인 사건을 묘사할 때 자주 등장한다. 엘리야 예언자는 과부의 아들을 살리기 위하여 세 번 그 아이 위에 자기 몸을 펼쳤고(1열왕 17,21), 다니엘의 세 친구는 불가마에서 살아남았다(다니 3장). 그리고 요나가 물고기의 배 속에서 지낸 3일은 예수님이 죽음의 세계에서 보낸 사흘의 예표다(마태 12,38-42; 16,1-4; 루카 11,29-32).

3장의 내용은 요나가 회개하라는 주님의 말씀을 니네베에 전하자 니네베 사람들이 임금을 비롯하여 높은 사람부터 낮은 사람까지 모두 회개하고, 그것을 보신 주님께서 마음을 돌리시어 재앙을 내리지 않으셨다는 것이다. 니네베의 회개는 철저하고 완전하다. 임금부터 용상에서 일어나 용포를 벗고 자루옷으로 갈아입고 잿더미 위에 앉아 단식하였다. 그러고는 온 국민에게 이렇게 선포하였다. “사람이든 짐승이든 소든 양이든 아무것도 맛보지 마라. 먹지도 말고 마시지도 마라. 사람이든 짐승이든 모두 자루옷을 걸치고 하느님께 힘껏 부르짖어라. 저마다 제 악한 길과 제 손에 놓인 폭행에서 돌아서야 한다”(3,7-8). 어떤 예언서에도 니네베 사람들처럼 이토록 진지하게 회개한 경우를 찾아볼 수 없다.

4장에서 요나는 자신의 회개 설교가 성공한 것을 두고 화를 낸다. 그런데 요나가 하느님께 불평하는 소리를 들어보면 정작 그가 화를 낸 이유는 원수 나라에 대해서 하느님이 자비를 베푸셨기 때문이다. 요나는 하느님께 드리는 기도에서 타르시스로 도망친 진짜 이유를 밝힌다. 그는 하느님께서 이방인들에게 자비를 베푸실 것이라는 사실을 두려워했다는 것이다. “저는 당신께서 자비하시고 너그러우신 하느님이시며, 분노에 더디시고 자애가 크시며, 벌하시다가도 쉬이 마음을 돌리시는 분이시라는 것을 알고 있었습니다”(4,2). 요나의 이 말은 하느님의 자애를 강조하는 구약성경의 여러 대목과 맥을 같이한다(탈출 34,6-7; 민수 14,18; 느헤 9,17; 시편 86,15; 103,8; 145,8; 요엘 2,13). 또 요나가 화를 낸 것은 이방인들에게 신나게 하느님의 징벌을 외쳤는데, 그 징벌이 내리지 않았으니 자신의 체면과 권위가 실추됐다고 여겼기 때문일 것이다. 얼마나 화가 나고 실망을 했는지, 큰 물고기 배 속에서 살아난 것을 감사하던 요나가 이제 목숨을 거두어 주시라고 하느님께 간청할 정도다.

요나는 목숨을 담보로 간청했으니 하느님이 마음을 돌리시어 니네베를 멸하실 것으로 기대하면서 시가지가 보이는 동쪽 언덕에 자리 잡고 앉았다. 『성경』(cbck)에서 아주까리로 옮긴 끼까욘이라는 나무는 성장 속도가 빠르고 잎이 무성한 열대성 식물이다. 끼까욘의 그늘 밑에서 더위를 피하게 된 요나는 기분이 좋아졌다. 그러나 이튿날 새벽에 하느님께서 보낸 벌레가 그 식물을 먹어 치우자 요나는 열풍과 따가운 햇볕 때문에 숨이 막힐 지경이었다. 화가 잔뜩 난 요나가 하느님께 차라리 죽여 달라고 하자 이렇게 대답하신다. "너는 네가 수고하지도 않고 키우지도 않았으며, 하룻밤 사이에 자랐다가 하룻밤 사이에 죽어 버린 이 아주까리를 그토록 동정하는구나! 그런데 하물며 오른쪽과 왼쪽을 가릴 줄도 모르는 사람이 십이만 명이나 있고, 또 수많은 짐승이 있는 이 커다란 성읍 니네베를 내가 어찌 동정하지 않을 수 있겠느냐?"(4,10-11).

죄악이 넘쳐나는 니네베는 반드시 망해야 한다고 믿는 요나의 정의감을 하느님의 자애가 압도한다는 것이, 4장의 핵심 주제이자 요나서 전체를 관통하는 가장 큰 주제다.

라. **신학 사상**

요나서의 교훈은 크게 두 가지다. 하나는 예언자의 내적 체험에 대한 가르침이다. 예언자는 주님께 받은 소명 때문에 동시대 사람들에게 소외되고 남다른 고통을 겪게 된다. 그러나 예언자는 자신이 원하지 않는다고 해서 말씀 선포의 직무를 저버릴 수 없다. 하느님의 말씀을 올바로 전하는 참예언자가 있다는 사실 하나만으로도 동시대인들은 위안과 구원의 희망을 갖게 마련이다. 하느님은 이런 예언자를 통하여 온 세상을 움직이신다.

요나서의 또 다른 교훈은 구원의 보편주의다. 하느님의 자비는 그분의 정의를 훨씬 뛰어넘는다. 그분의 자비는 그것을 받을 만한 가치가 없는 사람들에게까지 미친다. 죄악이 가득한 니네베가 멸망하는 것은 정의의 실현이다. 그러나 하느님은 주민들의 회개를 보시고 그곳에 자비를 베풀기로 결정하신다. 마찬가지로 하느님의 직접적인 명령을 거역한 요나 예언자를 죽음의 바다에 빠뜨리는 것은 정의를 실현하기 위해서였지만, 그분께서는 요나가 회개하기 전인데도 큰 물고기를 보내어 그를 구출하시는 자비를 베푸셨다. 이처럼 구원하시는 하느님의 자비는 선택된 민족 이스라엘의 경계를 뛰어넘어 온 세상 모든 민족에게 베풀어진다. 요나서의 보편주의는 유배에서 돌아올 당시의 제2이사야서(이사 40—55장)보다 더 넓다.

6. 미카서

미카는 소예언서의 예언자들 가운데 호세아와 아모스와 더불어 8세기에 활동했던 마지막 예언자다. 미카서는 하느님과의 수직 관계를 강조한 호세아서와 이웃과의 수평 관계를 강조한 아모스서의 메시지를 고루 포함한다. 미카서에는 그리스도인들이 그 출처가 미카서인 줄도 모르고 머리 속에 담고 있는 내용들이 많다. "칼을 쳐서 보습을 만들고 창을 쳐서 낫을 만들리라"(미카 4,3)는 평화의 때에 관한 묘사, 새로운 통치자가 베들레헴에서 탄생하리라는 메시아 신탁(5,1; 참조: 마태 2,6; 2사무 5,2), "공정을 실천하고 신의를 사랑하며 겸손하게 네 하느님과 함께 걷는 것"(6,8)을 통해 참다운 경신례를 바칠 수 있다는 가르침 등이 그 좋은 예들이다.

가. **미카 예언자**

'미카'מִיכָה는 '누가 주님과 같으냐?'라는 뜻을 지닌 히브리어 '미카야'מִיכָיָה의 단축형이다. 비슷한 이름으로 천사 '미카엘'을 들 수 있는데, 이 이름은 '누가 하느님과 같으냐?'라는 뜻이다. 미카라는 이름은 성경에 자주 나오는데, 미카서의 주인공 미카 예언자와 1열왕 22장 또는 2역대 18장에 나오는 예언자 미카야는 전혀 다른 인물이다. 그러나 예레미야 예언자가 성전 설교에서 언급한 모레셋 출신 미카와는 동일한 인물이다(예레 26,28).

미카의 고향 모레셋은 예루살렘에서 남서쪽으로 40킬로미터 떨어진 곳에 자리 잡은 작은 마을이었다. 이곳은 팔레스티나 중심부를 남북으로 가로지른 산악지대에서 지중해를 향하여 서쪽으로 완만하게 경사진 평원지대에 속한다. 아시리아 군대가 예루살렘을 공략할 때 먼저 유다의 평원지대를 침략했으니 틀림없이 이곳을 거쳐갔을 것이다. 미카는 고향에서 아시리아 침략군의 진군을 보면서 국가적 재난이 예루살렘을 향해서도 다가가고 있음을 확인한다(1,8-16; 3,12).

나. **작중 연대와 저작 연대**

미카서의 작중 연대는 이사야 예언자와 동시대인 기원전 8세기다. 머리글(1,1)에 따르면 미카 예언자가 활동한 시기는 유다 임금 요탐부터 아하즈를 거쳐 히즈키야의 통치까지, 그러니까 기원전 740년경부터 687년경까지다. 그러나 미카서의 어떤 본문도 그가 요탐 임금의 치세 때에 활동했다는 사실을 확인해 주지 못한다. 오히려 호된 비판과 고발을 담은 몇몇 구절은 히즈키야의 후계자 므나쎄 임금의 혼탁한 시절을 겨냥하는 것 같다. 그렇다면 미카의 활동 시기를 기원전 725년경에서 680년경으로 잡을 수 있을 것이다.

미카서는 단죄의 말씀(1—3장; 6,1—7,7)과 구원의 말씀(4—5장; 7,8-20)이 규칙적으로 번갈아 나오는 전형적인 예언서다. 이런 형식은 후대의 편집자들이 전해 오는 예언자의 신탁들을 모아 편집하였다는 확실한 증거다. 미카서의 편집 과정은 세 단계를 거쳤을 것이다. 첫째, 미카의 제자들과 유다의 일부 지도자들이(예레 26,18-19) 미카의 예언과 신탁을 기억하여 보존하였을 것이다. 둘째, 백성들이 미카 예언자의 설교를 이사야 예언자의 설교와 더불어 수집했을 것이다(미카서와 이사야서는 유사점이 많다). 첫째 단계와 둘째 단계는 겹칠 수 있다. 마지막으로 바빌론의 예루살렘 함락(기원전 587년) 이후에 미카서의 최종 편집이 이루어졌을 것이다. 특히 미카 6—7장은 최종 편집 때 덧붙여진 것으로 보인다. 따라서 미카서의 최종 저작 연대는 기원전 6세기나 5세기 초다.

다. **구조와 내용**

미카서는 크게 둘로 나눌 수 있다. 전반부(1—5장)와 후반부(6—7장) 둘 다 '들어라'는 말로 시작하여 같은 구조와 내용을 보인다. 곧 먼저 고발과 징벌을 선포하고 그다음에 희망과 구원을 예고한다.

머리글 다음에 이어지는 전반부는 "민족들아, 모두 들어라. 땅과 그 안에 가득 찬 것들아, 귀를 기울여라"로 시작한다. 이는 특정한 시대와 장소에 한정된 예언과 신탁이 후대의 편집자들의 손을 거치면서 보편적인 메시지로 바뀌고 있음을 드러낸다. 사실 미카서의 전반부 전체는 온 세상의 주권을 지니신 주님께서 징벌과 구원으로 인류 전체를 다스리신다는 선언을 핵심 주제로 삼고 있다고 볼 수 있다.

1장에서는 먼저 사마리아를 겨냥한 선언(3-7절)이 예루살렘에 대한 애가(8-16절)로 연결된다. 2장의 신탁은 이웃의 밭과 재산을 유린하는 대지주들의 탐욕과 착취를 고발하고 그들이 침략자들에게 땅을 빼앗긴 채 알거지가 되고 말 것이라고 예고한다(1-5절). 또한 거짓 설교가들을 고발한다(6-11절). 거짓 설교가들은 상황의 심각성을 제대로 인식하지 못하고 주님의 인내와 관용만을 내세워 백성을 안심시킨다(2,7; 참조: 탈출 34,6; 시편 103,8; 요엘 2,13). 지도층에 대한 고발은 3장에서도 계속된다. 미카 예언자는 먼저 백성을 착취하는 지도자들을 식인종으로 묘사하면서 고발한다(1-4절). 그런 다음 백성에게 거짓 평화와 안전을 선포하면서 그들을 잘못 이끌다가 수치를 당하는 거짓 예언자들과, 주님의 영과 공정과 능력으로 가득 찬 참예언자인 자신을 비교한다(5-8절). 이스라엘이 망하고 예루살렘이 폐허가 되는 것은 바로 우두머리·사제·예언자 등 지도자의 잘못 때문이다. "그러므로 너희 때문에 시온은 갈아엎어져 밭이 되고 예루살렘은 폐허 더미가 되며 주님의 집이 서 있는 산은 수풀 언덕이 되리라"(3,12). 미카의 이 예언은 100년이 지난 예레미야 시대의 청중이 기억할 정도로 깊은 인상을 남겼다(예레 26,18).

4—5장은 희망과 구원의 신탁이다. 4,1-5은 메시아 시대의 신탁으로 알려진 이사 2,2-5과 거의 비슷하다. 온 세상 민족이 예루살렘으로 올

라온다는 주제는 이 두 대목 말고도 예언서에 자주 나온다(이사 56,4-8; 60장; 66,18-20; 하까 2,7; 즈카 8,20-23). 그날이 오면 새로운 시나이인 시온에서 새 율법이 나오고 예루살렘에서 주님의 말씀이 나올 것이다. 그날에 주님께서 흩어진 이스라엘의 남은 자들을 불러 모으시어 시온에서 친히 그들을 영원히 다스리실 것이다(미카 4,6-8). 지금은 시온이 진통을 겪는 산모처럼 신음하고 뭇 민족이 시온이 망하는 꼴을 지켜보려고 하겠지만, 그날이 오면 주님께서 시온을 일으키시어 다른 민족을 굴복시키시고 노획물을 당신께 바치게 하실 것이다(4,9-13). 지금은 적에게 포위된 신세지만, 장차 다윗 가문의 메시아가 나타나 양 떼를 치는 목자처럼 이스라엘 자손들을 안전하고 평화롭게 다스릴 것이다. "그러나 너 에프라타의 베들레헴아, 너는 유다 부족들 가운데에서 보잘것없지만 나를 위하여 이스라엘을 다스릴 이가 너에게서 나오리라. 그의 뿌리는 옛날로, 아득한 시절로 거슬러 올라간다. 그러므로 해산하는 여인이 아이를 낳을 때까지 주님은 그들을 내버려 두리라. 그 뒤에 그의 형제들 가운데 남은 자들이 이스라엘 자손들에게 돌아오리라. 그는 주님의 능력에 힘입어 목자로 나서리라. 그러면 그들은 안전하게 살리니 이제 그가 땅 끝까지 위대해질 것이기 때문이다"(5,1-3). 이 신탁은 메시아를 다윗 가문과 연결시킨 사무엘서의 전통(1사무 16장; 2사무 5,2; 7,8)과 동정녀가 아들을 낳으리라는 이사야 예언서의 전통(이사 7,10-17)이 합쳐진 형태다. 마태오 복음 저자는 이를 예수님의 탄생과 연결한다(마태 2,6; 참조: 요한 7,42). 메시아 시대가 오면 야곱의 남은 자들이 민족 가운데서 크게 성장하여 수많은 민족을 굴복시킬 것이다(5,6-8). 그날이 오면 주님께서 마술사·점쟁이·아세라 목상을 비롯하여 온갖 부정한 것들을 없애 버리시고 이스라엘을 완전히 정화하실 것이다(5,9-14).

미카서 후반부(6—7장)는 이스라엘을 고발하는 소송정식訴訟定式으로 시작한다. “너희는 주님께서 하시는 말씀을 들어라. ‘너희는 일어나 산들 앞에서 고소 내용을 밝히고 언덕들이 네 목소리를 듣게 하여라’”(6,1). 주님께서 산과 언덕들을 증인으로 불러 세우시고 이스라엘을 거슬러 격정적 어조로 논고를 펴신다(3-5절). 가톨릭 교회는 성금요일 전례에 주님의 논고 말씀, “내 백성아, 내가 너희에게 무엇을 하였느냐? 내가 무엇으로 너희를 성가시게 하였느냐? 대답해 보아라”(미카 6,3)를 인용한다. 이스라엘은 모세와 아론과 미르얌을 시켜 이집트 종살이에서 자신들을 구해 주신 야훼 하느님의 계약을 파기하고 반역하였다. 그들은 계약의 윤리적 실천을 소홀히 하고 겉치레뿐인 경신례에 집착하였다. 주님을 기쁘게 해 드리기 위해 그들이 생각한 것은 고작 소나 양과 같은 짐승을 제물로 푸짐히 바치는 일이었다. 심지어 율법으로 엄금한 자기 자식들의 봉헌도(레위 18,21; 20,2-3; 신명 12,31; 18,10; 2열왕 16,3; 21,6; 에제 20,26) 서슴지 않았다. 그러나 그분이 당신 백성에게 바라시는 참된 예배는 정의를 실천하고 겸손하게 하느님과 함께 걷는 일이다. 창세기 저자는 하느님과 함께 걸은 대표적인 인물로 에녹(창세 5,22.24)과 노아(6,9)를 제시한다. “사람아, 무엇이 착한 일이고 주님께서 너에게 요구하시는 것이 무엇인지 그분께서 너에게 이미 말씀하셨다. 공정을 실천하고 신의를 사랑하며 겸손하게 네 하느님과 함께 걷는 것이 아니냐?”(미카 6,8). 여기서 미카의 기록은 동시대의 예언자들인 아모스(5,24)와 호세아(2,19-20; 6,6)와 이사야(7,9; 30,15)의 기록과 일치한다.

주님께서는 공정과 진실을 저버린 예루살렘의 주민들에게 징벌을 선고하신다(6,9-16). 그들은 북왕국의 부도덕한 왕조인 오므리 가문과 아합 가문의 악행과 우상 숭배를 그대로 답습하였다(6,16). 이런 죄악의 결과는 황폐와 치욕이다. 7장에서 예언자는 슬픔과 외로움 속에서 부르짖는다(1절). 들에는 수확할 것이 없고 경건한 이들은 사라졌다(2절). 악인들이 설쳐대고 진실과 신의에 바탕을 둔 사회가 무너졌으며 심지어 정상적인 가족관계마저 붕괴되었다(3-6절). 이런 상황에서 예언자는 하느님의 구원만을 고대한다(7절).

후반부의 끝맺음은 전례 분위기를 자아낸다. 먼저 주님께 대한 신뢰를 고백하는 노래(7,8-10)와 하느님 편에서 복구를 약속하시는 응답(7,11-13)이 나온다. 그리고 열악한 환경에서 힘겹게 살아가는 당신 백성을 주님께서 돌보아 주시라는 간청과, 민족이 주님을 알아 모시고 경외하게 해 주시라는 호소(7,14-17)가 이어진다. 그런 다음 주님의 한결같은 사랑과 자비를 기리는 찬미가(7,18-20)로 마무리한다. "그분께서는 다시 우리를 가엾이 여기시고 우리의 허물들을 모르는 체해 주시리라. 당신께서 저희의 모든 죄악을 바다 깊은 곳으로 던져 주십시오. 먼 옛날 당신께서 저희 조상들에게 맹세하신 대로 야곱을 성실히 대하시고 아브라함에게 자애를 베풀어 주십시오"(7,19-20). 죄악을 바다 깊은 곳으로 던진다는 표현은 이집트 군대를 갈대 바다에 처넣으신 이집트 탈출 사건에서 영감을 받은 것으로 보인다. 거짓 없고 한결같은 사랑은 하느님의 자애를 가리킨다. 성경에서 아브라함의 하느님, 이사악의 하느님, 야곱의 하느님은 언제나 성실하고 순수한 사랑을 베푸시는 자애의 하느님을 가리킨다.

라. **신학 사상**

미카서의 메시지는 분명하다. 하느님의 정의는 실현되었다. 사마리아와 예루살렘은 하느님을 저버리고 우상 숭배에 빠졌으며, 왕정 시대 이전에 보여 주던 평등과 형제애와 같은 소중한 가치를 망각하고 극심한 빈부의 차이, 계층 간의 대립 등 사회적 불의를 만연시켰다. 예루살렘의 지도자들과 주민들은 하느님과 맺은 계약이 도성을 지켜 주리라고 믿었지만, 미카는 그 믿음이 잘못된 것이라고 지적한다. 미카는 이스라엘 역사에서 재앙을 예고한 대표적 예언자로 기억된다(예레 26,18). 그러나 미카가 선포한 재앙은 하느님의 냉혹한 분노만을 드러내지 않는다. 하느님의 징벌은 단순한 재앙으로 끝나는 것이 아니고 회개의 호소로 바뀔 수 있다. 마침내 하느님은 유다 백성을 다시 불러 모으심으로써 인류에 대한 당신의 자비가 한결같고 영원하다는 것을 증명하실 것이다.

7. 나훔서

열왕기 하권, 이사야서, 호세아서, 요나서와 미카서에서 아시리아의 운명을 두고 수많은 언급이 있고 나서, 마침내 이 거대한 제국의 몰락을 목격한 예언자의 증언이 나온다. 그가 바로 나훔 예언자다.

가. **나훔 예언자**

'나훔'נַחוּם은 '위로받은 이' 또는 '위로하는 이'라는 뜻이다. 위로를 받은 이라야 다른 사람을 위로할 수 있으니(2코린 1,4) 어느 쪽을 택하든지 옳다. 구약성경에서 나훔이라는 이름을 가진 사람은 이 예언자 말고는 없지만, 같은 어근에서 나온 변형꼴 이름으로 북왕국 이스라엘의 임금 므나헴(מְנַחֵם 2열왕 15장)과 유배 이후 예루살렘을 복구한 저 유명한 유다의 총독 느헤미야(נְחֶמְיָה '주님께서 위로하셨다'는 뜻)를 들 수 있다. 이름 말고는 나훔에 관해서 알려진 바가 없다. 나훔서의 머리글(1,1)에 나오는 나훔의 고향 엘코스도 어디인지 분명하지 않다.

나. 작중 연대와 저작 연대

나훔서의 작중 연대는 아시리아 제국이 이집트의 테베를 점령하고 약탈한(3,8 참조) 기원전 663년에서 니네베가 함락된 기원전 612년 사이이다. 아시리아 제국이 한창 융성하던 기원전 8-7세기는 이스라엘인들에게 암울한 시대였다. 기원전 722년에 북왕국 이스라엘이 망하고 홀로 남은 남왕국 유다도 아시리아의 강압적 지배 아래에서 시달리고 있었다. 나훔은 이 어두운 시대에 희망의 등불을 밝힘으로써 자기 겨레에게 위로를 안겨 준 예언자다(로마 15,4-5 참조). 나훔서의 저작 연대는 니네베 함락에 관한 생생한 증언으로 보아 아시리아의 멸망에서 그리 멀지 않은 시기, 적어도 이 제국의 역사와 사회상에 대한 기억이 사라지기 전일 것이다. 오래지 않아 강력한 바빌론 제국이 아시리아에 대한 기억을 지울 것이다.

다. 구조와 내용

나훔서는 세 부분으로 나눌 수 있다. 첫째 부분(1,2-8)은 시구의 첫 글자를 순서에 맞추어 히브리어 알파벳으로 시작하는 이른바 '알파벳 노래'로 엮어진 시편이다. 그런데 히브리어 알파벳 22자의 반절인 11자만 이용하고 그나마 불규칙적인 반쪽짜리 알파벳 노래다. 여기서 예언자는 주 하느님의 열정을 노래한다. "주님은 열정을 지니신 분, 보복하시는 하느님, 주님은 보복하시는 분, 진노하시는 분이시다. 주님은 당신의 적들에게 보복하시는 분 당신의 원수들에게 화를 터뜨리시는 분이시다"(나훔 1,2). 여기서 열정은 질투로 옮길 수도 있다. 하느님의 열정이나 질투는 편협한 이기심에서 나온 게 아니라 순수한 사랑의 표현이다. 때때로 이 열정이나 질투는 거룩한 분노를 동반한다.

둘째 부분(1,9—2,3)은 첫째 부분에서 소개한 하느님의 열정과 분노를 유다와 아시리아의 구체적인 상황에 적용하는 신탁이다. 아시리아 군대가 엄청나게 많아도 유다는 두려워할 필요가 없다. 주님께서 니네베를 징벌하실 것이기 때문이다. "이제 나는 그가 너에게 메운 멍에를 부러뜨리고 너를 묶은 사슬을 끊어 주리라. 주님께서 너를(니네베) 거슬러 명령을 내리셨다. 다시는 너의 이름을 이을 자손이 나지 않으리라"(1,13-14ㄱ). 니네베의 패망을 알리는 소식은 유다인들에게는 평화의 기쁜 소식이다. 유다는 이제 축제를 올리고 적들에게서 구출될 것을 고대하며 하느님께 드린 서원을 지켜야 한다. "보라, 기쁜 소식을 전하는 이, 평화를 알리는 이의 발이 산을 넘어온다. 유다야, 축일을 지내고 서원을 지켜라. 불한당이 다시는 너를 넘나들지 못할 것이다. 그는 완전히 망하였다"(2,1).

셋째 부분(2,4—3,19)은 니네베가 멸망하는 것을 지켜본 예언자의 생생한 증언이다. 주님께서 당신의 주권을 인정하지 않고 거만하게 굴던 아시리아를 심판하실 것이라는 예언은 이미 이사 10,5-27에도 나와 있다. 여기서는 니네베를 징벌하시는 이유를 폭력과 거짓과 약탈로 제시한다(3,1). 이 셋째 부분에서는 주님께 벌받는 유다의 참상을 전한 기존의 예언자들, 예를 들면 이사야나 예레미야의 신탁에서 볼 수 있는 구절들이 많이 암시된다. 대표적인 예로 3,5.19을 들 수 있다. "보라, 내가 너에게 맞서리라. 만군의 주님의 말씀이다. 나는 네 옷자락을 얼굴 위로 걷어 올려 네 알몸을 민족들이 보고 네 치부를 왕국들이 보게 하리라"(3,5; 참조: 이사 47,2-3; 예레 13,22-26). "네 상처는 아물 길 없고 부상은 나을 길이 없다"(나훔 3,19ㄱ; 참조: 예레 10,19; 30,12). 니네베의 멸망은 주 하느님의 주권과 당신 백성에 대한 그분의 사랑을 증거하는 구체적 실례다.

라. **신학 사상**

나훔서의 신학 사상도 명시적으로 언급하지는 않지만 '주님의 날'과 관련 있다. 저자는 시작부터 주님께서 전쟁 용사로 당신 백성의 원수들을 치시러 질풍노도처럼 들이닥치시는 모습을 묘사한다. 다른 예언서들의 신탁처럼 주님이 오시는 목적은 이스라엘의 원수들을 징벌하시기 위해서다. 나훔서에서 주님은 이스라엘과 유다를 억압하는 아시리아에게 복수하러 오신다. 그러나 다른 예언서와는 달리 나훔서에서는 이스라엘이나 유다를 단죄하지 않는다. 나훔서에서 '주님의 날'은 니네베에게는 징벌의 날이요 이스라엘에게는 구원의 날이다.

나훔서는 한 세기 반 동안 메소포타미아를 호령하던 대제국 아시리아의 멸망을 두고 신학적 설명을 시도한다. 역사의 주인이신 주님은 당신 백성을 괴롭혀 온 아시리아 제국의 폭정을 결코 용납하지 않으신다. 비록 니네베의 멸망이 메디아인들과 바빌론인들과 같은 이민족들의 손에 의해서 이루어졌지만 그들은 주님의 도구일 따름이지 실제로 그 멸망의 주역은 주님이시다. 인간 역사에서 일어나는 모든 사건은 주님의 뜻에 따라 진행된다는 것이 나훔서 저자의 확신이다.

나훔서는 "너의 끊임없는 악행을 겪어 보지 않은 이가 있느냐?"(3,19) 하는 질문으로 끝나는데, 성경에서 질문으로 끝나는 책은 나훔서 말고 하나 더 있다. "하물며 오른쪽과 왼쪽을 가릴 줄도 모르는 사람이 십이만 명이나 있고, 또 수많은 짐승이 있는 이 커다란 성읍 니네베를 내가 어찌 동정하지 않을 수 있겠느냐?"(요나 3,11)로 끝나는 요나서다. 나훔서의 질문이 아시리아를 단죄하는 내용인 반면, 요나서의 질문은 니네베에게 자비를 보이는 내용인 것이 흥미롭다. 전자는 하느님의 정의를 드러내는 질문이고 후자는 그분의 자애를 드러내는 질문이다.

8. 하바쿡서

나훔서가 아시리아와 유다의 운명에 관한 신탁이라면, 하바쿡서는 바빌론과 유다의 운명에 관한 신탁이라 할 수 있다. 그런데 하바쿡서는 예언자가 직접 하느님께 계시를 요청하고 그 답을 얻어내는 특이한 형태를 취한다. 다른 예언서에서는 보통 하느님이 예언자들에게 계시의 말씀을 주시고 예언자들은 이 말씀을 받아 백성에게 선포하는 것으로 되어 있다.

가. **하바쿡 예언자**

'하바쿡'חֲבַקּוּק이라는 이름은 아시리아어로 '바실초'를 가리킨다. 바실초는 향료로 쓰는 박하 비슷한 식물이다. 하바쿡서에는 '하바쿡 예언자'라는 표현이 두 번 나올 뿐 예언자 자신에 관하여 어떤 정보도 없다. 그리고 기원전 2세기의 문헌으로 알려진 다니엘서의 제2경전 한 대목, 다니엘이 사자 굴에서 살아 나온 이야기(다니 14,33-39) 말고는 구약성경 어느 곳에서도 하바쿡에 대한 언급을 찾아볼 수 없다. 그래서인지 후대의 유다 전통들은 이 예언자의 역사적 배경을 다양하게 제시한다. 기원후 1세기의 구약 외경 예언자들의 생애(12,1-12)에서는 하바쿡을 다니엘처럼 바빌론 유배 시절의 예언자로 제시하되 레위 지파가 아니라 시메온 지파 출신으로 소개한다. 그런가 하면 기원후 2-3세기에 저술된 것으로 추정되는 『미드라쉬』 세데르 올람 라바(*Seder Olam Rabbah* 20)에서는 하바쿡이 므나쎄 임금 통치 시절(기원전 687-642년)에 활동한 예언자로 되어 있다. 중세(기원후 1280년경) 유다교 작품인 『세페르 하조하르』(*Sepher ha Zohar* 1.7; 2.44-45)는 하바쿡을 기원전 9세기 이스라엘의 예언자 엘리사가 되살린 수넴 여인의 아들(2열왕 4,8-37)과 동일시한다.

나. **작중 연대와 저작 연대**

하바쿡서의 작중 연대는 신바빌로니아가 아시리아 제국을 무너뜨리고 메소포타미아의 패권을 장악하게 되는 7세기 말에서 6세기 초로 본다. 좀 더 세부적으로 말하자면, 칼데아인들이 일어서고(1,6) 남왕국 유다가 피폐해지는(1—2장) 상황 묘사로 미루어 하바쿡 예언자는 여호야킴의 통치 시절(기원전 609-598년)과 여호야킨의 짧은 통치 기간(기원전 598-597년)에 활동한 것으로 볼 수 있다. 이 시기를 요약하자면 네부카드네자르가 카르크미스와 하맛에서 이집트를 쳐 이긴 뒤(기원전 605년), 유다는 신바빌로니아 제국의 속국이 되었다. 여호야킴은 3년 동안 바빌론에 조공을 바치면서 네부카드네자르의 충복 구실을 성실히 수행하다가 602년에 반기를 들었다. 네부카드네자르는 곧바로 응징에 나서 유다 전역을 초토화하고 598년에 예루살렘을 함락하였다. 여호야킴은 바빌론이 예루살렘을 침공하는 도중에 전사한 것으로 보인다. 네부카드네자르는 그의 후계자로 여호야킨을 임명하고 유다의 지도층 인사들을 바빌론으로 끌고 갔다. 이것이 제1차 바빌론 유배다. 하바쿡은 예레미야 예언자와 동시대 인물로서 여호야킴과 여호야킨의 통치 시절에 예루살렘 성전에서 활동한 것으로 보인다.

하바쿡서의 제작 연대는 1—2장의 경우에는 예루살렘 함락 직후이겠으나, 악에 대한 하느님의 완전한 승리를 노래하는 3장의 경우에는 유배 이후 6세기 말일 가능성이 높다.

다. 구조와 내용

이 책은 둘로 나뉜다. 전반부(1—2장)는 신탁이고 후반부(3장)는 기도다. 전반부의 구조를 보면 예언자의 항변과 하느님의 답변으로 되어 있다. 예언자는 먼저 하느님 앞에서 유다 땅이 무법천지가 되었다고 불평을 터뜨린다(1,2-4). 이 불평에 하느님은, 무법천지가 된 것은 칼데아인들을 일으켜 세상을 지배하도록 하신 당신의 계획 때문이라고 답변하신다(1,5-11).

하바쿡은 다시 칼데아인들의 지나친 폭력을 두고 불평한다(1,12-17). 이에 대한 하느님의 답변은 2장에 주어진다. 거만한 자는 망하고 신실한 의인은 살리라는 원칙에 따라 칼데아인들은 마침내 망하고 말 것이다. "보라, 뻔뻔스러운 자를. 그의 정신은 바르지 않다. 그러나 의인은 성실함으로 산다"(2,4). 이어지는 다섯 가지 불행 선언(2,6ㄴ-20)은 이 원칙을 구체적 실례로 입증한다.

후반부(3장)는 이 대목의 제목대로(3,1) 하바쿡 예언자의 기도다. 이 기도는 하느님의 답변에 대한 예언자의 반응으로 볼 수 있다. 기도의 형식은 전례 찬가다. 예언자는 하느님께 침입자들을 무찔러 달라고 청한다. 때로는 이 청원이 받아들여진 것처럼 하느님의 행동을 묘사하는 동사가 과거형으로 되어 있다. 예언자는 하느님께서 온 세상을 다스리는 통치자요 주인이심을 인정하고 칼데아인들을 멸망시킬 그분의 권능이 드러나시기만을 성실하게 기다린다.

라. **신학 사상**

하바쿡서의 주요 관심사는 하느님의 정의다. 저자는 유다가 붕괴되기 직전 7세기 말과 6세기 초에 유다에서 일어난 일련의 사건들을 두고 하느님의 정의가 무엇인지를 묻고 이에 대답하고자 한다. 저자가 이 책 전체에서 고심하는 것은 칼데아인들의 구실이다. 그들은 단순히 유다의 억압자들인가, 아니면 유다 안의 억압자들을 징벌하시기 위해 하느님께서 일으키신(1,4.12) 그분의 도구인가? 저자가 보는 칼데아인들의 구실은 둘 다다. 칼데아인들은 유다 안의 다른 억압자들을 파멸하는 구실을 하지만 그들

스스로 유다 전체를 억압한 자들이기도 하다. 그것은 그들이 자신들을 일으키고 내세우신 주님을 알아 모시지 못하고(2,18-19) 제 힘만 믿으며(1,11) 유다뿐 아니라 세상의 뭇 민족들을 강탈하였기 때문이다(2,8).

하느님의 정의는 반드시 실현된다. 하느님은 먼저 칼데아인들을 일으키시어 유다 안의 불의(1,2-4)를 심판하시고, 이어서 지나치게 폭력을 행사하고 민족들을 수탈하여 부당한 이득을 취한 칼데아인들도 징벌하신다(2,6-20). 하느님의 엄정한 정의 앞에서 유다가 살아남을 길은 무엇인가? 그것은 이제까지 이스라엘을 구원하시고 인도해 오신 주님께 희망을 두고 그분을 믿고 의지하는 것이다. 하느님께 대한 충직한 믿음만이 살 길이다. "의인은 성실함으로 산다"(2,4).

9. 스바니야서

스바니야서는 히브리어 성경의 열두 소예언서에서 아홉째에 위치한다. 이 예언서는 이전의 예언서들에 나오는 예언 전승을 잘 반영한다. 다른 예언서들에서 볼 수 있는, 심판 신탁과 이어지는 구원 신탁이 여기서도 그대로 등장한다. 유다 왕국의 병든 사회상을 고발하는 내용은 선임 예언서 이사야서, 미카서, 그리고 아모스서와 맥을 같이한다. 또 유다와 이스라엘을 징벌하기 위한 '주님의 날'과, 구원의 희망을 간직한 '남은 자들'의 주제도 선임 예언서들과 공유한다.

가. **스바니야 예언자**

‘주님께서 보호하셨다’는 이름 뜻을 지닌 ‘스바니야’צְפַנְיָה의 생애에 대해서는 스바니야서의 머리글에 나오는 간단한 족보 말고는 알려진 바가 없다. 이 족보의 첫 이름 쿠시는 에티오피아를 가리키는 외국 이름이고 맨 마지막에 나오는 이름 히즈키야는 유다 임금이다. 외국인 혈통에 왕족 혈통이라니 이해하기가 쉽지 않은 출생이다. 그러나 그가 주로 종교·정치 지도자들의 잘못을 지적하고 비판하는 것으로 미루어 왕족의 혈통을 타고 태어난 것이 아닌가 추측하게 한다.

나. **작중 연대와 저작 연대**

머리글은 스바니야서의 작중 연대를 요시야 임금의 통치 시절(기원전 640-609년)로 제시한다. 이스라엘 역사에서 이 시기 역시 매우 중요하다. 한 세기 이상 고대 근동 전체를 호령하던 아시리아 대제국이 서서히 몰락해 가는 것을 보면서 유다 임금 요시야는 가나안의 바알 숭배와 아시리아의 천체 숭배를 근절하는 종교 개혁을 단행한다(2열왕 23,4-14). 이런 상황에서 스바니야 예언자는 주님의 권능이 온전히 드러나게 될 주님의 날을 선포한다. 스바니야서는 니네베의 파괴를 주님께서 하늘과 땅의 임금이심을 드러내는 사건으로 계시한다.

스바니야서의 대부분은 요시야 임금의 통치 시절과 부합하지만, 일부 대목은 유배 이후의 상황을 반영한다. 예를 들어 예루살렘의 재건을 노래하는 마지막 대목(3,14-20)은 이 책의 다른 대목보다 적어도 한 세기 이상 늦게, 곧 6세기 말에 작성되었을 것이다.

다. 구조와 내용

스바니야서는 세 부분으로 나눌 수 있다. 첫째 부분(1,2—2,3)은 예루살렘의 주민들에게 보내는 경고의 신탁이다. 그들은 야훼 종교와 주변의 다신교를 혼합함으로써 결과적으로 야훼 하느님의 주권과 권능을 제대로 인정하지도 않고 거기에 존경을 표하지도 않았다. 예언자는 그들에게 회개할 수 있는 마지막 기회를 주기 위하여 주님의 날을 선포한다(1,14-18). 주님의 날은 이미 아모스, 나훔, 요엘이 언급한 바대로 징벌의 날이요 분노와 파멸의 날이다. 이날에 살아남으려면 주님을 찾고 정의와 겸손을 찾아야 한다(2,1-3).

둘째 부분(2,4-15)은 이스라엘 이외의 다른 민족을 거슬러 선포한 신탁을 포함한다. 스바니야는 다른 예언자들처럼 사방으로 눈을 돌린다. 서쪽의 필리스티아, 동쪽의 모압과 암몬, 남쪽의 에티오피아, 그리고 북쪽의 아시리아가 멸망할 것이다. 주님의 주권은 사방의 민족뿐만 아니라 그들이 섬기는 모든 신들에게까지도 미친다. "주님께서는 그들에게 두려우신 분으로 드러나실 것이다. 정녕 그분께서는 세상의 신들을 모두 사라지게 하실 것이다. 모든 섬나라 민족들이 저마다 제고장에서 그분을 경배할 것이다"(2,11).

마지막 셋째 부분(3장)은 다시 예루살렘 주민들에게 관심을 집중한다. 먼저 다른 예언자들처럼 예루살렘 주민을 대표하는 지도자·통치자·예언자·사제들의 잘못을 고발함으로써 그곳을 단죄한다(3,1-4). 대신과 판관들은 백성을 착취하고 예언자들은 거짓 예언으로 사람들을 속이며 사제들은 혼합주의로 성소를 더럽히고 율법을 짓밟는다. 이런 예루살렘의 불의와는 달리 하느님은 날마다 올바른 판결을 내리시는 공정한 분이시다(3,5). 그분은 당신의 도읍인 예루살렘만은 당신을 경외하고 당신의 가르침을 받들리라고 기대하였으나 그들은 그분의 기대를 저버리고 빗나갔다(3,7). 그래서 그분은 뭇 민족과 더불어 당신의 백성도 없애 버리기로 작정하셨다(3,8-9). 그러나 주님의 뜻을 받드는 적은 수의 겸손한 이들을 살아남게 하심으로써 그들에게서 당신의 백성을 새롭게 일으키리라고 하신다. 이들이 바로 '남은 자들'이다. "나는 네 한가운데에 가난하고 가련한 백성을 남기리니 그들은 주님의 이름에 피신하리라. 이스라엘의 남은 자들은 불의를 저지르지 않고 거짓을 말하지 않으며 그들 입에서는 사기 치는 혀를 보지 못하리라. 정녕 그들은 아무런 위협도 받지 않으며 풀을 뜯고 몸을 누이리라"(3,12-13). 주님께서 친히 보살피시고 다스리시는 이 남은 자들을 통하여 주님의 도성 시온은 회복되고 그분의 백성 이스라엘은 온 세상 민족들의 칭송을 받으며 이름을 떨치게 될 것이다(3,16-20).

라. **신학 사상**

스바니야서는 이스라엘의 예언 전승에서 이음새 구실을 한다. 8세기 초기 예언서 전승을 충실히 이어받고 유배 시대와 유배 이후 시대의 후기 예언서 전승에 본보기 구실을 한다. 예루살렘의 귀족 출신으로서 스바니야 예언자는 그곳의 성전 예배와 정치 체제를 잘 알고 있었던 것 같다. 스바니야가 단죄한 유다 공동체의 종교적 악습, 우상 숭배와 종교혼합주의와 이교 풍속은 요시야의 종교 개혁 때에 금지한 사항들이었다(2열왕 23,4-14). 이 악습들은 또한 요시야가 예루살렘 성전 기물 창고에서 발견한 신명기 법전(신명 12—26장)에서 금하는 내용이기도 하였다.

스바니야서의 신탁에 나오는 내용과 표상들, 예를 들어 성전聖戰과 주님의 절대적 주권, 창조주시요 용사이시며 임금이신 주님 등은, 왕정 이전의 야훼 전승, 북왕국 이스라엘의 전통, 남왕국 예루살렘/시온 전승이 모두 한데 어우러진 것이다. 북왕국이 패망한(기원전 722년) 뒤에 이 전승들은 히즈키야 임금과 요시야 임금의 종교 개혁을 통하여 하나가 되었고 이를 스바니야서가 두 가지 주제 아래 충실히 반영하고 있다.

첫째 주제는 '주님의 날'이다. 주님의 위대한 날이 득달같이 다가온다(1,4). 주님의 날에 예루살렘에서 바알을 섬기고 지붕 위에서 하늘의 군대(해·달·별)를 섬기던 자들, 밀콤을 야훼와 함께 섬기는 자들, 이교도들의 옷을 입고 잘난 체하는 자들, 폭력과 속임수에 능한 지도자들을 주님께서 모두 징벌하실 것이다. 그날에 예루살렘의 종교·정치 지도자들뿐 아니라 주님을 섬기지 않는 팔레스티나의 여러 민족들과 유다와 인접한 에티오피아와 아시리아도 벌을 받을 것이다. 이 무서운 날에서 살아남기 위해서는 주님을 찾고 그분의 법을 실천하며 의로움과 겸손함을 찾아야 한다(2,3).

둘째 주제는 '남은 자들'이다. 주님께서는 이스라엘을 단죄하시고 징벌하시는 것으로 끝내지 않고 그들을 다시 구원하신다. 그분은 당신 백성 한가운데에 가난한 이들 한 무리를 남겨 당신의 이름에 피신할 수 있게 하실 것이다(3,12). 이 남은 자들은 이스라엘의 구원을 위한 희망의 불씨다. 그들은 불의와 거짓을 저지르지 않고 사기를 치지 않는 의로운 이들이다(3,13). 이들 때문에 공동체 전체는 주님을 거역하며 저지른 그 모든 반역을 부끄러워하지 않게 될 것이다(3,11).

초기 예언서의 전승을 충실히 이어받은 스바니야서는 후기 예언서에 영향을 미쳤다. 예를 들어 유배 시대를 반영하는 에제키엘서는 예루살렘의 고위직 관리들을 사자와 이리로 묘사한 스바니야서의 은유를 더욱 발전시킨다(3,1-5; 에제 22,25-28).

10. 하까이서

열두 소예언서의 마지막 세 권, 하까이서와 즈카르야서와 말라키서는 바빌론 유배 이후 시대에 쓰였고 이 시대를 반영한다. 앞에서 살펴본 스바니야서는 이스라엘이 남은 자들을 통하여 회복되리라는 희망으로 자신의 메시지를 마무리하지만, 이스라엘이 역사의 현장에서 구체적으로 어떻게 회복될 것인지는 설명하지 않는다. 이 문제는 하까이서와 즈카르야서와 말라키서가 정식으로 다룬다. 특별히 하까이와 제1즈카르야 예언자(즈카 1—8장)는 자신들이 하느님의 축복을 받게 된 새 시대에 살고 있다는 뚜렷한 의식을 갖고 있었다. 앞으로 자세히 살펴보겠지만 이 두 책의 메시지는 매우 비슷하다.

가. **하까이 예언자**

히브리어로 '하까이'חַגַּי는 '순례 축제에 (태어난) 이'라는 뜻이다. 이 이름 뜻은 순례 축제의 본 장소인 예루살렘 성전의 재건을 주도한 하까이 예언자에게 걸맞는다. 하까이서의 머리글 말고도 이 예언자에 관하여 증언하는 대목이 에즈라기에 두 번 더 있다(에즈 5,1; 6,14). 에즈라기에서 하까이 예언자는 이또의 아들 즈카르야 예언자와 함께 나온다. 여기서 두 예언자는 다리우스의 칙령을 받들어 무너진 예루살렘 성전을 세우는 일을 주도한다.

하까이서는 이 예언자가 어떤 집안의 누구 아들인지 밝히지 않는다. 이는 하까이가 오로지 하느님의 말씀을 전하는 도구 구실에만 충실했다는 사실을 강조하기 위한 것일 수 있다. 실제로 하까이서는 그를 예언자로 다섯 번이나 명시하고(1,1.3.12; 2,1.10), "주님께서 이렇게 말씀하신다"(하까 1,2.5.7; 2,6)와 "주님께서 말씀하신다"(1,8; 2,7.9), 또는 "주님의 말씀이다"(1,9.13; 2,4.9.14.17.23)는 표현을 자주 사용한다. 하까이 예언자는 파괴된 땅의 척박한 현실에 희망의 메시지를 전했지만, 이는 바빌론 유배 이전 낙관론을 펼쳐 백성을 미혹시켰던 거짓 예언자들의 메시지와는 다르다.

나. 작중 연대와 저작 연대

하까이서의 작중 연대는 예루살렘 성전을 재건하기 시작한 기원전 520년 전후다. 기원전 539년 키루스의 칙령에 따라 바빌론에서 유다로 돌아온 유배자들은 성전 건립과 예루살렘 도성 복구에 몰두한다. 그러나 사마리아 주민들의 방해 공작과 예루살렘 주민들의 무성의로 복구 작업이 지지부진한 상태에서 하까이 예언자가 주님의 말씀을 받아 전한다. 때는 기원전 522년 키루스의 후계자 캄비세스 황제가 죽고, 다리우스가 집권하고

2년이 지난 뒤였다. 다리우스는 키루스의 직계 혈통이 아니라 파르티아 지방 태수의 아들이어서 왕위 계승을 둘러싸고 페르시아 곳곳에서 반란이 일어났다. 페르시아의 정치적 불안은 예루살렘에도 영향을 미쳤다. 더구나 예루살렘은 가뭄과 흉작으로 빈곤이 만연한 상태였다(1장). 하깨이 예언자는 즈카르야 예언자와 더불어 동시대인들에게 이 같은 어려운 상황을 주님께 대한 충실한 믿음으로 극복하자고 격려하고 충고하였다. 실제로 하깨이서의 머리글을 보면 주님의 말씀이 하깨이 예언자에게 내린 시기는 다리우스 임금 제2년, 그러니까 기원전 520년 음력 8월 1일경(양력으로 환산하면 8월 29일)이다. 이때부터 주님의 말씀은 그해 음력 11월 24일경(양력으로 12월 18일)까지 거의 넉 달 동안 내렸다.

하깨이서의 저작 연대는 하깨이 예언자가 신탁을 전한 직후일 것이다. 적어도 예언자의 주도로 시작한 성전 재건이 완성되어 봉헌식을 올리게 된 515년 전에 예언자의 말씀이 모아져 오늘의 형태로 출간되었을 것이다.

다. **구조와 내용**

네 개의 신탁을 전하는 하깨이서는 크게 두 부분으로 나뉜다. 첫째 부분은 성전을 재건할 것을 촉구하는 신탁(1,1-11)과 성전 건축에 대해 지도자들과 백성들의 긍정적 반응을 전하는 산문 기록(1,12-15ㄱ)으로 되어 있다. 첫 번째 신탁에서 하깨이 예언자는 이스라엘 백성에게 닥친 흉작과 가난의 원인이 황폐해진 주님의 집을 버려두었기 때문이라는 하느님의 말씀을 전한다. 스알티엘의 아들 즈루빠벨과 여호차닥의 아들 예수아 대사제를 비롯하여 온 백성은 이 말씀을 귀담아 듣고 곧바로 주님의 집을 짓는 일을 시작하였다.

둘째 부분은 나머지 세 개의 신탁으로 이루어지는데, 두 번째 신탁(1,15ㄴ—2,9)은 이집트 탈출 때에 주님의 현존이 당신 백성과 함께하셨던 사실을 상기하면서 미래에도 이 현존이 계속될 것임을 재확인한다. 새 성전의 영광은 옛 성전의 영광을 뛰어넘을 것이다. 세 번째 신탁(2,10-19)은 제의적 정결과 부정에 관한 문제를 다룬다. 이 신탁의 요점은 이렇다. 주님의 집이 파괴된 채로 있는 한 백성은 번성할 수 없다. 그들이 만지는 모든 것이 부정하게 될 것이기 때문이다. 이와 반면 주님의 집이 세워지면 주님의 축복과 거룩함이 그곳에서 퍼져나가 모든 것이 정결하게 되고 백성은 번영을 누리게 될 것이다. 마지막 신탁(2,20-23)은 메시아 신탁이다. 주님께서는 다른 민족들을 정복하시고 유다를 강자로 세우시기 위해 스알티엘의 아들 즈루빠벨을 선택하실 것이다.

하까이서에 나오는 네 신탁의 첫 머리에는 다음과 같이 연대가 명시되어 있다.

신탁의 첫머리	음력	양력
하까 1,1	다리우스 임금 제이년 여섯째 달 초하룻날	520년 8월 29일
하까 1,15ㄴ—2,1	다리우스 임금 제이년 일곱째 달 스무하룻날	520년 10월 17일
하까 2,10	다리우스 임금 제이년 아홉째 달 스무나흗날	520년 12월 18일
하까 2,20	다리우스 임금 제이년 아홉째 달 스무나흗날	520년 12월 18일

이 네 개의 연대 말고도 첫째 부분의 산문 기록 끝에 주님의 집을 짓는 일을 시작한 날을 명기한 연대가 하나 더 나온다. 그날은 다리우

스 임금 제이년 여섯째 달 스무나흗날(기원전 520년 음력 8월 24일경, 양력 9월 21일)이었다.

라. 신학 사상

하까이서의 관심사는 예루살렘 성전과 메시아 희망, 두 가지 주제에 집중한다. 예언자는 동시대인들에게 시대의 징표를 읽도록 유도한다. 예언자가 보기에 예루살렘 주민들에게 닥친 가뭄과 흉작은 예루살렘 성전 건립에 성의를 보이지 않았기 때문이다. "— 만군의 주님께서 말씀하신다. — 너희가 살아온 길을 돌이켜 보아라. 너희는 많이 거두기를 바랐지만 얼마 거두지 못하고 집으로 거두어들인 것조차 내가 날려 버렸다. 무슨 까닭이냐? 만군의 주님의 말씀이다. 내 집이 무너져 있는데도 너희가 저마다 제집 돌보는 데에만 바빴기 때문이다"(1,7.9). 성전 건축은 주 하느님께 대한 이스라엘 백성의 믿음을 가늠하는 척도다. 그리고 주님의 집에 하느님을 모셔야만 그분에게 복을 받을 수 있다. 하느님의 현존이 성전과 그곳에서 거행된 전례를 통하여 이스라엘에 머물게 되면 이스라엘은 다시 일어날 수 있다. 이는 이스라엘 백성이 시나이 광야를 지나는 동안 하느님의 현존이 머무시는 만남의 천막을 중심으로 살았던 것과 같다.

성전 건축과 더불어 하까이 예언자가 관심을 두는 것은 메시아 희망이다. 하까이서의 마무리는 스알티엘의 아들 즈루빠벨에 관한 예찬이다. 즈루빠벨은 기원전 597년 제1차 바빌론 유배 때 끌려간 유다의 마지막 임금 여호야킨의 손자였다(2열왕 24,8-17; 25,27-30). 페르시아 제국의 중앙정부는 즈루빠벨을 보통 총독이라 일컫는 유다 지방의 행정관으로 임명한다. 하까이서는 이 마지막 왕손 즈루빠벨에게서 메시아 희망의 씨앗을 본다. "만군의 주님의 말씀이다. 그날에 스알티엘의 아들, 나의 종 즈루빠벨아 — 주님의 말씀이다. — 내가 너를 받아들여 너를 인장 반지처럼 만들리니 내가 너를 선택하였기 때문이다. 만군의 주님의 말씀이다"(2,23). 하까이 예언자의 두 관심사, 곧 백성 가운데 계시는 주님의 현존과 메시아 희망은 예수 그리스도의 인격과 삶 안에서 수렴되고 성취된다.

11. 즈카르야서

즈카르야서는 이사야서처럼 한 예언자의 저서가 아니다. 즈카 1—8장은 하까이와 동시대의 예언자 베레크야의 아들 즈카르야한테서 나온 것이 확실하지만, 제2즈카르야서로 불리는 즈카 9—14장은 훨씬 후대의 작품인 데다 무명의 여러 저자들한테서 유래하는 신탁들을 포함한다. 그래서 이 둘을 따로 다룰 필요가 있다.

가. **즈카르야 예언자**

'즈카르야'זְכַרְיָה의 이름 뜻은 히브리어로 '주님께서 기억하셨다'이다. 편의상 제1즈카르야서로 불리는 즈카 1—8장의 주인공 즈카르야 예언자는 하까이 예언자가 마지막 신탁을 선포하기 한 달 전, 곧 기원전 520년 음력 10월에 예언 활동을 시작하여 518년 음력 11월까지 계속하였다. 이 예언자에 관해서는 별로 알려진 바가 없다. 즈카르야서에서는 이또의 손자로 소개되지만(1,1.7), 에즈라기에서는 이또의 아들로 되어 있다(에즈 5,1; 6,14). 느헤미야기에 따르면, 즈카르야 예언자는 기원전 500년경까지도 이또 사제 가문의 우두머리로 나타난다(느헤 12,16). 성전의 구실을 강조하고 예루살렘 함락을 애도하는 금식의 지속 여부와 제의적 문제에 관해 답변하며, 거룩한 땅의 정결을 걱정하는 것으로 미루어 그가 사제였음을 짐작할 수 있다. 즈카르야는 유배 뒤 바빌론에서 돌아온 유배자들과 유다에 남아 있던 주민 사이의 갈등을 해소하기 위하여 동포들의 성실성에 호소하고 미래에 대한 약속을 선포함으로써 선임자 하까이 예언자가 시작한 이스라엘의 재건 운동을 더욱 강화한다.

나. **작중 연대와 저작 연대**

즈카르야서의 작중 연대는 제1즈카르야서의 경우 하까이서와 같이 기원전 520년경 전후로 생각할 수 있겠지만, 제2즈카르야서의 경우에는 시대를 판별할 수 있는 기록이 전혀 없기 때문에 특정한 시대를 상정할 수 없다. 제1즈카르야서 자체가 세 가지 연대를 제시한다. 다리우스 제이년 여덟째 달(1,1: 기원전 520년 음력 10월), 다리우스 제이년 열한째 달 곧 스밧 달 스무나흗날(1,7: 기원전 521년 음력 1월 24일경), 그리고 다리우스 제사년 아홉째 달 곧 키슬레우 달 초나흗날(7,1: 기원전 522년 음력 11월 4일경)이다.

즈카르야서의 저작 연대 역시 제1즈카르야서와 제2즈카르야서가 서로 다르다. 즈카르야 예언자는 기원전 520년 하까이 예언자와 거의 동시에 신탁을 선포하기 시작하여 후자보다 2년 뒤까지 지속하였다. 제1즈카르야서는 예언자의 신탁이 끝난 직후부터 예루살렘 성전의 재건이 마무리될 때까지 수집되어 출간되었을 것으로 본다. 곧 제1즈카르야서의 저작 연대는 기원전 518-515년이다. 제2즈카르야서의 저작 연대를 두고는 여러 가지 가설이 있지만, 그리스 시대 초기인 기원전 330-300년경으로 보면 가장 무난할 것이다. 알렉산드로스 대왕이 동방 원정을 시작하여 티로를 파괴한 것을 시사하는 9,1-8의 내용이 이를 강력하게 뒷받침한다. 바로 이어지는 9,9-10에서는 하느님의 평화로운 통치를 실현하는 겸손한 임금-메시아가 거만한 마케도니아의 정복자 알렉산드로스 대왕과 비교된다. 그리스 군에 대한 9,13의 언급도 이 책의 연대를 그리스 시대로 잡는 데 일조한다.

다. **구조와 내용**

이미 언급한 바대로 즈카르야서는 둘로 나누어 고찰해야 한다. 편의상 제1즈카르야서로 부르는 1—8장은 하까이서와 같이 성전의 재건을 촉구한다. 즈카르야는 하까이보다 성전이 주는 혜택을 더 많이 강조한다. 성전을 통하여 유다는 좋은 방향으로 완전히 변형되고 세상은 이상향으로 바뀔 것이다. 제1즈카르야서의 저자는 이 변형을 여덟 개의 환시를 이용하여 묘사한다. 즈카르야서의 환시들은 성경 묵시문학의 기초를 놓은 것으로 평가받는다.

제1즈카르야서는 세 부분으로 나눌 수 있는데, 각 부분의 시작에는 연대가 제시된다(1,1; 1,7; 7,1). 첫째 부분(1,1-6)은 조상들의 과거 잘못을 지적하면서 그들의 행실을 따르지 말고 회개할 것을 촉구한다. 둘째 부분(1,7—6,15)은 이 책의 주요 부분으로 여덟 개의 환시와 이와 관련된 신탁으로 이루어진다. 여기서 신탁은 환시를 당대의 사건과 연결하는 구실을 한다. 여덟 환시는 모두 예언자의 장면 목격, 예언자의 질문, 천사의 답변이라는 일정한 틀을 갖추고 있다.

첫 번째 환시(1,7-17): 예언자가 땅을 순찰하는 기사들과 말들을 본다. 순찰대는 주님께 돌아와서 세상이 평안하다고 보고한다. 이 보고에 반발하여 주님의 천사가 주님께, 어찌하여 예루살렘과 유다 성읍들을 황폐한 채 버려두시느냐고 항변한다. 주님께서는 그 천사를 시켜 예언자에게 예루살렘을 불쌍히 여기시고 징벌의 도구로 택한 이방 민족이 이스라엘에 지나친 폭력을 행사한 것에 분노를 터뜨리시겠다고 약속하신다(1,14-15).

두 번째 환시(2,1-4): 두 개의 환시, 곧 네 개의 뿔과 이 뿔들을 징벌하러 나타난 대장장이들을 보여 준다. 네 개의 뿔은 이스라엘 민족을 사방으로 흩어지게 한 적들을 가리키고 대장장이들은 주님께서 이 뿔들을 없애기 위하여 보내신 이들이다.

세 번째 환시(2,5-9): 예언자가 직접 환시의 장면 안으로 들어간다. 예언자는 측량줄을 잡고 있는 어떤 사람을 만나는데, 곁에 있던 천사가 다른 천사를 시켜 그 사람에게 예루살렘을 측량할 필요가 없다고 일러준다. 그곳에 주민과 짐승이 너무 불어나서 경계를 지을 수 없을 것이라고 한다. 그리고 주님께서 친히 불벽이 되어 이 도성을 보호해 주실 것이라는 약속도 한다. 세 번째 환시가 끝나고 신탁(2,10-17)이 하나 끼어드는데, 주님께서 온 천하 사방에 흩어진 당신 백성을 다시 불러 모으시고 시온과 백성 가운데에 머무르시어 이스라엘을 온전히 회복하실 것임을 확인하는 내용이다.

네 번째 환시(3,1-10): 주님께서 사탄, 곧 고발자 앞에서 예수아 대사제를 변호하시고 그에게 더러운 옷 대신 깨끗한 터번과 예복을 입히심으로써 그를 영화롭게 들어올리시는 장면을 보여 준다. 이것은 사제직의 완전한 회복을 통하여 이스라엘에 참된 예배가 곧 시작될 것임을 예고한다.

다섯 번째 환시(4,1-14): 일곱 개의 부리를 갖춘 등잔과 그 등잔 좌우에 서 있는 두 그루의 올리브 나무를 보여 준다. 등잔은 하느님의 현존을 가리키고 일곱 부리는 온 세상을 완벽하게 지켜보고 돌보시는 그분의 주권과 통치를 가리킨다. 두 그루의 올리브 나무는 등잔에 기름을 제공하기 위한 것이지만 다른 한편으로 유배 이후 시대의 공동체를 이끌던 정치 지도자 즈루빠벨과 종교 지도자 예수아 대사제를 가리킨다. 등잔은 올리브 나무에 빛을 던져주고, 나무는 등잔에 기름을 제공함으로써 서로 긴밀하게 연결된다. 이 환시는 정치 지도자와 종교 지도자가 주님의 능력에 온전히 의존하면서도 서로 협력하여 이제 막 회복된 이스라엘 공동체를 훌륭하게 이끌어 갈 것임을 시사한다.

여섯 번째 환시(5,1-4): 날아다니는 두루마리가 나온다. 이 두루마리는 온 나라를 두루 날아다니면서 죄를 짓고 성소에 들어갈 수 없는 사람들을 없애버린다. 두루마리의 한쪽에는 이웃을 거스른 죄와, 다른 한쪽에는 하느님을 거스른 죄와 관련된 내용이 적혀 있다(5,4).

일곱 번째 환시(5,5-11): 『성경』(cbck)에서 뒤주(『공동번역』: 말)로 옮긴 에바(40리터들이 용기)가 등장하는 이 환시도 두 번째 환시처럼 두 가지다. 먼저 뒤주가 나타나고 그 위에 여자가 앉아 있다. 예언자를 안내하는 천사는 그 여자를 악이라고 하면서 에바 속에 밀어 넣고는 그 아가리를 납덩어리로 밀봉하였다. 이 악은 유다가 저지른 죄악을 가리킨다. 그다음 날개가 달린 다른 여자 둘이 나타나 그 에바를 들어올려 옮긴다. 천사는 예언자에게 그것을 신아르 땅으로 가져간다고 알려주었다. 성경에서 신아르는 권력에 탐닉하는 대제국을 가리키는데(창세 10,10; 11,2; 이사 11,11; 다니 1,2), 여기서는 이스라엘 백성에게 온갖 유혹과 재난을 가져온 바빌론 제국을 뜻한다. 이로써 유다의 죄악은 안전하게 밀봉된 채 거룩한 땅에서 바빌론 제국의 중심부로 옮겨진다.

여덟 번째 환시(6,1-8): 첫 번째 환시처럼 다시 말들이 등장하고 온 세상을 돌보시는 하느님의 주권이 강조된다. 청동으로 된 두 산 사이로 병거 넉 대가 나오고 있었는데 저마다 붉은 말·검은 말·흰 말·점박이 말들이 매여 있었다. 바빌론 신화에서 신들이 사는 처소 입구는 두 개의 산으로 되어 있다. 따라서 넉 대의 병거가 두 청동 산 사이에서 나왔다는 것은 하느님의 처소에서 나왔다는 뜻이다. 그런데 북녘 땅으로 가는 말들은 주님의 영을 모시고 간다. 이는 하느님께서 당신의 영을 바빌론 유배자들에게 보내시어 예루살렘 성전을 재건하도록 그들의 마음을 일깨우기 위해서다. 여덟 번째 환시에 이어지는 신탁(6,9-15)은 환시를 통하여 하느님이 모든 준비를 갖추신 다음 성전 중심의 새로운 공동체를 완전하게 복구하실 것임을 선포한다.

이 여덟 신탁은 교차대구법chiasmus의 형식을 취한다. 첫 번째와 여덟 번째 환시에는 말들이 나오고 온 세상을 다스리시는 주님의 주권이 강조된다. 두 번째와 일곱 번째 환시는 저마다 두 가지를 보여 주고 다 같이 유다의 회복과 관련 있다. 세 번째와 여섯 번째 환시는 측량이라는 주제를 다룬다. 네 번째와 다섯 번째 환시는 사제직과 왕직을 겸한 예루살렘의 지도 체제를 다룬다. 사제직과 왕직을 갖춘 지도자가 이스라엘을 회복하리라는 메시지는 여덟 환시의 핵심이다.

제1즈카르야서의 마지막 셋째 부분(7—8장)은 단식 규정과 메시아 시대에 관한 신탁이다. 7장에서 백성들은 음력 7월에 있었던 성전 방화(2열왕 25,8; 예레 52,12)와 음력 9월에 있었던 그달야 살해(예레 41,1-3)를 애도하기 위하여 지켜온 단식을 예루살렘이 복구된 지금도 계속해서 지켜야 하는지, 성전의 사제들과 예언자들에게 물어왔다. 이 질문에 즈카르야는 주님의 답변을 전한다. 백성들이 단식을 할 때나 희생 제사를 바치고 음복을 할 때에도 하느님을 염두에 두지 않고 자신들만을 위해서 하였다는 것이다. 그러나 하느님이 원하시는 참다운 회개와 제물은 공정과 정의를 실천하는 것이다(7,9-10). 8장은 매우 밝고 희망찬 어조로 메시아 시대를 묘사한다. 그때에 주님께서 온 세상에 흩어져 사는 당신의 백성을 데리고 예루살렘으로 돌아와 그곳에서 사실 것이다. 그들은 진실과 정의를 실천하는 남은 자들이 되어 주님께 복을 받을 것이다.

제2즈카르야서(9—14장)는 제1즈카르야서와 뚜렷하게 구별된다. 먼저 역사적 상황이 다르다. 이 책에서는 이스라엘 공동체와 예루살렘 성전 재건이 더는 문제가 되지 않는다. 그리고 등장하는 인물들이 서로 다르다. 메시아 희망은 즈루빠벨이나 여호수아 대사제와 같은 실명의 인물이 아니라 '겸손한 임금-메시아'(9,9-10), '배척받는 목자'(11장), '찔려 죽은 이'(12장) 등 무명의 인물들을 지향한다. 또한 자주 언급되는 포로들은 이제는 바빌론 유배자들이 아니라 이방인 세계 곳곳에 흩어져 사는 디아스포라 유다인들을 가리킨다. 문학 양식면에서도 이 두 부분은 다르다. 제2즈카르야서에서는, 환시 여덟 개를 중심으로 짧은 신탁이 곁들여진 제1즈카르야서와는 달리 환시가 전혀 등장하지 않고 전편에 서사시적 신탁만 펼쳐진다. 그리고 여기서는 질문을 하거나 신탁을 전하는 예언자도 환시의 뜻을 밝혀 주는 천사도 등장하지 않는다.

제2즈카르야서의 내용 전체는 '메시아 시대의 도래'라는 주제로 모아진다. 이 소책자는 둘로 나눌 수 있다. 운문이 주를 이루는 전반부(9—11장)는 온 세상 모든 민족 위에 군림하시는 하느님의 절대 주권과 평화로운 통치를 강조하면서 좀 더 보편적인 메시지로 시작하여 이스라엘의 구원에 관한 특별한 메시지로 좁혀지는 반면, 산문이 주를 이루는 후반부(12—14장)는 이스라엘의 회복과 구원에 관한 메시지로 시작하여 온 세상의 구원으로 넓혀진다.

전반부는 시작 부분에서 아모스와 비슷한 점이 많다. 9장은 먼저 이방 민족을 거슬러 선포한 신탁들로 시작한다(9,1-8). 그리고 이 이방 민족은 시리아·페니키아·필리스티아와 같이 시리아-팔레스티나에 사는 민족이다. 또한 이 나라들의 도시 이름이 거론된다. 이스라엘 주변의 이방 민족은 하느님께 정복당하고 황폐해지지만, 정화 과정을 거쳐 살아남은 자들이 이스라엘의 신앙 공동체에 들어오게 될 것이다(9,7-8). 이어지는 메시아 신탁(9,9-10)은 예수님의 예루살렘 입성을 기념하는 사순절 성지 주일의 복음(루카 19,28-40; 참조: 마태 21,1-11; 마르 11,1-11; 요한 12,12-19)과 연결되는 유명한 대목이다. 이 신탁에 나오는 임금-메시아는 마케도니아의 정복자 알렉산드로스 대왕과는 달리 겸손하지만, 하느님의 절대 주권과 평화로운 통치를 분명히 드러낼 것이다. 에프라임의 병거와 예루살렘의 군마를 없애고 군인들의 활을 꺾는다는 표현은 그리스 시대에 이스라엘이 무장을 전혀 할 수 없었던 상황을 반영하지만, 메시아 시대의 특징인 무장해제를 강조한다(참조: 이사 2,4; 호세 2,20; 미카 4,3). 이어지는 대목에서 하느님은 이스라엘의 적들에 맞서 용감히 싸우는 전사戰士로 나타나신다. 하느님과 이스라엘은 피의 계약으로 묶인 혈맹관계다(9,11). 하느님이 직접 싸워 적들을 무찌르시는 성전聖戰은 이방 민족에게는 패배와 파괴를, 이스라엘에게는 풍산과 번영을 안겨 줄 것이다(9,15-17).

10장은 9장에 나오는 풍산과 성전의 표상을 다시 이용하지만, 그 내용을 자세히 보면 9장과 다른 점들이 눈에 띈다. 여기서는 9장과 달리 하느님이 직접 이스라엘 백성에게 풍산을 가져다 주시는 것이 아니라 그들이 하느님께 요구하도록 하신다(10,1). 전쟁도 당신이 직접 나서서 싸우시는 것이 아니라 유다 가문에서 지도자를 내세우시고 에프라임에서 용사로 만들어 싸우게 하신다(10,4-7). 풍산은 하느님께서 주시는 것이지 집안의 수호신 같은 우상들이 주는 것이 아닌데도 점쟁이들과 거짓 예언자들이 백성을 속이고 있다. 그래서 "사람들은 양 떼처럼 방황하고 목자가 없어 고통을 당한다"(10,2; 참조: 에제 34,5; 마태 9,36). 주님께서는 기존의 지도자들을 치시고 유다 가문에서 새 지도자를 내세우실 것이다. 그런 다음 그들을 도와 원수들을 짓밟으실 것이다. 4절의 "모퉁잇돌"은 백성의 우두머리를 가리키고(판관 20,2; 1사무 14,38) "말뚝"은 왕궁의 주인인 임금을 가리킨다(이사 22,23 참조). 주님께서는 백성의 하소연을 들으시고 이집트의 노예살이에서 빼내시듯 이민족 사이에 흩어져 사는 유다인들을 데려오실 것이다(10,8-12).

나쁜 목자를 지탄하는 11장의 배경은 에제 34장과 37장이다. 고대 근동에서 양과 목자의 표상은 널리 알려져 있었다. 양은 백성이고 목자는 임금을 비롯한 통치자들을 가리킨다. 11장에서 하느님은 에제 34장처럼 양 떼를 착취하는 이스라엘의 목자들을 고발하시고 저주를 내리신다(11,17). 이 나쁜 목자들 대신 예언자가 양 떼를 돌보기로 하고 지팡이 두 개를 가져왔다. 하나는 '호의', 또 하나는 '일치'라고 불렀다. 에제 37,15-28에서는 두 지팡이가 유다와 이스라엘을 가리키는데, 에제키엘 예언자는 두 지팡이를 붙여서 하나로 만든 다음 그것을 손에 쥐고서 주님께서 유다와 이스라엘을 일치시키시고 그들과 평화의 계약을 영원히 맺으시리라는 예언을 전한다. 그러나 즈카 11장은 이와는 정반대다. 하느님께 양 떼를 돌보라는 소명을 받은 예언자는 목자 셋을 고용하였는데 그들이 양 떼를 제대로 돌보지 않았으므로 그만두게 하였다. 그런 다음 예언자는 양 장사꾼들이 보는 앞에서 '호의'라는 지팡이를 부러뜨려서 주님께서 민족과 맺으신 계약이 깨어졌음을 알린다. 여기서 양 장사꾼들은 이스라엘을 집어삼키려는 외국 세력을 말한다. 예언자는 도살당할 양을 더는 돌보지 않기로 하고 양 장사꾼들에게 품삯을 주고 싶으면 주고 말 테면 말라고 하였다. 그러자 그들은 삼십 세켈을 예언자에게 품삯으로 주었다. 이 삼십 세켈은 남의 종이 자기 소에게 받혀 죽었을 때 소 주인이 지불하는 종의 몸값이다. 이런 헐값의 금액을 지불하겠다는 것은 예언자를 보낸 이스라엘의 하느님을 조롱하는 신성모독이다. 유다가 예수님을 팔아 넘긴 대가로 받은 금액도 삼십 세켈이었다. 주님의 분부대로 삼십 세켈을 성전 금고에 넣은 예언자는 '일치'라는 이름의 다른 지팡이도 부러뜨렸다. 이는 유다와 이스라엘 사이에 맺은 형제의 계약이 깨어진 것을 뜻한다. 역사적으로 유다와 이스라엘의 형제 관계가 깨어진 것은 기원전 328년 사마리아인들이 그리짐 산에 자신들의 성전을 짓게 되면서 다시 돌이킬 수 없는 상황이 되어버렸다. 이로써 남북으로 갈라진 하느님 백성의 모든 구성원이 하나가 되리라는 희망(예레 3,18; 에제 37,15-28; 호세 2,1-2)도 함께 사라졌다. 이처럼 즈카 11장의 저자는 비슷한 표상을 사용하면서도 에제 37장과는 달리 구원과 회복 대신 고발과 저주를 선언한다.

제2즈카르야의 전반부는 어두운 전망으로 끝을 맺지만 이어지는 후반부(12—14장)는 희망의 말씀으로 시작한다. 이 말씀은 "하늘을 펼치시고 땅의 기초를 놓으셨으며 사람 안에 얼을 빚어 넣으신 주님의 말씀이시다"(12,1). 주님께서는 예루살렘과 유다를 포위하고 공격하는 민족을 모조리 치실 것이다. 주님께서는 예루살렘을 술잔으로 만들어, 주변의 모든 민족들이 취하여 비틀거리게 하실 것이다(12,2-3). 여기서 술잔은 주님의 진노가 가져오는 징벌을 상징한다(참조: 이사 51,22; 예레 25,15; 하바 2,16). 예루살렘을 공격하던 민족은 그 예루살렘 때문에 주님의 징벌을 받게 된다는 것이다.

후반부에서 가장 많이 반복되는 표현은 '그날'이다(12,3.4.6.8.9.11; 13,1.2.4; 14,4.6.8.9.13.20). 여기서 '그날'은 예언자들이 자주 언급하는 주님의 날로서 심판의 날이요 구원의 날이다. 12,9—13,9은 이름 모를 신비스런 한 인물, '찔려 죽은 이'의 모습을 종합적으로 묘사한다. 가장 중요한 본문을 소개한다. "나는 다윗 집안과 예루살렘 주민들 위에 은총과 자비를 구하는 영을 부어 주겠다. 그리하여 그들은 나를, 곧 자기들이 찌른 이를 바라보며, 외아들을 잃고 곡하듯이 그를 위하여 곡하고, 맏아들을 잃고 슬피 울듯이 그를 위하여 슬피 울 것이다. 그날에 므기또 벌판에서 하닷 림몬을 위하여 곡하는 것처럼 예루살렘에서도 곡소리가 크게 울릴 것이다"(12,10-11). 여기서 페니키아인들의 신 하닷 림몬은 수확이 끝나면 죽었다가 봄비가 내리면 소생하는 풍산신으로, 비옥한 이즈르엘 평야의 므기또 성읍에서 주로 섬겼다. '찔려 죽은 이'에 관한 신학적 성찰은 아래 신학 사상에서 좀 더 자세히 다루겠다.

제2즈카르야서의 모든 주제를 수렴하는 14장은 묵시문학으로 분류해야 옳을 것 같다. 여기서 묘사된 예루살렘의 재난과 자연의 대격변은 작은 묵시록으로 알려진 마르 13장을 연상시킨다. 주님의 날이 오면 주님께서 예루살렘에 내려오시어 친히 그곳을 공격하던 민족을 무찌르실 것이다(14,1-5). 그런 다음 완벽한 기후와, 어둠이 없는 밝은 대낮이 지속되고 예루살렘에서 마르지 않는 생수가 솟아날 것이다. 한 분 하느님께서 세상을 다스리시기 때문이다(14,6-9). 이제 온 세상 민족 가운데서 주님께 얻어맞고 살아남은 이들이 모두 주님을 경배하러 예루살렘에 올라와 초막절, 곧 창조주이신 주님의 절대 주권을 경축하는 종말론적인 축제를 거행할 것이다(14,10-21).

라. **신학 사상**

즈카르야서 역시 다른 예언서들과 공통 요소가 많다. 몇 가지 예를 들겠다. 예루살렘을 측량줄로 재는 세 번째 환시는 에제키엘서의 성전을 재는 환시(에제 40—48장)와 아모스의 다림줄 환시(아모 7,7-10)와 흡사하다. 그리고 제2즈카르야서에서 자주 언급되는 '주님의 날'과 관련된 표상과 묘사는 아모스, 요엘, 제2이사야서에서 빌려온 것이다. 또한 성읍들에 초점을 맞추어 다른 민족들을 심판하는 즈카 9장의 신탁은 아모 1—2장의 신탁과 비슷하다. 마지막으로 예언자가 예언자임을 부인하는 태도(즈카 13,4-5)는 아모스서에서 이미 나왔다(아모 7,14-15).

즈카르야서에는 기존 예언서들과의 이런 공통 요소들 못지않게 뚜렷하게 구별되는 점들도 많다. 그 가운데서 가장 두드러진 요소는 묵시문학적 표상과 상징과 표현이다. 이 점은 바로 앞에서 살펴본 하까이서와 비교해 보면 곧바로 알 수 있다. 두 예언서는 이스라엘의 회복과 메시아 시대의 희망이라는 공통 주제를 다루면서도, 즈카르야서가 주로 환시와 상징을 많이 이용하는 반면 하까이서는 직접적인 신탁을 전한다. 하까이서의 주요 주제인 성전의 재건은 제1즈카르야서의 우주적 환시 묘사와 주님의 절대 주권을 강조하는 신탁을 거치면서 예루살렘의 재건과 이스라엘 백성 전체의 회복, 그리고 더 나아가 이스라엘을 통한 모든 민족의 구원으로 발전한다. 그리고 메시아 희망이라는 하까이서의 또 다른 주제는 제2즈카르야서에 들어서면서 뭇 민족들에 대한 심판과 정화, '겸손한 임금-메시아', '배척받은 목자', '찔려 죽은 이'에 관한 신탁들을 통하여 유다교의 메시아 사상뿐 아니라 신약의 그리스도론을 확립시켜 주는 토대로 발전한다.

제1즈카르야서의 일관된 주제는 회복과 변형이다. 이 주제는 여덟 환시를 관통한다. 황폐해진 유다와 예루살렘은 회복되고 유다를 약탈하던 민족들이 그분과 결합하여 그분의 백성으로 바뀔 것이다. 회복과 변형은 온 세상에 대한 주님의 주권(4,14)을 드러낸다. 만군의 주님께서 동정심을 가지고 예루살렘에 돌아오시면 그분의 집이 다시 지어지고 예루살렘은 다시 번영을 누릴 것이다. 그분은 시온에서 대사제와 메시아와 더불어 당신의 절대 주권을 행사하실 것이다. 새로운 질서에 따라 완전히 변형된 세상에서 온 땅은 온갖 악에서 자유롭게 해방될 것이다. 8장의 신탁은 다른 민족들도 유다와 예루살렘에게 약속된 영광의 미래에 참여하게 될 것이라고 선언함으로써 종말론적인 차원을 드러낸다.

제2즈카르야서에서 가장 주목할 본문은 '찔려 죽은 이' 대목이다(12,9—13,9). 이 대목은 후대에 풍부한 신학 사상을 창출한 중요한 요소들을 내포한다. 첫째, 이 인물과 관련된 본문에서 '다윗 집안'이 세 번(12,10.12; 13,1)이나 언급되는 것으로 보아 이 인물을 왕족으로 여길 수 있다. 둘째, 하느님께서는 '찔려 죽은 이'와 당신을 동일시하신다(12,10). 셋째, 주님께서는 사람들에게 은총과 자비를 구하는 영을 보내시어 그들로 하여금 자기들이 찔러 죽인 이를 바라보며(요한 19,37; 묵시 1,7) 죄를 뉘우치게 하신다. 넷째, 이 회개의 결과로 다윗 집안과 예루살렘 주민들의 죄와 부정을 씻어 줄 샘이 터져 나오게 될 것이다(13,1). 이 기회를 이용하여 하느님은 이스라엘에서 예언자들과 온갖 우상들을 제거하실 것이다(13,2-6). 다섯째, '칼의 노래'(13,7-9)에서 하느님은 당신의 동업자인 한 목자를 칼로 쳐서 양 떼가 흩어지게 하신다(마태 26,31; 마르 14,27; 요한 16,32). 흩어진 양 떼 가운데 삼분의 이는 죽고 삼분의 일만 살아남는다. 주님께서는 이 삼분의 일을 불 속에 넣고 정화하여 당신을 제대로 섬기는 백성으로 만드신다. 제2즈카르야서의 '찔려 죽은 이'의 표상은 이사 52,13—53,12에 나오는 '주님의 종'과 더불어 초대 교회의 그리스도인들과 신약성경 저자들에게 깊은 인상을 남겼다. 두 인물은 의인이요 주님과 가장 가까운 사이였는데도 그분에게 얻어맞고 고통을 당하였다. 그러나 그들은 자신들의 고통과 죽음을 통하여 백성의 회개와 하느님의 용서를 끌어냈다. 이 두 인물에 대한 구약성경의 묘사는 신약성경에서 예수 그리스도의 파스카 신비, 곧 그분의 수난과 죽음과 부활의 의미를 밝히는 데 도움을 주었다.

제2즈카르야서는 신약성경에서 예수님의 생애 마지막 며칠을 묘사하는 대목에 자주 인용된다. 예를 들어 앞에서 언급한 바 있지만 즈카 9,9

은 예수님의 예루살렘 입성을 전하는 마태 21,5과 요한 12,15에 인용된다. 두 복음서 저자는 즈카르야서에서 묘사한 것처럼 예수님을 겸손과 위엄을 동시에 갖춘 메시아로 제시한다. 즈카 11,12-13의 '서른 세켈'과 '성전 금고'에 대한 언급은 마태 27,3-10의 배반자 유다의 최후 대목에 원용된다. "목자를 쳐서 양 떼가 흩어지게 하여라"는 즈카 13,7의 말씀은 마태 26,31; 마르 14,27; 요한 16,32에서 예수님이 체포되시어 십자가에 처형되실 때 제자들이 뿔뿔이 흩어진 것을 묘사하는 데 인용된다. 그러나 하느님께서는 흩어진 양 떼를 정화하여 남은 자들의 새 공동체를 만들어 내시리라는 즈카 13,8-9의 내용처럼 십자가 죽음을 겪은 예수님도 부활하신 뒤에 새로운 신앙 공동체를 창조하실 것이다(마태 26,32; 마르 14,28). 제2즈카르야서와 복음서 둘 다 지도자의 처형과 새 공동체의 창조를 하느님의 위업으로 본다. 징벌과 희망이 동시에 공존하는 것이다.

제1즈카르야서의 여덟 환시와 제2즈카르야서의 신탁들은 유다 묵시문학과 신약의 묵시문학에 중요한 기초를 마련해 준 것으로 평가된다. 특히 신약성경에서 대표적인 묵시문학으로 꼽히는 요한 묵시록은 즈카르야서를 한껏 활용한다.

12. 말라키서

히브리어 성경에서 말라키서는 열두 소예언서의 마지막 책이면서 동시에 예언서 전체의 마지막 책으로 예언서를 마무리한다. 이 예언서 다음에는 성문서가 이어진다. 가톨릭 성경에서는 이 예언서가 구약성경의 마지막에 자리를 잡고서 구약 전체를 마감한다. 55절에 지나지 않는 작은 문헌이지만 그리스도교에서는 초창기부터 이 예언서에 주목하였다. 2세기 말엽의 교부 테르툴리아누스의 표현을 빌리자면 말라키서는 "그리스도교의 가장 자리"에 놓인 책(『마르키온 논박』 4.8.1)으로 구약과 신약을 이어 주는 중요한 구실을 한다고 보았기 때문이다.

가. 말라키 예언자와 시대 상황

말라키서는 머리글(1,1)과 부록(3,22-24)을 빼고는 동일한 저자의 작품이다. 이 책의 머리글에서 저자의 이름을 말라키로 밝히고 있지만, 사실은 제2즈카르야서의 저자처럼 그가 누구인지 알 수 없다. '말라키' מַלְאָכִי 라는 이름은 '나의 사자使者'라는 뜻으로 3,1("보라, 내가 나의 사자를 보내니 그가 내 앞에서 길을 닦으리라")에서 끌어들인 일종의 가명으로 볼 수도 있기 때문이다. 실제로 말라키 예언서나 구약의 어느 책에서도 이 예언자에 관한 개인적 정보를 찾아볼 수 없다. 그러나 우리는 편의상 그를 전통적인 예언자 이름 말라키라 부르기로 한다. 마지막 예언서를 남긴 이 말라키 예언자는 3,1에 따르면 메시아의 선구자다. 그리스도교의 입장에서 볼 때 그는 구약 시대의 마지막에 서서 신약 시대를 내다보며 메시아의 도래를 선포한다고 말할 수 있다.

말라키서의 시대 상황도 저자 못지않게 모호하다. 이 예언서 어느 곳에도 시대 상황을 알아차리게 해 줄 특정한 인물이나 사건에 관한 언급이 없기 때문이다. 그럼에도 이 책이 바빌론 유배 이후, 페르시아 시대를 반영하고 있다는 데에는 의문의 여지가 없다. 좀 더 구체적으로 말라키서의 역사적 배경을 기원전 480-460년경으로 추정할 수 있겠다. 제물의 정성스런 준비(1,6-14), 올바른 십일조 봉헌(3,8-12), 혼혈과 이혼에 대한 경고(2,10-16), 가난한 이들에 대한 정의 실천(3,5) 등이 이런 추정을 뒷받침한다. 이 시기는 하까이/즈카르야 시대와 에즈라/느헤미야 시대 사이이다. 기원전 539년 유배에서 돌아온 유다인들은 하까이와 즈카르야의 독려에 힘입어 예루살렘 성전을 복구하고(기원전 520-515년) 성전 전례를 회복하였다. 그러나 두 예언자가 예루살렘 성전의 복구와 연결하였던 이스라엘의 완전 회복에 대한 높은 기대와 희망은 시간이 지나면서 점점 흔들리기 시작하였다. 특히 백성을 올바로 인도하고 가르쳐야 할 사제들이 스스로 제사와 전례 규정을 정확하게 지키지 않았고, 백성들은 십일조 규정을 제대로 이행하지 않고 이방 민족과 통혼하면서 하느님 백성으로서의 자기 주체성을 모호하게 만들었다. 이런 혼돈의 시대에 가장 큰 고통을 겪는 이들은 하루 품팔이 노동자들과 과부와 고아와 외국인 등 사회의 저변층이었다. 이들은 백성의 지도자들에게서 보호를 받지 못하고 손쉽게 가진 자들의 억압과 착취의 대상이 되었다.

이 같은 문제는 기원전 440년경 느헤미야와 에즈라의 대개혁을 거쳐서 점점 정리될 것이다. 느헤미야는 이방인 통혼 문제를 비롯하여(느헤 10,29-31) 십일조 규정의 정확한 준수(10,33.38-39), 규정에 맞는 전례 거행(10,33-37), 가난한 이의 착취 금지(5,1-13)에 초점을 맞추어 개혁을 진행하였다. 말라키 예언자가 활동한 것은 바로 이 대개혁이 시작되기 바로 직전이다. 페르시아 황제의 연대로 따지자면 크세르크세스 1세(기원전 486-464년) 통치 시절이다. 말라키는 대개혁자 에즈라와 느헤미야가 유다에 안정을 회복할 임무를 띠고 페르시아에서 예루살렘으로 다가올 때 그 길을 미리 준비한 셈이다.

나. 작중 연대와 저작 연대

말라키서의 작중 연대는 위에서 살펴본 대로 하까이/즈카르야 시대와 에즈라/느헤미야 시대 사이인 기원전 480-460년이다. 그러나 말라키서의 최종 저작 연대는 열두 소예언서가 완전히 확정될 때인 그리스 시대 초엽으로 보인다. 두 가지 사실을 그 논거로 제시할 수 있겠다. 첫째, 1,1의 머리글은 이 예언서 앞에 위치한 제2즈카르야서와 같이 "신탁"과 "주님의 말씀"으로 시작하는데(즈카 9,1; 12,1), 이는 말라키서의 저작 연대를 제2즈카르야서처럼 그리스 시대 초기로 늦잡아 추정하게 한다. 둘째, 말라키서의 마지막 세 절(3,22-24)은 열두 소예언서 전체의 맺음말처럼 보인다. 아마도 마지막 편집자가 모세와 엘리야에 관한 언급을 부록으로 덧붙인 것이 아닌가 한다. 이 두 예언자는 구약에서 가장 출중한 예언자로서, 전자는 하느님의 뜻에 철저히 순종하고 그분 말씀을 정확하게 전달하는 예언직의 초석을 놓은 인물이고, 후자는 담대하고 용기 있게 예언직을 수행하는 이상적 예언자의 모범으로 제시되는 인물이다.

다. 구조와 내용

말라키서는 머리글과 마지막 세 절의 부록을 제외하고 신탁 여섯 개로 구성된다. 그리고 이 신탁은 이스라엘 백성의 질문과 주님의 답변으로 된 논쟁 형식을 취한다. 신탁 안에서 주님께서는 예언자를 시켜 이스라엘 백성의 질문을 반복하시고 그 질문에 하나하나 답변하신다. 첫 번째 신탁(1,2-5)은 하느님께서 이스라엘을 사랑하셔서 그들을 다른 민족 위에 아무런 조건 없이 자유롭게 선택하셨다. 야곱을 선택하시어 에사우 위에 두신 것이 그 가장 좋은 예다. "나는 야곱을 사랑하고 에사우를 미워하였다"(1,2-3; 로마 9,13)는 말씀은 야곱의 후손인 이스라엘 백성에 대한 주님의 특별한 애정을 강조한다. 이스라엘에 대한 하느님의 사랑은 갓난아이에 대한 어머니의 모성애처럼 무조건적이고 절대적이다. 처음에 이스라엘과 에돔의 관계는 때로는 적이 되어 미워하고 때로는 형제처럼 평화롭게 공존하는 사이였으나 바빌론 군대가 587년 유다와 예루살렘을 짓밟을 때 에돔인들이 형제국을 약탈한 뒤에는 둘 사이에 적개심만 자리 잡게 되었다(애가 4,21-22; 시편 137,7; 참조: 이사 34,5-9; 63,1-6). 주님께서 에돔이 아무리 재건하려고 해도 헐어 버리시겠다는 4절의 말씀은 한두 세기 뒤에 에돔이 나바테아인들에게 밀려 유다 남부로 쫓겨난 상황을 미리 시사한 것으로 이해할 수 있다. 첫 번째 신탁의 결론은 온 세상을 다스리시는 주님의 절대 주권을 확인한다. "주님께서는 이스라엘의 국경 너머에서도 위대하시다"(1,5).

두 번째 신탁(1,6—2,9)은 사제들의 타락을 고발한다. 말라키는 아모스를 비롯하여 사제들에게 비판적이었던 예언자들의 전통 위에 서 있다. 말라키가 비판하는 사제들의 가장 큰 잘못은 하느님께 값싼 제물을 바치는 짓이다. 그들은 하느님께 더러운 빵과 훔친 짐승, 절름거리거나 병든 짐승을 성의 없이 바침으로써 하느님의 이름을 업신여겼다. 아무도 이런 짐승을 총독에게 바치는 일은 없다(1,8). 만군의 주님께 어울리는 제물은 향기로운 제물, 깨끗한 곡식 예물이어야 한다. "그러나 해 뜨는 곳에서

해 지는 곳까지, 내 이름은 민족들 가운데에서 드높다. 내 이름이 민족들 가운데에서 드높기에, 곳곳에서 내 이름에 향과 정결한 제물이 바쳐진다. ― 만군의 주님께서 말씀하신다"(1,11). 어떤 교부들은 이 11절의 말씀이 하느님께서 인류 전체와 맺게 될 새 계약의 경신례를 예고하는 것으로 본다(『디다케』 14,3; 순교자 유스티누스 『트리폰과의 대화』 117). 말라키는 사제직 자체를 반대하지는 않는다. 그러나 당대의 상황을 주도하던 차독 가문 사제들의 타락과 부패를 신랄하게 비판한다. 차독 가문의 사제들은 즈루빠벨의 치세 아래 예루살렘 성전이 재건되었을 때 성전의 모든 권한과 임무를 장악하고 막강한 영향력을 행사하였다. 말라키 예언자는 이들에 맞서 레위 가문 사제들의 사제직을 옹호한다. 차독 가문 사제들과 레위 가문 사제들 사이의 갈등은 다윗과 솔로몬 시대까지 올라가는 오랜 역사를 지닌다. 다윗 임금 시절에 레위의 후손인 무시 가문의 에브야타르는 차독과 더불어 만남의 천막에서 함께 봉직하였다. 그러나 솔로몬 임금의 형이자 경쟁자인 아도니야를 지지했다는 죄목으로 에브야타르는 고향 아나톳으로 쫓겨나고 차독 가문 사제들이 예루살렘 성전 전례를 장악하기 시작하였다. 그 뒤부터 무시 가문의 사제들은 예루살렘 성전 대신 지방에서 떠돌며 백성을 가르치는 소임만을 맡았다.

세 번째 신탁(2,10-16)은 두 가지 잘못, 이방인들과의 통혼과 이혼을 단죄한다. 단죄의 근거는 주님께서 조상들과 맺은 계약이다. "우리 모두의 아버지는 한 분이 아니시냐? 한 분이신 하느님께서 우리를 창조하지 않으셨느냐? 그런데 어찌하여 우리는 서로 배신하며 우리 조상들의 계약을 더럽히는가?"(2,10). 이 두 가지 잘못은 불충실이라는 말로 연결된다. 전자는 주 하느님께 대한 불충실이고 후자는 동료 인간에 대한 불충실이다. 주님과의 신의를 저버리면 필연적으로 공동체와의 신의도 저버리기 마련이다(참조: 탈출 20,1-17). 주님을 사랑하지 않는 자들은 제 이웃도 사랑할 수 없다(참조: 레위 19,18; 신명 6,4-9).

네 번째 신탁(2,17—3,5)은 주님의 공정 또는 정의를 선포한다. 공정은 자애와 더불어 하느님의 가장 중요한 속성 가운데 하나다. 그분은 자애로우실 뿐만 아니라 공정하시므로 이스라엘의 악을 적당히 보아 넘기지 않으신다. 따라서 주님께서 악인들을 좋아하신다고 말하고 주님께서 어디 계시냐고 함부로 지껄이는 것은 그분께 대한 모독이다. 그분은 대장간의 불이 금과 은에서 쇠똥을 걸러 내듯, 빨래터의 잿물이 옷에서 더러운 때를 빨아내듯 이스라엘을 심판하고 정화하실 것이다. 주님은 심판과 정화의 날에 앞서 먼저 당신의 사자를 보내시어 이스라엘 백성을 준비시키실 것이다(3,1). 사자를 보내어 주님의 길을 미리 닦아 놓는다는 생각은 이사 40,1-11과 맥을 같이한다. 주님께서 성전에 나타나신다는 것은 그곳이 주님의 현존을 가리키는 장소이기 때문에 당연하다. 이스라엘 백성 가운데 주님께서 심판하실 자들의 목록이 말라 3,5에 열거된다. 주술사, 간음하는 자(배우자를 배신하는 것과 우상 숭배 모두를 뜻함), 거짓 맹세하는 자, 품팔이꾼의 품삯을 떼어먹는 자, 과부와 고아와 이방인을 억압하는 자, 주님께 불경하는 자들이다.

다섯 번째 신탁(3,6-12)은 주님의 한결같은 성실성과 이스라엘의 끊임없는 배신을 비교한다. 조상 때부터 당신의 계명을 어기고 돌아서 버린 백성에게 주님께서는 또다시 요청하신다. "나에게로 돌아오너라. 나도 너희에게 돌아가리라"(3,7; 즈카 1,3; 참조: 예레 31,33; 에제 37,23; 호세 2,25; 즈카 8,8; 13,9). 주님의 요청에 이스라엘 백성은 "어떻게 하면 저희가 돌아갈 수 있겠습니까?" 하고 여쭙고 주님께서는 십일조와 봉헌 예물을 올바로 바치는 것이라고 답변하신다. 십일조와 예물을 올바로 바치지 않는 것은 주님을 속이고 약탈하는 행위다. "사람이 하느님을 약탈할 수 있느냐? 그런데도 너희는 나를 약탈하면서 '저희가 어떻게 당신을 약탈하였습니까?' 하고 말한다. 십일조와 예물이 아니냐! 너희 온 백성이 나를 약탈하고 있으니 저주를 받으리라. 너희는 십일조를 모두 창고에 들여놓아 내 집에 양식이 넉넉하게 하여라. 그러고 나서 나를 시험해 보아라. — 만군의 주님께서 말씀하신다. — 내가 하늘의 창문을 열어 너희에게 복을 넘치도록 쏟아 붓지 않나 보아라"(3,8-10). 성전의 양식 창고는 성전 봉직자들만이 아니라 가난한 이들도 돌보는 구실을 하였다.

마지막 여섯 번째 신탁(3,13-21)은 주님께 불경하고 거만한 자들을 거슬러 의인과 악인을 분명히 판가름할 심판의 날이 반드시 오리라고 선언한다. 거만한 불경자들은 "하느님을 섬기는 것은 헛된 일이다" 또는 "악을 저지르는 자들이 번성"한다고 말하면서 하느님을 시험한다(3,14-15). 그러나 그날이 오면 주님을 공경하던 자들은 생명의 책에 기록되어 그분의 아낌을 받겠지만 제멋대로 살던 악인들은 모두 검불처럼 타 버려 흔적도 없이 사라질 것이다(3,16-19).

말라키서의 마지막 세 절은 신탁 여섯 개에 덧붙은 부록 같지만 엘리야 예언자를 시켜 새 시대를 준비하는 중요한 메시지를 전한다. 주님께서는 마지막으로 이스라엘 백성에게 호렙 산(시나이 산)에서 모세를 통하여 그들에게 내린 율법과 계명을 되새기라고 당부하신다. 주님의 크고 두려운 날이 오기 전에 불마차를 타고 승천했던 엘리야 예언자(2열왕 2,11)를 보내시어, 이스라엘 공동체의 기초가 되는 가정을 화목하게 만드실 것이다.

라. 신학 사상

말라키 예언서의 중심 주제는 계약이다. 계약의 용어와 표현이 전편에서 눈에 띈다. 2장에 세 가지 계약, 곧 레위의 계약(8절)과 조상들의 계약(10절)과 혼인 계약(14절)이 언급된다. 여기서 두 번째 조상들의 계약은 성조들과의 계약과 시나이 계약을 다 같이 가리키는 것으로 보인다. 시나이 계약은 하느님께서 이스라엘 백성과 맺으신 단체 계약이요 구약 계약의 핵심이다. 3,1에 나오는 "계약의 사자"는 시나이 계약의 준수를 촉구하는 예언자를 말한다. 하느님 편에서는 이스라엘에 대한 한결같은 사랑으로 계약을 성실하게 이행하셨다. 문제는 이스라엘의 불충이다. 말라키 예언자는 유다를 짓누르는 국제 정세, 지도자들, 특히 사제들의 도덕적 해이, 약자들을 억압하고 착취하는 사회적 불의에 맞서서 시나이 계약에 바탕을 둔 유배 이전의 예언자 전통을 논쟁의 무기로 삼았다. 당대 사람들은 착하고 의롭게 살아가는 것이 아무런 도움이나 이익을 주지 못한다고 주장하였다. 오히려 악을 일삼는 자들이 번성하고 하느님을 모독하는 자들이 처벌을 받지 않고 잘만 살아간다는 것이다. 이런 주장에 말라키 예언자는 옛 예언자 전통에 따라 강력하게 응수한다. 이 세상은 근본적으로 정의가 드러나게 되어 있다. 왜냐하면 계약에 성실하신 정의의 하느님께서 다스리시기 때문이다. 하느님은 의인들의 송사를 들어 주시고 악인들의 잘못을 처벌하신다. 현재의 열악한 상황만을 보고 오판하면 큰 잘못이다. 계약이 언제나 유효하다는 것을 믿고 정의와 자비를 실천하고 십일조를 제대로 바치면서 하느님께 마땅한 공경을 바치는 사람들은 반드시 주님께서 간직하시는 생명의 책에 그 이름이 기록될 것이다.

구약의 마지막 책을 두고 유다교와 그리스도교는 다른 책을 선택하였다. 유다교 히브리어 경전에서는 역대기가 맨 마지막에 나온다. 역대기는 바빌론 유배자들을 예루살렘으로 돌려 보내고 성전을 재건하도록 조처하는 키루스 칙령으로 끝을 맺는다(2역대 36,22-23). 이 칙령은 이스라엘의 정치·종교적 복원에 대한 희망을 내포한다. 나중에 이 희망은 메시아 사상과 회당에서의 기도로 재해석된다.

그리스도교에서 말라키서는 구약의 핵심 주제인 시나이 계약의 준수를 촉구함으로써 구약성경 전체를 마무리하고 신약의 새 계약을 예고하는(1,11) 책이다. 그래서인지 신약성경에서 말라키서 인용을 자주 볼 수 있다. 예수님은 세례자 요한의 출현으로 말라 3,1의 예언이 성취되었다고 선포하신다(마태 11,10; 병행: 루카 7,27; 참조: 마르 1,2). 세례자 요한은 구약의 마지막 예언자이면서 신약의 새 시대를 여는 선구자 역할을 충실히 한 인물이다. 주님의 날에 엘리야 예언자를 먼저 보내시겠다는 말라 3,23의 말씀은 세례자 요한을 엘리야와 연결하시는 예수님의 말씀에서 재확인된다(마태 11,14; 17,10-13; 마르 9,11-13; 루카 1,17; 참조: 요한 1,21.25). 세례자 요한이나 엘리야의 선구자 역할은 메시아 시대에 백성을 회개의 길로 이끄는 것이다. 말라키서의 마지막 세 절에는 모세와 엘리야가 함께 언급되는데, 예수님의 거룩한 변모 때에도 함께 등장한다(마태 17,1-8; 병행: 마르 9,2-8; 루카 9,28-36). 구약과 신약 중간 시대의 유다교 문헌에서도 엘리야는 모세와 더불어 메시아 시대의 선구자로 알려져 있다.

다섯째 마당

신약성경 각 권의 개요와 신학 사상

》

초대 교회는 신약성경 책들 역시 구약성경처럼 구세사에 맞추어 배열하였다. 또한 신약성경 경전도 구약성경처럼 네 부분으로 나눌 수 있다. 먼저 예수님의 삶과 가르침을 다룬 네 복음서가 자리하고 그다음에 교회의 역사를 다룬 사도행전이 나온다. 그러고 나서 복음서의 가르침을 여러 지역 교회의 현안 문제와 그리스도인의 삶에 연결하여 구체적 지침을 마련한 서간이 이어지고, 마지막에 신약성경의 예언서인 묵시록이 나온다. 여기서 신약과 구약은 절묘하게 서로 연관된다. 신약에서 가장 중요한 내용을 담은 네 복음서는 구약의 모세오경에 해당하고, 새 이스라엘인 교회의 역사를 소개하는 신약의 사도행전은 옛 이스라엘의 역사를 다룬 구약의 역사서에 이어진다. 그리고 예수님의 삶과 가르침을 교회와 개인의 구체적 상황에 적용한 신약의 서간은 현실 안에서 모세오경의 가르침을 재조명한 구약의 시서/지혜서와 비교할 수 있고, 마지막으로 신약의 마지막 책인 묵시록은 구약의 예언서, 특히 네 대예언서와 즈카르야서를 가장 많이 활용하고 있어서 서로 긴밀하게 연결된다.

신약성경 저자들은 구약성경 말씀들이 예수 그리스도와 교회의 삶 안에서 성취된다고 보았고 교부들 역시 구약을 신약의 예표預表로 여겼다. 물론 이런 관점은 유다교의 입장에서는 받아들일 수 없을 것이다. 구약舊約과 신약新約이라는 구분 자체도 용인하기 어렵다. 그러나 그리스도인들은 구원 역사의 큰 전망 안에서 구약성경과 신약성경의 연속성을 강조하고 예수 사건을 구세사의 정점頂點으로 본다.

I. 네 복음서

1. 마태오 복음
2. 마르코 복음
3. 루카 복음
4. 요한 복음

»

예수 그리스도의 삶과 가르침을 담은 복음서는 신약성경의 핵심이다. 네 복음서는 예수님의 삶과 가르침을 전하는 데 공통성과 특수성을 다 같이 드러낸다. 먼저 공통성은 네 복음서에 담긴 내용은 예수님의 전기傳記가 아니라 그분의 공생활公生活과 가르침에 관한 기록이라는 사실이다. 그러면서도 복음서 저자들은 예수님의 공생활과 가르침을 서로 다른 시각으로 바라본다. 이 같은 특수성은 그들이 속한 공동체의 고유한 믿음과 특별한 상황에서 비롯한 것이다.

네 복음서의 특수성을 논하기에 앞서 우리는 공관 복음과 요한 복음의 차이를 살펴볼 필요가 있다. 그런 다음에 개별 복음서의 특수성을 논하기로 한다. 앞에서 우리는 비슷한 내용이나 똑같은 내용을 많이 포함하는 처음 세 복음서, 곧 마태오 복음·마르코 복음·루카 복음을 '공관 복음'供觀福音이라고 하였고, 이 복음서들을 한데 놓고 서로 비교·분석하여 각 복음서 저자들의 문학 기법과 신학 사상을 연구하는 작업을 '공관 복음 연구'라고 정의하였다.

80년경에 쓰인 공관 복음에 비해 90-100년경에 나온 요한 복음은 공관 복음, 특히 루카 복음의 표현이나 어휘를 이용하는 것으로 보아 공관 복음 전승을 알고 있었던 것으로 보이지만, 나름대로 고유한 문체와 신학을 드러낸다. 공관 복음이 하느님 나라의 선포에 초점을 맞추는 반면, 요한 복음은 영원한 생명의 선포에 초점을 맞춘다. 공관 복음과 요한 복음 사이의 가장 두드러진 차이를 아래에 열거한다.

첫째, 공관 복음에서는 예수님이 공생활을 갈릴래아에서 시작하여 예루살렘으로 간 다음 그곳에서 배척과 죽임을 당하고 마침내 부활하시는 반면, 요한 복음에서는 갈릴래아와 유다/예루살렘을 자주 넘나드신다.

둘째, 공관 복음에서는 예수님이 간결명료하게 말씀하시고 비유를 자주 사용하시는데, 요한 복음에서는 긴 담화 형식으로 말씀하시고 비유를 거의 사용하지 않으신다('착한 목자의 비유'와 '포도나무의 비유'는 예외). 셋째, 공관 복음에서는 예수님의 행동이 보통 치유 기적이나 구마 기적으로 드러나는 반면, 요한 복음에서는 구마 기적을 전혀 언급하지 않고 치유 기적도 아주 드물게 나오며, 그나마 기적이라는 이름 대신 표징이라는 말을 사용한다. 넷째, 공관 복음에서는 예수님의 주요 선포 내용이 '하느님 나라' 또는 '하느님의 통치'로 되어 있으나, 요한 복음에서는 이 개념이 3장에만 두 번(3절과 5절) 나오고 '(영원한) 생명'이라는 말로 대치된다.

물론 공관 복음들 자체도 저마다 다른 신학 사상을 드러내는데, 이에 대해서는 아래 개별 복음서를 다루면서 상세히 논하겠다.

1. 마태오 복음

마태오 복음은 2세기부터 '교회의 복음서'로 불릴 만큼 교회 문제에 남달리 관심이 많고 교회에 관한 전통을 많이 전해 준다. 복음서들 가운데 '교회'ἐκκλησία라는 말을 사용한 것은 이 복음서뿐이다(16,18; 18,17).

가. **저자와 집필 장소와 연대**

마태오 복음에는 저자에 관한 언급이 전혀 나오지 않는다. 이 복음서를 열두 제자 가운데 하나인 마태오가 썼다는 주장은 히에라폴리스의 주교 파피아스(60-130년경)가 처음 하였다(Keith 92).* 공관 복음의 열두 사도 명단에는 언제나 마태오가 들어 있는데, 마태오 복음에서만 마태오의 전직이 세관원이었다는 사실을 밝힌다(9,9; 10,3). 그러나 이것은 마르 2,13-14을 옮겨 쓴 것에 지나지 않는 데다가 마르코 복음에는 마태오가 아니라 레위다. 마태오와 레위가 같은 인물인지 아닌지는 지금으로서는 판단할 수 없으나, 파피아스의 증언은 리옹의 주교 이레네우스(130-200년경)의 『이단 논박』(5.33.4)과 카이사리아의 주교 에우세비우스(260-340년경)의 『교회사』(3.39.16)에서 재확인되었다. 이 교부들의 증언에 따르면 예수님의 열두 제자 가운데 한 사람인 마태오가 히브리어 또는 아람어로 복음서를 썼고 후대의 어떤 이가 이를 그리스어로 번역했다고 한다. 그러나 현재의 마태오 복음 본문을 살펴보면 저자가 히브리어나 아람어에서 번역한 것이 아니라 예수어록(Q)과 마르코 복음을 참조하여 그리스어로 직접 이 복음서를 집필하였음을 쉽게 알 수 있다.

본문 자체의 모든 정황으로 보아 저자는 열두 사도 가운데 하나이기는 어렵고 오히려 그리스어를 구사하는 디아스포라 유다계 그리스도인임이 틀림없다. 아마도 그는 그리스도인이 되기 전에 히브리어와 아람어에 익숙하고 유다교 계율과 관습에 정통한 율법학자였을 가능성이 높다.

마태오 복음의 집필 장소로는 시리아 지방의 안티오키아가 곧잘 거론된다. 시리아 지방에서 100년경에 집필된 『디다케』(열두 사도의 가르침 8,2)와, 트라야누스 황제 치세(98-117년) 때에 순교한 안티오키아의 주교 이냐시

---

* 파피아스의 글은 이레네우스와 에우세비우스의 저서에 단편으로 전해진다.

우스(『에페소인들에게 보낸 편지』 19.2-3; 『스미르나인들에게 보낸 편지』 1.1)가 이 복음서를 인용하고 있기 때문이다. 집필 연대는 위에서 밝힌 대로 마르코 복음이 집필된(70년경) 이후에서 『디다케』가 집필된 100년 사이, 80년경 전후로 보면 될 것이다.

나. 집필 의도

다른 신약성경 저자들처럼 마태오 복음 저자도 그리스도교와 유다교 사이의 연결과 단절을 명시한다. 다만 이 연결과 단절이 다른 저서들보다 마태오 복음에서 더 두드러진다는 점이 특징이랄 수 있겠다. 사실 이 복음서의 주된 목적은 예수 이야기를 이스라엘의 역사에 연결하려는 데 있다. 먼저 저자는 예수님과 초기 그리스도교 공동체가 유다이즘과 불가분의 관계를 맺고 있다는 사실을 여러 가지로 묘사한다. 마태오 복음에 나오는 족보는 아담과 하와까지 소급되는 루카 복음의 족보와는 달리 유다교 신앙의 조상인 아브라함에게서 비롯한다. 또한 저자는 다른 복음서 저자들보다 구약성경을 더 자주 인용하고 유다교 율법과 정결례 규정, 유다교 신심에서 중요시하는 기도와 단식과 자선에 큰 관심을 기울인다. 다른 한편 마태오는 예수님을 배척한 유다 지도자들을 매우 신랄하게 비판하고, 예수님을 유다인들의 메시아를 넘어서서 세상의 메시아로 소개한다. 또한 교회의 보편적인 선교 사명을 강조한다. 그리하여 저자는 자신의 복음서를 통하여 유다계 그리스도인들과 이방계 그리스도인들 모두에게 구원의 길을 제시한다. 이 복음서를 읽은 독자들은 하느님께서 이스라엘 백성 가운데 심어 놓으신 희망과 꿈이 예수님의 삶과 가르침을 통하여 실현되었고 교회를 통하여 그 결과가 온 세상의 구원으로 이어진다는 사실을 깨닫게 될 것이다.

다. 구조와 내용

마태오 복음의 본격적인 예수 이야기는 네 단계로 나뉜다. 곧 갈릴래아 선교(4,12—16,12), 예루살렘을 향한 여정(16,13—20,34), 예루살렘 선교(21—25장), 죽음과 부활(26—28장)이다.

유년사화와 선교 준비를 다룬 1,1—4,11은 마태오 복음의 서론으로 볼 수 있다. 1—2장은 유년사화를, 3,1—4,11은 세례자 요한의 활약사화와 예수님의 세례사화와 유혹사화를 전한다. 유년사화는 마태오 복음과 루카 복음에만 나오는데, 예수님의 탄생에 얽힌 이야기들을 통하여 뒤에서 논하게 될 마태오의 그리스도론을 미리 보여 준다.

갈릴래아 선교 대목(4,12—16,12)은 가난한 농촌 지역인 데다 이방인들과 경계를 이룬 땅이라 해서 천대받던 갈릴래아에서 한 선교 활동을 전한다. 선교의 목적은 하느님 나라의 선포다. 마태오는 하느님 나라를 애써 하늘 나라로 바꾸어 지칭한다. 하느님을 직접 거론하지 않으려는 유다인들의 관습에 따른 것이다. 구약의 예언자 전통에서 기원한 하늘 나라 מַלְכוּת שָׁמַיִם는 우리가 보통 생각하는 천국이나 천당과 같은 장소적 개념이 아니라 자애와 공정을 바탕으로 한 하느님의 은혜로운 다스림을 말한다. 다르게 표현하면 하느님이 임금님으로서 당신 백성 가운데 가장 가난하고 고통받는 이들에게 베푸시는 선정善政이 바로 하느님 나라다. 조직적 사고의 소유자로 보이는 마태오는 예수님의 말씀들을 다섯 가지 설교로 묶어 놓았는데 산상 설교(5—7장), 파견 설교(10장), 비유 설교(13장), 공동체 설교(18장), 그리고 심판 설교(23—25장)가 바로 그것이다. 이 가운데 앞의 세 설교, 곧 산상 설교와 파견 설교와 비유 설교가 이 대목에 나온다. 다섯 설교는 다섯 권으로 이루어진 구약의 토라에 맞추기 위한 것으로 보인다. 특히 산상 설교는 모세와 예수님, 율법과 예수님의 가르침을 비교한다. 모세가 시나이 산에서 율법을 받아 전달하였듯이 예수님도 산에서 사람들에게 새로운 가르침을 베푸신다. 그러나 예수님은 모세보다 더 위대한 분이시다. 모세는 하느님의 계명이 적힌 판을 받고 내려왔을 따름이지만, 예수님은 산에 오르자 옥좌에 좌정하듯 자리를 잡고 앉아 직접 당신의 말씀을 들려 주신다.

예루살렘을 향한 여정 대목(마태 16,13—20,34)은 베드로의 카이사리아 고백(16,13-20)으로 시작한다. 이 고백이 있은 뒤부터 예수님은 당신의 수난에 대하여 드러나게 말씀하시고 수난과 부활의 사건들이 전개될 예루살렘을 향하여 여정을 시작하신다. 예루살렘을 향한 여정이 강조하는 것은 예수님과 제자들 사이의 관계다. 이 여정에서 그들은 '십자가에 못 박히신 메시아'의 참다운 제자가 되기 위하여 무엇을 해야 하는지를 배운다. 네 번째 설교인 공동체 설교(18장)가 이 대목에 나온다. 이 설교는 크게 둘로 나눌 수 있는데, 두 가지 가르침을 전해 준다. 첫째 부분(1-14절)은 공동체 안에서 윤리적으로 약한 이들과 소외된 이들을 걸려 넘어지게 하거나 경멸하지 말 것을 가르친다. 둘째 부분(15-35절)은 일단 잘못한 사람이 있으면 어떻게 그를 용서하고 공동체와 화해시킬 것인지에 대한 가르침이다.

예루살렘 선교 대목(21—25장)은 다섯 설교의 마지막인 심판 설교를 포함한다. 심판 설교는 바리사이 심판 설교(23장)와 종말 심판 설교(24—25

장)로 나뉜다. 23장의 설교에는 율법학자들과 바리사이들의 위선과 불충에 대한 신랄한 비판과, 뒤이어 일곱 가지 불행 선언이 나온다. 율법학자들은 바리사이들 가운데 성경을 공부하여 율법의 전문가가 된 이들을 말한다. 그들에 대한 비판에서 마태오가 가장 중요한 덕목으로 삼은 것은 다음과 같다. 남에게 가르치는 바를 스스로 실천하기(3절), 다른 이들에게 무거운 짐을 지우지 않고 자비를 베풀기(4절), 종교생활을 자기를 들어 높이기 위한 수단으로 삼지 않기(5-7절), 다른 이들에게서 우대와 존경을 받는 대신 자신을 낮추고 다른 이들을 섬기기(8-12절) 등이다. 이어서 율법학자와 바리사이들을 겨냥한 일곱 가지 불행 선언이 나온다. 이 불행 선언은 5장의 아홉 가지 행복 선언과 반대다. 행복 선언은 하느님 나라(곧 임금이신 하느님이 주시는 자애와 정의)의 수혜자들과 그 나라를 이루려는 이들에게 해당하는 데 반해, 이곳의 불행 선언은 하느님 나라를 거부하는 이들에게 해당한다. 24—25장은 종말 심판 설교다. 종말 심판 설교는 예루살렘 성전 파괴의 예고(24,1-2), 종말 전 재난의 시작(24,4-14), 종말 직전의 큰 재난(24,15-28), 종말 사건들(24,29-31), 종말에 대한 대비(24,32—25,30), 그리고 마지막으로 종말 심판 설교의 결론이자 다섯 설교의 결론인 최후 심판의 비유(25,31-46)로 나눌 수 있다.

마태오 복음의 마지막 대목(26—28장)은 예수님의 죽음(26—27장)과 부활(28장)을 다룬다. 죽음을 다루는 수난사화는 세 가지 주제를 중심으로 엮어진다. 죽음 앞에서 보여 주신 예수님의 의연함과 위엄, 새 시대의 열림, 예수님의 수난을 둘러싸고 등장하는 인물들의 좋은 본보기와 나쁜 본보기가 그것이다. 마태오 복음의 맨 마지막 장에 나오는 부활사화는 빈 무덤 기사(28,1-8)와 발현 기사(9-15절), 그리고 제자들의 파견 기사(16-20

절)를 다룬다. 마태오 복음을 마무리하는 제자들의 파견 기사는 그 배경이 산 위다. 마태오 복음에서 중요한 일은 늘 산 위에서 일어난다. 참행복 선언을 중심으로 하는 산상 설교, 예수님의 변모 사건, 군중의 치유 등이다. 마태오 복음의 파견 기사에는 마태오 복음의 주요 주제들이 요약되어 있다. 교회의 보편적 선교 사명, 스승으로서 예수님의 임무, 제자들에 대한 현실적 평가(그들은 아직도 부활하신 예수님을 믿지 못한다: 17절), 교회에 대한 관심(세례 성사의 언급)이 그것이다. 그러나 무엇보다 중요한 요소는 교회의 확고한 기초요 희망인 예수님의 현존이다. 마태오는 자신의 복음서의 처음과 마지막을 임마누엘(1,23)로 장식한다. 그는 자신의 복음서를 "내가 세상 끝 날까지 언제나 너희와 함께 있겠다"(20절)라는 말로 마무리한다.

라. **신학 사상**

마태오 복음의 신학 사상은 크게 둘로 나누어 생각할 수 있다. 하나는 예수 그리스도가 어떤 분이신가를 밝히는 그리스도론이고, 다른 하나는 교회는 무엇이며 무엇을 해야 하는가를 밝히는 교회론이다. 먼저 예수 그리스도는 이스라엘 백성이 오랫동안 기다려 온 '메시아'이시다. 유다교에서 메시아는 다윗의 아들로서 구약의 예언을 성취하고 율법을 올바로 해석하는 인물이다. 예수님은 이 모든 조건을 다 갖추신 분이다. 예수님의 양부 요셉은 다윗의 후손이고(족보 참조) 예수님의 출생지도 다윗의 고을인 베들레헴이다. 메시아와 더불어 '임금'이라는 존칭도 예수님에게 적용된다. 유다인들이 조롱하는 투로 예수님을 임금으로 불렀지만 종말 심판 때 그분은 임금으로 와서 모든 민족을 심판하실 것이다. 마태오 복음에는 종말 심판관으로서의 임금과 같은 의미로 '사람의 아들'이라는 칭호도 나온다. 예수님은 또한 하느님의 아들이시다. 호적상으로는 요셉의 아들이셨지만, 성령으로 잉태되었으니 하느님의 참아들이시다. 율법과 관련하여 예수님은 이스라엘에 율법을 전해 준 모세처럼 산 위에서 곧잘 가르치시지만, 모세보다 더 뛰어나신 분이다. 그분은 모세가 전달해 준 하느님의 율법을 새롭게 해석하거나 폐기 또는 수정함으로써 완성하셨으며 율법에 담긴 하느님의 뜻을 언제나 중요하게 여기셨다.

다음으로 마태오의 교회론을 살펴보자. 그의 교회론은 그리스도교와 유다교와의 관계, 교직자, 교회 규범 이 세 가지에 집중한다. 이스라엘 민족은 하느님의 백성이었지만 자신들에게 파견되신 하느님의 아들을 배척하고 처형하였기 때문에 하느님 백성이 될 자격이 없다. 이제 예수님을 진정한 세상의 구원자 그리스도로 믿고 따르는 그리스도교 공동체가 유다인들을 대신하여 '하느님의 새 백성'이 되었다. 물론 마태오가 정확하게 이 용어로 자신의 공동체를 부른 것은 아니지만 그렇게 간주하였던 것은 사실이다. 하느님의 새 백성이 된 그리스도교 공동체는 소수의 유다인들과 다수의 이방인들로 이루어졌다. 그들은 하느님의 옛 백성인 이스라엘과 유대 관계를 맺으면서도 독자적인 노선을 취한다. 70년 성전이 파괴되기 전까지 그리스도인들은 성전세와 십일조를 바쳤고, 한동안 바리사이들과 율법학자들의 가르침을 인정하였으며 안식일도 지켰다. 그러나 유다교 회당을 '그들의 회당' 또는 '너희 회당'이라고 부르고 이스라엘의 경계를 뛰어넘어 이방인들을 공동체에 받아들임으로써 유다교와 단절을 드러내기도 하였다. 마태오의 교회 안에는 세 가지 교직이 두드러진다. 베드로 사도를 중심으로 한 열두 사도단, 그리스도교계 율법학자들, 그리고 예언자들이다.

베드로는 열두 사도단의 수장이자 교회의 최고 지도자다. 그에게는 하늘나라의 열쇠가 주어져 매고 푸는 권한이 있다. 매고 푸는 권한이란 윤리와 교회 규범에 관한 결정권을 뜻한다고 할 수 있다. 그러나 베드로의 권한은 교회 공동체에도 주어졌다는 사실을 잊어서는 안 된다(18,18). 따라서 베드로는 매고 푸는 권한을 독자적이고 임의적으로 행사할 것이 아니라 교회 공동체의 뜻을 존중하여 공동체의 의사를 수렴하는 방식으로 행사하는 것이 바람직하다. 현명한 그리스도교 율법학자는 유다교의 옛 율법이 품고 있는 하느님의 참뜻과 예수님의 새로운 율법 해석을 올바로 깨우친 사람이다(13,52). 1세기 시리아 교회에 떠돌이 예언자들이 있었음은 예수어록(마태 7,15-20; 루카 6,43-44)과 마태오 복음(10,5-15), 『디다케』(11,3-12)에 암시되어 있다. 그들은 가족과 재산과 고향을 버리고 떠돌아다니며 예언과 구마와 치유 행위를 하다가 유다인들에게 곧잘 박해를 받았다. 교직은 봉사직이므로 교직자들은 자기를 낮추고 사심 없이 다른 이들을 섬겨야 하며 특히 보잘것없는 이들인 가난하고 소외된 이들, 윤리적으로 약한 이들을 유연하고 따뜻하게 돌보아야 한다(마태 18장). 공동체가 지켜야 할 규정들을 모아 놓은 교회 규범이 18장에 집중적으로 제시되어 있다. 18장의 규범들은 저마다 예수 그리스도의 언행을 반영한다. 교회에 몸담고 있는 믿는 이들은 예수님의 말씀과 처신에 따라 살아야 한다. 예수님은 하느님의 뜻을 따라 말씀하고 행동하셨으므로 예수님의 언행을 따르는 것이 하느님의 뜻을 따르는 길이다.

2. 마르코 복음

마르코 복음은 네 복음서 가운데 가장 짧은 복음서지만 앞에서 밝힌 대로 마태오와 루카가 참조한 일차 사료다. 그래서 마르코 복음을 원초적 복음서라 일컫는다.

가. **저자와 집필 장소와 연대**

마르코 복음 역시 저자가 누구인지 본문에서 이름을 밝히지 않는다. 이 복음서의 저자를 마르코라고 처음 밝힌 사람은 히에라폴리스의 주교 파피아스였다(130년경 사망). 에우세비우스의 『교회사』(3.39.15)는 파피아스가 요한 원로에게 들은 바를 전하는데, 베드로의 통역관인 마르코(1베드 5,13 참조)가 예수님에 관해서 사도에게 들은 바를 기억나는 대로 충실히 기록하여 이 복음서를 펴냈다는 것이다. 한편 신약성경에서는 마르코라는 인물이 열 번 나온다(사도 12,12.25; 13,5.13; 15,37-39; 콜로 4,10; 2티모 4,11; 필레 24; 1베드 5,13). 사도 12,12에서 요한 마르코는 바오로와 바르나바의 선교 동행자였다. 여기서 요한은 이스라엘식 이름이고 마르코는 로마-그리스식 이름이다. 그리고 바오로 서간에 언급된 마르코는 바오로의 협조자였다. 파피아스와 신약성경의 증언대로라면 마르코는 베드로의 통역관이자 바오로의 협조자였다. 그러나 신약성경에 마르코로 소개된 인물들이 모두 같은 인물인지는 의문이며 마르코 복음 본문 내용으로 미루어 이 복음서의 저자가 베드로의 통역관이나 바오로의 협조자일 가능성도 매우 희박하다. 지금으로서는 팔레스티나 밖 어떤 곳(로마나 시리아 등)에 세워진 이방인 그리스도교 공동체에 속했던 사람이 70년경에 이 복음서를 집필했으리라 추측할 따름이다.

나. **문체**

마르코는 우아한 문체와 표현의 소유자는 아니었다. 그의 언어와 표현은 매우 단순하고 문장 구조는 원시적이어서 여러 문장이 '그리고'로 계속 연결되는 동등복합문이 주축을 이룬다. '곧바로'라는 부사를 자주 쓰며, 필요 이상으로 작은 말(한 예로 5,23에서 '딸' 대신 '어린 딸')을 선호한다. 그래서 마태오나 루카는 마르코의 용어와 표현을 좀 더 우아한 그리스어로 곧잘 바꾼다.

다. **구조와 내용**

마르코 복음은 크게 둘로 나눌 수 있다. 전반부(1—9장)는 예수님의 갈릴래아 선교를 다루고, 후반부(11—16장)는 수난과 부활로 이어지는 예수님의 예루살렘 선교를 다룬다. 전반부와 후반부를 잇는 10장은 예수님의 예루살렘 상경기다.

예수님의 갈릴래아 선교를 다루는 전반부(1—9장)는 다시 둘로 나눌 수 있다. 첫째 부분(1,1—4,34)은 유다인들의 영역인 갈릴래아 호수 서쪽 지방의 선교를, 둘째 부분(4,35—9,50)은 이방인들의 영역인 갈릴래아 호수 동쪽 지방의 선교를 다룬다. 티베리아스 호수라고도 불리는 갈릴래아 호수는 갈릴래아 지방의 중심이고, 마르코 복음 저자는 이 호수를 유다인들과 이방인들을 갈라 놓는 경계로 삼는다. 첫째 부분의 도입부(1,1-13)는 마르코 복음 전체의 중요한 주제를 소개한다. 곧 이 책은 예수 그리스도에 관한 복음이고, 예수 그리스도는 하느님께 사랑을 받는 아들, 메시아이시다. 갈릴래아 선교의 시작을 알리는 1,14-15은 예수님의 복음 선포 자체를 간결하게 요약한다. 예수님의 출현으로 새롭고 결정적인 구원의 시대가 도래했다. 그분은 말씀과 행동으로 하느님 나라를 선포하셨는데, 이 하느님 나라에 합당한 자가 되기 위해서는 회개하고 복음을 믿어야 한다. 여기서 회개란 자기 중심이 아니라 하느님 중심으로 삶의 방향을 완전히 돌리는 것을 말한다. 가난한 이들에 대한 하느님의 자비와 사랑에 눈을 뜨고 그분이 보내신 예수 그리스도의 삶과 가르침을 받아들여야만 하느님 나라의 진정한 시민이 될 수 있다. 전반부의 둘째 부분에서는 유다인 지역과 이방인 지역을 자유롭게 넘나드시면서 폭넓은 선교 활동을 펼치시는 예수님의 모습을 전한다. 이방인 선교는 하나의 큰 도전이다. 하느님 나라의 선포는 이스라엘의 영역에 한정될 수 없다. 하느님은 온 인류의 임금이시지 특정한 백성만의 통치자가 아니시기 때문이다. 베드로의 메시아 고백(8,27-30)은 마르코 복음의 분수령이다. 이 고백 이후부터 예수님은 당신의 수난과 고통스런 죽음을 적어도 제자들에게는 공개적으로 밝히시기 때문이다. "너희는 나를 누구라고 하느냐?"는 예수님의 질문에 베드로가 "스승님은 그리스도이십니다" 하고 대답한다. 베드로의 대답이 루카 복음에서는 "하느님의 그리스도"로, 마태오 복음에서는 "살아 계신 하느님의 아드님 그리스도"로 설명이 덧붙는데, 마르코 복음에서는 아무런 수식어 없이 '그리스도'로만 되어 있다. 예수님이 어떤 메시아인지는 베드로를 비롯하여 다른 제자들이 아직 알지 못한다.

10장은 갈릴래아 선교와 예루살렘 선교를 이어 주는 상경기다. 1절의 말씀이 이를 분명히 한다. "예수님께서 그곳을 떠나 유다 지방과 요르단 건너편으로 가셨다. 그러자 군중이 다시 그분께 모여들었다. 그래서 예수님께서는 늘 하시던 대로 다시 그들을 가르치셨다." 마르코 복음에서는 '길을 가는 것'을 늘 강조한다. 예수님은 길을 가면서 제자들을 부르시고 가르치셨다. 복음서 첫머리에 이미 길에 대하여 언급한다(1,2-3). 창세기에서는 이 길이 하느님께로 나아가는 순례길이었다. 마르코 복음에서는 이 길이 십자가와 부활로 나아가는 길이다. 갈릴래아 선교를 마치신 예수님은 이제 십자가와 부활이 기다리는 예루살렘을 향하여 결연한 자세로 발걸음을 옮기신다.

예루살렘 선교를 다루는 후반부(11—16장)는 예수님의 화려한 예루살렘 입성 장면으로 시작한다. 군중들이 환호하는 모습과 예수님이 유다교 권위의 상징인 성전에서 상인들을 쫓아내시는 모습을 보면서 제자들은 얼마나 신명이 났을까! 이제 바야흐로 자신들에게 부와 권세를 보장해 줄 메시아 시대가 도래하는 줄 알고 잔뜩 기대를 모았겠지만, 그것이 착각이었음이 곧바로 드러난다. 예수님의 적대자들이 총공세를 취한 것이다. 바리사이들과 헤로데 당원들뿐 아니라 성전 정화 뒤부터는 사두가이들도 합세하여 예수님을 처형할 음모를 꾸민다.

14장과 15장 전체는 한 가지 이야기, 곧 예수님의 수난만을 다룬다. 마르코 복음에서 한 가지 이야기를 이렇게 길고 장황하게 다룬 것은 이 경우뿐이다. 그만큼 복음서에서 수난기가 차지하는 비중이 크다 하겠다. 마르코 복음의 수난기는 둘로 나눌 수 있다. 앞부분(14,1-52)에서는 예수님이 제자들의 스승이자 지도자로서 아직은 능동적으로 행동하신다. 그러나 뒷부분(14,53—15,47)에서는 완전히 수동적이 되셔서 이 사람 저 사람, 이 장소 저 장소로 끌려 다니시고 말씀도 별로 없으시다. 예수님의 수난과 죽음은 그분의 사명과 삶 전체를 최고의 경지로 끌어올린다. 그리고 무엇보다 메시아 비밀이 밝혀지면서 마침내 그분이 누구신지 명백하게 계시된다. 또한 그분의 수난과 죽음은 참다운 제자 신분이란 어떤 것인지도 제시한다. 마르코 복음의 절정은 예수님의 죽음을 목격한 한 이방인 백인대장의 메시아 고백이다. "참으로 이 사람은 하느님의 아드님이셨다"(15,39). 하느님의 아드님은 구약 전통에서 메시아의 또 다른 이름이다. 메시아로서 예수님의 참모습은 우리를 위하여 십자가에 못 박혀 돌아가실 때 가장 뚜렷하게 드러난다. 그리고 이 로마인 백인대장의 고백으로써 수난받는 메시아는 이제 유다인들의 테두리 안에 갇혀 있지 않고 온 세상 만민의 구원을 향하여 높이 솟아오르신다. 예수 사건은 그분의 수난과 죽음으로 끝나지 않는다. 세 번의 수난 예고에서도 예수님은 후반부에 부활을 반드시 언급하셨는데 제자들은 주의를 기울여 듣지 않았다. 그분의 수난과 죽음 앞에서 참다운 제자로 처신하지 못한 제자들은 그분의 부활 앞에서도 역시 실패하였다.

마지막 16,1-8은 빈 무덤 이야기를 소개한다. 예수님은 이제 시간과 공간이라는 인간 역사의 한계 안에 머무시지 않고 역사를 뛰어넘어 현존하신다. 마르 16,9-20은 오래되고 질 좋은 필사본들에는 빠져 있고, 그 대목을 전하는 사본들마저도 일관된 기록이 아니기 때문에 후대의 첨가로 간주한다.

라. **신학 사상**

마르코 복음의 전반부와 후반부를 비교해 보면 후반부가 다룬 사건들의 건수 면에서 전반부보다 상대적으로 더 길고 상세하다. 특히 예수님의 수난기는 마르코 복음 전체의 삼분의 일 이상을 차지하고 있다. 마태오 복음과 루카 복음의 수난기 역시 길기는 하지만 이 정도까지는 아니다. 이 때문에 어떤 학자는 마르코 복음을 가리켜 '긴 서문을 가진 수난 이야기'라고까지 하였다. 물론 이 말은 마르코 복음 전반부의 모든 대목이 저마다 나름대로 분명한 메시지와 중대한 의미를 가지고 있음을 감안할 때 분명 잘못된 표현이다. 그럴지라도 마르코 복음의 이런 구조가 예수님의 수난을 강조하고 있음은 확실하다. 그래서 마르코의 신학을 '십자가의 신학'이라고들 부른다.

그런데 마르코가 이 '십자가의 신학'을 펼쳐 나가는 방법이 매우 치밀하고 특이하다. 예수님의 선교 초기에는 그분의 메시아 신분이 강조되면서도 언제나 공적으로 드러나지 말아야 될 것으로 되어 있다. 그러나 예루살렘 선교를 향해 나아가면서 예수님이 메시아라는 사실이 공개적으로 드러나기 시작한다. 먼저 베드로의 메시아 고백으로 제자들에게, 그다음 유다 최고 의회인 산헤드린에서, 그리고 마침내 십자가 처형을 주도한 이방인의 증언을 통하여 공중 앞에서 그분의 메시아 신분이 폭로된다. 이것이 바로 마르코의 가장 중요한 신학 주제로 꼽히는 '메시아 비밀'이다. 그리고 마르코 복음에서는 예수님의 메시아 신분뿐 아니라 그분이 선포하신 하느님 나라도 일반 사람들에게 감추어져 있다. 하느님 나라의 비밀과 메시아 비밀은 동전의 양면처럼 붙어다닌다. 사실 예수님의 신분과 사상, 그분의 삶과 가르침은 함께 연결되어 있다.

한편 메시아 비밀과 하느님 나라의 비밀은 예수님의 함구령과 제자들의 몰이해를 동반한다. 예수님은 마귀들린 사람들을 고쳐 줄 때에 당신의 신분을 아는 마귀들에게 메시아 비밀을 폭로하지 말라고 명령하신다(1,34; 3,12). 난치병이나 불치병 환자들을 치유할 때도 환자들에게 당신이 그들을 치유했다는 사실을 알리지 말라고 당부하신다(1,44; 5,43; 7,36; 8,26). 베드로의 메시아 고백이 있은 뒤에는 제자들에게도 함구령을 내리신다(8,30; 9,9). 예수님은 또 하느님 나라의 비밀을 제자들에게 따로 알려 주신다(4,11.34; 9,1; 10,23 이하). 이른바 제자들의 특수 교육이다. 물론 제자들의 특수 교육은 하느님 나라에만 국한하지 않고 메시아의 수난(8,31; 9,31; 10,33), 율법(7,17; 10,10), 구마(9,28), 묵시(13장), 기도(14,32-42) 등 여러 주제에 연결된다. 그러나 예수님이 이처럼 제자들에게 애써 특수 교육을 하셨건만, 제자들은 계속 그분의 신분과 가르침을 이해하지 못한다(4,13.40; 6,52; 7,18; 8,17; 9,10.32; 10,24.26.32.35 이하).

그러면 메시아 비밀과 하느님 나라의 비밀을 비롯하여 함구령, 제자들의 특수 교육, 제자들의 몰이해 등 마르코의 두드러진 신학 주제들은 그의 복음서 안에서 어떤 목적과 기능을 갖는 것일까? 이 질문에 대한 대답은 마르코 공동체의 삶의 자리에서 찾아야 할 것이다. 마르코 복음은 열혈당원을 중심으로 로마 제국의 식민통치에 맞서 일어난 제1차 유다 항쟁(66-70년) 직전이나 직후에 쓰인 것으로 보인다. 이는 '작은 묵시록'이라 불리는 13장을 예루살렘 파괴와 어떻게 연결하느냐에 달려 있다. 이처럼 혼란한 시기에는 온갖 사이비 인물과 이설이 난무하는 법이다. 마르코의 공동체에도 자신을 스스로 세상의 구세주, 곧 메시아로 내세우며 사람들을 현혹시키는 자들이 나타났을 것이다(이른바 '거짓 그리스도': 13,21-23 참조). 예수님 당대의 문헌을 보면 자칭 메시아라는 자들이 마귀도 쫓아내고 병도 고치면서 추종자들을 끌어 모으고 세력을 키워 종종 로마 권력에 대항하다 붙잡혀 처형되곤 하였는데(사도 5,37 참조), 마르코는 이런 자들의 위험에서 자기 공동체를 보호하고자 하였다. 마르코의 논리는 이렇게 추정할 수 있다. 예수님도 이런 기적쟁이들 못지않게, 아니 그 이상으로 마귀를 쫓아내고 병을 고쳐 주셨다. 그러나 그분의 진가는 구마나 치유와 같이 사람들 눈에 영광스럽게 보이는 행위에서 드러나는 것이 아니라 하느님의 일과 뜻을 이루고(8,33; 14,36) 많은 사람을 위하여 목숨을 바치시는 데서 드러난다(10,45). 예수님이 구마와 치유가 끝난 다음, 그리고 당신의 영광스러운 모습을 제자들에게 보여 주신 직후에 당신의 메시아 신분을 드러내지 말라고 함구령을 내리신 것도 이 때문이다. 예수님의 경우 구마와 치유는 거짓 그리스도들과는 달리, 당신 자신의 영광을 드러내기 위한 것이 아니라 사람들을 섬기고 그들의 믿음을 북돋우는 선교 활동의 일환일 따름이다.

예수님이 선포하신 하느님 나라는 세상의 군주들처럼 남을 지배하고 막강한 권력을 행사함으로써 실현되는 것이 아니라, 하느님의 뜻을 받아들이고 사람들을 철저히 섬김으로써 이루어진다. 예수님은 당신의 수난과 죽음을 통하여 이를 증언하셨다. 하느님 나라의 도래를 앞당긴 메시아의 참모습은 고통 속에서 "저의 하느님, 저의 하느님, 어찌하여 저를 버리셨습니까?"(15,34) 하고 절규하는 십자가상의 예수님에게서 가장 분명하게 드러난다. 예수님의 메시아 비밀은 그분께서 큰소리를 내며 숨을 거두시는 광경을 지켜보던 한 이방인 백인대장의 입을 통하여 마침내 아무런 제지를 받지 않고 사람들 앞에 공개된다. 이 사실은 강력한 현세적 메시아의 출현을 고대하던 유다의 일반 민중뿐만 아니라 예수님을 스승으로 가까이 모신 제자들에게도 이해가 안 되었다. 그들은 스승에게서 특수 교육까지 받았지만, 그분이 십자가에서 못 박혀 죽고 부활하신 다음에야 비로소 수난받는 메시아의 참뜻을 깨닫게 되었다. 사실 구약성경이나 유다교 안에서 메시아가 고통을 받는다는 사상은 찾아보기 힘들다.

수난받는 메시아, 그를 통한 하느님 나라의 도래, 함구령, 제자들의 특수 교육과 몰이해 등 마르코 복음 전체를 관통하는 고유한 주제들은, 결국 저자가 자기 공동체의 위기 상황에 대처하기 위한 적절한 방안이라 할 수 있겠다.

3. 루카 복음

네 복음서 가운데 셋째 복음서는 그 내용이 초기 교회의 역사를 다룬 사도행전에 이어진다는 점에서 매우 특별하다. 셋째 복음서와 사도행전은 문체와 주제, 비슷한 서문, 매끄러운 연결 등 한 저자가 처음부터 치밀하게 계획한 연속 작품이라는 게 분명히 드러난다.

가. **저자와 집필 장소와 연대**

루카를 셋째 복음서와 사도행전의 저자라고 부르기 시작한 때는 마태오와 마르코에 비하여 후대의 일이다. 앞에서 밝힌 대로 마태오와 마르코에 대해서는 130년경 히에라폴리스의 주교 파피아스가 증언하고 있지만(이레네우스 『이단 논박』 5.33; 에우세비우스 『교회사』 3.39), 루카의 경우에는 180년경에 와서야 로마에서 작성된 무라토리 정경 목록이 증언해 주었다. 여기서 루카를 '셋째 복음서'라고 명시하고 있다.

이 루카가 누구인지를 확인하려는 시도가 초대 교회 때부터 있었다. 전통적인 견해로는 이 저자가 바오로의 협조자(필레 24절; 콜로 4,14; 2티모 4,11)인 의사 루카(콜로 4,14)라는 것이다(이레네우스 『이단 논박』 3.14). 그러나 이제 이 같은 견해는 신약학계에서 통하지 않는다. 이는 저자 자신이 복음서 서문에서 밝힌 대로 스스로 목격 증인이 아니라 목격 증인들에게서 전해 받은 것을 기록했다는 점에서, 그리고 바오로가 스스로 쓴 서간에서 자신을 묘사하는 바오로상과 사도행전에서 묘사된 바오로상이 판이하게 다르다는 점에서도 분명하게 드러난다. 우리가 편의상 루카라고 부르는 제3복음서와 사도행전의 저자는 바오로의 협조자라기보다 바오로 시대 이후 사람으로서 사도 시대에 일어났던 일들을 자기가 얻어 낸 자료를 바탕으로 서술하고자 애썼던 사람이다.

루카 복음의 집필 장소로는 카이사리아, 데카폴리스, 안티오키아, 아카이아, 로마 등 추측이 난무하지만, 팔레스티나 밖에서 기록되었다는 사실 이외에 구체적인 장소를 제시할 만한 근거는 없다. 집필 연대는 저자가 참조한 마르코 복음이 쓰이고 난 70년 뒤부터 요세푸스의 저서들이 나온 93년경 전까지가 될 것이다. 루카의 기록에는 요세푸스의 저서들을 참조한 흔적이 없기 때문이다. 그렇다면 대략 80년 전후로 잡으면 무난할 것이다.

나. **문체**

루카 복음은 공관 복음들 가운데 가장 길고 짜임새가 있다. 문체는 매끄럽고 어휘도 풍부하다. 다른 복음서 저자들에 비해 루카는 문학적 소양과 기법이 월등히 뛰어나며, 입수된 자료들을 다루는 데도 탁월한 편집 수완을 보인다. 루카 복음뿐 아니라 사도행전의 저자이기도 한 그는 이 책 두 권을 자신의 독특한 역사관과 신학 사상에 따라 치밀한 구도로 엮었다.

다. **구조와 내용**

루카는 역사를 중요하게 생각하고 구원의 역사와 세속의 역사를 언제나 한데 연결하였다. 루카에 따르면 구원의 역사, 곧 구세사는 세 단계로 나눌 수 있는데, 이스라엘 시대(구약성경)와 예수님 시대(루카 3,1—24,51)와 교회 시대(사도 2,1—28,31)가 그것이다. 이 구분에서 루카 1—2장은 이스라엘 시대와 예수님 시대를, 루카 24,52-53과 사도 1장은 예수님 시대와 교회 시대를 이어 주는 이음새 구실을 한다. 그는 자신의 복음서를 예수님 시대를 소개하는 데, 그리고 사도행전은 교회 시대를 소개하는 데 할애하였다.

구세사 세 단계 가운데 가장 중요한 시대는 하느님 나라가 동터 온 예수님 시대다. 루카에 따르면 예수님 사건은 팔레스티나 변방 한구석에서 일어난 것이 아니라 세계사 한복판에서 일어난다. 루카는 예수님 사건의 시작인 세례자 요한의 등장을 "티베리우스 황제의 치세 제십오년(27-28

년)"이라는 말로 장엄하게 알린다. 예수님 시대를 다루면서 루카는 '길'이라는 개념을 이용한다. 하느님의 뜻을 따라 인간 구원을 완성하시는 예수님의 길은, 이음새 구실을 하는 루카 1—2장과 24,52-53을 제외하고 세 부분으로 나눌 수 있는데, 이것이 곧바로 루카 복음의 기본 구조가 된다.

갈릴래아 선교를 다룬 첫째 부분(3,1—9,50)은 예수님의 활동을 유다인들 지역으로만 한정한다. 벳사이다, 티로와 시돈, 데카폴리스 등 이방인 지역의 선교 활동을 담고 있는 마르 6,45—8,26 전체를 대거 누락시킨다. 유다인 선교는 예수님께, 이방인 선교는 교회의 몫으로 돌리기 위해서다.

예루살렘 상경기를 다룬 둘째 부분(9,51—19,27)에는 제자들의 교육이 포함된다. 이 부분에서 루카는 '예수님께서 예루살렘으로 가신다'(9,51.53; 13,22; 17,11; 18,31; 19,11.28)와, 행선지 없이 그냥 '간다' 또는 '여행한다'(9,57; 10,38; 14,25; 18,37; 19,1)는 표현을 자주 반복한다. 예루살렘에서 이루어질 구원의 대역사는 확고부동한 하느님의 계획에 따라 이루어진다는 사실을 강조하기 위해서다.

예루살렘 선교와 구원사업의 완성을 다룬 셋째 부분(19,28—24,51)은 예수님 길의 정점이다. 예수님이 예루살렘에 도착하여 가장 먼저 하신 일은 성전 정화다. 성전의 권위에 도전한 이 사건이 도화선이 되어 예수님은 체포되고 심문받고 처형되신다. 그런데 갈릴래아에서 시작되어 온 유다를 거쳐 예루살렘에까지 이른(23,5 참조) 예수님의 길은 십자가 처형으로 끝나지 않고 부활하신 예수님의 승천으로 그 대단원의 막을 내린다. 예수님의 길은 장소로 보면 갈릴래아에서 시작하여 예루살렘으로 끝나고, 시간으로 보면 세례자 요한의 등장과 예수님의 세례에서 시작하여 예수님의 승천으로 끝난다.

반면 사도행전에서 다루는 교회의 길은 장소로 보면 종교의 중심인 예루살렘에서 시작하여 세계의 중심인 로마로 끝나고, 시간으로 보면 성령강림에서 시작하여 예수님의 재림으로 끝난다. 물론 사도행전의 말미는 바오로가 로마에서 셋방을 얻어 비교적 자유롭게 하느님 나라를 선포하고 예수 그리스도에 관한 복음을 전한 것으로 되어 있지만, 루카가 마음속에 둔 교회의 길이 끝나는 시기는 지연된 예수님의 재림이다.

라. **신학 사상**

이상 루카와 사도행전의 구도는 구세사의 중심인 예수님의 길과 교회의 길을 일목요연하게 펼쳐 나가는 것으로 되어 있다. 그런데 루카가 이 구세사적 구도 안에 담고 있는 신학 사상은 무엇일까? 루카처럼 재능 있는 저자가 두 권으로 된 자신의 방대한 저서를 한두 가지 주제 아래에만 국한하여 쓸 리는 없겠기에, 그의 주요 신학 사상을 끌어내는 것이 그리 쉽지 않다. 그럼에도 루카 복음과 사도행전의 여러 신학 주제들 가운데 가장 두드러지고 일관성 있는 주제 하나를 고른다면 '구원의 보편주의'라 하겠다. 곧 하느님께 나아가는 구원의 길은 모든 이에게 열려 있다는 것이다. 이 구원의 보편주의는 하느님의 공평성에 근거한다(사도 10,34-35 참조).

마태오처럼 예수님의 선교 활동을 철저하게 유다인들의 땅으로 한정한 루카의 근본 신학 사상이 만인에게 복음이 전해진다는 '구원의 보편주의'라니 쉽게 이해가 가지 않을지도 모른다. 여기서 우리는 예수님의 선교 활동을 유다와 갈릴래아로 한정한 동기가 마태오와 루카의 경우 서로 다르다는 사실을 알아야 한다. 마태오는 그리스도교와 유다교의 연속성을 강조하기 위하여 예수님의 삶과 가르침을 유다적 배경에 국한하였지만, 루카는 이방인 선교를 교회의 몫으로 남겨 놓기 위하여 예수님의 길에서 이방인 선교를 철저히 배제하였다. 그렇다면 루카 복음에서는 구원의 보편주의를 전혀 찾아볼 수 없는가? 그렇지 않다. 사도행전에 가서야 드러날 지리적 차원의 보편주의 대신, 루카 복음에서는 인간적 차원의 보편주의가 전편에 흐른다.

루카 복음의 예수님은 인간과 인간, 집단과 집단 사이를 가로막는 갖가지 차별의 장벽을 자유로이 뛰어넘으시면서 하느님 나라의 기쁜 소식을 전하셨다. 첫째, 그분은 창녀와 세리로 대표되는 구제받을 수 없는 죄인들에게 특별한 사랑과 관심을 보임으로써 윤리적 차별을 뛰어넘으셨다. 둘째, 루카는 다른 어느 복음서 저자들보다 여성을 많이 등장시키고 여성의 역할을 강조한다. 예수님은 여성들을 가까이 대하시고 그들과 격의 없이 대화를 나누며, 그들의 시중도 받고 그들을 제자로 삼아 당대 사회에 만연한 성차별을 극복하셨다. 셋째, 루카 복음의 예수님은 스스로 가난하게 살고 가난한 사람들에게 접근함으로써 경제적 차별을 뛰어넘으셨다. 루카의 참행복 선언(6,20-23)은 마태오의 것과는 달리 가난을 윤리화하지 않고 물질·물리적 청빈 그대로 이해한다. 또한 루카는 부와 가난의 문제, 소유의 포기와 자선에 남다른 관심을 보인다. 넷째, 루카 복음의 예수님은 소외된 지역 갈릴래아를 선교의 출발점으로 삼으시고 갈릴래아 출신의 제자들을 당신 측근에 두어 가르치시며 지역 차별을 뛰어넘으셨다. 다섯째, 루카의 예수님은 그 당시 인종적으로 차별을 받고 있던 사마리아인들에게 호의를 드러내심으로써 인종 차별을 뛰어넘으셨다. 사마리아에 대한 그분의 호감을 드러내는 세 대목(9,51-55; 10,33; 17,11-19)은 루카 복음에만 나온다.

이 밖에도 예수님은 부정하다는 이유로 접촉을 금한 환자들(특히 나병 환자)과 장애인들을 치유하시어 인간 차별을 극복하셨다. 루카는 온갖 차별을 넘어서서 소외받고 고통받는 모든 이들을 따뜻하게 품어 주고 그들에게 하느님의 가없는 사랑을 전달하시는 예수님의 모습에서 '구원의 보편주의'를 독자에게 확인시킨다.

그러면 루카가 자신의 두 저서에서 '구원의 보편주의'를 주요 신학 사상으로 내세운 이유는 무엇인가? 그가 속한 공동체의 '삶의 자리' 때문이다. 루카는 이방계 그리스도인이고, 그의 공동체 역시 대부분 이방인들로 구성되었다. 박해 와중에 소외되고 고통받는 이들이 많아지고, 그러면서도 거대한 로마 제국 곳곳에 하느님 나라와 예수 그리스도에 관한 복음을 전해야 할 사명을 지닌 공동체에 '구원의 보편주의'는 가장 적절한 신학 주제였다. 루카는 자신의 복음서를 '역사의 중심'이라 할 수 있는 예수님 사건에 할애하면서, 구원의 보편주의를 온갖 인간적 차별을 넘어서 가난한 이들에게 복음을 전하시는 그분의 공생활로 표현한다.

사도행전에서는 베드로와 바오로의 선교 설교들을 통하여 구원의 길이 (세 단계 구세사에서 볼 수 있듯) 구약의 이스라엘에게 먼저 열렸고 예수 그리스도의 선행을 통하여 갈릴래아와 유다에 보다 구체적으로 선포되었으나, 유다인들이 예수님을 십자가에 매달아 죽이고 그분 가르침을 배척하자 이방인들에게 열리게 되었다고 주장함으로써, 구원의 보편주의에 대한 논리적 근거를 마련한다. 특히 루카의 영웅이자 이방인 선교의 주역인 바오로의 선교 활동과 호교론적 설교들은, 신생 그리스도교를 위험한 종교로 몰아붙이는 유다인들의 음해와, 자신의 공동체를 로마의 평화와 질서를 위협하는 폭력 집단으로 규정하여 박해하려는 로마의 권력에도 아랑곳하지 않고, 온 세상 만민에게 진정한 평화의 복음을 전해야 하는 교회의 사명을 루카 자신의 공동체에 거듭 확인시켜 준다.

4. 요한 복음

공관 복음이 예수님의 지상 생애와 가르침을 전하는 기록이라면, 요한 복음은 그분의 정체와 구원 활동과 가르침에 대한 원숙한 신학적 반성이라 하겠다. 그리고 이 반성은 개인과 공동체가 구원을 받는 데 무엇을 해야 하는지 알려 준다. 구원은 요한 복음에서 '생명' 또는 '영원한 생명'과 동의어다. 그리고 '영원한 생명'은 공관 복음의 '하느님 나라'를 대체한 개념이라 할 수 있다.

가. **저자와 집필 연대와 장소**

요한 복음에는 저자의 이름을 명시하지는 않지만 예수님이 사랑하시던 제자(19,26), 이른바 '애제자'愛弟子가 스승에 관한 일들을 "증언하고 또 기록한 사람"(21,24)이라고 밝힌다. 180년경 이레네우스는 이 제자를 트라야누스 로마 황제 때(98년경)까지 에페소에서 살았던 요한 사도와 동일시하였다(『이단 논박』 3.1.1). 소년 시절 이레네우스는 요한을 알고 있던 스미르나의 주교 폴리카르푸스와 친분이 있었다(에우세비우스 『교회사』 5.20.5-6). 그래서 요한 복음을 쓴 이 애제자가 열두 사도 가운데 하나로서 제베대오의 아들 요한이라는 그의 주장은 더욱 신빙성을 얻게 되었고, 결국 그리스도교의 오랜 전통 안에서 보편적인 인정을 받게 된다(『교회사』 6.14.7). 그러나 오늘날 대부분의 성경학자들은 위의 전통적인 주장이 성경 본문의 형성 과정을 너무 단순하게 본 결과라고 생각한다. 예를 들어 요한 복음에는 끝맺는 말이 20,30-31과 21,25 두 곳에 나오고 여러 담화가 두 번씩 반복되는데, 이는 복음서의 저자와 편집자가 다를 가능성을 시사한다는 것이다. 현대 성경학계에서는 요한 복음의 저작에 관여한 인물로 셋을 꼽는다. 먼저 이 복음서에 사상과 표현과 영감을 전해 준 권위 있는 주체인 예수님의 애제자 요한 사도, 그다음 그를 흠모하고 따르던 제자들 가운데 한 사람으로서 요한 복음을 실제로 집필한 육필 저자, 마지막으로 요한 복음을 오늘의 형태로 완성한 최종 편집자가 그들이다.

요한 복음의 집필 연대는 대략 기원후 1세기 말경으로 잡는다. 1920년에 이집트에서 요한 복음의 파피루스 사본 일부가 발견되었는데, 이는 130년경에 작성된 것으로 밝혀졌다. 그리고 85-90년에 성행하였던 '회당 추방'이란 표현이 요한 복음에 언급된(9,22; 12,42; 16,2) 점으로 보아 요한 복음의 집필 연대를 기원후 90-100년으로 보고 있다. 집필 장소로는 에페소를 비롯하여 알렉산드리아, 안티오키아, 팔레스티나 등 적어도 네 곳이 거론되지만, 이 가운데 에페소가 대다수 교부들의 지지를 받는다.

나. 문학적 특징

요한 복음의 문학적 특징을 몇 가지 짚어 본다. 첫째, 예수님이 당신의 메시지를 전달하기 위해 사용하신 상징이나 표징을 청중이 제대로 알아듣지 못한다. 공관 복음에서 하느님 나라를 설명하기 위해 예로 든 비유들을 청중이 이해하지 못하는 것과 같다. 청중의 오해나 몰이해는 예수님으로 하여금 당신의 생각을 더 깊이 설명하게 한다(2,20; 3,4; 4,11; 6,26; 8,33; 11,11-12; 14,5-8).

둘째, 예수님의 반대자들이 그분의 신분과 삶을 두고 빈정거리는 언사를 사용한다. 이런 언사는 다른 관점에서 볼 때 깊은 진실이나 진리를 열어 보이지만, 그것을 발설한 자는 이를 전혀 알아차리지 못한다(3,2; 4,23; 6,42; 8,22; 9,24.40; 11,48-50; 12,19; 19,3.14.22).

셋째, 예수님의 말씀이 이중 의미를 지닌다. 이는 그분이 사용하신 히브리어나 그리스어 자체가 이중 의미를 지니기 때문이기도 하고(3,3.8.13.17; 7,8; 13,1; 15,21; 19,30), 시대적 상황이 예수님 시대와 저자가 속한 초대 교회 시대 사이에 차이가 있기 때문이기도 하다(1,29.31; 2,8.20; 3,5; 4,11; 6,35-58; 9,7; 11,4; 13,1-17; 19,36).

넷째, 이야기의 처음에는 예수님이 특정한 인물이나 청중과 대화하시다가 나중에 그 인물이나 청중은 사라지고 예수님 혼자 긴 담화를 하시기도 하고, 저자가 혼자 설명을 하기도 한다. 이럴 때 예수님의 담화와 저자의 해설은 이야기의 본디 맥락을 뛰어넘어 보편적 진리를 전달한다(3,9-21; 10,1-18; 14—17장).

다. 구조와 내용

요한 복음은 크게 둘로 나눌 수 있다. 곧 '표징의 책'이라 불리는 전반부(1,19—12,50)와 '영광의 책'이라 불리는 후반부(13—20장)다. 그리고 이 두 책 앞뒤에는 머리말과 맺음말이 덧붙어 있다.

로고스 찬가로 알려진 머리말(1,1-18)은 예수 그리스도의 신원(身元 identity)을 규명하면서 요한 복음 전체를 요약하는 구실을 한다. 이 찬가의 내용은 몇 가지 단계로 전개된다. 말씀의 선재 사상은 1-2절에, 말씀을 통한 창조는 3-5절에, 육화의 신비와 그 효과는 6-14절에, 육화된 말씀의 업적은 15-18절에 언급되어 있다. 예수님은 이 세상에 오시기 전 한처음부터 하느님과 함께, 하느님을 향하여 계신 말씀으로서 하느님과 똑같은 분이셨다. 때가 되자 말씀이 살이 되어 당신 나라에 오셨지만 백성은 그분을 맞아들이지 않았다. 그러나 그분을 믿는 이들은 하느님의 자녀가 되는 특권을 얻게 될 것이다. 그분이 이 세상에 오신 이유는 당신이 잘 알고 계시는 아버지 하느님을 사람들에게 알려 주시려는 것이다. 이제 그분이 당신 자신과 하느님을 어떻게 알려 주시는지 구체적 사건들을 통하여 살펴보자.

먼저 전반부 표징의 책(1,19—12,50)에는 일곱 가지 표징을 중심으로 이야기와 담화가 펼쳐진다. 공관 복음이 수많은 기적 이야기를 전해 주는 데 비하여, 요한 복음은 일곱 가지 표징만을 언급한다. 물을 술로 변화시키심(2,1-11), 왕실 관리의 아들을 살리심(4,46-54), 벳자타 못가의 병자를 고치심(5,1-9), 오천 명을 배불리 먹이심(6,1-13), 물 위를 걸으심(6,16-21), 태어나면서부터 눈먼 사람을 고쳐주심(9장), 라자로를 다시 살리심(11,1-44), 이렇게 일곱이다. 잘 알다시피 일곱이라는 숫자는 완전을 뜻하는 상징수다. 표징과 더불어 전반부에는 유다인들의 주요 축제들을 적절하게 배열하고 예수님의 신원과 가르침을 계시하는 데 그것들을 이용한다. 축제의 기본인 안식일은 5장에, 과월절은 6장에, 초막절은 7,1—10,21에, 봉헌절은 10,22-42에, 그리고 다시 마지막 과월절은 11—12장에 할애한다. 표징은 실체를 가리키는 표지판이고 축제도 일종의 표징이라고 할 수 있다. 요한 복음 저자는 유다인들이 축제에 부여했던 의미들이 예수님의 신원 안에서 충족되고 완성되었다고 증언한다. 예루살렘 성전이 파괴되어 이제는 그곳에서 축제를 거행할 수 없게 된 현실에서 예수님은 축제를 완전히 대신할 수 있는 분이다.

후반부 영광의 책(13—20장)은 예수님의 수난과 죽음과 부활을 다룬다. 표징의 책에서 예수님은 당신의 때가 아직 이르지 않았다고 자주 말씀하신다. 그러나 13장부터는 그때가 왔다고 하신다. 그때란 표징이 가리키는 실체가 드러나게 되는 때를 말한다. 여기서 실체란 아버지와 아들의 영광을 말한다. 아버지가 어떤 분이신지, 그리고 아들이 어떤 분이신지는 예수님의 수난과 죽음과 부활을 통해서 드러난다. “파스카 축제가 시작되기 전, 예수님께서는 이 세상에서 아버지께로 건너가실 때가 온 것을 아셨다”(13,1). 여기서 아버지께 건너가신다는 말은 죽음뿐 아니라 부활과 승천까지 포함한다. 요한 복음은 루카 복음과는 달리 죽음, 부활, 승천을 서로 다른 시간대에 일어난 사건으로 여기지 않고 한 사건으로 본다. 후반부는 크게 고별예식(13—17장)과 죽음·부활사화(18—20장)로 나눌 수 있다. 고별예식에는 새 계명이라는 주제를 중심으로 세족례와 고별만찬(13장), 고별사(14—16장), 고별기도(17장)가 한데 모여 있다. 17장의 고별기도는 16세기부터 ‘대사제의 기도’라는 별칭으로도 불려 온다. 기도의 제목을 두고 성경학자들 사이에 논란이 있으나, 본디 사제란 하느님과 사람 사이를 잇는 중개자를 가리킨다는 점에서 제자들과 그들이 이룰 교회 공동체를 위해 바치는 이 예수님의 기도를 그런 식으로 부르는 것은 별 무리가 없다고 하겠다. 이어지는 죽음·부활사화는 다시 체포와 심문(18장), 십자가 처형과 죽음(19장), 부활(20장), 세 대목으로 나눌 수 있다.

21장은 맺음말이다. 요한 복음은 본디 20장으로 끝나고 21장은 저자나 후대의 편집자가 나중에 덧붙인 것으로 추정한다. 이 책의 집필 목적을 밝히는 20장 끝의 두 구절이 이를 시사한다. “예수님께서는 이 책에 기록되지 않은 다른 많은 표징도 제자들 앞에서 일으키셨다. 이것들을 기록한 목적은 예수님께서 메시아시며 하느님의 아드님이심을 여러분이 믿고, 또 그렇게 믿어서 그분의 이름으로 생명을 얻게 하려는 것이다”(20,30-31). 그러나 요한 복음의 수사본상으로 이를 입증할 만한 근거는 없다. 곧 이 마지막 장이 빠져 있는 수사본은 없다.

라. **신학 사상**

요한 복음에서 가장 중요한 개념은 ‘생명’ 또는 ‘영원한 생명’이다. 이 개념은 요한 복음의 핵심 주제 다섯을 관통한다.

첫째, 요한 복음은 예수님을 하느님과 함께 한처음부터 선재하신 말씀으로 계시한다. 공관 복음이 예수님의 지상 생애에 초점을 맞추는 데 반하여 요한 복음은 지상 생애 이전의 삶과 이후의 삶까지 폭넓게 언급한다. 예수님은 하늘에서 내려와 하늘의 뜻을 펼치다 하늘로 올라가신 분이요, 하느님에게서 파견되어 세상에 하느님을 알려 준 다음 다시 하느님께 되돌아가신 분이다. 요한 복음이 예수님께 부여한 칭호들은 말씀, 하느님, 주님, 그리스도, 메시아, 이스라엘의 임금(1,49), 하느님의 아들, 하느님의 어린양, 세상의 구원자, 예언자, 사람의 아들 등 여러 가지다. 이 많은 칭호 가운데 요한 복음의 고유한 신학 사상과 직결된 칭호는 ‘말씀’이다. 요한 복음 말고 신약성경에서 예수님의 칭호로 ‘하느님의 말씀’이라고 붙인 곳은 묵시 19,13 한 곳뿐이다. 요한 복음에서 ‘말씀’은 하느님과 함께 처음부터 계시던 분이요 하느님의 대리자로서, 세상의 창조에 직접 참여하신 것으로 드러난다(1,1-3). 말씀 안에는 생명이 있고, 그 생명은 어둠을 밝히는 빛이다(1,4-5).

둘째, 요한 복음의 예수님은 당신 자신을 스스로 계시하신다. 마르코의 전승에 따라 예수님의 메시아 신분을 되도록 감추려고 한 공관 복음의 예수님과는 달리 요한 복음의 예수님은 처음부터 당신의 정체와 신분을 명백하게 밝히신다. 예수님의 정체와 신분을 알리는 데에는 앞에서 언급한 칭호들이 큰 구실을 하지만, 칭호 말고도 선언적 형식이 있으니 이른바 ‘에고 에이미’ἐγὼ εἰμί 정식이다. 그리스어 ‘에고 에이미’를 우리말로 옮기면 ‘나는 …이다’ 또는 ‘나는 있다’가 된다. 보어補語와 더불어 쓰인 첫째 경우의 예는 수없이 많다. “나는 생명의 빵이다”(6,35), “나는 세상의 빛이다”(8,12), “나는 양들의 문이다”(10,7), “나는 착한 목자다”(10,11), “나는 부활이요 생명이다”(11,25), “나는 길이요 진리요 생명이다”(14,6), “나는 참포도나무다”(15,1.5) 등등. 보어가 전혀 없이 단독으로 쓰인 둘째 경우는 구약성경에서 하느님의 이름으로 모세에게 계시된 ‘야훼’(탈출 3,14)와 같다. 칠십인역은 탈출 3,14의 ‘야훼’יהוה를 ‘나는 존재하는 자다’ἐγώ εἰμι ὁ ὤν로 옮긴다. 이는 하느님 존재의 본질이 이 세상 어떤 사물의 실존과도 비교할 수 없는, 고유하고 신적인 실존임을 강조하는 말이다. 요한 복음에서 단독으로 쓰인 ‘에고 에이미’는 요한 8장에서 볼 수 있듯이 하느님의 영원한 실존에 참여하신다는 예수님의 주장을 반영한다. 곧 그분은 당신 자신 안에 생명을 지니고 계시기에(5,26), 그분에게는 당신 생명을 내놓을 권리도 있고 다시 얻을 권리도 있다(10,17-18). 말하자면 그분은 생명을 나누어 주는 하느님의 고유한 특권을 행사하실 수 있다. 예수님은 당신의 신분을 둘러싼 유다인들과의 열띤 논쟁에서 이를 분명히 하신다. "나는 아브라함이 태어나기 전부터 있었다(에고 에이미 ἐγὼ εἰμί)"(8,58).

셋째, 예수님은 생명을 지니시고 전달하신다. 요한 복음에서 예수님의 정체와 활동을 가장 적절하게 표현할 수 있는 개념은 '생명' 또는 '영원한 생명'일 것이다. 공관 복음의 비유들이 대부분 하느님 나라와 연관되는 반면, 요한 복음의 비유들, 곧 착한 목자의 비유, 참포도나무의 비유, 밀알의 비유 등은 모두 영원한 생명과 관련 있다. 생명을 주고 생명을 키우는 일이야말로 하느님의 일이요 예수님의 일이다. 아들 예수님은 이 아버지의 일을 완성하는 것을 양식으로 삼는다. "내 양식은 나를 보내신 분의 뜻을 실천하고, 그분의 일을 완수하는 것이다"(4,34). 아무런 수식어 없는 '생명'과 '영원한 생명'은 요한 복음에서 동의어로 통한다. 요한 복음에 따르면, 아버지 하느님만이 당신 안에 생명을 가지고 계시고 아들에게도 이 생명을 갖도록 허락하셨다(5,26). 한편 이 생명은 요한 복음에서 '구원'과 서로 바꿔 쓸 수 있다. 아들은 그분을 믿는 사람들이 멸망하지 않고 영원한 생명을 얻도록 하기 위해서 오셨으며, 하느님께서 아들을 세상에 보낸 것은 세상을 구원하시기 위해서였다(3,16-17), 이 사실을 증언하는 것이 복음서의 궁극 목적이기도 하다(20,31). 앞에서 지적한 대로 요한 복음의 '영원한 생명'은 공관 복음의 '하느님 나라'를 대신하는 개념이다. 요한 복음에서 '하느님 나라'는 두 번만 나오는데, 둘 다 '영원한 생명'을 주제로 한 예수님과 니코데모와의 대화에 나온다(3,3.5). 다른 한편 공관 복음 저자들도 '생명'과 '영원한 생명'이라는 용어를 사용하며(마태 19,16-17; 마르 10,29-30; 루카 18,29-30; 참조: 마태 7,14; 19,25; 마르 10,26; 루카 13,23-24; 18,26) 이미 공관 복음 여러 곳에서 '영원한 생명'과 '하느님 나라'가 사실상 동의어로 나타난다(마태 19,23-29; 마르 9,43.45.47; 10,17-30; 루카 18,24-30). 굳이 둘 사이의 차이를 지적하자면 '영원한 생명'은 주로 개인적 차원의 구원을, '하느님 나라'는 사회적 차원의 구원을 강조한다고 할 수 있겠다. '영원한 생명'과 '하느님 나라'는 다 같이 하느님에게서 오며, 하느님 통치의 중개자인 예수 그리스도를 통하여 전달된다.

넷째, 예수님이 행하신 기적들은 실체를 가리키는 표징들이다. 요한 복음의 본디 끝맺음으로 보이는 20,30-31에 따르면, 이 책에 표징 이야기들을 기록한 목적은 그것을 읽는 사람들이 예수님께서 메시아요 하느님의 아들이심을 믿고, 그 믿음을 통하여 영원한 생명을 얻게 하는 데 있다. 여기서 분명히 드러나는 것은 표징과 믿음과 영원한 생명의 상호 연관성이다. 그런데 표징의 개념과 의미를 두고 주석가들이 많은 토론을 했다. 표징은 그리스어로 '세메이온'σημεῖον, 복수는 '세메이아'σημεῖα인데, 이 낱말을 두고 공관 복음과 요한 복음이 뜻하는 바가 다르다. 공관 복음에서 '세메이온'은 두 가지 의미를 갖는데, 하나는 예수님께서 말씀하신 것의 진실성을 확인하는 행위로서 예수님께서는 이러한 행위를 요청받으셨을 때 거절하셨다(마르 8,11-12). 다른 하나는 마지막 때를 알리는 징후를 말한다(마르 13,3.22). 전자의 경우에는 '징표'로 옮기고, 후자의 경우에는 '징조'로 옮기는 것이 옳다. 요한 복음에서는 '세메이온'이 이런 의미로 쓰이지 않고, 더 깊고 복잡한 실체를 가리키기 위하여 쓰인다. 우선 공관 복음에서 기적들은 '힘 있는 행위들'이라는 뜻의 '디나메이스'δυνάμεις로 불리는데, 요한 복음에서는 이 기적들을 언제나 '세메이아'σημεῖα라 한다. 그러나 요한 복음의 '세메이아'는 기적 이상의 뜻을 포함한다. 구약의 예언자들은 하느님의 어떤 미래 위업이 다가오는 것을 상징적 행동으로 표시하였는데, 이를 '징표'라고 불렀다. 요한 복음의 '표징'은 공관 복음의 '기적'보다는 이 구약의 예언적 '징표'에 가깝다고 하겠다. 요한 복음에서 표징은 우리말 '표지'에 해당한다. 표지는 '교통표지'나 '안내표지'처럼 실체를 따로 두고 그 실체를 설명하거나 그 실체에 접근하기 위하여 도움을 주는 표시다. 요한 복음의 저자는 예수님께서 행하신 수많은 기적 가운데 의도적으로 이 일곱 가지 표징만을 골라 소개하였다. 숫자는 비록 일곱에 그치지만 실체를 가리키는 데 부족함이 없다는 뜻이다. 그러므로 요한 복음의 표징이 무슨 실체를 설명하기 위하여 동원된 것인지 알려면, 이 표징들의 내용을 면밀히 살펴보면 될 것이다. 이 일곱 가지 표징은 카나의 표징과 물 위를 걸으신 표징을 제외하고 모두 병의 치유, 굶주림의 모면, 죽음에서의 부활처럼 생명과 연관된다.

다섯째, 성령은 그리스도교 공동체가 세상 앞에서 예수 그리스도와 진리를 증언하는 데 도움을 준다. 앞에서 요한 복음 저자가 공관 복음의 '하느님 나라'를 '영원한 생명'으로 바꾼 것은 구원의 인격적이고 개인적 차원을 강조하기 위해서라고 밝혔다. 그렇다면 요한 복음은 구원과 믿음을 하느님/예수 그리스도와 나 사이의 개인적이고 수직적인 관계로만 한정하는가? 요한 복음에는 공동체의 개념과 이 공동체가 세상과 현실 앞에서 마땅히 지녀야 할 책임과 소명의식은 아예 없는 것일까? 이런 의문들에 대한 대답은 예수님의 고별사에서 성령을 두고 하신 예수님의 말씀을 통하여 주어진다. 신약성경에서 성령을 가리키는 '파라클레토스'παράκλητος는 모두 요한 복음에만 나오고 요한 복음 말고는 1요한 2,1에 단 한 번 나오는데, 성령이 아니라 부활하신 예수 그리스도에게 적용된다. '파라클레토스'의 의미를 두고 곁에서 도움을 주는 '조력자', 어려울 때 권고하거나 격려하는 '위로자', 양편을 이어 주는 '중개자', 법정에서 이쪽의 이익과 사정을 대변하는 '변호사' 등 학자들마다 다르게 이해한다. 『성경』(cbck)에서는 "보호자"로, 공동번역에서는 "협력자"로 옮겼다. 요한 복음에서는 '파라클레토스'를 "성령"(14,26) 또는 "진리의 영"(14,17; 15,26; 16,13)을 일컫는 데 사용한다. 아버지에게서 아들의 요청에 따라(14,16) 예수님의 이름으로(14,26) 보호자 성령을 파견하시거나, 예수님이 직접 아버지에게서 이 성령을 파견하신다(15,26; 16,13). 보호자 성령의 역할은 둘로 나눌 수 있는데, 하나는 세상과 연관되고 다른 하나는 제자들과 연관된다. 성령은 그리스도를 배척하는 세상의 그릇된 생각을 바로잡으시는 한편(16,8-11; 참조: 14,17; 15,18-26), 진리의 영으로 오셔서 제자들에게 스승으로 증언해 주시고 그들을 진리 안으로 이끄신다(16,13). 요한 복음에서 진리란 우리에게 생명을 주는 아버지의 말씀을 가리킨다. 성령의 인도를 받는 이 제자들은 요한 공동체, 또는 후대 그리스도교 공동체의 모형模型이다.

예수님께서는 하느님과 더불어 선재先在하는 말씀이신데, 이 세상 모든 것은 그분을 통하여 생명을 얻었으니 그분 안에 생명이 있었기 때문이다. 요한 복음에서 그분의 초월적 성격과 구원적 성격은 '에고 에이미' 정식에서 뚜렷이 드러나는데, 보어가 딸린 수많은 '에고 에이미' 말씀들은 인간의 구원과 직결된다. 요한 복음에서 구원은 곧 영원한 생명이고, 이 생명은 표징을 통하여 실체를 알아보고 믿음으로써 얻어진다. 그리고 알고 믿음으로써 거듭 태어나 영원한 생명을 얻은 개인과 공동체는 서로 일치와 형제애를 나눔으로써 그 생명을 세상과 나누어야 한다. 그렇지 않으면 구원은 개인적이고 수직적인 차원에만 머무르게 될 것이다.

II. 신약의 역사서 사도행전

»

신약성경에서 구약의 역사서와 비교할 수 있는 책은 사도행전이다. 구약의 역사서가 옛 이스라엘의 역사를 다루는 반면 사도행전은 새 이스라엘인 그리스도 교회 역사를 다룬다. 사도행전이라는 이름 자체는 열두 사도의 언행을 담은 기록을 뜻할 수 있지만, 실제로 이 책은 베드로와 바오로의 선교 활동을 중심으로 초대 교회의 탄생과 성장 과정을 전한다. 구약의 역사서에서처럼 사도행전에서도 역사의 주인이신 하느님을 만난다. 성령을 통하여 초대 교회를 탄생시키고 이끄신 하느님은 오늘도 교회를 바른 순례의 길로 이끄신다. 초대 교회에 닥친 문제들은 사도행전 저자의 교회에도 닥쳤고 오늘 우리 교회에도 일어나는 문제다. 루카는 자기 공동체에 일어난 문제를 해결하기 위하여 초대 교회의 해결책에 주목하였다. 루카의 모범을 따라 우리 역시 초대 교회의 해결책에 주의를 기울일 필요가 있다.

가. **저자와 집필 연대와 장소**

사도행전 저자는 제3복음서의 저자로 알려진 루카다. 전통적 견해로는 이 루카가 '바오로의 협조자'인 '의사 루카'(콜로 4,14; 참조: 필레 24절; 2티모 4,11)이다. 180년경 로마에서 작성된 무라토리 경전 목록과 2세기 후반에 활약했던 리옹의 주교 이레네우스의 『이단 논박』(3.1.1)이 이를 뒷받침한다. 그러나 사도행전의 바오로상이 바오로가 자신의 서간에서 제시하는 바오로상과 다른 점으로 미루어 루카가 바오로의 직제자이거나 선교의 동반자인 것은 확실하지 않다. 다만 바오로를 흠모하고 이상적 복음 선포자로 여긴 것은 확실하다.

사도행전의 집필 연대는 루카 복음이 쓰인 80-95년 사이로 보면 무난하다. 하한 연대를 95년으로 잡은 것은 루카 복음과 사도행전 안에 당대의 유다 역사가 요세푸스의 문헌(93년경)이 반영되어 있지 않기 때문이다. 사도행전이 쓰인 장소로는 카이사리아, 데카폴리스, 안티오키아, 아카이아, 로마 등 여러 곳을 추정하지만 팔레스티나 밖 이방인 그리스도교 공동체에서 쓰였다는 것 말고는 구체적 장소를 분명하게 제시할 수 없다.

나. **집필 동기와 설교**

루카 복음의 집필 동기는 루카 복음과 사도행전의 머리말(루카 1,1-4; 사도 1,1-3)에서 저자가 밝혔듯이, 테오필로스와 비슷한 처지에 놓인 모든 그리스도교 예비자들이나 아직 확고한 신앙을 갖지 못한 신입 교우들을 위하여 목격 증인들의 증언에 힘입어 예수님 사건, 곧 나자렛 예수님의 삶과 가르침에 관한 모든 일을 그 시초부터 정확하게 순서대로 정리하여 기록하는 것이었다. 사도행전의 집필 동기는 부활하신 예수님께서 승천하신 날부터 시작하여 오순절에 열두 사도단을 중심으로 탄생한 그리스도 교회가 지중해 연안 전지역에 퍼져 나가게 되는 과정을 기록하는 것이었다.

사도행전에 많이 나오는 베드로 사도와 바오로 사도의 설교들은 당대의 그리스-로마 역사 문헌의 문학기법과 구약성경의 역사서, 그 가운데에서도 특히 신명기 및 신명기계 역사서에서 본뜬 것이다. 고대의 그리스-로마 역사 문헌에서 저자들은 이야기가 한창 진행되는 동안에 자신의 판단과 집필 의도를 드러낼 목적으로 이야기의 중심 인물에게 연설을 시킨다. 사도행전에 나오는 베드로와 바오로의 선교 설교는 루카나 다른 저자들이 현장에서 직접 채록한 것이 아니라 자신의 구세사관과 구원관을 피력하기 위하여 루카 자신이 편집한 것이다. 그러나 선교 설교들의 내용은 루카 복음과 구약성경 및 초대 교회가 전해 준 전승에 바탕을 둔다.

다. **구조와 내용**

사도행전은 머리말(1장)과 맺음말(28,30-31)을 빼고 크게 두 부분으로 나눌 수 있는데 전반부(2,1—11,18)는 예루살렘을 중심으로 하는 팔레스티나 선교를, 후반부(11,19—28,29)는 팔레스티나 밖 이방인 지역의 선교를 다룬다. 그리고 후반부는 다시 둘로 나누어, 첫째 부분(11,19—21,16)은 바오로의 세 차례 선교 여행을, 둘째 부분(21,17—28,29)은 유다인들과 로마인들 앞에서 그리스도교의 진리를 변호하는 바오로의 호교론을 다룬다.

머리말(1장)은 앞에서 언급한 루카의 세 단계 구세사에서 예수님 시대와 교회 시대를 이어 주는 고리 구실을 한다. 1-5절은 루카 복음의 머리말처럼 테오필로스에게 바치는 헌정사와 루카 복음에 나오는 예수님 사건을 돌이켜보는 회고와 교회의 탄생에 대한 예고로 구성된다. 6-11절은 예수님의 승천에 관한 보고인데 가시적인 묘사가 돋보인다. 12-26절은 유다의 사도 자리를 보충하는 과정을 상세히 전한다. 열두 사도단의 회복은 교회의 탄생을 앞두고 무엇보다 우선해야 할 조건이다.

팔레스티나 선교를 다루는 전반부(2,1—11,18)는 베드로로 대표되는 열두 사도단의 활동이 주를 이룬다. 루카는 먼저 오순절에 성령과 말씀을 통하여 교회가 탄생하였음을 알린다(2장). 이렇게 탄생된 예루살렘 모교회는 성령의 인도를 받아 팔레스티나에 살고 있는 유다인들에게 말씀을 전하기 시작한다. 많은 경건한 유다인들이 사도들의 선교 활동, 특히 베드로의 설교에 힘입어 신생 그리스도교 공동체 안으로 들어오지만, 유다 최고의회 산헤드린은 이 공동체를 유다교의 정통 가르침에서 어긋난 분파로 보고 박해하기 시작한다(3—5장). 박해 와중에 스테파노가 순교하고 이를 계기로 예루살렘 모교회는 유다와 사마리아 지방으로 흩어지는데, 오히려 이렇게 흩어진 그리스도인들이 팔레스티나 곳곳에 복음을 전파하게 된다(6—8장). 한편 스테파노의 처형에 가담했던 사울이라는 청년은 대사제의 공한을 받아 그리스도인들을 박해하러 다마스쿠스로 가던 길에서 극적으로 주님을 만나 회심하고 사도행전 후반부에서 본격적으로 다룰 이방인 선교의 주역이 될 준비를 한다(9장). 로마인 백부장 코르넬리우스의 개종 사건은 사도행전 전반부와 후반부를 나누는 분수령이다(10,1—11,18). 예루살렘 모교회의 수장인 베드로 사도가 예루살렘 원로단의 허락이나 동의 없이 유다교를 거치지 않고 곧바로 이방인을 교회로 영입한 이 사건은 이방인 선교에 청신호를 켜는 계기가 된다.

이방인 선교를 다룬 후반부(11,19—28,29)에서 선교 무대의 주인공은 베드로가 아니라 바오로다. 후반부의 첫째 부분(11,19—21,16)은 이방인 선교의 중심지 안티오키아 선교와 세 차례에 걸친 바오로의 선교 여행을 다룬다. 1차 선교 여행(13,3—14,28)과 2차 선교 여행(15,36—18,22) 사이에 열렸던 예루살렘 회의(15,1-35)는 서로 다른 관습과 문화를 지닌 사람들과 함께 살아갈 때 공동체 구성원들이 겪게 되는 피할 수 없는 갈등을 해소하기 위해 지켜야 할 원칙을 제시한다. 2차 선교 여행 때에 아테네 아레오파고스 법정에서 바오로가 한 설교(17,16-34)는 그리스도교 복음을 다른 문화권 안에 심을 때 필요한 전략을 가르쳐 주고, 3차 선교 여행(18,23—21,16)을 끝내면서 밀레토스 해변가에서 에페소 원로들에 한 고별 설교(20,17-38)는 이상적 선교사의 삶을 묘사한다. 후반부의 둘째 부분(21,17—28,29)은 유다인들과 로마인들의 박해 앞에서 교회를 변호하고 보호하는 호교론이다. 예루살렘을 방문했다가 뜻하지 않게 유다교 율법과 관습을 무시했다는 오해를 받고 성전에서 체포된 바오로는 유다 최고의회 앞에서, 그리고 로마의 고관들 앞에서 자신의 입장을 변호한다(21—24장). 동족 유다인들은 바오로를 죽이려고 하나 로마 고관들은 바오로에게 호의적이다. 재판이 지지부진해지자 바오로는 로마 황제에게 상소하고 황제 앞에서 재판을 받기 위해 로마로 압송된다(25—28장). 유다의 종교 지도자들과 정치 지도자, 그리고 로마의 총독들 앞에서 자신을 변호하는 바오로는 그리스도인들과 그리스도교를 대변한다. 루카는 바오로의 변호 연설을 통하여 그리스도교는 유다교에 속한 공동체로서 로마의 법과 질서를 존중하는 무해한 단체이므로 합법적인 종교로 보호받는 유다교와 동등한 권리와 지위를 누려야 한다고 역설한 것이다.

사도행전의 마지막 두 절로 된 맺음말(28,30-31)은 언뜻 보면 저자가 미완성으로 이야기를 끝낸 것이 아닌가 하는 의구심을 갖게 한다. 천신만고 끝에 로마에 도착한 바오로가 황제 앞에서 재판을 제대로 받았는지, 또 어떤 판결을 받았는지는 독자들에게 설명하지 않고, 바오로가 셋방살이를 하면서 하느님 나라를 선포하고 주 예수 그리스도에 관하여 가르쳤다고만 기술할 뿐이다. 그러나 애초부터 저자의 관심사는 바오로의 재판이 아니라 로마 선교에 있었다. 바오로가 그 당시 세계의 중심인 로마에 도착하여 "아무 방해도 받지 않고 아주 담대히 하느님의 나라를 선포하며 주 예수 그리스도에 관하여 가르"칠(28,31) 수 있게 되었다면 이제 기다릴 것이라고는 주님의 재림, 곧 파루시아παρουσία뿐일 것이다.

라. 신학 사상

사도행전의 핵심 주제는 인종과 문화의 차이를 넘어서서 모든 이에게 구원이 주어진다는 구원의 보편주의다. 이 핵심 주제는 다섯 가지 주제를 관통한다.

첫째, 초대 교회의 이상적인 모습을 제시한다. 성령과 말씀으로 탄생한 초대 교회는 다음의 네 가지에 전념하면서 내실을 차분하게 다져 나갔다. 초대 교회가 전념한 네 가지는 "사도들의 가르침을 받고 친교를 이루며 빵을 떼어 나누고 기도하는 일"(2,42)이었다. 여기서 사도들의 가르침이란 구약성경과, 나중에 신약성경의 중심이 될 예수님의 삶과 말씀이다. 말씀과 친교와 성찬과 기도야말로 이상적 교회의 기반이다. 초대 교회는 이렇게 내실을 다져나가는 한편 외적으로 힘차게 말씀을 전파해 나갔다. 루카에게 교회의 성장은 말씀이 널리 퍼져나가고 성장하는 것이다(6,7; 12,24; 19,20).

둘째, 그리스도교는 인종 차별을 비롯하여 갖가지 차별을 뛰어넘어야 한다. 처음에 예루살렘 모교회는 유다인들로만 이루어진 유다교의 한 파당처럼 되어 있었다. 이방인이 그리스도교 신자가 되기 위해서는 반드시 유다이즘을 거쳐야 했다. 할례를 받고 율법을 지키기로 결심한 이방인 개종자들에게 비로소 예수님에 관한 복음을 들려주고 세례를 베풀었다. 그러나 이것은 성령의 뜻이 아니었다. 로마인 백인대장 코르넬리우스와 그의 가족들은 유다교로 개종도 하지 않은 상태에서 베드로의 카이사리아 설교

(10,34-43)를 듣다가 세례를 받기도 전에 성령을 받고 신령한 언어로 말하였다. 이로써 이방인들이 유다교를 거치지 않고 곧바로 그리스도교에 입문하는 것이 성령의 뜻임을 확인할 수 있게 되었다.

셋째, 복음의 올바른 토착화 기준을 제시한다. 토착화 문제는 그리스도교 복음이 한 문화권 안에 들어갈 때 필연적으로 발생한다. 토착화의 기본 원칙은 양보할 수 없는 진리 자체와 이 진리의 가변적 표현을 구별하는 것이다. 초대 교회의 처음 토양은 유다교였다. 유다이즘에 뿌리를 내린 그리스도교가 헬레니즘 문화에 길들여진 이방인들을 받아들이게 되면서 갈등이 일어난다. 이 갈등을 해결하기 위해 예루살렘 회의가 열렸다(15,1-35). 열두 사도를 대표하여 베드로가 일어나서 유다교의 굴레 없이 이방인들을 자유롭게 받아들이는 원칙을 재확인한 다음, 원로단을 대표하여 야고보가 나서서 유다인들과 이방인들이 서로 평화롭게 조화를 이루며 살아가기 위해 필요한 지침을 제시한다. 유다인들은 이방인들에게 율법의 멍에를 지우지 않는 대신, 이방인들은 유다인들이 극도로 혐오하는 몇 가지 행동을 삼가 달라는 것이다. 그 몇 가지 행동이란 우상에게 바친 고기와 목 졸라 죽인 짐승의 고기와 피를 먹는 것과 근친상간이나 짐승과의 교접 같은 역겨운 음행을 저지르는 것이다. 토착화의 모범은 바오로 사도의 아레오파고스 설교(17,22-34)다. 이 설교에서 바오로는 아테네 시민의 종교심을 긍정적으로 평가한 뒤 그 종교심을 올바른 방향으로 이끌어 준다. 이때 바오로는 그리스의 현인과 시인의 말을 인용하면서 그리스도교의 핵심 진리를 아테네 시민이 알아듣기 쉽게 설명한다.

넷째, 모범적 선교사상과 참목자상을 제시한다. 루카에게 바오로는 후대에 길이 빛날 이상적 선교사요 참목자였다. 바오로 사도에 대한 루카의 생각은 밀레토스에서 에페소 원로들과 작별 인사를 나누며 한 고별 설교(20,17-35)에 잘 드러나 있다. 신자들에게 경제적 짐을 지우지 않으려는 세심한 배려, 복음에 대한 열정, 겸손한 봉사, 자나깨나 눈물로 다른 지도자들을 충고하고 걱정하는 마음, 약한 이들을 진심으로 돌보아 주고 받는 것보다 주는 것을 더 큰 기쁨으로 삼는 모습들은 그리스도교 모든 선교사와 사목자에게 커다란 귀감이 될 것이다.

다섯째, 루카는 바오로를 내세워 적대적 유다인들과 로마의 유력한 정치인들 앞에서 그리스도교를 보호하고 변호하는 호교론을 전개한다. 호교론은 격변하는 역사의 현장에서 신생 그리스도교의 생존 전략이다. 먼저 유다인들 앞에서 바오로는 유다교의 모든 율법 규정과 종교 관습을 철저히 존중하고 지켜 왔음을 선언한다. 바오로는 새로운 선교지에 도착했을 때 언제나 유다교 회당에 들러 안식일 예배를 보고 유다인들에게 복음을 전한 다음에 이방인들에게 갔다. 바오로가 이방인 선교에 나선 것은 바오로의 책임이 아니라 그와 그가 전하는 복음을 받아들이지 않은 유다인들의 책임이고 또 하느님의 구원 계획에 따른 것이다. 그다음, 로마인들 앞에서 바오로는 그리스도교를 안전하고 평화로운 종교로 소개한다. 자신의 공동체에 닥친 박해 앞에서 사도행전 저자는 순교를 강조하는 묵시록 저자와 의견을 달리한다. 루카는 로마 제국이 하느님의 징벌로 곧 망해 버릴 나라가 아님을 간파하고 로마와 대립의 각을 세우기보다 평화로운 관계를 유지하고자 했다. 바오로는 그리스도교가 유다교의 한 분파임을 애써 강조함으로써 유다교가 누리고 있는 '합법적으로 허락된 종교'(religio quasi licita, 테르툴리아누스 『호교론』 21.1)의 지위와 권리를 확보하고자 했다.

이상 다섯 가지 주제를 관통하는 핵심 주제는 구원의 보편주의다. 예루살렘 모교회는 말씀과 친교와 성찬과 기도로 내실을 다져나가는 한편, 유다와 갈릴래아와 사마리아를 거쳐 이방인 지역으로 힘차게 말씀을 전파해 나갔다. 복음이 이방인들에게 전해지면서 그리스도교가 유다교의 테두리 안에 갇혀 있을 수가 없게 되자 성령께서 교회의 수장인 베드로를 통하여 복음이 모든 이에게 차별없이 전파되어야 한다는 사실을 계시해 주셨다. 복음의 올바른 토착화는 다양한 문화와 인종 사이로 복음이 전파되면서 자연스럽게 떠오른 문제였는데, 예루살렘 사도회의의 결정과 바오로의 아테네 설교는 이에 대한 원칙을 제대로 제시하였다. 바오로의 선교 열정과 사심 없는 봉사는 사도행전 후반부 곳곳에서 감지된다. 이런 바오로의 모습은 온 세상에 평화의 복음을 전하고자 하는 그리스도교 선교사들과 사목자 및 모든 그리스도인들에게 훌륭한 귀감이 될 것이다. 마지막으로 루카의 호교론 역시 구원의 보편주의와 자연스럽게 연결된다. 그리스도교는 하느님의 구원 계획에 따라 유다교에서 나와 온 세상으로 퍼져 나가야 할 종교다. 율법과 예언서를 비롯하여 성경 전체가 이미 예수 그리스도에 대해 예언하고 있는데, 하느님은 그분을 통해서 평화의 복음을 전하셨고 그분은 곧 하느님이시다. 예수 그리스도는 폭력에 바탕을 둔 정치적 메시아가 아니라 온 세상에 평화의 복음을 전하신 만민의 주님이시다. 로마의 고관들이 바오로를 폭력적 인물이 아님을 인정했고 바오로가 제국의 수도 로마에서 아무 방해도 받지 않고 담대하게 하느님의 나라를 선포하고 주 예수 그리스도의 복음을 전했듯이, 다른 그리스도인들도 안전하고 평화로운 종교로서 평화의 복음을 온 세상에 전할 수 있게 될 것이다.

끝으로 사도행전은 사도들이 스승 예수님의 길을 충실히 따르는 모습을 전한다. 그들은 예수님처럼 성령을 받고 예루살렘에서 시작하여 온 세상을 향해 구원의 복음을 선포한다. 그 복음의 내용은 하느님 나라와 예수님의 삶과 가르침, 특히 구세사의 정점인 그분의 십자가 죽음과 부활이다.

III. 서간

»

신약성경의 셋째 부분은 서간이다. 이 부분에 속하는 책들은 신약의 책 27권 가운데 무려 21권이나 된다. 구약의 시서/지혜서가 모세오경의 가르침을 일상의 삶에 연결하여 필요한 지침을 끌어내듯이, 서간은 네 복음서의 가르침을 지역 교회 공동체와 개인의 삶에 접목시켜 여러 가지 현안 문제들에 대한 구체적이고 실천적인 방안을 모색한다. 서간에 속한 책들을 순서대로 열거하자면, 로마서, 코린토 1·2서, 갈라티아서, 에페소서, 필리피서, 콜로새서, 테살로니카 1·2서, 티모테오 1·2서, 티토서, 필레몬서, 히브리서, 야고보서, 베드로 1·2서, 요한 1·2·3서, 그리고 유다서다. 이 서간들의 다양한 분류에 관해서는 앞에서(셋째 마당 II.2.나) 다루었기 때문에 생략하고, 정경 목록에 나오는 순서에 따라 크게 둘로 나누어 살펴보겠다. 교회의 오랜 전통이 바오로 서간으로 분류한 14권과 그 밖에 일반 서간으로 분류한 7권이 바로 그것이다.

III.1. 바오로 서간

교회 전통이 바오로 서간으로 분류한 14권의 서간 가운데, 바오로가 직접 썼거나 비서를 시켜 쓴 것으로 보이는 7권의 서간(로마서, 코린토 1서와 2서, 갈라티아서, 필리피서, 테살로니카 1서, 필레몬서)은 바오로의 친저서간, 바오로 이후 세대가 바오로의 이름을 빌려 그의 사상과 가르침을 전한 6권의 서간(에페소서, 콜로새서, 테살로니카 2서, 티모테오 1·2서, 티토서)은 바오로 계열 서간, 그리고 나머지 히브리서는 바오로와의 연관성을 찾아보기 어려운 그 밖의 서간이다.

1. 로마서

로마서는 보통 바오로 서간 가운데 가장 중요한 서간으로 꼽힌다. 주제의 중요성은 물론, 길이와 힘과 논리적 명쾌함에서도 다른 서간을 단연 압도한다. 일찍이 16세기 종교 개혁가 필립 멜란히톤P. Melanchthon은 로마서를 일컬어 "그리스도교 교의의 개요"라 하였다(*Loci communes* 2.1.7: Plummer, 257-258 재인용). 물론 이 말은 로마서 안에 그리스도교의 다른 중요한 교리들이 빠져 있는 것을 감안할 때 정확하게 들어맞는 표현이라고는 할 수 없지만 로마서가 그리스도교, 특히 서구 그리스도교의 교의를 정립하는 데 중요한 구실을 하였다는 사실을 증언하는 발언이라 하겠다.

가. **로마 교회**

로마의 그리스도 교회는 바오로가 세우지도 않았고 로마서를 쓸 당시에 그곳 공동체를 방문한 적도 없었다. 로마에 그리스도교가 언제 어떻게 전해졌는지는 정확히 알 수 없다. 고대에 모든 길은 로마로 통하였으니 유다교와 그리스도교를 포함하여 온갖 종류의 종교와 믿음도 로마로 모여들었을 것이다. 바오로 사도가 로마에서 순교하였다는 것은 확실한 것 같으나 그가 그리스도교를 이곳에 처음 전파했다는 증거는 없다.

문헌상 1세기 전반에 로마에는 꽤 많은 유다교 회당이 존재했던 것으로 보인다. 로마의 유다인들은 주로 그리스어를 사용했던 디아스포라 유다인들이었고 때때로 그들에 대한 로마인들의 반감이 노골적으로 드러나는 사건들이 일어나곤 했는데, 대표적 사건이 클라우디우스 황제의 유다인 추방령이다(49년). 로마의 역사가 수에토니우스Suetonius의 증언에 따르면(『열두 황제들의 생애』「클라우디우스」 25) 이 시기에 어떤 크레스투스Chrestus 때문에 유다인들 사이에서 소요가 일어났다고 한다. 이 소요가 유다인들과 그리스도인들 사이의 분란이 아니었나 싶다. 클라우디우스는 로마에서 유다인들을 추방하라는 명령을 내렸고 사도 18,2에 따르면 유다계 그리스도인 아퀼라와 그의 아내 프리스킬라가 그들 가운데 포함되어 있었다. 그렇다면 로마에는 적어도 49년 이전에 그리스도교 공동체가 창립되었다고 할 수 있다.

로마 교회의 정체를 최초로 명확하게 밝힌 문헌은 암브로시아스테르Ambrosiaster라는 4세기 한 라틴 교부의 『로마서 주해』 서문이다. 그는 로마 교회가 사도들에 의해서가 아니라 그곳에 유다적 형태의 그리스도교 신앙을 심은 몇몇 유다계 그리스도인들에 의해서 창립되었다고 증언하였다. 이 교부의 증언은 사도 15,1과 21,17-24에 언급된 예루살렘 교회와 지역 교회 사이의 유대 관계를 연상시킨다. 여기서 사도행전의 저자는 유다 선교사들이 예루살렘 교회에서 파견되고 그들이 다시 모교회에 돌아와서 보고하는 선교 관례를 기록하고 있다. 이 기록들과 관련하여 사도 2장에 묘사된 오순절 사건에 주목할 필요가 있다. 베드로의 오순절 설교에 모여든 청중 가운데는 세계 여러 곳에서 예루살렘에 순례 온 디아스포라 유다인들 또는 유다교 개종자들이 많이 섞여 있었다. 로마 교회를 창립한 사람들이 그들 가운데 끼여 있지 않았겠는가? 물론 사도행전의 모든 기록을 역사적 사실을 전달하는 기록으로 받아들일 수는 없기 때문에 그것을 바탕으로 로마 교회의 창립 절차를 규명할 수는 없겠지만, 위에 언급한 기록들을 통하여 적어도 바오로나 다른 사도들 이외에 예루살렘 모교회와 관계를 맺는 유다계 그리스도인들에 의해서 로마 제국 여러 곳에 그리스도교가 전파되었음을 능히 추정할 수는 있을 것이다.

나. **집필 연대와 장소**

49년에 있었던 클라우디우스 황제의 유다인 추방령은 네로 황제 시절인 54년에 철회되었고 로마서 맺음말에 보면 아퀼라와 프리스킬라가 이미 로마에 돌아와 있는 것으로 되어 있으니, 로마서의 집필 연대는 50년대 중반 이후로 잡을 수 있을 것이다. 이를 좀 더 좁히자면 바오로가 로마서에서 스페인 전도를 언급한다는 점에 착안하여 사도행전에서 보고하는 3차 선교 여행이 끝난 해인 57/58년으로 추정할 수 있을 것이다(Riesner, 13-14).

로마서의 집필 장소로는 코린토가 가장 유력하게 떠오른다. 로마서의 주석가들은 이구동성으로 바오로가 이 편지를 코린토에서 썼다고 주장한다. 로마 16장 끝 인사에 나오는 세 인물이 모두 코린토와 관계 있기 때문이다. 포이베는 코린토 동쪽에 위치한 항구 켕크레애 교회의 일꾼이고(16,1), 바오로가 머물던 가정 교회의 집주인 가이오스(16,23)는 코린토 교회에서 바오로에게 세례를 받은 사람이며(1코린 1,14), 셋째로 같은 곳(로마 16,23)에서 가이오스와 더불어 언급된 재정관 에라스토스는 코린토의 시민이다(2티모 4,20; 사도 19,22). 더구나 코린토에서 발견된 한 도로 포장 돌에는

'에라스토스가 자비를 들여 이 돌을 깔았다'는 문구가 새겨져 있다.

다. **집필 동기와 목적**

로마서의 집필 동기는 바오로의 로마 방문 계획과 필연적으로 연결되어 있다. 그가 로마를 방문하려는 이유는 주석가들이 흔히 생각하듯 율법 폐기론자들의 잘못을 고쳐 주기 위해서나 스페인의 복음화에 앞서 로마를 선교 근거지로 삼기 위해서 등의 순전히 신학적 또는 선교적 동기에서만이 아니다. 바오로 자신이 밝혔듯이 매우 소박하고 인간적인 동기에서 출발하였다. 사목자로서 바오로는 자신의 친척과 친구들이 많이 모여 있는 이곳 교회를 방문하여 그들을 만나 자신이 받은 영적 은사를 나누어 주고 그들과 함께 휴식을 취하고 싶었다. 그러나 사정상 당장에는 그들에게 갈 수가 없었기 때문에 편지로 이런 안타까운 사정과 자신의 의향을 미리 알리고자 하였다(로마 1,10-12; 15,32). 동시에 바오로는 로마 교회 신자들에게 자신을 위해 기도해 줄 것을 간절히 청한다. 바오로가 염려하고 있었던 일은 두 가지였다. 그가 예루살렘을 방문할 때 유다인들이 자신을 해칠까 하는 염려와 예루살렘 성도들이 이방인들에게서 거둔 모금을 기꺼이 받아 줄 것인가 하는 염려였다(15,30-31). 이처럼 로마의 교우들을 만나 축복을 나누고 싶은 마음을 전하기 위해, 그리고 기도를 요청하기 위해 바오로는 로마서를 집필하게 되었다.

로마서의 집필이 단순한 동기에서 출발했다 할지라도 그 안에서 다루는 주제는 바오로의 가장 원숙한 신학과 신앙을 반영하고 있다. 그의 신학적 사고와 신앙은 부활하신 그리스도께 대한 자신의 개인적 신앙체험과 다년간에 걸친 선교와 사목생활에 바탕을 둔다. 바오로는 여러 지역에 전도하면서 수많은 적수들을 만났다. 특히 그 가운데에서도 가장 집요하고 맹렬한 공격은 동족 유다인들에게 받았다. 바오로는 로마 교회도 이런 적수들에 둘러싸여 끊임없는 도전을 받고 있다는 사실을 잘 알고서 반대자들의 가상적 질문에 어떻게 대답할 것인지 밝힌다. '그러면 우리는 무엇이라고 말해야 합니까?'라는 질문을 서간 이곳저곳에서 되풀이함으로써(4,1; 6,1; 7,7; 8,31; 9,14.30), 로마 교회 신자들을 합당한 이론으로 무장시킨다. 그것이 바로 유다인이든 이방인이든 모든 이가 하느님 앞에서 죄인으로 판정을 받을 운명이었으나 예수 그리스도께 대한 믿음을 통하여 의롭게 되고 구원을 받을 수 있게 되었다는 저 유명한 '의화사상' 또는 '구원사상'이다(1,16—8,39).

그러나 로마서의 집필 목적은 이 의화사상을 전하는 것에 그치지 않는다. 로마 교회는 여러모로 매우 신뢰할 만한 공동체이긴 하지만(1,8; 15,14; 16,19) 윤리적이고 영성적인 면에서 보완해야 할 미숙함과 약점이 많다. 유다인들의 우월성 주장과 복음에 대한 비판으로 인한 혼란(2,17; 3,1-31; 4,1; 7,13; 9,31 이하; 11,11)과, 이와는 대조적으로 그리스도인들의 율법에 대한 자유로움에서 잘못 도출해 낸 율법 폐기론이나 비윤리적인 방종의 삶(3,8.31; 6,1.15; 7,7 이하), 이방인 그리스도인들의 잘못된 우월감(11,13 이하), 믿음 약한 이들에 대한 믿음 강한 이들의 비판과 몰이해(14,1—15,6) 등에 대해서 바오로는 자상하고 정확한 지침을 내리고 있다. 로마서 저자는 동시에 일치와 겸손과 같은 그리스도교의 중요한 덕목에 대해서는(12장) 물론, 시민된 도리에 대해서도(13장) 충고와 권면을 아끼지 않는다.

라. **구조와 신학 사상**

서간은 이야기로 된 복음서나 사도행전과는 달리 내용 자체가 신학 사상을 곧바로 표현하기 때문에 내용과 신학 사상을 따로 구분하지 않고 하나로 다루겠다.

로마서의 구조는 머리말(1,1-17)과 맺음말(16장)을 빼고 다섯 부분으로 나눌 수 있다. 머리말은 발신자가 누구인지를 먼저 밝히고(1,1), 이어서 자신이 전하려는 하느님의 복음이 무엇인지를 설명한다(1,2-4). 그것은 하느님이 예언자들을 통하여 약속하신 당신 아드님에 관한 말씀이다. 그다음 은총과 평화를 빌어 주는 인사말이 나오고 인사말에 뒤이어 감사기도가 나온다. 머리말 마지막 절은 로마서의 핵심 주제인 '믿음을 통한 의화'를 역설한다. "복음 안에서 하느님의 의로움이 믿음에서 믿음으로 계시됩니다. 이는 성경에 '의로운 이는 믿음으로 살 것이다.'라고 기록된 그대로입니다"(1,17).

첫째 부분(1,18—3,30)에서 바오로는 세상의 모든 사람이 믿음을 통해서 의화되어야 한다고 주장한다. 율법과 성경을 모르는 이방인들은 자연을 보고 하느님의 영원한 힘과 신성神性을 알 수 있다. 유다인이든 이방인이든 악습과 죄에 빠져 살면 하느님의 심판을 초래하지만, "꾸준히 선행을 하면서 영광과 명예와 불멸을 추구하는 이들에게는 영원한 생명을 주"실 것이다(2,7). 하느님의 심판 기준은 유다인들의 경우 모세의 율법이고 이방인들의 경우 양심의 법이다. 그런데 유다인들은 이방인들보다 유리한 점이 있다. 그들에게는 하느님의 뜻과 구원 의지를 명백히 밝힌 성경이 있다는 것이다(3,1-8). 그러나 그런 특전을 받은 유다인들이 이방인들과 비교해서 나은 점이 없다. 유다인이나 이방인이나 모두 죄에 사로잡혀 있기 때문이다(3,9-20). 죄로 인해 일그러진 하느님과의 관계는 어떻게 회복할 수 있는가? 믿음을 통한 의화의 과정을 거쳐야 한다.

둘째 부분(3,21—4,25)에서는 의화의 구체적 과정을 설명한다. 앞에서 인간은 선을 행함으로써 영원한 생명을 얻을 수 있다고 하였다. 이때 선의 기준은 유다인의 경우 율법을 지키는 것이고, 이방인의 경우 양심을 지키는 것이다. 그런데 불행히도 유다인은 율법을, 이방인은 양심을 지키지 못하였다. 그것이 인간의 한계다. 그래서 하느님께서는 당신의 아들 예수 그리스도를 십자가에 못 박아 죽게 함으로써 인류를 구원하시고자 하였다. 인간이 이 사실을 믿음으로 받아들이면 그는 하느님 앞에서 의로운 자로 판명된다(3,21-26). 예수님에 대한 믿음을 통하여 하느님 앞에서 의로운 이로 판명되는 것이 바로 구원이다. 그런데 유다인은 율법을 통해서만 의화될 수 있다고 믿었다. 율법은 유다인들만이 가지고 있고 유다인들 가운데서 율법을 통해서 의인이 될 수 있는 이들도 극소수로 한정되어 있다. 그러나 하느님은 극소수의 유다인들만 구원받는 것이 아니라, 모든 이가 의화되기를 바라신다. 믿음을 통한 의화는 유다인이든 이방인이든 상관없이 모든 이에게 가능하다. 율법을 지켜 공로를 쌓은 사람은 보수를 받을 뿐이지 선물을 받는 것이 아니다. 구원은 보수가 아니라 선물이다. 하느님은 아무 공로가 없는 사람도 의화하실 수 있다(4,5).

셋째 부분(5—8장)에서는 믿음으로 의화된 삶이 어떤 결과를 가져오는지 알려 준다. 믿음으로 의화된 사람은 예수 그리스도를 통하여 하느님과 평화를 이루고 삶의 기쁨을 누린다(5,1-11). 여기서 하느님과 평화를 이룬다는 말은 죄 때문에 파기된 하느님과의 계약 관계를 복원하고 그분의 은총 속에 항구하게 머문다는 뜻이다. 죄와 은총의 관계는 아담과 그리스도의 비교에서 선명하게 드러난다(5,12-21). 아담의 죄로 죽음이 세상에 들어왔고 아담의 뒤를 이어 많은 사람이 죄를 지었다. 그러나 모세의 율법이 선포되기까지 그 죄가 법의 다스림을 받지 않았다. 말하자면 범죄 행위는 있는데 법 규정이 없어서 죄로 판정을 받지 못했다는 것이다. 하지만 죄의 판정과는 관계없이 범죄 행위의 결과인 죽음은 아담부터 모세까지 계속 위세를 떨쳐서 모든 이가 죽음의 지배 아래에 놓이게 되었다. 모세부터 예수 그리스도까지는 율법이 있어서 죄가 더욱 분명하게 드러났고 그에 대한 처벌도 율법에 따라 집행되었다. 그러나 죄의 보편적 결과인 죽음은 여전히 위세를 떨치며 계속해서 세상을 지배하였다. 하느님은 이런 사태를 버려 두지 않으시고 예수 그리스도를 보내어 세상을 구원하고자 하셨다. 한 사람 아담의 불순종으로 많은 사람이 죄인이 되어 죽은 반면, 한 사람 그리스도의 순종으로 많은 사람이 의인이 되어 영원한 생명을 누리게 되었다(5,18-21). 이런 구원의 과정에서 유다인들이 그토록 집착하는 율법은 어떤 구실을 하는가? 바오로는 율법과 죄의 상관관계를 7,7-25에서 설명한다. 율법은 나쁜 것이고 죄인가? 그럴 리가 없다. 율법 자체는 거룩하고 좋은 것이다. 인간에게 죽음을 가져온 것은 율법이 아니라 죄다. 율법은 죄를 분명히 드러내는 구실을 할 뿐이다. 마지막으로 남은 문제는 그리스도의 은총으로 죄와 죽음에서 해방된 그리스도인들이 왜 삶의 고통과 덧없음을 체험하는가이다. 이에 대해 바오로는 종말론적 희망으로 대답한다. 지금은 아직 완성의 시간이 아니므로 피조물도 인간도 모두 고통을 겪고 있다. 죄와 죽음의 효력이 아직도 세상을 지배하는 중이다. 그러나 언젠가는 이 효력이 완전히 정지되고 인간뿐 아니라 모든 피조물이 자유와 영광을 누릴 날이 올 것이다(8,22-24).

넷째 부분(9—11장)은 구세사에서 이스라엘이 차지하는 위치와 역할을 심도 있게 다룬다. 하느님은 이스라엘 백성에게 계약과 율법을 통하여 당신의 구원 의지를 직접 전달하셨다(9,4-5). 이런 특전과 약속을 받은 유다인들이 왜 오늘날 구원의 길에서 멀어졌는가? 그것은 그들이 믿음이 아니라 행실로 의화의 길을 추구했기 때문이다. 이스라엘 백성의 선택은 그들의 의지나 노력이 아니라 하느님의 자비와 자유에 달린 것이었다. 따라서 그들은 하느님이 주시는 구원 약속을 행실로 쟁취하려 하지 말고 믿음으로 고맙게 받아들여야 한다. 하느님의 구원 약속은 예수 그리스도 안에서 완전히 실현되었지만, 율법 준수를 통한 구원에 집착한 유다인들은 이 사실을 깨닫지 못하고 예수 그리스도를 배척하였다. 그러면 이스라엘의 실패는 아무런 의미가 없는 것인가? 그렇지 않다. 이스라엘의 실패를 보고 이방인들이 올바른 길을 찾을 수 있었기 때문이다. 이스라엘의 선택과 실패, 그로 인한 이방인들의 선택과 혜택, 그리고 이스라엘이건 이방인이건 믿음을 통한 의화의 필요성을 알아듣기 쉽게 설명하기 위해 바오로는 '야생 올리브의 접붙이기' 표상을 이용한다(11장). 하느님은 이스라엘이라는 올리브 나무를 심으셨다. 일부 가지가 제대로 열매를 맺지 못하자 그것을 잘라 내시고 대신 야생 올리브 나무 가지를 접붙이신다. 그러나 접붙인 야생 올리브 가지가 열매를 제대로 맺지 못하면 그것도 잘려 나갈 것이다. 그리고 잘려 나간 원 가지들이라도 다시 믿음을 회복하면 그것들을 다시 접붙일 것이다. 하느님은 그럴 능력이 충분히 있으시다.

마지막 다섯째 부분(12—15장)에는 여러 가지 구체적 권고가 나온다. 12장에는 1코린 12장에서 더 상세하게 다룰 '신비체 이론'이 나온다.

몸 자체는 공동체이고, 지체는 거기에 속한 개인들이다. 지체인 개인은 자기가 받은 은총의 선물을 몸통인 공동체를 위해 사용해야 한다. 주님의 선물을 받은 이들은 그 선물을 나누어야 할 과제를 떠안은 법이다. 13장은 권위에 대한 복종을 다루고 이어서 사랑에 대한 복음 전승을 재확인한다. "아무에게도 빚을 지지 마십시오. 그러나 서로 사랑하는 것은 예외입니다. 남을 사랑하는 사람은 율법을 완성한 것입니다"(13,8). 14—15장에는 믿음이 약한 사람과 강한 사람이 한 공동체 안에서 화목하게 살아가는 법을 제시한다. 우상에게 바친 고기를 아무런 거리낌 없이 먹을 수 있는 강한 사람은 그것이 오염되어 먹을 수 없다고 생각하는 약한 사람을 업신여겨서는 안 된다. 상대방을 존중하고 사랑함으로써 이런 갈등은 쉽게 해소할 수 있다.

이상 다섯 부분을 관통하는 핵심 주제는 '믿음을 통한 의화 사상'이다. 이 주제는 법적인 개념이 아니라 관계의 개념으로 접근해야 이해가 빠르다. 곧 의화란 심판자 하느님이 마땅히 받아야 할 징벌에서 죄인들을 아무런 조건 없이 풀어 주는 것이 아니라 옛 계약의 관점에서 하느님과의 손상된 관계를 복원하는 것을 뜻한다. 의화의 필수 조건인 믿음은 단순히 하느님과 예수 그리스도의 실존에 대한 지성적 동의나 확신을 말하는 것이 아니라, 하느님이 그리스도 안에서 만민을 위해 이루신 구원을 온전히 신뢰하는 것을 말한다. 하느님은 이스라엘의 조상들과 계약을 맺으시고 나중에는 모세를 통하여 이스라엘 백성과 시나이 계약을 맺으시며 율법을 선물로 주셨다. 그러나 이스라엘이 율법을 끊임없이 어기고 그분께 불충함으로써 시나이 계약을 파기하자, 하느님은 예수 그리스도를 보내시어 이번에는 온 인류와 새 계약을 맺으셨다. 이제 하느님은 인류를 위해 애초부터 마련한 구원의 복음이 이스라엘의 역사와 유다이즘의 한계를 뛰어넘어 온 세상 만민에게 전해지도록 하셨다. 이것이 1,16-17에서 바오로가 밝힌 '믿음을 통한 의화'다.

16장의 맺음말은 다른 어느 서간보다 장황하다. 바오로는 켕크레애 교회의 봉사자 포이베를 로마 공동체에 추천하는 말로 시작하여 실명을 거론한 26명의 친지들에게 일일이 안부를 전해 달라고 부탁한다. 이어서 거룩한 입맞춤으로 인사하라는 권고와 예수님의 은총을 청하는 축복의 말을 하고 하느님과 예수 그리스도를 찬양하는 영광송(25-27절)으로 끝을 맺는다.

2. 코린토 1서

코린토인들에게 보낸 바오로의 서간들은 이제까지 구약성경이나 유다이즘에서 접할 수 있는 문화와는 전혀 다른 문화권에 예수 그리스도의 복음을 전할 때 발생할 수 있는 문제들을 다룬다. 바오로에게 코린토 교회는 이방인 교회들의 대표격이었을 것이다. 바오로는 코린토를 여러 번 방문하였고 그곳의 교우들과 활발하게 서신을 주고 받았다. 그 가운데 일부가 신약성경을 통하여 우리에게 전달되었으니, 코린토 1서와 2서다. 이 두 서간은 바오로와 코린토 그리스도인들 사이에 얽혀 있던 복잡한 문제들과 그곳의 그리스도인들이 제기한 신학적이고 윤리적인 문제들, 그리고 이 문제들에 대한 바오로의 해결 방안들을 우리에게 알려 준다.

가. 코린토 교회

그리스 남부 아카이아 지방에 건설된 코린토는 코린토 해협과 사로니카 해협 사이를 운하로 이어 주는 항구 도시다. 동시에 이 운하는 펠로폰네소스 반도와 그리스 대륙을 이어 주는 구실도 한다. 코린토는 기원전 146년 로마에 패하여 파괴되었으나 기원전 44년 율리우스 카이사르가 이 도시를 재건하고 로마의 속주로 만들었다. 그 뒤 코린토는 급속도로 성장하여 기원전 27년 아우구스투스 시대에 그리스의 수도가 되었다.

바오로 당시 코린토는 동쪽의 켕크레애 포구와 서쪽의 리가움 포구를 가진 대규모의 항구 도시로서 조선업·상업·공업·행정의 중심지였다. 이 대도시는 로마의 행정 관리·무역상·사업가·군인·선원 들로 늘 북적거렸고 고대 문학 서적에 '죄악의 도시'라는 이름으로 알려졌다. 그리스어로 이 도시의 이름을 따서 만든 '코린티아조마이'Κορινθιάζομαι라는 동사는 '코린토인처럼 살다'라는 본래의 뜻에서 벗어나 '간음하다'는 뜻으로 통하였고, '코린토 소녀'를 뜻하는 '코린티아 코레'Κορίνθια κόρη는 '창녀'를 일컫는 말이 되었다(Durant, 89-91). 이곳은 또한 종교의 중심지였다. 사랑의 여신 아프로디테 판데모스, 치유의 신 아스클레피오스, 바다의 신 포세이돈, 태양신 아폴로 등에게 바친 신전들의 잔해가 아직도 남아 있다. 이집트의 여신 이시스와 남신 세라피스를 비롯하여 동방의 신들을 모시는 신전들도 있었다. 그런가 하면 유다인들의 회당들도 이곳에 자리 잡았다.

사도 18,1-18에 따르면 바오로는 49년이나 50년에 아테네를 떠나 코린토에 도착하여 아퀼라와 그의 부인 프리스킬라를 만난다. 이 부부는 49년 클라우디우스 황제의 칙령으로 로마에서 추방당한 뒤 이곳에 와서 선교 활동을 벌이고 있었다. 마침 아퀼라는 바오로와 같이 천막 만드는 일을 하고 있었으므로 바오로는 그에게서 동업자로서 적지 않은 도움을 받았을 뿐 아니라 이미 이 부부가 시작한 선교활동에도 동참할 수 있었다. 바오로는 코린토에서 18개월 동안 머물면서(사도 18,11) 아퀼라의 '가정 교회'를 바탕으로 이곳에 그리스도교 공동체를 창립하였다. 그리고 코린토에 그리스도교 공동체를 세운 뒤 적어도 두 번은 방문한 것으로 보인다(2코린 13,1).

나. **집필 장소와 연대**

바오로 자신의 증언에 기초하여 코린토 1서의 집필 장소를 로마의 속주 아시아에 위치한 에페소로 보는 것이 타당하다(1코린 16,8). 이 서간이 언제 쓰였는지를 추정하려면 몇 가지 사항을 고려해야 한다. 로마서처럼 1코린 16,1에서 바오로는 예루살렘 성도들을 위한 모금을 언급한다. 이 모금은 바오로가 예루살렘에서 사도들을 만난 다음에 결정되었을 것이다(갈라 2,1-10). 바오로와 사도들의 만남은 갈라 1,18—2,1에 따르면 다마스쿠스의 회심(36년으로 추정) 이후 17년이 지난 다음이므로 53년경으로 보인다. 따라서 코린토 1서의 집필 연대는 적어도 이보다 앞설 수 없다.

그다음에 고려할 사항은 바오로가 코린토에 머물고 있을 때에 일어난 사건이다. 사도 18,12에 따르면 바오로가 코린토에서 약 18개월이나 길게 머물고 있을 때에 갈리오가 아카이아 지방 총독으로 있었다. 이때 유다인들이 작당하여 바오로를 재판정으로 끌고 가서 그를 갈리오에게 고발했지만 그들이 고발하는 내용이 정치나 치안과는 관련 없는 종교 문제라는 이유로 기각한다. 이 사건이 있은 다음 오래지 않아 바오로는 코린토를 떠나 에페소로 갔고 거기에서 코린토서를 집필하였다. 그런데 그리스 델피 신전에서 발견된 비문에 보면 갈리오는 클라우디우스 황제 치세 12년(52년)에 아카이아 지방의 총독으로 있었다. 당시에 이 지역의 총독 재임 기간은 7월 1일부터 이듬해 6월 말까지 1년 동안이었고 사료에 따르면 갈리오는 이곳에서 일곱 달 정도 재직했던 것으로 되어 있다. 따라서 바오로가 코린토를 떠난 해는 52-53년경으로 비교적 정확하게 추정할 수 있고 이 모든 정황을 고려하여 코린토 1서의 집필 연대를 54-55년경으로 제시할 수 있을 것이다. 코린토 1서는 바오로가 에페소에서 보낸 여러 통의 편지(일곱 통 이상) 가운데 하나다. 다른 편지들에 대해서는 코린토 2서를 다룰 때 언급하겠다.

다. 구조와 신학 사상

코린토 1서는 머리말(1,1-9)과 맺음말(16장)을 제외하고 두 부분으로 나뉜다. 전반부(1,11—6,20)는 클로에 집안 사람들이 에페소에 머물고 있는 바오로에게 사절들을 보내어 보고한 문제를 다루고, 후반부(7—15장)는 코린토 교회가 그에게 보낸 편지에서 문의한 내용을 다룬다.

머리말에는 하느님 아버지와 주 예수 그리스도의 은총과 평화를 비는 인사(1-3절)와 코린토 교회에 은총을 내려 주신 하느님과 그리스도를 증언하는 코린토 신자들에게 보내는 감사(4-9절)가 나온다.

전반부(1,11—6,20)에서 바오로는 클로에 집안이 보고한(1,11) 코린토 교회의 세 가지 문제에 답변한다. 첫째 문제는 코린토 공동체 안에 세례를 둘러싸고 생겨난 파당이다(1,10—4,21). 당시 코린토 교회에는 이상한 세례관이 유행하였다. 이 세례관에 따르면 세례를 받은 사람들은 자신들에게 세례를 준 사람에게 동화된다. 이렇게 되면 세례는 세례자의 능력이 세례 받은 이에게 전달되는 '신비 예식'으로 전락하고, 유능하다고 평가받는 세례자를 중심으로 특정한 파벌 세력이 공동체 안에 생겨날 수 있다. 더구나 유능한 이들에게 세례를 받은 이들은 다른 사람들보다 더 높은 영적 상태에 들어가고 다른 사람들이 지니지 못하는 지혜나 지식을 얻게 된다고 믿었다. 많은 주석가들이 이를 초기 그리스도교의 영지주의적 견해로 해석한다. 이런 견해를 거슬러 바오로는 '십자가의 복음'(1,18-25)을 전개한다. 십자가에 달리신 그리스도는 유다인들에게는 걸림돌이요 이방인들에게는 어리석음이지만(1,23), 실제로는 하느님의 지혜와 권능을 온전히 드러낸다. 바오로는 이를 코린토인들에게 적용한다. 하느님의 부르심을 받았을 때 그들은 지혜롭거나 유력하거나 가문이 좋은 사람들이 아니었지만 십자가에 달리신 그리스도 덕분에 지혜와 의로움과 거룩함을 얻게 되었다. 바오로는 공동체의 일치와 화합을 위협하는 세력 다툼을 해소하기 위하여 하느님의 약함, 곧 십자가의 어리석음을 들고 나선다. 십자가에 달리신 그리스도야말로 일치의 바탕이다. 동시에 바오로는 그를 약한 이로 평가절하하는 적대자들 앞에서 자신을 변호하는 수단으로 자신이 본받으려는 십자가에 달리신 그리스도의 약함을 내세운다.

둘째 문제는 근친상간과 코린토에 만연한 성의 문란이다(5장; 6,12-20). 앞에서 언급한 대로 온갖 낯선 자들이 모여드는 항구 도시 코린토는 불륜이 성행하던 곳이다. 바오로는 코린토 공동체가 혼인관계로 맺어진 가족들(예를 들어 자기 아버지의 후실)과 근친상간을 하는 것에 너무 관대한 것을 비판하였다. 코린토 공동체는 무교절에 불결한 것으로 여겨진 누룩을 치우듯이 공동체 안에서 이런 좋지 않은 관행을 말끔히 제거해야 한다(5,8). 바오로 사도는 성적 방종은 하느님께서 큰 값을 치르고 주신 몸에 짓는 죄이기 때문에 자기 몸 밖에서 일어나는 범죄보다 더 심각하다고 지적한다(6,18-20).

셋째 문제는 이방 법정에서 교우끼리 송사하는 관행이다(6,1-11). 그리스도인들은 마지막 날에 그리스도와 함께 세상을 심판하게 될 것이다. 그때에는 천사들까지도 심판하게 될 것이다. 이런 그리스도인들이 이방인들이 주도하는 법정에 자신들의 송사를 맡긴다는 것은 부끄러운 일이다(6,5-6).

후반부(7—15장)에서는 코린토 교회 그리스도인들이 제기한 여러 가지 문제들에 대하여 답변한다. 첫째 문제는 혼인과 독신이다(7장). 혼인과 독신에 관한 바오로의 답변을 이해하기 위해서는 그가 이 문제를 종말론적 전망(7,25-40)에서 다루고 있다는 사실을 염두에 두어야 한다. 세상의 종말이 임박했으니 혼인이든 독신이든 현재의 상태를 바꾸지 말라는 것이다. 그것은 사라져 가는 세상에 마음을 쓰지 않고 주님을 섬기는 일에만 전념하기 위해서다. 그러나 바오로는 두 극단을 배제한다. 하나는 성적 방종이고 다른 하나는 종교적 수덕주의다. 성적 방종에 대해서는 6장에서 성령이 계시는 성전인 우리 몸에다 죄를 짓지 말라고 요구한 바 있다. 7장에서는 다른 극단인 종교적 수덕주의를 비판한다. 새로 입교한 신자들 가운데 종교적 수덕주의에 빠진 이들은 배우자와 부부관계를 하지 않으려고 하였다. 이런 사람들에게 바오로는 상대방의 성적 요구를 거절하지 말라고 충고한다. 다만 유다교의 오랜 관습에서도 볼 수 있듯이 특별한 기도를 바칠 목적으로 서로 합의하여 별거하는 것은 무방하다고 한다. 그러나 이 경우에도 성적 욕망을 자제하기 어려우면 사탄의 유혹에 빠져 배우자 아닌 다른 사람과 성관계를 할 수 있으므로 약속한 기한이 끝나면 곧바로 정상적인 부부관계를 해야 한다고 충고한다. 바오로는 남편과 아내 어느 쪽이든지 배우자를 버려서는 안 된다는 것이 주님의 명령이요 원칙이지만, 만일 믿지 않는 쪽에서 헤어지려고 한다면 헤어져도 좋다는 것이 자신의 생각이라고 말한다. 신자 편에서 평화롭게 주님을 섬기는 것이 그 무엇보다 중요하기 때문이다.

둘째는 우상에게 바친 고기를 먹는 문제다(8,1—11,1). 이교도 친구의 집에 초대받았을 때, 친구가 접대를 위해 식탁에 내놓는 고기는 시장에서 사온 것일 터이고 시장에서 파는 고기는 십중팔구 이교도 축제 때에 우상에게 바쳤던 고기일 것이다. 그럴 때 고기를 먹어야 하는가 거절해야 하는가? 바오로는 코린토 신자들이 모두, 우상이란 아예 존재하지 않으며 따라서 우상에게 바친 고기를 얼마든지 먹을 수 있다고 생각한다는 사실을 잘 알고 있다. 그러나 일부 신자들 가운데는 마음이 약한 사람들이 있어서 다른 그리스도인들 때문에 양심에 꺼리면서도 마지못해 음식을 먹을 수 있다. 이런 경우 다른 그리스도인들의 자유로운 행동이 믿음이 약한 형제를 넘어지게 할 수 있으니, 약한 형제를 사랑하는 마음으로 그가 보는 앞에서 고기를 먹지 말아야 한다는 것이다. 지식은 사람을 교만하게 만들지만 사랑은 사람을 키워 준다(8,1).

셋째 문제는 그리스도교 남녀 교우가 전례 때에 갖추어야 할 합당한 몸가짐과 성찬례의 올바른 거행이다(11,2-34). 먼저 바오로는 그리스도교의 공적 예배 때에 여성과 남성의 차림새가 구별되어야 한다고 가르친다(11,2-16). 남자는 머리를 가려서는 안 되고 여자는 머리를 너울로 반드시 가려야 한다. 여자가 예배 때에 머리를 가려야 하는 근거로 바오로는 '머리 이론'을 내세운다(11,3). 이 '머리 이론'은 창조 질서에 바탕을 둔 것이다. 하느님은 그리스도의 머리이시고 그리스도는 남자의 머리이시며, 남자는 여자의 머리다. 남자가 기도하거나 예언할 때 머리에 무엇을 쓰면 자기 머리이신 그리스도를 욕되게 하는 반면, 여자가 기도하거나 예언할 때 머리에 무엇을 쓰지 않으면 자기 머리인 남편을 욕되게 한다(11,4-5). 공적 예배에서 여자가 머리에 너울을 쓰는 관습은 바오로 시대에 이미 널리 유행하고 있었고 바오로는 이를 그대로 인정했을 따름이다. 그러나 바오로는 그리스도 안에서 남녀가 평등하다는 것을 분명히 밝힌다(11,11-12; 참조: 갈라 3,28). 결국 바오로 사도가 근본적으로 반대하는 것은 하느님 안에서의 남녀 평등이 아니라 남녀 무분별이다. 그다음 문제는 성찬례 거행과 관련 있다(1코린 11,17-34). 코린토 교회의 일부 지식층은 성찬례를 거행하기 전에 자기들끼리 화려한 만찬을 하였다. 성찬례 전에 가진 이 만찬은 점차 상류층 사이에서 유행하던 연회의 성격을 띠게 되었다. 그래서 어떤 이들은 성찬례를 거행하기 전에 배불리 먹고 마셨으며 심지어 술에 잔뜩 취한 사람들까지 생겨나게 되었다. 그들은 나중에 들어온 가난한 이들에게는 아무것도 남겨 놓지 않음으로써 이들에게 수치심과 모멸감을 안겨 주었다. 바오로는 이를 통렬히 비판하는 한편, 주님의 만찬 전승을 다시 떠올리면서 성찬례가 주님의 희생적 수난과 죽음을 기억하는 성사임을 강조한다(11,23-25). 성찬례는 무분별한 만찬과는 반드시 구별해야 한다.

넷째는 코린토 교우들이 받은 영적 은사의 올바른 사용에 관한 문제다(12,1—14,40). 코린토 교회의 열성주의는 종교적 황홀경과 연결된 갖가지 종교적 현상의 확산과 난무에 바탕을 둔다(12,8-10). 이렇게 각 사람이 다른 은총의 선물을 받은 것은 성령께서 그렇게 원하셨기 때문이며 이 모든 은총의 선물은 자기 자신을 위해서가 아니라 공동체의 이익을 위한 것이다. 이는 마치 몸의 여러 지체가 저마다 다른 기능을 가지고 있지만 모두 몸 전체를 위해서 제 기능을 다하는 것과 같다. 그렇지만 몸의 지체들에게도 중요한 기능과 덜 중요한 기능이 있듯이 신비체인 교회 안에도 직책의 서열이 있다. 첫째는 사도, 둘째는 예언자, 셋째는 교사, 그다음은 기적을 행하는 사람, 이어서 병 고치는 은사, 도와주는 은사, 지도하는 은사, 방언의 은사를 받은 이들이다(12,28). 바오로는 이 모든 은총의 선물에 앞서 최상의 선물인 사랑을 간절히 구하라고 권고하며(12,31), 저 유명한 사랑의 찬가를 노래한다(13장). 14장에서 바오로는 코린토 교우들에게 방언의 위험성과 남용에 대해서 적절한 권고를 한다. 바오로는 방언보다 예언, 곧 말씀 선포를 우위에 둔다. 방언을 하는 사람은 자기를 성장하게 하지만 예언하는 사람은 교회를 성장하게 하기 때문이다(14,4). 바오로 사도는 예언의 은사를 간절히 구하라고 권고하고, 방언도 굳이 막을 필요는 없지만 공동체를 위해 모든 일에 품위와 질서를 유지하기를 희망한다(14,39-40).

다섯째 문제는 몸의 부활이다. 코린토에는 죽은 자들의 부활과 몸의 부활을 부정하는 사람들이 있었다. 그리스 철학의 이원론과 영지주의의 영향 때문이다. 이원론에 따르면 이데아에 살고 있던 영이 육을 잠깐 빌렸다가 다시 육을 벗고 이데아로 돌아가는 것이 이승과 저승의 삶이다. 또한 예수님도 육을 잠깐 빌려서 사시다가 다시 하늘로 올라가신 하느님이시므로 그분의 몸이 부활했다는 것은 받아들일 수 없다는 것이다. 이런 사람들의 견해에 맞서서 바오로는 전통적 신앙 고백을 확인한다(15,3-5). 이것은 그리스도께서 죽으시고 묻히시고 부활하시고 나타나셨다는 고백인데, 이 네 가지 사실은 그리스도의 죽음과 부활로 요약할 수 있다. 바오로는 죽은 이들의 부활이 반드시 있어야 하는 가장 중요한 이유로 그리스도의 부활을 꼽는다. 우선 부정적 논거를 대며 죽은 이의 부활을 변호한다. 죽은 이의 부활이 없다면 그리스도께서 다시 살아나실 리가 없고, 그리스도께서 다시 살아나지 않으셨다면 우리가 전한 복음도, 코린토 신자들의 믿음도 헛되며, 그리스도를 믿다가 세상을 떠난 사람들도 멸망했을 것이다(15,13-18). 부정적 논거에 이어 긍정적 논거로 그리스도의 부활을 옹호한다. 그리스도께서는 죽은 이들에게서 살아나 부활한 첫 사람이 되심으로 그분을 따르는 모든 사람이 죄의 결과인 죽음을 이기고 다시 살아나게 되었다(15,20-22). 죽음의 힘은 최후까지 끈질기게 인간을 괴롭힌다. 그래서 바오로는 죽음을 가져오는 죄를 짓지 말라고 경고한다(15,34). 그러면 죽은 사람은 어떤 형태로 부활하는가? 그리스 철학의 이원론에서는 불사불멸하는 영혼만이 사람의 참자아이므로 몸의 부활은 있을 수 없다. 이런 이원론적 사상에 맞서 바오로는 우리의 썩을 몸이 불멸의 몸으로 다시 살아난다고 주장한다(15,42-44). 인간은 영혼과 몸으로 나눌 수는 없고, 다만 몸 자체인 나를 영적인 몸과 육적인 몸으로 구별할 수 있을 따름이다. 부활은 육적인 몸이 영적인 몸으로 바뀌는 것을 말한다(15,51-53). 어떻게 이런 변화가 가능한가? 우리 인간의 몸 자체로는 그럴 능력이 없다. 하느님께서 예수 그리스도를 통하여 죽음의 독침인 죄를 없애 주시고 죄의 힘인 율법을 무력화하심으로써 그 변화는 가능하다. 그래서 우리는 주 예수 그리스도를 통하여 우리에게 승리를 안겨 주신 하느님께 감사해야 한다(15,57).

마지막 16장은 맺음말이다. 바오로는 예루살렘의 교우들을 위한 헌금과 앞으로의 선교 여정을 언급한 다음(1-12절), 몇 가지 당부를 하고(13-18절) 작별인사(19-24절)로 편지를 마무리한다. 작별인사에 나오는 아람어 "마라나 타"(주여, 어서 오소서!)는 초기 팔레스티나 그리스도인들의 기도로서 축복 정식이다(묵시 22,20 참조).

3. 코린토 2서

코린토 2서는 열세 편의 바오로 서간들 가운데 문학적으로 가장 수준이 높은 작품이라 할 수 있다. 그러나 이 서간이 처음부터 하나로 되어 있었는지, 아니면 후대의 편집자가 여러 편지를 모아서 편찬한 것인지를 두고 학자들 사이에서 의견이 분분하다. 그리고 후자일 경우 편찬 경위에 대해서도 의견이 엇갈린다. 바오로의 코린토 교회 선교와 관련지어 이 서간의 가장 설득력 있는 편집 가설을 아래에 소개하겠다.

가. **코린토 서간들의 집필 경위**

사도행전과 코린토 2서의 증언을 바탕으로 우리는 바오로가 최소한 세 번에 걸쳐 코린토를 방문했으리라고 짐작한다. 사도행전에 따르면 바오로의 첫 번째 코린토 방문은 2차 선교 여행 중이었다(사도 15,36—18,22). 바오로는 50년에서 52년 사이에 실바누스와 티모테오와 함께 코린토를 방문하여(2코린 1,19) 그곳에 교회를 세우고 앞에서 밝힌 것처럼 18개월 동안 머물며(사도 18,11) 공동체를 돌보았다. 53-54년에 바오로는 에페소로 다시 돌아와 그곳에서 지내는 동안 코린토 교회의 어려운 상황을 보고받고 걱정을 한다. 그러고는 54년에서 56년 사이에 편지 여러 통(아마도 네 통)을 코린토 교회에 보낸다. 첫째 편지(서간 A)는 유실되었는데(1코린 5,9-11), 이 편지에서 바오로는 코린토 교회가 도덕적으로 타락한 사람들을 너그럽게 대해서는 안 된다고 책망한다. 이 편지를 보냈음에도 코린토 교회가 개선할 기미를 보이지 않자 티모테오를 파견한다(1코린 4,17). 이때 코린토 신자들은 공동체의 상황과 관련하여 몇 가지 질문을 적은 편지를 바오로에게 보낸다. 바오로는 코린토 교회가 보낸 질문에 답변하기 위하여 에페소에서 54-55년경에 코린토 교회에 둘째 편지(서간 B)를 써 보낸다. 이 서간 B가 코린토 1서다.

바오로는 이 둘째 편지, 곧 코린토 1서를 보낸 뒤에 예루살렘 교회를 위한 모금을 하러 티모테오를 파견한다(1코린 16,1-4). 그러나 코린토 교회에서 티모테오를 기다리고 있는 것은 실망스런 상황이었다. 모금은커녕 자기네 공동체의 창립자인 바오로를 음해하는 세력이 신자들을 오도하고 있었다. 그래서 바오로는 급히 코린토를 방문한다. 바오로의 이 두 번째 코린토 방문은 그의 3차 선교 여행(53/54-57/58년: 사도 18,23—21,16) 기간 중에 있었다. 두 번째 코린토 방문은 2코린 12,14과 13,1 이하에서 암시하고 있는데, 2,1의 본디 의도와는 달리 급작스럽게 이루어진 이 방문은 바오로 개인에게 몹시 고통스러웠던 것 같다. 사도의 열정적 선교 활동이 제대로 이해받지 못했고 코린토 공동체의 여러 가지 약점들을 목격했던 것이다(2코린 12,14-21). 더구나 바오로가 예루살렘 교회를 위한 모금을 독려하기 위해(1코린 16,1-4 참조) 티모테오와 다른 협조자를 보낸 사실에 대해서, 코린토 교우들은 자신들의 재물을 '등쳐 먹으려는' 것이 아닌가 생각할 정도로 한심한 오해를 하고 있었다(2코린 11,7-8; 12,14-18). 그곳 신자 대부분이 바오로를 반대하는 자들의 선동에 동조하여 그에게 등을 돌렸고 심지어 어떤 남자 교우는 바오로를 공개적으로 모욕하였다(2코린 2,5-11; 7,12).

다시 에페소로 돌아온 바오로는 이른바 '눈물의 편지'(또는 '가혹한 편지' 2코린 2,4)를 써서, 추측건대 교섭과 협상에 능한 티토의 손에 들려 코린토 신자들에게 보냈다. 이 눈물의 편지는 바오로가 코린토 교회에 보낸 셋째 편지(서간 C)로서 완전히 유실된 것으로 보는 견해도 있으나, 그 일부가 2코린 10—13장에 실려 우리에게 전해지는 것으로 보는 견해가 더 타당하다. 여기서 바오로는 자신의 사도직을 변호하고 코린토 신자들의 회심을 촉구한다. '눈물의 편지'를 티토 편에 들려 보낸 바오로는 에페소에서 마케도니아로 건너가 티토가 코린토에서 돌아오기를 학수고대하였다(2코린 2,12-13; 7,5). 마침내 바오로의 편지를 가지고 간 티토가 돌아와서 전해 준 소식은, 뜻밖에도 코린토 신자들이 회개하여 바오로와 화해하기를 바라고 그에게 모욕을 준 남자 교우도 처벌했다는 희소식이었다(2,5-11; 7,6-16). 바오로는 너무도 고맙고 감격해서 용서와 기쁨으로 가득 찬 편지를 코린토 교회에 다시 써 보냈는데(서간 D), 이것이 이른바 '화해의 편지'(2코린 1—7장)다. 티토와 다른 두 형제(2코린 8,6.17-18.22; 9,3)는 바오로의 편지를 들고 다시 코린토 교회로 내려가 예루살렘 교우들을 위한 모금을 재개하고(2코린 8—9장; 로마 15,25-31) 바오로의 세 번째 코린토 방문을 준비하였다. 곧 이어 코린토에 도착한 바오로는 그곳에서 지내는 석 달 동안(사도 20,3) 모처럼 평화롭고 안정된 분위기 속에서 그리스도께 대한 자신의 신앙과 선교 여행의 체험을 바탕으로 원숙한 사상과 신학을 총정리하여 신약성경 서간문 가운데 가장 깊고 방대한 로마서를 집필하였다.

이상의 논의를 종합하면 아래와 같다. 바오로는 여러 통의 편지를 코린토 교회에 보냈다. 그 가운데 코린토 1서와 2서만 전해져 온다. 이 두 서간에 근거하여 두 가지 편지를 더 가정할 수 있는데, 하나는 '이전의 편지'(1코린 5,9-11)로 유실되었고, 다른 하나는 '눈물의 편지'(2코린 2,4)로 그 일부가 코린토 2서(10—13장)에 들어와 있다. 이 책의 소임은 유실된 편지들에 대한 가설을 논의하는 것이 아니라 우리 앞에 놓인 온전한 본문을 해석하는 것이다.

나. **집필 연대와 장소**

코린토 2서의 편집이 완성된 것은 56년경으로 보인다. 그리고 바오로는 마케도니아에서 코린토로 돌아와 56/57년 겨울을 그곳에서 보내며 이 서간을 정리했을 것이다. 코린토 2서의 집필 장소는 서간 자체가 밝혀 주듯이(2,13; 7,5; 9,2) 마케도니아 지방이다. 몇몇 그리스어 수사본 여백에 보면 "티토와 루카에 의해 필리피에서 쓰인 코린토인들에게 보낸 둘째 편지"라는 제목이 붙어 있지만 비교적 늦은 시기에 필사된 이 수사본들의 증언이 얼마나 신빙성 있는 것인지 확신하기 어렵다.

다. **구조와 신학 사상**

머리말(1,1-7)과 맺음말(13,11-13)을 빼고 코린토 2서는 세 부분으로 나눌 수 있다. '화해의 편지'라고도 일컫는 첫째 부분(1—7장)과 예루살렘 모금을 언급하는 둘째 부분(8—9장), 그리고 '눈물의 편지'에 속하는 것으로 보는 셋째 부분(10—13장)이 그것이다.

머리말에서 바오로는 티모테오와 함께 코린토 교회와 아카이아 지방의 모든 신자들에게 하느님 아버지와 주 예수 그리스도의 은총과 평화를 전한다(1-2절). 그런 다음 하느님께 찬미를 드리고(3절) 환난과 위로에 대해서 이야기한다(4-7절). 바오로는 그리스도의 환난과 위로, 바오로의 환난과 위로, 그리고 코린토 교회의 환난과 위로가 서로 통한다는 사실을 역설한다.

'화해의 편지'로 알려진 첫째 부분(1—7장)은 바오로의 사도직을 두고 코린토 교회에서 일어난 오해와 갈등을 해소하고 치유하는 데 할애한다. 코린토 교회에는 바오로가 없는 사이에 다른 교회에서 봉사하다가 그곳의 추천서를 받아 와서 사도로 자처하며 활동하는 자들이 있었던 것 같다. 그들이 바오로에게 뒤집어 씌운 부당한 혐의는 바오로가 제멋대로 여행 계획을 바꾸었고(1,17), 그의 사도직은 무효이며(1,21-22), 그는 코린토 교우들의 믿음을 좌지우지하려 했다는 것이다(1,24). 이에 대해 바오로는 먼저 코린토 교회의 방문을 미룬 것은 자신의 이익 때문이 아니라 하느님을 증인으로 내세워 말하건대 코린토 교우들을 생각해서 그렇게 한 것이라고 해명한다. 바오로가 만일 방문을 강행했더라면 코린토 교회는 바오로를 지지하는 이들과 바오로의 경쟁자들을 지지하는 자들로 갈라져 큰 혼란이 생겼을 것이다. 바오로는 먼지가 가라앉기를 기다린 것이다. 그다음 사도직의 유효성을 두고 바오로는 다른 교회의 추천서를 가지고 와서 코린토 교회에 사도적 권위를 행사하는 저 '말씀의 잡상인들'과 자신이 다르다는 것을 강조한다(2,17). 바오로에게는 코린토 교우들 말고 다른 추천서가 필요 없다(3,3). 코린토 교우들이 하느님을 굳게 믿고 모범적 신자 생활을 하게 되면 그들에게 믿음을 전해 준 바오로를 훌륭한 인물로 소개하는 셈이 될 것이기 때문이다. 마지막으로 바오로는 코린토 교우들의 믿음을 강요한다는 고발에 그가 선포하는 것은 자기 자신이 아니라 예수 그리스도라는 것을 분명히 밝힌다. 바오로는 예수 그리스도를 주님으로 선포하고 자신에 대해서는 예수님을 위한 코린토 교우들의 종이라고 선포한다(4,5). 복음의 빛, 곧 부활하신 예수님의 생명은 질그릇 같은 우리 안에 담겨진 보물이다(4,7). 여기서 질그릇이란 복음을 선포하는 이들의 연약함을 말한다. 그들의 연약함에도 아랑곳없이 복음은 힘차게 전파된다. 그 엄청난 힘은 인간에게서 나오는 것이 아니라 하느님에게서 나오는 것이다. 이는 십자가 고통을 통해서 예수님의 힘이 드러나는 것과 같다.

바오로는 이제 코린토 교회와 화해를 시도한다. 바오로가 피해자이지만 먼저 화해의 손길을 내민다. 하느님께서 죄를 짓고 숨어 있는 아담과 하와를 먼저 찾으시고 구세주를 보내 주시겠다는 약속을 하심으로써 먼저 화해의 손짓을 인류의 첫 조상에게 보내신 것과 같다. 그리고 실제로 때가 되자 하느님께서는 우리를 위해 죄를 모르시는 그리스도를 죄로 만드시어 우리가 그리스도 안에서 하느님과 화해할 수 있게 하셨다(5,21). 바오로는 자신이 이렇게 마음의 문을 열고 모든 것을 말하였으니, 이번에는 그들도 옹졸한 태도를 버리고 마음을 활짝 열고 응답해 주기를 요청한다

(6,11-13). 7장에서 바오로는 자신이 화해의 사절로 보낸 티토를 코린토 교우들이 진심으로 환대한 것에 큰 위로를 받았다고 말한다. 더구나 그들은 바오로에게 잘못한 일을 뉘우치고 바오로를 보고 싶어 한다는 말을 티토를 통해서 바오로에게 전달하였다. 바오로는 이 말을 듣고 더욱 기뻐하였다고 편지에서 밝힌다(7,7). 바오로는 이전에 눈물로 써 보낸 자신의 편지가 코린토 교우들의 마음을 아프게 한 것에 대하여 후회한다고 말하면서도, 그들의 상심이 그들에게 회개할 마음을 일으킨 만큼 후회할 필요가 없다고 덧붙인다(7,8-11). 이제 바오로는 코린토 교우들을 다시 신뢰할 수 있게 된 것을 기쁘게 생각한다(7,16).

둘째 부분(8—9장)은 예루살렘 성도들을 위한 모금 문제를 다룬다. 티토가 가져온 기쁜 소식에 용기가 생긴 바오로는 극심한 기근 때문에 고통을 받고 있던 예루살렘 성도들을 위하여 중단되었던 모금을 재개해 줄 것을 촉구한다. 이 모금 운동은 마케도니아 신자들의 모범을 보고 코린토 교우들이 자진해서 시작하겠다고 했지만, 공동체에서 바오로를 비판하게 되면서 지지부진하게 되었던 일이다. 사실 바오로를 비판하는 자들은 그의 모금 운동을, 부유한 코린토 교우들에게서 돈을 뜯어내어 자신의 배를 채우기 위한 수작으로 몰아세웠다. 이런 상황에서 모금이 제대로 될 리가 없었다. 그러나 이제 상황이 바뀌어 회개한 코린토 교우들이 사도들을 자칭하던 거짓 선교사들을 몰아내고 바오로를 공개적으로 비판하던 자도 징계한 다음인지라, 바오로는 편안한 마음으로 티토를 시켜 모금 운동을 다시 전개할 수 있었다.

예루살렘 교회를 위한 모금 운동은 바오로가 온갖 오해와 반대를 무릅쓰고 끈기 있게 추진한 선교 사업 가운데 하나다(로마 15,25-29; 1코린

16,1-4; 갈라 2,10). 바오로가 이 모금 운동에 집착한 이유가 무엇일까? 그것은 이 운동이 가난한 이들을 돌보라는 복음적 요구에 부합할 뿐 아니라, 예루살렘 모교회와 자신이 관리하는 이방계 그리스도교 공동체들 사이에 화해와 일치를 실현하는 상징적 의미를 띠기 때문이다. 더 나아가 이 모금 운동은 두 집단 사이에 그리스 사상에서 매우 중요한 우정의 개념인 '친교'(κοινονία 코이노니아)를 나누는 것이요(8,4; 9,13), '상호의존성'(ἰσότης 이소테스)을 드러내는 것이다(8,14). 여기서 상호의존성이라는 말은 로마서에서 더 분명히 밝힌 바처럼, 이방계 그리스도인들은 유다계 그리스도인들에게서 영적인 것을 받았으니 자신들의 물질적 풍요를 나누어 주어야 한다는 뜻이다(로마 15,27). 물질적 도움을 받은 유다계 그리스도인들은 이방계 그리스도인들을 위하여 기도로 응답해 줄 것이다(2코린 9,14). 바오로는 유다계 그리스도인들과 이방계 그리스도인들 사이의 친교와 상호의존성을 예수 그리스도의 모범과 구약성경의 예를 들어 풀이한다. 하느님으로서 온갖 부유함을 모두 갖추신 예수 그리스도께서 가난한 우리를 풍요롭게 하기 위하여 스스로 가난해지셨으니 우리도 넉넉하게 사는 사람들이 궁핍한 사람들을 돕는 것이 당연하다는 것이다(8,9). 바오로는 탈출 16,18의 말씀을 인용하면서 하늘에서 하느님이 만나를 내려 주실 때 이스라엘 백성에게서 일어났던 일이 그리스도교 공동체에서 재현되기를 희망한다. "지금 이 시간에 여러분이 누리는 풍요가 그들의 궁핍을 채워 주어 나중에는 그들의 풍요가 여러분의 궁핍을 채워 준다면, 균형을 이루게 됩니다. 이는 성경에 기록된 그대로입니다. '많이 거둔 이도 남지 않고 적게 거둔 이도 모자라지 않았다'"(8,14-15).

바오로는 헌금할 때 저마다 지녀야 할 원칙을 제시한다. 헌금에서 가장 중요한 원칙은 하느님께서 넉넉히 채워 주실 것이라는 믿음과 더불어 자진해서 기쁜 마음으로 바치는 것이다(9,6-8). 코린토 교우들은 바오로의 모금 요청을 과연 잘 받아들여 좋은 결과를 보여 주었다(로마 15,25-26 참조).

눈물의 편지 일부로 알려진 셋째 부분(10—13장)에서 바오로는 자신의 빈 자리를 이용하여 스스로에게 사도의 권위를 부여하며 코린토 교우들을 오도하던, 이른바 '특출하다는 사도들'(11,5; 12,11)의 기만과 허구성을 고발한다. 그들은 다른 지역 교회들에서 추천서를 받고 코린토 공동체에 와서 그곳 교우들의 마음을 바오로에게서 떼어 내려고 그를 깎아내린다. "그의 편지는 무게가 있고 힘차지만, 직접 대하면 그는 몸이 약하고 말도 보잘것없다"(10,10). 그들은 코린토의 교우들에게 바오로가 전한 것과는 다른 예수님과 다른 성령과 다른 복음을 전하였다(11,13). 바오로는 이런 거짓 사도들에게만 비난을 퍼붓는 것이 아니라 그들을 받아들이고 따르는 코린토 교우들도 비난한다(11,4). 바오로는 그들에게 넘어간 코린토 교우들의 마음을 되돌리기 위하여 스스로 어리석은 자가 되기로 한다. '특출하다는 사도들'이 내세우고 자랑하는 것들은 바오로도 모두 지니고 있다. 그들은 말 잘하는 은사를 받았고 그리스도의 종으로 고생을 많이 하였으며 신비 체험을 하였고 기적을 일으킬 수 있다고 자랑하였다. 그들의 이런 자랑 앞에서 바오로는 자신의 어리석음을 인정하되 그들에 비해 자신의 능력이나 체험이 전혀 손색이 없을 뿐더러 오히려 어떤 면에서는 더 뛰어나다고 주장한다. 예를 들어 충분한 지식(11,6), 유다인 배경(11,22), 그리스도와 복음 때문에 당한 박해와 환난(11,23-33), 환시와 계시의 신비스런 체험(12,1-4), 표징과 이적과 기적(12,12) 등이다. 본디 바오로는 이런 식의 자랑을 어리석고 쓸모없는 행위로 경멸하고 단죄하였다(1코린 1,29; 3,21; 4,7; 5,6). 그러나 코린토 교우들의 영적 이익을 위해서 어리석은 자가 되기로 한 것이다(2코린 12,11).

바오로는 자랑의 차원에 머물지 않고 더 깊은 반성으로 코린토 교우들을 안내한다. 그가 정작 자랑하려는 것은 자기 자신의 인간적 능력이나 체험이 아니라 그것들을 통해서 활동하시는 하느님이시다(10,17-18; 참조: 1코린 1,31; 예레 9,24). 바오로를 내세우신 분은 하느님이시니 그의 자랑은 당연히 하느님께 대한 칭송일 따름이다. '특출하다는 사도들'이 자신들의 추천서를 얻어낸 특정 교회들의 사도들이라면 바오로는 그리스도의 사도다. 그래서 그는 자신 안에서 그리스도의 권능을 더 돋보이게 하기 위하여 자기의 약점을 강조한다(12,9-10). 이 점에서 바오로는 그리스도를 충실히 따를 뿐이다. "사실 그리스도께서는 약한 모습으로 십자가에 못 박히셨지만, 이제는 하느님의 힘으로 살아 계십니다. 우리도 그리스도 안에서 약하지만, 여러분을 대할 때에는 하느님의 힘으로 그리스도와 함께 살아 있을 것입니다"(13,4).

4. 갈라티아서

바오로의 서간들 가운데 갈라티아서만큼 감정적이고 논쟁적인 서간도 없을 것이다. 바오로는 자기가 돌보는 지역 교회들의 믿음을 바로잡고 튼튼하게 정립해 주기 위해 혼신의 힘을 기울인다. 우리는 이 서간에서 복음에 대한 바오로의 이해를 정확하게 알 수 있다.

가. 갈라티아 교회

갈라티아 교회가 어디인지를 두고 신약성경 학자들 사이에서 크게 둘로 의견이 갈라진다. 하나는 북쪽 이론으로 오늘날 터키의 수도 앙카라를 중심으로 펼쳐진 중앙 고원 지대를 가리킨다는 것이다. 이곳에는 인도 아리안 계통의 켈트족 또는 골(갈로이/갈라타이)족이 일찍이 기원전 3세기에 이주해 와서 정착하였고 로마 제국은 기원전 64년에 이곳을 정복하여 종속국으로 만들었다. 갈라티아 왕국의 마지막 임금 아민타스가 죽자, 기원전 25년 로마 제국은 북쪽 왕국에 소아시아의 남쪽 지방까지 편입시켜 갈라티아 속주를 만들었다. 남쪽 이론은 로마 제국이 기원전 25년에 갈라티아 왕국에 편입시킨 남쪽 지방을 갈라티아 교회로 보는 것이다. 요약하면 북쪽 이론은 인종·지역적 개념으로 골족이 살던 지역을 가리키고, 남쪽 이론은 정치·행정적 개념으로 로마 제국이 속주로 편입시킨 남쪽 지역을 가리킨다.

사도행전(13,13—14,23)에 따르면 바오로는 바르나바와 더불어 제1차 선교 여행(46-49년경)에서 남쪽 지방의 도시들, 곧 페르게, 피시디아의 안티오키아, 이코니온, 리스트라, 데르베를 방문하여 복음을 전하고 공동체를 창립한 것으로 되어 있다. 사도행전 저자는 바오로가 1차 선교 여행뿐 아니라 2차 선교 여행(사도 16,6)과 3차 선교 여행(사도 18,23) 때에도 갈라티아 지방을 방문하였다고 전한다. 2차 여행(50-52년경)은 프리기아 지방과 갈라티아 지방을 가로질러 갔고(16,6), 3차 여행(54-57년경)은 반대로 갈라티아 지방과 프리기아 지방을 차례로 거쳐 갔다(18,23)고 한다. 따라서 사도행전의 증언대로라면 바오로 사도는 갈라티아 속주의 남쪽과 북쪽을 다 돌아다니며 전도한 것으로 드러난다. 이 증언이 맞다면 갈라티아 속주의 교회들은 46-57년경에 바오로가 창립하였다.

팽팽하게 맞선 북쪽 이론과 남쪽 이론 가운데 어느 것을 선택할 필요 없이, 갈라티아서의 수신자를 바오로가 세 차례에 걸쳐 전도하고 교회를 설립한 갈라티아 속주에 속한 모든 공동체를 지칭하는 것으로 볼 수는 없을까? 더구나 바오로의 서간이 처음부터 회람의 목적으로 집필된 것임을 감안하면 더욱 그렇다.

나. **집필 연대와 장소**

이 서간은 내용상 로마서와 비슷하고 이 서간에 나오는 바오로의 적대자들이 코린토 2서에 나오는 적대자들과 유형이 거의 같기 때문에, 바오로의 선교 활동 초기보다는 오히려 말기에 쓰인 것으로 보는 것이 타당하다. 사도행전을 보면 3차 선교 여행 중에 바오로는 갈라티아 교회를 최종 방문한 것으로 되어 있다. 이로써 바오로가 이 방문을 끝내고 오래지 않아 갈라티아서를 집필한 것으로 추정할 수 있다. 갈라 1,6에서 바오로는 "그토록 빨리" 자신이 전해 준 복음을 버리고 다른 복음으로 돌아선 것을 질책하고 있기 때문이다. 갈라티아서의 집필 연대는 코린토 1서 집필 이후 그리고 로마서 집필 이전인 55-56년경으로 보면 무난할 것이다. 집필 장소로는 에페소나 코린토, 아니면 코린토 2서의 집필 장소와 같은 마케도니아 등이 거론된다.

다. **구조와 신학 사상**

머리말(1,1-10)과 맺음말(6,11-18)을 제외하고 갈라티아서는 세 부분으로 나눌 수 있다. 첫째 부분(1,11—2,21)은 바오로 자신의 사도직과 그가 전한 복음에 대한 변론이고, 둘째 부분(3—4장)은 이 변론에 대한 미드라쉬적 논증, 곧 구약성경의 해석을 바탕으로 한 논증이며, 셋째 부분(5,1—6,10)은 권고다.

갈라티아서의 머리말(1,1-10)은 다른 서간과 두 가지 면에서 다르다. 감사의 기도가 빠져 있다는 것과 처음부터 변론적이고 논쟁적이라는 것이다. 머리말에 감사의 기도가 빠진 것은 바오로가 감사할 합당한 근거를 갈라티아 교회에서 찾지 못했다는 사실을 암시한다. 바오로는 처음부터 자신의 사도직이 하느님에게서 왔다는 것을 분명히 밝히고(1절) 자신이 전한 복음 밖의 다른 복음을 전하는 자는 저주를 받아 마땅하다고 말한다(7-9절).

첫째 부분(1,11—2,21)에서 바오로는 자신의 사도직과 복음을 예수 그리스도를 통하여 하느님께 직접 받았다고 선언한다. 이 서간에서 바오로의 적대자들이 구체적으로 누구인지는 분명하지 않지만, 그들이 바오로의 사도직을 문제 삼고 갈라티아 신자들에게 할례와 율법을 강요했다는 것은 분명하다. 그들은 바오로의 사도직을 예루살렘의 사도들에게 종속된 한 단계 열등한 것으로 본다. 그리고 바오로가 전하는 복음도 문제시한다. 바오로가 부족하고 한정된 복음, 곧 오로지 십자가에 못 박힌 그리스도 안에서 드러난 하느님의 위업만을 선포한다는 것이다. 그러나 진정으로 의화하기 위해서는 토라가 명하는 계명들을 완벽하게 지켜야 한다고 주장한다. 그래야 비로소 하느님과 올바른 계약관계에 들어갈 수 있다고 한다. 할례는 토라의 멍에를 메겠다는 상징적 의식으로 하느님 백성에 속하기 위해서는 반드시 거쳐야 할 통과의례다. 이런 통과의례는 복잡한 의식을 거쳐 신비의 경지에 들어갈 수 있다고 규정하던 당대의 그리스-로마 종교 관습에 부합한다. 갈라티아 교회의 선동가들이 볼 때 토라의 계명에 순종하지 않고 복음에 순종하는 삶은 하느님 백성이 되기에 피상적이고 뭔가 부족한 것이었다.

이런 잘못된 주장들에 대해 바오로는 통렬하게 반박한다. 먼저 자신의 사도직을 두고 변론한다. 바오로의 사도직은 하느님께서 당신 아들의 발현을 통하여 바오로에게 직접 주신 것이다(1,15-16). 하느님에게서 사도직을 받은 바오로는 그보다 먼저 사도가 된 사람들을 만나러 곧바로 예루살렘에 가지 않았다. 그 대신 아라비아로 갔다가 다마스쿠스로 돌아와 3년이 지난 뒤에야 베드로와 야고보를 사적으로 만났을 뿐이다. 그로부터 14년이 지난 다음에 교회의 기둥인 야고보와 베드로와 요한을 만났는데, 그들에게서 사도로서의 완전히 동등한 자격과 신분을 인정받고 유다인들과 이방인들의 선교를 놓고 그들과 역할 분담을 하기로 합의하였다(2,1-9). 곧 유다인들의 선교는 그들이 맡고 이방인들의 선교는 바오로가 맡기로 한 것이다. 그들이 바오로에게 유일하게 요구한 것은 가난한 사람들을 돌보는 것이었는데, 이는 바오로가 전부터 열성적으로 해 오던 일이었다(2,10). 이어서 바오로는 복음의 본질을 확인한다(갈라 2,15-21). 복음이란, 구원은 율법의 준수로 얻을 수 있는 것이 아니라 '예수 그리스도의 믿음'을 통해서 얻는다는 사실을 말한다. 여기서 '예수 그리스도의 믿음'은 두 가지 의미를 다 포함한다. 예수 그리스도께 대한 우리의 믿음을 가리키기도 하고 그분이 하느님 앞에서 보인 완벽한 순종의 믿음을 가리키기도 한다. 후자의 경우 우리 역시 그분처럼 하느님께 절대적 믿음을 가져야 한다는 뜻으로 이해할 수 있다.

둘째 부분(3—4장)에서 바오로는 유다교 라삐들의 성경 해석 방법인 미드라쉬를 이용하여 자기 주장의 정당성을 옹호한다. 미드라쉬는 성경을 여러 다른 성경 본문으로 해석하는 것이다. 바오로는 이 해석 방법을 자신의 바리사이 스승들에게서 배웠다.

그리스도께 대한 믿음을 통해서만 의화를 얻을 수 있다는 자신의 주장을 증명하기 위하여 구체적 증거를 제시한다. 가장 중요한 증거는 갈라티아인들의 삶 자체다. 갈라티아인들의 삶에는 십자가에 달리신 그리스도의 모습이 생생하게 찍혀 있고 그 삶은 성령으로 충만하다(3,1-2.5). 이 삶의 증거는 갈라티아의 신자들이 부인할래야 부인할 수 없다. 그러나 바오로는 자신의 적수인 수구파 유다인들을 위해서도 그들에게 익숙한 성경 해석 방법을 이용하여 이 증거를 뒷받침할 수 있는 성경적 논거들을 차례로 제시한다. 첫째 성경적 논거는 창세기에 나오는 아브라함의 이야기에서 뽑는다. 하느님이 아브라함을 의인으로 인정하신 것은 그의 믿음 때문이었다(3,6; 창세 15,6). 그런데 이 아브라함을 통하여 모든 민족이 복을, 곧 구원을 받게 되었다(3,8; 창세 12,3). 그러므로 유다인이든 이방인이든 믿는 이들만이 아브라함의 참자손이고(3,7) 믿는 이들만이 아브라함과 함께 복을 누릴 수 있다(3,9).

둘째 성경적 논거는 철저히 미드라쉬적 해석에 바탕을 둔다. 두 성경 본문이 정면으로 대립할 때 미드라쉬 해석의 원칙은 제삼의 본문을 들어 판가름 낸다. 바오로는 하바쿡 예언자의 말과 레위기 말씀을 서로 대립하여 인용한다. "의인은 성실함으로 산다"(하바 2,4; 갈라 3,11). "너희는 내 규칙들과 내 법규들을 지켜야 한다. 그것들을 실천하는 이는 그것들로 살 것이다"(레위 18,5; 갈라 3,12). 이렇게 성경은 믿음을 통한 의화와 율법 준수를 통한 생명을 두고 서로 다른 입장을 취하는 본문이 있다. 후자의 입장은 율법을 실천하지 않는 자는 모두 저주를 받는다는 신명 27,26의 말씀으로 더욱 강화된다. 바오로는 대립되는 이 주장을 앞에 놓고 제삼의 본문 신명 21,23을 이용하여 해답을 모색한다. "그리스도께서는 우리를 위하여 스스로 저주받은 몸이 되시어, 우리를 율법의 저주에서 속량해 주셨습니다. 성경에 '나무에 매달린 사람은 모두 저주받은 자다.'라고 기록되어 있기 때문입니다"(갈라 3,13). 십자가에 달려 저주를 받은 것이 어떻게 우리를 율법의 저주에서 구원하는 행위가 되었을까? 그리스도의 십자가 처형만 보면 분명히 그분은 저주를 받은 것이지만, 그분이 부활하여 영원한 생명을 누리고 계시기 때문에 율법의 저주가 전혀 무력한 것이 되고 말았다. 먼저 하느님께 대한 믿음에 충실함으로써 예수 그리스도의 죽음이 율법의 저주에서 벗어났고, 그다음에 십자가에 처형된 그리스도께 충실한 믿음을 지닌 신자들이 율법의 저주에서 벗어나게 된다. 그러니 결국 '믿음을 통해서 하느님과 올바른 관계를 가진 사람은 살 것'이라고 한 하바쿡 예언자의 말이 맞는 것으로 판명된 셈이다.

셋째 성경적 논거는 다시 아브라함에 관한 창세 12,3-7의 언급으로 돌아간다. 여기에 나오는 '후손'이라는 낱말은 단수로 쓰인 집합 명사인데, 바오로는 이 단수 집합 명사가 아브라함의 직계 혈통들을 가리키기보다는 일차적으로 한 개인인 메시아를 가리키고 그다음 그에게 속하는 집단을 뜻하는 것으로 본다(2사무 7,14 참조). 이 메시아야말로 하느님이 인간과 맺으신 계약을 완결하신 분이다. 하느님의 큰 계획 안에서 보면 메시아 안에서 완결된 계약은 모세의 계약을 옆길로 비켜 세운다. 그러면 모세의 계약과 율법은 잘못된 것인가? 모세의 계약과 율법을 더 큰 목적을 위하여 잠정적으로 주어진 것이라고 보면 아무 문제가 없다. 율법은 하느님에게서 직접 주어지지 않고 모세와 천사들의 중재를 통해서 주어졌다. 율법은 사람을 살리지 못한다(갈라 3,21). 율법은 잘못을 지적하고 윤리를 가르치지만, 인간을 근본적으로 바꾸지는 못한다. 율법은 약속과 모순되지 않지만 약속을 실현해 주지도 못한다. 약속은 그리스도께 대한 믿음을 통해서만 실현된다(3,22). 그리스도인들은 믿음의 삶과 세례를 통해서 그리스도께 속하게 되고 그리스도께 속하게 됨으로써 하느님의 자녀가 되고(3,26), 아브라함의 자손이 되어 약속의 상속자들이 된다(3,29). 그리스도께서 오시기 전에는 유다인들이나 이방인들이나 다 같이 노예였다. 유다인들은 율법의 지배를 받았고(4,1-2) 이방인들은 자연 숭배(4,3.8-9)의 노예였다. 그러나 때가 찼을 때 하느님께서는 당신의 아들을 보내시어 우리 모두를 풀어주시고 하느님의 자녀가 되게 하셨다(4,6-7).

노예살이와 자유의 대립은 네 번째 성경적 논거로 이어진다. 바오로는 당대의 유다인 저술가 필론이 즐겨 쓰던 성경의 우의적(알레고리적) 해석을 이용한다. 창세 16장과 21장, 그리고 이사 54,1을 함께 읽으면서 그리스도인들은 아브라함의 후손들로서 자유를 누리고 있는 반면, 유다인들은 아직도 노예의 처지에 놓여 있다고 주장한다. 바오로는 여기서 한 걸음 더 나아가 여종과 그 자식을 쫓아내라는 창세 21,10의 말씀을 인용하면서, 갈라티아 공동체 안에서 할례를 주장하며 유다인 행세를 하려는 자들을 단호히 추방하라고 요구한다. 본디 유다인들은 자신들을 약속의 적법 상속자라고 생각하며 십자가에 못 박히신 메시아를 믿는다고 해서 그리스도인들을 박해하였다. 그러나 십자가가 그리스도인들에게 생명과 자유를 가져다 주고 약속의 자녀가 되게 하였다. 이제는 유다인들의 처지와 그리스도인들의 처지가 뒤바뀐 셈이다.

갈라티아서의 셋째 부분(5,1—6,10)은 앞의 성경적 논거들을 동원하여 바오로가 펼친 주장을 총체적으로 요약하고 구체적인 권고를 열거한다. 히브리인들이 이집트의 종살이에서 해방된 다음 젖과 꿀이 흐르는 약속의 땅으로 향했듯이, '무엇에서 나온 자유'는 '무엇을 향한 자유'로 이어져야 한다. 그리스도를 믿는 공동체 안에서는 할례받은 유다인들과 할례받지 않은 이방인들의 구분이 아무런 의미가 없다. 사랑의 실천을 동반한 믿음만이 중요하다(5,6). 할례와 율법의 멍에에서 풀린 그리스도인들은 이 자유를 남용해서는 안 된다. 오히려 율법에서 자유를 얻은 그리스도인들은 육정을 만족시키려 하지 말고 오히려 사랑의 종이 되어야 한다(5,13). 바오로는 육체의 욕정과 성령의 이끄심을 대비시킨다. 육의 욕망과 성령의 원하심은 서로 충돌한다(5,17). 육의 행실은 불륜, 더러움, 방탕, 우상숭배, 마술, 적개심, 분쟁, 시기, 격분, 이기심, 분열, 흥청대는 술판 등이고(5,19-20), 이에 대립되는 성령의 열매는 사랑, 기쁨, 평화, 인내, 호의, 선의, 성실, 온유, 절제 등이다(5,22-23). 성령께서 우리에게 생명을 주셨으니 그 생명을 충만하게 누리기 위해서는 성령의 지도를 받으며 살아가야 한다(5,25). 그리스도는 토라의 근본인 이웃 사랑(5,14; 레위 19,18)을 제대로 실천하며 사신 분이다. 토라의 완전한 의미는 예수님 안에서만 발견된다. 바오로는 갈라티아 교우들에게 서로 남의 짐을 져 줌으로써 그리스도의 법을 완성하라고 권고한다(6,2). 모든 이에게 꾸준히 선을 행하되 특히 공동체의 믿는 식구들에게 더욱 그렇게 해야 한다(6,9-10).

맺음말(6,11-18)은 바오로 자신의 친필이다(11절). 맺음말에서 바오로는 할례를 주장하는 자들의 숨은 의도를 폭로한다. 그들은 예루살렘의 유다인들이나 유다 그리스도인들의 수구 세력에게 박해를 받지 않으려고 스스로 할례를 받고 갈라티아 신자들에게도 할례를 강요한다. 그들은 스스로 율법을 지키고 있다는 것을 드러내려고 할례를 받았고 또 갈라티아인들의 몸에 할례를 베푼 것을 자랑하지만, 사실은 그들 자신도 율법을 지키지 않는다. 자랑할 것이 없어서 할례를 자랑하는가? 바오로는 예수 그리스도의 십자가 외에는 어떤 것도 자랑하고 싶지 않다. 유다인이냐 이방인이냐, 할례를 받느냐 안 받느냐가 중요하지 않고 새 창조만이 중요하다. 새 창조란 십자가의 죽음과 부활로 인류를 구원하신 그리스도를 믿어 율법의 멍에에서 해방되고, 성령의 지도 아래 그리스도께서 보여 주신 참사랑을 실천하며 살아감으로써 새로운 사람이 되는 것을 말한다. 새 창조의 법칙을 따라 걷는 사람들은 새로운 하느님의 백성이 되고 그들 위에 평화와 자비가 내릴 것이다(6,16).

5. 에페소서

에페소서는 그리스도와 교회에 대한 명상과 더불어 바오로의 여러 가르침을 요약해서 전해 주기 때문에 바오로 서간들의 입문서로 통한다. 도드 C.H. Dodd는 에페소서를 "바오로 사상의 화관"crown of Paulinism이라고 일컬었다고 한다(Bruce, 229; Brown, 620). 이 서간은 그리스도교가 그리스-로마 세계에서 하나의 사회·지성적 세력으로 자리 잡게 되는 시점에 쓰였다. 이를 반영하듯 에페소서의 핵심 주제는 그리스도 안에서 이루신 하느님 위업의 우주·보편적 의미로 드러난다. 갈라티아서와 로마서의 주요 내용이었던 유다계 그리스도인들과 이방계 그리스도인들 사이의 갈등에 대해서는 언급이 거의 없다. 다종교 문화와 수많은 그리스도교 종파가 난립하고 있는 한국 사회에는 구원의 보편주의와 그리스도인들의 일치를 강조하는 에페소서가 큰 매력으로 다가올 수 있겠다.

가. **에페소 교회**

바오로 당시 인구 25만여 명의 에페소는 아시아 속주에서 가장 큰 항구도시로서 육지와 바다를 잇는 교역의 중심지였다. 또한 아르테미스(로마 신화의 디아나: 사냥, 출산의 여신) 여신 숭배의 중심지로서(사도 19장), 이곳에 세워진 아르테미스 신전은 세계 칠대 불가사의 가운데 하나이며 죄인들의 피난처로도 널리 알려져 있었다. 아우구스투스 황제 시대부터 아르테미스 신전은 황제 숭배와 연결되었고 나중에 도미티아누스 황제(81-96년)에게 바치는 신전이 이 도시에 세워졌다. 현재의 에페소는 바다에서 10km 안쪽으로 들어와 있고 사람들이 거주하지 않는 유적지다. 고대 에페소 항구는 기원전 2세기부터 여러 차례 준설 작업을 거쳐야 했는데, 바오로가 에페소 원로들을 인근의 포구 밀레토스로 불러 고별 설교를 한 것도 이 때문이었을 것이다(사도 20장).

에페소에 그리스도교가 전해졌다는 가장 오래된 전거는 사도 18장의 기록일 것이다. 2차 선교 여행이 끝날 때인 52년경에 바오로는 프리스킬라와 아퀼라와 함께 코린토를 떠나 에페소에 도착하여 그곳 유다교 회당에서 선교하였다(사도 18,18-22). 그런 다음 프리스킬라와 아퀼라를 그곳에 남겨 두고 잠시 그곳을 떠났다가 3차 선교 여행 동안에 이곳에서 3년간 머물렀다(20,31). 한편 바오로가 에페소를 떠나 있는 동안에 아폴로라는 유능한 선교사가 주님의 길과 예수님에 관한 일들을 에페소 회당에서 전했는데, 그는 요한의 세례만 알고 있었으므로 프리스킬라와 아퀼라가 좀 더 정확하게 하느님의 길을 그에게 알려 주었다. 이 같은 사도행전의 증언을 바탕으로 에페소 교회는 52-54년경에 바오로와 그의 동료 프리스킬라와 아퀼라 그리고 아폴로의 활동으로 창설된 것으로 볼 수 있다.

나. **저자와 수신자**

16세기 에라스무스가 문체가 다르다는 이유로 이 서간의 친저성에 의문을 제기한 이래 대다수 학자들(80퍼센트 정도)은 에페소서를 바오로의 친서가 아니라 바오로 계열의 서간으로 여긴다(Brown, 620; 629). 이렇게 보는 데에는 몇 가지 논거가 있다. 첫째, 에페소서의 그리스어 문체가 로마서·코린토 1서·코린토 2서·갈라티아서 같은 바오로의 다른 주요 서간들과 사뭇 다르다. 에페소서의 문장은 화려하고 길고 복잡하며 형용사와 속격 구문을 많이 사용한다. 둘째, 에페소서에는 감옥생활과 타키코스 이외에 바오로 자신의 개인적 사정에 대해서는 언급이 거의 나오지 않는다. 또한 바오로 친저서간, 우정어린 서간들의 머리말과 맺음말에는 보통 안부 인사를 전해 달라는 친지들의 이름이 많이 나오는데 에페소서에는 전혀 나오지 않는다. 이는 바오로가 에페소에 삼 년 이상 머물렀다는 것을 감안할 때(사도 20,31 참조: 54-57년) 이해하기 어렵다. 셋째, 바오로는 주 예수님에 대한 에페소인들의 믿음을 전해 들었다고 말하거나(1,15) 이 편지의 수신자들이 하느님의 은총에 관한 자신의 관리직을 전해 들은 것처럼 바오로 스스로 추정한다(3,2). 또한 자신의 직무에 관하여 그들에게 설명한다(3,7-13). 이런 대목들은 바오로가 에페소인들과 친밀한 관계에 있었다는 사실과 정면으로 배치된다. 넷째, 에페 2,14에 따르면 유다인들과 이방인들 사이의 적대 관계가 이미 완전히 해소된 것으로 되어 있는데, 바오로 사도의 생애 중에는 이런 상황이 아직 도래하지 않았다. 다섯째, 에페소서의 어휘 가운데 90퍼센트는 바오로의 친저서간에 나오지 않고 오히려 신약성경에서 비교적 후대에 쓰인 것으로 보이는 문헌에 나온다. 또한 바오로가 자주 사용하는 구절과 표현들이 에페소서에는 등장하지 않는다. 이런 여러 가지 사항을 감안하면 에페소서가 바오로의 친저서간이 아니라는 것을 확인할 수 있다.

그러면 이 서간의 저자는 누구일까? 바오로의 비서일 수도 있고 바오로 추종자들 가운데 하나일 수도 있다. 에페소서가 바오로의 친저서간이 아니라 할지라도 이 서간을 바오로의 다른 편지들과 비교해서 결코 미흡하거나 덜 중요한 것으로 평가할 필요는 없다. 에페소서의 저자는 바오로의 사상을 누구보다 깊이 이해하여 그 핵심 메시지들을 잘 요약했고, 바오로의 가르침을 새로운 상황에 훌륭하게 적용할 줄 알았기 때문이다. 당시의 집필 관습대로 이 무명 저자는 존경과 흠모의 마음에서 자기 글의 원천인 바오로 사도의 이름을 빌려 이 서간을 출간한 것이다.

그다음 문제는 이 서간의 수신자가 과연 에페소 교회의 신자들인가 하는 것이다. 이를 의심하게 만드는 몇 가지 근거가 있다. 첫째, 오래되고 질 좋은 필사본들에는 인사말 첫머리에서 '에페소'라는 지명을 찾아볼 수 없다. 이 서간을 처음으로 '에페소서'라고 한 사람은 180년경 리옹의 주교 이레네우스다. 이레네우스보다 한 세대 전에 마르키온은 이 서간에 '라오디케이아서'라는 이름을 붙였는데, 자기가 입수한 편집본에서 그런 명칭을 물려받았을 것이다(Brown, 626 참조). 둘째, 사도행전에 보면 바오로가 에페소에 머문 기간은 세 해 가량 된다(사도 19,10). 코린토 1서에도 바오로가 에페소를 방문한 것으로 되어 있다(1코린 16,8). 그런데도 에페소서에서는 이 공동체의 상황이나 문제점, 그리고 이곳을 다녀간 바오로의 개인적 흔적을 거의 찾아볼 수 없다. 유일하게 소개된 인물은 콜로새서에서처럼 바오로의 근황을 알려 주러 간 티키코스(6,21-22; 콜로 4,7)뿐이다. 셋째, 이 서간의 몇몇 대목에서 저자는 에페소 공동체에 관해 직접 알지 못하고 다른 이들에게 들어서 알게 된 것으로 서술한다(1,15; 3,2; 4,21). 아마도 에페소서는 바오로의 서간집에 포함되기 전에 일종의 '가톨릭 서간' 또는 '회람서간'으로 여러 교회에서 폭넓게 읽혔던 것 같다.

다. 집필 연대와 장소

전통적으로 에페소서는 수인 생활에 대한 언급(참조: 에페 3,1; 4,1; 6,20) 때문에 필리피서·콜로새서·필레몬서와 더불어 '옥중서간'이라고 불린다. 사도행전에 따르면 바오로는 적어도 세 도시에서 수인 생활을 한 것으로 되어 있다. 에페소(사도 19장), 카이사리아(사도 23—26장), 그리고 로마(사도 28장)다. 에페소서의 친저성을 인정하는 학자들은 60년대 이 세 도시 가운데 한 곳의 감옥에서 바오로가 에페소서를 쓴 것으로 추정하지만, 앞에서 살펴본 것처럼 이 서간이 바오로의 무명 제자가 쓴 것이 확실하다면 에페소서의 집필 연대는 90년대가 유력하고 집필 장소는 확인할 길이 없다. 110년경 안티오키아의 이냐시우스가 제자인 스미르나의 주교 폴리카르푸스에게 보낸 서간(『폴리카르푸스에게 보낸 편지』 1.2; 5.1)에 에페 5,25.29을 반영하는 대목이 나오기 때문이다. 추측컨대 이 시기에 에페소에는 바오로의 사상을 따르는 추종자들이 있었고 이 무리가 바오로 서간들을 최초로 수집하였으며 이들 가운데 에페소서의 무명 저자도 포함되었을 법하다.

라. 구조와 신학 사상

에페소서는 시작 인사와 끝 인사인 머리말(1,1-2)과 맺음말(6,21-24)을 제외하고 크게 둘로 나뉜다. 직설법 가르침으로 일관하는 전반부(1,3—3,21)는 하느님의 신비와 위업이 하느님과 인간, 인간과 인간 사이의 일치와 화해로 드러나게 되는데 그리스도와 교회가 바로 일치와 화해의 장소임을 강조한다. 이어서 명령법 권고로 되어 있는 후반부(4,1—6,20)는 이 일치와 화해의 삶을 어떻게 구체적으로 살 것인지 그 실천 방안들을 제시한다.

에페소서가 바오로의 친서는 아니더라도 이 서간의 저자는 바오로의 충실한 제자로서 그의 사상을 충실히 전달하고 있다고 할 수 있다. 특히 로마서, 코린토 1·2서, 갈라티아서, 그리고 콜로새서의 내용을 표현과 어휘를 달리해서 반복하여 전달한다. 에페소서의 중심 주제는 그리스도와 교회 안에서 드러나는 하느님의 신비와 위업이다. 하느님은 그리스도와 교회를 통하여 사람들 가운데 일치와 화해를 이루시고 모든 사람을 한 백성으로 불러 모으시어 당신의 자녀로 삼으셨다. 하느님의 이 위업에는 인종이나 성별의 차별이 들어설 자리가 없다. 에페소서 저자는 그리스도와 교회의 친밀하면서도 종속적인 관계를 세 가지 표상을 이용하여 설명한다. 몸(1,22-23; 4,15-16)과 건물(2,20-22)과 부부(5,22-33)의 표상이 그것이다.

에페소서에는 바오로의 다른 서간들에 나오는 주요 신학 사상이 대부분 다 나온다. 하느님의 의화는 그분이 거저 주시는 선물로서 인간이 그것을 믿음으로 받아들이면 얻게 되고(1,13; 2,5.8-9: 로마서와 갈라티아서), 이 선물이 십자가에 못 박히신 예수님의 대속 죽음으로 주어지며(1,7: 코린토 1서와 2서), 성령은 변화와 화해를 이루는 힘으로서(2,17-18: 코린토 1서) 다양한 은총의 선물들을 통하여 교회 공동체 안에 드러나고(4,1-13: 코린토 1서), 유다인들과 이방인들의 운명과 둘 사이의 관계는 하느님의 계획 안에 자리를 잡고 진전되며(1,12-13; 2,11-12; 3,6: 코린토 1서), 마지막으로 이방인들에게 복음을 전해야 하는 바오로의 소명은 하느님에게서 직접 받았다(3,7-8: 코린토 2서와 갈라티아서).

그러나 에페소서가 바오로의 다른 서간들과 크게 다른 점은 두 가지다. 첫째, 이 서간은 이전의 서간들과는 달리 이 하느님의 위업을 논쟁의 언어로 증명하려 하지 않고 기도와 명상의 언어로 증언한다. 에페소서의 경우 기도는 신학을 전달하는 중요한 수단이다. 3장에 나오는 바오로의 기도(3,14-21)는 하느님의 신비한 계획과 활동이 세상과 교회 공동체와 개인들 안에서 충만하게 드러나기를 간청하는 기도로 이 서간의 중심 주제에 부합한다. 둘째, 이 서간은 바오로가 전하는 복음을 진리와 거짓, 선과 악, 빛과 어둠 사이의 갈등으로 나타나는 우주적 전투의 틀 안에 둔다. 이 전투에서 그리스도인들은 성령의 무기인 하느님의 말씀으로 무장하여 권세와 세력의 악신들과 암흑 세계의 지배자들과 하늘의 악령들에 맞서서 용감하게 싸워야 한다(6,10-20). 거짓과 악과 어둠의 편에 서 있는 영적 세력들은 하늘을 다스리는 주체들인데(1,21; 2,2; 3,10; 6,12; 참조: 로마 8,38; 1코린 15,24; 콜로 1,16; 2,15), 이방인들이 떠받들던 해·달·별 등 천체를 비롯하여 물질적 우주와 그리스도교 이전의 종교 세계를 지배하던 통치 세력, 특히 모세의 율법(갈라 3,19)과 그 체제의 수호자(콜로 2,15)를 가리킨다. 종교적 실체를 이처럼 우주적 실체로 상징화하는 것은 그리스 문화권에서 낯설지 않다. 인간이 하느님에게서 떨어져 나가면 하느님께 대항하는 이런 영적 세력들의 노예가 되고 동료 인간들과도 원수가 되어 그들에게서도 떨어져 나간다. 동료 인간들 사이의 적대감은 유다인들과 이방인들 사이의 역사적 갈등에서 그 좋은 사례를 볼 수 있다.

에페소서에서 복음 선포는 바로 이 우주·역사적 적대감을 완전히 뒤엎는 하느님의 위업을 알리는 것이다. 하느님은 하느님과 인간, 인간과 인간 사이의 망가진 관계를 회복할 신비로운 계획을 세우셨다. 모든 것을 일치와 화해로 이끌 이 중요한 계획의 중재자는 예수 그리스도이시다. 그분의 십자가 죽음은 하느님과 인간 사이의 단절을 다시 잇고 인간을 억압하는 우주적 세력들을 완전히 몰아내셨으며, 다시는 적대감으로 갈라서지 않고 평화롭게 살아갈 수 있는 새로운 인생길을 열어 주셨다. 이 화해의 구체적 징표가 바로 교회 안에서 이룬 유다인들과 이방인들 사이의 일치다. 교회야말로 세상 안에서 하느님의 위업을 증언하는 살아 있는 공동체다. 실로 교회는 에페소서에서 관심의 초점이다(1,22; 2,21; 3,5-6).

6. 필리피서

필리피서는 바오로가 자신의 선교 활동을 지원하기 위해 헌금을 보내 준 필리피의 그리스도인들에게 보낸 애정어린 감사의 편지다. 이 서간에서 우리는 바오로가 그리스도인이 되기 전의 삶에 대한 귀중한 정보를 얻을 수 있을 뿐 아니라(3,5-6) 그의 다양한 인간적 면모를 들여다 볼 수 있다. 필리피서의 바오로는 때로는 엄격한 스승으로, 때로는 애정이 넘치는 친구요 믿을 만한 조언자로 자신을 드러낸다. 또한 필리피서는 바오로의 삶을 송두리째 변화시킨 그리스도의 죽음과 부활에 대한 만년의 깊은 반성(3,7-14.20-21)과 더불어 바오로 이전의 그리스도 찬가를 전해 준다(2,6-11).

가. **필리피 교회**

마케도니아 북동쪽에 위치한 필리피는 알렉산드로스 대왕의 아버지

이자 마케도니아의 임금이었던 필리포스 2세(기원전 359-336년 통치)가 자신의 이름을 따서 세운 도시다. 이곳은 아드리아 해협의 항구들과 북서 아시아를 연결하는 로마의 국도 비아 에그나티아Via Egnatia의 중요한 거점 도시가 되었다. 기원전 42년에 마르쿠스 안토니우스는 필리피를 로마의 식민지로 만들고 자기 군대의 퇴역 군인들을 이곳에 거주시켰다. 기원전 31년 악티움 해전에서 안토니우스를 제압하고 로마 황제가 된 아우구스투스는 필리피에 더 많은 퇴역 군인들을 이주시켜 자치권을 부여하고 로마의 속주(Colonia Julia Augusta Philippensis)로 재편하였다. 로마의 전초 기지로서 필리피는 이탈리아 법Lex Italicum에 따라 통치되었다(Cartwright).

바오로는 실라스와 티모테오를 데리고 유럽 선교를 위해 50년경에 소아시아를 떠났다. 네아폴리스 항구에서 내린 그들은 비아 에그나티아를 택하여 필리피로 들어가서 활발하게 복음을 전하였다. 그때 티아티라 출신의 자색 옷감 장수 리디아에게서 큰 도움을 받았다. 필리피 교회는 바오로가 유럽 대륙에 세운 첫 그리스도교 공동체로서 그에게는 큰 기쁨과 자랑이었다(사도 16,12-40; 필리 4,15).

나. 집필 장소와 연대

필리피서의 친저성을 의심하는 학자는 없다. 이 서간은 바오로가 자신이 직접 세운 공동체의 그리스도인들에게 써 보낸 편지다. 필리피서는 에페소서·콜로새서·필레몬서와 더불어 옥중서간으로 분류한다. 바오로가 필리피서를 어느 도시의 감옥에서 썼는지를 두고 의견이 분분하다. "경비대"(1,13: 황제의 친위대)와 "황제 집안 사람들"(4,22)의 언급으로 미루어 로마나 카이사리아의 감옥(사도 24,26-27; 28,30)을 집필 장소로 내세우기도 하지만, 이 서간이 단일한 편지가 아니라 여러 편의 편지들을 모은 문헌이고 바오로가 이곳 교회에서 자신의 사절들을 파견하였음(2,19-30; 4,18)을 감안하면, 로마나 카이사리아보다는 가까운 곳, 예를 들어 바오로가 2년 이상 머물렀던 에페소를 집필 장소로 생각할 수도 있겠다. 이 경우 필리피서는 56년이나 57년에 쓴 것으로 보인다.

다. **구조와 신학 사상**

짧은 인사와 감사 기도로 된 머리말(1,1-11)과 끝 인사를 담은 맺음말(4,21-23)을 제외하고 이 서간의 주요 본문은 따로 구분할 필요 없이 통으로 다루어도 무방하다. '우정의 편지'로 통하는 필리피서에는 갈라티아서나 코린토서에 나오는, 적수들에 대한 바오로의 분노와 격렬한 논쟁을 찾아볼 수 없다. 필리피인들은 바오로의 마음속에 늘 자리 잡고 있으며(1,7) 바오로는 그리스도 예수의 지극한 사랑으로 그들을 그리워한다(1,8). 그는 필리피 교우들과 자신의 기쁨을 함께 나누고 싶어 한다(2,18). 특별한 우정과 친교에서 흘러 나오는(1,5; 2,1; 3,10; 4,15) 조용한 기쁨이 필리피서 전편에 흐른다(1,4.18; 2,2.17-19.28-29; 3,1; 4,1.4.10).

필리피서를 올바로 이해하기 위해서는 먼저 그리스 문화에서 중요한 덕목으로 꼽는 '우정'의 개념을 정확하게 파악할 필요가 있다. 첫째, 우정은 무엇보다 친교(코이노니아)다. 친구들은 물질적인 것이든 영적인 것이든 유익하고 좋은 것이면 무엇이나 함께 나눈다. 둘째, 우정은 일치와 평등을 지향한다. 친구들 사이의 정신적 유대는 상대방을 나와 대등한 존재로 대하며 '한 영혼'이나 '또 다른 나'로 부를 만큼 강하다. 셋째, 우정은 더불어 사는 것이다. 친구들은 놀이와 취미는 물론 공부와 사업 등 무엇이나 같이하고 싶어 한다. '공동생활'은 우정을 항구적으로 증진시킨다.

그리스인들에게는 우정의 기초가 비슷한 관심사와 특정한 철학관, 또는 물질적으로 비슷한 수준이었다. 이런 사람들끼리 모여야 물질적으로든 정신적으로든 서로 이익이 되었다. 그러면 그리스도인들의 우정은 어디에 기초하는 것일까? 필리피서에서 바오로는 그리스도와 성령과 복음이 친교의 기초라고 말한다(2,1). 그리스도와 성령은 바오로가 전하는 복음을 통해서 필리피인들에게 알려졌고 이 복음을 통해서 바오로와 필리피 공동체는 하나가 되었다. 어느 공동체에게서도 자신을 위한 물질적 도움을 거부했던 바오로가 필리피 교우들의 도움은 기꺼이 받아들인 이유도 그들과 맺은 특별한 우정 때문이었다.

그리스도교 우정의 가장 두드러진 특징은 사심 없고 겸손한 봉사다. 2—4장에서 바오로는 필리피 교우들에게 이 봉사의 원칙(2,1-4)과, 이 원칙을 충실하게 지킨 훌륭한 모범들, 곧 예수 그리스도(2,6-11)와 바오로 자신(2,17; 3,4-11)과 티모테오(2,19-24)와 에파프로디토스(2,25-30)의 희생적 삶을 제시한다. 그리스도교 봉사는 남을 자기보다 낫게 여기고 자기 이익이 아니라 상대방의 이익, 더 나아가 공동의 이익을 추구해야 한다. 이기적인 야심과 허영과 경쟁의식으로 가득 찬 봉사는 그리스도와 성령에 기초한 우정과는 거리가 멀다(2,3-4). 겸손하고 사심 없는 봉사의 가장 뛰어난 모범은 그리스도이시다. 그리스도 찬가(2,6-11)가 이를 잘 반영하는데, 이 찬가는 바오로가 초대 교회에서 즐겨 부르던 노래를 필리피 교회의 상황에 맞추어 번안한 것이다. 예수님은 하느님과 동등한 분이셨지만 오히려 자신을 다 내놓으시고 종의 신분을 취하셔서 우리와 똑같은 인간이 되셨다. 그러고는 십자가에 달려 죽기까지 순종하셨다. 극단적인 낮춤과 철저한 종살이로 그리스도께서는 천상에서 지상으로 지상에서 지하로 내려가셨다가, 다시 지하에서 지상을 거쳐 천상으로 올라가심으로써 하늘과 땅 위와 땅 아래에 있는 모든 것의 주님이 되셨다. 또한 그분을 통해서 아버지 하느님도 찬양받게 되셨다. 그리스도의 낮춤과 순종은 필리피인들에게 자신의 이익만을 추구하지 않고 오히려 자신을 비우고 다른 이들에게 사심 없이 봉사함으로써 일치와 평등을 추구해야 한다는 사실을 가르쳐 준다.

그리스도에 이어서 바오로는 자신을 모범으로 제시한다. 바오로는 필리피 교우들의 믿음을 위해서라면 자신의 피라도 쏟아 부을 각오가 되어 있으며, 그렇게 되는 것을 기뻐할 것이다(2,17). 그리스도께서 자신을 완전히 비워 아버지 하느님과 일치하셨듯이, 바오로도 그리스도를 위해서 모든 것을 잃어버리고 그것을 장애물로 여김으로써 그리스도와 하나가 되었다(3,7-9). 바오로가 그리스도와 필리피 교우들을 위하여 모든 것을 바쳤듯이 이제는 그들이 그리스도와 서로를 위해 그렇게 해야 한다. 티모테오도 필리피 교우들과 복음과 스승을 위하여 바오로처럼 희생적 삶을 살았다(2,19-24). 필리피인들이 감옥에 갇혀 있는 바오로에게 시중을 들 수 있도록 파견한 에파프로디토스도 필리피인들에게 좋은 모범이다(2,25-30). 그는 바오로를 도와준 동료요 전우인데 바오로와 그리스도와 복음을 위하여 너무 열심히 봉사한 탓인지 중병에 걸렸다가 가까스로 회복하여 고향으로 돌아간다.

이런 모범들을 제시한 다음 바오로는 필리피 교우들에게 우정어린 충고를 한다. “내가 사랑하고 그리워하는 형제 여러분, 나의 기쁨이며 화관인 여러분, 이렇게 주님 안에 굳건히 서 있으십시오, 사랑하는 여러분!"(4,1). 무엇보다 바오로는 필리피 교우들에게 기쁘게 살라고 권고한다(4,4). 주님의 날을 기다리며 세상 걱정일랑 하느님께 맡겨드리고 늘 감사와 청원의 기도를 바치라고 권면한다. 그러면 하느님의 평화가 필리피인들의 삶을 지켜 주실 것이다(4,6-7).

7. 콜로새서

바오로의 친저서간인가 아닌가를 떠나서 콜로새서는 그리스도와 그분의 신비체인 교회, 그리고 하느님의 구원 계획에 관한 바오로의 사상을 대변하는 데 조금도 손색이 없다. 헬라 종교와 유다교와 그리스도교의 신비주의에 기초를 둔 종교혼합주의가 콜로새 공동체를 위협하고 있는 상황을 간파한 바오로는 콜로새 신자들에게 그리스도가 구원의 유일한 중개자임을 강조하며 그리스도를 통한 하느님의 인류 구원 계획을 밝히는 데 주력한다.

가. **콜로새 교회**

바오로 당대에 소아시아의 서쪽 해안에 위치한 항구 도시 에페소와 소아시아 내륙 남동쪽 이코니온과 타르수스 사이에는 프리기아 산맥을 관통하는 중요한 무역로가 있었다. 이 무역로를 따라 에페소에서 180킬로미터 정도 내륙으로 들어가면 프리기아 지방의 화산 지대인 리쿠스 강 계곡이 나오고 그 강변에 상업과 직물업의 중심지인 라오디케이아가 자리 잡고 있었다. 거기서 북쪽으로 작은 길을 따라 9킬로미터 정도 올라가면 온천수와 아폴로 신전과 자색 염색업으로 유명한 히에라폴리스가 나온다. 여기서 남동쪽으로 18킬로미터 정도 떨어진 곳에 자색 모직업으로 잘 알려진 콜로새가 있었다. 대충 삼각형을 이룬 이 세 도시 가운데 로마 시대에 가장 중요한 도시는 라오디케이아였고 가장 작은 도시는 콜로새였다. 세 도시의 주민들은 프리기아인들과 그리스인들이 주를 이루었지만 기원전 200년 경부터 바빌론에서 이주해 온 유다인들도 만 명 이상 그곳에 거주하였다.

이 세 도시에 자리 잡은 교회 공동체들은 서로 밀접한 관계를 맺었다. 바오로는 세 공동체에서 열심히 일해 온 에파프라스에 대해 증언하고(콜로 4,12-13) 콜로새서를 라오디케이아 교회에서도 낭독해 주기를 부탁한다(4,16; 참조: 2,1). 콜로새 교회가 자리 잡은 소아시아 프리기아 지방은 그 당시 온갖 마술과 신비한 것들에 몰두한 곳으로 알려져 있었다. 이곳에는 일찍이 모신母神 키벨레 숭배가 들어와 있었고, 그 뒤에는 그리스도교 이단 몬타누스주의가 성행하였다. 콜로새 교회는 바오로의 선교 동료이자 감옥에도 함께 갇힌 바 있던 에파프라스가 창설하였다. 그러나 바오로 자신은 이 교회를 창립하지도 않고 방문한 적이 없어서 이곳 신자들은 그의 얼굴을 모른다(2,1).

나. 저자와 집필 연대와 장소

콜로새서 역시 에페소서·필리피서·필레몬서와 더불어 옥중서간으로 분류된다. 이는 서간에서 바오로가 자신을 감옥에 갇힌 몸으로 소개하고 있기 때문이다(4,3.18). 이 경우 어느 도시의 감옥인가에 대한 논란은 위 필리피서의 경우처럼 에페소와 로마 가운데 콜로새와 가까운 에페소 쪽으로 기운다. 그런데 콜로새서가 바오로의 친저서간이냐 아니냐에 대한 논란은 아직도 수그러들지 않고 있지만 아직까지는 바오로 계열의 서간으로 보는 견해가 좀 더 우세하다(대략 6대 4의 비율). 그럴지라도 콜로새서가 바오로의 신학 사상을 충실하게 전하고 있다는 점에서는 이의가 없다.

친저성 논란의 한복판에는 바오로의 친저서간인 필레몬서에 언급된 인명과 이 서간에 나오는 인명이 대부분 겹친다는 사실이 자리 잡고 있다. 바오로를 제외하고 필레몬서에는 열 사람의 이름이 등장하는데, 그 가운데 일곱(티모테오, 오네시모스, 에파프라스, 마르코, 아리스타르코스, 데마, 루카)은 바오로가 갇혀 있는 곳의 사람들 이름이고, 나머지 셋(필레몬, 아피아, 아르키포스)은 이 서간의 수신자들이 사는 곳의 사람들 이름이다. 이 가운데 여덟 사람의 이름(앞의 일곱은 같고 뒤의 셋 가운데 아르키포스가 포함됨)이 콜로새서에도 나온다. 그러나 이 사실은 콜로새서의 친저성을 증명해 줄 수 있는 근거가 되지는 못한다. 왜냐하면 바오로가 아닌 다른 사람이 필레몬서의 자료를 이용하여 콜로새서를 집필했을 수도 있기 때문이다.

콜로새서의 집필 연대와 장소도 친저성의 논란 때문에 확정적으로 말하기가 어렵다. 콜로새서를 바오로의 친저서간으로 인정하는 사람들은 필레몬서처럼 56-57년경에 에페소 감옥에서 썼다고 말하지만, 친저성을 거부하는 이들은 바오로 사후의 이른 시기인 70년대를 집필 연대로 보고 집필 장소에 대해서는 추정을 포기한다.

다. 구조와 신학 사상

콜로새서의 친저성 논란을 제쳐 두고 이 서간의 내용을 글자 그대로 보면 서간의 집필 동기는 에파프라스가 바오로와 함께 감옥에 갇혀 있는 동안에 콜로새 교우들이 일부 거짓 지도자들에게 현혹되어 창설자가 전해 준 복음에서 이탈하고 있다는 소식을 듣게 된 데서 비롯한다. 바오로는 티키코스와 더불어 노예인 오네시모스를 제 주인 필레몬에게 돌려보내면서 두 사람 편에 편지를 딸려 보낸다. 바오로는 두 사람이 콜로새와 라오디케이아의 교우들에게 자신을 비롯하여 함께 갇혀 있는 에파프라스·아리스타르코스·루카·테마 등의 안부를 전하게 하고, 두 지역 교회의 신자들이 자신이 써 보낸 편지를 공동 집회에서 큰 소리로 낭독하도록 당부한다.

콜로새서는 첫 인사와 감사 기도로 이루어진 머리말(1,1-8)과 끝 인사로 되어 있는 맺음말(4,7-18)을 제외하고 크게 둘로 구분할 수 있다. 서술체의 전반부(1,9—2,23)에서 바오로는 콜로새 공동체가 겪고 있는 어려운 상황을 직시하고 그 상황을 풀어 나갈 그리스도교의 원리를 제시한다. 명령법과 권고체로 된 후반부(3,1—4,6)에서는 현실의 삶에 그리스도교의 원리를 어떻게 적용할 것인지 권고 형식으로 그 구체적 실천 방안을 제시한다.

콜로새 교회의 문제는 무엇이었을까? 또 공동체의 질서와 분위기를 어지럽힌 거짓 지도자들은 어떤 사람들이었는가? 콜로새서의 증언만으로는 이를 구체적으로 밝혀내기가 쉽지 않다. 바오로가 경계하라고 한 거짓 지도자들은 외부에서 들어온 이교 신비주의자들, 수구파 유다인들, 유다인 행세를 하는 자체 내의 이방계 그리스도인들 등 여러 유형을 생각할 수 있겠지만 꼭 집어서 말할 수는 없다. 그러나 그들이 콜로새 공동체 안에 무슨 문제를 일으켰는가는 밝힐 수 있다. 문제의 핵심은 완전함에 관한 것이다. 거짓 교사들은 에파프라스가 전한 복음이 완전함이나 영적 성숙에 도달하는 데 역부족이라고 하면서 콜로새 교우들에게 더 완전한 철학과 통과의례와 종교적 실천을 요구한다.

이에 대해 바오로는 하나하나 반론을 제기한다. 첫째, 거짓 교사들의 철학은 세속 원리에 기초하여 인간이 만든 것이지만 자신이 콜로새인들에게 전한 복음은 그리스도에 대한 믿음에 바탕을 둔다(2,8). 그리스도의 인성 안에는 하느님의 완전한 신성이 깃들어 있는 만큼(2,9), 그리스도와 하나가 됨으로써 완전에 이르게 된다(2,10). 둘째, 거짓 교사들은 완전에 도달하기 위해 유다교의 할례를 요구하지만, 그 할례는 형식적인 것일 뿐 진정한 할례는 그리스도의 할례인 세례다. 그리스도인은 세례를 받음으로써 그리스도와 함께 묻혔고 그리스도와 함께 살아났다. 세례를 통하여 그리스도와 함께 묻히고 살아난 콜로새 교우들은 그리스도를 죽은 자들 가운데서 다시 살리신 하느님의 능력으로 완전한 용서를 받게 되었다(2,12-13). 셋째, 거짓 교사들은 완전함에 도달하기 위한 조건으로 음식 규정과 축제와 안식일 지키기 등 율법 준수를 요구하지만, 하느님은 율법의 빚문서를 십자가에 못 박아 없애 버리셨다(2,14). 율법의 규정들은 장차 올 본체인 그리스도의 그림자에 지나지 않는다(2,17). 넷째, 거짓 교사들은 성욕과 식욕 등 육체의 욕망을 극도로 절제하는 금욕주의로 완전에 도달한다고 주장하지만, 이 같은 금욕주의는 교우들 사이에 자만과 경쟁심만 유발할 뿐 진정한 영적 성숙에는 도움을 주지 못한다(2,22). 참다운 영적 성숙은 인간 정신의 훈련으로 얻을 수 있는 것이 아니라, 믿음으로 교회의 머리이신 그리스도와 일치하여(2,19) 성령의 도우심으로 하느님의 뜻을 충분히 깨닫고(1,9) 상호협력과 사랑을 실천하면서 얻을 수 있다. 에파프라스가 전한 복음을 받아들여 예수 그리스도를 믿고 서로 사랑을 실천하는 콜로새인들은 완전에 도달하는 데 다른 것이 더 필요하지 않다.

전반부 앞부분에 자리 잡은 '그리스도 찬가'(1,15-20)는 초대 교회의 전례에 사용되었을 찬미가였을 것이다. 콜로새서 저자는 기존의 초대 교회 찬가에 몇 가지를 덧붙여 콜로새인들의 오류를 바로잡는 강력한 논증 도구로 삼은 것으로 보인다. 예를 들어 18절의 "그분은 또한 당신 몸인 교회의 머리이십니다"와 20절의 "그분 십자가의 피를 통하여 평화를 이룩하시어"가 덧붙인 말일 수 있다. 저자는 찬가의 내용을 앞세워 천상천하의 모든 것, 보이는 피조물은 물론이요 왕권과 주권과 권세와 세력의 천사들처럼 보이지 않는 것까지도 모두 그리스도를 통해서, 그리스도를 위해서 창조되었다고 선언함으로써 그리스도의 충만성을 증언한다. 이 충만성은 하느님께서 그리스도에게 기꺼이 나누어 주신 당신의 본질이며 하느님은 이 그리스도를 내세워 만물을 구원으로 이끄셨다(1,19-20).

콜로새서의 후반부(3,1—4,6)는 에페소서에서 볼 수 있는 것과 유사한 가정 규범을 비롯하여 바오로의 여러 가지 권고를 담고 있다. 이제 하느님의 구원의 은총을 선물로 받은 콜로새 교우들은 그리스도와 함께 세속의 유치한 원리와 욕망을 죽음에 붙이고 새 인간으로 다시 태어나야 한다. 새 인간은 자기 창조주의 형상을 따라 끊임없이 새로워져야 한다. 그리고 새 인간이 되는 데에는 그리스인과 유다인, 할례받은 자와 받지 않은 자, 노예와 자유인의 구별이 없다(3,11). 하느님의 성도들이며 사랑받는 백성이 된 콜로새 교우들은 그 신분에 합당하게 이웃 사랑을 실천함으로써 완전함을 향해 정진해야 한다. "이 모든 것 위에 사랑을 입으십시오.

사랑은 완전하게 묶어 주는 끈입니다”(3,14). 바오로는 무엇보다 그리스도의 말씀이 콜로새 교우들 안에 풍부하게 머무르게 하라고 권고한다(3,16).

후반부에 담긴 가정 규범(3,18—4,1)에서 바오로는 가부장제와 노예제도 같은 당대의 사회적 틀을 그대로 수용하면서도 이 틀을 뛰어넘는 윤리적 지침을 제시한다. 이와 관련하여 당시에 많은 그리스도인들이 노예들이었고 소수의 사람들만이 부유한 주인이었다는 사실을 감안할 필요가 있다. 저자가 노예들에 관한 규범에 네 구절씩이나 할애하는 반면, 주인들에 관한 규범에는 단 한 구절만 할애한 이유도 여기에서 비롯한 것으로 보인다. 콜로새서의 가정 규범에서 두 가지 특징을 지적할 필요가 있다. 첫째, 이 규범은 상호적이다. 아내는 남편에게 순종해야 하고(모든 남자에게 순종할 필요는 없다), 남편은 아내를 사랑해야 한다. 자녀들은 부모에게 순종하고 부모는 자녀들을 학대하거나 그들의 기를 꺾어서는 안 된다. 종들은 주인에게 충성하고 주인은 종들을 정당하고 공정하게 대우해야 한다. 둘째, 인간 상호 관계는 주님과의 관계에 바탕을 둔다. 아내는 남편에게 순종하되 그리스도인으로서 그렇게 해야 하고, 남편도 아내를 사랑하되 그리스도께서 보여 주신 순수한 사랑, 곧 아가페를 실천해야 한다. 자녀는 주님을 기쁘게 해 드리기 위해 부모에게 순종하고 부모도 자녀를 자기 소유물처럼 취급하지 말고 하느님의 선물로 받아들여 그들의 자유를 존중해야 한다. 종은 주인을 섬기되 남에게 잘 보이려고 눈가림으로 하지 말고 주님을 섬기듯이 정성껏 해야 한다. 반면에 주인도 모든 이의 진정한 주인은 하늘에 계신 주님이심을 인식하고 자기 종들에게 정의와 공정을 실천해야 한다.

바오로의 마지막 권고는 기도다. “기도에 전념하십시오. 감사하는 마음으로 기도하면서 깨어 있으십시오”(4,2). 그리고 바오로는 비록 감옥에 갇혀 있는 몸이지만 “말씀을 전할 수 있는 문을 하느님께서 열어 주시어”(4,3) 그리스도의 신비를 자유롭게 마음껏 전할 수 있도록 자신과 함께 갇힌 동료들의 석방을 위해서도 기도해 주기를 요청한다.

8. 테살로니카 1·2서

테살로니카 1·2서는 바오로 사도의 선교 활동 가운데 가장 초기의 활동을 전해 준다. 두 서간을 보면 바오로가 자신이 세운 교회 공동체들을 올바로 이끌기 위하여 얼마나 노심초사하였는지를 알 수 있다. 그는 이곳 신자들로 하여금 예수 그리스도께 대한 믿음을 굳건히 하고(믿음), 그분을 통해서 얻게 될 완전한 해방을 갈망하며(희망), 일상의 삶 안에서 형제적 사랑을 구체적으로 실천하도록(사랑) 권면한다. 무엇보다 새로 입교한 그리스도인들이 그리스도의 영광스런 재림에 대한 올바른 인식과 준비를 갖출 수 있게 하는 데 주력한다. 테살로니카서의 가르침에 따르면, 하느님 나라는 그리스도인들이 역사의 구체적 현장 안에서 이미 살기 시작한 삶의 충만한 구현 바로 그것이다.

가. **테살로니카 교회**

테살로니카는 필리피에서 서쪽으로 160킬로미터 정도 떨어진 곳에 위치한 항구 도시로서 예로부터 무역과 행정의 중심 도시였다. 기원전 315년 마케도니아 임금 필리포스 2세(알렉산드로스 대왕의 아버지)의 사위이자 알렉산드로스의 장군이었던 카산드로수스가 자기 부인 테살로니케이아의 이름을 따서 세운 도시다. 테살로니카는 테살로니케이아의 라틴식 이름이며 오늘날에는 살로니카로 불린다. 테살로니카는 기원전 168년에 로마의 지배 아래 있게 되었는데, 146년에는 마케도니아 속주의 수도로 승격되었다. 기원전 46년부터는 독립된 의회를 갖고 동전을 자체적으로 발행할 수 있는 자치시가 되었다. 테살로니카는 소아시아와 로마를 잇는 큰 도로, '비아 에그나티아'Via Egnatia의 중간 지역에 위치하고 에게 해의 테르미카 해엽에 항구를 가지고 있었으며 다뉴브 강의 종착지인 덕분에 해상과 육상 양쪽으로 교역의 중심지가 되었다. 로마 황제 갈레리우스 치세(305-311년) 때에는 제국의 수도가 된 적도 있었다. 오늘날에도 살로니카는 그리스에서 아테네 다음으로 큰 도시다.

테살로니카에는 유다교 공동체가 있었으나 동시에 여러 인종들이 섞여 사는 도시여서 수많은 종교 예식들이 성행하였다. 고고학 발굴과 역사적 기록은 이곳에 로마의 신들과 황제들을 비롯하여 카비리(농경 신들)·디오니수스·이시스·세라피스·오시리스와 같은 고대 근동의 신들에게 제사를 바치던 신전들이 있었다는 것을 증언한다. 그래서 바오로가 개종시킨 이곳의 그리스도인들을 거의 대부분 우상 숭배에서 돌아선 이방인들(1테살 1,9)로 추정할 수 있다.

필리피서와 더불어 테살로니카 1·2서에는 마케도니아 그리스도인들에 대한 바오로의 특별한 애정이 잘 드러난다. 테살로니카 교회는 바오로가 직접 세웠으며 이곳 그리스도인들에 대한 증언은 두 서간 말고도 신약성경 여러 대목에서 찾아볼 수 있다(사도 17,1-13; 20,4; 27,2; 필리 4,16; 2티모 4,10). 50년경 바오로는 성령의 지시를 받고 실라스와 티모테오와 함께 아시아 속주(소아시아, 곧 오늘날의 터키)에서 마케도니아(오늘날의 북부 그리스)로 건너갔다. 여기서 아카이아(오늘날의 남부 그리스)로 가면서 바오로는 필리피·테살로니카·베로이아·아테네·코린토를 잠깐씩 들렀다. 필리피(1테살 2,2; 사도 16,22-24)와 테살로니카(1테살 2,15-16; 사도 17,5-7)의 경우처럼 마케도니아 선교는 적대적인 유다인들의 고난과 모욕에 부딪쳐 고통스러운 것이었지만 그곳 그리스도인들의 공동체는 신앙의 뿌리를 바르고 튼튼하게 내렸고 바오로의 선교 사업에 물질적으로나 영적으로나 지원과 협조를 아끼지 않았다.

나. **저자와 집필 연대와 장소**

신약성경에서 가장 먼저 쓰인 문헌으로 알려진 테살로니카 1서의 친저성을 의심하는 사람은 거의 없다. 사도 17장에 따르면 테살로니카 교회는 바오로가 유럽의 첫 무대인 필리피에서 설교한 뒤 곧바로 창립하였다. 테살로니카에서 바오로의 선교가 성공하는 것을 보고 이를 시기한 유다인들은 로마 행정관리들에게 바오로가 나자렛 예수를 카이사르 이외의 다른 임금으로 선전한다고 고발하였다. 그래서 테살로니카 그리스도인들은 바오로를 베로이아로 보냈는데, 그곳에서도 바오로의 선교가 성공을 거두자 테살로니카의 유다인들이 그곳까지 몰려와서 방해하였다. 바오로는 티모테오와 실라스를 베로이아에 남겨 두고 아테네로 간다. 아테네에서 바오로는 티모테오와 실라스도 빨리 그곳으로 오라는 전갈을 보냈으니(사도 17,15) 그 둘이 아테네에 머무는 바오로와 합류하였을 것이다. 아테네에서 바오로는 자신이 세운 신생 그리스도교 공동체가 박해와 환난으로 흔들릴까 걱정되어 티모테오와 실라스를 테살로니카로 다시 보낸다(1테살 3,2-3). 그 사이에 바오로는 아테네에서 코린토로 건너와 그곳에 이방인 선교의 전진기지를 구축한다. 코린토에서 테살로니카의 소식을 불안하게 기다리던 바오로에게 티모테오와 실라스가 기쁜 소식을 가지고 돌아온다. 테살로니카 교회가 박해와 시련 앞에서도 당당하게 주님께 대한 믿음을 잘 지키고 있다는 것이다. 바오로는 곧바로 기쁨과 신뢰와 감사로 가득 찬 편지를 테살로니카 교우들에게 보낸다. 이상 사도행전과 테살로니카 1서의 기록이 역사적 사실이라면 이 서간은 49-51년쯤에 바오로가 코린토에서 써 보낸 것으로 볼 수 있다.

친저성을 의심받지 않은 테살로니카 1서와는 달리 테살로니카 2서는 1700년대부터 벌써 친저성 논란에 휩싸이기 시작했다. 친저성을 의심하게 하는 몇 가지 논거를 들자면 다음과 같다. 첫째, 1서와 2서의 구조와 내용이 너무 유사하다는 것이다. 친저성을 논할 때 한 가지 유의할 점은 비교되는 서간들의 이름이 다를 때는 서간들 사이의 유사성이 친저성을 뒷받침하는 논거가 될 수 있지만, 이름이 같을 경우에는 오히려 친저성을 의심케 할 논거가 된다는 것이다. 1서와 2서의 머리말과 맺음말, 이중 감사(1테살 1,2; 2,13과 2테살 1,3; 2,13), 축복의 기원(1테살 3,11-13과 2테살 2,16-17)과 더불어 어떤 구절은 말마디까지 거의 같다(예를 들면 바오로의 노동에 관한 언급: 1테살 2,9과 2테살 3,8). 같은 공동체에 자신의 편지를 이런 식으로 써 보낼 필요가 어디 있겠는가? 둘째, 어휘와 문체에서 1서는 바오로의 의심할 여지 없는 다른 친저서간들과, 2서는 바오로 계열 서간일 가능성이 높은 에페소서와 콜로새서와 닮았다. 셋째, 2서의 내용 가운데 거짓 교사들이 설치는 상황에서 이곳 공동체는 자신들이 전에 받아들인 건전한 가르침을 지켜야 한다는 충고(2테살 2장)는 사목서간의 충고(1티모 1,6-7; 4,1-2; 티토 1,9)와 비슷하다. 마지막으로 2서와 요한 묵시록 사이의 묵시문학적 유사성도 친저성을 의심케 하는 논거로 곧잘 지적된다.

한편 2테살 3,17의 의미를 두고 친저성의 논란은 더욱 가열될 수 있다. "이 인사말은 나 바오로가 직접 씁니다. 이것이 내 모든 편지의 표지입니다." 앞의 문장은 바오로의 친저성을, 뒤의 문장은 그 반대 주장을 추정하게 한다. 뒷 문장에서 '모든 편지'라는 표현은, 친저성을 옹호할 경우 1서가 2서 앞의 유일한 서간이어야 함을 감안할 때 어울리지 않기 때문이다. 그런데 친저성을 옹호하는 듯이 보이는 앞의 문장도 이 편지에 담긴 메시지의 진정성을 드러내기 위한 상징적 표현으로 이해할 수도 있다. 결론적으로 이상의 논거들은 테살로니카 2서가 바오로 자신의 육필 서간이 아니라 그의 이름을 빌려 출간한 바오로 계열의 서간이라는 주장으로 기울게 한다. 그렇지만 2서의 친저성을 옹호하는 입장도 만만치 않기에 두 경우를 다 같이 상정하며 논의를 이어가겠다.

테살로니카 2서가 바오로의 친저서간이라면 1서의 집필이 끝난 직후인 50년대 초반이 될 것이고 집필 장소 역시 1서의 경우와 마찬가지로 코린토가 될 것이다. 반면에 이 서간이 바오로의 차명借名 서간이라면 그 집필 연대는 광범위한 박해와 환난의 상황(2테살 1,4.6)과 악의 세력에 대한 묵시문학적 해석(1,9) 등을 감안할 때 묵시록 집필 연대와 같은 90년대일 가능성이 높고, 집필 장소에 대해서는 추정이 불가능하다.

다. 테살로니카 1서의 구조와 신학 사상

첫 인사와 감사의 말을 담은 머리말(1장)과 축복과 기도의 요청 및 끝 인사로 이루어진 맺음말(5,23-28)을 제외하고 1서의 본 내용은 콜로새서처럼 크게 두 부분으로 나눌 수 있다. 직설법과 서술체로 된 전반부(2—3장)는 바오로와 테살로니카 교회 사이의 관계를 설명하고, 명령법과 권고체로 된 후반부(4,1—5,22)는 테살로니카 신자들에게 보내는 지침과 권고를 포함한다. 1서는 처음부터 이 신생 교회에 대한 바오로의 감사와 애정을 솔직하게 드러낸다. 서간의 서두는 바오로가 전해 준 복음을 잘 받아들여 믿음의 뿌리를 튼튼하게 내림으로써 마케도니아와 아카이아에 있는 모든 신자의 모범이 된 테살로니카 공동체에게 보내는 긴 감사말로 장식된다. 그리스어 본문에서는 아홉 절(1,2-10)이 한 문장으로 되어 있는데, 2절의 "우리는 기도할 때에 여러분을 모두 기억하며 늘 하느님께 감사를 드립니다"라는 주절에 다른 절들이 모두 종속된다.

테살로니카 1서는 그리스-로마 시대에 통용되던 전형적인 권고서간에 속한다. 이 권고서간은 세 가지 중요한 요소로 이루어진다. 좋은 행업에 대한 기억, 본받아야 할 모범, 구체적 권고 사항이 그것이다. 처음 두 요소는 전반부의 내용이고, 나머지 하나는 후반부의 내용이다.

첫째, 바오로는 먼저 테살로니카 공동체에서 펼쳤던 자신의 선교 활동을 떠올린다. 그는 심한 반대에도 굽히지 않고 아무런 사심 없이 순수한 동기에서 하느님의 복음을 테살로니카 교우들에게 전하였다(2,5-7). 이런 바오로를 테살로니카 교우들은 신뢰하고 그의 말을 하느님의 말씀으로 받아들여 자기네 마음에 간직하였다(2,13). 바오로는 이를 무척 고맙게 여기고 이 서간 곳곳에서 감사의 표현을 한다.

둘째, 바오로는 두 가지 표상을 이용하여 자신을 본받아야 할 모범으로 제시한다. 바오로는 사도의 권위를 내세우지 않고 자녀를 돌보는 유모처럼 테살로니카 교우들을 부드럽게 대하였다(2,7). 그들을 위해서라면 목숨까지도 기꺼이 바칠 각오가 되어 있었다. 바오로는 그만큼 그들을 사랑했노라고 고백한다(2,8). 또한 그는 자녀를 대하는 아버지처럼 교우들 한 사람 한 사람이 하느님을 기쁘게 해 드릴 수 있도록 그들을 권고하고 격려하고 지도하였다(2,11-12). 테살로니카 교우들도 훌륭한 모범을 보여 주었다. 티모테오와 실라스에게서 테살로니카 교우들이 믿음과 사랑의 생활을 충실히 하고 있다는 보고를 받은 바오로는 큰 기쁨을 맛보고 사는 보람을 느끼며, 하느님께 어떻게 감사를 드려야 할지 모르겠다고 한다(3,9). 바오로는 주님께서 그들의 사랑을 더욱 키워 주시고 풍성하게 해 주셔서 그들에 대한 바오로의 사랑이 그들 가운데서 퍼져 나가기를 기원한다(3,12).

셋째, 4—5장은 구체적 권고들이다. 테살로니카 교우들은 거룩한 삶을 살도록 부르심을 받았다. 그들은 어떻게 살아야 하느님을 기쁘게 해 드리는지 바오로에게서 배웠고 이제까지 배운 대로 잘 살고 있다. 그러니 이제껏 살아온 것처럼 그대로 잘 살면 되는 것이다(4,1-2). 다만 주님의 재림과 관련하여 오해하고 있는 점은 분명히 풀어 줄 필요가 있다. 바오로는 이에 대해서 적절한 지침을 내린다.

이상의 구조와 내용과 상관없이 테살로니카 1서 전체를 관통하는 중요한 신학 사상은 두 가지로 요약할 수 있다. 하나는 바오로가 이미 전한 복음의 항구한 보전이고, 다른 하나는 예수 재림에 관한 분명한 가르침이다.

첫째 신학 사상, 곧 복음의 항구한 보존은 테살로니카 공동체의 외적 상황과 연결된다. 테살로니카 그리스도인들은 이교도에서 개종한 이방인들이 대부분이었다. 그들은 바오로의 설교로 이스라엘의 주님이시요 예수 그리스도의 아버지이신 한 분 하느님께 대한 믿음을 갖게 되었다. 그러나 테살로니카의 종교·정치·문화적 환경은 이곳 교우들이 바오로의 짧은 선교 활동에 힘입어 얻게 된 그리스도교 신앙을 항구하게 지켜 나가는 데 큰 장애가 되었다. 앞에서 언급한 황제 숭배, 잡다한 고대 근동 풍산신들의 숭배와 그 숭배에 직결된 온갖 난잡하고 방탕한 예배 풍속들, 그리고 유다인들의 박해는 전방위적으로 테살로니카 그리스도인들을 압박하고 혼란스럽게 하였으며 그들을 주류 사회에서 소외시켰다. 이런 상황에서 바오로는 교우들이 자신에게서 전해 받은 복음을 순수하고 끈기 있게 지켜 나가기를 간절히 바랐다. 그들에게 파견된 티모테오의 보고에 따르면, 이곳 공동체는 바오로의 말을 하느님의 말씀으로 받아들여 충직하게 보전하고 있었다. 바오로는 이에 대해 크게 기뻐하며 그들에게 감사한다. "우리는 또한 끊임없이 하느님께 감사를 드립니다. 우리가 전하는 하느님의 말씀을 들을 때, 여러분이 그것을 사람의 말로 받아들이지 않고 사실 그대로 하느님의 말씀으로 받아들였기 때문입니다. 그 말씀이 신자 여러분 안에서 활동하고 있습니다"(2,13).

둘째 신학 사상, 곧 예수 재림에 관한 가르침은 공동체의 내적 상황과 연결된다. 바오로는 그리스도 안에서 이루신 하느님의 위업을 묵시론적 또는 종말론적 사건으로 이해하였다. 하느님의 구원 계획은 예수님의 죽음과 부활에서 온전히 실현되고 이를 기점으로 인간 역사는 획기적인 전기轉機를 맞는다. 이제부터 믿는 이들은 모두 마지막 때에 살게 되었다. 이는 바오로를 비롯하여 모든 신앙인에게 하나의 확신이요 희망이었다. 바오로는 테살로니카인들에게 이 확신과 희망이 궁극적으로 완성되는 때가 바로 그리스도께서 모든 이들이 보는 가운데 하늘에서 내려오시는 재림의 순간이라고 가르쳤다(1,10; 4,16-17). 재림이라고 옮긴 그리스어 '파루시아'παρουσία는 본디 임금이 성대한 행렬을 갖추어 궁전에 도착하는 것을 말한다. 파루시아는 테살로니카 1서에서 네 번, 2서에서 세 번 나오는데, 이 빈도수는 바오로 계열의 모든 서간의 절반에 해당한다. 테살로니카 신자들은 그리스도 재림에 대한 기대 덕분에 어떠한 환난과 고통도 참아 낼 수 있었다. 그런데 문제는, 재림이 머지않아 일어날 것으로 기대하고 또 그렇게 가르친 바오로도 재림이 닥치기 전에 공동체에 죽는 사람이 생겨나리라고는 미처 예측하지 못했고, 테살로니카인들도 이런 상황을 어떻게 이해해야 할지 바오로에게서 가르침을 받지 못했다는 것이다. 설상가상으로 공동체에는 주님이 재림하시는 순간에 죽은 이들은 생명의 주인이신 그분을 직접 영접하지 못한다는 이유로 산 이들보다 주님의 영광에 동참하는 데 훨씬 더 불리할 것이라는 잘못된 생각이 퍼져 있었던 것 같다. 이런 잘못된 생각에 대해 바오로는 주님의 말씀에 의존하여 주님의 재림에 관한 가르침을 분명히 전한다.

첫째, 주님의 재림 때에 먼저 죽은 이들이 불이익을 당할까 봐 걱정하는 것은 쓸데없는 기우다. 재림이 닥치면 그리스도를 믿다가 죽은 이들이 먼저 살아나고 그다음에 살아남은 이들이 부활한 그들과 함께 구름을 타고 공중으로 들어 올려져서 주님을 만나게 될 것이다(4,13-18). 여기서 구름은 구약성경과 그리스도교 전승에서 다 같이 하느님의 현존을 드러내는 표상이고, 공중은 그리스-로마 우주관에 따르면 지구와 달 사이의 공간으로 악령들이 머무는 곳이다. 악령들은 이곳에서 지상에 악과 불행을 조장하고 죽은 이들의 영혼이 달에 올라가는 것을 방해한다. 영혼은 달에 도달하여 바람으로 지상에서 저지른 악업을 날려 버린 다음에야 이상향理想鄕인 여덟째 하늘까지 갈 수 있다. 바오로는 구름과 공중의 표상을 이용하여, 예수 재림 때에 하느님의 현존이 악령들이 머무는 공간을 차지하게 되면 죽었든지 살아 있든지 상관없이 그리스도인들은 어떤 것에도 방해받지 않고 오시는 주님을 만나 그분과 완전히 하나가 될 것이라고 선언하고 있는 것이다. "이렇게 하여 우리는 늘 주님과 함께 있을 것입니다"(4,17). 유의할 한 가지는 여기서 바오로가 이용한 구름과 공중 표상은 휴거론자들이 이를 축자적으로 받아들여 주장하는 공중부양과 아무런 상관이 없다는 사실이다.

둘째, 주님의 재림이 언제 올 것인가는 그리 중요하지 않다. 분명한 것은 그날이 반드시 오리라는 사실이다. 그리고 그날은 밤도둑처럼 예고 없이 갑자기 닥칠 것이다. 따라서 주님의 재림을 기다리는 합당한 자세는 빛의 자녀, 대낮의 자녀로서 정신을 똑바로 차리고 깨어 지키는 것이다(5,5-8). 밤은 태만·잠·만취의 상태를 상징하고 낮은 경계·활동·절제의 상태, 곧 깨어 지킴을 상징한다. 그리고 이 깨어 지킴은 공동체의 삶에서 믿음과 사랑과 희망을 실천하는 것을 말한다. "우리는 낮에 속한 사람이니, 맑은 정신으로 믿음과 사랑의 갑옷을 입고 구원의 희망을 투구로 씁시다"(5,8).

셋째, 주님의 재림이 곧 닥치겠지만 그렇다고 무위도식하면서 빈둥거리기만 하는 것은 잘못이다. 재림의 시기가 언제인지 아무도 모르므로 그리스도인들은 저마다 남의 일에 간섭하지 말고 조용히 자기 일에만 전념하고 제 손으로 일해서 자기 먹을 것은 스스로 마련해야 한다. 그래야 대다수 이방인들에게 책잡히지 않고 동료 그리스도인들에게 경제적 부담을 지우지 않게 될 것이다. "우리가 여러분에게 지시한 대로, 조용히 살도록 힘쓰며 자기 일에 전념하고 자기 손으로 제 일을 하십시오. 그러면 바깥 사람들에게 품위 있게 처신할 수 있고 아무에게도 신세를 지는 일이 없을 것입니다"(4,11-12).

넷째, 바오로가 테살로니카 교우들에게 선포한 종말론의 근거는 예수님의 죽음과 부활이다. 그리스도인들은 예수님의 운명을 그대로 재현해야 한다. 그분처럼 복음을 위해 십자가와 죽음을 감수하면 결국 그분과 함께 부활할 것이다. 예수님의 죽음과 부활에서 '이미' 하느님 나라는 분명히 드러났지만, 예수님의 재림이 오기까지 하느님 나라는 '아직' 완성되지 않은 상태다. 테살로니카 교우들은 두 시기 사이에서 살고 있는 공동체다. '이미'와 '아직' 사이를 살고 있는 그리스도인 공동체는 자칫하면 불안정과 불확실에 휘말려들 수 있다. 이런 공동체에는 강력한 지도력이 필요하고(5,12-13) 서로 돕고 붙들어 주는 형제애가 필요하다(5,14-15). 그리고 가라앉으려는 마음을 기쁨과 감사로 끊임없이 들어올리고, 기도에 의지하고 성령의 영감으로 가득 찬 예언의 말씀을 존중해야 한다(5,16-20).

라. **테살로니카 2서의 구조와 신학 사상**

테살로니카 2서의 구조도 1서와 거의 같다. 첫 인사와 감사의 말을 담은 머리말(1장)과, 축복과 끝 인사로 이루어진 맺음말(3,16-18)을 제외하고 2서의 본 내용은 두 부분으로 나뉜다.

직설법과 서술체로 된 전반부(2장)는 테살로니카인들의 종말론적 혼란에 대한 답변이다. 바오로는 주님의 날이 이미 닥쳤다고 하면서 테살로니카 교우들을 현혹시키는 거짓 예언자들에게 현혹되지 말기를 이 공동체에 당부한다. 그들은 심지어 바오로가 자신들에게 그리스도의 재림에 관해서 편지를 써 보냈다고 거짓말을 하였다(2,2). 그리스도의 재림은 아직 닥치지 않았으니 교우들은 동요할 필요가 없다. 사실 재림이 일어나기 전에 배교와 무법자의 출현이 나타나야 하는데, 아직 그런 일이 일어나지 않았기 때문이다. 그러나 사람들을 멸망으로 이끌려는 무법자의 계획은 이미 여기저기서 드러나고 있다. 다행히 하느님께서는 테살로니카 교우들을 성령으로 거룩하게 하시고 구원하게 하시려고 첫 열매로 선택하셨다. 이제 그들은 바오로에게서 말이나 편지로 배운 전통을 굳게 지켜 나가기만 하면 된다(2,15).

명령법과 권고체로 된 후반부(3,1-15)에서 바오로는 먼저 테살로니카 신자들에게 자기와 동료들이 박해자들의 손에서 구출되도록 자신들을 위해 기도해 줄 것을 요청하고 자신도 그들이 하느님의 사랑과 그리스도의 인내를 배우도록 그들을 위해 기도한다(3,1-5). 그런 다음 바오로는 테살로니카인들에게 재림에 대한 지나친 기대로 일도 하지 않고 빈둥거리는 '종말론적 게으름'을 단죄한다. 바오로는 공동체에 폐를 끼치지 않으려고 밤낮으로 쉴 새 없이 노동을 하여 생계를 꾸려갔던 자신의 모범을 기억해 주기를 바란다. 재림은 그렇게 쉽게 빨리 닥치지 않을 것이다. 그러니 일상의 삶에서 누구나 묵묵히 일하여 먹을 양식을 마련하고 꾸준히 좋은 일을 실행해 나가야 한다(3,12-13).

테살로니카 2서의 신학 사상은, 친서일 경우와 차명 서간일 경우로 나누어 생각할 수 있다.

먼저 바오로의 친저성을 인정하는 경우다. 이 경우 테살로니카 2서 역시 바오로의 다른 서간들처럼 신생 그리스도교 공동체의 위기 상황에 대비한 해결책을 제시한다. 테살로니카 공동체의 위기 상황은 무엇인가? 이곳 교회는 종말이 곧 닥칠 것이라고 여기면서 혼란과 불안에 휩싸였다. 어떤 이들은 생업을 포기하고 예수님의 재림을 기다리는 데만 몰두하였다. 이런 위기 상황은 어떻게 생겨났을까? 테살로니카 1서에서 바오로가 주님의 재림에 관해 제시한 가르침과 권고를 공동체가 오해한 데서 비롯한 것으로 보인다. 바오로는 1서에서 환난(1,6; 3,3-4.7)과 진노(1,10; 2,16; 5,9)라는 말을 자주 사용하였다. 환난은 박해를 동반한다. 묵시문학의 고전적 시간표에 따르면 극심한 박해는 하느님의 심판으로 이어지는 종말의 마지막 징표다. 공동체에 박해가 크게 닥치자 이곳 교우들은 하느님의 진노가 터져 나올 심판의 날, 곧 종말이 임박했다고 믿게 되었다. 이런 상황에서 하느님의 아들 예수님이 하늘에서 내려와 그분의 진노에서 우리를 건져 내실 것이라는 바오로의 말(1테살 1,10)은 임박한 종말을 시사한 발언으로 쉽게 오해할 수밖에 없었을 것이다. 물론 바오로는 주님의 재림에 대한 간략하지만 인상 깊은 서술(1테살 4,13—5,3)에서 오해를 사전에 방지하기 위하여 종말의 구체적 시간표를 제시하기를 거절하였다. 그 대신 종말의 시간표에 매달리기보다는 삼가 깨어 지킬 것을 권면하였다. 바오로가 요구한 '삼가 깨어 지킴'은 공동체에서 믿음과 사랑과 희망을 실천해 나가는 것을 뜻한다(1테살 5,8). 그러나 테살로니카 교우들은 밤도둑처럼 갑자기 닥칠 종말의 때를 밤잠도 안 자고 휴식도 취하지 않은 채 깨어 기다리는 것으로 착각하였다. 그래서 그들은 일상의 생업마저 포기하고 종말을 기다리는 일에만 매달렸다.

이런 위기 상황에서 바오로는 세 가지 해결책을 제시한다. 첫째는 환난을 긍정적으로 인식하는 것이다. 환난은 단순히 참아야 하는 강압적 상황이 아니라 테살로니카인들의 믿음과 사랑과 인내를 자라게 하는 긍정적 가치를 포함한다(2테살 1,3-4). 그들은 하느님 나라를 위하여 고통을 당한다. 따라서 그들이 이 고통을 잘 견디면 하느님 나라를 차지할 자격을 얻게 된다(1,5). 또 고통을 잘 견딘 테살로니카 교우들을 통해 주 예수님의 이름이 영광을 받고 그들도 주님께 영광을 받게 될 것이다(1,12).

둘째는 종말의 징표를 올바르게 인식하는 것이다. 테살로니카 지역 교회에 대한 박해가 곧바로 종말의 최종 징표가 될 수 없다. 종말은 반드시 온다. 그러나 그때가 언제인지는 아무도 모른다. 다만 악의 세력이 은밀하게 활동하고 악한 자가 완연하게 나타나 사탄의 힘을 빌려 온갖 종류의 거짓된 기적과 표징과 놀라운 일들을 행하여 사람들을 현혹시킬 것이다(2,7-10). 종말이 오기까지 이런 혼돈의 상황이 전개되겠지만, 그 기간이 얼마나 될지는 미지수다. 중요한 것은 '이미'와 '아직' 사이에 처한 테살로니카 공동체가 어떻게 믿음에 충실한 삶을 살아가느냐다.

셋째는 종말의 시간표에 대한 집착에서 일상의 삶으로 눈을 돌리는 것이다. 바오로는 세 기도에서 테살로니카 공동체가 어디에 마음을 모아야 하는지를 제시한다. 1장의 기도에서는 그들의 선한 지향과 믿음의 행실이 하느님의 능력으로 완성되기를 기원한다(1,11). 2장의 기도에서도 비슷하게 하느님께서 그들의 마음을 격려하시고 그들에게 능력을 주시어 온갖 좋은 일과 좋은 말을 할 수 있게 해 주시기를 간청한다(2,17). 3장의 기도에서는 주님께서 그들의 마음을 이끄시어 하느님을 사랑하게 해 주시고 그리스도의 인내를 본받게 해 주시기를 기원한다(3,5). 일상의 삶에서 선한 지향을 가지고 믿음과 사랑을 실천하는 것이 바로 올바른 '깨어 지킴'이다.

테살로니카 2서가 바오로의 친저서간이 아니라 차명 서간일 경우에는 묵시록의 저자가 처한 상황에 연결시킬 수 있다. 테살로니카 2서의 어조는 1서보다 더 강하고 예리하다. 박해에 대한 언급도 더욱 구체적이고(1,4-5) 박해자들에 대한 하느님의 심판도 더욱 명시적이다(1,6-9). 바오로의 친저성을 부인하는 이들은 묵시록처럼 이 서간의 배경으로 1세기 말 도미티아누스 황제의 박해 상황을 제시하기도 한다. 주님의 재림이 도둑처럼 닥칠 것이라고 본 1서와는 달리 2서에서는 재림을 알리는 징표가 출현했다고 말한다. 곧 거짓 예언자들의 속임수로 배교가 일어나고, 무법자가 자신을 신들 위의 신으로 들어 높이면서(다니 11,36 참조) 하느님의 성전에 자리 잡고 앉는다(2테살 2,3-5). 이 무법자의 행보는 거짓 표징과 이적을 일으켜 멸망할 자들을 현혹하는 사탄의 활동과 연결된다(2,10). 이 같은 상황 묘사는 묵시록의 기록을 닮았다. 테살로니카 2서를 차명 서간으로 보는 학자들은 이 서간의 집필 과정을 이렇게 추정한다. 밤도둑처럼 닥치는 주님의 날에 관한 테살로니카 1서의 가르침을 잘 알고 있는 한 무명 저자가 당대에 닥친 극심한 박해와 혼란을 종말에 앞서 일어날 묵시문학의 전형적 징표로 인식하고 바오로의 가르침에 의존하여 이 서간을 썼을 것이다. 그는 1서에 묘사된 것보다 더 악화된 상황에서 테살로니카 교우들이 거짓 예언자들의 설교에 현혹되지 말고 이제껏 배우고 지켜 온 전통적 신앙에 충실할 것을 촉구한다(2,15). 환난과 박해를 극복하는 길은 경거망동하거나 낙심하지 말고 묵묵히 생업에 종사하며 꾸준히 선을 행하는 것이다(3,12-13).

9. 티모테오 1·2서와 티토서

18세기부터 티모테오 1·2서, 티토서는 사목서간이라는 이름으로 불렸다. 세 서간의 주요 관심이 초기 교회의 열정적 선교 활동이 아니라 선교사들이 세운 공동체의 관리에 집중되어 있기 때문이다. 신약성경의 상징에서 선교사는 어부, 사목자는 목자로 통하는데, 공동체의 관리를 우리는 '사목'이라고 부른다. 사목서간은 형식상으로 바오로 사도가 제자이자 선교 동지인 티모테오와 티토에게 써 보낸 것처럼 되어 있지만 바오로 이후 세대에 무명의 저자가 집필한 바오로 계열의 서간이다.

가. **수신자: 티모테오와 티토**

사목서간의 수신자는 티모테오와 티토인데, 이들에 대한 다른 바오로 서간들과 사도행전의 증언을 바탕으로 이들의 삶을 묘사하자면 아래와 같다. 이 묘사는 사목서간 자체의 증언과 일치하는 부분도 있고 어긋나는 부분도 있다.

먼저 티모테오의 삶을 돌아본다. '하느님을 경외하는 자'라는 뜻의 티모테오는 유다인 어머니 에우니케(2티모 1,5: 할머니 이름은 로이스)와 이방인 아버지(사도 16,1) 사이에서 태어나 소아시아 동남쪽 리스트라에서 살다가 46년경 그곳에 복음을 전하러 온 바오로에게 세례를 받았다. 50년경부터 바오로의 선교 여행에 동참한 티모테오는 그 뒤 바오로의 충실한 협력자요 동업자로 남았다. 2차 선교 여행 동안에는 프리기아와 갈라티아를 거쳐 유럽으로 건너가 필리피·테살로니카·베로이아에 갈 때 바오로와 동행하였다. 바오로는 코린토에 머물면서 티모테오를 테살로니카 교우들에게 보내어 그들의 믿음을 북돋우게 하였고 티모테오가 기쁜 소식을 가지고 코린토에 돌아오자 바오로는 그들에게 보내는 서신의 공동 발신인으로 그를 내세웠다(1테살 1,1; 참조: 2테살 1,1; 2코린 1,1; 필리 1,1; 필레 1절). 그는 바오로의 코린토 선교에도 동참하였다(2코린 1,19). 54-57년 바오로가 에페소에 머무르는 동안에도 그는 바오로 곁에 있다가, 56년 초에 바오로의 명을 받고 예루살렘을 위한 모금 운동을 하러 에페소에서 마케도니아로 건너갔다(사도 19,22; 1코린 4,17; 16,10). 모금 운동은 코린토에서도 이루어졌는데 바오로가 코린토 1서를 보낸 다음 티모테오를 그곳에 보냈을 때 코린토 공동체는 그를 환대하지 않았다. 에페소에 서둘러 돌아온 티모테오는 코린토 교회의 좋지 않은 상황을 바오로에게 보고하였다. 바오로는 사태를 수습하려고 급작스럽게 코린토를 방문했지만 그곳 교우들은 바오로가 티모테오를 보내어 자신들의 재물을 갈취하려는 게 아닌가 하는 한심한 오해를 하였고 어떤 사람은 바오로 면전에서 그를 모욕하였다. 바오로는 고통스러운 방문을 마치고 에페소에 돌아와 그곳에 머물다가 협상에 능한 티토를 코린토에 파견하였다. 에페소에서 초조하게 티토를 기다리다가 그에게서 그곳 공동체의 상황이 좋아졌다는 기쁜 소식을 전해 받고(2코린 7,6-16) 바오로와 티모테오는 코린토인들에게 '화해의 편지'(2코린 1—7장)를 보냈다. 58년 오순절 직전에 바오로가 코린토에서 예루살렘으로 떠날 때에 티모테오가 트로아스에 먼저 가서 기다리고 있었다는 사도 20,4-5의 기록이 티모테오의 생애에 대한 신약성경의 마지막 언급이다.

바오로는 티모테오를 높이 평가하고 따뜻하게 소개하였다. 그는 "우리의 형제이며 그리스도의 복음을 위한 하느님의 협력자"다(1테살 3,2). "나와 같은 마음으로 여러분의 일을 성심껏 돌보아 줄 사람이 나에게는 티모테오밖에 없습니다"(필리 2,20). "그는 내가 주님 안에서 사랑하는 나의 성실한 아들입니다"(1코린 4,17). 여기에 덧붙여 티모테오서는 그를 아직 젊은이로 묘사하고(1티모 4,12; 2티모 2,22: 이 경우 30대 초반으로 추정 가능), 위장병을 비롯하여 다른 질병에 자주 시달렸던(1티모 5,23) 약골로 소개한다. 그런데 티모테오의 선교 여정에 관한 보고에서 사도행전과 바오로 친저서간들이 티모테오 1서와 모순된 내용이 있다. 티모테오 1서에서는 바오로가 마케도니아로 건너가면서 티모테오에게 에페소에 머물러 에페소 신자들의 사목을 부탁하는 데 반해, 위에서 살펴보았듯이 사도행전과 바오로 친저서간에서는 바오로가 오히려 에페소에 머물고 티모테오가 마케도니아로 건너가 모금 활동을 한다. 그래서 학자들은 바오로가 63년 로마의 연금이 풀리고 두 번째로 에페소로 돌아갔다가 그곳에 티모테오를 남겨 두고 혼자서 마케도니아로 건너갔다고 주장하기도 하지만, 이는 확인할 수 없는 가설에 지나지 않을 뿐더러 에페소 원로들에게 다시는 자기 얼굴을 볼 수 없으리라고 한 바오로 자신의 말과도 모순된다(사도 20,25.38). 따라서 우리는 티모테오 1서의 보고보다 사도행전과 바오로 친저서간의 보고를 신빙성 있는 것으로 받아들인다.

그다음 티토에 관해서 살펴보자. 티토는 사도행전에는 나오지 않고 바오로 서간에만 나온다. 티토도 역시 티모테오처럼 바오로의 충실한 선교 동반자요 협력자다. 티토는 바오로에게 세례를 받은 것으로 보인다. “나 바오로가 같은 믿음에 따라 나의 착실한 아들이 된 티토에게 인사합니다”(티토 1,4). 바오로는 티토를 데리고 49년 예루살렘 회의에 참석하여 할례받지 않은 이방인도 얼마나 진실한 그리스도인이 될 수 있는지를 보여 주었다(갈라 2,1-3). 바오로와 코린토 교회가 갈등을 빚을 때 티토는 뛰어난 외교적 수완을 발휘하여 중재 역할을 훌륭하게 해냈다. 56-57년경 코린토 교회를 방문했다가 큰 상처를 받고 에페소에 돌아온 바오로는 코린토 공동체에 ‘눈물의 편지’를 써서 티토에게 들려 보낸다. 티토는 바오로의 편지를 들고 가서 코린토 신자들을 설득하여 바오로를 공개적으로 비난한 자들을 공동체의 이름으로 단죄하게 하고 바오로와 화해하게 만든다. 그러고는 마케도니아에 머물던 바오로에게 이 기쁜 소식을 가져다 준다(2코린 7,6-16). 그 뒤 58년에 바오로는 티토를 다시 코린토에 보내어 예루살렘 성도들에게 보낼 돈을 모금하도록 한다(2코린 8,20-24; 12,17-18). 티토서는 바오로가 티토와 함께 크레타에 머물렀다가 티토를 그곳에 남겨 두고 떠난 이유를 이렇게 설명한다. “그대를 크레타에 남겨 둔 까닭은, 내가 그대에게 지시한 대로 남은 일들을 정리하고 고을마다 원로들을 임명하라는 것이었습니다”(티토 1,5). 바오로가 크레타를 떠나 어디로 갔는지에 대해서는 아무런 언급이 없다. 티토는 지역 공동체의 대표자는 아니고 바오로가 신임하는 협력자였다(2코린 8,23). 그러나 바오로는 티토에게 티모테오에게와 같은 친밀감을 드러내지는 않는다. 티토의 나이에 관해서는 신약성경 어디에서도 정보를 얻을 수 없다.

나. 사목서간의 저자와 집필 연대와 장소

이 서간들을 인용하거나 언급한 초기 그리스도교 저자들은 한결같이 이들을 바오로 친저서간으로 믿어 의심치 않았다. 그러나 최근 200년 동안 사목서간의 친저성을 두고 학자들 사이에 활발한 토론이 일어났고 이제는 대다수 학자들이 이 서간들을 바오로의 친저서간이 아니라 바오로 이후의 세대에 그의 신학 사상을 현실에 적용하여 저술한 바오로 계열의 서간으로 분류하는 추세다.

사목서간을 바오로 계열의 서간으로 분류하는 근거는 문체보다는 내용의 차이에 있다. 첫째, 사목서간에는 2세기에 와서야 본격적으로 알려지게 된 영지주의 사상과 특징이 나타나 있다. 부활의 생명을 이미 누리고 있다는 주장(2티모 2,17-18)과 혼인에 대한 경멸과 지나친 금욕주의(1티모 4,3.8)가 바로 그것이다. 둘째, 사목서간은 교회 조직에 대해 각별한 관심을 드러낸다. 교회는 하느님의 가정이며 그 안에는 감독·원로·남녀보조자·과부 등의 위계적 직무와 질서가 있다. 물론 영지주의 사상과 교회 직무에 대한 언급은 바오로의 친저서간에서도 발견되지만, 사목서간에서처럼 그렇게 뚜렷하게 드러나지는 않는다. 셋째, 사목서간은 바오로 친저서간과는 다른 신학·윤리적 관점을 보인다. 사목서간에는 바오로 친저서간에 나오는 여러 중요한 개념들을 내용상 상당히 다르게 사용한다. '율법'은 올바로 처신함으로(1티모 1,8-11) 이해하고, '믿음'은 하느님의 말씀에 순종하는 자세로 응답하는 것이라기보다 헌신과 절제로 이어지는 하나의 덕행으로(1티모 5,8; 2티모 2,22), '의화'는 하느님과의 올바른 관계라기보다 그리스 철학 개념인 '정의'의 덕으로(1티모 6,11) 이해한다.

사목서간의 저자가 바오로가 아니라면 그들은 어느 시대의 어떤 인물들인가? 그리고 세 서간의 집필 순서와 연대는 어떻게 되는가? 현재의 정경 순서는 집필 순서와 상관없이 본문의 길이에 따라 정해진 것이다. 그러나 내용으로 보면 바오로의 말년을 묘사한 티모테오 2서가 가장 먼저 나와야 하고 그다음 티토서, 그리고 마지막으로 교회의 직무를 가장 체계적으로 설명하는 티모테오 1서가 맨 나중에 와야 집필 순서가 맞을 것이다. 대다수 성경학자들은 세 서간 가운데 티모테오 2서는 바오로의 생애 마지막 몇 달 또는 며칠을 목격하거나 전해 들은 저자에 의해서 바오로가 죽은 지 얼마 안 되어 쓰였을 것으로 추정한다. 그리고 이 서간을 일부 참조하여 1세기 말엽 어느 무명 저자들이 티토서와 티모테오서를 집필한 것으로 판단한다. 이 추정이 맞다면 티모테오 2서는 70년경, 티토서와 티모테오 1서는 90년경에 쓰인 것으로 볼 수 있다.

어떻든 사목서간의 저자는 바오로 당대의 인물이라기보다는 그 이후 세대에 속한다. 이 시기에는 선교사들이 믿음의 기초를 놓는 일에 매진한 시대가 아니라, 사목자들이 이단의 위협에 맞서 이미 자리가 잡힌 교회의 건전한 그리스도교 전통을 확고히 다지고 그 전통을 제도와 조직의 도움을 받아 보존하는 데 진력한 시대였다. 사목서간에서는 믿음이 신심으로 대치되는 듯한 인상을 주고 선행의 실천이 강조되며(1티모 2,10; 5,10.25), 모든 덕에 앞서는 사랑도 여러 덕행 가운데 하나로 다룬다(1티모 4,12).

사목서간의 집필 장소는 서간 자체의 자료로 보면 티모테오 1서는 마케도니아(1,3), 바오로의 말년을 언급하는 2서는 로마(4,6-8), 그리고 그리스 남서쪽 도시 니코폴리스가 언급된 티토서는 에페소나 마케도니아를 시사하는 것처럼 보인다(3,12: 이 구절에서 바오로가 크레타를 떠나 니코폴리스로 가는 도중 어느 곳에서 이 편지를 썼음을 짐작할 수 있다). 그런데 96년경에 로마 교회는 코린토 교회에 몇 가지 충고와 시정할 사항을 담아 편지를 보내면서 베드로와 바오로의 모범을 제시하였다(『클레멘스의 첫째 편지』 5,2-7). 이 클레멘스의 편지와 사목서간을 비교해 보면 닮은 점이 많다. 따라서 적어도 티모테오 2서의 경우 클레멘스의 편지처럼 집필 장소를 로마로 추정할 수 있을 것이다. 그리고 티토서와 티모테오 1서가 티모테오 2서를 모방하여 집필한 것임을 인정한다면 이 두 서간의 집필 장소도 로마로 제시할 수 있을 것이다.

다. **티모테오 1서의 구조와 신학 사상**

티모테오 1서는 그리스-로마 시대에 임금 또는 황제가 어떤 도시나 지방의 관리들에게 보내는 칙령서한mandata principis의 형태를 취한다. 통치자는 자신을 대리하여 다스리는 관리들에게 백성의 삶을 어떻게 규제할 것인지, 또 특별한 상황에 어떻게 대처할 것인지를 지시한다. 따라서 칙령서한은 임금이 어느 특정한 관리에게 개인적으로 보내는 것이지만 그 내용은 백성의 일상 생활에 관련된 공적 성격을 띤다. 때때로 관리들은 모든 이가 볼 수 있도록 이 서한을 공공장소에 세운 비석이나 돌기둥에 새겨 넣기도 한다.

이 서간의 머리말(1,1-2)은 다른 바오로 서간의 경우와 다르다. 감사의 말이 없고, 바오로가 사도직을 받은 것이 "하느님의 뜻"(1코린 1,1; 2코린 1,1; 에페 1,1; 2티모 1,1)이 아니라 "그리스도 예수님의 명령"이라고 되어 있다.

서간의 주요 본문(1,3—6,19)은 특별한 구조를 보이지 않은 채 세 가지 주요 주제를 다룬다. 바오로는 평소 자신의 충실한 동업자요(2코린 1,1; 필리 1,1; 콜로 1,1; 1테살 1,1; 2테살 1,1) 대리인인(사도 18,5; 19,22; 로마 16,21; 필리 2,19; 1테살 3,2) 티모테오에게 에페소 교회를 위해서도 같은 임무를 맡긴다(1티모 1,3). 바오로는 마케도니아로 가는 도중에 티모테오를 에페소에 남겨 두었다. 그는 빠른 시일 안에 에페소로 돌아가기를 원하지만(3,14), 늦어질 것에 대비하여 그동안 자신의 대리인인 티모테오가 이 공동체 안에서 무엇을 해야 할지 지시한다.

세 가지 주요 주제는 에페소 교회의 상황과 관련 있다. 첫째 주제는 참가르침과 거짓 가르침의 구분이다. 티모테오 1서는 이 교회가 다른 공동체들에 비해 필요한 조직과 제도를 제대로 갖추고 영적인 면에서도 상당히 성숙되어 있다는 인상을 준다. 그렇지만 에페소 교회 역시 오류에서 자유로울 수 없었다. 이 교회는 두 가지 오류에 빠져 있었는데, 첫째 오류는 '신화나 끝없는 족보'에 정신이 팔려 있었다는 것이다(1,4). 여기서 말하는 신화나 족보는 영지주의에서 말하는 수많은 신들에 얽힌 이야기와 만신전에서의 위계질서를 말할 것이다(참조: 따르디외, 127-152). 둘째 오류는 모세의 율법에 대한 잘못된 견해다. 이 오류는 율법을 제대로 이해하지 못한 율법교사 때문에 일어난 것이다. 거짓 교사들은 율법교사로 자처하면서 율법을 중요하게 생각하지만, 율법은 죄인을 단죄하고 다스리기 위한 것이지 복음에 바탕을 둔 건전한 가르침처럼 하느님의 영광을 드러내기 위한 것이 아니다(1,7-11). 이 같은 영지주의와 유다이즘과 관련된 오류는 3,14—4,10에서 구체적으로 혼인 안에서의 성행위 금지와 특정한 음식의 절제와 동일시된다. 거짓 교사들을 대표하는 두 인물은 히메네오스와 알렉산드로스다. 두 사람은 티모테오 2서에도 나오는데, 전자는 믿는 이들의 부활이 이미 일어났다고 주장하던 자고(2티모 2,17-18) 후자는 구리 세공장이로서 바오로에게 개인적으로 많은 상처를 입힌 자다(2티모 4,14). 이들과 대조적으로 바오로는 전에 그리스도 예수님을 모독하고 박해하던 죄인이었지만 나중에 하느님의 자비를 얻어 입고 구원의 복음을 성실하게 전하는 직무를 맡아 믿는 이들의 본보기가 되었다(1티모 1,12-17).

둘째 주제는 믿는 이들의 올바른 처신이다. 초대 그리스도인들 사이에서는 자신들이 이제 하느님과 그리스도를 새 주인으로 맞아들였으므로 갖가지 시민의 의무에서 해방된 것으로 잘못 생각하는 이들이 있었던 것 같다. 이런 이들에게 서간의 저자는 임금들과 고관들을 위해서도 기도하며 선량한 시민으로 품위 있고 조용하게 살 것을 요구한다(2,1-3). 또한 공동체에는 사치와 수다로 소일하는 부유층 여자들이 있었던 모양인데, 여성에 대한 부정적 견해를 드러내는 2,8-15의 권고는 여성 전반이 아니라 공동체에서 물의를 빚고 있던 일부 부유층 여자들을 겨냥한 것으로 보인다. 티모테오 1서의 저자는 이들에게 금이나 진주나 값비싼 옷이 아니라 정숙과 선행으로 자신을 가꾸고, 남편에게 순종하고 자식을 낳아 잘 기를 것을 요구한다. 이런 부유층 여자들은 돈을 노리는 거짓 교사들의 표적이 될 수 있을 뿐 아니라(6,5) 세속 사회처럼 교회 안에서 위화감을 조성할 수도 있다. 저자는 그들에게 돈의 위험성을 지적하고(6,5) 자선을 베풀 것을 요구한다(6,17-19). 또한 저자는 참다운 사목자로서 티모테오가 어떻게 처신하고 신자들을 어떻게 대해야 하는지 세세하게 가르쳐 준다(4,6—5,2; 6,11-14). "아무도 그대를 젊다고 업신여기지 못하게 하십시오. 그러니 말에서나 행실에서나 사랑에서나 믿음에서나 순결에서나, 믿는 이들의 본보기가 되십시오"(4,12). "나이 많은 남자에게는 나무라지 말고 아버지를 대하듯이 권고하십시오. 젊은 남자는 형제처럼, 나이 많은 여자는 어머니처럼, 젊은 여자는 누이처럼, 오로지 순결한 마음으로 대하십시오"(5,1-2).

셋째 주제는 교회의 직무에 대한 규정과 지침이다. 티모테오 1서가 가장 중요하게 여기는 것은 그리스-로마 문화권에서 높은 가치와 덕으로 평가받는 공동체의 질서와 화목이다. 저자는 교회를 하느님의 집이라고 한다. 한 집안에는 가장을 비롯하여 가족 구성원들과 종들이 있듯이 하느님의 집인 교회 안에도 여러 계층의 구성원들이 있다. 티모테오 1서가 보여 주는 에페소 공동체의 조직은 디아스포라 유다교 회당의 조직과 비슷하다. 유다교 회당에는 최고 지도자인 회당장, 운영을 담당하고 분쟁을 해결하는 원로단, 전례와 공동체의 자선사업에서 원로들의 감독 아래 자질구레한 일들을 도맡아 하는 조력자들이 있다. 에페소 교회에도 감독(가톨릭의 '주교'에 해당)과 원로단(가톨릭의 '사제단')과 보조자(가톨릭의 '부제'에 해당) 들이 있었다. 저자는 이들의 직무를 규정하고 그에 맞갖은 품성과 삶을 제시한다. 감독은 집안을 잘 다스려야 하고 자제력이 있어야 하며, 신중하고 품위가 있고 돈에 욕심이 없어야 한다(3,1-7). 보조자는 집안을 잘 다스리는 것은 물론 부정한 이득을 탐내지 않고 깨끗한 양심을 가지며 믿음의 심오한 진리를 간직해야 한다(3,8-13). 3,11에 나오는 '여자들'은 봉사자의 아내가 아니라 여자 봉사자를 말하는데(참조: 로마 16,1), 그들은 품위가 있어야 하고 절제할 줄 알고 성실해야 한다. 말씀을 전하고 가르치는 일에 전념하는 원로들에게는 갑절의 대우를 해 주고 특별한 존경을 바쳐야 하고, 두세 사람의 증인 없이 경솔하게 원로들에 대한 고발을 들어주어서는 안 된다(5,17-19). 마지막으로 유다교 회당이나 현재의 그리스도교 공동체에는 없는 과부직이 있었다. 단순한 과부들과는 구별되는 이 직책에 해당하는 과부들은 예순 살이 넘어야 하고 한 번만 혼인하여 자녀들을 잘 길러낸 여자로서 온갖 선행에 헌신한 사람이어야 한다(5,9-10).

마지막으로 저자는 맺음말(6,20-21)에서 다시 한 번 정통 가르침을 충실히 지키고 거짓 가르침을 멀리하라고 권고한다.

하느님의 집안인 교회가 이방인 세계에 믿음과 진리의 증인 구실을 제대로 하기 위해서는 구성원들 사이에 질서와 화목을 유지해야 한다. 여기서 한 가지 조심해야 할 것은 질서와 화목을 유지할 목적으로 티모테오 1서를 비롯한 사목서간의 저자들이 수용하고 옹호한 당대의 노예제도와 여성관이다. 사목서간의 저자는 그리스-로마 문화에서 노예제도를, 디아스포라 유다인 공동체들에서 가부장적 여성관을 그대로 수용하였다. 특히 티모테오 2서는 매우 부정적인 여성관을 드러낸다(2티모 3장). 이는 시대와 장소를 뛰어넘어 모든 이가 따라야 할 보편적 진리가 아니라 특정한 시대와 장소에서 통용되던 문화적 가치와 덕인 만큼 조심해서 다루어야 한다. 아브라함이나 야곱 등 이스라엘의 성조들에게서 볼 수 있는 일부다처 형태의 혼인도 마찬가지다.

라. **티모테오 2서의 구조와 신학 사상**

티모테오 2서는 사목서간 가운데 바오로의 친저서간에 가장 가깝다. 이 서간 어디에서도 저자가 티모테오 1서와 티토서를 알고 있었거나 이 서간이 다른 두 서간이 쓰인 다음에 집필되었다는 사실을 알려 줄 만한 근거를 찾아볼 수 없다. 또한 두 서간의 주요 관심사인 교회 조직에 대해서 저자는 별 언급이 없다. 어떤 학자들은 이 서간이 에페소 원로들에게 한 밀레토스 설교(사도 20,17-35)처럼 바오로의 고별사 구실을 하는 것으로 생각하지만 고대에서 개인적 서신 형태로 전달되는 고별사의 예는 좀처럼 찾아보기 힘들다. 오히려 티모테오 2서는 테살로니카 1서와 같은 전형적인 권고서간이다. 앞에서 언급했듯이 권고서간은 세 가지 요소, 곧 좋은 행업에 대한 기억, 본받아야 할 모범, 구체적 권고 사항으로 구성된다. 각 장마다 이 세 가지 요소가 한데 뒤섞여 나온다.

티모테오 2서의 구조는 첫 인사와 감사를 담은 머리말(2티모 1,1-5), 주요 본문(1,6—4,18), 그리고 끝 인사로 이루어진 맺음말(4,19-22)로 되어 있다. 1장은 좋은 행업에 대한 기억과 감사로 가득하다. 머리말에서 바오로는 밤낮으로 기도할 때마다 티모테오를 기억하면서 하느님께 감사드린다(1,3). 티모테오의 아버지는 그리스인이지만 할머니와 어머니는 신심 깊은 유다인이었다. 그의 거짓 없는 믿음은 모계쪽 유산이다. 바오로는 티모테오에게 안수와 더불어 받은 은총의 선물을 기억하라고 한다(1,6-7). 바오로는 불멸의 생명을 주는 복음을 전하기 위해 온갖 고난을 당하고 죄수가 되었다. 티모테오는 이런 바오로와 동업자가 되어 주님을 증언하게 된 것을 부끄러워하지 말고 복음을 위한 고난에 동참해야 한다(1,8). 이 점에서 어려움에 처한 바오로에게 용기를 북돋우고 감옥에 갇힌 그를 부끄럽게 생각하지 않으며 에페소에서 그를 위해 기꺼이 봉사한 오네시포로스는 좋은 모범이다(1,16-18).

2장에서 바오로는 예수 그리스도의 충성스러운 군사답게 고난을 잘 참아 받으라고 권고한다(3절). 군사는 자기를 뽑은 상관과, 삶과 죽음을 같이한다. 끝까지 참고 견디면 상관과 함께 다스릴 수 있다. 이런 취지를 담은 초대 교회의 찬가가 소개된다. "우리가 그분과 함께 죽었으면 그분과 함께 살 것이고 우리가 견디어 내면 그분과 함께 다스릴 것이며 우리가 그분을 모른다고 하면 그분도 우리를 모른다고 하실 것입니다. 우리는 성실하지 못해도 그분께서는 언제나 성실하시니 그러한 당신 자신을 부정하실 수 없기 때문입니다"(2,11-13). 큰 집에는 금 그릇·은 그릇·나무 그릇·질그릇 등 여러 그릇이 있다. 그릇들은 저마다 그 특성에 따라 쓰임새가 다르다. 하느님의 집안인 교회도 마찬가지다. 저마다 맡은 바 직책과 소임이 다르다. 중요한 것은 죄악을 멀리하고 자기 자신을 깨끗히 하여 하느님께서 필요에 따라 소중히 쓰시도록 준비하는 일이다(2,20-21).

3장과 4장은 온통 권고로 가득하다. 3장 처음에 먼저 악의 목록이 소개된다. 사치와 욕정과 수다에 빠져 있는 여자들(1티모 5,13 참조)을 포함하여 갖가지 악습에 빠진 자들은 끊임없이 공동체에 문제를 일으키는데, 그들은 모세에게 대항했던 파라오의 마술사 얀네스와 얌브레스와 같은 자들이다(탈출 7,11.22). 탈출기에는 이 마술사들의 이름이 나오지 않지만 쿰란 문서(CD 5.17-19)와 타르굼(『차명 요나탄』 탈출 1,15)에는 언급되어 있다.

3장과 4장의 내용 가운데 가장 돋보이는 권고는 말씀 전파에 관한 것이다. 바오로는 티모테오가 어려서부터 성경을 잘 익혀 왔다는 것을 안다. 여기서 말하는 성경은 일차적으로 구약성경이겠지만, 티모테오서를 1세기 말에 쓰인 문헌으로 본다면 예수님의 말씀(1티모 5,18)이나 아직 확정되지 않은 신약성경의 일부 문헌일 수도 있다. 티모테오 2서의 저자는 이 성경이 예수 그리스도에 대한 믿음을 통해서 구원을 얻는 지혜를 준다고 밝힌다(2티모 3,15). 성경은 하느님의 계시가 담긴 책이므로 거기에는 그리스도인의 삶을 변화시키는 힘이 있다(3,16-17). 따라서 기회가 좋든지 나쁘든지 꾸준히 하느님의 말씀을 전파하는 것이야말로 하느님의 일꾼이 해야 할 첫째 소임이다(4,2).

여러 가지 권고와 더불어 바오로는 다시 한 번 자신을 복음 전파자의 모범으로 제시한다. "나는 이미 하느님께 올리는 포도주로 바쳐지고 있습니다. 내가 이 세상을 떠날 때가 다가온 것입니다. 나는 훌륭히 싸웠고 달릴 길을 다 달렸으며 믿음을 지켰습니다. 이제는 의로움의 화관이 나를 위하여 마련되어 있습니다"(4,6-8ㄱ). 말년의 심경을 묘사한 이 말은 바오로의 순교를 겨냥한 것일 수 있다. 외로움을 느끼는 바오로는 루카만 제외하고 테마·크레스켄스·티토 등 협력자들이 모두 자신의 곁을 떠났다고 하면서 친자식과 같은 티모테오에게 되도록 빨리 와 달라고 부탁한다(4,9-10). 마지막으로 바오로는 주님께서 함께하시어 자신을 굳세게 해 주시고 자신을 통하여 복음 선포를 완성하실 것이라고 확신한다. 그리고 주님께서는 바오로를 "사자의 입에서"(4,17), 곧 사탄의 권세에서 구해 주실 것이다(1베드 5,8 참조).

마. 티토서의 구조와 신학 사상

티토서는 티모테오 1서처럼 칙령서한의 유형에 속한다. 바오로는 티토에게 신생 교회의 감독과 원로를 어떤 기준으로 선택해야 하는지, 크레타의 그리스도인 가정들을 오도하는 유다교에서 넘어온 사이비 지도자들에게 어떻게 대처해야 하는지, 그리스도교 가정의 구성원들에게 어떻게 살도록 가르쳐야 하는지 등을 세세하게 지시한다.

티토서의 구조는 티모테오 1서처럼 감사의 말이 빠진 대신 발신자에 대한 매우 긴 소개를 담은 머리말(1,1-4), 주요 본문(1,5—3,11), 마지막 인사와 축복으로 되어 있는 맺음말(3,12-15)로 이루어진다. 주요 본문은 세 부분으로 나눌 수 있는데 저마다 한 가지 주제를 다룬다.

첫째 부분(1,5-9)은 교계 제도를 다룬다. 오래된 공동체를 염두에 둔 티모테오서와는 달리 티토서는 이제 막 태어나서 발전하기 시작하는 신생 공동체를 전제한다. 바오로는 이 공동체를 이끌어 갈 교직자에 관한 원칙을 제시한다. 원로나 감독이 될 사람은 가정이 건전해야 하고 흠잡힐 데가 없어야 하며 선을 즐겨 행하고 교회의 진실된 말씀을 굳게 지켜야 한다(1,5-9). 티토서가 집필될 당시에 모든 그리스도교 공동체에는 감독이나 원로와 같은 교회 지도자들이 있었으나, 티모테오 1서에서와는 달리 티토서에서는 이 둘의 구분이 명확하지 않다. 또 티모테오 1서에서는 최근에 개종한 이들을 감독직에서 제외시키지만, 티토서에서는 그런 규정을 명시하지 않고 다만 그들의 자녀들이 신자일 것만을 요구한다.

둘째 부분(1,10-16)의 내용은 거짓 가르침에 관한 고발과 경고다. 신생 그리스도교 공동체가 뿌리를 내린 크레타는 고대 사회에서 좋은 평을 못 받았던 것 같다. 바오로는 유다교에서 넘어온 사이비 지도자들 가운데 한 사람의 말을 인용하면서 이를 티토에게 확인해 준다. “크레타 사람들은 언제나 거짓말쟁이, 고약한 짐승, 게으른 먹보들이다”(1,12). 코린토가 매음굴의 대명사처럼 알려졌듯이 크레타도 야만의 대명사였던 모양이다. 바오로는 크레타에 대한 악평을 옛 삶과 새 삶의 엄격한 분리에 이용한다. 그리스도교로 개종한 교우들은 본디 크레타인의 삶과 결별해야 한다는 것이다.

셋째 부분(2,1—3,11)은 공동체 구성원들의 건전한 삶과 믿음에 관한 지침이다. 먼저 가정 규범(2,1-10)이 제시된다. 이 가정 규범은 이미 콜로

3,18—4,1과 에페 5,21—6,9에도 비슷한 형태와 내용으로 나와 있다. 교회를 하느님의 가정으로 보는 개념이야말로 사목서간의 핵심을 이룬다. 교회는 우리의 작은 가정 하나하나를 기초로 해서 생겨난 조직이다. 따라서 가정의 구성원들을 제대로 가르쳐야 개별 교회가 건전해지고 개별 교회가 건전해져야 궁극적으로 하느님의 가정인 보편 교회가 거룩하게 된다. 나이 많은 남자들은 자제력과 위엄이 있어야 하고 건전한 믿음과 사랑과 인내를 갖추어야 한다(2,2). 나이 많은 여자들은 남을 험담하거나 술의 노예가 되어서는 안 되고, 경건한 몸가짐으로 다른 가족들에게 선행을 가르쳐야 한다(2,3). 크레타에서는 나이 든 여자들이 술을 잘 마셨던가 보다. 젊은 여자들은 남편과 자식들을 사랑하고 집안 살림도 잘하는 현모양처가 되어야 하고 젊은 남자들도 신중하게 처신해야 한다(2,4-6). 종들은 주인에게 복종하고 언제나 착하고 충성스럽게 행동해야 한다(2,9-10).

바오로가 크레타 그리스도인들에게 요구한 이 가정 규범은 고대 그리스-로마 사회가 건전한 시민 생활을 유지하기 위해 요구한 이상적 덕행과 일치한다. 그리스도교가 이 사회에 영향력을 행사하기 위해서는 그곳에서 이상으로 내세우는 도덕적 가치를 충족시킬 필요가 있었던 것이다. 교회는 개별 가정을 기초로 해서 생겨난 조직이고 시민 사회도 가정을 바탕으로 구성된 조직이므로 교회의 가정 규범은 결코 시민 사회의 도덕적 가치와 분리될 수 없다. 그러나 티토서에서 제시하는 그리스도인의 이상적 삶은 이 같은 도덕적 가치의 충족에 머무르지 않는다. 크레타 그리스도인들의 건전하고 경건한 삶은 종말론적 차원을 배제할 수 없다. 그리스도의 십자가 제사를 통하여 하느님의 은총이 모든 사람에게 나타났고 그 은총에 힘입어 하느님의 백성이 된 크레타 신자들은 하느님과 구세주 예수 그리스도께서 영광스럽게 나타나실 그 복된 희망의 날이 올 때까지 선행에 열중하고 있다(2,11-14).

3장은 1장과 2장의 내용을 재정리한다. 그리스도인들은 옛 삶을 청산하고 새 삶을 살아가기로 작정한 사람들이다. 그리스도교 신자가 되기 전에 크레타인들은 갖가지 욕망과 쾌락의 노예가 되어 어리석게 살았지만 하느님의 호의와 인간애가 드러난 지금에 와서는 하느님이 구원자로 보내신 예수 그리스도의 은총에 힘입어 의롭게 되었다(3,3-7). 전에는 바오로가 자신을 본받아야 할 모범으로 제시하였지만(필리 3,17; 2티모 1,13) 티토서에서는 다른 이들을 믿음으로 이끌기 위해 크레타 그리스도인들을 모범으로 내세운다(2,7). 크레타 그리스도인들이 실천해야 할 선행에는 통치자들에 대한 복종(3,1)과 다른 이들에 대한 친절과 관대함(3,2)도 포함된다. 외부인들에게 영지주의와 관련된 논쟁과 율법 논란에 휩싸여 서로 불목하는 모습을 보이는 것보다 더 치명적인 악표양은 없으니 분열을 일으키는 사람은 단호히 공동체에서 잘라 내야 한다(3,9-10).

맺음말(3,12-15)에서 바오로는 이 편지를 쓸 때의 상황을 설명하고 안부 인사를 보낸다. 여기에서 거론하는 인물들 가운데 아르테마스와 제나스는 여기에만 나오고, 티키코스는 바오로 서간과 사도행전에도 자주 나온다(에페 6,21; 콜로 4,7; 2티모 4,12; 사도 20,4). 사도행전에서 언변이 뛰어난 인물로 소개된 아폴로(사도 18,24)는 코린토에서 바오로와 함께 선교 활동을 벌였다(1코린 16,12; 참조: 1코린 1,12; 3,4-6.22; 4,6).

10. 필레몬서

필레몬서는 바오로의 서간 가운데 가장 짧다. 장의 구분 없이 25절에 낱말 335개뿐이다. 그러나 서간으로서 갖추어야 할 양식을 완벽하게 갖추었고, 바오로의 따뜻한 감성적 내면과 노예제도의 한계를 극복할 수 있는 그리스도교의 원리(16절)를 밝힌 중요한 서간이다. 동시에 바오로의 선교활동에 대한 소중한 정보들을 제공한다. 예를 들자면 동료 협력자들의 명단(2절과 23-24절), 가정 교회(2절), 성도들의 공동체(7절), 공동체의 환대(22절) 등이 그것이다. 필레몬서는 에페소서·콜로새서·필리피서와 더불어 옥중서간으로 분류된다. 특히 문학적 관점에서 보면 에페소서와 콜로새서에 매우 가까운데, 두 서간의 친저성이 문제가 된 점에 반하여 필레몬서의 친저성은 논란이 된 적이 거의 없다.

가. **집필 장소와 연대**

바오로는 필레몬서를 감옥에서 썼다. 옥중서간의 집필 장소로 거론되는 곳은 사도행전의 보고에 따라 늘 세 도시, 곧 에페소와 카이사리아와 로마다. 그리고 필리피서의 집필 장소를 추정할 때 논하였듯이 이 세 도시 가운데 가장 유력한 곳은 에페소다. 필레몬서의 집필 장소도 에페소일 가능성이 가장 높다. 콜로 4,9에 따르면 주인 집에서 도망쳐 나온 노예 오네시모스의 고향이 콜로새로 되어 있는데, 그곳에서 카이사리아나 로마는 너무 먼 거리인 반면 에페소는 170킬로미터 정도밖에 떨어져 있지 않기 때문이다.

집필 연대는 콜로새서를 다룰 때 밝혔듯이 바오로가 에페소에 머무를 당시인 56년경이다.

나. **로마 시대의 노예제도와 오네시모스**

필레몬서의 내용을 올바로 이해하기 위해서는 로마 시대의 사회 구조와 노예제도를 먼저 알아보아야 한다. 바오로가 선교 활동을 벌이던 지역은 복잡한 계층의 신분 사회였다. 맨 위에는 지방의 정치와 경제와 군사를 돌보기 위해 원로원이나 황제에게 임명된 로마 관리들이 자리 잡았다. 다음으로는 그 지방에서 행세깨나 하는 토호土豪나 유지들이다. 그 밑의 계층은 소지주·가게 주인·장인 등 중인들이다. 그다음 계층은 주인의 선처로 또는 몸값을 지불하여 노예 신분에서 해방된 자유민이다. 그리고 밑바닥 계층은 노예들이다. 노예가 되는 길은 전쟁에서 포로로 잡혀오거나 노예 사냥꾼에게 유괴된 경우, 빚으로 팔린 경우, 노예인 부모에게서 태어난 씨종의 경우 등 여러 가지다. 로마의 안녕과 질서, 그리고 경제적 부는 노예제도를 어떻게 효과적으로 운영하느냐에 달려 있다고 해도 과언이 아니었다. 기원전 73-71년에 스파르타쿠스가 이탈리아에서 일으킨 대규모 노예 반란은 로마 제국을 송두리째 뒤흔들었다.

노예들은 광물 채굴, 집이나 구조물의 건축, 배에서 노젓기 등 주로 힘든 노역에 동원되었지만 가정에서 일하는 노예들은 정원 돌보기나 가사와 육아 등 육체적으로 덜 고달픈 노동을 담당할 수 있었다. 게다가 학식이 있는 노예들은 주인의 재산을 관리하거나 주인집 아이들의 교육을 담당하기도 하였는데, 좋은 주인을 만나면 상당한 정도의 급료를 받아서 나중에 몸값을 지불하고 자유민이 되기도 하였다. 필레몬서에 나오는 오네시모스가 바로 주인의 재산을 관리하는 경우였다.

필레몬서에 나오는 인물들의 상호 관계를 두고 여러 가지 가설이 있지만, 가장 그럴듯한 가설은 오네시모스의 주인 필레몬이 모범적인 그리스도인이고 아피아는 그의 아내이며 아르키포스는 그의 친구라는 것이다. 필레몬의 노예 오네시모스에 관해 필레몬서 자체만으로는 상세하게 알 수 없다. 다만 그가 필레몬의 재산 관리인으로 일을 잘못 처리하여 주인에게 심각한 금전적 손해를 끼친 것으로 추정할 따름이다. 오네시모스는 주인과 대면하여 이 문제를 해결하기보다는 주인에게 영향력을 행사할 수 있는 사람을 찾아가 중재 역할을 해 주기를 청하는 게 낫다고 판단하여 주인 집에서 도망쳐 나와 바오로에게 찾아온다. 당시 로마법에 따르면 노예는 주인의 소유물이다. 바오로는 도망쳐 나온 노예 오네시모스를 사법 관리에게 고발하여 주인에게 돌려 보내는 대신 그를 숨겨 주었기 때문에 오네시모스와 더불어 필레몬의 재산권을 침해한 중대한 범죄를 저지른 공범자가 되었다.

필레몬서 이후에 오네시모스는 어떻게 되었을까? 이 질문은 바오로가 써 보냈을 다수의 개인 서신들 가운데 왜 이 서간만 보존이 되어 우리에게까지 전해질 수 있었는가에 대한 질문과도 연관이 있다. 일부 성경학자들은 안티오키아의 이냐시우스가 에페소 교회에 보낸 편지의 한 구절에 착안하여 아래와 같이 추정한다. 바오로의 간청을 받고 필레몬은 오네시모스를 노예 신분에서 풀어 주어 바오로와 함께 에페소에서 선교 활동을 벌이게 한다. 오네시모스는 이곳에서 바오로가 떠난 다음에도 모범적인 신자

생활을 하며 공동체를 잘 돌보다가 주교로 선임된다. 안티오키아의 이냐시우스는 에페소 공동체를 "헤아릴 수 없이 많은 사랑을 쏟는 여러분의 주교 오네시모스의 인품 안에 있는 교회"(이냐시우스 『에페소인들에게 보낸 편지』 1.3)라고 말한다. 주교직에 임명된 오네시모스는 오래 전에 사망한 바오로의 편지들을 모을 수 있는 위치에 있었고 그 편지들 가운데 특별히 자신과 관련된 필레몬서를 여러 지역 교회에서 돌려 볼 수 있도록 했을 것이다. 사실 이 서간은 오네시모스 개인의 문제를 다루는 것으로 그치지 않고 바오로의 중요한 사목·신학적 관점을 드러낸 것이어서 공적인 성격을 띠기 때문이다. 그러나 이상의 추정은 이냐시우스의 편지 한 구절 말고는 어떤 문헌으로도 입증할 수 없어서 가설로만 남아 있다.

다. **내용과 신학 사상**

필레몬서는 바오로의 사교적이고 정중하고 재치 있는 성품을 유감없이 드러낸다. 필레몬서의 외적인 틀은 바오로가 주인에게서 무슨 잘못을 저지르고 도망쳐 나온 한 노예를 주인에게 다시 돌려보내면서 선처를 부탁하는 것으로 되어 있다. 바오로가 오네시모스를 고발하지 않은 것은 종교적 신념 때문이었다. 오네시모스는 바오로에게 교리를 받고 그리스도인이 되었으므로 그리스도교적 신분으로 보면 이제 어느 누구의 소유가 될 수 없다는 게 바오로의 신념이었다. 그리스도인이 된 오네시모스는 주님과 공동체 앞에서 다른 이들과 평등한 형제다. 더구나 감옥에 갇혀 있는 바오로는 오네시모스의 도움이 절실히 필요하고 필레몬이 오네시모스를 자신에게 되보내 주기를 원한다. 이런 상황에서 바오로가 필레몬을 무슨 논리로 어떻게 설득하는지 살펴보자. 그 과정에서 우리는 그 당시 관행인 노예제도의 한계를 극복할 수 있는 그리스도교적 원리를 배울 수 있다. 그리고 이 원리야말로 극히 사적 형태(수신자가 단수 2인칭)를 띤 이 서간을 공적 서간으로 끌어올릴 수 있는 근거가 된다.

바오로는 필레몬의 믿음과 사랑의 실천을 높이 평가하며 이를 두고 기도할 때마다 그를 기억하며 하느님께 감사를 드린다. 필레몬이 공동체의 성도들에게 사랑을 베풀고 그들의 마음에 용기를 북돋워 주었다는 말을 듣고 바오로는 크게 기뻐하고 위안을 받았다(7절). 바오로는 필레몬이 공동체에 베푼 이 큰 은덕을 잘 안다. 그리고 이제 바오로는 자신을 위해서도 또 다른 은덕을 베풀어 주기를 필레몬에게 청한다. 도망친 노예 오네시모스를 관대히 용서하고 "그 이상의 일까지도"(21절) 해 주라는 것이다. '그 이상의 일'이 무엇인지 명시적으로 밝히지는 않았지만 문맥으로 보아 오네시모스를 자유인으로 풀어 주어 자신에게 되돌려 보내는 일로 추정할 수 있다.

바오로가 필레몬에게 이런 부탁을 할 수 있는 근거는 어디에 있는가? 필레몬은 바오로의 전도로 영적 생명을 얻었으니 이보다 더 큰 은덕이 어디 있겠는가? 바오로는 오네시모스로 인하여 필레몬이 입을 물질적 손해를 갚겠다고 하면서도 필레몬이 자기에게 입은 영적인 은덕의 값은 요구하지 않겠다고 말한다(19절). 그러나 필레몬이 바오로를 통해서 얻은 영적 생명은 돈으로 환산할 수 없는 소중한 것이다. 바오로는 영적 생명의 은인으로서, 그리고 그리스도교 공동체의 수장으로서 얼마든지 필레몬에게 오네시모스에 대한 선처를 명령하고 요구할 수 있지만, 그렇게 하지 않고 사랑하는 사람으로서 간곡히 부탁할 따름이다(8-9절).

바오로는 자신의 청과 관련하여 두 가지 흥미로운 말놀이를 하는데 우리말 번역에서는 잘 드러나지 않는다. 첫째는 오네시모스의 이름과 관련된 말놀이다. '오네시모스'ὀνήσιμος는 그리스어로 '유익한, 쓸모 있는'이라는 뜻이다. 11절에서 바오로는 오네시모스가 전에는 필레몬에게 '쓸모 없는' 사람이었으나 지금은 자기에게 '쓸모 있는' 사람이 되었다고 필레몬에게 말한다. 여기서 '쓸모 없는'은 그리스어로 '아크레스토스'ἄχρηστος인데 '그리스도가 없는 자'를 암시한다. 반면에 '쓸모 있는'은 '에우크레스토스'εὔχρηστος, 곧 '좋은 그리스도인'을 가리킨다. 전에는 오네시모스가 그리스도를 믿지 않았기 때문에 쓸모 없는 사람이었지만, 지금은 좋은 그리스도인이 되었기 때문에 쓸모 있는 사람이 되었다는 것이다.

둘째 말놀이는 '마음=심장'에 대한 언급이다. 7절에서 바오로는 필레몬이 성도들의 마음에 생기를 얻게 해 준 것을 기억한다. 이는 필레몬이 동료 교우들에게 베푼 영적 격려와 물질적 도움을 가리킨다. 그런데 12절에서 바오로는 필레몬에게 자신의 심장인 오네시모스를 보낸다고 하고는 20절에서 필레몬에게 자신의 마음이 생기를 얻게 해 달라고 청한다. 필레몬이 바오로의 심장과 같은 오네시모스를 잘 처리해 주면 바오로는 그로 인해 마음이 생기를 얻게 되리라는 것이다. 그러나 실제로는 바오로야말로 필레몬을 비롯하여 그가 속한 가정 공동체에게 영적 생명을 준 최대의 은인이요 그들의 마음에 생기를 불러일으킨 최고 어른이다. 그런 어른의 겸허한 부탁을 필레몬이 어떻게 거절할 수 있겠는가?

바오로는 필레몬이 자신의 부탁을 그리스도교의 최상 원리인 사랑에 근거하여 들어 주기를 바란다(9절). 오네시모스는 그리스도 안에서 이제 종이 아니며 사랑하는 형제다(16-17절). 필레몬과 오네시모스의 구체적 실례를 통하여 바오로가 전달하고자 하는 메시지는 분명하다. 모든 그리스도인은 노예든 주인이든 그들의 사회적 신분에 상관없이 서로 사랑하고 상대방을 소중한 형제로 받아들임으로써 노예제도의 족쇄에서 자유롭게 풀려나야 한다는 것이다. 바오로는 감옥에 갇혀 있는 신분으로서 감옥 밖에 있는 이들에게 자유를 주고자 한다. 그리스도를 위해서 자신의 자유를 희생한 그가 이제 다른 이의 자유를 위해서 간청한다. 주 예수 그리스도의 복음을 통해서만 주인이든 노예든 사회적 제도의 한계를 극복할 수 있는 진정한 자유를 얻을 수 있다는 게 필레몬서의 핵심 가르침이다.

11. 히브리서

히브리서는 신약성경에서 독특한 위치를 차지한다. 서간으로 분류되어 있으면서도 마지막 몇 구절을 제외하고는 편지의 형식보다 오히려 설교의 형식을 취한다. 실제로 저자는 마지막 부분을 빼고는 편지를 쓴다고 하지 않고 언제나 말을 한다고 한다. 그리고 복수 1인칭인 '우리'를 사용하고 이 서간 전체를 권고를 담은 강론으로 제시한다. 히브리서는 정경으로 인정되기까지 많은 논란과 의혹을 불러일으켰다.

가. **서간의 이름과 수신자**

먼저 이 서간에 붙은 이름, '히브리인들에게 보낸 서간'을 두고 논란이 일어났다. 이 문제는 서간의 수신자가 누구인가와 연관된다. 이 서간의 이름은 저자가 붙인 것은 아니지만 가장 오래된 필사본 체스터 베티 파피루스(𝔓46: 알렉산드리아 사본군을 반영하는 200년경에 필사된 본문)에 나타나기 시작한다. 200년경에 이미 이집트와 북아프리카에서 널리 사용된 이 이름은 그 뒤로 한 번도 다른 이름으로 바뀐 적이 없다. 그런데 여기서 말하는 히브리인들이 팔레스티나의 유다계 그리스도인들(쿰란 공동체에서 개종한 유다인들을 포함하여)인가, 아니면 해외 거주(디아스포라) 유다계 그리스도인들인가? 첫째 추정은 이 서간이 본디 히브리어로 쓰였다가 그리스어로 번역된 것임을 전제로 한다. 그러나 히브리서의 그리스어가 번역투로 보기에는 너무 매끄러워 첫째 추정은 배제할 수밖에 없다.

이 서간의 수신자는, 특정한 장소의 공동체를 지정하기는 어렵지만 디아스포라 유다계 그리스도인들이다. 그들은 구약성경을 잘 알고 있고 유다교 제도와 전통들에 대한 이해도 깊다. 그렇지 않고서야 저자가 어떻게 구약성경을 자유자재로 인용하고 유다교 제도와 전통의 표상들을 이용하여 그리스도교의 깊은 신비를 설명하려 했겠는가? 그러나 저자가 보기에 유다계 그리스도인들 가운데 일부는 그리스도교의 원천을 유다이즘으로 보고 유다교의 예배 전통에 지나친 동경과 향수를 갖고 있었다. 그들은 하느님께서 그리스도를 통하여 일으키신 엄청난 변화를 읽어 내지 못하고 다른 그리스도인들과 모임도 함께하지 않으려 하였다(10,25). 이런 잘못된 풍조에 대하여 히브리서 저자는 그리스도교의 우월성을 드러내기 위해 이 서간을 집필한 것으로 보인다. 그리스도는 모세보다 위대하신 분으로서 유다교의 제사와 대사제직을 완성하신 분이다. 그리스도를 통해 옛 계약은 새 계약으로 대치된다.

나. 저자

그다음 히브리서의 저자를 두고 논란이 있었다. 체스터 베티 파피루스($\mathfrak{P}^{46}$)는 이 서간을 로마서 바로 뒤에 위치시킨다. 동방 교회에서는 일찍부터 히브리서를 바오로의 서간으로 받아들였다. 이 서간에 나오는 표상들이 동방 교회의 전례에 도움을 주었고 3-4세기 교리 논쟁에서 이 서간이 그리스도론적 논거를 풍부하게 제공하였기 때문이다. 에우세비우스에 따르면 3세기 초 알렉산드리아의 클레멘스는 바오로 사도가 히브리어로 이 서간을 쓰고 루카가 번역하였다고 믿었다(에우세비우스 『교회사』 3.38; 6.14). 그러나 오리게네스는 루카가 바오로의 생각을 옮겨 적었을지도 모른다고 했다가 나중에는 이 서간의 저자를 '오직 하느님만이 아신다'고 하면서 무명인으로 여긴다(『교회사』 6.25). 서방 교회에서 이 서간이 바오로의 친저서간이 아니라고 주장한 최초의 인물은 테르툴리아누스다(『정숙』 20). 그는 이 서간이 2세기 초 알렉산드리아의 우의적 해석에 바탕을 두고 집필된 『바르나바의 편지』와 유사한 것에 착안하여 그 저자를 바르나바로 추정한다. 그러나 『바르나바의 편지』 역시 바르나바 사도의 권위를 빌려 쓴 차명 서간이어서 히브리서가 바오로의 서간이라고 주장하는 것과 마찬가지다.

서방 교회에서는 4세기에 이 서간이 정경으로 받아들여진 뒤로 바오로의 친저성을 문제 삼지 않았다. 그러다가 16세기 종교 개혁 때 친저성이 다시 논란이 되었다. 마틴 루터는 히브리서를 여러 부분이 합성된 문헌으로 보고 이 서간의 주요 저자가 아폴로가 아닐까 추측하면서도 일부(예를 들어 13,19)는 바오로의 친서로 여겼다. 아폴로에 대한 사도행전의 묘사가 히브리서의 저자가 되기에 딱 들어맞았기 때문이다. "아폴로라는 어떤 유다인이 에페소에 도착하였는데, 그는 알렉산드리아 출신으로 달변가이며 성경에 정통한 사람이었다"(사도 18,24). 17세기 개신교 주석에서는 바오로의 친저성을 이의 없이 받아들였다가 그 뒤로는 친저성을 부인하는 쪽으로 나가고 있다(Lueker 참조). 사실 이 서간에는 바오로의 친저서간에 나오는 사상과 개념들이 들어와 있는 반면 요한계 문헌에 나오는 요소들도 많이 나온다. 가톨릭 주석가들도 넓은 의미에서는 이 서간이 바오로에게서 유래한다고 여기지만 친저가 아니라는 데 대부분 동의한다.

바오로의 친저성을 부인하는 대표적 근거 몇 가지만 소개한다. 첫째, 이미 클레멘스와 오리게네스가 간파했듯이 이 서간의 우아하고 수준 높은 그리스어 문체가 다소 거칠고 격정적인 바오로의 문체와 다르다. 둘째, 바오로가 자주 사용하는 "그리스도 예수"라는 호칭이(90번 가량) 이 서간에 전혀 나오지 않는다. 셋째, 바오로 신학에서 가장 중요한 요소인 부활이 히브리서에서는 단 한 번(13,20), 그것도 지나가면서 언급된다. 반대로 히브리서에서 그토록 강조하는 '대사제 그리스도'의 주제는 바오로 서간에 나오지 않는다. 넷째, 바오로는 자신의 복음을 어떤 인간에게서도 받지 않고 하느님께서 아드님을 자기에게 직접 계시하셨다고 주장한다(갈라 1,11-12). 바오로의 이 같은 주장은 히브 2,3과 정면으로 대치된다. "이 구원은 처음에 주님께서 선포하신 것으로, 그것을 들은 이들이 우리에게 확증해 주었습니다." 또한 이 말은 자신을 사도들의 대열에 두려는 바오로의 본디 자세와 달리 사도들의 대열에서 스스로를 분리하는 발언이기도 하다. 마지막으로 바오로 친저서간이나 바오로 계열의 서간과는 달리 히브리서 어디에도 바오로가 이 서간의 저자라는 사실을 암시조차 하지 않고 바오로 자신에 관한 언급도 전혀 찾아볼 수 없다.

우리는 히브리서의 저자가 바오로가 아니라 바오로 이후 세대의 무명인이라는 것 말고 더 자세한 정보를 얻을 수 없다. 다만 이 서간에서 수준 높은 그리스어를 구사하고 칠십인역 구약성경을 자유자재로 이용하는 것으로 미루어 그가 고등 헬레니즘 교육을 잘 받고 그리스 철학에 조예가 깊은 유다계 그리스도인이라는 것을 알 수 있다. 그의 우의적 해석은 필론과 알렉산드리아 학파에서 영향을 받은 것 같다. 그렇다고 해서 그가 알렉산드리아 출신이라는 말은 아니다. 우의적 해석 기법은 알렉산드리아 이외의 장소에서도 얼마든지 가르치고 배울 수 있기 때문이다. 어떻든 그에게 그리스도의 복음을 전해 준 이들(2,3)은 분명 그리스 문화와 유다교의 경신례를 조화시킬 수 있는 탁월한 능력을 지닌 사람들이었을 것이다.

다. **집필 연대와 장소**

그다음으로 논란이 된 것은 이 서간의 집필 연대다. 일반적 견해로는 60-95년경인데 상한선을 60년경으로 잡은 것은 이 서간의 저자 자신이 스스로를 제2세대로 소개하기 때문이다(2,3-4). 그리고 이 서간에서 유다교의 성전 예배를 기정사실화하고 예루살렘 성전의 파괴에 대한 언급이 전혀 없다는 점은 이 서간의 집필 연대가 70년 이전이라는 암시다. 그러나 유다교 저자들과 그리스도교 저자들 둘 다 70년 이후에도 성전을 현존하는 실체처럼 다루고 히브리서의 경우 헤로데가 증축한 성전에서의 실제 예배보다는 오히려 시나이 광야에서의 만남의 장막 예배에 더 많은 관심을 둔다는 점에서 위의 논거는 연대 측정에 별 도움이 되지 않는다. 그다음 하한선을 95년경으로 정한 것은 로마의 클레멘스가 코린토인들에게 보낸 편지에 히브리서가 인용되고 있기 때문이다(『클레멘스의 첫째 편지』 36).

히브리서의 집필 장소로 자주 거론되는 알렉산드리아는 그 가능성이 희박하다. 신약성경에서 그곳에 그리스도교가 생겨났다는 어떤 전거도 찾을 수 없기 때문이다. 오히려 히브리서가 유다교 전례와 사제직을 강조하는 것으로 보아 예루살렘이나 팔레스티나를 더 유력한 집필 장소로 생각할 수 있겠다. 그러나 이 역시 추측일 뿐 확실한 것은 아니다.

라. **히브리서의 사상적 배경**

히브리서에는 상징과 표상들이 풍부하다. 히브리서의 풍요로운 상징과 표상은 히브리 사상과 그리스 사상의 혼합에 바탕을 둔다. 최근 일부 학자들은 히브리서의 내용이 쿰란 공동체의 사상 체계와 매우 비슷하다고 주장한다. 새로운 계약 공동체, 사제직과 왕직을 겸한 메시아의 대망, 멜키체덱에 대한 관심 등이 양쪽에서 모두 발견된다는 것이다. 그러나 차이점도 많다. 히브리서는 쿰란 공동체가 지나치게 집착하는 정결례와 음식 규정을 배격하고 쿰란 문헌에서 쉽게 찾아볼 수 있는 선과 악의 이원론적 세계관을 전혀 표명하지 않는다. 그러나 히브리서 저자는 알렉산드리아의 그리스도교 지성인들 사이에서 유행하던 플라톤적 세계관의 영향을 받았다.

플라톤은 물질의 영역인 현상 세계와 정신의 영역인 본질 세계를 구분한다. 현상 세계는 끊임없이 움직이고 변화하며 썩어 없어지는 데 반해 본질 세계는 변하지 않고 썩어 없어지지 않는다. 본질 세계는 순수한 형상 또는 이상으로서 원래부터 존재하지만, 현상 세계는 본질 세계의 그림자나 반영에 지나지 않는다. 말하자면 도장 자체는 본질이지만 도장에서 찍혀 나오는 이름들은 현상에 지나지 않는 것과 같다.

플라톤의 이 이원론적 세계관은 히브리서에서 셈족의 우주관과 성경적 역사관과 혼합된다. 성전의 개념을 예로 들 수 있다. 성경에서 하늘은 하느님의 영역이고 땅은 인간 활동의 영역이다. 그런데 성전은 지상에서 하느님의 현존이 머무는 곳으로서 하늘과 땅을 잇는다. 그리고 히브리서에서는 지상의 성막이나 성전이 하늘 성전을 모형으로 해서 만든 모조품이라고 말한다. 모조품은 얼마든지 많이 만들 수 있지만 영원하지 않고 쉽게 사라진다. 히브리서 저자는 플라톤의 이원론적 세계관을 받아들이면서도 성경의 세계관과 역사관으로 이를 완전히 개조한다. 첫째, 플라톤의 이원론에서는 현상 세계에 속하는 인간의 역사를 변하지 않는 본질 세계보다 덜 중요하게 여기지만, 히브리서에서는 인간의 역사는 실체이고 진실로서 중요하게 생각한다. 하느님은 과거에 말씀하신 바를, 방식을 달리하시긴 하지만 지금도 말씀하신다. 과거는 현재를 위한 모형이요 모범이다. 하느님은 또 과거에 약속하신 것을 나중에 성취하신다(4,1-11). 둘째, 히브리서 저자는 플라톤의 이원론과는 달리 육체적이고 물리적인 것을 경멸하지 않는다. 예수님은 살을 가지셨기 때문에 사제가 되실 수 있었다. 그분의 몸은 죽음으로 썩어 없어지지 않고 오히려 아버지 하느님의 오른편까지 들어 높여졌다(5,1-10). 셋째, 히브리서 저자는 변화를 강조한다. 그리스도께서는 잠시 동안 천사들보다 더 낮아지셨지만 부활을 통해 당신의 몸을 비롯하여 열등한 지상 세계와 인간 역사를 거룩하게 바꾸셨다(2,5-12).

마. 구조와 내용 및 신학 사상

히브리서는 세 부분으로 나누는데, 각 부분은 그리스도의 신분과 관련된 세 주제들을 저마다 한 주제씩 다룬다. 그리고 각 부분은 구약성경의 풍부한 인용과 더불어 복음적 설교의 특성에 맞게 해당 주제를 풀이하는 교리의 선포와 교리를 실생활에 적용하라는 권고로 나뉜다.

첫째 부분(1,1—4,13)의 주요 주제는 하느님의 아들이시요 구세주이신 예수님이다. 먼저 1,1—3,6에 교리의 선포가 나온다. 하느님의 아들이신 그리스도는 어떤 천사들보다 더 높으시다. 히브리서 저자는 1장에서 이에 대한 논거로 구약성경의 여러 대목을 인용한다(시편 2,7; 2사무 7,14; 신명 32,43; 시편 45,6-7; 110,1). 그런데 천사들보다 훨씬 더 높으신 그분이 죽음의 고통을 당하심으로써 잠시 동안 천사들보다 더 낮아지셨다가 나중에 영광과 영예의 관을 받아 쓰셨다. 그분이 죽음의 고통을 겪으신 것은 하느님께서 모든 사람의 구원을 위하여 내리신 은총의 소치였다(2,10). 사람들을 거룩하게 하시는 예수 그리스도와 그분의 고난을 통하여 거룩하게 된 사람들은 다 같이 하나의 근원인 하느님에게서 나왔다. 그래서 예수님은 당신이 구원하신 사람들과 한 형제가 되신다(2,11). 하느님의 자녀들은 피와 살을 가지고 있으므로 하느님의 아들인 예수님도 그들과 같은 피와 살을 가지고 오셨다가 고통을 받으시고 죽으심으로써 죽음의 세력을 휘두르는 악마를 멸망시키시고 한평생 죽음의 공포에 사로잡혀 살던 사람들을 해방해 주셨다(2,14-15). 그리고 그분 친히 유혹을 받으셨기 때문에 유혹을 받는 모든 사람을 도와주실 수 있다(2,18). 예수님은 모세보다 더 위대하시다. 모세는 하느님의 종으로서 그분의 집안일에 충실했지만, 예수님은 하느님의 아들로서 그분의 집안일에 충실하셨기 때문이다(3,5-6).

예수님을 통하여 하느님의 자녀들에게 주어진 구원이란 무엇이며, 이 구원을 얻기 위해서는 무엇을 해야 하는가? 히브리서 저자는 3,7—4,13에서 시편 95,7-11을 인용하여 이 질문에 답변한다. 여기서 그는 유다교의 전통적인 미드라쉬 성경 주석 방법을 정확하게 시도한다. 히브리서 저자가 인용한 시편의 말씀 가운데 열쇠가 되는 세 단어는 '오늘'과 '맹세'와 '안식처'다. 저자는 세 단어가 들어 있는 구절들을 재인용하며 해설한다.

'오늘'이 나오는 인용 구절은 "오늘 너희가 그분의 소리를 듣거든 반항하던 때처럼 마음을 완고하게 갖지 마라"(3,15; 시편 95,7-8)이다. 시편의 이 '오늘'은 이집트 탈출 사건 당대뿐 아니라 상당히 오랜 시간이 흐른 뒤 이 시편의 저자로 되어 있는 다윗이 살던 시대, 그리고 이 시편을 인용한 히브리서 저자가 살던 시대, 나아가 히브리서를 읽는 우리 시대도 가리킨다. 왜냐하면 하느님의 말씀은 영원하기 때문이다. 또한 하느님께서 아직도 '오늘'의 세대에 말씀하신다면 이스라엘 사람들에게 안식처에 들어가게 해 주시겠다고 하신 그분의 약속도 아직 유효한 채 남아 있다(4,1).

'맹세'와 '안식처'가 나오는 인용 구절은 "나는 분노하며 맹세하였다. '그들은 내 안식처에 들어가지 못하리라'"(4,3; 시편 95,11)이다. 하느님이 맹세로 약속하시면 사람들의 약속보다 몇 배나 더 신뢰할 만하다. 그분은 성실하신 분이시기 때문이다. 그러면 여기서 말하는 안식처는 무엇을 두고 하는 말인가? 일차적으로 젖과 꿀이 흐르는 가나안 땅을 생각할 수 있겠다. 그러나 여호수아가 이집트에서 탈출한 이스라엘 사람들을 가나안 땅에 분명히 인도한 지 한참이 흐른 뒤에 하느님께서 이 말씀을 하셨으므로 이 안식처는 가나안 땅이 될 수 없다(4,8). 히브리서 저자는 창세 2,2을 인용하면서 이 안식처가 바로 하느님께서 당신의 일을 마치고 쉬신 일곱째 날의 휴식이라고 말한다(4,10). 여기서 하느님의 안식처는 하느님의 품속을 가리키며 구원이란 바로 이 안식처에 들어가는 것을 말한다.

첫 번째 예수(여호수아의 그리스식 이름)가 참안식을 이스라엘 백성에게 줄 수 없었던 반면, 마지막 시대의 예수는 하느님의 말씀에 순종하는 그분의 백성을 하느님의 안식처인 그분의 품속으로 인도한다. 이것이 곧 하느님 백성이 걸어야 할 참다운 순례의 여정이다. 그리고 이 순례 여정에서 우리를 인도해 주는 동반자는 하느님의 말씀이다. 히브리서 저자는 우리가 순종해야 할 하느님의 말씀이 얼마나 큰 구원의 효력을 가지고 있는지 역설한다. "사실 하느님의 말씀은 살아 있고 힘이 있으며 어떤 쌍날칼보다도 날카롭습니다. 그래서 사람 속을 꿰찔러 혼과 영을 가르고 관절과 골수를 갈라, 마음의 생각과 속셈을 가려냅니다"(4,12).

둘째 부분(4,14—10,39)의 주요 주제는 대사제이신 예수님이다. 이 둘째 부분도 첫째 부분처럼 교리의 선포와 권고로 나눌 수 있는데, 선포-권고의 고리가 연이어 두 번 나온다. 첫 번째 고리는 예수님이 멜키체덱의 사제 직분을 잇는 대사제임을 선포하는 대목(4,14—5,10)과 성숙한 신앙생활을 하자고 권고하는 대목(5,11—6,20)이고, 두 번째 고리는 예수님에게서 완성된 멜키체덱의 사제직을 더 자세하게 해설하는 대목(7,1—10,18)과 굳건한 믿음을 충실하게 간직하라고 권고하는 대목(10,19-39)이다.

먼저 첫 번째 고리를 살펴보자. 대사제는 백성 가운데서 뽑힌 사람이므로 하느님 앞에서 백성을 대표하고, 비록 한 해에 한 번이라 할지라도 지성소에 들어가 하느님과 만날 수 있는 유일한 사람이므로 백성 앞에서 하느님을 대표한다. 예수님은 이 대사제직을 완전하게 수행하셨다. 그분은 인간으로 이 세상에 계시면서 당신을 죽음에서 구해 주실 수 있는 하느님께 큰 소리와 눈물로 기도하심으로써 우리의 대표자가 되셨고, 하느님의 아들로서 당신에게 복종하는 모든 사람에게 영원한 구원을 가져다 주는 근원이 되셨다(5,7-9). 이 점에서 예수님은 구약의 대사제들을 훨씬 능가하신다. 대사제들은 백성과 연약한 자기 자신을 위해서 속죄의 제물을 바쳤지만 완전한 속죄는 얻어낼 수 없었다. 그러나 그들과는 대조적으로 예수님은 하느님의 아들로서 고난을 겪고 그분께 완전하게 복종하심으로써 모든 사람을 위해서 영원한 구원의 근원이 되셨기 때문이다. 따라서 이 사실을 아는 그리스도인들은 세례와 안수, 죽은 이들의 부활, 영원한 심판과 같은 초보적 교리에 머무르지 말고, 하느님의 말씀에 맛들이고 다가올 세상에 대한 희망을 안고서 성도들에게 봉사하고 그분의 이름으로 선행과 사랑을 실천해야 한다(6,1-10). 우리 앞에 놓인 희망을 굳게 붙잡는 데는 아브라함보다 더 훌륭한 모범이 없다. 그는 하느님이 맹세로써 약속하신 바를 끈기 있게 기다려서 그 약속을 받았다(6,18).

두 번째 고리의 선포 대목(7,1—10,18)에서 저자는 멜키체덱과 예수님을 비교하면서 대사제직이 어떻게 예수 그리스도 안에서 완성되는지를 설명한다. 멜키체덱은 모세오경에서 단 한 번 등장하고(창세 14,18-20) 부활 시편으로 알려진 시편 110,4에서 다시 한 번 언급된다. 히브리서 저자는 멜키체덱의 인물 탐구를 지렛대로 삼아 예수님의 사제직에 대한 깊은 성찰을 한다. 첫째, 멜키체덱은 정의의 임금이요 평화의 임금이다(7,2). 멜키체덱이라는 이름 자체는 정의의 임금(멜렉-체덱)이라는 뜻을 지닌다. 그리고 그는 살렘의 임금, 곧 평화의 임금이다. 히브리어에서 살렘은 평화를 뜻하는 샬롬과 같은 자음으로 되어 있다. 정의와 평화의 연결은 메시아의 출현을 알린다. 정의와 평화가 입을 맞추면 메시아 시대가 열리기 때문이다(시편 85,11). 예수님이야말로 구원을 가져다 주신 참그리스도이시다. 둘째, 멜키체덱은 영원한 사제다. 창세기를 보면 구약의 모든 중요한 인물들은 족보가 있다. 그런데 멜키체덱은 족보가 없고 모세오경 어디에도 그의 죽음에 대한 언급이 없다. 갑자기 나타나서 갑자기 사라진 것이다. 그래서 히브리서 저자는 멜키체덱이 "아버지도 없고 어머니도 없으며 족보도 없고 생애의 시작도 끝도 없는 이"라고 하는 것이다. 그리고 그는 "하느님의 아들을 닮아, 언제까지나 사제로 남아 있"다고 말한다(7,3). 이를 예수님 편에서 보자면 그분은 부활을 통하여 불멸의 생명에 들어가실 때 멜키체덱의 사제직을 맡으셨다(7,16-17). 셋째, 멜키체덱은 레위인 사제들보다 우위에 있다. 아브라함은 멜키체덱에게 십일조를 바치고 축복을 받았는데, 이는 그가 사제들을 배출한 레위 지파의 조상이면서도 멜키체덱의 사제직을 레위인 사제직보다 우위에 있는 것으로 인정한 표시다(7,6-10). 축복이란 윗사람이 아랫사람에게 해 주는 것이고(7,7), 십일조를 받는 레위인들까지도 자신들의 조상인 아브라함의 손을 거쳐서 멜키체덱에게 십일조를 바친 셈이기 때문이다(7,9). 더구나 레위인 사제들은 모두 죽었으니 멜키체덱의 영원한 사제직을 이어받을 수가 없다. 죽음을 이기고 영원한 부활의 생명을 누리시는 예수님만이 멜키체덱의 사제직을 이을 수 있다. 하느님께서는 맹세까지 하시면서 예수님에게 이를 확인하신다(7,20-21).

이어서 히브리서 저자는 구약의 사제직과 예수님의 사제직을 비교하면서 전자가 후자에게서 완성된다고 말한다. 첫째, 구약의 사제들은 다 죽기 마련이어서 사제직을 계속 수행하려면 수많은 사제들이 연이어 나와야 하지만, 예수님은 영원히 사시는 분이시므로 혼자서 사제직을 영구히 수행하신다(7,24-25). 둘째, 구약의 사제들은 먼저 자기네 죄를, 그다음에 백성의 죄를 용서받으려고 날마다 희생 제물을 바친다. 그러나 예수님은 거룩하고 순결하고 흠도 죄도 없으신 분이시므로 당신 자신을 위해서는 희생 제물을 바칠 필요가 없고 오로지 백성을 위해서만 바치신다. 또 그분은 희생 제물을 날마다 바칠 필요 없이 단 한 번 당신 자신을 흠 없이 깨끗한 제물로 바치심으로써 이 일을 한 번에 완벽하게 이루셨다(7,26-28). 셋째, 구약의 사제들은 사람이 세운 성막에서 봉직하지만, 예수님은 하늘 성전의 일을 맡아보신다. 이 하늘 성전에 관해서는 일찍이 하느님께서 모세에게 말씀하신 적이 있다(8,5). 넷째, 예수님은 구약의 옛 계약보다 더 좋은 새 계약의 중재자가 되셨다. 이와 관련하여 히브리서 저자는 예레 31,31-34을 인용하는데, 이 서간에서 가장 긴 인용문이다(8,8-12). 그리고 결론으로 예수님을 통해서 옛 계약이 새 계약으로 대체되었음을 선언한다(8,13).

이상 네 가지 요소, 곧 사제직·속죄 제물·성전·계약에 관해서는 9,1—10,18에 좀 더 자세하게 반복되어 나온다. 히브리서 저자는 위의 네 가지가 결국 예수 그리스도 한 분에게서 완성된다고 천명한다. 중요한 것은 이 네 가지 요소를 규정하는 율법을 정확하게 지키는 것이 아니라 하느님의 뜻을 이루는 것이다(10,7). 율법에서 요구하는 갖가지 제물과 대사제가 지성소에 들고 들어가는 짐승의 피로는 하느님의 뜻을 이룰 수도 없고 사람들의 죄를 없앨 수도 없다. 오직 하느님의 뜻에 따라 자신의 생명을 바치는 것이야말로 속죄를 위한 완전한 제물이다(10,10).

10,19-39는 두 번째 교리의 선포에 이어지는 권고 대목이다. 우리

에게는 하느님의 집을 다스리는 최고의 대사제이며 당신의 피로 우리를 깨끗하게 하신 그리스도가 계시니, 이제는 확고한 믿음과 진실한 마음가짐으로 하느님께 나아가야 한다(10,19-22). 또한 자주 모이고 서로 격려해서 사랑을 실천하고 좋은 일을 하도록 힘써야 한다(10,23-25).

셋째 부분(11—13장)의 주요 주제는 믿음의 완성자이신 예수님이다. 여기서도 11장은 믿음에 관한 교리의 선포를, 12—13장은 권고를 담고 있다. 11장 첫머리에서 저자는 히브리인들의 성경적 역사관과 그리스 사상의 이원론적 세계관을 바탕으로 믿음이 무엇인지를 정의한다. “믿음은 우리가 바라는 것들의 보증이며 보이지 않는 실체들의 확증입니다”(11,1). “바라는 것들의 보증”은 약속과 성취라는 성경적 역사관을 반영하고, “보이지 않는 실체들의 확증”은 현상과 본질이라는 이원론적 세계관을 전제로 생겨난 말이다. 저자는 이스라엘 역사 전체를 돌아보며 집회서 저자처럼(집회 44—50장) 믿음의 영웅들을 열거한다. 믿음의 영웅들은 모두 하느님의 말씀을 믿고 그분께 충성을 다한 사람들이다. 그들의 믿음은 로마서나 갈라티아서에서 강조하는, 예수 그리스도에 대한 믿음으로 하느님과 화해하게 되는 의화의 믿음이 아니라, 약속된 것과 보이지 않는 것을 꾸준히 그리고 변함없이 믿는 충실한 믿음이다. 이 충실한 믿음으로 말미암아 그들은 하느님께 인정을 받았다. 그러나 그들은 약속된 것을 받지는 못했다(11,39). 약속의 실현은 예수 그리스도에게서 완성되고 그 혜택은 그리스도인들에게 돌아가도록 유보되어 있었다(11,40).

충실한 믿음은 12—13장의 권고 대목에서도 돋보인다. “이렇게 많은 증인들이 우리를 구름처럼 에워싸고 있으니, 우리도 온갖 짐과 그토록 쉽게 달라붙는 죄를 벗어 버리고, 우리가 달려야 할 길을 꾸준히 달려갑시다"(12,1). 우리가 달려야 할 길의 종착역은 "흔들리지 않는 나라"(12,28)요 앞으로 올 "영원한 도성"(13,14)이다. 그리고 우리가 어떤 자세로 달려야 할지는 "우리 믿음의 영도자이시며 완성자이신"(12,2) 예수 그리스도께서 가르쳐 주신다. "그분께서는 당신 앞에 놓인 기쁨을 내다보시면서, 부끄러움도 아랑곳하지 않으시고 십자가를 견디어 내시어, 하느님의 어좌 오른쪽에 앉으셨습니다"(12,2). 그분은 십자가에서 당신 자신을 흠 없는 제물로 하느님께 바치셨다. 우리도 예수님의 이름으로 언제나 하느님께 찬미의 제사를 바쳐야 한다(13,15). 하느님께서 기쁘게 받아 주시는 제물은 하느님의 은총을 가로막는 온갖 죄악을 멀리하며 선을 베풀고 서로 친교와 사랑을 나누는 일이다. "선행과 나눔을 소홀히 하지 마십시오. 이러한 것들이 하느님 마음에 드는 제물입니다"(13,16).

III.2. 가톨릭 서간

4세기 초 에우세비우스는 바오로 서간에 이어지는 서간 일곱 개, 곧 야고보서, 베드로 1·2서, 요한 1·2·3서, 그리고 유다서를 가톨릭 서간이라고 불렀다(『교회사』 6.25). 여기서 가톨릭이라는 말은 '보편적'이라는 뜻이다. 이 서간들이 어느 특정한 교회가 아니라 보편 교회에 보내졌다 해서 그런 이름을 붙인 것이다. 가톨릭 서간의 정경 순서는 갈라 2,9의 언급, "교회의 기둥으로 여겨지는 야고보와 케파와 요한"에 따른 것으로 보인다. 가톨릭 서간은 때로는 바오로의 사상을 충실히 반영하기도 하고(베드로 1서), 때로는 바오로의 메시지와는 전혀 다른 내용을 전하기도 하며(요한 1·2·3서, 유다서), 때로는 바오로와 정면으로 충돌하기도 한다(야고보서, 베드로 2서).

1. 야고보서

야고보서는 전형적인 권고서간에 속한다. 명령형 동사가 자주 쓰인다는 단순한 사실이 이를 입증한다. 동방 교회에서 이 서간이 정경으로 인정된 것은 다른 서간들에 비하여 꽤 늦은 시기인 3세기 초엽이었고, 서방 교회에서는 4세기 말에 와서야 확정되었다. 루터는 이 서간을 다른 신약성경 책들과 비교하면서 "복음적 특성을 전혀 간직하지 못한 지푸라기 같은 서간"(1522년 루터의 독일어판 신약성경)이라고 깎아내렸고 이런 견해를 받아들인 개신교 전통에서는 그리스도론과 구원론도 제대로 갖추지 못한 질 낮은 경전으로 평가하였다. 19세기의 역사비평가들은 이 서간을 초대 교회 안에서 서로 대립하던 두 경향, 곧 바오로적인 경향과 유다교적인 경향 사이의 절충을 시도한 문헌으로 보았다. 가톨릭에서는 주로 병자성사의 근거를 제시하고(5,14-15), 믿음을 통해서만 구원받는다고 주장하는 개신교의 교리를 반박하기 위해서(2,14-26) 이 서간을 이용하였다. 그러나 야고보서는 그 자체의 고유한 특성과 내용을 지닌 만큼 독립적으로 다루는 게 바람직하다. 야고보서의 내용은 결코 가볍거나 진부하지 않다. 신약성경에서 야고보서만큼 사회의식이 뚜렷한 경전도 없을 것이다. 이 서간이 초대 교회에서 정경으로 뒤늦게 인정을 받은 것도 사도적 기원의 취약성 때문이지 그 내용 때문이 아니었다.

가. 저자와 수신자

야고보 서간은 당시의 서한체 관례에 따라 첫머리에 발신자와 수신자를 밝힌다. “하느님과 주 예수 그리스도의 종 야고보가 세상에 흩어져 사는 열두 지파에게 인사합니다”(1,1). 여기서 야고보는 누구를 말하는가? 예수님의 제자인 제베대오의 아들이자 요한의 형인 야고보(이른바 장長야고보: 마르 1,19)인가, 아니면 예수님의 다른 제자, 알패오의 아들 야고보(차次야고보: 마르 3,18)인가? 그도 아니면 나중에 교회 전승에서 밝힌(에우세비우스 『교회사』 2.23.4) 주님의 형제로서 예루살렘 원로단의 대표가 된 야고보(사도 12,17; 15,13; 1코린 15,7; 갈라 1,19; 2,9.12)인가? 야고보서가 저자로 내세운 이 인물은 십중팔구 마지막 야고보일 가능성이 높다. 우선 요한의 형 야고보는 40년대 초에 순교하였고(사도 12,1-2), 알패오의 아들 야고보에 대해서는 알려진 바가 전혀 없다.

전통적으로 이 서간의 가장 유력한 후보로 거론되는 셋째 야고보는 공관 복음에서 예수님의 형제들 가운데 가장 먼저 나온다(마르 6,3; 병행 마태 13,55). 고대의 테르툴리아누스는 신약성경의 기록만 가지고 예수님의 형제들을 마리아와 요셉이 첫아들 예수님 다음에 낳은 아들들, 곧 예수님의 동생들이라고 주장하였다(『그리스도의 육신』 7.23). 오늘날 개신교 신자들이 이를 받아들인다. 그러나 2세기 초의 외경 문헌에 보면 그들은 요셉이 첫 혼인에서 낳은 아들들로 나온다(야고보 원原복음 9,8). 이 견해는 동방 교회에서 지지하였다. 서방 교회에서는 야고보를 주님의 사촌으로 여겼던 4세기 히에로니무스의 견해(『헬비디우스 반박』 14-19)에 따라 그들을 예수님의 사촌 육촌 팔촌 등 가까운 친척으로 본다. 초대 교회에서 주님의 형제들은 열두 사도단과 구별되었다(사도 1,13-14; 1코린 15,5.7). 주님의 형제 야고보는 열두 사도단에 속하지는 않았지만 넓은 의미에서 사도로 통한다(1코린 15,7; 갈라 1,19). 그는 예수님의 공생활에 동반하지 않고 다른 친척들과 함께 나자렛에서 머물러 있었다(마르 3,21.31-32; 6,1-4). 그러나 야고보는 부활하신 예수님께서 그에게 나타나실 만큼 그분과 특별히 가까운 사이였고(1코린 15,7; 히에로니무스 『위인들』 2의 '히브리인들의 복음' 인용구) 그 뒤 예루살렘 모교회가 창립될 때 원로단의 대표가 되었다(갈라 2,9; 사도 12,17; 15,13-22; 21,18). 야고보는 60년대 초에 순교하였다. 요세푸스의 증언에 따르면 로마 총독이 없는 틈을 타 대사제 아나누스 2세가 산헤드린을 소집하고 "메시아라고 불린 예수의 형제" 야고보를 율법 위반자로 몰아붙여 돌로 쳐 죽였다(『유다 고대사』 20.200).

그리스도교 전통에서 야고보서의 저자를 예수님의 형제 야고보로 내세운다 할지라도 야고보서 역시 바오로 친저서간 외의 다른 서간들처럼 저자가 역사적인 위대한 인물의 이름을 빌려 쓴 차명 서간이다. 이 서간의 그리스어가 매끄럽고 우아해서 아람어를 구사하는 나자렛 시골 출신이 집필했을 가능성은 거의 없기 때문이다. 더구나 이 서간에 인용된 구약성경은 히브리어 성경이 아니라 칠십인역 그리스어 성경이다. 아마도 저자는 야고보의 제자이거나 숭배자로서 그의 가르침을 후대에 알리고자 했던 인물일 것이다.

그다음 이 서간의 인사말에서 "세상에 흩어져 사는 열두 지파"(1,1)

는 누구를 말하는가? 이를 글자 그대로 받아들이면 온 세상에 흩어져 사는 디아스포라 유다인들이 수신자가 된다. 야고보서의 내용에 유다교적 주제와 그리스도교적 주제가 혼합되어 나타나고 저자가 아주 유려한 그리스어를 사용하고 있는 점으로 미루어, 이 서간은 디아스포라 유다계 그리스도인이 같은 처지의 동료 그리스도인들에게 써 보낸 글로 볼 수 있다.

나. **집필 연대와 장소**

'차명-클레멘스Pseudo-Clemens 문헌'(150-220년경의 사료를 바탕으로 4세기에 집필)의 저자는 야고보를 주교들의 주교로 소개한다(『베드로가 야고보에게 보낸 편지』 인사말). 또한 『헤르마스의 목자』(140년경에 로마에서 집필)의 저자는 야고보서를 알고 있던 것으로 보인다. 따라서 야고보서의 집필 연대는 적어도 140년 이전으로 거슬러 올라가야 한다. 다른 한편 야고보서는 은사가 아니라 직책으로서의 교사직(3,1)과 성사 집행과 관련된 원로직(5,14-15)을 소개하면서 1세기 말엽의 교회 상황을 반영한다. 이와 더불어 이 서간의 저자는 율법에 관하여 호의적으로 묘사하고 윤리적 실천을 강조한다. 따라서 야고보서의 집필 연대는, 안으로는 그리스도교의 교계 제도가 어느 정도 꼴을 갖추기 시작하고 밖으로는 예루살렘 성전이 파괴된 뒤 토라 중심의 바리사이 유다이즘이 크게 일어나기 시작하는 80-90년경일 가능성이 높다.

야고보서의 집필 장소로는 예루살렘 또는 팔레스티나가 유력한 후보로 떠오른다. 가난한 이들에 대한 저자의 특별한 관심, 예수 전승에 대한 숙지, 이른 비와 늦은 비로 구분되는 팔레스티나 기후에 대한 지식(5,7) 등이 이를 뒷받침한다. 더구나 예루살렘 모교회의 원로단을 대표하고 있던 야고보는 팔레스티나의 그리스도인들에게 존경과 흠모의 대상이었을 것이다. 그러나 이는 단지 추정일 뿐이고, 위에서 밝힌 대로 이 서간의 저자가 그리스어를 유창하게 구사하는 디아스포라 유다계 그리스도인이라면 서간의 집필 장소는 그리스어를 사용하던 유다인들의 거주 지역 어디나 가능하다.

다. 내용과 신학 사상

야고보서는 특별한 구성이 없는 권고서간으로, 갖가지 윤리적인 권고들을 체계 없이 나열한다. 따라서 구조에 따라 서간을 고찰하는 일은 포기하고 성경의 다른 본문들과 비교하여 내용상 몇 가지 특성들만 살펴보기로 한다.

첫째, 믿음과 율법의 실천을 대립시킨 바오로 서간들과는 달리 야고보서는 윤리를 가르치는 그리스 철학자들처럼 말과 행동을 대립시킨다. 하느님께서는 각 사람의 행실에 따라 심판하시며(로마 2,6-8) "사랑으로 행동하는 믿음만이 중요할 따름입니다"(갈라 5,6) 하고 말하는 바오로 사도의 가르침에 야고보서의 저자는 전적으로 동의한다. 그리고 여기에서 한걸음 더 나아가 행동으로 실천하지 않고 단순히 말로 하는 신앙 고백을 죽은 믿음으로 간주한다(2,14.17.26).

둘째, 야고보서는 구약의 지혜문학 전통과 예언문학 전통에 바탕을 둔다. 야고보서는 바오로의 친저서간에서 볼 수 있는 논쟁이나 토론 대신 독자들에게 이미 널리 알려진 진리를 다시금 일깨우고 덕을 닦으라고 권고하는 내용으로 가득하다. 실천적 윤리 지침들은 잠언·코헬렛·집회서의 가르침들과 흡사하고, 억압하는 자들의 단죄와 회개의 요청은 호세아·이사야·아모스의 목소리를 반영한다.

셋째, 야고보서의 저자는 그리스도교 전통의 충실한 전달자다. 야고보서에는 명시적으로 인용하지는 않지만 복음 전승, 특히 예수님의 말씀이 풍부하게 활용되고 있다. 의심하지 말고 기도하라는 명령(1,5-6; 참조: 마태 7,7-8; 마르 11,23), 심판자가 문 앞에 서 있다는 경고(5,9; 참조: 마태 24,33), 맹세의 금지(5,12; 참조: 마태 5,34-37), 부자들에 대한 경고(5,1-2; 참조: 루카 6,24) 등등. 그 밖에 많은 윤리적 권고가 마태오 복음의 산상 설교를 반영한다.

넷째, 야고보서는 율법의 명령을 수렴하면서 자유의 법을 그리스도교 윤리의 최상 원리로 제시한다(1,25; 2,12). 이 자유의 법은 열 말씀(십계명)을 포함하며 레위 19,18에 바탕을 둔 하느님 나라의 법이다. "여러분이 참으로 성경에 따라 '네 이웃을 너 자신처럼 사랑하여라.'(레위 19,18) 하신 지고한 법(직역: 왕국의 법; 참조: 2,5의 "당신을 … 나라")을 이행하면, 그것은 잘하는 일입니다"(야고 2,8). 바오로 사도는 이웃에 대한 사랑의 법을 율법 전체의 완성(로마 13,10; 갈라 5,14)으로 보았고, 예수님은 이웃 사랑을 하느님 사랑 바로 곁에 놓으셨다(마태 22,39; 마르 12,31; 루카 10,27). 야고보서에 가장 많이 반영된 구약의 윤리지침들은 바로 이 레위 19장에서 비롯한다. 사람들을 차별 대우하는 것은 참믿음과 양립할 수 없다(야고 2,1-12; 레위 19,15). 교우에 대한 비방과 심판은 율법에 대한 비방이요 심판으로 당연히 금지된다(4,11; 레위 19,16). 일꾼들의 품삯을 가로채면 그들의 아우성이 만군의 주님께까지 올라간다(5,4; 레위 19,13). 하늘이나 땅이나 그 밖에 무엇을 두고도 맹세해서는 안 된다(5,12; 레위 19,12). 이웃이 그릇된 길을 갈 때에는 그를 타일러 바른길로 돌아서게 해야 한다(5,20; 레위 19,17).

다섯째, 야고보서는 세 가지 실천적 믿음, 곧 행동하는 믿음과 인내하는 믿음과 기도하는 믿음의 모범을 제시한다. 행동하는 믿음의 모범은 아들 이사악을 제단에 바친 아브라함과 유다인들이 보낸 심부름꾼들을 친절히 맞아들인 예리코의 창녀 라합이다(2,21-25). 인내하는 믿음의 모범은 욥이고(5,11) 기도하는 믿음의 모범은 엘리야다(5,17-18).

여섯째, 야고보서는 공동체 윤리와 사회 윤리를 강조한다. 야고보서의 저자가 독자들에게 요구하는 것은 '나 홀로 수덕주의'가 아니라 이웃 사랑을 중심 축으로 삼는 실천적 믿음이다. 야고보서에서 이웃이란 누구보다 공동체에서 함께 만나는 형제 자매들이다(2,2.15). 가부장적 사회에서 쉽게 위협받을 수 있는 소외 계층인 고아들과 과부들에 대한 배려(1,27), 전쟁과 살인의 뿌리는 인간의 지나친 욕심과 교만에서 나온다는 지적(4,1-10), 사업을 할 때는 허영심을 버리라는 충고(4,13-17), 탐욕에 눈이 어두워 일꾼들의 품삯을 착취하고 사치와 쾌락에 빠진 부자들에 대한 경고(5,1-6), 고통을 받는 사람들과 앓는 사람들에 대한 사목적 배려(5,13-15) 등은 사회 윤리의 구체적인 예들이다.

이상의 특성들을 돌아보면서 우리는 야고보서를 "복음적 특성을 전혀 간직하지 못한 지푸라기 같은 서간"으로 여긴 루터의 견해에 동의할 수 없다. 오히려 야고보서는 믿음과 사랑을 절묘하게 조화시킨 점에서 유다-그리스도교 전통과 복음서 전승을 충실하게 반영한다고 하겠다. 더구나 개인 윤리보다 사회 윤리를 강조하는 현대 교회에서 야고보서가 차지하는 비중은 점차 더 커져갈 것이다.

2. 베드로 1·2서

베드로 1·2서는 둘 다 베드로 사도의 글이 아니라 사도의 이름을 빌려 쓴 차명 서간이다. 그리고 두 서간은 저자와 저작 시기, 내용에서 서로 완전히 다르다. 문학 양식에서도 서로 구별되는데, 베드로 1서가 인사말, 축복 기도, 본문, 맺음말 등 본격적 서간인 반면, 베드로 2서는 구약성경(창세 48—49장; 신명 31—34장)과 신약성경(루카 22장; 요한 13—17장; 사도 20,17-38), 특히 구약의 외경 문헌에 자주 등장하는 '유언' 형식을 빌린 '유언적 서간'이다. 서간이 발신자와 수신자 사이의 장소적 간격을 이어 주는 글이라면 유언은 말하는 이와 듣는 이 사이의 시간적 간격을 이어 주는 글이다. 따라서 베드로 2서의 문학 양식인 유언적 서간은 장소적 간격과 시간적 간격을 한꺼번에 이어 주는 구실을 한다.

가. **저자와 수신자**

먼저 베드로 1서부터 살펴보자. 저자는 첫머리에 발신자와 수신자를 정확하게 밝힌다. "예수 그리스도의 사도인 베드로가 폰토스와 갈라티아와 카파도키아와 아시아와 비티니아에 흩어져 나그네살이를 하는 선택된 이들에게 인사합니다"(1,1). 또 이 서간의 맺음말에서 실바누스의 손을 빌려 이 편지를 썼다고 밝힌 다음(5,12), "바빌론 교회와 나의 아들 마르코가" 함께 인사한다고 말한다(5,14). 여기서 바빌론 교회는 로마의 그리스도교 공동체를 말하고 저자가 언급한 실바누스(실라스의 라틴식 이름: 사도 15,22.27.32;

2코린 1,19; 1테살 1,1 = 2테살 2,1)와 마르코(요한 마르코: 사도 12,12; 15,36-41)는 사도행전에 따르면 예루살렘의 사도단과 원로단에게 잘 알려진 인물들이었다. 처음에 바오로와 함께 선교 여행에 동참했던 이 두 사람이 어떻게 로마에 와서 베드로를 돕게 되었는지는 신약성경 본문으로는 확인할 길이 없다. 어떻든 이 같은 베드로 1서 자체의 증언에 힘입어 예수님의 제자 베드로가 이 서간을 썼다는 주장은 일찍부터 교회 안에 자리를 잡았다. 베드로의 친저성에 관한 명시적 언급은 2세기 말엽의 문헌(이레네우스 『이단 논박』 4.9.2)에 처음 나온다.

베드로의 친저성을 받아들인 전통적 견해와는 달리 비판적인 성경학자들은 여러 이유를 들어 이 서간의 저자가 갈릴래아 어부 출신의 베드로 사도일 수 없다고 주장한다. 능숙한 그리스어 구사와 풍부한 어휘, 바오로 서간과의 유사점, 칠십인역 성경의 인용, 초기 교계 제도의 암시(5,1-4), 그리고 저자가 시몬이나 시몬 베드로처럼 개인적 친밀감을 드러내는 호칭이 아니라 이미 공적 권위를 드러내는 베드로라는 호칭을 사용한다는 점과, 예수님의 직제자가 자신의 서간에 예수 전승들을 언급하면서도 예수님의 것으로 명시하지 않는 점 등이 베드로의 친저성을 의심하게 하는 이유들이다. 따라서 문체와 내용으로 보아 이 서간 역시 사목서간들이나 다른 가톨릭 서간들처럼 당시의 관행에 따라 저자가 속한 공동체의 정신적 지주(이 경우는 베드로)의 이름을 빌려 쓴 차명 작품일 가능성이 크다.

그러면 베드로 1서의 실제 저자는 누구일까? 이름을 밝힐 수는 없지만, 그는 아마도 베드로 사도가 64년경 로마에서 순교한 뒤 그곳에 형성된 베드로계 그리스도교 공동체에 속한 인물일 것이다. 서간의 맺음말에 따르면, "여러분과 함께 선택된 바빌론 교회와 나의 아들 마르코가 여러분에게 인사합니다”(5,13)로 되어 있다. 여기서 바빌론은 요한 묵시록에서처럼 로마를 상징한다. 바빌론이 솔로몬이 지은 예루살렘 제1성전을 파괴했듯이(기원전 587년) 로마도 예루살렘 제2성전을 파괴하였다(70년).

인사말에서 베드로 1서의 수신자는 소아시아의 다섯 로마 속주에 흩어져서 나그네살이 하는 신자들로 되어 있다. 이들은 디아스포라 유다인들이나 유다계 그리스도인들을 가리키는가, 아니면 그리스도교로 개종한 이방인들을 가리키는가? 본문의 내용은 그들이 이교에서 개종한 이방계 그리스도인들임을 시사한다. 저자는 그들이 전에 순수한 이방인이었을 때와 지금 그리스도인일 때를 뚜렷하게 대립시킨다. “이제는 순종하는 자녀로서, 전에 무지하던 때의 욕망에 따라 살지 말고, 여러분을 부르신 분께서 거룩하신 것처럼 여러분도 모든 행실에서 거룩한 사람이 되십시오”(1,14-15; 참조: 1,18; 2,10; 4,2-4). 이 같은 권고는 일찍이 율법을 지키면서 살아온 유다인들에게는 전혀 어울리지 않는다.

결론으로 베드로 1서는 순교자 베드로 사도의 후예임을 자랑하는 이름 모를 저자가 그리스도의 복음 때문에 어려움을 겪고 있는 소아시아의 동료 그리스도인들을 격려하고 그들과 더불어 같은 믿음과 희망을 함께 나누고자 베드로 사도의 이름으로 써 보낸 서간이라 할 수 있다.

그다음 베드로 2서를 살펴보자. 1서의 경우에는 상당수의 학자들이 베드로의 친저성을 옹호한 반면, 베드로 2서의 친저성을 주장하는 이들은 거의 없다. 아마도 신약성경에서 베드로 2서만큼 그 친저성을 분명하게 의심받는 책도 드물 것이다. 2세기까지의 교회 전승에서 베드로 2서에 대한 언급은 찾아볼 수 없다. 베드로 2서에 대한 최초의 명시적 언급은 정경성을 두고 '논란 중인 책들'에 이 서간을 귀속시킨 오리게네스(185/6-254년)다(에우세비우스 『교회사』 6.25.8-10). 4세기 교부 히에로니무스는 의심스런 요소가 많다고 하면서도 이 서간을 정경으로 받아들였다(불가타에 포함됨). 알렉산드리아 교회는 일찍부터 이 서간을 정경으로 인정하였으나 안티오키아 중심의 시리아 교회는 6세기까지도 인정하지 않았다.

먼저 베드로 1서와 2서의 저자는 여러 가지 정황으로 보아 동일 인물이 아님이 확실하다. 1서에는 구약성경을 자주 인용하는 반면, 2서에서는 거의 인용하지 않고, 2서의 어휘 가운데 60퍼센트 정도가 1서에는 나타나지 않으며, 1서와 비교하여 2서의 문체는 매우 장엄하고 무게가 있다. 베드로 2서는, 비록 저자가 처음 인사말에서 자신을 '예수 그리스도의 종이며 사도인 시몬 베드로'로 소개하고 3,1에서 베드로 1서를 분명하게 언급하고 있다 하더라도, 다음 두 가지 이유에서 베드로의 친저일 수 없다. 첫째, 저자는 교회의 첫 세대 사람들이 이미 세상을 떠났다고 밝힌다(3,4). 둘째, 2베드 2장의 내용은 1세기 말엽에 쓰인 것으로 추정되는 유다 4-18절을 풀이한 것이어서 이 서간의 저자가 유다서를 이용했음이 확실하다. 그렇다면 베드로 2서의 저자는 누구일까? 아마도 1서처럼 베드로계 그리스도교 공동체에 속하면서 베드로를 흠모한 인물이었겠지만 1서의 저자보다는 훨씬 더 후대 사람이었을 것이다.

이 서간의 수신자는 누구인가? 저자는 머리말에서 수신자를 "우리 하느님이시며 구원자이신 예수 그리스도의 의로움 덕분에 우리처럼 귀한 믿음을 받은 이들"(2베드 1,1)이라고 밝힌다. 이 같은 수신자 묘사로는 특정한 공동체를 떠올리기가 어렵다. 그러나 위에서 밝힌 대로 본문 내용을 보면(2베드 2,1—3,4; 참조: 유다 4-18) 이 서간의 수신자는 예수 그리스도의 복음을 열정적으로 받아들이고 그분의 영광스러운 재림을 당대에 닥칠 것으로 손꼽아 기다리던 첫 세대 그리스도인들이 아니라 세월이 한참 흐른 뒤의 둘째 또는 셋째 세대 그리스도인들임을 알 수 있다. 그들은 나자렛 예수님의 지상 생애를 과거로 흘려 보내고 그리스도의 재림은 아직도 한참 기다려야 할 미래의 사건으로 여기며 살아가던 사람들이다. 그들이 속한 공동체의 문제는 무엇인가? 거짓 교사들의 출현과 활동이다. 거짓 교사들은 파멸로 이끄는 이단을 몰래 끌어들이고 방탕한 생활에 빠졌다. 이들은 하느님이 인간 역사 안에 결정적으로 개입하시어 악을 제거하시고 정의를 회복하실 것이라는 종말론적 가르침과 그리스도의 재림을 전면적으로 부인하고, 자신들의 부도덕한 생활로 올곧게 살아가는 이들에게 윤리적 해이를 부추긴다. 그리스도의 재림을 성실하게 기다리는 교우들에게 이들의 거짓된 교설과 행실은 큰 위협이 되었다. 저자는 전통적인 믿음을 재확인하면서 이 문제에 단호하게 대처한다. 거짓 교사들을 공격하는 저자의 어조는 논쟁적이고 호전적이다.

나. **집필 연대와 장소**

먼저 베드로 1서의 집필 연대는 언제쯤일까? 앞에서 이 서간을 베드로의 이름을 빌린 차명 서간이라고 밝힌 만큼 최소한 저작 시기의 상한선은 베드로 사도의 순교 이후가 되어야 하고, 사목서간에서 볼 수 있는 감독·원로·보조자의 교계제도를 분명하게 언급하지 않은 점으로 미루어 하한선은 2세기 초 이후로는 잡을 수 없다. 이미 140년경에 쓰인 폴리카르푸스의 『필리피인들에게 보낸 편지』(1-2)에 보면 베드로서의 몇몇 구절이 인용되어 나오기 때문이다. 이 서간이 전제하는 수신자들의 상황이 그리스도인들에 대한 유다인들이나 이방인들의 적대감과 멸시와 박해인 점을 감안하면, 아마도 조직적이고 전반적이지는 않았지만 일부 지방에서 그리스도교를 박해하였던 도미티아누스 황제의 치세(81-96년) 때를 저작 시기로 볼 수도 있을 것이다. 실제로 로마 역사가 소小플리니우스는 베드로 1서 첫머리에 나오는 다섯 속주 가운데 한 곳인 비티니아 지방에서 그리스도교에 대한 박해가 있었음을 암시한다(『트라야누스 황제에게 보낸 편지』 10.96-97). 따라서 80-90년을 가장 유력한 집필 연대로 보면 될 것이다.

베드로 1서의 집필 장소로는 로마가 적격이다. 바티칸 언덕을 발굴 조사한 고고학자들은 이곳에서, 로마의 그리스도인들이 베드로 사도가 순교하여 묻힌 장소를 경건하게 보존해 온 전통을 확인하였다. 이 전통의 확인은 또한 베드로가 죽기까지 그리스도교 신앙을 증거하기 위해 투쟁했다고 보고하는 클레멘스의 증언에 힘을 실어 준다(『클레멘스의 첫째 편지』 5: 96-120년경 저술). 저자는 이곳에서 같은 처지에 놓여 있는 소아시아의 그리스도인들을 격려하기 위해 이 서간을 집필했을 것이다.

베드로 2서의 집필 연대는 신약성경의 낱권들 가운데서 가장 늦다. 이 서간의 저자가 공관 복음의 말씀을 인용하고(2베드 1,17; 3,10), 교우들이 이미 하느님의 영감을 받아 기록된 바오로 서간의 모음집을 널리 읽고 있음을 전제하며(3,15-16), 유다서를 이용하는 것으로 미루어 130년경으로 추정할 수 있다. 베드로 2서의 집필 장소는 베드로의 이름으로 이 서간을 집필한 것을 감안하여 베드로계 그리스도교 공동체가 자리 잡은 로마로 생각할 수 있으나 알렉산드리아와 소아시아가 거론되기도 한다.

다. 베드로 1서의 구조와 신학 사상

베드로 1서는 바오로 서간들에서 볼 수 있는 전형적 구조를 보인다. 첫 인사가 담긴 머리말(1,1-2)과 작별 인사를 포함한 맺음말(5,11-12)을 빼고 본문은 크게 세 부분(1,3—2,10; 2,11—4,11; 4,12—5,11)으로 나눌 수 있다. 둘째 부분과 셋째 부분을 구분할 수 있는 표제어는 두 부분 첫 머리에 나오는 "사랑하는 여러분"('Αγαπητοί 아가페토이)이다. 이 서간은 구약성경을 직접 인용하고 복음서의 예수 전승과 신약의 다른 서간 전승을 이용하면서 유다-그리스도교의 전통을 충실하게 그리고 풍부하게 반영한다. 구약성경의 직접 인용은 구약의 이스라엘의 전통을 이어받아 새로운 하느님 백성이 된 그리스도 교회의 신원을 확인하는 첫째 부분에 집중적으로 나오고(레위 11,44.45; 19,2; 이사 40,6-8; 시편 34,9; 이사 28,16; 시편 118,22; 이사 8,14 등), 복음서의 예수님 전승(1베드 3,9 → 루카 6,28; 1베드 3,14 → 마태 5,10; 루카 6,10; 1베드 2,12 → 마태 5,16)과 다른 신약성경 전승(1베드 1,14 → 로마 12,2; 1베드 4,10-11 → 로마 12,6-7; 1베드 1,14 → 에페 2,2-3; 1베드 4,8; 야고 5,20; 1베드 4,14 → 히브 13,13 등)은 이 책 전편을 관통하여 간접적으로 인용된다. 그뿐만 아니라 찬미가와 신앙 고백문과 같은 초기 교회의 전례 전승(1,3-5; 1,18-21; 2,21-25; 3,18-22; 5,5ㄴ-9)도 반영한다.

첫째 부분(1,3—2,10)은 그리스도인들이 누구이며 어떻게 살아야 하는지를 가르쳐 준다. 그리스도인의 새 삶은 영원히 살아 계시는 하느님의 말씀을 통해서 태어난다. "여러분은 썩어 없어지는 씨앗이 아니라 썩어 없어지지 않는 씨앗, 곧 살아 계시며 영원히 머물러 계시는 하느님의 말씀을 통하여 새로 태어났습니다"(1,23). 저자는 여기서 이사야 예언자의 말씀을 인용하면서 영원히 시들지 않는 주님의 말씀이 곧 그리스도인들에게 전해진 복음이라고 밝힌다. "'모든 인간은 풀과 같고 그 모든 영광은 풀꽃과 같다. 풀은 마르고 꽃은 떨어지지만 주님의 말씀은 영원히 머물러 계시다'(이사 40,6-8). 바로 이 말씀이 여러분에게 전해진 복음입니다"(1베드 1,24-25).

하느님의 말씀으로 태어난 이 새 삶은 그리스도를 통해서 완성된다. 여기서 저자는 이사야서와 시편을 인용하면서, 새 삶을 받은 그리스도인들은 집 짓는 자들에게 버림을 받았다가 모퉁이의 머릿돌이 되신(2,7; 시편 118,22) 그리스도를 본받아 '영적 집'을 짓는 데 쓰일 "값진 모퉁잇돌"(이사 28,16)이 되어야 한다고 권고한다. '영적 집'은 무엇을 말하는가? 성령이 거처하시는 거룩한 하느님 백성을 말한다. 이 집의 구성원이 된 그리스도인들은 거룩한 사제로서 하느님께서 기쁘게 받으실 영적 제물을 예수 그리스도를 통해서 드려야 한다(1베드 2,5). 그리스도인들은 "선택된 겨레고 임금의 사제단이며 거룩한 민족이고 그분의 소유가 된 백성"(2,9; 탈출 19,5-6)이기에 하느님의 놀라운 능력을 널리 찬양해야 마땅하다.

여기서 집(그리스어로 '오이코스'οἶκος 집안·가정)의 개념이 중요하게 떠오른다. 바오로는 비교적 부유한 가정의 집을 빌려 집회를 가졌다. 그 시절에는 한 집안의 가장paterfamilias이 세례를 받으면 온 집안 식구가 함께 세례를 받았다. 가부장 중심 사회에서 가장은 아내와 자녀들에게 절대적 권위를 행사하였기 때문이다. 그리스-로마 문화권뿐 아니라 동양 문화권에서도 집안을 잘 다스리는 것(그리스어로 '오이코노미아'οἰκονομία)은 사회 안정의 기초다. 그리스도인들은 하느님을 가장으로 모시는 '영적 집'의 구성원들이다(2,5). 그들의 몫은 하늘에 마련되어 있다(1,4). 따라서 그들은 이 세상에서는 '나그네들'(또는 '거류민들': 그리스어로 '파로이코이'πάροικοι)에 지나지 않는다(1,1). 이들은 외국인과 시민권자 사이의 중간 상태에 있는 사람들, 곧 우리식으로 바꾸자면 외국에서 체류 허가를 받고 일정한 권리와 혜택을 누리는 영주권자들을 말한다. 그리스도인들은 세상에서 살지만 세상 자체에 속하지 않고 하늘 나라에 속한 이들이므로 세상의 가치와 논리에 따라 살아서는 안 된다.

이런 맥락에서 둘째 부분(2,11—4,11)의 가정 규범(2,11—3,12)을 이해해야 한다. 가정 규범은 이교인들 사이에서 복음의 증인으로 살아가야 할 그리스도인 삶의 원칙을 제시한다. 그 원칙이란 안으로는 하느님 집안 가족답게 육체적 욕망에 따라 살지 말고 영혼이 원하는 바를 추구하고, 밖으로는 자기가 잠시 체류하는 곳에서 아름다운 모범을 보여 그곳 사람들로 하여금 하느님을 찬양하게 하는 것이다(2,11-12). 저자는 이 세상 집안의 가장인 로마 황제와 그가 임명한 관리들에게 복종하고 질서와 공동선을 지향하는 온갖 제도에 순종할 것을 요구한다(2,17). 남의 집 가장과 그곳의 질서를 존중하는 사람이 자기 집안의 어른과 질서도 존중하는 법이다. 저자는 종이 주인에게 복종할 것을 요구하면서 주인이 종에게 해야 할 본분에 대해서는 침묵한다. 이것 역시 집과 가장의 개념 때문이다. 하느님의 집에 사는 이들은 모두 가장이신 그분에게 절대 복종해야 하는 종들과 같다. 이 점에서 그리스도는 최고의 모범이시다. 2,21-25에서 저자는 이사 53장에 나오는 주님의 종의 넷째 노래를 인용하여 그리스도의 수난과 죽음의 의미를 밝힌다. 그리스도께서는 우리를 위해서 고난을 받으심으로써 본보기를 보여 주셨다(2,21; 이사 53,4). 그분은 죄를 지으신 일이 없고 그 입에 거짓이 없는 분이시지만(2,22; 이사 53,9), 모욕과 고통을 당하면서도 되갚지 않고 정의로우신 분의 심판에 자신을 맡기셨다(2,23; 이사 53,7). 그분은 우리 죄를 당신 몸에 친히 지시고 십자가에 달리시어 우리를 죄에서 풀어 올바르게 살게 해 주셨고 우리는 그분의 상처로 치유를 받았다(2,24; 이사 53,4.12). 우리는 전에 길 잃은 양처럼 헤매었다(2,25; 이사 53,6). 3,1-7에 나오는 아내와 남편의 도리도 같은 맥락에서 이해해야 한다. 아내는 남편을 주인으로 삼고 복종해야 하고 남편은 아내의 연약함을 이해하고 생명의 은총을 함께 상속받을 사람으로 여기고 존경해야 한다.

3,8—4,11은 공동체의 구성원들이 서로를 어떻게 대해야 하는지를 일러 준다. 믿는 이들의 공동체는 살아 계신 주님의 성령께서 그리스도를 머릿돌로 삼아 지으신 집이다. 하느님께서는 과거의 예루살렘 성전에서처럼 이 집에 거처하신다. 세례를 통하여 이 집의 구성원들이 된 교우들은 이 집에서 서로 사랑하고 서로 축복해 주어야 한다(3,8-9). 하느님의 영적 집에서 영원한 생명을 누리게 될 종말이 가까워 오고 있다. "그러니 남은 지상 생활 동안, 더 이상 인간의 욕망을 따르지 말고 하느님의 뜻을 따라야 합니다"(4,2).

셋째 부분(4,12—5,11)은 고통에 대한 권고가 주요 내용을 이룬다. 시련의 불길이 일어나도 당황하거나 놀라서는 안 된다. "사랑하는 여러분, 시련의 불길이 여러분 가운데에 일어나더라도 무슨 이상한 일이나 생긴 것처럼 놀라지 마십시오"(4,12). 그리스도께서 먼저 고난을 받고 하느님의 영광에 들어가셨으니 그분을 따르는 그리스도인은 그분의 고난에 동참하는 것을 기쁘게 생각해야 한다(4,13-14). 바오로도 자신을 "그리스도께서 겪으신 고난의 증인이며 앞으로 나타날 영광에 동참할 사람"(5,1)으로 원로들에게 소개한다. 고통은 하나의 시험이다. 학생이 시험을 통해서 실력을 쌓고 평가를 받듯이, 믿는 이도 고통을 통하여 굳건한 믿음을 얻고 마침내 그리스도와 더불어 영원한 영광에 참여할 것이다(5,10).

라. **베드로 2서의 구조와 신학 사상**

유다-그리스도교의 전통을 충실하고 풍부하게 반영하면서 그리스도인들의 신원과 의무를 밝히는 일에 집중한 베드로 1서와는 대조적으로, 베드로 2서는 이미 올바르게 확립된 그리스도교의 전통적 믿음을 거짓 교사들의 온갖 교설에서 보호하는 일에 초점을 맞춘다. 베드로 2서의 구조는 단순하다. 베드로 사도의 인사를 담은 머리말(1,1-2)과 마지막 권고와 영광송으로 된 맺음말(3,17-18)을 제외하고 서간의 몸통은 세 부분으로 나눌 수 있다. 경건한 생활을 하라는 권고(1,3-21), 거짓 교사들에게 쏟아 붓는 공격(2장), 주님의 날에 관한 올바른 가르침(3,1-10)이 그것이다.

저자는 머리말에서 사도에게서 전해져 오는 믿음의 중요성을 강조하고(1,1), 서간의 수신자들이 하느님과 주 예수님을 알게 되어 은총과 평화를 충만하게 받기를 기원한다(1,2). 이어지는 첫째 부분(1,3-21)에서 저자는 서간의 수신자들이 예수 그리스도를 통하여 하느님의 능력을 받아 경건한 생활을 할 수 있게 되었고 하느님의 본성에 참여하도록 불림을 받았음을 상기시킨다(1,4). '하느님의 본성에 참여한다'는 표현은 신약성경에서 이곳에만 나온다. 이 표현은 '앞으로 나타날 영광에 동참한다'(1베드 5,10)와 '아버지와 아드님과 친교를 나눈다'는 표현과 상통한다. 베드로 2서의 저자는 이 표현을 추상적인 것으로 묶어 두지 않고 구체적으로 풀어 설명한다. 하느님의 본성에 참여하기 위해서는 열성을 다하여 "믿음에 덕을 더하고 덕에 앎을 더하며 앎에 절제를, 절제에 인내를, 인내에 신심을, 신심에 형제애를, 형제애에 사랑을" 더해야 한다(2베드 1,5-7). 이를 실천하는 그리스도인들 앞에 영원한 나라로 들어가는 문이 활짝 열릴 것이다(1,11).

이어서 저자는 죽음을 눈앞에 둔 베드로 사도의 입장에서 수신자들에게 꼭 기억해 주기를 바라는 메시지를 유언처럼 남긴다(1,12-21). 사도가 전해 준 예수 그리스도의 권능과 재림에 관한 이야기는 꾸며 낸 신화가 아니다. 사도는 예수님의 거룩한 변모를 직접 목격한 증인으로서 아버지 하느님께서 예수 그리스도를 가리켜, "이는 내가 사랑하는 아들, 내 마음에 드는 아들이니 너희는 그의 말을 들어라"(마태 17,5) 하신 말씀을 들었다. 예수님의 거룩한 변모는 구약의 예언이 성취된 사건이다. 여기서 저자는 성경 말씀의 중요성을 강조한다. "이로써 우리에게는 예언자들의 말씀이 더욱 확실해졌습니다. 여러분의 마음속에서 날이 밝아 오고 샛별이 떠오를 때까지, 어둠 속에서 비치는 불빛을 바라보듯이 그 말씀에 주의를 기울이는 것이 좋습니다"(2베드 1,19). 베드로 2서의 저자는 성경이 성령의 감도로 쓰였다는 것을 분명히 밝힌다. "예언은 결코 인간의 뜻에서 나온 것이 아니라, 사람들이 성령에 이끌려 하느님에게서 받아 전한 것입니다"(1,21; 참조: 3,15). 그러니 성경의 어떤 예언도 본디 뜻에서 벗어나 임의로 해석해서는 안 된다.

둘째 부분(2장)의 내용은 거짓 교사들에 대한 가차 없는 공격이다. 이 거짓 교사들이 누구인지 구체적으로 시사하는 대목이 없어서 규명하기가 어렵지만, 2세기 초 알렉산드리아에서 기승을 부리던 영지주의자들이 아닐까 싶다. 저자가 그리스도교의 참된 앎을 유달리 강조하기 때문이다(1,2.3.5.8.12.16; 2,20.21; 3,17-18). 영지주의자들은 자기네들만 천상의 비밀스런 지식을 소유하고 있다고 주장하였다. 또한 그들은 이 지식과 더불어 완전한 자유를 타고났다고 자부하였다. 그래서 그들은 육체와 현세적 가치를 경멸하면서도 제멋대로 방탕한 생활을 하는 이중적 태도를 보였다. 저자는 노아의 홍수, 소돔과 고모라의 멸망과 롯의 착한 행실, 나귀에게 책망받은 발라암을 예로 들어가며 거짓 교사들을 맹렬히 고발하고 공격한다. 주님이요 구세주이신 예수 그리스도를 알고 세상의 더러운 것에서 빠져 나온 사람들이 다시 그들의 술수에 말려들어 진수렁에 빠지는 것은, 토한 것을 도로 먹는 개와도 같고 몸을 씻겨 주어도 다시 진창에 뒹구는 돼지와 같다(2,22).

셋째 부분(3,1-16)은 주님의 재림을 다룬다. 거짓 교사들은 주님의 재림이 오지 않는 것은 세상이 하느님의 권능 밖에 있는 증거라고 주장한다. 그들에게 세상이란 처음부터 있는 그대로 항상 똑같다. 이런 주장에 대해 저자는 성경의 증언을 들어 하느님은 악한 자들을 심판하시고 징벌하신다고 답변한다(3,5-7). 베드로 2서 저자가 시도하는 신학적 답변은 세 가지다. 첫째, 우리가 사는 세상은 독립적이거나 우연적인 실체가 아니라 하느님의 말씀으로 창조되었다(3,5). 둘째, 하느님은 세상을 창조하실 때 구성요소로 만드신 물을 세상을 파괴하시는 데도 이용하실 수 있었다(3,6). 셋째, 하늘과 땅은 하느님의 말씀으로 유지되고 있으나, 하느님을 배반하는 자들이 심판받을 멸망의 날에는 불에 타 없어지고 말 것이다. 하느님은 노아의 홍수 때엔 물을 이용하셨지만 마지막 심판 때엔 불을 이용하실 것이다(3,7.10.12). 그러면 왜 악인들을 심판하실 주님의 재림이 늦어지는가? 주님의 재림이 늦어진다고 하는 것은 우리 기준에서 하는 말이다. 우리의 계산과 하느님의 계산은 같지 않기 때문이다. "주님께는 하루가 천 년 같고 천 년이 하루 같습니다"(3,8; 시편 90,4). 주님의 날은 우리에게 더디 오는 것처럼 보일지라도 반드시 오게 되어 있다. 그리고 그날은 도둑처럼 갑자기 닥칠 것이다(3,10; 마태 24,43; 루카 12,39; 1테살 5,2; 묵시 3,3). 주님의 날이 늦어지는 것은 하느님의 무능 때문이 아니라 자애 때문이다. 그분은 죄인에게 회개할 기회를 주시려고 그날을 늦추신다(3,15; 참조: 로마 2,3-6).

베드로 2서의 맺음말은 수신자들에게 거짓 교설에 빠져 정통 신앙을 잃는 일이 없도록 하라는 경고와, 예수 그리스도에게서 받은 은총과 그분에 관한 지식을 키워 나가라는 권고를 포함한다. 그리고 서간은 예수 그리스도께 바치는 영광송으로 끝을 맺는다(3,18).

위에서 우리는 베드로 1·2서의 수신자들이 특정한 상황에 직면한 공동체임을 밝혔다. 1서의 수신자들은 그리스도와 복음 때문에 당하는 시련과 박해에 직면한 공동체였고, 2서의 수신자들은 거짓 교사들의 교설과 부도덕한 본보기로 위협을 받고 있는 공동체였을 것이다. 그럴지라도 특정한 교회의 이름이 거론되지 않는 한 이 두 서간은 가톨릭 서간에 속한다. 두 서간이 전제하는 상황은 그리스도인들이 세상에 터를 잡고 사는 한 언제 어디서나 만날 수 있기 때문이다.

3. 요한의 세 편지

요한의 세 편지는 저자와 집필 동기 및 수신자들에 관해서 구체적으로 알려 줄 만한 자료를 거의 제시하지 않는다. 그러나 본문의 내용을 잘 살펴보면 이 편지들의 저자가 누구인지, 그 수신자들이 어떤 상황에 처해 있는지, 그리고 저자가 이 편지들을 왜 쓰게 되었는지 어느 정도 짐작할 수 있다.

가. **저자와 수신자와 집필 연대**

전통적으로 요한 복음과 요한의 세 편지는 요한 사도가 썼다고 알려져 있다. 그런데 우리는 요한 복음을 다루면서 이 복음서의 육필 저자가 예수님의 '애제자'인 요한 사도가 아니라 요한의 제자들 가운데 한 사람임을 밝혔다. 그렇다면 요한 복음의 실제 저자가 요한의 세 편지도 함께 썼는가? 요한 복음과 세 편지의 내용을 보면 유사점이 많기 때문에 이런 질문을 당연히 할 수 있겠다. 그러나 둘 사이의 유사점은 두 문헌이 요한 사도에게까지 소급되는 동일한 전통에 뿌리를 내리고 있다는 사실을 반영할 뿐이고 실제로는 둘 사이에 다른 점도 많다. 대표적인 차이점을 열거하자면 다음과 같다. 첫째, 요한 1서의 서문은 인격화된 말씀의 육화를 강조한 요한 복음의 서문과는 달리, 우리가 보고 듣고 만져 본 생명의 말씀, 곧 나자렛 예수님의 공생활을 강조한다. 둘째, 요한 복음이 예수님께 부여했던 빛(요한 8,12; 9,5)과 사랑의 계명(요한 13,34)을 요한의 편지에서는 하느님께 돌린다(1요한 1,5; 4,21). 셋째, 성령을 하나의 위격체로 받아들이고 강조했던 복음서와는 달리, 편지에서는 성령에 대한 강조가 약하다. 협조자 파라클레이토스라는 말이 편지에서는 한 번도 성령을 가리키는 데 사용되지 않고 오히려 그 칭호를 예수님께 부여한다(1요한 2,1). 넷째, 실현된 종말론을 앞세웠던 복음과는 달리 편지에서는 미래의 종말론, 그리스도인의 삶을 총결산하는 순간으로서의 파루시아를 강조한다(1요한 2,28—3,3). 마지막으로 주요 적대자가 복음에서는 유다인들로 되어 있는데, 편지에서는 그들 대신 공동체에서 떨어져나간 '그리스도의 적들'이다.

요한 복음 저자도 아니고 예수님의 애제자도 아니라면 세 편지의 저자는 누구인가? 요한 2서와 3서에서 저자는 자신을 '원로'라고 밝힌다. 원로라는 칭호는 아시아 속주의 여러 교회에서 흔히 주님의 직제자 요한을 개인적으로 알고 있던 사람을 가리켰다. 한편 저자는 자신을 나자렛 예수님을 직접 본 목격 증인으로 내세운다(1요한 1,1-3; 4,14). 따라서 그는 요한계 공동체에 속하면서 사도 전통을 직접 이어받은 요한 사도 바로 다음 세대의 증인이라고 할 수 있겠다. 그리고 세 편지의 저자는 동일 인물이다. 세 문헌의 메시지·문체·어휘 등이 서로 매우 비슷하기 때문이다.

세 서간의 집필 연대는 폴리카르푸스가 요한 1서와 2서(『필리피인들에게 보낸 편지』 7.1) 그리고 요한 3서(『필리피인들에게 보낸 편지』 10.1)를 알고 있었던 것으로 보아 적어도 150년 이전에 쓰인 것이 확실하다. 아마도 요한 복음이 쓰인 뒤인 100년경이 될 것이다.

요한 1서의 수신자는 요한계 교회에 속한 여러 공동체다. 저자는 이 서간을 여러 지역 공동체가 돌려가며 읽기를 바란다. 그리고 파피루스 한 장에 쓰였을 것으로 추정될 만큼 짧은 요한 2서와 3서의 수신자는 저자가 속한 공동체와 가까운 자매 공동체였을 것이다. 저자는 이 공동체에 대해서도 책임감을 느끼며 그곳 교회가 오류에 물들지 않고 진리와 사랑 안에서 성장하기를 기원한다.

나. 요한 1서의 구조와 내용

요한 1서의 구조는 요한 복음의 구조와 비슷하다. 머리말(1,1-4)은 요한 복음의 로고스 찬가(요한 1,1-18)를 떠올리게 한다. 여기서 자주 언급되는 '우리'는 애제자의 목격 증언을 보존하고 발전시켜 온 요한의 직계 제자들을 가리킨다. 예수 그리스도는 천지 창조 이전부터 아버지와 함께 계셨다가 우리에게 나타나신 생명의 말씀이시다(1,1-2). 이 글을 쓰는 목적은 우리 모두(저자와 수신자들)가 아버지 하느님과 아들 예수 그리스도와 기쁨이 넘치는 친교를 나눌 수 있게 하기 위해서다(1,3-4). 이 친교는 두 주체가 어울리면서 좋은 것을 함께 나누는 것을 말하는데, 요한 복음에는 이 말이 한 번도 나오지 않는다.

이어지는 본문은 표징의 책과 영광의 책으로 양분한 요한 복음처럼 두 부분으로 나뉜다. 첫째 부분(1,5—3,10)의 대주제는 빛이고 둘째 부분(3,11—5,12)은 사랑인데, 두 부분의 첫 구절에 그리스어로 '메시지' 또는 '소식'을 뜻하는 '앙겔리아'ἀγγελία라는 말이 나온다. 요한 1서에서 앙겔리아는 예수님의 지상 생애 안에서 구체화되어 나타난 '생명의 말씀'을 가리키는데, 요한 복음을 비롯하여 네 복음서에서는 이 말의 동의어로 '기쁜 소식'을 뜻하는 '에우앙겔리온'εὐαγγέλιον을 사용한다.

첫째 부분(1,5—3,10)의 첫머리에서 저자는 하느님을 빛으로 계시한다. “하느님은 빛이시며 그분께는 어둠이 전혀 없다”(1,5). 여기서 저자는 세상을 빛과 어둠으로 나눈 요한 복음의 세계관을 반영한다(요한 3,19-21). 빛 속에서 거닐고 진리 안에서 행동하는 사람은 하느님과 친교를 나누게 되고 동료 인간들과도 친교를 나누게 된다. 빛 속에서 거닐기 위해서는 당신의 피로 우리를 모든 죄에서 깨끗하게 하신 예수님을 받아들여야 한다. 누구든지 자신에게 죄가 없다고 말하는 사람은 자신을 속일 뿐 아니라 하느님을 거짓말쟁이로 만들고 우리 안에 주어진 그분의 말씀을 부인하는 것이다(1,8-10). 성경을 보면 하느님께서는 우리를 모두 죄인으로 선포하셨기 때문이다. 죄에서 벗어나 빛 속에서 사는 제일 좋은 방법은 그리스도께서 남겨 주신 사랑의 계명, 곧 “내가 너희를 사랑한 것처럼 너희도 서로 사랑하여라”(요한 13,34)는 계명을 실천하는 것이다(1요한 2,7-17). ‘서로 사랑하라’는 계명은 요한의 공동체가 처음부터 들어왔던 옛 계명이지만, ‘참빛이신 그리스도께서 사랑하신 것처럼 사랑하라’는 계명은 새 계명이다. “자기 형제를 사랑하는 사람은 빛 속에 머무르고, 그에게는 걸림돌이 없습니다”(2,10). 반대로 형제를 미워하는 자는 어둠 속에 머무르고 갈 길을 잃고 방황하게 된다(2,11).

운문으로 되어 있는 2,12-14에는 세 가지 칭호가 두 번이나 나온다. ‘자녀 여러분’은 요한계 공동체에 속한 모든 그리스도인을 가리키고, ‘아버지 여러분’은 처음부터 계시는 한 분 하느님을 오래 전부터 알고 섬겨 온 구교우를, ‘젊은이 여러분’은 악한 자(사탄)와 싸워 이긴 새 신자들을 가리킬 수 있다. 이어서 저자는 덧없이 지나가는 세상과 세상의 가치(감각적인 욕망과 눈을 현혹시키는 사치와 허영 등)를 사랑하지 말라고 권고한다(2,15-17). 이제 악한 자의 하수인인 ‘그리스도의 적들’이 나타났으니 그들에게 속는 일이 없도록 조심하라고 경고한다. 그들은 예수님이 그리스도이심을 부인하고 아버지와 아드님을 부인하는데, 이럴 때일수록 그리스도인들은 처음부터 들어온 전통적 믿음을 충실하게 지키고 아드님과 아버지 안에 머물러 있어야 그분이 재림하실 때 부끄럽지 않게 될 것이다(2,18-27). 악한 자, 악한 자의 하수인인 그리스도의 적들, 그리고 세상과 세상의 가치들은 모두 어둠의 세력이다. 하느님의 자녀들은 마땅히 이런 어둠의 세력들과 단절하고 빛이신 아버지와 아드님 안에 머물러야 한다.

이어지는 대목(2,29—3,10)에서는 진리의 실천, 곧 의로움의 실천을 기준으로 하느님의 자녀와 악마의 자녀를 분명하게 구분한다. 하느님은 의로운 분이시고 의로움을 실천하는 사람들은 모두 그분에게서 태어난 그분의 자녀다. 그들은 아무도 죄를 짓지 않고 죄를 지을 수도 없다. 이와는 반대로 의로움을 실천하지 않는 자, 곧 죄를 저지르는 자는 모두 악마에게 속한 사람이다. 그리고 자기 형제를 사랑하지 않는 자도 하느님께 속한 사람이 아니다.

둘째 부분(3,11—5,12)의 주제어는 사랑이다. "여러분이 처음부터 들은 말씀은 이것입니다. 곧 우리가 서로 사랑해야 한다는 것입니다"(3,11). 저자는 카인과 예수님을 비교하면서, 형제를 미워하여 살인을 저지른 카인과는 달리 예수님은 우리를 사랑하신 나머지 당신의 목숨마저 내놓으셨으니, 우리도 그분의 모범을 따라 서로 사랑하라고 권고한다. 형제들을 사랑하는 사람은 이미 죽음을 벗어나 생명의 나라에 들어와 있지만 사랑하지 않는 사람은 죽음 속에 그대로 머물러 있다(3,14). 당신 자녀들에게 내리신 하느님의 계명은 그분의 아들 예수 그리스도의 이름을 믿고 서로 사랑하라는 것이다(3,23). 하느님의 계명을 지키는 사람은 하느님 안에서 살고 하느님께서도 그 사람 안에 계신다. 그리고 우리 안에 계시는 하느님의 현존은 우리에게 성령이 주어졌는가 악령이 주어졌는가에 달려 있다(3,24). 성령과 악령을 분별하는 기준은 예수 그리스도의 강생을 받아들이느냐 않느냐다(4,2-3).

하느님은 사랑이시니 그분과 일치하려면 형제들을 사랑해야 한다. 4,7-21은 그리스도교의 대헌장이다. 이 세상의 모든 사랑은 하느님에게서 나와 하느님에게로 돌아간다. 여기서 말하는 사랑은 하느님에 대한 우리의 불완전한 사랑이 아니라, 우리에 대한 하느님의 완전한 사랑이다. 이 사랑은 하느님의 아들 예수 그리스도를 통해서 드러났다. 사랑하지 않는 사람은 하느님을 알지 못한다. 그러나 우리가 서로 사랑한다면 하느님께서는 우리 안에 계시고 또 하느님의 사랑이 우리 안에서 이미 완성된다. 사랑에는 두려움이 없다. 완전한 사랑은 징벌에 대한 두려움을 몰아낸다. 사람은 하느님의 사랑과 우리의 사랑을 연결해 주는 통로다. 하느님의 사랑은 나를 사랑해 주는 사람들을 통해서 나에게 오고, 나의 사랑은 내가 사랑하는 사람들을 통해서 하느님께 간다. 따라서 하느님을 사랑한다고 하면서 자기 형제를 미워하는 사람은 거짓말쟁이다. 눈에 보이는 형제도 사랑하지 못하면서 어떻게 보이지 않는 하느님을 사랑할 수 있겠는가? "우리가 그분에게서 받은 계명은 이것입니다. 하느님을 사랑하는 사람은 자기 형제도 사랑해야 한다는 것입니다"(4,21).

둘째 부분의 마무리는 믿음과 사랑과 계명의 연결이다. 예수 그리스도를 믿는 사람은 누구나 하느님의 자녀이고, 하느님의 자녀는 아버지를 사랑하며 아버지를 사랑하는 사람은 그 자녀들도 사랑한다(5,1). 하느님을 사랑한다는 것은 그분의 계명을 지킨다는 것이고, 그분의 계명을 지킨다는 것은 바로 그분의 자녀인 이웃을 사랑한다는 것이다(5,2-3). 하느님의 자녀는 누구나 예수 그리스도를 강생하신 하느님의 아들로 고백하는 믿음으로 세상을 이겨낸다(5,4-5). 예수 그리스도에 관한 증인은 성령과 물과 피, 이렇게 셋이다. 예수님이 하느님의 아들이라는 사실은 성령으로 말미암아 잉태되실 때, 세례를 받으실 때, 그리고 십자가에서 피를 흘리며 돌아가실 때 가장 잘 드러났다. 그런데 세 증인은 다 같이 한 가지 사실을 증언한다. "그 증언은 이렇습니다. 하느님께서 우리에게 영원한 생명을 주셨고 그 생명이 당신 아드님에게 있다는 것입니다. 아드님을 모시고 있는 사람은 그 생명을 지니고 있고, 하느님의 아드님을 모시고 있지 않는 사람은 그 생명을 지니고 있지 않습니다"(5,11-12).

요한 1서의 맺음말(5,13-21)도 요한 복음처럼 이 글을 쓰는 목적을 다시 한 번 밝힌다. 요한 복음에서는 하느님의 아들 예수 그리스도를 통하여 영원한 생명을 얻게 하는 것이 집필 목적이었는데(요한 20,31), 여기서는 하느님 아드님의 이름을 믿는 이들이 이미 영원한 생명을 지니고 있음을 알게 하려는 것이 집필 목적이라고 말한다(1요한 5,13).

다. **요한 2·3서의 구조와 내용**

요한 2·3서의 저자는 자신을 '원로'라고 소개한다. 요한 2서는 요한계 공동체에 속한 한 원로가 "선택받은 부인과 그 자녀들에게"(2요한 1절) 보내는 편지다. 여기서 선택받은 부인은 원로가 속한 공동체와 가까운 자매 공동체를 말한다(2요한 13절). 요한 3서에서는 자매 공동체들끼리 서로를 친구라고 부른다(3요한 15절). 두 서간의 구조는 1서와는 달리 복잡하지 않고 매우 단순하며, 한 장짜리 파피루스에 적어 보낸 고대의 짧은 편지 형식, 곧 첫 인사·본문·끝 인사의 형식을 그대로 따른다.

요한 2서의 주된 관심사는 '진리'다. 저자는 인사(1-3절)에서 진리를 알게 된 모든 사람은 "선택받은 부인"인 이 공동체를 사랑한다고 밝히고, 이 편지의 수신자들이 '진리와 사랑' 안에서 은총과 자비와 평화를 얻기를 기도한다. 이어지는 본문(4-6절)에서 저자는 부인의 자녀들, 곧 공동체의 구성원들이 진리 안에서 살아가고 있는 것에 대해 매우 기뻐하며 부인에게 서로 사랑하자고 권면한다. 사랑이란 하느님의 계명을 따르는 것이다. 왜냐하면 하느님의 계명은 우리가 처음부터 들어온 대로 사랑을 따라 살라고 요구하기 때문이다. 저자는 속이는 자들, 곧 그리스도의 적들이 이 공동체에 곧 도착하여 공동체의 구성원들을 현혹시킬 것을 우려한다. 그들은 예수 그리스도의 강생을 부정한다. 원로는 이들에게 단호하다. 이런 자들은 집 안에 들여놓아서도 안 되고 인사를 해서도 안 된다(10-11절). 이는 진리를 따라 사는 자녀들을 보호하기 위한 불가피한 조처다.

요한 3서는 길이와 형식(1-4절 인사; 5-12절 본문; 13-15절 끝 인사)에서 2서와 매우 흡사하다. 그러나 내용에서는 1·2서와 약간 차이를 보인다. 3서는 1·2서의 관심사였던 윤리적인 문제나 그리스도론적 오류를 다루지 않고 공동체의 복잡한 권위 문제를 다룬다. 이 서간에는 세 사람의 이름이 나온다. 가이오스는 이 편지의 수신자이고, 데메트리오스는 원로가 파견한 사절 가운데 대표적 인물이며, 디오트레페스는 원로와 경쟁관계에 있는 지도자다. 세 인물의 이름이 완벽한 그리스-로마식 이름인 것으로 보아 그들이 요한계 공동체에서 이방계 그리스도인들 무리에 속해 있음을 알 수 있다. 원로는 개인적으로 돈독한 친분(3요한 14절)을 맺고 있는 가이오스에게 이 편지를 쓴다고 밝힌다. 가이오스가 공동체에서 어떤 직책을 맡은 인물인지는 알 수 없으나 한 가정의 가장인 것만은 확실하다. 저자는 그가 전에 여행하는 그리스도인들을 따뜻하게 맞아 준 일을 떠올리기 때문이다(5절). 그래서 원로는 이번에도 가이오스에게 데메트리오스를 비롯하여 자신이 보낸 사절들을 환대해 줄 것을 요청한다(6절). 원로의 경쟁자 디오트레페스는 공동체의 우두머리가 되려는 야심을 품고서 원로의 권위를 인정하려 하지 않고 원로가 보낸 사람들을 배척하였을 뿐 아니라, 심지어 그들을 받아들인 사람들까지도 공동체에서 추방하였다(9-10절). 원로는 가이오스에게 디오트레페스의 악행을 본받지 말고 선을 행하라고 권고한다. 악이 아니라 선을 본받으라는 권고는 그리스 사상에서 흔한 윤리적 지침이지만, 저자가 제시한 선행의 동기는 유다-그리스도교 전통에 근거한다. "선을 행하는 이는 하느님께 속한 사람이고, 악을 행하는 이는 하느님을 뵙지 못한 사람입니다"(11절).

라. 요한 1·2·3서의 신학 사상

요한의 세 편지는 크게 보아서 요한계 그리스도교 공동체의 전통 신앙을 위협하는 '그리스도의 적들'에게서 공동체를 보호하려는 데 그 집필 의도가 있다고 하겠다. 그들이 누구인지를 두고 여러 가지 추정이 가능하다. 먼저 그리스도의 인성을 부정한 가현주의자들docetists을 들 수 있다. 이들은 안티오키아의 이냐시우스가 공격하던(110년경) 이단론자들이다(『스미르나인들에게 보낸 편지』 1.1-2; 2; 『트랄리스인들에게 보낸 편지』 9.1-2). 그다음으로 영적인 존재인 그리스도가 보통 인간 예수에게 세례 때에 내려왔다가 십자가 처형 직전에 돌아갔다고 주장하는 체린투스Cerinthus를 생각할 수 있다. 체린투스는 리옹의 주교 이레네우스가 요한 사도의 적대자로 지목한 인물이다(『이단 논박』 3.11.1). 마지막으로 세상과 육체를 경멸했던 2세기의 영지주의자들을 생각할 수 있다. 그러나 요한의 편지에 나오는 '그리스도의 적들'은 이들의 보다 원초적인 형태라 할 수 있다.

'그리스도의 적들'은 세 가지 차원에서 요한계 공동체의 정통 신앙을 위협한다. 첫째는 그리스도론적 차원인데, 그들은 예수님이 하느님의 아들 그리스도라는 사실을 부정한다. 그들의 주장에 따르면 세상의 구원을 위해 하느님의 아들 그리스도는 세상에 어떤 형태로든지 개입해 들어오는 것으로 충분하지, 굳이 인간의 살과 피를 취하여 강생한 다음 피를 흘리며 십자가에 못 박혀 죽을 필요까지는 없다는 것이다. 이에 대해 저자는 예수님은 분명히 당신 몸을 속죄 제물로 바쳐 우리 죄뿐 아니라 온 세상의 죄를 없애 주셨으며(1요한 1,7; 2,2; 4,10; 5,6), 이를 부인하는 자는 거짓말쟁이요 아버지와 아드님을 동시에 부인하는 '그리스도의 적'이라고 규정한다(1요한 2,22).

둘째는 윤리적 차원인데, '그리스도의 적들'은 한 번 하느님의 자녀가 되어 그분을 알고 그분과 직접 통교를 이룰 수 있는 단계에 접어들게 되면 육신 안에서 저지른 죄는 문제 삼을 것이 없다고 주장한다. 그래서 그들은 계명을 지키지 않고 죄를 지은 상태에서 어둠 속을 거닌다. 저자는 이들을 두고 하느님의 참된 자녀들은 의롭게 행동하고 하느님과 그리스도께서 주신 계명, 특히 이웃 형제 자매들에 대한 사랑의 계명을 지킴으로써 죄를 피한다고 가르친다(1요한 3,9-11.23; 5,18; 2요한 5절).

셋째는 영적 차원인데, '그리스도의 적들'은 자신들이 성령에 인도를 받는 교사요 예언자라고 주장하며 사람들 앞에서 자신들의 권위를 치켜세운다. 이에 대해 저자는 "아무 영이나 다 믿지 말고 그 영이 하느님께 속한 것인지 시험해"(1요한 4,1) 보라고 충고한다. 우리 가운데에는 세상에 속한 거짓 예언자들을 이끄는 '속이는 영'도 있고 하느님께 속한 이들을 인도하는 '진리의 영'도 있으니 이를 잘 구별해야 한다(1요한 4,4-6).

요한 공동체 안에 이런 오류가 생겨나고 거짓 교사들과 예언자들이 득세를 하게 된 데에는 그만한 이유가 있었다. '그리스도의 적들'은 요한 복음 자체에서 이런 오류의 빌미를 끌어냈을 법하다. 첫째, 요한 복음은 예수 그리스도를 세상의 빛으로 묘사하고 빛이신 그분께 나아간 사람은 누구나 죄인으로 심판을 받지 않는다는 사실을 증언한다(요한 3,16-21; 9,39-41). 예수님의 공생활 도중에 그분께 대한 믿음으로 이미 구원을 받은 사람이 생겨났으니 그분의 죽음이 구원을 위해 필요불가결한 요소로 인식되지 않았을 수도 있었을 것이다. 둘째, 요한 복음은 서로 사랑하라는 계명 이외에 윤리적 가르침을 별로 제시하지 않는다. 셋째, 요한 복음에서 파라클레이토스 성령, 진리의 성령은 믿는 이들을 모두 진리로 이끈다고 증언한다(요한 14,16-17.26; 16,13).

거짓 교사들과 예언자들이 자신들의 견해를 복음서에서 끌어냈다고 항변한다 할지라도 요한 서간의 저자는 자신의 생각과 가르침이 처음부터 애제자에게서 직접 물려받은 전통 신앙과 완전히 부합한다고 주장한다. "처음부터 있어 온 것 우리가 들은 것 우리 눈으로 본 것 우리가 살펴보고 우리 손으로 만져 본 것, 이 생명의 말씀에 관하여 말하고자 합니다"(1요한 1,1). 여기서 '우리'는 나자렛 예수님을 직접 보고 듣고 만져 본 요한 사도와 개인적으로 알고 또 그에게서 직접 가르침을 받은 이들이다.

또한 그들은 예수님의 육화된 삶과 속죄의 죽음이 얼마나 중요한지를 누구보다 잘 알고 있는 이들이다. 따라서 위의 견해들은 요한 복음을 제대로 이해하지 못한 데서 온 것일 뿐 요한계 공동체의 정통 신앙을 반영하는 것이 아니다.

4. 유다서

앞에서 언급한 대로 유다서는 베드로 2서의 저자가 이용한 서간이다. 오리게네스는 유다서를 "천상 은총의 유익한 말씀으로 가득 찬" 편지라고 좋게 평가하였다(『마태오 복음 주해』 10.17). 그러나 오늘날 대다수 독자들은 한 장밖에 안 되는 이 짧은 서간을 현실에 적용하기에는 너무 시대에 뒤떨어진다거나 지나치게 묵시적이라는 등의 부정적인 평가를 내린다. 게다가 본문의 필사 과정에서도 난맥상을 보이는데 아마도 필경사들이 이 서간을 권위 있는 작품으로 생각하지 않아서 자유롭게 가필하거나 수정한 탓일 것이다. 그럼에도 유다서는 그리스도인들이 자체 안에서 분열되었을 때 교회 권위가 어떻게 그 위기 상황에 대처하였는지를 우리에게 잘 알려 주는 소중한 문서다.

가. **저자와 집필 연대와 장소**

이 서간의 친저성에 관한 논란은 신약성경의 다른 어느 책보다 더 분분하다. 저자는 머리말에서 자신을 '예수 그리스도의 종이며 야고보의 동생인 유다'라고 소개한다. 여기서 야고보의 동생 유다는 누구를 말하는가? 이 유다는 열두 사도 가운데 하나인, 야고보의 아들 유다나 유다 이스카리옷(루카 6,16; 사도 1,13)과는 다른 인물이다. 오히려 야고보의 형제로서 마르코 복음에 나오는 예수님의 여러 형제들 가운데 한 사람을 가리킬 수 있다. "저 사람은 목수로서 마리아의 아들이며, 야고보, 요세, 유다, 시몬과 형제 간이 아닌가?"(마르 6,3; 병행: 마태 13,55). 유다서의 저자가 이용한 구약성경이 칠십인역보다 히브리어 성경에 더 가깝다는 사실은 이 서간의 친저성에 또 다른 논거를 제시한다. 그러나 그리스어 어휘 구사능력이 뛰어나고 접속사와 분사 구문을 자유롭게 활용하며 그리스 시문의 음률을 잘 알고 있는 것으로 보아서는 이 서간의 저자를 갈릴래아 나자렛 출신으로 생각하기 어렵다. 오히려 이 서간은 저자가 유다의 이름을 빌려 쓴 차명 서간일 가능성이 높다. 저자는 아마도 주님의 형제 야고보와 유다를 공경하면서 그들의 가르침을 전하던 공동체에 속한 사람이었을 것이다. 물론 유다가 그리스어를 능숙하게 구사하는 비서나 필경사를 고용했을 경우도 생각해 볼 수 있다.

유다서의 집필 연대는 언제인가? 3절에서 저자는 성도들에게 전해진 믿음이 이미 하나의 전통으로 확립된 것임을 밝히고 있고, 17절에서는 사도들의 가르침을 과거의 전통으로 돌리고 있다. 따라서 유다서의 저작 시기는 1세기 말엽인 80-90년경으로 보아야 할 것이다.

서간의 집필 장소로는 시리아나 알렉산드리아를 거론하기도 하지만, 저자가 인용한 외경 에녹 1서가 쿰란 공동체에서 나온 에녹 1서의 아람어 필사본과 흡사한 점으로 미루어 팔레스티나일 가능성이 높다.

나. 정경화 과정

유다서에는 에녹 1서의 한 구절을 직접 인용하고(14-15절; 1에녹 1,9), 모세 승천기와 같은 묵시문학의 문헌들을 원용한다(9절). 그래서 우리는 유다서의 저자가 묵시문학의 영향을 많이 받은 유다계 그리스도교 공동체에 속해 있었을 것으로 추정한다. 이 같은 유다계 그리스도교의 특별한 사조 때문인지 유다서가 정경으로 인정받는 데 어려움이 적지 않았던 것으로 보인다. 특히 시리아 교회에서 그러했다. 4세기 초 에우세비우스도 이 책을 논란의 여지가 있는 책 목록에 포함시켰다(『교회사』 3.25.1-7). 그러나 180년경 무라토리 정경 목록에 이미 유다서가 포함되어 있었고, 3세기 초에 알렉산드리아의 클레멘스가 이 서간의 주석(『유다서 주해』)을 내놓은 것으로 보아 이집트 교회에서는 일찍부터 유다서를 성경으로 받아들였음을 알 수 있다. 히에로니무스(345-420년)는 사람들이 이 성경을 정경으로 인정하기를 꺼려한 이유를, 이 서간이 위에서 언급한, 그리스도 교회에 생소한 문헌들을 이용하였기 때문이라고 밝힌다. 400년경에는 아타나시우스와 히에로니무스 덕분에 유다서는 그리스어를 사용하는 동방 교회와 라틴어를 사용하는 서방 교회에서 정경으로 인정을 받았다. 다만 시리아 교회의 경우 6세기에 와서야 이 서간을 정경에 포함시켰다.

다. 구조와 내용 및 신학 사상

유다서는 인사를 담은 머리말(1-2절), 본문(3-23절), 찬송으로 된 맺음말(24-25절)의 구조를 제대로 갖춘 권고서간이다. 유다서의 저자 역시 다른 가톨릭 서간의 저자들처럼 공동체에 해악을 끼치는 거짓 교사들과 그들의 가르침을 경계하라고 권고한다. 이 거짓 교사들이 누구인지는 명백히 밝히지 않았지만 베드로 2서의 경우처럼 자신들만 천상의 비밀 지식을 가지고 있다고 주장하면서도 윤리적으로는 방탕한 생활을 하는 영지주의자들일 수도 있고, 아니면 환시·사적 계시·탈혼 등의 특별한 영적 체험을 앞세워 기존 교직자들의 권위에 도전하면서 정통 신앙을 지켜 온 교우들을 현혹시킨 순회 설교가들(4절과 6절)을 염두에 두었을 수도 있다. 저자는 성도들에게 이들에 맞서, "단 한 번 전해진 믿음을 위하여 싸우도록"(3절) 권고한다. 정통 신앙을 위하여 싸우라는 저자의 권고는 수신자들에게 두 가지 기본 원칙, 곧 기억하고 지키는 것을 요구한다. 잘못을 저지르고 벌을 받은 과거의 실패들을 기억하고 전통적 믿음을 지키는 것이다.

저자는 먼저 성경의 예들을 상기시키면서 그들이 결국 하느님께 벌을 받아 멸망할 것이라고 경고한다(5-16절). 가나안 땅에 들어가서 믿음을 저버린 탓으로 멸망해 버린 이스라엘인들, 자기 자리를 지키지 않고 영원한 사슬에 묶여 최후의 심판 때까지 암흑 속에 갇혀버린 천사들, 비정상적인 육욕에 빠져 불에 타 버린 소돔과 고모라, 그 밖에도 살인자 카인과 탐욕가 발라암과 반역자 코라를 언급하면서 그들의 뒤를 따른 영지주의자들도 하느님의 징벌을 면하지 못할 것이라고 단언한다. 저자는 묵시문학에 속하는 외경 에녹 1서를 직접 인용하면서 하느님께서 불경건한 그들을 단죄하실 것이라고 말한다(14-15절; 1에녹 1,9).

그다음 저자는 교우들에게 사도들이 물려준 믿음을 충실하게 지키라고 권고한다. 이 서간에서 저자는 '지키다'라는 동사를 자주 쓴다. 머리말에서 저자는 "하느님 아버지께서 사랑하시고 예수 그리스도께서 지켜 주시는 이들에게 인사합니다"(1절) 하고 말한다. 악한 천사들은 자기 자리를 지키지 않았기 때문에 벌을 받았다(6절). 수신자들은 그들을 본받지 말고 하느님의 사랑으로 자신들을 지키면서 영원한 생명으로 이끄시는 예수 그리스도의 자비를 기다려야 한다(21절). 그러면 하느님께서는 그들을 넘어지지 않도록 지켜 주실 것이다(24절).

유다서의 저자가 시도한 구약성경 실례들의 열거와 그 해석은 독자로 하여금 무엇이 올바른 신앙이고 무엇이 빗나간 신앙이며, 또 잘못을 저질렀을 때 어떤 운명을 맞게 되는지를 스스로 깨닫게 해 준다.

유다서를 마무리하는 찬송은 그리스도교 믿음의 핵심을 드러낸다. "우리의 유일하신 구원자 하느님께, 우리 주 예수 그리스도를 통하여 영광과 위엄과 권능과 권세가 창조 이전부터, 그리고 이제와 앞으로 영원히 있기를 빕니다. 아멘"(25절).

IV. 신약의 예언서 요한 묵시록

》

요한 묵시록은 수많은 표상과 상징이 등장하는 데다 성경의 다른 책들에 비해 표현이나 내용도 매우 생소해서 이해하기 어려운 책으로 여겨져 왔다. 그런가 하면 시대에 따라 사이비 종교인들이 이 책을 두고 잘못된 해석들을 내놓아 사람들을 현혹시키고 파국으로 몰고 가기도 한다. 잘못된 해석의 대표적인 예는 과거에 쓰인 이 책이 현재나 미래의 사정을 정확히 예측해 놓았다고 주장하는 것이다. 노스트라다무스 같은 예언자는 이 책에서 자기 이론과 예언을 끄집어냈고, 휴거론자들이나 종말론자들은 이 책을 바탕으로 말세의 징조가 나타났다고 떠들어 댔지만 그들의 예언은 모호하고 종말 일정도 번번이 빗나갔다. 이 같은 오해와 남용은 모두 요한 묵시록의 성격과 집필 목적을 제대로 이해하지 못한 데서 온다. 요한 묵시록은 토정비결이나 정감록과 같은 점술책이 아니다.

가. **문학 양식**

이 책은 특정한 그리스도교 공동체에 보내는 편지 형태의 묵시요 예언이다. 요한계 문헌들(요한 복음, 요한의 세 편지, 요한 묵시록)은 모두 소아시아와 관련이 있지만, 바오로 사도 역시 소아시아와 불가분의 관계를 맺고 있다. 그의 고향 타르수스, 그가 유럽 선교의 근거지로 삼았던 안티오키아, 초기 선교 여행 여정은 모두 소아시아에 속한다. 요한 묵시록의 저자는 틀림없이 바오로 사도의 서간을 일부라도 알고 있었을 것이다. 언어와 문학 양식의 관점에서 비교해 보면 요한 묵시록은 요한 복음서보다 바오로 서간에 더 가깝다.

요한 묵시록은 묵시다. 묵시문학은 기원전 200년경부터 기원후

100년경까지 유다교에서 유행하던 문학 양식으로서 마지막 때와 하느님의 결정적 통치에 관한 계시를 담고 있다(유다교의 묵시문학에 대해서는 셋째 마당 I.1.파 참조). 요한 묵시록에서는 우리가 사는 지상세계 위에, 그리고 지상세계를 넘어 천상세계가 실제로 있다는 것을 당연한 사실로 받아들이고 환시, 상징적 짐승과 숫자, 그리고 우주적 재앙 등이 수시로 등장한다. 또한 선과 악의 대결, 의인과 악인의 철저한 구별, 마지막 때에 올 하느님 나라의 결정적 승리가 주요 주제로 떠오른다. 이 책의 메시지는 명백하다. 신실한 이들은 믿음을 계속 유지하고, 흔들리는 이들은 의심을 버리고 확신을 가지라는 것이다. 이 점에서 이 책은 유다교의 주요 묵시문학의 영향을 직접 또는 간접으로 받았다고 할 수 있다.

그러나 요한 묵시록은 묵시를 넘어서는 예언이다. 유다교의 다른 묵시문학과 달리 이 책의 저자는 과거에서 끌어온 가상의 인물(예를 들면 에녹이나 다니엘)이 아니라 저자들에게 널리 알려진 지도자였다. 또한 이 책의 주인공은 살해된 어린양, 곧 십자가에 못 박혀 돌아가신 예수 그리스도이시다. 이 책의 수신자도 아시아의 일곱 교회라는 구체적 단체들이다. 묵시문학에서는 의인과 악인을 철저히 분리하고 악인에게는 회개를 요구하지 않는다. 그를 기다리고 있는 것은 최후의 징벌뿐이다. 그러나 예언에서는 묵시에서와 달리 죄인들도 회개할 수 있는 가능성이 주어지고 의인들도 잘못하면 최후의 선택에서 배제될 수 있다. 그래서 예언자들은 의인들에게 끝까지 충실하라고 권면한다. 요한 묵시록도 언뜻 보기에는 의인과 악인의 엄격한 구별을 처음부터 끝까지 견지하는 것처럼 되어 있지만, 교회에 보내는 예언적 메시지를 비롯하여 의인에 해당하는 그리스도인 독자에게 보내는 강한 경고와 권고를 수없이 반복한다. 무엇보다 이 책의 핵심 메시지는 보편적 구원이다. 하느님은 살해된 어린양을 통하여 인류를 구원하신다는 것이다. 요한 묵시록을 묵시로만 보면 이 메시지를 보지 못하고 지나칠 수 있지만 예언으로 보면 이를 쉽게 찾아낼 수 있다.

요한 묵시록은 묵시와 예언, 심판과 구원을 동시에 포함하는 모순의 책이다. 요한 묵시록의 모순을 해결할 수 있는 열쇠는 십자가에서 살해된 어린양이다. 살해된 어린양은 하느님의 대리인이자 현존이다. 하느님의 결정적 심판은 십자가에서 내려졌고 그분의 결정적 승리는 살해된 어린양의 승리다. 어린양을 살해한 악이 승리한 것처럼 보이지만 실제로는 십자가에서 악의 희생양이 된 어린양이 오히려 승리자가 된 것이다. 이것이 하느님의 심판이요 승리이며 동시에 그리스도교적 승리다.

나. **저자와 집필 연대와 장소**

요한 묵시록 저자는 자신을 네 번이나 요한이라고 밝힌다(1,1.4.9; 22,8). 그리스도교의 오랜 전통은 여기서 한 걸음 더 나아가 이 책의 저자를 제베대오의 아들 요한 사도와 동일시하였다. 최초의 증언은 순교자 유스티누스의 『트리폰과의 대화』(81.4, 150년경)에서 확인할 수 있다. 요한 사도를 묵시록의 저자로 보는 견해는 무라토리 경전 목록, 알렉산드리아의 클레멘스, 테르툴리아누스, 히폴리투스, 오리게네스로 이어졌다. 이와 다른 견해는 3세기부터 나오기 시작한다. 로마의 사제 가이우스는 요한 묵시록을 자기네 교리의 근거로 삼으려 했던 몬타니우스파를 반박하는 자리에서 이 책의 저자를 이단자 체린투스라고 주장하였다. 이보다 중요한 증언이 알렉산드리아의 데니스에게서 나왔는데(265년경), 그는 문학과 신학의 관점에서 이 책을 비판·분석한 다음 그 저자는 요한 복음의 저자와 같을 수 없다고 결론지었다. 데니스의 견해는 그에게 동조한 것처럼 보이는 에우세비우스의 『교회사』에 인용된다(3.39). 동방 교회에서는 묵시록의 저자를 요한 사도와 연계하지 않는 것을 넘어서서 묵시록 자체를 정경으로 받아들이기를 주저했다. 예루살렘의 치릴루스와 나지안주스의 그레고리우스는 신약성경 정경에 이를 포함시키지 않았고 요한 크리소스토무스와 테오도레투스는 이 책을 한 번도 언급하지 않았다. 시리아어 성경인 페쉬타의 신약성경에도 이 책은 포함되지 않는다.

오늘날 학계의 일반적 견해는 이 책의 저자를 요한 복음의 저자와 동일시하지 않는다. 저자는 자신을 요한이라고 소개하면서도 한 번도 사도라고 부르지 않고 열두 사도를 과거의 창립자로 부르기 때문이다(21,14). 요한이라는 이름 말고도 그는 자신을 구약성경의 명예로운 칭호인 하느님의 '종'(1,1), 수신자들의 '형제'(1,9)라고 부른다. 이 책의 독자들에게 잘 알려진, 그래서 상세한 설명을 더 할 필요가 없는 인물로 자신을 소개하고 있는 것이다. 한편 그는 자신의 글을 '예언의 말씀'(1,3; 22,7.10.18.19)으로 묘사함으로써 자신을 예언자로 내세우는 듯한 인상을 준다. 아마도 저자는 그리스도교 예언자 단체에 속한 순회 예언자였을 가능성이 높다. 또한 구약성경과 수많은 히브리식 표현에 익숙한 것으로 미루어 팔레스티나 출신의 유다계 그리스도인이었고 그리스도교로 개종하기 전에는 묵시문학에 심취했던 인물이었을 것이다.

요한 묵시록의 집필 연대를 비교적 정확하게 언급한 최초의 인물은 이레네우스다. 그는 도미티아누스 황제 치세 말년(기원후 81-96년), 그러니까 95년경에 이 책이 쓰였다고 밝혔다(『이단 논박』 5.30.3). 후대의 그리스도교 저술가들은 도미티아누스를 초대 교회의 박해를 주도한 인물로 꼽았다(에우세비우스 『교회사』 3.17). 요한 묵시록 처음에 나오는 일곱 도시 가운데 세 도시 스미르나와 페르가몬과 에페소가 황제 숭배 경쟁을 주도하였다. 시민들은 모두 신격화한 황제의 숭배에 열성을 보여야 했고 이를 거부하면 로마의 적이기 전에 자기 도시의 적으로 간주되어 박해를 받았다. 묵시 13장에 나오는 바다와 땅에서 올라온 짐승들은 황제나 황제 숭배를 강요하는 지방 행정관들이다. 지방 행정관들은 황제 숭배를 통하여 식민지 백성을 효과적으로 통제할 수 있었다. 황제 숭배가 로마에서 멀리 떨어진 동방에서 더 극성을 부린 이유도 여기에 있다. 도미티아누스는 로마에서조차 자기를 신으로 떠받들게 하였다. 수에토니우스는 그가 자신을 '주님이요 신'dominius et deus으로 내세우고 로마 신전의 사제들에게 유피테르·유노·미네르바 신상과 함께 자기 초상이 새겨진 관을 쓰도록 지시했다고 전한다(『열두 황제들의 생애』 「도미티아누스」 13.2).

그러나 로마가 64년(네로 황제)부터 250년(데치우스 황제) 사이에 그리스도인들을 대대적으로 박해한 공식 증거는 없다. 도미티아누스 황제에 대해서 긍정적으로 평가하는 로마의 역사가들도 있었다. 그들의 기록에 따르면 도미티아누스는 폭군이 아니라 사회 개혁을 열성적으로 추구하려던 황제였다고 한다. 황제 숭배도 선임자들 이상으로 요구하지 않았고 궁정 서기관들도 결코 그에게 '주님이요 신'이라는 칭호를 붙인 적이 없다는 것이다. 묵시록의 저자 요한이 지역 교회들에 보내는 메시지에서 명시적으로 지목한 순교자가 안티파스(2,13) 한 사람뿐이라는 사실은 이 시기에 그리스도에 대한 박해가 조직적이고 전면적으로 일어나지 않았다는 또 다른 증거다.

이런 이유 때문에 일부에서는 요한 묵시록의 집필 연대를 네로 황제의 박해와 예루살렘 파괴 사이, 곧 65-70년경으로 추정하기도 한다. 아니면 박해받는 공동체들에 해방의 기쁜 소식을 전하는 4—11장은 이 시기에, 박해자들의 심판을 알리는 12—22장은 90-95년경에 쓰인 것으로 보기도 한다. 그러나 도미티아누스 치세의 박해 유무를 떠나서 여러 가지 정황으로 보아 묵시록의 집필 연대는 리옹의 이레네우스가 제시한 95년경이 맞다. 첫째, 요한 묵시록은 내용이 복잡할지라도 문체와 어휘와 표현이 일관성 있는 동일 저자의 작품임이 확실하므로 한 세대 이상 차이가 나는 두 저자의 저서로 구분할 수 없다. 둘째, 로마를 암시하는 '바빌론'(17,5)의 사용은 예루살렘 파괴(70년) 이후에 가능하다. 유다교 문헌에서 로마는 바빌론에 이어 제2의 예루살렘 파괴자로 나온다. 셋째, 열두 사도를 과거의 존경받는 교회 창립자로 확인한다(21,14). 넷째, 묵시록의 저자는 네로가 부활하여 다시 돌아오리라는 소문을 언급하는데(참조: 13,3; 17,10-11), 이런 소문은 68년부터 초세기 말까지 널리 유포되어 있었다.

다. 사료

묵시록 저자가 영감을 받아 이용한 사료는 여러 가지로 추정할 수 있다. 첫째 사료는 구약성경이다. 저자는 구약성경, 특히 환시나 상징이 많이 등장하는 네 대예언서인 이사야서, 예레미야서, 에제키엘서, 다니엘서뿐 아니라 즈카르야서와 시편 등을 500번 이상 직접 또는 간접으로 이용한다. 둘째 사료는 원시 그리스도교 공동체의 전례 전통이다. 몇 가지 예를 들면 영광송(1,6; 4,9; 5,13; 7,12), 환호송(4,11; 5,9ㄴ-10; 5,12), 감사의 기도

(11,17-18), 순교자들의 탄원(6,10), 찬미가(12,10; 15,3-4; 16,5; 18,20; 19,1-8) 등이다. 이 전례 전통은 구전으로 묵시록 저자에게 전해지거나 아니면 기록으로 입수되었을 것이다.

셋째 사료는 기원전 1세기-기원후 1세기까지 신구약 중간 시대에 성행했던 유다 묵시문학이다. 묵시록 저자는 에즈라 4서(=에즈라 묵시록), 에녹서, 바룩 2·3·4서 등에서 영감을 받았을 것이다. 마지막으로 저자가 이용한 사료는 요한 복음을 비롯한 복음서 전승과 1세기 말 그리스도교 공동체에서 널리 읽혔을 바오로 서간들이다.

라. **집필 동기와 목적**

1세기 말에 로마 제국 안에서 그리스도교에 대한 조직적이고 전면적인 박해는 없었다 할지라도, 요한 묵시록의 수신자들인 소아시아의 일곱 교회에는 산발적이고 지엽적인 박해가 있었을 것이다. 이미 안티파스라는 사람이 공적으로 처형당하였고, 실명으로 확인된 이 순교자 말고도 몇 사람이 더 살해되었을 것이다(6,9-11; 20,4). 또한 저자는 앞으로 다른 사람들도 더 순교할 것으로 내다보았다(2,10; 6,11; 7,9-17). 무엇보다 아우구스투스 황제 이래 소아시아 지역에 만연한 황제 숭배 관습은 그리스도인들에게 커다란 위협이었다. 일곱 도시 가운데 티아티라를 빼고는 모두 황제 숭배 신전을 가지고 있었다. 오로지 한 분이신 하느님을 믿는 그리스도인들로서는 황제 숭배를 도저히 용인할 수 없었다. 더구나 신전에서 황제에게 바치는 제사 자체도 문제였다. 그리스도인들에게 유일하고 결정적인 제사는 예수 그리스도의 십자가 희생 제사뿐이었다. 로마 제국은 황제 숭배를 제국의 안녕과 번영에 연결시켰다. 네로 시대부터 제국에 닥친 악과 불행을 로마 황제와 제국의 신들을 경배하지 않는 그리스도인들의 탓으로 돌렸다. 따라서 황제 숭배가 성행할수록 그것을 거부하는 그리스도인들은 점점 더 심각한 위협에 직면하기 마련이었다. 그리스도인들의 죄목은 자신들의 신 말고 다른 어떤 신도 섬기기를 거부하는 것이었는데, 이 때문에 그리스인들은 일찍이 그리스도인들을 '무신론자'로 규정하였다.

이런 상황에서 그리스도인들이 박해를 받고 안 받고는 오로지 지방 행정관과 여론의 향방에 달려 있었다. 그리스도인들이 제국의 안전을 위협한다는 시민들의 고발이 들어오기만 하면 지방 행정관은 로마법에 따라 얼마든지 그들을 처벌할 수 있었다. 묵시록의 저자는 여타 신약성경 저자들과 달리 이런 위협을 정확하게 간파하였다. 사도행전·바오로 서간·베드로 1서·사목서간 등의 저자들은 로마의 권위와 질서를 인정하였다. 1세기 말엽 당시 아시아의 그리스도인들은 비교적 평화롭게 살고 있었다. 그들이 억압받는 단체였다는 증거는 문헌상 찾아보기 힘들다. 요한은 이러한 일반적인 견해와는 달리 로마 제국과 그 제국의 가치와 질서를 유지하고 그 혜택을 누리는 소아시아의 사회 전체를 부정적인 눈으로 바라본다. 특히 무력에 바탕을 둔 로마의 정치 질서와 체제를 완전히 부패한 것으로 여긴다. 그 질서는 사탄의 영역에 속한 것이다. 요한은 그리스도인들을 이 부패한 사탄의 세력에서 떼어 놓고자 하였다. 그러나 전체적으로 소아시아의 그리스도인들은 여느 시민들처럼 대부분 로마 질서에 순응하며 살았다. 요한의 눈에 이것은 악의 세력과 타협하는 것이었다.

요한은 로마와 교회 사이를 타협하거나 양립할 수 없는 질서의 대립관계로 보았고 예언자적 안목으로 로마 제국이 근본적으로 부패한 집단임을 간파하였다. 그의 안목은 이원론적이다. 한쪽에는 하느님이 계시고 다른 쪽에는 악이 도사리고 있다. 그리고 로마는 사탄의 도구요 악 그 자체다. 하느님과 그분이 보내신 예수 그리스도를 섬기는 일은 황제 숭배와 정면으로 충돌한다. 피할 수 없는 박해가 임박해 있다. 그러나 모든 그리스도인이 다 이런 견해를 가진 것은 아니다. 예를 들어 사목서간을 대표하는 티모테오 1서의 저자는 그리스도인들이 평온한 삶을 살아갈 수 있도록 황제와 고관들을 위해서 기도하라고 권면하였다(1티모 2,2). 사목서간이 묘사하는 교회는 세상과 잘 어울리는 교회다. 이 교회는 제도와 구조, 정통성, 질서와 권위를 강조한다. 역사적으로 이런 교회가 늘 그리스도교를 대표하는 것처럼 보였다.

사목서간의 저자는 그리스도인들에게 세상의 질서에 순응하는 '착한 시민'이 될 것을 요구하였다. 그러나 '착한 시민'이 되기 위하여 그리스도인들은 나쁜 제도와 구조를 비판 없이 받아들여야 하는 너무나 값비싼 대가를 지불하고 있는 것은 아닐까? 요한은 그렇다고 확신하였다. 그러나 모든 그리스도인이 요한과 같이 확신한 것은 아니다. 오히려 요한의 견해는 소수 의견에 지나지 않았다. 이런 견해를 가진 그리스도인들이야말로 구약의 예언자 전통에 언급된 남은 자들이다. 예언자요 묵시가인 요한은 아시아 지방의 도시들에도 자기와 같은 견해와 전망을 가진 이들이 있다는 사실을 알고 기뻐하였다. 그들은 소수이며 곤경에 빠져 있다. 요한은 자신의 견해를 널리 알리고 이 소수의 남은 자들을 격려하기 위하여 글을 쓰기로 작정하였다. 그리고 1세기 말의 분위기로 보아 가장 적절한 형태의 글은 묵시적 예언이었다.

묵시록의 집필 목적은 로마 세계에서 박해받고 그 세계의 질서에 순응하지 못하여 스스로 소외된 그리스도인들을 위로하고 격려하며 권면하기 위한 것이다. 요한은 이 목적을 달성하기 위하여 세 가지 메시지를 전한다. 첫째, 자신의 목숨까지도 바침으로써 예수 그리스도 안에서 하느님께 가는 길을 발견하고 그분과 그 길의 충실한 증언이 된 그리스도인들은 복된 지위를 얻게 될 것이라고 계시한다. 둘째, 그리스도인들을 박해하는 자들은 반드시 하느님께 심판을 받을 것이며 그 심판의 때가 가까이 다가왔다고 선언한다. 로마는 반드시 망한다. 셋째, 요한은 그리스도인들이 로마 제국의 질서에 순응하는 온갖 형태의 문화적 수용을 단죄하고 이제 곧 멸망하게 될 악의 세력에 동조하거나 영합하지 말라고 권고한다.

마. **구조와 내용**

요한 묵시록은 머리말(1,1-8)과 맺음말(22,6-21)을 제외하고 분량 면에서 심한 불균형을 이룬 두 부분으로 나눌 수 있는데, 전반부(1,9—3,22)는 소명을 설명하는 요한의 환시에(1,9-20) 이어 그리스도께서 일곱 교회에 보내는 말씀(2—3장)을 다룬다. 이 전반부는 요한 묵시록의 주요 부분인 후반부(4,1—22,5)의 입문 구실을 한다. 후반부는 본격적인 의미에서 묵시문학에 속하는데, 묵시문학의 전형적 도식을 엿볼 수 있다. 곧 그 내용이 세말의 전조(6—11장), 시련과 선악의 대격돌(12—20장), 완결과 최종 현시(21,1—22,5)로 전개된다.

묵시문학의 이 전형적 도식은 칠진법과 환시들로 전개된다. 칠진법은 중요한 메시지와 요소를 일곱이라는 완전수로 한정하는 것을 말한다. 처음 일곱 가지 선언(2—3장)을 비롯하여 일곱 봉인(6,1—8,5), 일곱 나팔

(8,6—11,19), 일곱 대접(15—16장)이 등장한다. 이 밖에도 묵시록에는 일곱이라는 숫자가 수없이 등장하는데, 예를 들면 일곱 천사, 일곱 교회, 일곱 등잔, 일곱 영, 일곱 별, 어린양의 일곱 뿔과 일곱 눈 등이 있다. 칠진법과 더불어 묵시문학의 불가피한 요소인 환시가 대거 묘사된다. 요한은 성령에 사로잡혀(4,2) 천상의 환시와 지상에서 일어날 환시를 본다. 4—5장의 환시는 천상에 관한 환시로서, 수많은 원로와 생물과 천사들이 옥좌에 앉아 계신 하느님과 그분에게서 봉인된 두루마리를 받아 든 살해된 어린양을 흠숭한다. 6—16장의 환시는 우주적 대재앙에 관한 것이다. 이 부분은 해석하기가 가장 어렵다. 수많은 상징적 표상이 나오는데 그 가운데 대표적인 표상이 666이라는 수를 가진 짐승이다. 이 짐승을 두고 네로에서 히틀러에 이르기까지 시대마다 다양하게 해석한다.

바. **신학 사상**

구약의 예언서 전통을 충실하게 반영하고 계승하는 묵시록은 그리스도교 경전 전통에서 신약성경의 마지막 책인 동시에 성경 전체를 마무리하는 구실을 한다. 따라서 독자는 신구약성경의 주요 신학 사상과 유다-그리스도교의 핵심 전통을 이 책 안에서 발견할 수 있을 것이다. 실제로 요한 묵시록은 이런 독자의 기대를 저버리지 않는다. 아래에 열거한 대표적 신학 사상이 이를 입증한다.

그리스도론적 묵시문학 요한 묵시록은 구약 묵시문학의 확신을 그대로 계승하면서도 그리스도론 중심의 신약 묵시문학을 충실히 반영한다. 옛 세상은 끝나가고 새 세상이 도래하고 있다. 두 세상이 교차되는 현 시점에서 하느님께서 인간과 우주의 역사에 결정적으로 개입해 오신다. 그분은 불의한 자들을 심판하시고 마지막 시련을 이겨내는 당신의 사람들을 구원하신다. 그런데 다른 묵시문학과 달리 요한 묵시록의 특이한 관점은 옛 세상의 마감과 새 세상의 도래가 어린양의 파스카 사건 안에서 이미 시작되었다는 것이다. 이 같은 그리스도론적 차원은 요한 묵시록을 이해하는 데 결정적 실마리를 제공하는 동시에 그리스도교 전통 안에서 이 책을 성경 전체를 수렴하고 완성하는 문헌으로 평가하게 만든다. 문학양식으로 볼 때 요한 묵시록은 저자가 누구인지를 분명히 밝힌다는 것 말고는 묵시문학의 전형적 요소들을 다 갖추었다. 그럼에도 이 책의 저자는 다른 묵시문학가들처럼 단순히 다가올 일이나 종말의 사정을 기술하는 데 치중하지 않고, 첫 머리에서 밝혔듯이 "예수 그리스도의 계시"를 전하는 일에 전념한다. 하느님의 결정적 개입은 "살해된 어린양"(5,6)이신 예수 그리스도를 통해서 실현되었다. 그분은 로마로 형상화되고 대표되는 죽음의 세력을 정복하셨다. 요한 묵시록의 핵심은 그리스도의 재림이 아니라 이미 실현된 그분의 육화와 죽음과 부활이다. 요한은 독자들에게 더 이상 현실의 악에 눈을 감은 채 다가올 미래에만 시선을 고정하려 하지 말고, 오히려 현재 안에서 큰 믿음과 희망으로 온갖 시련과 유혹을 참고 이겨내라고 권고한다.

종말론 요한 묵시록은 다른 묵시문학 전통에 맞추어 "머지않아 반드시 일어날 일들을"(1,1) 갖가지 환시를 통하여 보여 주려 한다. 그런데 이 일들을 기술하면서 요한은 연대기적 순서를 완전히 무시한다. 수많은 환시의 공통된 주제는 결정적 심판이 곧 닥친다는 것이다. 얼핏 보면 묵시록에 종말론적 일정이 완벽하게 제시된 것으로 오해할 수 있다. 그러나 주의 깊게 살펴보면 환시들은 반복되고 서로 겹치고 충돌하는 것처럼 보인다. 묵시 21—22장의 환시는 하느님의 위업이 완성되는 것을 드러내지만, 주요 부분(4—20장)에 나오는 환시들은 연대기적 순서에 따라 전개되지 않는다. 저자는 환시 안에 여러 가지 사건을 등장시켜, 그 안에서 그리스도의 승리와 교회의 상황과 세상의 심판을 다양하게 표현하고자 한다. 첫 장에 묘사된 그리스도의 승리가 책 전체에 걸쳐 반복된다(천상 예배가 나오는 7; 11; 12; 19; 20장 참조). 어린양과 함께 다스리지만 세상 안에서 투쟁해야 하는 교회의 상황도 마찬가지로 여러 곳에서 묘사된다(1,9; 7; 11; 20장). 세상의 심판에 대해서도 저자는 그것이 지금 닥치고 있고 이미 일어났고 앞으로 곧 일어날 것처럼 이야기한다(6; 7; 8—9; 18장). 묵시록에는 과거/현재/미래의 연대기적 순서가 완전히 뒤섞여 있기 때문에 독자들은 저자가 어느 시대의 역사를 이야기하는지 도무지 알아차릴 수 없다. 이런 현상은 특히 바빌론의 패망을 알리는 18장에서 감지할 수 있다. 여기서 저자는 연대기적 논리를 완전히 무시한다(2절: 과거; 4절: 미래; 8절: 미래; 10절: 과거; 11절: 현재; 16절: 과거; 21절: 미래). 현실을 객관적으로 바라볼 때 그 당시 로마는 여전히 위세를 떨치고 있었다. 그럼에도 묵시록의 저자는 그리스도의 승리를 알릴 증인이 되기 위하여, 벌써 로마의 오만한 권력이 종말을 고할 것임을 선포해야 했다. 사탄이 지금 득세하고 있지만 패망한 것이나 다름없다. 연대기적 파격은 옛 세상의 한복판에서 새 세상이 도래하고 있다는 확신을 설명하기 위한 문학적 기법이다. 그것은 또한 구약의 '사후 예언'과, 복음서의 '실현된 종말론'과도 맥을 같이한다.

교회론 요한 묵시록은 교회들에 보낸 글이다(1,11). 이 글은 단순한 격려의 문서가 아니라 무엇보다 그리스도교 공동체들을 철저하게 검증하는 문서다. 1세기 말엽 파트모스의 요한은 아시아 공동체들 안에서 새 시대의 도래를 선포하는 증인이 되기보다, 사라져가는 옛 시대의 질서와 타협하는 모습을 확인하고 이를 비판하였다. 요한에게 그리스도교의 소명이란 살해된 어린양의 파스카 사건이 세상의 질서를 완전히 제압하고 하느님의 주권을 회복였다고 증언하는 것이다. 이 증언은 그리스도인으로 하여금 당대 사회와 결별하게 만든다. 그리스도교 공동체는 이 결별에서 오는 불이익과 박해를 어떻게 감내할 것인가? 옛 세계 안에서 새 세계의 도래를 어떻게 보여 줄 것인가? 묵시록의 예배적 차원이 여기에 해답을 제시한다. 예배적 공동체는 세력들에 대한 어린양의 승리를 세상에 보여 준다(묵시 4—5장). 요한의 증언은 옛 교회의 전례 안에 뿌리를 둔다. 저자는 스스로 주님의 날에 계시를 받았다고 확인한다(1,10). 전례 언어에 어울리는 상징의 차원은 현실을 전혀 다른 시각으로 볼 수 있게 한다. 묵시록의 전례는 세상을 살아가는 또 다른 방법이다. 그것은 상징적 차원에 머무는 것이다. 그렇다고 전례가 현실을 외면하고 도피하는 영역이라는 말은 아니다. 오히려 전례는 인간과 세상의 역사 전체를 끌어안는다. 예를 들어 4장의 환시는 창조를 주제로 한 전례를, 5장의 환시는 구원을 주제로 한 전례를 보여 준다. 물론 묵시록에서 묘사하는 천상 전례는 지리적 차원이 아니라 영적 차원을 말한다. 옛 시대에 살면서도 옛 질서에 따라 살지 않고 새 시대의 영적 가치에 따라 살도록 하는 것이야말로 묵시록의 전례가 지향하는 목적이다. 이는 요한 복음에서 예수님이 대사제의 기도 안에 전달한 메시지와도 일치한다. "세상은 이들을 미워하였습니다. 제가 세상에 속하지 않은 것처럼 이들도 세상에 속하지 않기 때문입니다. 이들을 세상에서 데려가시라고 비는 것이 아니라, 이들을 악에서 지켜 주십사고 빕니다. 제가 세상에 속하지 않은 것처럼 이들도 세상에 속하지 않습니다. 이들을 진리로 거룩하게 해 주십시오. 아버지의 말씀이 진리입니다"(요한 17,14-17).

세계관 요한은 그가 살던 사회를 비판한다. 로마 제국의 도시 안에서 인간 실존은 모두 제국의 정치·경제적 질서를 이루는 하나의 부품으로 전락한다. 그것은 불가피한 박해자의 질서가 아니라 오히려 유혹자의 질서다. 그 질서는 각자에게 어느 누구도 제국의 통제 밖에서는 살아갈 수 없다는 것, 인간 실존 전체를 감싸고 있는 제국의 정치·경제적 영역 밖에서는 살아갈 수 없다는 것을 확신하게 한다. 당대의 이러한 사회적 통념에 맞서 요한은 제국이 제시하는 것과는 전혀 다른 방식으로도 세상을 살아갈 수 있고 그렇게 살 필요가 있다고 강조한다. 그는 "모든 민족과 종족과 백성과 언어권에서 나온"(7,9) 하느님 나라의 시민들로 살아가도록 초대한다. 제국의 권력이 아니라 창조주 하느님의 주권을 받아들이는 이들은 모두 "생명의 책"에 그 이름이 기록된다(3,5; 13,8; 17,8; 20,15; 21,27). 그들은 제국의 폐쇄된 위계 질서가 지배하고 거짓과 불륜과 불충과 폭력이 난무하는 현실이 아니라(22,8), 하느님 친히 백성과 함께 거처하시면서 그들의 눈물을 닦아 주시고 그들의 빛이 되어 주실 "새 하늘과 새 땅" 또는 '천상 예루살렘'(21,2.10 참조)에 머물게 될 것이다. 또한 그곳에는 옛 시대에 만연한 "죽음이 없고 다시는 슬픔도 울부짖음도 괴로움도 없을 것이다"(21,4). 여기서 새 하늘과 새 땅, 천상 예루살렘을 지리적 공간이 아닌 상징적·영적 차원으로 생각하면 이미 현세에서 이 차원을 살아갈 수 있다.

묵시록은 일차적으로 1세기 말엽 소아시아라는 특정한 지역의 교회에 필요한 메시지를 써 보낸 글이지만 거기에 그치지 않고 모든 교회와 그리스도인들에게 필요한 메시지를 전달하고 있다. 무엇보다 이 책은 인간의 눈으로 볼 수 없고 들을 수 없고 만질 수 없는 실재에 다가갈 수 있는 길을 열어 놓았다. 물론 저자 역시 우리처럼 이 세상이 구체적으로 언제 어떻게 끝날 것인지 정확하게 알지 못했다. 그러나 신학적 의미를 풍부하게 포함한 환시와 상징을 이용하여 저자는 우리가 몸담고 있는 세상의 역사가 하느님의 구원 계획 안에서 어떻게 정리되고 마무리될지를 계시한다. 따라서 묵시록의 독자는 이 책을 어느 한 부분만 골라 확대해석하지 말고 위에서 살펴본 바와 같이 여러 가지 신학 사상을 유념하면서 이 책 전체를 통으로 읽을 필요가 있다. 그래야 환난과 박해의 어려움을 겪고 있는 교회 공동체들과 그리스도인들에게 세상과 인간을 창조하시고 구원하시는 하느님과 어린양의 주권을 각인시키려는 저자의 의도를 완전히 파악할 수 있을 것이다.

맺음말

그리스도교는 계시의 종교다. 하느님께서는 당신이 누구신지, 인간은 무엇이며 하느님과 어떤 관계에 있는지, 그리고 세상의 역사는 어떻게 흘러가고 그 시작과 끝은 어찌 되는지 등을 당신이 선택하신 이들에게 친히 알려 주셨다. 그리고 그분이 선택하신 이들은 공동체를 이루고 공동체 안에서 그분의 계시를 보존하다가 그것을 글로 엮어 책을 만들어 냈다. 이처럼 계시의 보존과 전달은 성전Sacra Traditio과 성경Sacra Scriptura을 통해서 이루어진다. 성전은 믿는 이들의 공동체 안에 살아 있는 말씀이고 성경은 글로 기록된 말씀이다. 성전과 성경은 떼려야 뗄 수 없는 관계에 있다. 성전은 성경을 낳고 기르며 확정 짓는다. 확정된 성경 역시 새로운 성전을 낳고 기르며 올바른 길로 이끈다. 성전과 성경을 주도하시는 분은 같은 성령, 곧 아버지 하느님의 영인 동시에 아들 그리스도의 영이시다. 따라서 성경의 올바른 해석도 성령의 도움이 없이는 불가능하다.

성전과 더불어 계시 종교의 한 축을 이루는 성경을 어떻게 해석할 것인가는, 그리스도교 공동체와 그리스도인들이 건전하고 균형잡힌 믿음을 가지는 데 결정적으로 중대한 문제다. 성경은 크게 보아 세 가지 의미를 지닌다. 첫째는 문자적 의미literal sense다. 성경 본문이 보여 주는 글자 그대로의 의미를 말한다. 문자적 의미는 근본주의적 해석을 통해서 드러난다. 많은 경우 성경을 문자 그대로 받아들여도 무방하지만, 다른 많은 경우 성경 본문을 현실의 삶에 글자 그대로 적용했을 때 반인간적·반윤리적 결론을 끌어낼 수도 있다. 둘째는 문학적 의미lietrary sense다. 성경 저자가 본문을 쓰면서 거기에 담아 놓은 의미를 말한다. 문학적 의미는 역사비평적 해석을 통해서 드러난다. 역사비평은 성경 저자의 집필 동기와 신학 사상뿐만이 아니라 그가 살던 시대의 문화적 한계와 약점도 밝혀 줌으로써 위에서 지적한 근본주의적 해석의 위험을 차단할 수 있다. 필자의 2부작 『성경 입문 상·하권』은 대부분 바로 역사비평에 지면을 할애하였다. 셋째는 영적 의미spiritual sense다. 영적 의미는 거룩한 독서lectio divina를 통해서 드러난다. 거룩한 독서란 독자가 성령의 도우심에 힘입어 성경 본문의 메시지를 오늘 이 자리의 삶과 연결하여 읽는 것을 말한다.

이상 성경 본문의 세 가지 의미를 구체적 예를 들어 고찰해 보자. 레위 17,14에 보면 "너희는 어떤 생물의 피도 먹어서는 안 된다. 피는 곧 모든 생물의 생명이기 때문이다"라는 규정이 나온다(참조: 창세 9,4; 사도 15,20). 이 구절의 문자적 의미는 피를 먹지 말라는 것이다. 일부 사이비 그리스도교 종파의 근본주의자들은 이 구절을 글자 그대로 받아들여 일체의 수혈을 거부한다. 심지어 교통사고를 당한 중환자 가족에게조차 수혈을 못하게 함으로써 목숨을 잃게 한 예도 있다. 수혈은 주사기로 다른 사람의 피를 먹는 것이라는 엉뚱하고 비상식적인 해석이 이런 화를 불러들인 것이다. 그러나 이 구절을 쓴 저자의 의도는 단순히 피를 먹지 말라는 것이 아니라 레위 17장에도 나와 있듯이 다른 생명체의 목숨을 함부로 해치지 말라는 것이다. 고대인들은 사람이나 짐승이 피를 다 쏟고 나면 죽는 것을 보고 피와 목숨을 동일시하였다. 따라서 피를 먹는 것은 목숨을 탈취하는 행위와 다름없었다. 하지만 근본주의적 해석에 바탕을 둔 수혈 거부는, 문자적 의미는 충족시켰을지는 몰라도 생명을 해치지 말라는 저자의 의도에는 역행한 결과가 되었다. 그러면 오늘의 독자는 이 구절을 어떻게 읽어야 할까? 먼저 문자적 의미와 문학적 의미를 살펴보고 이 둘이 충돌할 때는 문자적 의미보다 문학적 의미를 선호해야 한다. 그다음에는 문학적 의미에 만족하지 말고 성령의 도움을 청하며 영적 의미로 나아가야 한다. 대부분 문자적 의미와 문학적 의미는 소극적이고 부정적인 반면, 영적 의미는 적극적이고 긍정적이다. 앞의 구절에서 문자적 의미와 문학적 의미는 '피를 먹지 말고 생명체의 목숨을 해치지 마라'이지만, 영적 의미는 '생명을 존중하고 보호하라'이다. 독자는 거룩한 독서를 통하여 일상의 삶 안에서 어떻게 하면 만연된 죽음의 문화에 맞서 생명의 문화를 구체적으로 실천해 나갈 것인가를 고민하고 모색해야 한다.

거룩한 독서를 통하여 독자는 계시의 진리를 살고 간직하고 증언한 '구름 같은 증인들'(히브 12,1)과 하나가 된다. 믿음의 증인들은 성령에 이끌려 하느님을 체험하고 그분의 말씀에 순종하며 살았다. 그들은 볼 수 없고 들을 수 없고 만질 수 없는 하느님을 믿음 안에서 만났고, 그 하느님이 어떤 분이시며 인간과 세상에 관한 그분의 뜻이 무엇인지 그리고 우리가 그분의 뜻에 어떻게 동참할 것인지를 가르쳐 준다. 그들의 살아 있는 증언이 성전과 성경을 이루고 성전과 성경은 다른 무지한 이들을 깨우쳐 하느님을 알게 해 준다. 믿음의 증인들과 그들이 남긴 기록이 없었다면 '숨어 계신 하느님'(이사 45,15)은 영원히 '우리와 함께 계시는 하느님'(이사 7,14; 마태 1,23)이 되실 수 없었을 것이다. 이처럼 성경을 대하는 오늘의 독자도 말씀을 세상에 증언하는 증인이 되어 하느님의 현존과 사랑을 드러내야 할 것이다. 그래야 개인과 공동체 안에서 성경 말씀이 살아 있는 생명의 말씀, 어둠을 밝히는 구원의 말씀으로 자리 잡게 될 것이다.

부록

참고 문헌

성경

『성경』(한국천주교중앙협의회 2005).

『구약성서 새 번역』 1-18 (한국천주교중앙협의회 1992-1999).

『신약성서 새 번역』 1-10 (한국천주교중앙협의회 2001-2003).

BIBLIA HEBRAICA STTUTGARTENSIA. Editio secunda emendata opera W. Rudolph et H.P. Rüer (Deutcshe Bibelgesellschaft, Stuttgart 1984).

SEPTUAGINTA. Id est Vetus Testamentum graece iuxta LXX interpretes edidit Alfred Rahlfs (Deutcshe Bibelgesellschaft, Stuttgart 1935, 1979).

BIBLIA SACRA. Iuxta Vulgatam versionem (Deutcshe Bibelgesellschaft, Stuttgart 1969, 1994[4[rev.]]).

NOVUM TESTAMENTUM GRAECE, Nestle-Aland 27th Edition (Stuttgart 1993).

Bible Pastorale, Abbé de Maredsous (Turnhout 1997).

Die Bibel. Einheitsübersetzung (Katholische Bibelanstalt GmbH, Freiburg 1980).

La Bible traduction oecuménique, Société Biblique Française (Paris 1991).

La Bible, E. Osty, J. Trinquet (tr. et notes) (Paris 1973).

The Catholic Study Bible. New American Bible, D. Senior (ed.) (New York 1990).

The Complete Parallel Bible with Apocryphal/Deuterocanonical Books (Oxford 1993).

The Jewish Study Bible, A. Berlin et al. (eds.) (Oxford 2004).

The First Rabbinic Bible (= Arba'ah VeEsrim, Venice 1517 First editio).

The Second Rabbinic Bible/The Great Rabbinic Bible (= Mikra'ot Gedolot, Venice 1524).

외경

아리스테아스의 편지, 송혜경, 『구약 외경 1』 (한님성서연구소 2022[개정판]), 348-440.

야고보 원복음, 송혜경, 『신약 외경 1』 (한님성서연구소 2021[개정판]), 86-113.

에녹 1서, 송혜경, 『구약 외경 1』 (한님성서연구소 2022[개정판]), 68-160.

에즈라 4서,

송혜경, 『구약 외경 2』
(한님성서연구소 2023, 근간).

예언자들의 생애,
송혜경, 『구약 외경 1』
(한님성서연구소 2022[개정판]),
308-345.

진리의 복음,
송혜경, 『신약 외경 1』
(한님성서연구소 2021[개정판]),
354-389.

토마 복음,
송혜경, 『신약 외경 1』
(한님성서연구소 2021[개정판]),
140-210.

히브리인들의 복음,
송혜경, 『신약 외경 1』
(한님성서연구소 2021[개정판]),
434-441.

역사·고전·교부 문헌

루크레티우스,
『사물들의 본성』 *De Rerum Natura* (*The Nature of Things*),
A Poetic Translation, D.R. Slavitt (tr.) (Oakland 2008).

무라토리 정경 목록,
http://ntcanon.org/Muratorian_Canon.shtml.

베르나르두스(클레르보),
『아가서 강론』 *Sermones super Cantica Canticorum*,
Bernardus Claraevallensis, *Sermones in Cantica Canticorum* (Sanctorum Patrum V; 1888).

수에토니우스,
『열두 황제들의 생애』
De Vita Caesarum,
M. Ihm (ed.), *C. Suetonius Tranquillus, De Vita Caesarum* (Latin) (Lipsiae 1907).
http://www.perseus.tufts.edu/hopper/searchresults?q=suetonius.

아우구스티누스(히포),
『(마카베오 축일 기념) 강론 301』
In solemnitate ss. Machabeorum,
Augustine of Hippo, *Sermon 301* (PL 38), 1380.
『칠경에 대한 질문』 *Quaestionum in Heptateuchum*,
J.P. Migne (ed.) (PL 34), 547-824.

암브로시아스테르,
『로마서 주해』,
The Commentary on Thirteen Pauline Letters,
J.P. Migne (ed.) (PL 17), 48-536.

에우세비우스,
『교회사』 *Historia ecclesiastica*,
E. Schwartz (ed.) (GCS 2).

오리게네스,
『마태오 복음 주해』 *Comment. in Matthaeum*,
E. Benz, E. Klostermann et al. (eds.) (GCS 1-2).
『아가서 주해』 *Commentaire sur le Cantique des Cantiques*,
L. Brésard, H. Crouzel (eds.), (SC 375-376; Paris 1991-1992).
『에제키엘서 강론 1』 *Origen Homilies On Ezekiel*,

R. Pearse (ed.), https://archive.org/details/OrigenHomiliesOnEzekielEdHooker2014/page/n5/mode/2up.

요세푸스,

『유다 고대사』 *Antiquitates Iudaicae*, B. Niese (ed.), *Flavius Josephus, Antiquitates Judaicae* (Greek); A.M. William Whiston (ed.), *Flavius Josephus, Antiquities of the Jews* (English). http://www.perseus.tufts.edu/hopper/text?doc=Perseus:text:1999.01.0145.

『유다 전쟁사』 *De bello Judaico libri vii*, B. Niese (ed.), *Flavius Josephus, De bello Judaico libri vii* (Greek); A.M. William Whiston (ed.), *Flavius Josephus, The Wars of the Jews* (English). https://www.perseus.tufts.edu/hopper/text?doc=J.+BJ+1.1.

Works 9 vols., H.S.J. Thackeray et al. (tr.) (Loeb Library; Cambridge 1926-65).

The Works of Josephus, W. Whiston (tr.) (Peabody [5]1991).

요한 크리소스토무스,

『순교 1』 *abcabcabc*, J.-P. Migne (ed.) (PG 50).

유스티누스(순교자),

『트리폰과의 대화』 *Dialogue cum Tryphone Judaeo*, J.-P. Migne (ed.) (Cursus Completus Patrologiae Graecae Vol.6; Paris 1887).

『1-2 호교론』 *Apologiae, The First Apology, The Second Apology, Dialogue with Trypho, Exhortation to the Greeks, Discourse to the Greeks, The Monarchy of the Rule of God*, T.B. Falls (tr.) (Washington 2008).

이냐시우스(안티오키아),

『스미르나인들에게 보낸 편지』 *Epistula ad Smyrnaeos*, J.P. Migne (ed.) (PG 5).

『에페소인들에게 보낸 편지』 *Epistula ad Ephesios*, J.P. Migne (ed.) (PG 5).

『트랄리스인들에게 보낸 편지』 *Epistula ad Trallianos*, J.P. Migne (ed.) (PG 5).

『폴리카르푸스에게 보낸 편지』 *Epistula ad Polycarpum*, J.P. Migne (ed.) (PG 5).

이레네우스(리옹),

『이단 논박』 *Adversus haereses*, A. Rousseau (ed.) (SC 263, 264, 293, 294, 210, 211, 100, 152).

클레멘스(로마),

『클레멘스의 첫째 편지』 *Prima Clementis*, A. Jaubert (ed.) (SC 167).

클레멘스(알렉산드리아),

『잡록』 *Stromateis 1-6*, O. Stählin (ed.) (GCS 2).

클레멘스(차명),

『베드로가 야고보에게 보낸 편지』 https://www.newadvent.org/

fathers/080800.htm.
테르툴리아누스,
『그리스도의 육신』 *On the Flesh of Christ*,
(ANF Vol.3, 527-529, 541).
『마르키온 논박』 *Adversus Marcionem*,
R. Braun (ed.) (SC 365, 368, 399, 456, 483).
『정숙』 *De pudicitia*,
C. micaelli, C. munier, *La pudicité* (SC 394, 395).
『호교론』 *Apologeticus*,
S. Thelwall (tr.), *Ante-Nicene Fathers, Vol. 3.* A. Roberts, Ja. Donaldson, A.C. Coxe. (Buffalo 1885.) Revised and edited for New Advent by Kevin Knight: http://www.newadvent.org/fathers/0301.htm.
폴리카르푸스,
『필리피인들에게 보낸 편지』 *Epistula ad Philippenses*,
P.Th. Camelot (ed.) (SC 10bis).
플리니우스(小),
『트라야누스 황제에게 보낸 편지』 *Epistularum libri novem*,
W.M.L. Hutchinson (ed.), *Pliny the Younger, Letters* (New York 1915).
http://www.perseus.tufts.edu/hopper/searchresults?q=pliny+the+younger.
필론,
『모세의 생애』 *De Vita Mosis*,
F.H. Colson (ed.) (Philo 6; Cambridge 1984).
『상급과 처벌』 *De Praemiis et Poenis*,
F.H. Colson (ed.)
(Philo 8; Cambridge 1989).
『플라쿠스 반박』 *In Flaccum*,
F.H. Colson (ed.) (Philo 9; Cambridge 1985).
헤로도토스,
『역사』,
천병희 옮김 (도서출판 숲 2011).
히에로니무스,
『위인들』(그리스어) *De viris illustribus*,
O. von Gebhardt (ed.) (TU 14; Leipzig 1896).
『코헬렛 주해』 *Commentary on Ecclesiastes*,
R.J. Goodrich, D.J.D. Miller, *St. Jerome: Commentary on Ecclesiastes* (Ancient Christian Writers; Westminster 2012).
『헬비디우스 반박』 *adversus Heluidium*,
J.-P. Migne (ed.) (PL 23), 183-206.
『디다케』 *Didache*,
H.W. Attridge (ed.), *The Didache: A Commentary by Kurt Niederwimmer*, L.M. Maloney (tr.) (Minneapolis 1998).
정양모 역주, 『열두 사도들의 가르침 — 디다케』 (교부 문헌 총서 7; 분도출판사 1993).

『인안나의 지하계 여행』 *Inana's descent to the nether world*,
https://etcsl.orinst.ox.ac.uk/

section1/tr141.htm.

쿰란 문헌

『공동체 규칙서』 *Rule of the Community* (1QS),
J.H. Charlesworth (ed.), *Rule of the Community and Related Documents. The Dead Sea Scrolls: Hebrew, Aramaic, and Greek Texts with English Translations Vol.1* (Westminster 1994).
송창현, 『공동체 규칙서, 회중 규칙서, 축복 규칙서』 (사해 사본의 학문적 비평본과 주석 1; 한님성서연구소 2022), 39-204.

『다마스쿠스 문서』 *Damascus Document* (CD),
J.H. Charlesworth (ed.), *Damascus Document Fragments, Some Works of the Torah, and Related Documents. The Dead Sea Scrolls: Hebrew, Aramaic, and Greek Texts with English Translations Vol.3* (Westminster 2005).
송창현 역주, 「다마스쿠스 문서 1-6」, 『말씀터』 131-135호 (한님성서연구소 2020-2021).

라삐 문헌

라쉬,
『신명기 (34,5) 주해』 *Rashi on Deuteronomy (34,5)*
https://www.sefaria.org/sheets/286516.107?lang=bi&p2=Rashi_on_Deuteronomy.34.5.1&lang2=bi&w2=all&lang3=en.
『창세기 (1,1) 주해』 *Rashi on Genesis (1,1)*
https://www.sefaria.org/Rashi_on_Genesis.1.1.1?lang=bi.

아브라함 이븐 에즈라,
『창세기 (12,6) 주해』 *Ibn Ezra on Genesis (12,6)*
https://www.sefaria.org/Ibn_Ezra_on_Genesis.12.6?lang=bi&with=all&lang2=en.

『미드라쉬』·『미쉬나』·『미쉬네 토라』·『타르굼』·『탈무드』
https://www.sefaria.org
(The William Davidson digital edition of the Koren Noé Talmud, with commentary by Rabbi Adin Even-Israel Steinsaltz).

사전

레옹-뒤푸르, X. 편집, 『성서신학 사전』, 광주가톨릭대학교 교수단 옮김 (광주가톨릭대학교 2003개정판).

로싸노 P. 외 편집, 『새로운 성경신학사전』, 임승필 외 옮김 (바오로딸 2007).

COGGINS, R.J. et al. (eds.), *A Dictionary of Biblical Interpretation* (London 1990).

COHN-SHERBOK, D.A. et al. (eds.), *An Encyclopedia of Judaism and Christianity* (London 2004).

DÖPP, S. et al. (eds.), *Lexikon der antiken christlichen Literatur* (Freiburg 1998) ET: *Dictionary of Early Christian Literature* (New York 2000).

GÖRG, M., LANG, B., *Neues Bibel-Lexikon I-III* (Zürich 1991, 1995, 2001).

LIDDEL, H.G., SCOTT, R., *A Greek-English Lexicon* (Oxford 1996).

MARSHALL, I.H. et al. (eds.), *New Bible Dictionary* (Leicester [U.K.] 1996³).

RYKEN, L. et al. (eds.), *Dictionary of Biblical Imagery* (Downers Grove[Ill] 1998).

STERN, E. (ed.), *The New Encyclopedia of Archaeological Excavations in the Holy Land, 4 vols.* (Jerusalem 1993).

단행본 · 논문

ACHTEMEIER, P.J., GREEN, J.B., THOMPSON, M.M., *Introducing the New Testament. Its Literature and Theology* (Grand Rapids 2001).

AHARONI, Y., הארכיאולוגיה של ארץ־ישראל (Jerusalem 1978) ET: *The Archaeology of the Land of Israel* (Philadelphia 1982).

ALEXANDER, P.D. et al. (eds.), *Zondervan Handbook to the Bible* (Grand Rapids 1973, 1999³).

ANDERSON, B.W., *Understanding the Old Testament* (New Jersey 1998).

ASTELL, A.W., *The Song of Songs in the Middle Ages* (Ithaca 1990).

BARRERA, J.T., *La Biblia judia y la Biblia cristiana* (Madrid 1993) ET: *The Jewish Bible and the Christian Bible. An Introduction to the History of the Bible* (Leiden 1998).

BEALE, S., "Relics from the biblical Maccabees are housed in Cologne Church", https://aleteia.org/2019/05/30/relics-from-the-biblical-maccabees-are-housed-in-cologne-cathedral.

BIMSON, J.J., *Redating the Exodus and Conquest* (Sheffield [U.K.] 1981).

BIRCH, B.C. et al., *A Theological Introduction to the Old Testament* (Nashville 1999).

BLOCH, A.P., *The Biblical and Historical Background of the Jewish Holy Days* (New York 1978).

BORING, M.E., et al. (eds.), *Hellenistic Commentary to the New Testament* (Nashville 1995).

BORNKAMM, H., *Luther and the Old Testament* (Philadelphia 1969).

BROTZMAN, E.R., *Old Testament Textual Criticism. A Practical Introduction* (Grand Rapids 1996²).

BROWN, R.E., *An Introduction to the New Testament* (New York 1997).

BRUCE, F.F., *The Epistles To The Colossians, To Philemon, and To the*

Ephesians (Grand Rapids 1984).
CARROL R., M.D. et al. (eds.), *Character Ethics and the Old Testament. Moral Dimensions of Scripture* (Louisville 2007).
CARTWRIGHT, M., "Philippi", https://www.worldhistory.org/Philippi.
CHARLESWORTH, J.H., *The Old Testament Pseudepigrapha vol. 1/2* (Massachusetts 2009).
CHAYIM, O., *Sha'arei Teshuvah on Shulchan Arukh*, https://www.sefaria.org/Sha'arei_Teshuvah_on_Shulchan_Arukh%2C_Orach_Chayim.494.2?lang=bi.
COCAGNAC, M., *Les Symboles Bibliques. lexique théologique* (Paris 1993).
COHEN, Y., WASSERMAN, N., "Mesopotamian Wisdom Literature", W. Kynes (ed.), *The Oxford Handbook of Wisdom and the Bible* (New York 2021), 121-140.
COLLINS, J.J., *Introduction to the Hebrew Bible* (Minneapolis 2004).
COMFORT, P.W., et al. (eds.), *The Complete Text of the Earliest New Testament Manuscripts* (Grand Rapids 1999).
CONZELMANN, H., *An Outline of the Theology of the New Testament* (London 1969).
DURANT, W., *The Life Of Greece* (New York 1966).
FITZMYER, J.A.,
According to Paul. Studies in the Theology of the Apostle (New York 1993).
To Advance the Gospel (Grand Rapids 1988[2]).
GARLOW, J.L., *The Covenant. A Study of God's Extraordinary Love for You* (Kansas City 1999, 2007[2]).
GORDON, R.P., BARSTAD, H. (eds.), *"Thus Speaks Ishtar of Arbela": Prophecy in Israel, Assyria, and Egypt in the Neo-Assyrian Period* (Winona Lake 2013).
GRINTZ, Y.M. "Soul, Immortality of: In the Bible; In the Talmud", *Encyclopaedia Judaica vol.19* (Detroit [2]2007), 35-36.
HAHN, J., "The Veneration of the Maccabean Brothers in Fourth Century Antioch: Religious Competition, Martyrdom, and Innovation", G. Signori (ed.), *Dying for the Faith, Killing for the Faith: Old-Testament Faith-Warriors (1 and 2 Maccabees) in Historical Perspective* (Leiden 2012), 79-104.
HAYES, C., *Introduction to the Bible* (New Haven 2012).
HENZE, M.H., *The Madness of King Nebuchadnezzar: The Ancient Near Eastern Origins and Early History of Interpretation of Daniel 4* (Leiden

1999).

HILBER, J.W., "Royal Cultic Prophecy in Assyria Judah and Egypt", R.P. Gordon, H. Barstad, (eds.), *"Thus Speaks Ishtar of Arbela": Prophecy in Israel, Assyria, and Egypt in the Neo-Assyrian Period* (Winona Lake 2013), 161-186.

KECK, L.E. (ed.),

The New Interpreter's Bible Old Testament Survey (Nashville 2005).

The New Interpreter's Bible New Testament Survey (Nashville 2005).

KEITH, C., "The Pericope Adulterae: A theory of attentive insertion", D.A. Black, J.N. Cerone (eds.), *The Pericope of the Adulteress in Contemporary Research* (New York 2016), 89-113.

KOHLER, K., MAGNUS, J.L., "Pentecost", J.D. Einstein (ed.), *Jewish Encyclopedia* https://www.jewishencyclopedia.com/articles/12012-pentecost.

KRAMER, S.N., "The Biblical 'Song of Songs' and the Sumerian Love Songs", *Expedition Magazine 5.1* (1962) https://www.penn.museum/sites/expedition/the-biblical-song-of-songs-and-the-sumerian-love-songs.

KÜMMEL, W.G.,

Das Neue Testament : Geschichte der Erforschung seiner Probleme (Freiburg 1970) ET: S.M. Gilmour, H.C. Kee, *The New Testament - The History of the Investigation of its Problems* (London 1972).

Die Theologie des Neuen Testaments nach seinen Hauptzeugen (Göttingen 1972) ET: J.E. Steely, *Theology of the New Testament* (London 1973).

Einleitung in das Neue Testament (Heidelberg 1973) ET: H.C. Kee, *Introduction to the New Testament* (London 1975).

LAYTON, R.A., "Hearing Love's Language: The Letter Of The Text In Origen's Commentary On The Song Of Songs", L. DiTommaso, L. Turcescu (eds.), *The Reception and Interpretation of the Bible in Late Antiquity* (Leiden 2008), 287-315.

LINDENBERGER, J.M., "Ahiqar", J.H. Charlesworth (ed.), *The Old Testament Pseudepigrapha vol. 2* (Peabody 1985), 479-507.

LÉGASSE, S., *Paul apôtre. Essai de biographie critique* (Paris 1991).

LOEWENSTAMM, S.E., *From Babylon to Canaan. Studies in the Bible and its Oriental Background* (Jerusalem 1992).

LOPRIENO, A., "Searching for a Common Background: Egyptian Love Poetry and the Biblical Song of Songs", A.C. Hagedorn (ed.),

Perspectives on the Song of Songs / Perspektiven der Hoheliedauslegung (Boston 2005).

LUEKER, E.L. (ed.), "Canon, Bible", *Christian Cyclopedia* http://cyclopedia.lcms.org/display.asp?t1=C&word=CANON.BIBLE.

MARGUERAT, D. (ed.), *Introduction au Nouveau Testament. Son histoire, son écriture, sa théologie* (Genève 2000).

MAYS, J.L. (ed.), *The HarperCollins Bible Commentary* (San Francisco 1988, 2000²).

McDONALD, L.M., *The Biblical Canon, Its Origin, Transmission, and Authority* (Peabody 2007).

McDONALD, L.M., SANDERS, J.A. (eds.), *The Canon Debate* (Hendrickson Publishers 2002).

McKENZIE, S.L., KALTNER, J., *The Old Testament. Its Background, Growth, & Content* (Nashville 2007).

NOTH, M., *Überlieferungsgeschichtliche Studien* (Tübingen 1943).

PAPANEK, J.L. (ed.), *Mesopotamia : The Mighty Kings* (Richmond 1995).

PLUMMER, R.L., "Melanchthon As Interpreter Of The New Testament", *Westminster Theological Journal 62.2* (2000), 257–265.

PRITCHARD, J. (ed.), *Ancient Near Eastern Texts Relating to the Old Testament* (Princeton ³1969).

QUACK, J.F., "Widsom in Egypt", W. Kynes (ed.), *The Oxford Handbook of Wisdom and the Bible* (New York 2021), 103–120.

RENDTORFF, R., "The Former Prophets", R. Rendtorff (ed.), *The Canonical Hebrew Bible* (Leiden 2011), 94–162.

RENDTORFF, R. (ed.), *The Canonical Hebrew Bible* (Leiden 2011).

RIESNER, R., "Pauline Chronology", S. Westerholm (ed.), *The Blackwell Companion to Paul* (Oxford 2011), 9–29.

SHIELDS, M.A., *The End of Wisdom: A Reappraisal of the Historical and Canonical Function of Ecclesiastes* (2006).

SHURPIN, Y., "Why Isn't the Book of Daniel Part of the Prophets?: The difference between divine inspiration and prophecy", https://www.chabad.org/library/article_cdo/aid/1735365/jewish/Why-Isnt-the-Book-of-Daniel-Part-of-the-Prophets.htm#footnote2a1735365.

TOTARO, P., "More on Spinoza and the Authorship of the Pentateuch", P. Totaro (ed.), *The Philosophers and the Bible: The Debate on Sacred Scripture in Early Modern Thought* (Leiden 2021), 32–47.

TOTARO, P. (ed.), *The Philosophers and the Bible: The Debate on Sacred Scripture in Early Modern Thought*

(Leiden 2021).

TROTTER, A.H., *Interpreting the Epistle to the Hebrews* (Grand Rapids 1997).

VISOTZKY, B.L. et al. (eds.), *From Mesopotamia to Modernity* (Boulder[Colorado] 1999).

WALFISH, B.D., "Song of Songs: Four Approaches to Love in Commentary and Music" https://www.thetorah.com/article/song-of-songs-four-approaches-to-love-in-commentary-and-music.

WALTON, J.H., *Ancient Near Eastern Thought and the Old Testament. Introducing the Conceptual World of the Hebrew Bible* (Grand Rapids 2006).

WATSON, F., *Paul, Judaism, and the Gentiles, Beyond the New Perspective* (Grand Rapids 2007).

WEST, M., "Darius' ascent to paradise", *Indo-Iranian Journal vol. 45* (2002), 51-57.

WESTERHOLM, S. (ed.), *The Blackwell Companion to Paul* (Oxford 2011).

WÜRTHWEIN, E., *Der Text des Altes testaments* (Stuttgart 1988) ET: *The Text of the Old Testament. An Introduction to the Biblia Hebraica* (Grand Rapids 1995).

YARON, R., *The Laws of Eshnunna* (Leiden 1989).

YOUNG, B.H., *Meet the Rabbis. Rabbinic Thought and the Teachings of Jesus* (Peabody 2007).

"5 Disputed Books in the Old Testament", https://zondervanacademic.com/blog/5-disputed-books-in-the-old-testament.

"The Protestants Attitude towards Death" https://museeprotestant.org/en/notice/the-protestants-attitude-towards-death.

"Ecclesiastes and Solomon's Song" https://www.ligonier.org/learn/devotionals/ecclesiastes-and-solomons-song.

주석서 전집

ALBRIGHT, W.F. et al. (eds.), *The Anchor Bible* (AB; Garden City 1982-).

BARKER, G.W. et al. (eds.), *World Biblical Commentary* (WBC; Waco, 1987-).

BROX, B. et al. (eds.), *Evangelisch-Katholischer Kommentar* (EKK; Zürich 1978-).

CROSS, F.M. et al. (eds.), *Hermeneia - A Critical and Historical Commentary on the Bible* (Philadelphia 1975-).

DOHMEN, C. et al. (eds.), *Neuer Stuttgarter Kommentar* (NSK; Stuttgart 1992-).

DRIVER, S.R. et al. (eds.), *The International Critical Commentary on Holy Scripture of the Old and New Testaments* (ICC; Edinburgh 1930-).

EISSFELDT, O. et al. (eds.), *Handbuch zum Alten Testament* (HAT; Tübingen 1936-).

GNILKA, J. et al. (eds.), *Herders theologischer Kommentar zum Neuen Testament* (HThK NT: Freiburg 1953-).

HAHN, F. et al. (eds.), *Kritisch-exegetischer Kommentar über das Neue Testament* (KEK; Göttingen 1832-).

HARRINGTON, D.J. et al. (eds.), *Sacra Pagina Series* (SP; Collegeville 1991-).

KAISER, O. et al. (eds.), *Kommentar zum Alten Testament* (KAT; Gütersloh 1962-).

LINDEMANN, A. et al. (eds.), *Handbuch zum Neuen Testament* (HNT; Tübingen 1907-).

NOTH, M. et al. (eds.), *Biblischer Kommentar* (BK; Neukrichen 1956-).

SARNA, N.M. et al. (eds.), *The JPS Torah Commentary* (Philadelphia 1989-).

SCHMID, H. et al. (eds.), *Züricher Bibelkommentare* (ZBK; Zürich 1960-).

SCHREINER, J. et al. (eds.), *Die Neue Echter Bibel* (NEB; Würzburg 1980-).

SPIECKERMANN, H. et al. (eds.), *Das Alte Testament Deutsch* (ATD; Göttingen 1949-).

STUHLMACHER, P. et al. (eds.), *Das Neue Testment Deutsch* (NTD; Göttingen 1932-).

TASKER, R.V.G. et al. (eds.), *Tyndale New Testament Commentaries* (TNT; Grands Rapids 1989-).

YARON, R., *The Laws of Eshnunna* (Leiden 1989).

ZENGER, E. et al. (eds.), *Herders theologischer Kommentar zum Alten Testament* (HThK AT; Freiburg 2000-).

Old Testament Library, SCM PRESS Ltd. (OTL; London 1972-).

New Century Bible Commentary, Wm.B. EERDMANS Publ. Co. (NCBC; Grand Rapids 1979-).

The New International Commentary on the Old Testament, Wm.B. EERDMANS Publ. Co. (Grand Rapids 1990-).

The New International Greek Testament Commentary, Wm.B. EERDMANS Publ. Co. (Grand Rapids 1978-).

지도

페레고, G., 『성경의 세계와 지도』, 민남현 옮김 (바오로딸 2007).

ROAF, M., *Cultural Atlas of Mesopotamia and the Ancient Near East* (Oxford 1966, 1996[3(repr.)]).

국내 문헌

그닐카, J., 『나자렛 예수. 말씀과 역사』, 정한교 옮김 (분도출판사 2002).

김산해, 『최초의 신화 길가메쉬 서사시』 (휴머니스트 2005).

김이곤, **민영진**, **임승필**, 『오경·역사서』 (생활성서 1999).

김정훈, 『칠십인역 입문』 (유다·그리스도교 고전 입문 총서 I-1; 바오로딸 2009).

김혜윤, 『모세오경』 (생활성서 2005).

김혜윤, 『역사서 1』 (생활성서 2007).

따르디외, M., 『마니교』, 이수민 옮김 (분도출판사 2005).

리처즈, H., 『예수의 기적: 실제로 무슨 일이 일어났던가?』, 정승현 옮김 (분도출판사 1993).

매로우, S.B., 『바오로 서간과 신학』, 안소근 옮김 (바오로딸 2000).

맥컬리, R. 포스터, 『고대근동의 신화와 성경의 믿음: 성경이 수용한 고대근동 신화』, 주원준 옮김 (감은사 2022).

메스테르스, C., 『오늘 함께 걷는 바오로』, 김수복 옮김 (바오로딸 2007).

민영진, **임승필**,
『시서와 지혜서』 (생활성서 1999).
『예언서 2』 (생활성서 1999).

박영식,
『자유의 대헌장: 사도 바오로가 갈라디아인들에게 보낸 서간』 (분도출판사 1998).
『십계명: 출애 20,1-17; 신명 5,6-21의 삶의 자리와 적용 범위』 (가톨릭대학교출판부 2002).

박태식, 『타르수스의 바오로: 바오로의 생애와 사상』 (바오로딸 2006).

보노라, A., 『코헬렛』, 이선영 옮김 (성서와 함께 1999).

비오 12세, 「성령의 영감」Divino Afflante Spiritu (1943) https://cbck.or.kr/Documents/Pope.

송혜경,
『구약 외경 1』 (한님성서연구소 2022[개정판]).
『구약 외경 2』 (한님성서연구소 2023: 근간).
『신약 외경 1』 (한님성서연구소 2021[개정판]).

슈미트, W.H., 『구약성서 입문 I-III』, 차준희·채홍식 옮김 (대한기독교서회 2000-2001).

스카, J.-L., 『모세오경 입문 -오경 해석을 위한 지침-』, 박영식 옮김 (성바오로출판사 2001).

스코펠로, M., 『영지주의자들』, 이수민 옮김 (분도출판사 2005).

스템베르거, G., 『미드라쉬 입문』, 이수민 옮김 (바오로딸 2008).

예레미아스, J., 『하나님의 후회. 구약성서의 하나님 이해』, 채홍식 옮김 (대한기독교서회 2002).
위더럽, R.D.,『바오로에 대한 101가지 질문과 응답』, 임숙희 옮김 (바오로딸 2008).
임승필,『예언서 1』(생활성서 1999).
정양모,
『바울로 친서 이야기』(성서와 함께 1997).
『위대한 여행: 사도 바울로의 발자취를 따라』(생활성서 1997).
정태현,
『놀라운 발견: 하느님 나라의 비유』(바오로딸 1996, 2007[18]).
『모든 이에게 평화의 복음을: 루카 복음과 사도행전의 신학적 주제 연구』(성서와 함께 1991; 한님성서연구소 2007[개정판]).
『성경 입문 상권 — 성경의 배경과 이스라엘의 역사』(한님성서연구소 2022[개정2판]).
정태현, 강선남 역주,『칠십인역 창세기』(분도출판사 2006).
조철수,
『메소포타미아와 히브리 신화』(길 2000).
『수메르 신화』(서해문집 2003).
질베, M.,『예언자들을 통해 말씀하셨다: 1. 모세오경; 2. 예언서; 3. 성문서』, 박영식 옮김 (생활성서 2002).
채홍식,『구약성경의 윤리』(한님성서연구소 2006).
커리드, 존 D.,『고대 이집트와 구약성경』, 신득일, 김백석 옮김 (CLC 2020).
콜린스, J.J.,『묵시문학적 상상력: 유다 묵시문학 입문』, 박요한 영식 옮김 (가톨릭출판사 2006).
펜나, R.,『다르소의 바오로』, 성염 옮김 (바오로딸 1997).

문헌 찾아 보기

성경

애가

바룩서

에제키엘서

마르코 복음

루카 복음

외경

역사·고전·교부 문헌

쿰란 문헌

라삐 문헌

히브리어 성경 (BHS)

오경	예언서
창세기	여호수아기
탈출기	판관기
레위기	사무엘기 (사무엘기 상·하권)
민수기	열왕기 (열왕기 상·하권)
신명기	이사야서
	예레미야서
	에제키엘서
	열두 소예언서
	호세아서
	요엘서
	아모스서
	오바드야서
	요나서
	미카서
	나훔서
	하바쿡서
	스바니야서
	하까이서
	즈카르야서
	말라키서

성문서

시편
욥기
잠언
룻기
아가
코헬렛
애가
에스테르기
다니엘서 (다니 1—12장)
에즈라기
느헤미야기
역대기 (역대기 상·하권)

칠십인역 그리스어 구약성경 (Rahlfs)

오경	역사서
창세기	여호수아기
탈출기	판관기
레위기	룻기
민수기	제1열왕기 (사무엘기 상권)
신명기	제2열왕기 (사무엘기 하권)
	제3열왕기 (열왕기 상권)
	제4열왕기 (열왕기 하권)
	역대기 상권
	역대기 하권
	제1에스드라스기 (—)
	제2에스드라스기 (에즈라 · 느헤미야기)
	에스테르기
	에스테르기 그리스어 본문 107절
	유딧기
	토빗기
	제1마카베오기 (마카베오기 상권)
	제2마카베오기 (마카베오기 하권)
	제3마카베오기 (—)
	제4마카베오기 (—)

시서 (시서와 지혜서)

시편
오대서 (—)
잠언
코헬렛
아가
욥기
솔로몬의 지혜 (지혜서)
시라의 지혜 (집회서)
솔로몬의 시편 (—)